思想會

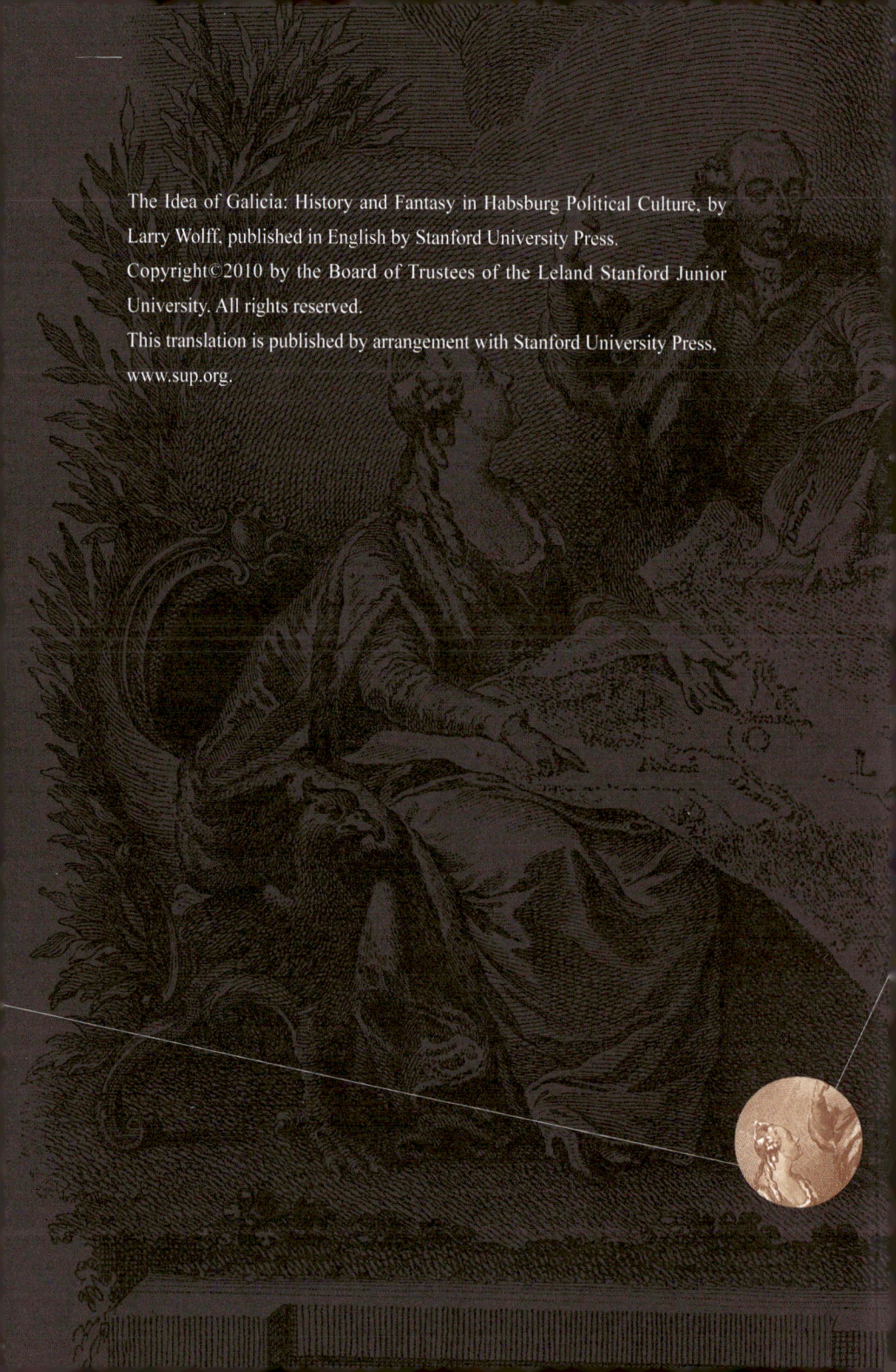

The Idea of Galicia: History and Fantasy in Habsburg Political Culture, by Larry Wolff, published in English by Stanford University Press. Copyright©2010 by the Board of Trustees of the Leland Stanford Junior University. All rights reserved.

This translation is published by arrangement with Stanford University Press, www.sup.org.

加利西亚

哈布斯堡政治文化中的历史与想象

THE IDEA OF GALICIA

History and Fantasy in Habsburg Political Culture

献给吉姆·克罗宁

我经常向上帝念这段祷告词,很短的一句话:"啊,上帝,让我的敌人变得愚蠢又可笑吧!"上帝居然同意了。
——伏尔泰,1767

自我防御,报仇雪恨,笑对讥讽。
——塔德乌什·哲伦斯基("波伊"),
《你可知此地?》,1931

被忽视的话题是什么?
这个话题被奇怪地怎么了?
什么被奇怪地忽视了?
——金斯利·艾米斯,《幸运的吉姆》,1954

目　录

序　言 ················· i

第一章　创建新省：约瑟夫启蒙运动与瓜分波兰 ········ 1
第二章　恢复加省：梅特涅的政治与弗雷德罗的喜剧 ······ 63
第三章　童年回忆：从民歌到大屠杀 ············ 127
第四章　加省晕眩：屠杀的意义 ·············· 189
第五章　革命之后：沙皇崛起与弗朗茨·约瑟夫的降临 ···· 227
第六章　自治年代：加省平民以及关于斯拉夫东方的
　　　　幻想与统计 ·················· 283
第七章　世纪之末：鬼怪妖魔 ··············· 349
第八章　无望之地：新篇章的开始 ············· 387
第九章　地缘终局：加利西亚的土崩瓦解 ·········· 448
第十章　幽灵尾声：加利西亚之后的加利西亚 ········ 492

注　释 ················· 545
索　引 ················· 588
致　谢 ················· 610

序　言

　　加利西亚创建于 1772 年，正值第一次瓜分波兰的历史时刻，维也纳从中获得了一大片领土，于是，哈布斯堡王朝在此地设立了一个新的行省，起名为"加利西亚"。其实早在 18 世纪初，西班牙北部还有一个老加利西亚省，但它与西班牙一同在王位继承战中被波旁家族占领了，所以到 1772 年时，这个称谓已空缺多年，仅仅用作中世纪罗斯加里奇大公国的拉丁名字（加里奇是 13 世纪和 14 世纪基辅罗斯的一个延续）。中世纪加里奇的领地范围虽然没有和玛丽亚·特蕾莎女王的瓜分所得完全重合，但加利西亚这个名字还算说得过去，所以就被一直沿用下来，在之后的几次瓜分波兰事件和拿破仑战争中，这个哈布斯堡辖省的地域范围又被扩充和调整。说到人口，加省包括了波兰人、鲁塞尼亚人（今天的乌克兰人）、德意志人（包括奥地利人）和犹太人。从 1772 年创立，到 1918 年第一次世界大战后哈布斯堡君主国覆灭，随后从欧洲版图上被移除，加利西亚前后经历了近 150 年的历史存在。而今天，又一个 100 年过去了，它现在算是一个已绝迹了的地理政治实体。

　　前加利西亚的疆土位于今天的波兰和乌克兰之间。经历了二战时的大屠杀，加利西亚的犹太人几乎无人生还，但也不是完全没有幸存者，并且在这之前曾有犹太人移民省外，主要散居在美国和以色列。到 20 世纪中后期，虽然已经离开欧洲许久，他们仍然会认为自己是"加利西亚人"。我的爷爷奶奶在 19 世纪末出生于加利西亚，曾是弗朗兹·约瑟夫皇帝的子民。他们在纽约市度过了余生，但他们仍然记得这个君主和那个加省。我奶奶忠诚地以为皇帝对犹太人还不错。这个信念至少和她自身一样老。一本1903年的维也纳民俗杂志上写道，在"犹太人民的幻想中"[1]，皇帝在加利西亚已经成了"一个近乎传奇式的人物"。传奇和幻想是加利西亚政治文化中很重要的组成部分，可以回溯到18世纪玛丽亚·特蕾莎和他儿子约瑟夫二世的统治时期。在约瑟夫死后，他被数代的加利西亚农民所缅怀。总之，1772年，在饱含弥赛亚幻想的哈布斯堡启蒙运动影响下，加利西亚的历史长河从天而降，向前奔流，到1918年加省被撤销时，那段历史已成了一片想象与幻影的凶地。1920年，正值波苏战争时期，俄国作家伊萨克·巴别尔（Issac Babel）来到前加利西亚，他在日记中写道，在这战火纷飞的恐怖和残忍之间，你会看到有"加利西亚人的鬼魂"缓缓飘过。[2] 2007年，出生于1918年的最后一拨土生土长的加利西亚人已年近90岁了，纽约YIVO犹太研究中心当年举行了一场名为"加利西亚人，我之爱"（"Galician, Mon Amour"）的研讨会，牵出了人们无比复杂的感情和忧思。

这本书是一部关于"加利西亚"的思想史，也就是把地点视为观念或概念的研究。一开始，"加利西亚"几乎是意识形态上的白纸，只是一个简简单单的名字，被安在了这片刚刚收割来的土地上。然而，加利西亚在其历史生命进程中逐渐被赋予意义，它的确累积下了多重且不确定的意义。对于不同的人群，加利西亚代表了不同的含义，它在作家的想象中和政治家的观察中分别有着错综复杂的重要性。这本书就历数了加利西亚的各种意义，以及加利西亚对于政治人物（如约瑟夫二世和梅特涅）、文学人物（譬如喜剧作家弗雷德罗和小说家萨克-马索克）和现代文化领袖（比如伊万·

弗兰克和斯坦尼斯瓦夫·维斯皮安斯基）而言，分别意味着什么。而且，加利西亚的意义在公共空间的报纸杂志上也有迹可寻，比如像19世纪著名的《利沃夫时报》和克拉科夫的《时间报》这样的一流媒体，还有特殊出版物，如前面提到的讲加利西亚犹太人对弗朗茨·约瑟夫抱有幻想的维也纳民俗期刊。关于加利西亚的观念涉及全省的地域范围，从德涅斯特河到维斯瓦河，从喀尔巴阡山到维利奇卡盐矿，从贵族大宅邸到犹太小集镇，但其文化产出的主要阵地还是在城市里，所以这本书从一定程度上讲，是一部"双城记"：利沃夫城与克拉科夫城，它们的城市视角可以涵盖和代表整个加利西亚。而第三个重要的城市就是皇家首府维也纳，它带着大都市的眼光审视地方上的行省，它的观点同时受到加利西亚的支持或质疑。在历史的长河中，加利西亚的含义绝不是一以贯之的，而是在被不断地争论，商榷，再构，重置。

加利西亚是一个省级单位，是哈布斯堡王朝的皇家属地，有时也会被称为"国"（波兰语中的"kraj"），但它并不是一个民族共同体，也不能发展出任何有前景的政治国家。被哈布斯堡王朝硬生生推出来的加利西亚，完全不同于那种历史上有皇室传统加持的其他行省，比如说哈属波西米亚或哈属匈牙利。当19世纪的民族运动波及加利西亚的波兰人、鲁塞尼亚人和犹太人时，加利西亚的概念就会超越民族身份的差异，达到全省大同。然而这种万众一心要求有严谨认真的自我文化建设，就如1809年出版的加利西亚植物学百科全书，以及后来的动植物昆虫图志，还有1876年的加利西亚体质人类学，这些文化建设使加利西亚从18世纪的地缘政治产物，蜕变成为19世纪的一个自然空间。

1792年，有一个佚名诗人给自己署名为"加利西亚人"，从18世纪到20世纪，还有很多人叫自己加利西亚人，虽然他们同时还有其他的自我身份认知。加利西亚的身份从根本上说是地方行省性的，它的演变进化说明了行省性也是一种重要的意识形态力量，且可以与民族和帝国的意识形态重叠。就如本尼迪克特·安德森（Benedict Anderson）所言（他主要特指南美），"若想知道一个行政单位是如何久而久之被当成'祖国'的，就要去看它的行政组织如何去创造意义"。[3] 加利西亚在 18 世纪被创立构建，成为一个行政单位，但在 19 世纪才开始积累文化内涵，在属于哈布斯堡帝国后，在历史生命中完成了它的意义创造。爱德华·萨义德（Edward Said）讲到英法远洋帝国时强调过"文化与帝国之间总体关系"的重要性，并提出，帝国的意识形态其实"全部扎根在"文化中："我们必须要以整体的眼光看文化，文化滋养了理性，文化滋养了感性，文化尤其滋养了帝国的想象力。"[4] 就哈布斯堡帝国而言，如英法一般，帝国统治下爆发的各种矛盾和提出的各种主张就是文化的体现，加利西亚行省的那些含义不确定和身份重叠即为文化发生的地方。

哈布斯堡 1857 年的普查显示，19 世纪中叶的加利西亚人口比例均衡：44.83% 为信仰希腊礼天主教的鲁塞尼亚人，44.74% 为信仰罗马天主教的波兰人，剩下的 9.69% 为犹太人。[5] 这种精确到小数点后两位数的百分比统计是依照宗教归属而非民族身份，19 世纪中叶时，加利西亚的农民大众的确没有受到现代民族主义情绪的洗礼。1894 年，加利西亚在利沃夫的"加省大展览"上做过非常戏剧化的自我展示，弗朗茨·约瑟夫也来参观过。摆满身着民俗特色服饰模型的种族展厅，万花筒般的大杂烩，颜色和装饰品变化流光溢彩，让参观者们包括皇帝都看得眼花缭乱。在这里，民族的界限被淡化了。哈布斯堡帝国的统治在加利西亚和其他省份并无不同，都是要跨越民族差异，于是加利西亚地方性观念从根本上讲即是非民族性的。

　　研究哈布斯堡王朝的学者们想要弄清楚一个问题：在19世纪，假设社会是非民族性的，那么民族政治和国家身份是如何在这样的社会中生根发芽的。在加利西亚的例子上，非民族性和民族性一样，都是意识形态构造的，都是不同观念的表达罢了。1835年，同时代最伟大的加利西亚作家，波兰喜剧作家弗雷德罗因创作"非民族性"文学作品被人公开指责。关于加利西亚的构想因此也显露出"非民族性"对于地方身份建立的重要性。

　　这本书与我之前的史学著作密切相关。我在1994年出版的那本《发明东欧》(*Inventing Eastern Europe*) 中曾总结过，东欧不仅本身就是18世纪的思想产物，还是一个充满想象力的试验田，尤其见长于规划地理政治新景象，例如1772年创造的加利西亚。这使我继续思考，一个想象或者发明出来的政治实体，比如说始于18世纪的加利西亚，在20世纪灰飞烟灭前，如何在19世纪的过程中成为一个地缘政治上真实且有意义的历史实体。我的另一部著作《威尼斯与斯拉夫人》(*Venice and the Slavs*, 2001) 探究了启蒙运动下的东欧观是怎样在亚得里亚海，在帝国的语境下被运用的：威尼斯和达尔马特的帝国权力存在政治不对称性，而这种政治不对称性恰好在地理上与欧陆内部东西差异观的出现相吻合。针对加利西亚，我想知道的是，这个也是在启蒙运动时期被捏造出来的帝国概念，是如何在19世纪持续发酵、发展、发扬光大的，演变中的意识形态冲突怎样促进了20世纪初的帝国覆灭。在加利西亚，帝国的启蒙运动价值观主要是以约瑟夫主义（以约瑟夫二世皇帝命名）的形式体现的，约瑟夫提出了革命性和转型力的专制主张，好像弥赛亚一样来"救赎"和"重铸"加利西亚。最重要的一点是，所谓的"文明"概念也在整个东欧范围内被运用，尤其是针对加利西亚省。从约瑟夫二世到弗朗茨·约瑟夫统治时期，加利西亚的野蛮性得以改良，落后性得以改善。因此，这本书研究的核心问题是，在现代哈布斯堡历史中，启蒙运动的东欧观是如何一直保持并行使着它的意识形态权力的。

本书的第一章研读了启蒙运动时期约瑟夫主义者的游记，他们在 18 世纪 80 年代去加利西亚考察，给出了非常负面的评价。他们的态度与 18 世纪 90 年代省内提出的"加利西亚大宪章"理念截然不同。第二章来到后拿破仑时代，对比了维也纳的梅特涅的主流政治观点与来自加利西亚内部的观念，譬如《利沃夫时报》上的文章还有在利沃夫上演的弗雷德罗的喜剧。第三章围绕着作家萨克-马索克展开，他是 19 世纪三四十年代利沃夫警察局长的儿子，儿时记忆培养了他自许为加利西亚人的身份。他的文学鉴赏力来自萌芽中的鲁塞尼亚文化潮流和加省的民俗探索，他著名的"受虐倾向"也与加利西亚独有的束缚感有关。第四章着重讲述加利西亚历史上最重要也是最壮烈的一个节点：1846 年大屠杀。这场由农民领导的杀戮，用波兰贵族起义者的鲜血和头颅证明了加利西亚对哈布斯堡王朝的忠诚，自此之后，加利西亚地方史永远铭记着这一难忘的转折时刻。

第五章和第六章利用克拉科夫的《时间报》，展现了 19 世纪 60 年代起的新组合"波兰与加利西亚"霸权观，他们以向哈布斯堡效忠的方式换取加利西亚的自治权。在 19 世纪的后三十几年里，加利西亚成为一个真正有意义的地缘政治体。而挑战这种波兰-加利西亚联合霸权观的分别是"鲁塞尼亚-加利西亚"和"犹太-加利西亚"的省内地方派，像伊万·弗兰克笔下的鲍里斯拉夫油田的故事和卡尔·埃米尔·弗朗索斯的《半亚洲》中的"加利西亚东方"那样。第七章针对更广泛的哈布斯堡君主国内外的"世纪末"潮流讨论了"世纪末"的加利西亚,而且把维斯皮安斯基1901年的戏剧《婚礼》看作19世纪末加省内部矛盾冲突的艺术表达。第八章梳理了20世纪试图解决这些矛盾冲突的做法,比如在1905年,克拉科夫的"绿气球"歌舞厅开张了(那年也出版了弗兰克讲缪斯的叙事诗),还有1908年加利西亚总督被刺杀(同年,马丁·布伯开始撰写有关哈西德主义的著作)。第九章分析了随着1918年哈布斯堡王朝的陨灭,加省在语义和意识形态上是如何被移除或"清理"出地图的。第十章追寻了加利西亚在记忆与幻想中的后世,包括本土文学家如约瑟夫·罗特的德语文学、布鲁诺·舒尔茨的波兰语文学和萨缪尔·约瑟夫·阿格农的希伯来语文学作品。虽然我尽量从所有角度探究了18世纪、19世纪和20世纪加利西亚的诞生与演变,但在材料选择上无法做到面面俱到,毕竟加利西亚的每一个政治人物、公共机关、文化作品,都直接或间接地参与了加利西亚的构建。

这本加利西亚观念史还是一部关于历史写作的思想文化史,因为历史作品也是加利西亚观念与身份得以培养发扬的重要载体。早在1817年,在加利西亚被创建仅45年后,利沃夫大学的历史教授约瑟夫·莫斯(Joseph Mauss)就开始撰写一本加利西亚通史,想要追溯并建立起加省的中世纪前身。莫斯在一封信中讲到他已经写到1347年了。[6]另一位历史学家沃尔里安·卡林卡(Walerian Kalinka)1853年出版了《奥地利统治下的加利西亚与克拉科夫》一书,之后他成为克拉科夫历史学派的奠基人之一。该学派后来的历史学家也是加利西亚自治意识形态的主要发言人和推动者,比如1882年出版《加利西亚的波兰人与鲁塞尼亚人》的约瑟夫·苏伊斯基(Józef Szujski),还有1908年当选加利西亚总督的米哈乌·博布金斯基(Michał Bobrzyński)。[7]当讲到加利西亚的观念、加利西亚的鲁塞尼亚身份,以及与乌克兰民族的关系时,他们的鲁塞尼亚或乌克兰同代人斯蒂芬·卡查拉(Stefan Kachala)和米哈伊洛·格鲁舍夫斯基(Mykhailo Hrushevsky)也将目光投向历史学。历史学家如卡查拉毫不犹豫地把当代加利西亚与中世纪的加里奇串联在一起,以填补加省的时空空白,树立该地区源远流长的鲁塞尼亚特征。[8] 20世纪初,利沃夫的梅尔·巴瓦班(Majer Bałaban)出版了数部加利西亚犹太史,这被认为是极具特色的历史研究课题。尽管当时加省依然健在,这些历史学家还是开始叙述加利西亚及其人民的历史,为加利西亚的讨论添砖加瓦。

正因如此,这个题目的史学史错综复杂。我最开始考虑研究加利西亚是在20世纪70年代求学的时候,也是加省被撤销的半个世纪之后,那时加利西亚的生活经历已经成了非常久远但依然鲜活的记忆。给我印象最深的是扬·考兹克(Jan Kozik)讲述加利西亚内部乌克兰民族运动的著作,该书于20世纪70年代出了波兰文版,80年代出了英文版。同样发人深省的还有弗兰克·塞辛(Frank Sysyn)和安德烈·马科维茨(Andrei Markovits)于1982年编辑出版的加利西亚文稿。[9] 约翰-保罗·辛卡(John-Paul Himka)80年代也在做加利西亚的研究,发表了关于加利西亚政治、社会、宗教相关的专著数部。1983年,保罗·罗伯特·马高齐(Paul Robert Magocsi)也出版了一本珍贵的加利西亚书目索引。[10]

到了20世纪90年代,共产党的统治在波兰瓦解,乌克兰宣告独立,新的学术兴趣涌现。最重要的一部著作于1991年在克拉科夫出版,玛丽亚·柯娃尼斯卡(Maria Kłańska)研究了德语作家"眼中的"加利西亚,带给我们研究加省文化表现的新视角。还有两部编著具有新的学术视角,一个是安东尼·波隆斯基(Antony Polosky)和以色列·巴塔尔(Israel Bartal)于1999年出版的《波林：波兰犹太人研究》（Polin：Studies in Polish Jewry）中的一卷，另一个是由克里斯托弗·汉恩（Christopher Hann）和保罗·罗伯特·马高齐编撰，于 2005 年出版的《加利西亚：多文化之地》（Galicia：A Multicultured Land）。[11] 美国年轻学者也给加利西亚研究带来了重要的作品：基利·史陶德·霍尔斯特德（Keely Stauter-Halsted）的专著讲了加利西亚农民的国家化（2005），艾莉森·弗雷格·弗兰克（Alison Fleig Frank）的书研究了加利西亚的油田（2005），丹尼尔·乌诺夫斯基（Daniel Unowsky）分析了哈布斯堡爱国主义（2005）。2006 年迎来了丹尼尔·孟德尔森（Daniel Mendelsohn）扣人心弦的家庭回忆录《迷失》（The Lost），他讲述了回到加利西亚后，发现他祖父一家在大屠杀中被暗杀的故事。近年来，奥马尔·巴托夫（Omar Bartov）主持的布朗大学"边疆"（"Borderland"）项目促进了加利西亚研究的新范式。2007 年，他出版了一本精美绝伦的游记，追寻犹太人的加利西亚和它消失了的踪迹。[12]

在热舒夫，自 1994 年起，一系列以《加利西亚与它的遗产》（Galicja i jej dziedzictwo）为总题的学术集出版问世。在克拉科夫，杰西克·普奇拉（Jacek Purchla）领衔的国际文化中心也在加利西亚研究中扮演了重要角色，其中包括 2003 年出版的关于克拉科夫和利沃夫的编著。在利沃夫，亚罗斯拉夫·赫利察克（Yaroslav Hrytsak）培养了学习加利西亚历史的新一代学生。他自己也写了一系列开拓性文章，后来在 2006 年被编进了一本关于伊万·弗兰克的书中。赫利察克还把期刊《现代乌克兰》（Ukraina Moderna）以及面向西方的网站 www.zaxid.net 做成了加利西亚研究和探讨的重要论坛。同样重要的还有哈拉尔德·宾德（Harald Binder），他不久前在利沃夫建立了东中欧城市史中心（The Center for Urban

History of East Central Europe）。在维也纳大学，有一个特殊的跨学科博士项目专门为加利西亚研究输送人才。2007年，该项目的教师、历史学家安德烈·卡普莱尔（Andreas Kappeler）和克里斯托夫·奥古斯提诺维奇（Christoph Augustynowicz）出版了一部关于加利西亚边境地带的编著，另一位教师、语文学家迈克尔·莫泽（Michael Moser）出版了一本研究加利西亚鲁塞尼亚语言的图书。同年，有更多的新作品出现，汉斯-克里斯蒂安·马内尔（Hans-Christian Maner）的研究把加利西亚看作哈布斯堡的边境区，还有迈克尔·斯坦尼斯拉夫斯基（Michael Stanislawski）的书《伦贝格谋杀案》（*A Murder in Lemberg*），这本书讲述了加利西亚犹太社区内部的矛盾和暴力。2008年，达努塔·索斯诺夫斯卡（Danuta Sosnowska）的书探索了鲁塞尼亚和捷克视角下的加利西亚；2009年，马克安·普罗科波维奇（Markian Prokopovych）出版了一部关于利沃夫的建筑与公共空间的先锋之作。[13]

直至今日，距1918年加省地缘政治消亡已近一个世纪，历史反思仍然在继续，在保护也在修订着加利西亚幻影般的文化意义。2000年，弗朗茨·约瑟夫皇帝的170周岁诞辰在利乌夫（也叫利沃夫或伦贝格）举办，这是一场有政治意图的怀旧活动，意味着加利西亚仍然存在于人们的记忆和幻想里。现在的确有一个"加利西亚自治主义者"的文化圈，他们有意识地在利沃夫种下这样的记忆。2001年，布鲁诺·舒尔茨创作的壁画从他的加利西亚家乡德罗霍贝奇（今属乌克兰）被移送到耶路撒冷的大屠杀博物馆，这一舒尔茨的加利西亚遗产问题甚至产生了国际争议。我的这本书试图去寻找"加利西亚"，一个开始于18世纪的碎片概念，一直到21世纪，仍然在当代人意识中萦绕的幻影。这部加利西亚的观念史也许可以阐释，文化和思想意义在东欧的地理政治空间中是如何一步步进化的。

18世纪80年代，波兰作家朱利安·涅姆策维奇（Julian Niemcewicz）从波兰出发，到新建的加利西亚省参观。他感叹，"看到如此美丽的地区从波兰王国中分离出去，心情无比悲痛"。[14]当时，丢掉加利西亚是波兰的一大损失，人人为之泣泪，它的意义恰存在于它的割裂与残缺。19世纪中叶，萨克-马索克小说的题献对象是他的"乡亲父老"，他的加利西亚亲人们。他写道："虽远离故土，吾辈致以问候。望诸位一切皆好，只因你我都是加利西亚土地的一奶同胞：波兰人，鲁塞尼亚人，德意志人，犹太人！"[15]加利西亚这时已经成为哈布斯堡的皇家属地很多年了，但它现在又增添了一层情感色彩；加省不再只是波兰被割裂出去的政治领土，还是各族人民和宗教人士的家乡故土。到20世纪30年代，当约瑟夫·罗特在创作加利西亚的文学作品时，加利西亚已经在欧洲版图上消失了，但它仍然可以激起人们的思念与怀恋，唤起人们记忆中的那份乡愁。罗特在《皇帝的陵墓》（*Emperor's Tomb*）中讲到，维也纳的一个考察队去加利西亚的小镇考察。"渐渐地，这次旅行让我们十分着迷，甚至是着魔，"罗特写道："我们心里清楚，我们勾勒的加省景象全都是假的，我们对它其实一无所知，但同时又无法停下手中的笔和纸。换句话说，我们自己在给它添加着各种特征，那些我们从一开始就知道是幻想，是存心创造出来的特征。"[16]从18世纪80年代到20世纪30年代，从心痛到故土，从着迷到着魔再到幻想，"加利西亚"无论是在欧洲地图上还是欧洲人的心中，都留下了永不磨灭的印记。

第一章　创建新省：约瑟夫启蒙运动与瓜分波兰

序言：麻烦多着呢！

"我要去加利西亚了，麻烦多着呢！（Je vais partir pour la Galicie；altri guai！）" 1773 年 7 月，约瑟夫二世皇帝（Joseph II）在给他弟弟托斯卡纳大公利奥波德（Leopold）的信中如是写道。[1] 约瑟夫从没去过加利西亚，利奥波德也没有，其实，除了一小波旅行者，谁都没去过那里。原因是加利西亚在 1772 年之前并不存在，在第一次瓜分波兰中它被分给了哈布斯堡，因而创立得名。如果当你去读约瑟夫说准备即刻起程的法文宣言时感到了一份仪式感，那是因为加利西亚真的是一个全新的世界，刚刚创建不足一年，创建在启蒙治国的理性精神之下。约瑟夫是加省的主要创建人之一，现在他又将成为第一批探索者和最隆重的游客。然而，意大利语"麻烦多着呢！"（altri guai！）让他明白，此次出访必定会缺少一些帝国的庄严和体面。从哈布斯堡的视角看待这个刚刚被入侵、赐名、创立，问题重重的新加利西亚省，就好像是在看一部讽刺剧，抑或是喜剧——谐歌剧——有过之而无不及。

在地图上，加利西亚省是框好的领土范围，是哈布斯堡政权下的一个行政区，但这起初的地理政治构建只是为后续慢慢丰富的

"加利西亚"提供了一个框架而已。如何在顷刻间既成定局的地理政治框架下获得和赋予意义,初出茅庐的加利西亚向帝国提出了一个新的文化挑战。在第一代人的时间里,也就是18世纪70年代到90年代的瓜分波兰时期,加省在地图上慢慢找到意义,在公共空间里渐渐找到归属。它被视为哈布斯堡帝国想象中的浓重一笔,它被塑造成一个有模有样的地方实体,一个以文化表现为根基的领土现实。

哈布斯堡帝国的共治者——约瑟夫和他的母亲玛丽亚·特蕾莎(Maria Theresa)——给了这份产业最初的政治动力,哈布斯堡首相文策尔·考尼茨(Wenzel Kaunitz)亲王和加利西亚第一任哈布斯堡省长佩尔根伯爵(Johann Anton Pergen)也密切关注着这一区域,他们在18世纪70年代积极实现行政合并,将加省的地域范围完好收归到奥地利政权之下。[2] 80年代是约瑟夫的独立统治时期,"约瑟夫派旅行者们"来到了加利西亚,其中包括弗朗茨·克拉特(Franz Kratter)和阿尔方斯·海因里希·特劳恩保尔(Alphons Heinrich Traunpaur),他们以启蒙运动的价值观审视、盘点着加利西亚。他们撰写心得、笔记、材料,总结加省的经济、民俗和社会结构情况。这些游记将加利西亚置于启蒙运动的文化地理观中,也就是所谓的东西欧分立,彰显了落后社会和所谓文明之间的距离。到了90年代,约瑟夫谢世,法国大革命如火如荼,加利西亚紧张的政治局势正反映出当时全欧的思想时局:本地精英们在波兰人和加利西亚人身份之间游走徘徊,试图确立属于自己的地方政治特权。

最终,随着1795年波兰-立陶宛联合王国的覆灭和加利西亚的西扩,波兰国不复存在,加省随即成了波兰文化遗产的一处保护地。1796年,戏剧家沃伊切赫·博古斯拉夫斯基(Wojciech

Bogusławski）在利沃夫公演了他新编的民族歌剧《克拉科维亚克人和高地人》（*Krakowiacy i Górale*）。剧作的背景不仅对加利西亚十分有意义，对波兰亦是如此。1772 年后，因行政管理需要，加省设立首府：这个城市波兰语叫利沃夫（Lwów），德语叫伦贝格（Lemberg），拉丁语叫雷欧波利斯（Leopolis），即今天乌克兰语中的"利乌夫"（Lviv, Львів）。1795 年后，加利西亚又收并了克拉科夫城的中心，波兰语称克拉科夫（Kraków），德语称克拉考（Krakau）。从 18 世纪 70 年代约瑟夫莅临到 90 年代博古斯拉夫斯基的到来，加利西亚在政治上的构建已经稳固成型，但在文化和地方身份方面的构建才刚刚开始。

约瑟夫在加利西亚："我周围都是萨尔马特人"

对于第一次瓜分波兰，玛丽亚·特蕾莎并不心安理得，因为她清楚地知道这是一场对合法主权领土的非法侵占。尽管如此，有人匆忙建议她一定要在波兰割地上分一杯羹，以制衡沙俄和普鲁士的扩张。"我不明白这个道理，"她后来写道，"为什么，如果两方行使霸权，压迫弱小，第三方可以且必须效仿并做出同样有失公允的事情，仅仅是出于未雨绸缪和当下便利。"[3] 即使当她知道了沙俄的叶卡捷琳娜二世（Catherine II），特别是她的劲敌、普鲁士的腓特烈二世（Friedrich II）都会和她串通一气时，她的良心依然过不去，一副顾虑重重的样子。腓特烈反倒嘲笑起特蕾莎的伪善。他犀利地讥讽道："她呀，哭得越多，要得越多。"事实上，哈布斯堡分到的波兰割地，即加利西亚，最后的确要大于沙俄或普鲁士所得。

考尼茨和约瑟夫都接受了权力制衡的逻辑，奥地利参与瓜分波兰不可避免。在 1772 年与考尼茨的一次并不顺利的讨论中，玛丽亚·特蕾莎说道:"瓜分这个词让我十分反感(Ce mot de partage me répugne)。"[4] 巧的是,正是她代表帝国的反感态度促成了哈布斯堡考虑借用"加利西亚"来指代这块波兰割地。之前,考尼茨作为首相一直在鼓励针对中世纪匈牙利王朝历史语汇的相关研究。如今,到了 1772 年,哈布斯堡开会讨论波兰议题,中世纪罗斯公国的名字"加里奇与弗拉基米尔"(Halych & Vladimir)就突然派上了用场。中世纪的匈牙利王国早在 12 世纪就管辖过这个地方,而波兰是在 14 世纪之后才占领此地。因此,作为 18 世纪的匈牙利女王,玛丽亚·特蕾莎当然可以在名义上要求"加利西亚与洛多梅里亚王国"的"产权",也就是大约覆盖了波兰被瓜分领土中奥地利所得的区域。[5] 当哈布斯堡的军队于 1772 年占领了这片波兰领土时,维也纳声明"要回"这份中世纪产权,如此这般,就避开了难以接受的、冒犯到女皇的那个词——"瓜分"。

玛丽亚·特蕾莎 1773 年写给约瑟夫的信中并没有提到"加利西亚"这个名字。她出于为人母的"内心平静",在信中试图劝返儿子,不要去做"这次糟糕的旅行"。她需要约瑟夫在维也纳陪她一起应对棘手的政治事件:"这里才是你应该出现的地方,不是什么喀尔巴阡山脉(in den Carpathischen Gebürgen)。"[6] 她从法文换成母语德文,着重强调了喀尔巴阡山脉,或在暗示那里的荒郊野岭,一毛不生。提到山脉也给那个特蕾莎还没有叫作"加利西亚"的地方增添了一份地貌上的特征。

1773 年 8 月 1 日,远在利沃夫的约瑟夫写信给母亲汇报:"我早就知道(je vois deja d'avance),这里有许多工作要做。除了繁杂的事务,我还看到了这里有一种可怕的反抗精神。"他从一开始就尤其担心农民的处境,那些农民看起来只具有"物质的生活和人的外形"。[7] 他所说的许多工作要做,应该是指后来 80 年代他亲身带领广大加利西亚乃至哈布斯堡农奴闹革命,与贵族作斗争。他在 1780 年、1783 年、1786 年都回访过加利西亚。[8] 这么说来,早在 1773 年,他看加省的眼光就是带着他约瑟夫帝国使命的理念,这一点也被他的先见之明证实了:"我早就知道。"这种高傲的哈布斯堡凝视造就了帝国对加省地方情况的认知。"我尽力对每个人足够友善(assez poli)。"他安慰着母亲,但他的漠然也尽显纸上。[9]

8 月 1 日同一天,约瑟夫给他在佛罗伦萨的弟弟利奥波德去信:"我周围都是萨尔马特人(Me voilà donc au milieu des Sarmates)。这里要做的所有事都匪夷所思;一切乱死了:阴谋、诱惑、混乱,甚至道德沦丧。"[10] 萨尔马特人据说是这一地区的远古居民,17 世纪的波兰贵族沿用了这个名字来称呼自己英勇的祖先:身穿长袍,腰挎弯刀,萨尔马特人好不威风。这被当成波兰独有的特点。但约瑟夫说自己"周围都是萨尔马特人",反倒指的是加利西亚居民具有一种充满喜剧色彩的野蛮主义特点,他们好似伏尔泰寓言里的土著:就像在保加尔人和阿瓦尔人中间的老实人赣第德(Candide)。约瑟夫对加利西亚的特点有一种"迷糊"的认识,这的确和伏尔泰对东欧的启蒙认知如出一辙。伏尔泰给叶卡捷琳娜二世的信中提到,也是在 1773 年,他希望女王可以"理清世上一切的混乱,从但泽到多瑙河口"。[11] 这就是约瑟夫察觉到的东欧的错乱,加利西亚的错乱,与伏尔泰所勾勒的地理轮廓(从但泽到多瑙河口)相当吻合。约瑟夫的加利西亚之行也是为了解决问题,拨乱反正。

为了恢复秩序,首先要做的就是在这片刚刚取得的土地上建立一个完整的行政区划:加利西亚。而行政管理的首要任务就是要选定一位领导人:考尼茨的门徒佩尔根(Pergen)。直到 1772 年 8 月底，佩尔根仍然不确定他管辖的这一方水土叫什么，他还建议叫它伦贝格大公国。[12] 10月份的时候，他负责主持哈布斯堡的权力交接仪式，利沃夫的大街小巷贴满了"加利西亚和洛多梅里亚王国"回归匈牙利的帝国告示。考尼茨在维也纳也早已安排好了大小事宜，甚至具体到锣鼓和炮礼。佩尔根则对负责维持典礼活动秩序的奥地利军队做了相关部署，他还参加了利沃夫的游行队伍，然后在大教堂内庄严歌唱《感恩曲》（*Te Deum*）。[13]

佩尔根的任务是要建立一个新的行政区划，以替代前波兰政府的遗留。他要打造一个可以与哈布斯堡其他辖区平行衔接的新省份。这个启蒙治国的畅想，一场完美的改朝换代，恰得益于加利西亚"回归"的意识形态。考尼茨建议道，哈布斯堡其实是在收回一个被波兰长期非法侵占的匈牙利辖省，所以波兰在此期间的任何发展建设都是不合法的，我们要废教弃制。[14] 特别是波兰贵族在本地政府中的巨大特权，还有波兰设立的那些法律条文都可以被废除了，然后新主人哈布斯堡就可以在加利西亚这张白纸上任意作画。但佩尔根1772年到利沃夫后要处理一个更现实的问题：加利西亚并非白纸一张，也不是全新世界，而是一片真实存在的居住区，有其特殊的社会、经济和政治现状，不能随随便便说废弃就废弃，说重新开始就重新开始。

1772年从波兰-立陶宛联合王国收获的加利西亚土地，包括了以利沃夫为中心的前鲁塞尼亚省（województwo ruskie）的大部分土地和小波兰区（Małopolska）的一部分土地。而小波兰的首府克拉科夫正处在加利西亚的边界以外，当时那里还算波兰的残余领地。小波兰从10世纪末建立之初就隶属波兰王国，而鲁塞尼亚原本处在中世纪基辅罗斯的治下，到14世纪，波兰国王卡齐米日三世（Casimir III）才将其吞并。所以加利西亚西边的人口更加波兰化，东边则更鲁塞尼亚化,但从全省范围看,贵族们(szlachta)在语言和文化上都还是偏波兰的。当然,这里所指的1772年的人口并不是现当代民族国家意义上的"波兰"和"鲁塞尼亚",尤其是农奴之间,二者更多是语言使用上的区别,或者说是方言的划分。这样的区分也基本对应了罗马天主教和东仪天主教或希腊礼天主教之间的宗教文化差别。而说到本地犹太人,他们的踪迹可以追溯到卡齐米日大帝(Casimir the Great)时期。18世纪哈西德主义崛起,犹太人口数量因而大幅度增长。哈西德运动的创始人巴尔·谢姆·托夫(Baal Shem Tov)就生活在这个后来被叫作加利西亚的地方。

1773年5月,为了跟哈布斯堡行政管理统一,佩尔根决定把加利西亚分成若干个行政区(Kreise)。他起初的想法是使行政区和省内民族构成一一对应(譬如建立一个鲁塞尼亚区),但他既没有准确的信息也没有精确的地图供参考。所以他纠结是否要沿用老波兰的行政区划,尽管这种相似性或给人带来政治沿袭之嫌,会被哈布斯堡所抵触。[15] 同年,佩尔根还给加利西亚的犹太人加税,并增收一种婚姻税,以遏制犹太群体的人口激增。18世纪70年代后期,哈布斯堡政权企图全面干预犹太人在前朝曾享有的社会、立法及政治自治权。1776年,哈布斯堡决定对犹太社区进行重组,要求所有本省犹太人都要接受一群年长者的领导,其中包括一位拉比负责人(Landesrabin),直接对接哈布斯堡当局。等到80年代,全国范围推行行政专制主义体系时,约瑟夫会继续实施针对加利西亚犹太人的改革宏图。[16]

1773年,约瑟夫再次视察加利西亚,那时他对佩尔根已然有些不满意了,因为他没有履行好哈布斯堡交给他的加省政治社会大清洗的任务。约瑟夫为佩尔根准备了154个关于加利西亚的问题,然后,佩尔根很快草拟了一份加省介绍,题为《加利西亚与洛多梅里亚王国概要》，此时正是哈布斯堡决定对加利西亚采取"重新收复失地正式要求"的时候。[17] 这份概要非常清楚地写到，加利西亚并不是空空如也，所以哈布斯堡不可不顾现实情况在这里肆意作为。虽然通过这次问询的契机，约瑟夫获得了许多加省的情报和描述，但以他的帝国眼光看，加利西亚仍然混乱不堪。这也正是他之前预料到的，从出发时就察觉到的：麻烦多着呢！

克拉特的信："新与奇"

1780 年，约瑟夫又一次来到加利西亚，这次是在他去俄国会见叶卡捷琳娜二世的路上，他在加省停歇休整了三个礼拜。他在日记里真实记录了利沃夫教堂的弥撒和自己在花园漫步的经历，他觉得花园"很漂亮"。5 月 16 日的日记上简单地记录着："早上我工作到 11 点，然后听到耶稣会教堂在搞弥撒活动，我会见了几个客人，做了些指示，最后和贵族们散了散步。"约瑟夫大概对贵族们很"谦和"，像 1773 年时表现的那样。但他 19 日在给母亲的信中却说，"到目前为止，我们太纵容（complaisance）这些老爷们了"——他指的就是波兰贵族。[18] 同年 11 月，特蕾莎病故，约瑟夫独自统治的时代宣告开始，这也意味着帝国对加利西亚的纵容，甚至保持表面谦和的时代结束了。

女皇驾崩于 1780 年 11 月 29 日，在约瑟夫出访加利西亚的六个月之后。算起来特蕾莎统治了这个大哈布斯堡帝国足足有 40 年光景。甚至当她已下葬到哈布斯堡列祖列宗的维也纳卡普钦墓穴（Kapuzinergruft）后，安魂曲和哀悼文依然回响在利沃夫的大教堂内。其中有一篇悼文，先在利沃夫被用波兰语诵读，然后在维也纳被用德文发表，文中将波兰人视为哈布斯堡王朝的小儿子，毕竟波兰是最近才加入帝国怀抱的,"我们在帝国子民中最年少,我们在启蒙运动中最幼小,相比于同属最仁慈领袖统领下的其他人,我们懂得还不算多,我们是七八岁的孩童,什么都不知道"。[19] 这首1780年的歌谣将1772年才被创立的加利西亚比作小孩子,讲出了加利西亚之新。然而,约瑟夫在他之后一统天下的日子里将要面对的,则是这个无知少年的青春逆反。

对哈布斯堡王朝而言,18世纪80年代是一个波涛汹涌的年代,因为约瑟夫大搞革命性的开明专制主义,后被称作"约瑟夫主义"。这次运动意在加强维也纳的中央行政权,其中包括国家要干预宗教生活,扩大宗教容忍,减轻审查制度,部分废黜农奴制,以及废除贵族特权。这些改革举措可以说是革命性的,波及王朝的每一个角落。在"回归"主义的论调下,新上岸的加利西亚省在历史上的特权要远小于其他哈布斯堡辖省。因此,约瑟夫改革在这里可以更加无所顾忌,不用去考虑任何惯例陈规。毕竟作为一个被创造出来的政治存在,加利西亚可以说是没有历史的,所以它就成了这次系统性启蒙转型的最佳实验对象。与此同时,约瑟夫时代的哈布斯堡政府继续搜集着更完整的加利西亚情报,帮助当局形成更完善的地方认知,以便更好地行使帝国权力。这些认知渐渐在启蒙运动下的公共空间中找到了自己的位置,皇帝充满争议的改革也使哈布斯堡君主国内外的德语读者们开始注意到加利西亚。1786~1787年,维也纳和莱比锡出版了几部颇具煽动性的德语游记。启蒙运动时期,人们对于东欧刚刚有一个大体的概念,在这样的背景下,德意志视角以此方式带给了加利西亚一个更独特完整的身份。

有一个年轻人叫弗朗茨·克拉特,他来自施瓦本(Swabia)(属于神圣罗马帝国但是在哈布斯堡王朝的领土之外)。18世纪80年代时,他正住在维也纳,出版小册子宣传约瑟夫改革,他也因此卷入了与维也纳共济会的派系之争。1784年，他去看望在利沃夫当酒商的弟弟，在加利西亚度过了半年光阴。1786年，克拉特在莱比锡匿名出版了两卷本著作《加利西亚当下时局概述》（Briefe über den itzigen Zustand von Galizien）。加利西亚越过哈布斯堡政府限制的渠道和圈子，作为一个话题首次出现在公众视野和大众讨论中。在第一卷的前言里，克拉特告诉读者，游记"是德语大众最喜闻乐见的作品形式"，因为它们"正中下怀，满足了大众对于新与奇的渴望"。[20] 加利西亚对80年代的读者而言当然是全新的，但克拉特不仅保证了它的新鲜，还保留了它的奇特。能叩动18世纪读者心弦的游记不少是带有极度异域风情的，例如库克船长1768~1769年访问太平洋群岛（如夏威夷和塔希提）时撰写的笔记。虽然加利西亚还不被人们所熟悉，但它离德语读者并没有那么遥远，克拉特尝试着彰显甚至批驳它那不可或缺的奇异感。

克拉特还许诺不仅要在书中展示加利西亚的闪光点，还要展示它的"败坏、丑陋和可憎"（das Schlechte, Hässliche, Abscheuliche）。造成引人入胜奇异感的并不是塔希提的那种异域主义，而是加利西亚的粗俗可憎。的确，克拉特觉得，他的启蒙读者们或许接受不了这些败坏、丑陋、可憎，所以他提前请求大家的原谅：

> 可爱、可敬、高贵、高尚、散发人性光芒的朋友们，如果我有冒犯到您脆弱的感情，让您的心灵因泯灭人性的暴政景象而滴血，因受压迫的人间不幸之沉痛描述而流泪，我必须请求你们的谅解。接下来您将了解到一群人闻所未闻的世界。[21]

所以说，克拉特建立了一条横跨高尚的德语读者和陌生的加利西亚之间的桥梁。尽管他用德文写作，时而用德意志对文明的标准来审视加利西亚，但克拉特在18世纪80年代持有的并不是现代意义的德国观点。相反，它同时涵盖着德语教育、约瑟夫启蒙、哈布斯堡帝国和欧洲文明化的多重含义。他的德语读者也是他的人文朋友。克拉特在书出版后便移居加利西亚，后来在城市戏剧舞台上扮演了重要的角色，整个中欧德语区都会看到他在加利西亚创作的德语剧。1830年，克拉特病逝于利沃夫，晚年的他或许已经认为自己属于加利西亚了，但回到18世纪80年代，加利西亚对他来说却是全然另类的。

加利西亚的贵族阶层让克拉特尤其厌恶，他的目标读者是那些可能会支持约瑟夫打倒贵族特权的中产大众。"奥地利政府治下的加利西亚贵族不得不面临一场一反常态的大转折，他们无法无天、称王称霸的嚣张气焰势必要被囚困在王朝的枷锁中。""加利西亚贵族"这个概念也是一个新概念，是奥地利统治后的产物，因为哈布斯堡入侵了波兰贵族的封地，所以这些波兰贵族失去了波兰的政治身份，旋即成为加利西亚的贵族。在他们还是波兰贵族时，这无法无天的阶级"强取豪夺了这个国家的其他部分，把人民变成了奴隶，以绝对专制主义对付老百姓，罪恶滔天，令人发指（Gransamkeiten）"。[22] 以启蒙运动的眼光看东欧、沙俄还有波兰，农奴的社会关系形态与奴隶制并无差别。[23] 1788年，约瑟夫的侄子、未来国王弗朗茨（时年20岁）也到访加利西亚并做出和克拉特一样的评价："这里的百姓，尤其是农民刚刚意识到生活在我们的政府治下是多么大的一份享受，之前他们是奴隶，现在他们是自由人。"[24] 在约瑟夫时期的加利西亚，哈布斯堡对本土贵族采取权力施压，而奴隶制正好可以成为其"滔天罪恶"的一个力证。

现代的"东欧"概念形成于启蒙运动时期，欧洲东部大陆逐渐被看作落后之地，正等待文明的升华。管理加利西亚也因此成了一项开化行动，克拉特所言极是，"波兰贵族无比狂野粗暴"。波兰贵族在归入哈布斯堡之前是"最无人性的，最可恶、最粗野的东西（Wildling）"，"他们跟任何文明社会都搭不上边儿，就知道不停地颐指气使，发号施令，从小就刻在他们骨子里的是各种残暴、强横、可怕的行为，虎兽般的冷酷无情"。文明世界的礼仪社会，也就是德语读者大众所处的世界，与波兰贵族猛于虎的那个野蛮残暴甚至兽性的加利西亚世界有着天壤之别。这些野蛮的东西，甚至在克拉特记录时，也已经开始被教化、转型、溶解，最后要"重铸"（umgeschmolzen）成哈布斯堡的加利西亚子民。[25]

在克拉特笔下，波兰贵族们对待农奴似乎极其野蛮。例如，有一个 M 伯爵被称为残暴者，他因琐事就把农民活活抽死。还有一个 L 王子是如此解决犹太人与贵族间的矛盾的：

　　王子：来人呀！（军官上）去旁边那间屋子，把这个犹太人吊起来。
　　军官：好的马上。（他抓住犹太人拖走）
　　王子：再来人呀！上我最好的妥凯酒（Tokay）！请坐，贵族大人，与我共饮一杯如何？（二人畅饮，酒过三巡。）
　　军官：犹太人已经被吊起来了！
　　王子：太棒了！[26]

未来剧作家克拉特将发挥他的戏剧想象力，把这个野蛮场景编进他的短剧里。

书中还有更多的暴力呈现，比如 P 家族（大概指的是波托茨基），他们"杀人只是为了消磨时间"。克拉特讲到这家人让一个农民爬上树清理猫头鹰巢穴，然后把他射杀在树上，一边哈哈大笑起来。还有一则讲道,据说利沃夫一名前任主教下令折磨他的农奴并把其活活烧死。"如果一个优秀的画家可以用到这个场景,"克拉特评论道,"他就能画出一幅笑面魔般的巨作。"克拉特在臆测主教的魔鬼形象,戏剧化加利西亚之前发生的种种罪行,他也是在施展着自己的创作自由。"奥地利统治前,加利西亚就是被这样的恶霸控制的。"克拉特如是说道。[27]1786年,一本用波兰文写成的《地理学》(*Geographia*)在普热梅希尔(Przemyśl)匿名出版,书中有"对加利西亚与洛多梅里亚王国的精确描述",同时该书也否认了波兰贵族在这个地理政治体中的合法身份。[28]克拉特的作品通过谴责波兰贵族阶级,对哈布斯堡的自我辩白起到了一定的政治效果。玛丽亚·特蕾莎很珍视凭借"自古以来"的传统来获取合法性,利用中世纪匈牙利对加里奇和弗拉基米尔的所属权来获得现代的所有权。因此,在约瑟夫任内的18世纪80年代,在公众面前讲现代合法认领,强调用启蒙新政府替代过去的野蛮暴政,并不是一件不可能的事。

23

"可怖又可恶"

约瑟夫一边试图制约哈布斯堡自上而下的贵族特权,另一边也准备打压教会特权,使其臣服于国家统治。和痛恨贵族一样,克拉特对加利西亚面目可憎的主教们也充满了敌意,这正好与约瑟夫主义的精神不谋而合。约瑟夫尤其要镇压僧院体制,克拉特也对加利西亚的僧侣们气不打一处来,因为他们和贵族经常沆瀣一气,无罪释放那些"惨无人道、烧杀抢掠"的官绅老爷。这些被赦免的罪人会给予教会财务资助作为回馈。

这就是为什么加利西亚有那么多教堂、僧院、基金会，他们目的不纯，丧尽天良。我很客观地讲，这是许多修道院的源头所在，沾满了最邪恶的亵渎神灵的罪恶。这就是为什么教堂和僧院都变成了王公贵族的妓院和公众羞耻房！这就是为什么当一个沉湎淫欲的怪兽在教堂里把一个无辜的忏悔祷告者从祭坛下拽走，当着众教徒的面，不顾基督信仰最神秘的清规戒律，在大庭广众之下奸淫了她，而老百姓和神父却都缄默不语！我的心在怒火中燃烧！我的血液在翻滚，我的灵魂充斥着憎恶和恐怖！此时此刻，我认为人性和教会比世间一切丑陋的东西都要卑劣。[29]

虽然这样的文字给约瑟夫的反教行动提供了政治根据，但克拉特夸张的笔法远超过了挑起事端的常规操作，他只想尽情展示亵渎神明的淫乱，跟同时代萨德侯爵的文学造诣比有过之而无不及。克拉特其实已经写到了走火入魔的状态，他提及自己心脏和血液的生理表征或是为了给他脆弱的读者们传播情绪。道德愤慨加上淫乱刺激，既向读者灌输了启蒙运动的反教士主义，又能激起大众对加利西亚的强烈情绪乃至生理反应。

克拉特在讨论教士和僧院的卫生健康问题时迸发出更多的愤怒之火："德国修道院的猪圈日常都要比这里的厨房和餐厅干净。"[30] 20世纪著名的社会学家诺贝特·埃利亚斯（Norbert Elias）曾讲过，现代早期欧洲礼俗的"文明进程"给优雅教养和野蛮粗鲁之间提供了衡量标准。比如埃利亚斯说，16世纪的伊拉斯谟（Erasmus）讲过擤鼻涕要用手绢而不可用手这个基本礼仪，他还引用了18世纪拉萨尔（La Salle）《礼规》（*Les Règles de la bienséance*）中的内容："以用手擦鼻子为耻，以擤在袖子或衣服上为耻。用手指捏住鼻子擤,并把鼻涕甩在地上或者抹到身上都是极不礼貌的行为。"[31] 在这个提升礼仪自觉的文化背景下,克拉特剑指加利西亚神父,反思说:

> 在弥撒活动期间,有的人把鼻涕擤到袍子上,有的擤在手上,有的把鼻屎弹出好远。站在祭坛旁的人必须很小心,要不然就会在身上或者脸上喜获一团神父之污。我亲眼所见一个神父把鼻涕擤到手上,然后就用这弹鼻屎的油光脏手掰祝圣过的面包,然后把它送到嘴里享受这神圣美味。[32]

为了让绅士读者们作呕并激怒他们脆弱的心灵,克拉特栩栩如生地描述着亲身经历的故事,展现了他在加利西亚反教士主义行动上的独特技能。他仿佛把手放到了德国启蒙读者的文明脉搏上,挑起他们在卫生方面的义愤,给帝国的介入铺平道路。文明问题是启蒙视角下东欧的根本问题,克拉特看似怪异地放大了加利西亚教堂里的鼻屎,只是为了直接表达出礼俗行为与文明性的息息相关。

对于加利西亚的罗马天主教会而言,约瑟夫的国管宗教主张犹如当头一棒,但东仪天主教,当时被叫作希腊礼天主教,却因此大大获利。根据1596年布热斯科教会的联合决议,鲁塞尼亚人的东仪天主教既保留了东正教的礼仪和斯拉夫的礼拜仪式,又认可教皇的等级权威,所以他们一直以来都受到处于强势地位的罗马天主教派的压制。而特蕾莎和约瑟夫都更加希望能一碗水端平,比如说实行中央管控,建立许多国有神学院,这对于东仪天主教来说自然是极大的利好。

即便从反教士主义出发,克拉特也没有厚此薄彼。他骨子里的高傲也给了东仪的教区神职人员些许同情,因为东仪教区神父经常要和农民一样做农活。

> 在乡下，看到神父衣衫褴褛并不稀奇。他们脖子上围着神父的领子，嘴里叼着烟斗，手里拿着皮鞭，在马群或者牛群旁走来走去。其中很多人像喝水一样喝酒，几乎每天都喝醉，然后就像其他醉汉一样做出那些粗俗冒犯的言行。我好渴望亲自认识这样一个披着神父衣服的禽兽啊！[33]

克拉特对加利西亚这种教会生活非常鄙夷，且觉得它多少有些不搭的喜感，他宣称要以新闻业者的身份去做田野调查，去了解这些神父的生活。做采访的想法如愿以偿后，克拉特汇报说这个神父生活在破屋里，穿着脏衣服，愚昧无知，毫无希望，"我想把话题转到其他方面，谈谈宗教、道德、放牧、教育、启蒙运动，或者新条例。他根本没听懂我在说啥。"[34] 根据所谓的文明不对称性，克拉特声称自己可以理解和阐释加利西亚，但加利西亚好像并不懂他。

18世纪80年代，约瑟夫非常关心东仪教的神职教育问题，设在利沃夫的神学总院与鲁塞尼亚研究中心也挂牌成立。克拉特把这样的机构看成是加利西亚开化大计的根本。

> 睿智的约瑟夫今天通过建立这两所伦贝格师范教育机构，保障了宗教和神职界的健康发展。在此之前，我们的法律从来没有认真考虑用任何有效的改革方式去干涉被豺狼虎豹贪婪掠夺的那14个严酷春秋。哲学家，人性的朋友们，会原谅我们曾抛弃过那些可怜的人民吗？[35]

和关于蒙赫豪森男爵（Baron Münchausen）的那本畅销小说一样，80年代针对东欧景观的虚构创作经常会用到猛兽，比如熊或者狼，来展现这片土地上的野蛮残暴。对于克拉特来说，加利西亚人犹如狩猎中的野兽（这里特指神职人员），正等待哈布斯堡国王的驯化。从1772年加利西亚建省到克拉特1786年为其创作文学形象的14年，被克拉特视作翘首以待的14年，在此期间，约瑟夫的改革在一点点积累成效，其中也离不开德国民众，他的哲思读者们的积极参与。

虽然克拉特对罗马天主教会也同样充满敌意，但保留着东正习俗的东仪教会似乎更加陌生与遥远。当看到一个东仪神父趴倒在圣尼古拉斯（Saint Nicholas）的神像前，他大吃一惊："他好像暴君的奴隶那样跪倒在地上，他意味深长地看了我一眼，因为我并不想和他一起跪在伟大的尼古拉斯面前。"[36] 总之，克拉特带着反讽的轻蔑，回应着这些复杂到过分的东仪礼节，这也恰恰到了约瑟夫想精简罗马天主教派繁杂仪式的时候了。因此，约瑟夫治下的宗教氛围必然也影响着克拉特对东仪典礼的不屑一顾。他甚至形容那个仪式是"低级的滑稽搞笑（niedrigkomische Purleskerei）"，然后，他就用上面的口吻把它编排成了喜剧。有一次他去听晚课，看到东仪主教正在组织向舍利和神像献上亲吻的仪式：

> 他们拿着他们的东西站成一排，其余神父成队走进来，依次亲吻舍利和神像。在整个教堂里我是唯一一个被抛弃的人，我也不知道我的热情怎么就冷却了，善哉善哉。但我，真的不想亲那些东西。[37]

克拉特置身于这个颇具喜感的亲吻礼世界之外，他没有隐藏自己的冷漠无情，这也体现出他对加利西亚的那种陌生观感。

"应许之地"

其实要从宗教角度来说，加利西亚的犹太人才是陌生的。克拉特清楚犹太人数量之多，大概占了全省人口的10%。但克拉特对他们的宗教仪式并不感兴趣，反倒极其关心他们的政治和经济状况。他对犹太人的情感一部分是直言不讳的厌恶，主要问题出在犹太人和贵族之间的经济关系上，犹太人从贵族那里获取了各种经济特权。"他们的租借范围包罗万象，能租的都租了，不管是基督的还是非基督的，犹太的还是非犹太的，神圣的还是世俗的。"克拉特写道。[38] 他尤其厌恶犹太人可以在贵族地产或私人城镇中生产销售酒制品。这是一个随处可见的权利租赁，这种特权叫酒垄断（propinacja），是造成加利西亚犹太人和劳苦农民大众关系恶化的罪魁祸首。据克拉特说，赶集日上经常有农民喝得酩酊大醉倒在路边。他还描述了一次婚礼现场，其中每个人包括新娘新郎都在教堂里喝醉了："我想象不到有任何其他场景，人性尊严竟然如此卑微。"农民饮酒主要发生在犹太酒馆内，克拉特讲述了犹太酒家如何诱骗欺诈顾客，甚至还给孩子灌酒，让他们染上酒瘾。他还提到在伦贝格有很多犹太人做着拉皮条的生意，他列举可以反映加利西亚多元化的多种妓女服务项目：你可以选基督姑娘、犹太姑娘、波兰姑娘，或者鲁塞尼亚姑娘。[39]

1785年，约瑟夫想通过限制犹太人从贵族处获得租赁的机会，来改变他们的经济状况，比如说限制磨粉厂和小旅馆的租赁许可。[40] 在此之前，犹太人被要求付给贵族一大笔经营许可费，然后他们需要从老百姓那里收回成本并获得利润。犹太人在这个链条里的角色经常是弱势和绝望的。上文短剧中被 L 王子吊起来的犹太人其实也是王子的租户。对犹太人在加利西亚的贫困和不幸,克拉特还是有所同情的。[41]

在克拉特看来,约瑟夫时期给犹太血泪史带来了近乎弥赛亚式的改观:

> 现在整个加利西亚都希望能了断和犹太人的关系,告别这片土地上的剥削。这些大的愿望传到了政府的耳朵里,政府也已经准备好重铸整个犹太系统,毕竟摩西不愿同情他的希伯来人,或从专制中把他们救出来带去应许之地。[42]

克拉特隐晦地以加利西亚本土大众的口吻讲出他的看法:"这是整个加利西亚的希望(Ganz Galizien wunscht)。"哈布斯堡政府应该是回应了加利西亚的公众意见并且提供了犹太与基督关系重铸的机会,就如同"重铸"中的贵族和农民的关系。这个冶金学的隐喻说明了被打造的不仅仅是加利西亚本身。约瑟夫要从波兰贵族的埃及专制中解放犹太人,在这片他们生活了几个世纪的土地上还给他们一份应许之地,即在社会和政治等方面都脱胎换骨的哈属加利西亚。

约瑟夫1785年限制犹太租赁是这个重铸过程的第一步,但克拉特发现,新制度依然会造成很大的经济伤害,他估计会有成千上万家庭的生计因此遭殃。

> 彻底重铸犹太系统的法令施行后已初见成效,人人都很忧虑,也很期待,但同时每个犹太人或非犹太人也感到了莫大的恐惧,因为现实跟他们所期盼的大相径庭。不幸的犹太人从古至今都被自然和神界的某种诅咒支配着,其他人类,每一个公

民，每一个社会，每一个阶层，每一个民族，甚至国家本身，都可以对犹太人做出泯灭人性的行为，且不用自责。人们因此虐待了这一整个人类群体。[43]

这里能看到克拉特秉持了几分约瑟夫思想。虽然犹太人已经在全世界被迫害了若干个世纪，而加利西亚要成为基督-犹太关系重铸的试验田。在整个哈布斯堡王国内，没有比加省更适合这个项目的省份了，也不存在其他有加省这么多犹太人的地方。

"这是野蛮的虐待！"克拉特骂道，"政府欠犹太人的难道比欠基督徒的少么？阳光应该普照万物啊！"纠正反犹暴虐成了克拉特落实加利西亚开化方针的一部分。他的启蒙情怀会在约瑟夫的宗教宽容法令中找到共鸣。1781年的宽容诏令已经对压制基督教各派系产生了作用，也减轻了对犹太人的束缚，而1789年的另一个诏令则给予加利西亚犹太信仰自由和法律面前人人平等的承诺："因此犹太人必须享有与其他子民同样的权利和待遇。"[44]

理论上讲，约瑟夫更希望哈布斯堡全境的犹太人得到解放，但这个想法由于犹太特殊税的征收，尤其是1784年加利西亚施行的洁食肉品税，而被搁浅了。实际上，克拉特还一度负责过洁食肉品税的管理工作。1785年，对犹太租赁的限制本来是为了使犹太人摆脱封建经济中间商的尴尬身份，但此举却立刻造成了经济紊乱和贫困。1787年政府出面，给加利西亚犹太人建立了德语启蒙的学校系统，来自波西米亚的犹太改革家赫兹·洪伯格（Herz Homberg）担任组织人，但是他的方案却在加利西亚遭到了拉比方面的强烈抵制。不仅如此，同年约瑟夫要求每个加利西亚犹太人都要有姓氏，通常是德语姓氏而不是传统的父姓称谓。[45]

最有争议的当属1788年，约瑟夫不顾军事会议的反对，启动了犹太征兵制度。历史学家米歇尔·西尔伯（Michael Silber）记录了约瑟夫逾越犹太安息日与膳食要求这些现实因素，坚持他的原则："犹太人是人，是我们的同胞（Mitbürger），所以他们也要履行与其他人同样的义务……但他们可以吃他们自己的饭，在安息日只做教义允许的工作，如同基督徒的礼拜日一样。"1789年提出的礼拜自由也使加利西亚的传统犹太人付出了巨大的社会代价。到约瑟夫时代晚期，加利西亚犹太人的两极分化已十分严重，一面是哈布斯堡政府和犹太改革者的启蒙化革新，另一面是犹太宗教社会的传统化倾向，后者尤其受到了日渐崛起的哈西德主义的影响。历史学家拉斐尔·马勒（Raphael Mahler）表示，大多数加利西亚的犹太人，也包括许多基督徒，都感到约瑟夫的启蒙改革更像是一种迫害。[46]

然而，坚守着约瑟夫方针的克拉特却把它看成是一个即将到来的社会融合过程："用不了几年，犹太人就不再是犹太人了，他们不再去信守犹太教的戒律清规。他会是一个农民，一个国家公民，幸福快乐，散发人性的光辉。"从布列塔尼来的科考旅行者巴尔塔扎·哈克特（Balthasar Hacquet）于18世纪80年代在利沃夫做教授，他认为加利西亚犹太人应该放弃他们的独特服饰、胡须、希伯来语以及星期六的安息日，"这样人们就不会看出犹太人和基督徒存在差别"。约瑟夫主义的计策终使加利西亚成为一片宗教被抹杀，甚至是民族被抹杀的火海。波兰人将不是波兰人，犹太人将不是犹太人。克拉特宣称，犹太人正从"最悲惨、最凄凉、最绝望的"境地走向最后的解放，他们要被重铸成"在祖国怀抱中的爱国者"和"同胞们的亲兄弟"。[47]这就是关于加利西亚社会转型的真实的革命性的约瑟夫幻想吧。

克拉特断言，利沃夫城在哈布斯堡的统治下正迈向"帝国皇家世袭土地中最精美绝伦的城市之一"。[48]他说在奥地利的统治到来之前,利沃夫并没有任何公共卫生系统:"所有的污物都会被泼到街头。下雨天,那些污水深可及腰……皇上第一次来伦贝格的时候就和六匹马一起被困在了城中心。"[49]一国之君陷入充满排泄物的泥淖,这样的景象或许是夸大甚至杜撰的回忆,也许只是一个城市传说。但这个故事确实给约瑟夫1773年在伦贝格的信中那随便讲的两句话提供了栩栩如生的语境:"我周围都是萨尔马特人,这里要做的所有事都匪夷所思。"看来他接到的赫拉克勒斯的哈布斯堡任务就是要清理奥古亚斯的加利西亚浑水。

当谈到加利西亚教育问题时,克拉特提到学校要求学生"永远忘掉波兰破坏人民生活安康富饶的那些耻辱与邪恶"。他希望加强德语教育可以让加利西亚人更"了解我们的生活和习俗",下一代人就不再会"那么粗鄙、酗酒、游手好闲"。克拉特把这个计划总结成"人民的全面改造",旨在于波兰的邪恶和德意志的习俗之间催生出一种新的加利西亚人格。[50]虽然利沃夫可能正饱受贫穷和排污等城市问题的困扰,但克拉特发现,当他站在城堡山丘上远眺时,加利西亚好像一座伊甸园,"山谷伊甸园的一切美丽都可以在这里完美地呈现:神圣的玉米园,色彩斑斓的草地、池塘、森林、荒野,实在是亦真亦幻,前景可观!"克拉特在使自己陷入文学极乐的境界后,他的梦幻就开始泡影般破灭了:"这样清水出芙蓉的地方为什么住着一群枯茎朽骨啊!"[51]"亦真亦幻,前景可观",即是对哈布斯堡的加利西亚计划最完美的形容,全面改良行动正在进行中,加利西亚人必须要被重铸到与这美景完全契合。

事实上,人口重铸计划还包括政府通过免除赋税的利好政策鼓励德国人到加利西亚定居。1781年的移民计划要比1774年首次颁布的移民计划还诱人,因为独自统治的约瑟夫可以许诺对新教徒宽宏大量，还给予其十年减税和兵役豁免。到1786年克拉特的书出版前，已经有三千余个德国家庭搬迁至加利西亚定居。[52] 弗朗茨·克拉特非常清楚这个情况，因为其中也包括了他的家人。他的两个兄弟在利沃夫卖酒，生意搞得有模有样。伊格纳兹·克拉特（Ignaz Kratter）在奥地利入侵前已经来到了加利西亚开酒馆，进口匈牙利和奥地利的红酒；不久，他兄弟约翰也来到利沃夫加盟。作家弗朗茨·克拉特打算通过约翰之口表达一个德国人在加利西亚的一腔热血。"上帝只给摩西远观那应许之地的机会，"约翰说道，"但上帝直接把我带进去了。"哈布斯堡的加利西亚被认作一个应许之地，它不仅属于加省犹太人，还属于来自省外的德国移民。克拉特描述说，他的兄弟约翰端起一杯酒，祝他"敬爱到癫狂"的皇帝永远健康。皇帝把加利西亚变成了哈布斯堡的应许之地，"万岁！（Vivat!）祝皇上万寿无疆！"[53] 其实，约瑟夫在克拉特作品出版的1786年又访问过加利西亚，克拉特或许已经当面向他致敬过了。

据《维也纳日报》（*Wiener Zeitung*）所记，约瑟夫在利沃夫参观了医院、修道院，以及罗马天主教和东仪教的神学院，还参加了以他为名举办的舞会。波兰最显赫的贵族家庭成员，如恰尔托雷斯基（Czartoryski）、波托茨基（Potocki）、卢博米尔斯基（Lubomirski）都来觐见约瑟夫二世，大概也都敬了酒，虽然他们并不像克拉特家庭那么真心地祝皇上万寿无疆。[54] 约瑟夫其实也没活多久，四年之后就驾崩了，但是他收回、创立、重铸的加利西亚却一直活到了20世纪。

审阅稿子时，克拉特承认自己的某些观点看起来是"美好幻影下的天真一梦"。但加利西亚在人们心里本就是梦与幻的产物，在今后它也必定会活在人们的想象之中，创造加利西亚仍在进行中。"改造快要好了，快要好了。"他宣布，带着些许末世感。然而，无论还要改造多久，加利西亚永远不会完成她的改造，不会完成哈布斯堡做出的所有改革努力。克拉特对自己的作品并不是特别满意，他无法把加利西亚写得"井然有序"。[55] 这是一种必然的失败，因为加利西亚的本质就是无章可循。克拉特秉持着狂飙突进运动（Sturm und Drang）的情绪逻辑，他无尽的文学想象不会臣服于任何整齐划一的规训。确实，哈布斯堡用启蒙思想治理加利西亚，背后的辩白也都是混乱不解的文学渲染。克拉特为德国大众描画了加利西亚的图景，引领读者们一起走入那幻境世界，那个全面改良的哈布斯堡之梦。

加利西亚的鲁滨孙漂游记

1786 年，克拉特的书出版，第二年立刻引起了另一部作品的回应。这种争议、争辩和讨论现象尽显于 18 世纪萌芽中的公共空间。哈贝马斯（Jürgen Habermas）认为，批判是公共空间的标志，克拉特也难免被下一本讲述加利西亚的作品批判，甚至体现在书名的措辞上：《关于加利西亚的三十封信，或，数年实地考察后的中立报告》[56]。这本德文书于 1787 年在维也纳和莱比锡匿名出版，作者是出生在哈布斯堡布鲁塞尔的阿尔方斯·海因里希·特劳恩保尔，欧法尼亚的骑士。他担任哈布斯堡军官，在加利西亚驻守了整整八年，所以他坚持认为自己比只拜访几个月的克拉特更为可信。

特劳恩保尔不仅声明自己因为待得更久所以更权威，他还批判克拉特没有实事求是："表面文章，虚构故事，空洞猜想，冒犯纪实原则，完全经不起任何推敲。"他认为，克拉特夸大其词的报告背后是对加利西亚的诽谤。"仅仅因为加利西亚还没赶上她的邻邦,我们就否定她的所有价值和所有孕育出的文化,这无比荒谬。"特劳恩保尔评价道。[57] 不过,他也全然接受了加利西亚落后求发展的约瑟夫逻辑。

特劳恩保尔在书题中客观中立的声明,暗指克拉特带有个人偏见,对波兰人充满敌意。特劳恩保尔对公众承诺,在他心里不分波兰人和德国人,"只分两种人,好人和坏人"。[58] 他想展示的是"地域史",申明哈布斯堡对加利西亚"之前的认领地":"在瓜分波兰中分给奥地利的地界现在叫加利西亚和洛多梅里亚王国。"他很明白用"加利西亚"这个方便叫法是带着投机取巧的危险,他清楚了解帝国的权力动态,所以他提出了另一个名字:"新秘鲁"。正因如此,那些淘金的江湖人于1772年"从帝国的五湖四海"[59]奔向加利西亚。虽然表面上说的是合法回归,但加利西亚看起来更像是殖民的新世界,许诺有出人头地机会的应许之地。

尽管特劳恩保尔表示他描写加利西亚时要比克拉特更有同情心,但约瑟夫主义精神在他的书中比比皆是。特劳恩保尔也批判了修道院的神职人员,指责僧侣们对维纳斯和巴克斯的多神崇拜。虽然他认为贵族的举止是"礼貌的,大方的,热情的",他也不禁谈到贵族丑恶和暴力的例子,比如通奸,糟蹋农民家的姑娘[违反初夜权(jus primae noctis)],还有贵族为了开心让一个犹太人爬到树上学鸟叫,并射死了他。[60] 特劳恩保尔很明显从克拉特那里学到了不少让德国读者津津有味的加利西亚野蛮故事。

特劳恩保尔还在书中安插了一部分加利西亚的旅行见闻,大概是哈布斯堡军队中另一个意大利裔军官写的。这个不知名的意大利人走遍了整个加省,他讲述了几则带有深刻寓意的加利西亚小轶事。有一天,他穿便装散步,让别人看不出他的军官身份,想体验一下"自己在其他人面前是什么样子的"。他刻意说自己是"第二个鲁滨孙",按照《鲁滨孙漂游记》(*Robinson Crusoe*)最简化的故事版本,他被扔到一个远离文明的未知小岛——加利西亚。然而,鲁滨孙并不是独守孤岛:"突然间,我发现离我 30 步远的地面上有一个黑色影子。我走近一看,发现是一个正在酣睡的犹太人,旁边放着一本打开的书。"犹太人醒了后,我们的哈布斯堡鲁滨孙跟他聊了起来,知道他是本地的一个拉比。他们聊着聊着就聊到了政治:

> 我:你对约瑟夫二世怎么看啊?
> 拉比:哈哈哈!你喜欢他么?
> 我:很喜欢!
> 拉比:我也和你一样很欣赏他,他是天选之子,被派到世上来拯救苍生。
> 我:那你觉得这里生活的国人怎么样?
> 拉比:我只知道世界上有两种国人:好人和坏人。
> 我:你真的相信弥赛亚会来吗?
> 拉比:我的职责要我必须相信。[61]

这段对话在那位军官的旅行见闻中极其重要,我们可以从中了解到许多关于加省的时代认知,其中包含充分信任哈布斯堡君主的转型大计,着迷于国家宏观定义下的启蒙哲学,以及弥赛亚暗示一个新时代的到来。鲁滨孙和拉比又谈起了刚刚在柏林过世的启蒙犹太哲学家门德尔松(Moses Mendelssohn)以及在《智者纳坦》(*Nathan the Wise*)的舞台上歌颂门德尔松的 18 世纪剧作家莱辛(Gotthold Ephraim Lessing)。其实哈布斯堡鲁滨孙的扮演者特劳恩保尔也给这位拉比安排了一个戏剧角色,莱辛的智者纳坦的加利西亚化身。

"在瓜分波兰前,别人是怎么对待你们犹太人的呢?"鲁滨孙问道。"我们总是被收拾。"拉比回答道,并且他讲述了犹太人怎么被人抽打、被强取豪夺的情景。

> 我:"暴行已被扫除了。"
> 拉比:"我们的后代会保佑那些扫除暴行的人。"[62]

从这个对话中我们可以看到,旧波兰和新加利西亚,旧暴政和新仁政,在人们心中泾渭分明。拉比预言般地暗示道,加利西亚犹太人会世世代代保佑着哈布斯堡人民。

意大利军官很期待和拉比做知心益友。第二天军官去拉比家看望他,发现拉比已经过世了,他只好向其寡妻表示哀悼:"我无法控制,和她一起流涕痛哭,我很怀念这位理智又正直的犹太人。"[63]正如犹太人致敬加利西亚的弥赛亚救世主约瑟夫二世,现在拉比自己也成为某种救世人物,他的启蒙智慧允诺着加省的美好未来。旅行见闻成了寓言,加利西亚不仅代表着一个地理地貌上的空间,还代表着启蒙幻想的哲学版图。

特劳恩保尔用波兰贵族的德贤形象反击了克拉特"波兰贵族野蛮残暴"的负面陈述。那个意大利军官发现了一个完美的研究对象,住在热舒夫附近的维可夫斯基。

> 他热爱他的祖国加利西亚。他智慧、帅气,具有贵族气质和思维。他与人为善,家中整洁,待人接客甚是友好。他和漂亮的妻子生活十分和谐。如果所有波兰人都像这对伉俪一样,我巴不得一直在这里生活下去。[64]

图 1　加利西亚犹太人

资料来源：Julius Jandaurek, Das Königreich Galizien und Lodomerien (Vienna: Karl Graeser, 1884)。

如此着重描写这对美好的夫妻，一方面说明其他贵族并不能与之比拟，另一方面也说明单一样本也可以为未来拯救这个体制带来希望。最引人注目的就是点出贵族的祖国名字：加利西亚。读者可以推断，这位贵族美德的一部分就是他在情感上抛弃了旧祖国波兰，接纳和支持了新的哈布斯堡王朝的政治立场。

在遇到了一个犹太好人和一个贵族好人后，哈布斯堡鲁滨孙在他的"孤岛"上又有了一个惊人的发现：狄德罗（Diderot）和达朗贝尔（d'Alembert）的百科全书。这是启蒙运动的文学图腾。他全然没有想到在加利西亚能找到这本书,德国大众也没想过外来游客能在加利西亚找到这本书。但某人当地的图书馆里正好存放着一本。"我在它面前深深鞠了一躬。"意大利军官不寻常地说道。百科全书的出现,以及遇到的正直的犹太人和高尚的贵族,都寓言般地佐证了加利西亚的启蒙希冀。敬爱哈布斯堡启蒙君主约瑟夫二世,热爱富有启蒙精神的文学作品,两件事相得益彰。那位拉比似乎就是从这样的文学作品中走出来的,即莱辛的《智者纳坦》。于是,加利西亚在启蒙运动的庇护下成了需要得到启蒙转型的救赎之地。

加利西亚的"大宪章"

1790年2月,约瑟夫二世驾崩,终年50岁。他的弟弟利奥波德二世即位。约瑟夫独自统治十年,举国上下对他的改革方略充斥着不满,尤其在匈牙利和奥属荷兰,改革遭到了强烈的抵制。抵制的目的是保护传统贵族和地方政治特权免受皇权的革命性专制。利奥波德即位后,加利西亚贵族也借此机会形成了对他们传统加利西亚特权的维护战线,尽管加利西亚在1772年前并不存在任何传统。后续的争论出现在一本出版物上,名叫《加利西亚大宪章:或,关于波兰加利西亚贵族对奥地利政府不满的调查》。"大宪章"是指递呈给利奥波德皇上的关于加利西亚政治权利的宪章,这里说的"调查"是针对宪章和它的政治设想而进行的约瑟夫式驳斥,言辞激烈。这本匿名出版的作品据说是首先出现在摩尔多瓦的雅西市,但更有可能是在利沃夫印刷的。然而此书在哈布斯堡以及神圣罗马帝国内部广为流传,尤其在德语读者中间。该书包括三个部分:第一部分是以宪章形式(所谓的大宪章)交给利奥波德的加利西亚申诉，用法文写就；第二部分是德译的波兰文作品《加利西亚政府论》（*Uwagi nad rządem Galicyjskim*），是在上述申诉的基础上展开讨论；第三部分是针对加利西亚申诉的德文驳论。[65]

"大宪章"声称要为广大加利西亚贵族发声，它的主要作者极有可能是波兰学者、藏书家约瑟夫·马克西米利安·奥索林斯基（Józef Maksymilian Ossoliński），后来利沃夫奥索林斯基图书馆的创建人。他在加利西亚有不少家产，但为了离宫廷博物馆更近一些，于18世纪末搬到了维也纳。奥索林斯基后来和哈布斯堡宫廷建立了人脉往来，但他同时也代表着加利西亚波兰贵族的利益。早在1789年，当时约瑟夫已经病倒，奥索林斯基写信给考尼茨，抗议约瑟夫对封建劳动制的限制，不满所有权登记改革，"我们伟大的圣上认为这些并不能让加利西亚蓬勃发展，而会置国家于不可逆转的邪恶深渊"。1790年，奥索林斯基或许撰写了谨献给皇上利奥波德"大宪章"的几个部分，他也很可能是《加利西亚政府论》的主要作者，对"大宪章"里的申诉做了解释和赞扬。[66]

驳斥"大宪章"的匿名作者，以及在背后推动整部书出版的神秘人物是恩斯特·特劳格特·冯·科托姆（Ernst Traugott von Kortum）。他出生在西里西亚，接受的是德国启蒙运动精神下的教育，而且十分喜欢康德哲学。科托姆自18世纪70年代开始在华沙效命于波兰国王斯坦尼斯瓦夫·奥古斯特（Stanisław August），1783年调到利沃夫，进入了约瑟夫二世在加利西亚的行政机构。科托姆探索了加利西亚贵族和哈布斯堡王朝之间的紧张关系，这时候正是贵族们普遍对具有启蒙色彩的约瑟夫主义不满的时期，先皇的驾崩倒成为延缓或撤回一些最有争议改革举措的契机。

如火如荼的法国大革命对政治问题提出了新话语和新规划，这使得18世纪90年代围绕着约瑟夫病逝和约瑟夫主义崩溃产生的紧张关系变得更为复杂。科托姆痛斥的加利西亚人在1790年时相信他们还有一定的"权利",并且可以代表他们的"国家"。然而,可能受到了时代革命话语的影响,他们却更偏向反法国革命的保守对抗派,在连带作用下,他们也持有相同的反约瑟夫革命的态度。《加利西亚政府论》似乎与卢梭20年前在瓜分波兰时写的《波兰政府考》(Considerations on the Government of Poland)遥相呼应,但1790年加利西亚的观点其实在意识形态上更接近于同年出版的埃德蒙·伯克(Edmund Burke)的《反思法国大革命》(Reflections on the Revolution in France)。革命政治思想与萌芽中的现代保守主义之间的冲突也在加利西亚问题上找到了出口。

加利西亚宪章的第一个要点叫"产权"("Droit de la propriété"),大概是从法国《人权和公民权宣言》中摘来的。宪章向利奥波德请愿:"请君主建立起产权这一神圣的人权,此乃江山社稷之根本,臣民效忠之保证。"加利西亚贵族很支持这一举措,原因与法国第三等级正好相反:他们在暗中抵制约瑟夫对封建农奴制下他们土地权的限制。宪章的保守主义内核放在了保卫教会财产权和主教权力这些约瑟夫改革的重点上。然而,宪章也很模糊地采用了一些革命词语,比如建议犹太人应该享有"全部的公民权利"(除了一些特例,比如购地权),建议农民有不被地主压迫的"安全保障"(但同时他们当然还要履行封建义务)。[69]

不仅如此,加利西亚人还提议要定期召开"三级会议"(众所周知,三级会议揭开了法国大革命的序幕);但是对于加利西亚而言,三级会议的想法是一个新概念,就如同这片土地在1772年之前并没有任何独特的政治统一性。但现在他们坚信,这样一个代表全省的大会尤其应该被"视为全省人民的公意"。[70]"公意"同样直接引自《人权和公民权宣言》,而《人权和公民权宣言》则是引用了卢梭的《社会契约论》(*Du contrat social*)。这样一来，贵族保守派们高举起革命话语的大旗。但他们并没有点名他们代表的是哪个"国家"的"公意"，如果加利西亚具有"公意"，那或许也存在着一个加利西亚国家吧。

加利西亚人认为三级会议应该给加省建立一个法典，并建议这部法律应该"与国家（pays）的物质与道德层面相契合，和居民的特点相符合，和现实情况相吻合"。[71] 这样大胆的省权议案隐含着一个前提，这个前提就是加省要具有自己的特点，它在道德和物质层面已凝结成为一个整体：加利西亚。

加利西亚人还建议用拉丁文和"民族语言"而非德语作为行政语言，并且敦促将加利西亚的士兵分配到"民族部队"。但是，他们并没有用"波兰"这个字眼去具体说明"民族"的性质。据宪章所述，"没有什么比为皇族而战，以爱国之名（patrie）团结一心，能更好地激起或补偿爱国志士在军中卓越的斗志了"。即使在对祖国辉煌的效忠词中，加利西亚人也没有说出是以哪国之名，他们似乎给出了一种可能性，祖国可以是加利西亚，爱国志士可以是加利西亚同胞而不是波兰同胞。再往后翻，宪章有明确提到"波兰，加利西亚的邻国（Pologne, pays limitrophe de la Galicie）"，好似这两个国家实体是泾渭分明的，差别是显而易见的。[72] 这些对"国家"特权的呼吁就是在国家性质问题上巧妙地打哑谜。

宪章尤其认可哈布斯堡对占有加利西亚的辩白，肯定了"加利西亚-洛多梅里亚和匈牙利自古以来的统一"。[73] 这条公理遂成为加利西亚事务应由维也纳的匈牙利大臣负责的依据。对于哈布斯堡家族来说，这是一个很精妙的点，因为它的逻辑与他们自己编撰的对加省权利的声明完美契合。但约瑟夫1780年给特蕾莎的信中讲过，行政上让加利西亚归入匈牙利这个想法是"荒谬的"，"甚至有害的"。[74] 匈牙利早就在哈布斯堡王朝中位高权重，它还在 80 年代时成为约瑟夫改革和政治集权最强悍的反对势力。1790 年，圣斯蒂芬王权回归匈牙利，这代表了匈牙利在哈布斯堡专权问题上的胜利，加利西亚人很希望这次反抗成功也有自己的一份功劳。加入匈牙利贵族阶层的加利西亚贵族，从此会更有效地为自己的利益发声，抵制维也纳皇帝的命令。因此，加利西亚人认同哈布斯堡王朝通过匈牙利皇室认领加省的有效性，其目的无非是在哈布斯堡统治下获得加利西亚的地方特权。

"习俗与道德"

《加利西亚政府论》先是用波兰文匿名发表，后被译成德文和"大宪章"一起出版，科托姆是德文版的编辑，他在书中加入了不少愤怒的批注。虽然他坚决否定了书中的观点，但这本书的出版不会产生让读者接受这些政治观点的风险。以奥索林斯基笔下的"大宪章"的贵族式角度来看，《加利西亚政府论》展望了一个政治蓝图，甚至表达了一个贵族保守主义的政治哲学。作品提议要找到加利西亚从衰败"到落魄（do tego stopnia nikczemności）"的背后原因，要解释为什么地主豪绅和贫下农奴之间的传统关系会崩塌。书中说根据"千百年来建立的习俗"，在加利西亚有一种"地主和人民之间默认的和谐"，彼此可以互相满足。[75]《加利西亚政府论》因此和埃德蒙·伯克的有机论述不谋而合，认为应该建立古老传统所推崇的精准的社会等级制度，虽然奥索林斯基很可能当时并没有读过伯克的《反思法国大革命》，因为它出版于 1790 年的 11 月，但其实两部作品都受到了法国大革命发展的影响。对加利西亚而言，哲学保守主义已经成为约瑟夫主义衰败的基础。

《加利西亚政府论》肯定了农民的满足甚至相对富足,这归功于波兰联邦和谐的社会关系:

> 地主与人民这层亲密无间的关系促进了农业发展和人口增长,双方共同致富,共同拥有土地。这是加省交由奥地利政府管辖时的现实情况。[76]

共同所有的概念是对封建农奴制最温和的解释,一种田园诗般的封建主义存在于1772年瓜分前的波兰。克拉特和特劳恩保尔试图展现在奥地利入侵时波兰的凄惨处境,但《加利西亚政府论》的作者反转了这个历史观点,坚持加利西亚的衰竭始于哈布斯堡王朝在此建省:"这个政府开始暴力地改变了我们的一切权利,废止了所有已存在的习俗与道德观念。"书中还带着些伯克式的热忱,断言哈布斯堡人应该尊重"被时间沉淀留下的"传统。科托姆加上一条具有约瑟夫真理精神的脚注,"只因振古如兹就应永垂不朽,真是荒谬可笑"。[77] 革命与保守的思想站队在加利西亚问题上体现得淋漓尽致。

《加利西亚政府论》描述了加利西亚的"外人"与本地"国民"之间的斗争。当"外人"随着哈布斯堡的占领而到来时,本地"国民"突然发现自己饱受鄙视和压迫。

> 来这里工作的外国人承受着偏见,他们被看成是陌生人。但他们被本地人仇恨实属活该,因为他们在君主面前把加利西亚人描绘成野蛮人,不懂社会权利的人,需要首先被开化教育的人。他们毫无根据的报告让欧洲形成了波兰混乱不堪的坏印象。女皇非常公允,但她离这里太遥远,没有见过任何加利西亚人。[78]

因此，1790年的加利西亚身份认同来源于一种对哈布斯堡官员和观察者的憎恨。他们丑化了"国民"，这里指波兰国人。特蕾莎在去世十年后也被提及，这说明她在加利西亚问题上曾被刻意误导。更扎眼的是文中并没有提到约瑟夫，这暗示着他全程参与了哈布斯堡对加省的蔑视和贬低。科托姆在欧洲人对波兰混乱的看法上添加了注释："这个看法真的是毫无根据么？"[79]如同克拉特和特劳恩保尔，他把自己的诉求抛给读者，公众的眼睛或许才是最雪亮的。[80]

法国大革命的当下教训给1772年瓜分波兰提出了一个偏社会性保守的哲学认知。也许，从波兰爱国主义的观点看，瓜分波兰只是一件从主权国家非法脱离的事，但如果从加利西亚的保守角度看，这无疑是一次毁灭性的社会大解体：

> 政治实体环环相扣，错综复杂。它的优势和生命都在于公民之间的纽带，为了共同利益或者相互需要。如果这个纽带断了，社会就会消失，政治体就会瓦解，陷入混乱的状态，这种衰落会造成整个地区的破败。[81]

这样的哲学论述与伯克对革命者的指责十分相近。革命者对于他来说"并没有道德自由，并不能随心所欲，并不可构想进步。他们是在整体分割并撕碎下层社群之间的关联纽带，把社会基本原则瓦解到一种无社会、无礼节、无连接的混乱状态"。[82]1772年，列强们试图用波兰的政治"紊乱"自证瓜分波兰的理所应当。而加利西亚的《政府论》(《加利西亚政府论》的简称——编注)重申了这个问题，坚称是瓜分者自己造成了前波兰土地上的社会紊乱。

然而，最贴近加利西亚人心的纽带是农奴和封建义务之间的纽带。加利西亚人认为哈布斯堡政府通过阻挠"产权的神圣性"，即管控封建所有权和掠夺教会财产，造成了加利西亚的经济崩溃。他们希望利奥波德尊重贵族地产的特权，珍视它们的荣誉感，夷平私产等于走上一条土耳其式的专制之路。[83]

"如今，新政府让我们的失望变成了希望。"加利西亚人表示，并向利奥波德致敬。他们期待他代表帝国给予帮助，"恢复此地之前的安康和富饶"。[84] 他们敦促皇上向玛丽亚·特蕾莎时期看齐，"后人怀念且崇敬她对公正的挚爱"。约瑟夫的名字依然没有被提及。尽管"大宪章"提出加利西亚事宜应由匈牙利大臣打理，遵从匈牙利的中世纪所有权，但《加利西亚政府论》又向前迈了一步，不仅全然接受了加利西亚的理念，还提出应该委派一个大臣全权掌管加利西亚。"为什么我们的祖国要被剥夺这个圣恩呢？"[85] 加利西亚，只是构造于二十年前，现在不仅被人们认作一个省份，还是贵族居民的祖国。

法国大革命的压力和奥地利帝国的统治继承，给了加利西亚人一次政治机会。"国家是公共和平的保障。"他们声称。主教们被召去向人民宣扬秩序和服从，以此达到"对暴怒灵魂的安抚"。加利西亚贵族们也志愿在省政府当职，一来可以替换"外来官僚"，二来也可以维护自己的贵族阶层利益。[86] 他们可以接受哈属加利西亚，条件是帝国摒弃约瑟夫主义，批准保护贵族特权。

1790年9月，利奥波德在布拉格被拥为波西米亚国王。波西米亚又不同于加利西亚，因为它具有历史性的皇权延承。加冕本身算是对波西米亚人的政治成全，就如同匈牙利的皇权回归一样。加利西亚人虽然没有实质性的皇权或者传统的加冕，但也在试图给他们的地方政治特权寻找一些相似的让步。同月，正值莫扎特在布拉格庆祝他的歌剧《狄托的仁慈》（*La clemenza di Tito*）演出成功，该剧是献给利奥波德的。人们向穿着狄托的袍子的利奥波德表达了对仁慈的致意。虽然莫扎特并不知道自己的生命只剩下一年,但他一定也希望赢得新国王对他自己和他音乐的支持。[87]《加利西亚政府论》也加入到颂扬利奥波德的阵营中,并公开宣称加利西亚臣服于哈布斯堡:"臣民这个词会让国民满意,因为它让我们回想起美好的帝国统治年代。""臣民"的名字和"加利西亚"的名字格外相近,代表了哈布斯堡王朝的地方从属。在1772年瓜分波兰的18年后,加利西亚人表示期待着幸福又富足新时代的到来,利奥波德享有"狄托的美名"。[88]和莫扎特在布拉格所做的一样,加利西亚人也试图通过歌剧古典主义的精神和天花乱坠的奉承来获得新国王的恩典。如果利奥波德可以享有"狄托"这一古代名字,他们也会接受"加利西亚"这个现代称呼。

"南海的野蛮人"

科托姆发表了法文的"大宪章"还有《加利西亚政府论》的德文版,他十分相信中产阶级读者群可以和他一样因加利西亚贵族的放肆感到怒火中烧。除了用充满敌意的反驳来批注《政府论》,他还单独写了一篇长文,作为整部《波兰加利西亚贵族申诉的调查》的前言,落款日期为1790年9月26日,这是2月20日约瑟夫驾崩后的7个月左右,10月9日利奥波德登基为神圣罗马帝国皇帝的前几周。这个时间政局动荡,政治骚乱,危机四伏,哈布斯堡王朝上下都在等着看利奥波德会不会放缓或调整他哥哥的激进改革方针。截止到科托姆写《调查》的9月份,利奥波德的温和态度愈加明显,而约瑟夫主义的支持者已经为错过这次革命机会而感到后悔。

据科托姆讲,约瑟夫是一个思想意识超前的帝王:"他的子民还没有准备好接受宽宏大量和公民道德,看来他早登基了一百年。"对自由标语的滥用就是人们毫无准备的证据,而对于科托姆来说,没有其他地方比加利西亚的滥用更骇人听闻。他观察到,"在1772年之前,300万人民生活在几千人的权力和为所欲为之下"。而短短18年后,这几千权贵却认为自己是受压迫者,发动了一场"为达到自由,而不知何为自由"的运动。他们一边否认加利西亚百万人民的自由,另一边却要求自己从维也纳皇权中解放出来。这就是呈递给利奥波德的加利西亚宪章的核心,科托姆蔑视地说道,言语中带着反讽意味:"加利西亚的'大宪章'的确非常14世纪啊!"[89] 其实英国大宪章是13世纪的产物,给哈布斯堡设计一个从中世纪角度出发的谴责可能略有一丝尴尬,毕竟哈布斯堡还得利用非法侵占中世纪产权的说法为加利西亚辩白。

尽管科托姆在书中收录了加利西亚宪章和《政府论》的全本,但他觉得这些文本在政治目的和意图上毫无诚信可言。在他的《调查》中,他用"腹语"模仿加利西亚的声音,讲出他所看到的真实。加利西亚人于是成为舞台上的丑角,通过由他代笔的台词,表露他们的邪恶意图。他想象加利西亚人处在1772年的瓜分之际:

> 迄今,我们有幸可以生活在一个视他人为无足轻重,视农民阶级为生而臣服者的世界里。这真是幸福的日子!农民瑟瑟发抖地在等待主人的发号施令!没有酬劳或奖励,千万只手在自给自足的生活,那是多么美好啊!

如《政府论》所述,科托姆撕下了加利西亚怀念前朝的慈悲面纱。

但科托姆从1783年起就生活在加利西亚,他有足够的时间形成对加利西亚农民以及贵族的负面印象。他因约瑟夫试验的失败而责怪这两个阶级的人，尽管他没有试图去"腹诽"农民。

> 加利西亚奴隶有一个美好的理想。皇上以慈悲为怀，给予他们一份礼物，一份世界上最珍贵的礼物。他给了他们自由和财富，或者他想这么做。但是，正如南海的野蛮人惊恐地凝视着欧洲的船只一样，加利西亚的农民也在凝视着慈善的帝王赠予他们的礼物。他们不知道这份礼物的价值和用处，所以把它卖给了希伯来人。[91]

科托姆想表达他在现代欧洲史开幕时的社会愿景，所以他用了斯巴达奴隶（helotry）的，南太平洋岛屿野蛮人的，以及仍住在加利西亚的古希伯来犹太人的典故。他编造了一个人类学式的寓言故事，故事是关于一群农民没有准备好接受现代人权。就此而言，科托姆在《政府论》中比他自己以为的更接近加利西亚贵族的观点，他认为农民只有在传统的封建社会中才能开心地生活。但科托姆又相信约瑟夫试验也许可以成功，只要循序渐进：

> 如果可以有耐心让农民，至少是加利西亚的农民或者其他类似的野蛮人，通过勤奋、节俭、好的品德和启蒙，一步步赢得自己的自由和财富；如果不揠苗助长，让孩子慢慢地觉醒、长大，那么，所有仁政希望的美好结果就不再是一场梦了。[92]

东欧落后的解药是脚踏实地的进步和发展，在满足一定条件的情况下（"如果……"）可以实现。约瑟夫的一次重拳出击必然无法解决专制野蛮和完美文明之间的斗争。

科托姆的启蒙态度是一步一个脚印，这个态度类似于长大成人的比喻，应和了康德1784年的文章《什么是启蒙运动?》中的想法。文章论述了启蒙运动是人类从不成熟逐渐走向成熟的缓慢过程。科托姆于18世纪60年代曾在康德任教的柯尼斯堡（Königsberg）求学，他对康德哲学也十分感兴趣。由于他不仅对加利西亚的贵族印象很差，还不看好农民，因此他形成了对全省统一化、不分阶级的启蒙蔑视。

从科托姆的题目看，宪章只代表了"波兰国的加利西亚贵族"，并不代表整个加利西亚国，如果真的有这么一个国家的话。他明白，加利西亚只是不久前的一个发明："加利西亚的名称在几年前才出现在地理上。"[93] 如果宪章背后的贵族真的还属于波兰国，并且如科托姆所想，还有恢复波兰主权的秘密政治野心，他们绝对不可能声称自己可以代表"加利西亚国"。实际上，这个国家代表了更广泛的人口，足足有300万人之多，而在政治上，几乎毫无疑问，是由哈布斯堡主权支配的。"加利西亚国是什么意思？"科托姆干脆地问道。他自己当然做了回答："加利西亚国将会是所有生活在奥地利政权的法律下，以这样或那样的方式在这片土地上成家立业，从属于不同阶级的人的化身。"[94] 科托姆运用虚拟语气说明加利西亚国仍在建设当中，而且他思考着一个国家如何可以包含、抽象化、概括各种不同人群这个严肃的哲学问题。

他的同理心使他拒绝承认加利西亚省本质上是波兰的，他直接与宪章的作者们对话，让他们知道他们被他看成波兰人，不是加利西亚人：

> 时至今日，你还在等待某个弥赛亚从异教徒中把你解救吗？这个异教徒就是德国人。你现在有另一个祖国，尽管你仍

不习惯这件事。或许当你说爱国时，你想的还是波兰共和国吧？语言、衣着、习俗，你每时每刻都在追忆往昔。[95]

科托姆深刻地懂得国家意味着什么——语言、衣着、习俗，他也可能在18世纪80年代读过歌德，读过赫尔德（Herder）。波兰人在等待着自己民族的弥赛亚，这个观念似乎预示着下一代人的世界，预示着19世纪初波兰浪漫弥赛亚主义的萌芽。科托姆相信，加利西亚的波兰人在民族上是彻头彻尾的波兰人，有自己的祖国情怀和爱国心，因此他们无法组成一个加利西亚国。

"波兰语真的是加利西亚的实际民族语言么？"科托姆质问道，"波兰国或者波兰贵族真的是这片土地的原住民么？"[96]他坚信波兰贵族不可以代表加利西亚国，他反对用"民族语言"作为行政语言的提案，或者坚持认为民族语言根本就不是波兰语。科托姆是天赋异禀的语言学家，他一生中学习了许多哈布斯堡王朝的语言，包括匈牙利语。[97]1790年时，他已在加利西亚待了7年，他当然非常懂波兰语，知道它在语言上和加利西亚的鲁塞尼亚语还是有差别的。几年后，约翰·克里斯蒂安·冯·恩格尔（Johann Christian von Engel）认为，乌克兰和哥萨克的现代历史与罗斯大公加里奇和弗拉基米尔（通过名字与哈布斯堡的加利西亚和洛多梅里亚王国进行联结）不无关系。恩格尔的历史著作（*Geschichte der Ukraine und der ukrainischen Cosaken wie auch der Königreiche Halitsch und Wladimir*）于1796年在哈雷（Halle）出版，书中指出了鲁塞尼亚人和乌克兰人的相关性和相同点，也强调了波兰人和鲁塞尼亚人的差异。[98]

既然加利西亚国既是波兰人的也是鲁塞尼亚人的，科托姆表示（他没提犹太人）这样一个国家在语言和民族上即是混杂多元的。

他对波兰贵族们直言不讳：

> 所以你看，大人们，你在加利西亚的地界上从没让波兰语成为这里的国语，你也不能把你算成加省的原住民。你和德国人一样都是加利西亚的外来户。你以陌生人的身份来到这片土地，只是时间太长，令你忘记了根在何处。[99]

波兰语没有任何能够被当成国家法定语言的理由，所以科托姆支持德语在加省的行政优先权。他在语言政治的问题上引用了吉本（Gibbon），英语引文非常华丽："罗马人非常清楚语言于国家事务的影响力，他们觉得随着军事扩张，扩大拉丁语的使用范围是件头等大事。"[100] 在这里，科托姆把哈布斯堡在加利西亚的文明化"影响"解释为类古典，而把德语看作帝国加省开化使命的语言。

约瑟夫之前有讲过，"我身边都是萨尔马特人"。科托姆也援引了被塔西佗归类为古代野蛮人的萨尔马特人。加利西亚的波兰贵族通过科托姆的腹语发声：

> 我们一直都是萨尔马特人……看看我们的波兰兄弟们，他们是如何甩掉了外来统治，脱掉了异国衣服，把舶来思想踩在了脚下。我们想追随弟兄们的光辉，他们为了找寻东方祖先，把自己跟所有欧洲人区分开来。[101]

古代萨尔马特人被视为东方人，因此，带着长袍弯刀、剃发、修两撇八字胡这些自诩为萨尔马特的特征，使得波兰人在表面上就成了东方人。如科托姆所言，1790年列强统治下的波兰尝试过独立，它的政治风格就是萨尔马特的。此时正值1788~1792年的四年波兰议会召开期间,波兰推翻沙俄统治,准备效仿法国和美国的启蒙立宪,发起现代立宪革命(1791年5月3日)。科托姆贬低萨尔马特的言语也反映出他自己的文化偏见。

科托姆把加利西亚看作欧洲开化元素和东方野蛮势力之间的平衡,他提出了一个假想的实验:

> 试想,所有德意志居民带着他们的事业和勤勉离开了波兰和加利西亚,这里会是怎样一番景象?你还可以找到任何可以类比的地方么,除了鞑靼,或次之,摩尔多瓦和瓦拉几亚?想想那些波兰城镇,曾经住着德国居民,并拥有富饶,而现在那里变成了犹太人、穷苦、肮脏、愚昧的收留所。找到了再反驳我。[102]

通过这样一个非同寻常的历史推测,我们可以看到约瑟夫思想中的加利西亚也沿用了启蒙运动看待东欧的态度。东欧的概念其实是被某种半东方主义构建的,这种东方主义把东方的它性投置到无可非议的欧洲地方,把它们形容成既异于又同于文明欧洲的西方概念,形成了这种相悖的组合。这里,科托姆的假想实验剥开了欧洲视角下加利西亚所谓混合物的存在,其目的是展现加利西亚所剩下的是既贫穷落后,没有希望,又非常东方。

科托姆有一个精妙的地理公式:"加利西亚人-德意志人=鞑靼人"。最好的例子,让西方人最好理解的类比,就是罗马尼亚的摩尔多瓦和瓦拉几亚公国,它们虽然由希腊法纳尔人(Phanariot)王公们掌管,但始终都在奥斯曼帝国的统治下。如果德意志人被清除出去,那么犹太人就是加利西亚城镇的主流。科托姆觉得犹太人不仅贫穷愚昧,从圣经角度看还属于东方人,这样又加重了加利西亚的东方特性。如果这是在 20 世纪，科托姆的实验就可以反向操作，德国人清除了犹太人，也推翻了加利西亚的平衡。科托姆 1790 年的展望，是当约瑟夫改革和德意志影响与萨尔马特反抗进行角逐的时候，将加利西亚视作欧洲和东方之间的平衡。1772 年创立的加利西亚不仅是一个政治产物，还是一个意识形态的建构。科托姆清晰地展现了这个建构的不稳定性，在思想实验中对其内涵进行了假想解剖。

"想不写讽刺剧还是很难的（Difficile est satyram non scribere）"，科托姆引用了尤维纳利斯（Juvenalis）的拉丁原文。他觉得加利西亚人实在荒唐，几乎无法使用他所谓文明罗马人的讽刺挖苦，尤其当他创作第一人称的加利西亚独白时："我们一直都是萨尔马特人。"但在他的反思总结中，以第二人称口吻写给加利西亚人的谆谆教导，更带着一种诚恳的轻蔑：

> 如果你不想跟随其他启蒙民族的脚步，如果你觉得外国智慧的经验教训都是愚蠢，如果你认为统治者的善意都是压迫，那么你的后果就和落在你波兰兄弟身上的暮色一样。你可以去学习接触欧洲人的长处，但不要期待那些远远在你前面的人，如你所愿的去等你，甚至转身过来迎接你。[103]

在《调查》的结语中，科托姆讲出他对加利西亚的看法，也再次表露出他对启蒙运动的东欧模型，这种"落后-发展"模型的深信不疑。欧洲大陆是由或多或少接受了启蒙思想的人组成，前者已经沐浴在理性的阳光下，而后者则注定要在自己愚昧的暮光下摸索前行。在约瑟夫的 18 世纪 80 年代，加利西亚的政治创立有助于将二元的启蒙文化地理在哈布斯堡帝国使命下融为一体。科托姆在出版他的《调查》时把加利西亚"大宪章"和相关的《政府论》合订起来，这样他可以向公众展示哈布斯堡文明和加利西亚落后势力之间的思想角逐。

"伏尔泰作品的后果"

1792 年，一首波兰诗见刊，署名为"一个加利西亚人"（przez Gallicyana），它有一个很不像诗题的题目：《伏尔泰作品的后果》（*Skutki dzieł Woltera*）。题目传达了对这位著名法国哲学家所展示的欧洲启蒙运动的明显敌意。在法国，启蒙运动的后果即为 1792 年废除帝制、宣布共和国成立。但是和 1790 年的《加利西亚政府论》一样，这首 1792 年的诗呈现出一种独特的加利西亚态度，一种反对启蒙运动、秉持思想保守主义原则的态度。

在第一次瓜分波兰前夕，令人尊重的哲学家伏尔泰在他于费内（Ferney）的家中奋笔疾书，除了他，很少有其他直率批评波兰政府的声音，也很少有其他强烈支持入侵和瓜分的人。伏尔泰对波兰的敌意源于他对实施瓜分的君主，普鲁士的腓特烈二世，尤其是沙俄的叶卡捷琳娜大帝的热爱。伏尔泰对波兰的批评集中在宗教问题上。他认为波兰是罗马天主教狂热和不容忍主义者的窝点。1767 年，他把他的愤怒发表在一篇题为《波兰的教会纷争》的文章中，用了笔名"布尔迪永"（Bourdillon）。

伏尔泰于 1778 年病逝，但在 1781 年，他写的波兰宗教文章被翻译成德文在利沃夫发表。文章署名还是"布尔迪永"，后面添加了"一个德裔波兰人译"（von einem deutschen Pollaken）的字样。[104] 这一年正值约瑟夫在哈布斯堡全境颁布宗教容忍法令。伏尔泰对波兰天主教宗的非难和约瑟夫对加利西亚波兰狂热主义的攻击如出一辙。例如,克拉特形容教堂和修道院已"沦为妓院",同时令人想起擤鼻神父和醉酒僧侣的不雅形象。伏尔泰毕生都是波兰的敌人,因此在他去世后的 18 世纪 80 年代,被树立为加利西亚的支持者。

如此一来,在 18 世纪 90 年代,你会看到有人借一首责备伏尔泰的诗来表达对约瑟夫主义的不满。诗作者是一个"加利西亚人",其身份有待考证,但他的诗句正好反映了 1792 年加利西亚人的本心。这首诗或许是波兰文化史上第一首自称为加利西亚人创作的作品。诗的开头定义了他的加利西亚身份,并援引波兰国王斯坦尼斯瓦夫·奥古斯特,他也是诗的对话人和题献人。

> 最伟大的君主
> 我生来是您的奴仆
> 我虽出身贵族
> 但上帝决定着人的命途
> 我不得不在加利西亚
> 寻找我的食物(Szuka ćmusiałem w Galicyi chleba)[105]

加利西亚的创建被归因于上帝的旨意,被视为经济上的需要。从 1772 年到 1792 年的 20 年间,诗人是加利西亚人——"我和我的子孙都是皇上的臣民",但同时还是波兰人:

> 我的血液宣布我是一个真正的波兰人(Polak prawdziwy),
> 波兰人的心(serce Polaka)在我身体里呼吸和跳动
> 我已许下誓言(przysiągłem):我毕生忠于皇上。[106]

这种心脏和血液的生理现象与心理情感形成了加利西亚人内心的波兰活力，尽管命运迫使他在生活和行动上成为哈布斯堡的忠诚臣民。他觉得他是波兰人，但他要活成一个加利西亚人。他的签名表达了他深切的诚意："说到底，我是'加利西亚人'了"（"Z najgłębszych najgłębszy, Gallicyan！"）。这里有一个明显的悖伦：波兰心和波兰血是内心的真实体验，而做加利西亚人则是其生动的外化表现。

敬献之外，诗人还试图用亵渎神明的暗示论证伏尔泰领衔的启蒙运动如何扭曲侵蚀了人性："上帝不存在，人们失去了灵魂。"[107] 和《加利西亚政府论》一样，此处认为启蒙运动的结果是对传统信仰的激进破坏和对革命的煽动，如这位加利西亚诗人所言，启蒙运动灌输了"帝王就是暴君"的理念，伏尔泰告诉人们，人和狗是"平等的"。[108] 1792 年，法国大革命正在全面展开，8 月份袭击杜伊勒里宫，9 月份展开了杀戮。诗中并没有提到 1791 年具有革命性的波兰宪法，其中部分内容是由斯坦尼斯瓦夫·奥古斯特倡议提交的。而当诗人 1792 年创作这首诗时，沙俄军队正在蹂躏践踏着刚刚启蒙立宪的波兰土地。

事实上，这位加利西亚诗人相信，波兰人对伏尔泰和启蒙运动的危险诡辩，有着特殊的免疫。

> 不是全部欧洲都陷于这些错误，
> 有很多国家要比伏尔泰更永驻；
> 他们知道新思想的变态和虚弱，
> 他们信奉上帝，他们忠于君主。[109]

因此，波兰人是欧洲思想退步的一个明显例外。如果带来荣耀的原则之一是"忠于君主",说明君主并不一定都是暴君,那么加利西亚人可以被视作享有最高荣誉的波兰人。因为成为一个加利西亚人的条件就是要发誓效忠于哈布斯堡皇帝,所以诗人可以骄傲地宣传自己的加利西亚身份。

西加利西亚的敬意

1790年,巴尔塔萨·哈克开始在纽伦堡出版他的地质考察报告,主要考查对象是加利西亚和布科维纳境内的喀尔巴阡山脉(题为:《"达奇安和萨尔马特的"喀尔巴阡山脉》)。"我想起了喀尔巴阡山脉,所以我去了加利西亚。"哈克解释道。报告还包括了民族志考察,他指出,因为"山中居民的粗野",很少有人愿意研究喀尔巴阡山脉。他还注意到哈布斯堡政府制作过加利西亚地图,共计12张,1790年在维也纳出版。然而这些地图对他没有什么用处,因为上面错误百出。事实上,到了90年代,加利西亚的版图也会发生变化。[110]

1791年的华沙四年议会确定了波兰宪法,但是次年由于叶卡捷琳娜大帝的军事进犯,宪法被推翻。1793年,波兰遭到第二次瓜分,沙俄和普鲁士分食了更多的波兰土地,奥地利在外交上拒绝类似加利西亚式的领土扩张。1792年也见证了利奥波德的猝死,虽然他两年前的登基看似给加利西亚提供了极好的政治机会。他的儿子弗朗茨继位,很快打响了与爆发大革命的法国之间的战争。波兰残余的国土成了1794年反俄专制的起义基地,起义领导人是塔德乌什·柯希丘什科(Tadeusz Kościuszko)。对波兰武装的军事镇压导致了1795年第三次也是最后一次瓜分波兰。这次瓜分让波兰国在欧洲版图上彻底消失了。哈布斯堡王朝分到了不小的猎物,收纳了有150万人之多的波兰领土，被划定为"西加利西亚"，其中包括了克拉科夫城。西加利西亚被看作是加利西亚辖区的延伸或补充，尽管它和中世纪的加里奇与弗拉基米尔毫无瓜葛。[111] 特蕾莎关于合法性的顾虑早已是陈年旧事，不再重要了。西加利西亚是在1795年哈布斯堡势力的基础上创建的，所以14年后它也会因拿破仑的势力在政治上被废除。拿破仑把它分给了华沙大公国，而华沙大公国也只在拿破仑雄霸欧洲那段时间存在罢了。

西加利西亚的创建并没有使用领土"回归"的托词，而只走了一个臣服的形式。奥地利军队在1796年1月进入克拉科夫，城市的钥匙被交给哈布斯堡的司令官。4月份，西加利西亚的新任省长约翰·温泽尔·马格里克（Johann Wenzel Margelik）正式到访克拉科夫。他当省长的关键资历是80年代约瑟夫统治时，他曾有过任职加利西亚的经验。如今，约瑟夫计划延伸到更广阔的加利西亚区域了。据《克拉科夫时报》（Gazeta Krakowska）记载，参加4月27日克拉科夫欢迎仪式的有来自商界、教育界、宗教界和犹太人的代表，他们一齐向马格里克表示问候。在省长一队人马行进在通往瓦维尔山丘城堡大教堂的路上时，圣玛丽教堂（Kościół Mariacki）的钟声响彻全城，克拉科夫主教主持《感恩赞》庆祝省长就职。1796年8月还举行了其他的仪式活动，向哈布斯堡皇帝表示敬意。1797年2月，弗朗茨皇帝度过了他的29岁生日，当时你会听到人们用德语和波兰语高唱由约瑟夫·海顿（Joseph Haydn）作曲的奥地利新国歌："上帝保佑圣君弗朗茨！"（"Gott erhalte Franz den Kaiser！"（德语），"Boże zachowuj Cesarza！"（波兰语）〕1797年，弗朗茨批准设立驻维也纳的加利西亚大臣，统一掌管东西加利西亚事务。向王朝效忠的舞台背后，是对加利西亚新旧领地的政治整合。

诗人卡耶坦·克吉米安（Kajetan Koźmian）在回忆录中讲述了自己的经历。他说在波兰政府被取缔后，他瞬间发现自己成了加利西亚居民。他知道，"移波兰人入西加利西亚"是一种策略。他尤其不喜欢哈布斯堡的人事安排，这些具有丰富加利西亚治理经验的地方官员，被从利沃夫直接调派过来，像寄生虫一样："加利西亚好似快要咽气了，形如死尸，身上爬满了令人作呕的小虫子（drobne a dokuczliwe robactwo），弄得你痛不欲生。"从哈布斯堡的角度看，波兰才是那个死尸，只有通过启蒙改革才能还阳复生。"不仅仅是波兰这个名字，无论是官方活动，还是期刊、报纸和日历，都抹去了（wymazywano）关于它的所有回忆，"克吉米安注意到，"甚至颁布了一个条令，禁止圣母被叫作波兰女王，所有用此种称呼向她祈祷的人都会受到严厉的惩罚。"[113]维也纳规定了教堂祈祷的变更，"波兰女王保佑我们"被替换成"加利西亚及洛多梅里亚女王保佑我们"。[114]

1796 年，也就是马格里克作为哈布斯堡统治代理人仪式性地进入克拉科夫城的那一年，维也纳出版了匿名作品《西加利西亚，或奥地利波兰新省的地理历史报告》（*Geographisch-historische Nachrichten von Westgalizien oder den neu erlangten österichisch-polnischen Provinzen*）（简称《地理历史报告》——编注）。书中有提及马格里克 4 月 27 日的入城礼，讲述了那天"波兰雄鹰被摘下，帝国雄鹰取而代之"。这个替换很容易就能辨识出来，因为哈布斯堡的老鹰有两个脑袋。[115]然而《地理历史报告》并不是为了标注哈布斯堡开始掌权，而是希望可以继续克拉特和特劳恩保尔的学术成果，把加利西亚呈现在公众面前。

这本书的主体思想仍然是约瑟夫式的意识形态，中心论点是，加利西亚在波兰统治时期经历了剧烈的崩坏，如今，在哈布斯堡正确仁爱的领导下正等待着复苏。克拉科夫城在18世纪遭受的"破坏"（verwüstung）也终于结束了。据《地理历史报告》所记，1796年1月的哈布斯堡军队进城受到了城市居民"兴高采烈"的欢迎。[116]克拉科夫城的复兴即刻开始。"现在，当克拉科夫归属在奥地利政府之下，它可以再一次成为闪耀的商业中心，成为世界上最发达的城市之一。"哈布斯堡王朝治下更好的商业条件使城市发展成为必然，"东加利西亚的例子就很具有说服力"。[117]加利西亚东西之间紧密相连的行政体制其实是有些不对称的。正如1772年时人们说加利西亚要比哈布斯堡王朝落后，如今西加利西亚也被认为比东加利西亚差了至少一代人的距离，需要紧追猛赶。中世纪王朝索回产权这个遮羞布早已和新领地没有丝毫联系了。哈布斯堡此时更执着坚持的，是诸如约瑟夫启蒙改革和经济发展这些意识形态话语。

《地理历史报告》还从中世纪波兰史和卡齐米日大帝那里找到了约瑟夫的精神对应：

> 虽然他是14世纪的统治者，但是他的精神却百世流芳。他极大地扩张波兰的权力和财力，更重要的是，他给了国家一部英明的法律，并试图消除它的野蛮。他十分同情老百姓，特别是农民。贵族嘲笑他是农民的国王，这个头衔让他在每个文明朋友面前显得更加高贵。[118]

1796年的一个哈布斯堡辩护者从波兰早期历史中搬出了卡齐米日大帝并想要复兴他的光辉，因为他就像约瑟夫二世的中世纪的双胞胎兄弟。卡齐米日致力于开化野蛮波兰人，并且从波兰贵族的无恶不作中拯救了农民，这与约瑟夫在加利西亚的启蒙计划有很多相似之处，如今，19世纪伊始，同样的方法和策略又被用于处理西加利西亚问题。

博古斯拉夫斯基在加利西亚：重演国家歌剧

1794年，在柯希丘什科起义之时，波兰剧作家沃伊切赫·博古斯拉夫斯基在华沙公演了他的作品《克拉科维亚克人和高地人》，并由捷克作曲家扬·斯蒂芬妮（Jan Stefani）谱曲。博古斯拉夫斯基的戏剧描写了克拉科夫周边的村民和塔特拉山脉高地人之间的地域矛盾。然后，一个具有科学头脑的学生用电学原理表演了一个"神迹"，并最终使村民和高地人重归于好。这一场景给华沙观众留下了尤其深刻的印象，因为这时，柯希丘什科正在尝试将波兰农民带入反俄的民族起义斗争中去。博古斯拉夫斯基自己也是起义的支持者，当起义失败后，他决定离开华沙，前往属于哈布斯堡加利西亚的利沃夫寻求庇护。

"我无法形容，当看到加利西亚首府时，我是多么心潮澎湃。"博古斯拉夫斯基在回忆录中写道。

> 我发现利沃夫有半个华沙那么大，各种阶层和出身的人汇聚于此，躲避我们国家暂时性的混乱。现在是1795年年初的1月份，正是狂欢娱乐的月份，加利西亚人（Gallicyanie）想给予他们的同胞（spólrodakom swoim）最怜悯的款待，用每天的舞会和酒席，以及各种娱乐活动，给他们永远失去和主动流放的新鲜记忆增加一点甜度吧。此刻，温和的奥地利政府看起来非常友好，愿意为兄弟之情做点努力。[119]

这种对哈布斯堡政府和利沃夫民众双方的正面态度,表明了博古斯拉夫斯基倾向于长居加利西亚并成为一个加利西亚人。他清晰地感觉到"加利西亚人"是一个已经成熟的身份类别,尽管与此同时,他们也是波兰人的"同胞"。

博古斯拉夫斯基意欲在新加利西亚的环境下继续从事他的老本行,当一个演员、剧作家,以及剧场经理人。他发现利沃夫的冬天正是剧场的旺季,大概在狂欢节前后,他同时也想搞起夏天的狂欢活动。

> 人民大众的需求(Żądanie Publiczności)让我们看到了夏日狂欢的美好希望,也可以保证剧场有足够的上座率,但我现在最想做的一件事是尽可能安排这部民族歌剧——《克拉科维亚克人》(Krakowiacy),唯一一部在加利西亚被封禁的波兰作品,公众甚是期待。我非常确信,连续搞几场演出可以付清所有剧务成本。这部剧既可以准予国人安全避难,也可以给奥地利政府的保护提供证明,所以我斗胆提交了许可这部歌剧演出的申请。我附了一份《克拉科维亚克人》的剧本给加利西亚省长加伦伯格(Joseph Gallenberg),他是一个受到两国人民喜爱的领导人,他本人也是各种文艺和科学的爱好者。[120]

省长约瑟夫·加伦伯格要求博古斯拉夫斯基对剧本做出一些改动,随后,本子被送交到维也纳审查,最终获得了政府批准。"这个消息激动人心,"博古斯拉夫斯基说道,"并且增加了我对政府的热爱和感恩,政府不会禁止任何可以提升民众幸福感的事情。"1796年的夏天一共做了三场演出,但"还是不能满足所有人",于是,之后的每一年,该剧都要重返舞台,直到博古斯拉夫斯基1799年离开利沃夫回到华沙为止。[121] 18世纪80年代，德语戏剧在利沃夫很火爆，但博古斯拉夫斯基给波兰语剧院提供了新能量，他尝试用他的"民族"歌剧来特意满足波兰大众的心理。

博古斯拉夫斯基说政府只让他做了微小的改动："我可以诚实地讲，我看到整部作品里只有几个词被圈出来了。"但针对作品能否上台，官方必定有非常严肃的讨论，因为这部剧和两年前华沙的政治起义关系密切。学者叶吉·哥特（Jerzy Got）注意到，1794年于华沙演出的剧本和1796年在利沃夫演出的剧本有所不同。[122] 比如说，在面粉厂主女儿巴夏（Basia）的唱词中，有为了掩盖可能的政治影射而做出的明显改动。

华沙版本：

囚困之地
并无欢游
束犬狂吠
渴求自由

利沃夫版本：

无良之地
并无欢快
世间浪漫
渴望相爱[123]

利沃夫版本强调的是浪漫的沮丧和邻里之间的矛盾，而那些潜在的政治影射经过临时修改而被删掉了。

这两个版本的最关键差别并不在于剧本台词，而是在演出上。博古斯拉夫斯基打算将《克拉科维亚克人和高地人》创作成一部民族歌剧，提出了戏剧化波兰农民和高地人精神与现状的构想。而 1794 年的华沙大众将这些角色看成是代表波兰民族利益的英雄，当时大众正爆发性地参与柯希丘什科起义。虽然从华沙视角来看，歌剧的地理背景在波兰，但实际上，在最后一次瓜分波兰后，歌剧描绘的完全是加利西亚的景象：喀尔巴阡山的塔特拉山脉，克拉科夫周边的农村，还有克拉科夫城本身。这些地域在 1772 年后大都属于加利西亚，1795 年后则全都成为加利西亚的地盘。因此，这部剧在 1794 年看似是一部讲述波兰民族团结的剧，到了 1796 年，它也可以成为一部代表加利西亚地方团结的剧。

除了地理位置的变化，《克拉科维亚克人和高地人》的政治内涵也有明显的变化，即从 1794 年的波兰语境转变成了 1796 年的加利西亚语境，尽管剧本唱词并没做大的改动。宣扬农民精神表面上激励了华沙的柯希丘什科的起义决心，但它同时也和加利西亚的约瑟夫意识形态保持一致。毕竟约瑟夫把保护农民看成是他帝国事业的重要一章，而克拉特和科托姆则通过突出波兰贵族对农民的伤害来为哈布斯堡统治加利西亚做辩白。加利西亚的农民是博古斯拉夫斯基剧作的主人公，所以考虑到约瑟夫的启蒙恩惠，弗朗茨领导的哈布斯堡政府准许剧作上演。学生巴尔多思（Bardos）这个角色由博古斯拉夫斯基亲自出演，他充满热忱的一段独白称赞了农民的美德。

> 啊！这些农民，他们的真诚（swą szczerością），占据了我的灵魂！[124]

在加利西亚，约瑟夫主义给了这些农民颂歌一种特殊的政治含义。博古斯拉夫斯基坚称，他创作歌剧是回应利沃夫民众的要求。

老百姓当然可以从剧中了解很多信息,即便有些信息是模糊不清、互相矛盾的。大众可以选择欣赏作品的波兰民族意义,或者欣赏它的加利西亚地方意义。

尽管博古斯拉夫斯基表示只是写给唯一的"公众",但他非常清楚,加利西亚的公众组成是十分复杂的。波兰人和德意志文化消费者之间的关系态势非常紧张,1791年利沃夫狂欢节时期大众舞会的条例规定可见一斑:

> 从舞会开始一直到午夜,波兰舞和德意志舞应交替进行。从午夜到凌晨一点半(其中包括半小时的休息),跳一曲英国舞,从凌晨一点半到三点,跳一曲波兰舞和一曲德意志舞。从三点到四点,跳英国夸德里尔舞。四点到四点半休息。从四点半到结束,跳一曲波兰舞和一曲德意志舞。[125]

在一个晚上的几小时里,波兰和德意志之间的差别并没有被忽略,尽管我们知道,舞蹈完全是关于风格样式的,几乎不需要任何口头语言,无论是哪一种。

博古斯拉夫斯基在利沃夫的演出包括了德语和波兰语的剧目。1797年,他推出了自编的波兰语异域情节剧《瓜卡拉国王伊兹卡哈》(*Iskahar, król Guaxary*)。该剧讲述了西班牙人征服印加人的故事,公众可以把它理解成波兰覆灭的伊索寓言。[126]同年,他还将莫扎特的《魔笛》搬上了舞台,其中塔米诺王子的庭审和胜利可以比作对哈布斯堡幼主弗朗茨的启蒙教育。[127]1796年,博古斯拉夫斯基在利沃夫推出了德语版的《哈姆雷特》。两年后,他首次组织演出了波兰语版的《哈姆雷特》,他自己从德语版翻译,并亲自出演了男一号。德语版和波兰语版的《哈姆雷特》与原版一样，都是围绕着王子复仇的故事，该剧充满了各种政治解读的可能。他可以代表年轻的哈布斯堡启蒙王子，也可以代表波兰民族的复仇支持者。不管怎样，福丁布拉斯（Fortinbras）不再需要拉下大幕，因为在这个版本中，哈姆雷特通过最后的放血而活了下来，并以成为丹麦人统治者的美好结局收场。博古斯拉夫斯基相信，一部像《哈姆雷特》这样的剧，"如果缺失道德使命，没有惩恶扬善的结尾，就不应该出现在启蒙时代的舞台上"。[128] 当然，博古斯拉夫斯基并没有明示改编后的剧作有哪些道德寓意，其中的政治意图仍然是含糊不清的。

戏剧领域的政治解读可能是彼此相悖的，这和当时的真实政治矛盾十分相似。约阿希姆·德尼斯科（Joachim Denisko）1797年在加利西亚发起了波兰起义，但很快就被哈布斯堡王朝镇压。扬·亨利克·东布罗夫斯基（Jan Henryk Dąbrowski）于同一年建立了一支波兰军队，和法军一起在意大利征战，他找到了哈布斯堡管理波兰民族事务的可能："在波兰谴责的篡位者中，奥地利皇帝带来的伤害最轻，甚至波兰公众对他也最不反感。"东布罗夫斯基觉得弗朗茨的弟弟，哈布斯堡大公卡尔可以管辖重建的波兰国。据叶吉·哥特分析，博古斯拉夫斯基自己可能也抱有同样的政治理想，他在利沃夫写的剧本也可能是东布罗夫斯基政治军事成绩的文化变体。[129] 在1797年弗朗茨生日那天，博古斯拉夫斯基将整个剧场安排得灯火通明，并且让演员演唱海顿的《帝皇颂》（Gott erhalte），足足唱了三遍，最后一遍是和观众的大合唱。据布尔诺出版的《欧洲概刊》（Allgemeines Europaeisches Journal）记述，"博古斯拉夫斯基先生对我们敬爱的皇帝无比爱戴，我们向他表达最诚挚的感谢"。4月份，博古斯拉夫斯基搞了一次爱国义演，并把票房收入捐给了卡尔大公。1817年的维也纳会议恢复加利西亚后,《克拉科维亚克人和高地人》在利沃夫的一次演出正好赶上了弗朗茨皇帝的到访,组织方还特意为他安排了幕间的清唱剧（Cantata）。[130] 18世纪90年代波兰的"民族歌剧"在20年后完全本土化,成了一部加利西亚戏剧,其间甚至穿插着向哈布斯堡效忠的庆祝仪式。

1796年,博古斯拉夫斯基公演了德语剧《马林堡的女孩》（Das Mädchen von Marienburg）,剧作者不是别人,正是弗朗茨·克拉特,他十年前把加利西亚批判得一无是处,此时他正居住于此。主人公哈婷卡（Chatinka）是一名来自马林堡［或者马伦堡（Malbork）］的女孩。她原本来自波兰,后被俄国军队绑架到彼得霍夫宫（Peterhof）,就是彼得大帝在圣彼得堡郊外的夏宫。这是克拉特最成功的一部戏剧作品,1793年曾在维也纳和曼海姆表演过。剧中,彼得和这个善良的女孩相爱,他本想用强权征服她,但最后还是尊重了她的德行和意愿,迎娶了她,并让她成为皇后。彼得在沙俄的统治是用启蒙运动时期创造东欧的语言表现的。他不得不和"那种恐惧日光（远古的野蛮）和永不满足的血腥压迫的狂热主义做斗争",并极其努力地"通过明智的法律,将一群野蛮人从迷信和习俗的桎梏中解放,使他们归顺和驯服"。[131] 这与启蒙运动时期对彼得的颂扬是完全一致的,最有名的歌颂者是伏尔泰,但约瑟夫于18世纪80年代在加利西亚花费的功夫也被其崇拜者冠以十分相似的美誉。克拉特自己就是一位最著名的加利西亚约瑟夫主义的支持者。对1796年观看《马林堡的女孩》的利沃夫大众来说,很明显,剧中对彼得大帝的反思与哈布斯堡的加利西亚存在着某种关系。博古斯拉夫斯基演出克拉克的剧作说明了两种现实境况相碰撞的复杂性,一边是波兰政府覆灭后波兰民族的态度,另一边是18世纪末哈布斯堡对加利西亚意识形态的巩固。

"无比心痛"

波兰剧作家、传记作家朱利安·涅姆策维奇于1783年前往加利西亚访问，到达利沃夫后，他恰巧碰上了约瑟夫的一次帝国考察。涅姆策维奇在回忆录中谈到这次旅行："我们从波多里亚（Podolia）到了加利西亚，这里以前叫红鲁塞尼亚，看到如此秀丽的地方被从波兰王国分割出去，我无比心痛（nie bez boleść serca）。"[132] 即使在后来的追忆中，他也并没有自然地想起"加利西亚"这个名字，反而标注了之前这里大致范围的地理名称（红鲁塞尼亚）。他情感上的心痛表达了加利西亚和波兰骨肉相连，这层纽带对于一个波兰爱国者来说永远存在，尽管18世纪70年代时，二者的政治关系已经被割断，而90年代整个波兰都土崩瓦解。那位匿名诗人1792年也想要表达同样的波兰分裂感，这种分裂感让他继续做波兰人的同时，也可以接受自己的加利西亚身份。

那位匿名"加利西亚"诗人说过，他曾经20年如一日作为哈布斯堡皇帝的子民。毫无疑问，在20年前，第一次瓜分波兰的1772年，拥有加利西亚身份对于任何人来说都是不可想象的。1772年之前没有加利西亚，哈布斯堡试图合法化侵略而追索了中世纪的加里奇与弗拉基米尔，也更加凸显了这个地缘政治创造背后的完美计谋。作为哈布斯堡帝国想象的一分子，加利西亚名字的出现，只是为给这个新得之省提供辩护和标记罢了。

对加利西亚而言，约瑟夫1773年的口号"麻烦多着呢！"在接下来的几十年里会成为哈布斯堡意识形态的标签。约瑟夫列举过加省存在的许多问题并提出了启蒙改革的构想。约瑟夫的作家和宣传员们如克拉特、特劳恩保尔、科托姆等，则努力勾勒出落后的波兰如何通过加利西亚的进步而走向欧洲文明化的发展进程。加利西亚所谓的波兰一面，包括贵族阶级的残酷迫害，农民阶级的嗜酒与饱受虐待，罗马天主教派的狂热迷信，以及犹太人的异族存在，被大力戏剧化，更加维护且合法化了哈布斯堡政府及其启动的约瑟夫启蒙计划。"一切都要被重铸好了。"克拉特评论道。虽然快好了，但是重铸工作永远不会完成，因为加利西亚从定义上说就是一个在制品。

1797年，沙俄、奥地利、普鲁士三方瓜分势力共同签署了秘密条约，条约宣称从此废除"波兰"这个名字，"三方签约代表同意不再使任何名头和称谓涉及'波兰王国'的字样，并将其永远取缔"。[133]在这次目的性很强的符号取缔行动中，哈布斯堡家族早已为其准备好了一个新称谓，首先将1772年占领的地方称为加利西亚和洛多梅里亚共和国，1795年后，对称的逻辑提供了充分必要的解释，新收编的领地被叫作西加利西亚，如此一来，西加利西亚在行政和意识形态上都要和东加利西亚对等。在宣布对加利西亚名字的所有权后，哈布斯堡即可以根据瞬息变化的政治现实动态来调整修订实际的领土区划了。

其实，东西加利西亚并立只持续了14年，拿破仑在1809年将其摧毁。在那一年，当维也纳向法国皇帝投降后，拿破仑已经改造了华沙大公国和西加利西亚的大部分区域，华沙大公国是两年前才建立的波兰公国。东加利西亚1809年暂属约瑟夫·波尼亚托夫斯基（Józef Poniatowski）所掌控的拿破仑的波兰军队。在这个关键时刻，哈布斯堡政府在利沃夫的领导人物正是恩斯特·科托姆。在哈布斯堡的统治恢复后，他还因效忠王朝获得了圣斯蒂芬荣誉勋章。"1809年12月15日将被载入利沃夫的史册，因为首府又回到了奥地利皇帝宽厚仁慈的统治之下。"20年后的一本波兰史书如是评论,"上午九点钟,市政委员会的各位议员,各个行会的负责人,以及演奏着土耳其军乐的城市驻军代表,汇聚在集会广场,他们走向城楼门口,等待迎接帝国军队的到来。"[134] 1809年,加利西亚的重建触发了一系列的仪式活动,而且至少让一部分加利西亚人感到情绪上的波动。那一年,哈布斯堡大公斐迪南(Ferdinand d'Este, Archduke)称呼他们为"你们这些忠实的加利西亚人(euch getreue Galizier)",他叫他们加利西亚人,承认了他们是1772年加入哈布斯堡集体中的"小兄弟"。[135]

1809年,在维也纳还出版了一部拉丁文的植物学通志(*Primitiae Florae Galiciae Austriacae Utriusque*),研究的是加利西亚的本土植物,作者是维利巴尔德·斯威波特·约瑟夫·戈特利布·冯·贝瑟(Wilibald Swibert Joseph Gottlieb von Besser)。书的标题体现了加利西亚的"两个"(utriusque)组成部分,东部和西部,虽然西加利西亚已于同年被撤销,并入了华沙大公国。这书仍将加利西亚看作一个整体,两卷本也并没有按照东西地理,而是按照林奈分类法的原则划分:第一册根据雄蕊的数量收录了从单雄蕊到多雄蕊的植物,第二册根据植物的性差异收录了从二强雄蕊到雌雄异株的植物。回望历史,最值得一提的是,作者欣然接受了1772年才创建的加利西亚是一个不言而喻的整体,他可以观察并描述这里的本土植物,并且把加省看成是连贯统一的植物学区域。贝瑟说加利西亚植物采集的阻碍是喀尔巴阡山脉,这里有"最可怕的森林"(Sylvarum horridissimarum)和"最危险的沼泽"(paludum infidarum)。他还向约瑟夫二世和弗朗茨表示敬意,感谢他们对利沃夫大学科学事业提供的帝国支持。[136] 在采集科学标本、整理植物学报告时,他从未怀疑过加利西亚政治、地形和植物学的现实存在。也难怪,到1809年为止,加利西亚已经经历了整整一代人的历史了。

加利西亚的名字将在1815年维也纳会议后恢复使用,其辖区做了一些调整改动。尽管如此,后拿破仑时代对加利西亚的重建并不意味着改弦更张,这只不过是确认了18世纪末哈布斯堡王朝的延续性而已。1772年,加利西亚创立的背后是虚构的省区回归,哈布斯堡家族声称收回了匈牙利王权几世纪前所失去的领地。1815年,重建后的加利西亚跃过数年的政治空白,回望原先的那个名字,那个地界,获得了文化和政治真实性的历史纹理。1792年,加利西亚诗人回忆说,他和他的儿子们做哈布斯堡的臣民已经有20年了,如今到了1815年,他可以自称加利西亚祖父了吧!

第二章　恢复加省：梅特涅的政治与弗雷德罗的喜剧

引言："所有权的不确定"

1811年，拿破仑正计划着对俄国进行一次决定命运的入侵，为此他动员了华沙大公国内的波兰部队。维也纳的梅特涅（Metternich）很担心，哈布斯堡统治的加利西亚还剩下什么。西加利西亚两年前已经并入了华沙大公国，更甚之，对于波兰人来说，拿破仑的魅力实在太大了，以至于哈布斯堡很怀疑加利西亚还能存留几分忠诚。梅特涅敏锐地发现，加利西亚才是拿破仑驾驭奥地利同盟的一个主要施压点。"可以控制我方行动的，也是他力推的一件事，"梅特涅对皇帝弗朗茨说，"就是在波兰国重建后加利西亚所有权的不确定性。"拿破仑也意味深长地强调了这一点，"他讲到加利西亚起义可能出现在下一次战争爆发时。他本人也会更支持他的波兰盟友们"。东边的情况加剧了这种所有权的不确定性。如梅特涅所言，俄国军队的移动部署意味着"当有一天时机成熟，他们会未经我方同意就轻松占领加利西亚"。[1]1811年，当欧洲准备着拿破仑战争的关键一战时，人们完全有理由怀疑加省是否还会属于哈布斯堡，它的命运扑朔迷离。

尽管从1772年第一次瓜分波兰开始加利西亚就属于哈布斯堡，根据"回归"中世纪匈牙利的说法，这片领土的获得也变得顺理成章，但梅特涅在拿破仑的耀武扬威面前，并没有寄希望于拿合法性说事，没用的，他已经准备好失去加利西亚了。他还问了一个开明治国的现实问题，那种考尼茨亲王在上一代人中也会问到的问题："对拿破仑来说，加利西亚值多少？""随着领地、人口、财政收入的增长，这位法国皇帝愿意拿什么跟我们交换加利西亚？"[2] 18世纪末，约瑟夫那一代人已经让我们充分了解了加利西亚的行政状况和意义，我们可以借此评估加省在领土、人口和财政上的价值。梅特涅如今准备好了做这笔交易，他说过自己非常乐于用内陆的加利西亚交换拿破仑的伊利里亚省（Illyria），还包括了达尔马提亚（Dalmatia）的亚得里亚海岸。但加利西亚的地下资源丰厚，经济利益可观，梅特涅希望可以留住维利奇卡（Wieliczka）盐矿。[3]

拿破仑的最终失败，加上梅特涅谨慎的外交手段，使得哈布斯堡在1815年的维也纳会议上不仅收回了加利西亚，还获得了达尔马提亚。然而克拉科夫并没有被交给奥地利管理，而是在此建立了一个半独立的城市共和国——"自由、独立、严格中立的克拉科夫城"——受奥地利、普鲁士、沙俄三方"保护"。不仅如此，西加利西亚的大部分（1795年第三次瓜分波兰时分给奥地利的领地）土地也分给了波兰会议王国，由俄国沙皇治理。1815年恢复的加利西亚和1772年最初的版图大体一致，但它仍然是一部正在进行的作品。克拉科夫将在1846年被划入加利西亚，而布科维纳会在1849年从加省中划出。

梅特涅的加利西亚并不能在18世纪的思想老本上安枕而卧，无论是特蕾莎主推的皇家收领，还是约瑟夫搞的弥赛亚启蒙。弗朗茨统治到1835年去世，这期间，哈属加利西亚逐渐做到了地方合法性的延续，在后拿破仑时代的思想背景中，深深浸染着梅特涅时期的保守主义。在拿破仑插曲中，我们可以切身感到"所有权的不确定性"，在加省的性质和身份问题上呈现出了意识形态的莫衷一是。建立完善的警察体系和审查制度是弗朗茨与梅特涅政权的主要成绩，但它们却大大限制了加利西亚公共空间的萌芽。毫无野心的纪实考察者们一边评估加省的土地、人口、财政价值，另一边也在找寻加省身份背后的情感意义。

加利西亚身份的不确定性实际上隐藏着剑拔弩张的意识形态角逐。波兰和俄罗斯民族都想占据加利西亚的文化空间，竞争才刚刚开始。1815 年后撰写的鲁塞尼亚教科书就是很好的例子，还有 19 世纪 30 年代 "鲁塞尼亚三杰"发表的民族诗。与此同时，加利西亚犹太改革家如约瑟夫·铂尔（Joseph Perl）正期待与哈布斯堡政府结盟，借以挑战哈西德主义在加利西亚的宗教力量。还有很多人努力为加省中波兰和德意志文化的重叠区域架起桥梁，尤其在利沃夫大学，他们希望在公共平台，例如《利沃夫时报》（*Gazeta Lwowska*）和《加利西亚杂志》（*Pamiętnik Galiczjski*）上，制造一个共同的加利西亚文化。鲁塞尼亚神父伊万·拉夫罗夫斯基（Ivan Lavrovsky）力图编撰一部 "波-德-鲁"三语字典，作为加利西亚语言的汇总，梅特涅自己也考虑政府是否要同化所有居民，使他们"变成真正的加利西亚人"。

伟大作曲家莫扎特的儿子弗朗兹·克萨韦尔·沃尔夫冈·莫扎特（Franz Xaver Wolfgang Mozart）认为自己是维也纳文化在加利西亚的代表，而约瑟夫·马克西米利安·奥索林斯基则游走在波兰民族文化和加利西亚地方关注之间。他在利沃夫建立的奥索林斯基图书馆就是后拿破仑时期加利西亚文化体制重建的重要一环。19 世纪 20 年代和 30 年代加利西亚的标杆人物当属剧作家亚历山大·弗雷德罗（Aleksander Fredro），他描写加利西亚的喜剧在利沃夫上演，一定程度上反映出加省身份的意识形态冲突。1835年，一位波兰批评家指责弗雷德罗写的剧都是"非民族的"，这个抨击与加利西亚当时的社会背景密切相关。在后拿破仑时代，在梅特涅与弗朗茨的帝国政策下，加利西亚就是弗雷德罗地方喜剧中的加利西亚，而政治保守主义只能概括一部分加省互相排斥且不安分的文化元素。

"法加军"

约瑟夫当政期间，审查制度并没有那么严格。1787年，《伦贝格时报》（Lemberger Zeitung）创办，并开始刊登有关加利西亚的德语新闻。1811年，拿破仑运动正处在风口浪尖，梅特涅在计算加利西亚的"对等价值"，另一份半官方的波兰语报纸《利沃夫时报》（Gazeta Lwowska）也开始发行，首位主编是弗朗茨［波兰语是弗朗茨斯克（Franciszek）］·克拉特。他大概不是18世纪80年代出版关于加利西亚信件的那个弗朗茨·克拉特，虽然后者在1811年时还在世且的确住在加利西亚。这两个同名的人可能是堂兄弟，一个是作家、剧作家、戏剧导演，另一个是哈布斯堡公务员和报纸编辑。1811年《利沃夫时报》的波兰语发售说明书中写道，"每个国家都根据自身需要发行了报纸，只有加利西亚还没有"，并承诺发表"一切对加利西亚有用的东西"。当时一个维也纳刊物提到说，有一份"叫《利沃夫时报》［德语称为《伦贝格时报》（Lemberger Zeitung）］的波兰语报纸弥补了一个有三百万人之多的民族的迫切需求"。[4] 的确有三百万加利西亚人，但并不代表这三百万人都是加利西亚波兰人。因此，这里的"民族"在性质上是含混不清的。这份由有着"德意志"名字和背景的"哈布斯堡"公务员主编的报纸,将会在"波兰"大众面前确立加利西亚的身份归属。但此时,加省的未来都还是未知数。

《利沃夫时报》很不好做,一边是具有民族煽动性的拿破仑的新闻,另一边还要顾及帝国在加利西亚的统治合法性,报纸的民族特性不得不受控于二者之间的调和需要。1812 年,拿破仑的大军准备进犯俄国,大军从原波兰地界出发,军中还有 10 万波兰士兵,而此时,波兰人在想象着国家有一天会恢复独立。这一高光时刻被亚当·密茨凯维奇(Adam Mickiewicz)的浪漫史诗《塔杜施先生》(*Pan Tadeusz*)永远记录下来,这首诗创作于 19 世纪 30 年代的巴黎。据 1812 年的《利沃夫时报》记述,对于拿破仑入侵俄国,加利西亚人的态度提供了一种精心制造的文化表现,其中掺杂了希望、失望、焦虑、不确定,这些情绪既存在于报纸的赞助方哈布斯堡政府,也存在于阅读报纸的波兰公众身上。

1812 年初,《利沃夫时报》刊登着华沙大公国和拿破仑所在巴黎的外国新闻——那些让梅特涅在维也纳寝食难安的新闻——同时,报纸上还传达着没有那么糟糕的国内日常消息,有来自利沃夫的,来自维也纳的,也有来自其他哈布斯堡地区的,所有这些组成了当天的加利西亚新闻。在报纸上也可以看到利沃夫的天气情况,有晴雨表读数和恶劣天气的月度总结,例如 1812 年 1 月份,有 17 天在下雪,16 天有雾。2 月份,利沃夫庆祝了弗朗茨皇帝的生日,一个精锐营、一个轻骑兵师,还有当地武装,集结于集市广场(Rynek)。当天下午,省长彼得·戈斯(Peter Goess)伯爵在餐宴上仪式性地向皇帝和皇后敬酒,晚上,市剧院里响起海顿的《帝皇颂》,观众席上山呼海啸般地喊着"万岁!"。省长以皇帝生日为由,给穷人们发放了慈善物资,还宣布了作文比赛的获奖选手,比

图 2 伦贝格（利沃夫）的景色

资料来源：Julius Jandaurek, *Das Königreich Galizien und Lodomerien* (Vienna: Karl Graeser, 1884)。

注：市集广场上的市政厅塔楼在城市景观中独领风骚。这座塔楼于1826年倒塌，1835年重建。

赛主题是加利西亚农业水平的提升。因此，从报道中我们可以看到，皇帝生日这个契机其实是用来夸大加利西亚身份归属中的皇室元素，表达了加省对那仁慈的哈布斯堡君主的由衷赞美。[5] 讽刺的是，在利沃夫大搞皇室庆祝，欢天喜地一片祥和之时，维也纳的梅特涅正在考虑要拿加利西亚交换达尔马提亚。

讨论农业水平提升的作文比赛回顾了约瑟夫的加利西亚发展计划，这个计划的思想秉承的还是东欧从根上要比西欧落后的启蒙观念。《利沃夫时报》发表了其中几篇作品，有一篇写道："英国用了何种方法来种植增产，我们该如何效仿？"这篇文章还细数了加利西亚共有 310758 头耕牛和 527519 头奶牛。"在我们国家（w naszym kraju）"，我们有意忽略了当下的国际危机。[6] 作者并没有提及英国完全陷入了与拿破仑的对抗，此时拿破仑掀起的运动让波兰民众欢欣鼓舞，对国家独立充满希望。某种程度上，计算牛的数量是给波兰的民族狂热开的一剂加利西亚退烧药。

1812 年 2 月份，《利沃夫时报》刊登了一篇文章，讲述如何在春季前实现农具改良，其中还推广了种植土豆的工具，包括一种特制的土豆犁（radło ziemniakowe）。这份广告的对象是"加利西亚高级耕种爱好者"，当时土豆作物在加利西亚并不受多数人的青睐。[7] 同年 3 月，《利沃夫时报》赞扬了加利西亚的慈善修女会，是"每一个人性之友都应该考虑的乐善好施的对象"。该会原属法国修女界，旨在为穷人提供帮助。报纸想说的人性之友其中必有约瑟夫二世，他 1783 年到访利沃夫时特别称赞了慈善修女会。《时报》深情回忆道："伟大的君主，深切挂念着积德行善。"然而报纸却没有提及约瑟夫对哈布斯堡王国境内其他大多数宗教组织的敌意。[8]

萨缪尔·布勒戴特斯基（Samuel Bredetzky）所撰的《加利西亚土壤结构一览》一文 2 月份见刊于《利沃夫时报》，这篇地质学获奖论文对加利西亚做出了更有力的明确肯定。布勒戴特斯基是利沃夫的一位新教牧师，服务于德语群体，他写过德文的匈牙利与加利西亚游记，1809 年在维也纳出版。1812 年，也是他生命中的最后一年，他在布尔诺出版了著作《欧洲德意志殖民的历史统计和以字母顺序排列的加利西亚德意志人居住概要》。他在《时报》上的那篇文章就是对加利西亚的地质考察，尤其关注地质学和土壤质量的关系。这份对加省地质特点以及农业命运的介绍确定了加利西亚作为一个整体的存在。"大自然注定使加利西亚成为一个粮仓（Natura przeznaczyła Galicyę na kraj zbożowy）"。[9] 加利西亚具有某种自然旨意这种想法令人非常匪夷所思，尤其考虑到加省完全是1772年为卑鄙瓜分行径作辩白的产物，以及维也纳当下正计划把它拆解或解体，以换取对等价值的土地。

1812年3月，《利沃夫时报》热情澎湃地预告说有一本新年历即将发行，名字叫《加利西亚的诗学年历》，而且会出两个版本，一个德语版，一个波兰语版，"以这种方式，我们可以驳斥那些批评，说什么我们国家到目前为止学习进度极其缓慢"。瓦茨瓦夫·汉恩（Wacław Hann）教授做这本年历的目的就是给加利西亚的落后寻找解药，他试图驳倒"时常出现又毫无根据的关于波兰文学贫瘠的不实认知"。[10]1812年5月，维也纳的人也听说了这本年历，汉恩的引介预告发表在一本哈布斯堡的文学艺术杂志上。他宣称波兰语"或是斯拉夫语言中的皇后"，他不同意"加利西亚没有文学"的说法。这本杂志在一年前曾发过一篇《关于加利西亚的报告》，报告表示，"来自萨尔马提亚的文学动态只会寥寥无几"，并断言，"奥属加利西亚的语言多元化是这里文学发展的主要阻力"。[11]现在汉恩打算去克服这个阻力。

汉恩希望加利西亚的德意志人和波兰人互相了解彼此的诗歌。他声称，在德语世界，包括奥地利，年历已经成为"启蒙"（oświecenie）的载体，"加利西亚的天快亮了，不是炫目的光，而是沐浴在仁慈温暖的阳光下"。[12]他仿佛要唤起启蒙精神，教授自己也带着些许诗性情怀，虽然此时欧洲已经走到浪漫主义时期的黎明了。年历宣传中提到的光芒照亮四方的隐喻有一点共济会的意思，好像受到莫扎特《魔笛》的启发，18世纪90年代博古斯拉夫斯基在利沃夫也搬演过这部剧。汉恩的年历说明了加利西亚是德语和波兰语的诗歌之乡，加利西亚有一种地方归属，这种归属来源于两种语言和文学的相互关系。

波兰语和德语诗歌已足够定义加省的文化身份：下一代的鲁塞尼亚人将要挑战这个前提。与此同时，《利沃夫时报》高度赞扬了这本即将出版的年历，并评价说，"加利西亚还没有能够和其他地方一样，究其原因只是缺少了机会和鼓励"。[13] 在19世纪初，落后和发展仍然是加利西亚的基本概念。同一期的《时报》还记录了梅特涅在维也纳的演讲，宣扬爱国主义的重要性。他认为奥地利的爱国主义一定要认同哈布斯堡皇室。而《利沃夫时报》却培养了一种地方爱国主义，这种自相矛盾的地方爱国主义清楚加利西亚比其他地方更落后的现实，但决心要向进步、繁荣和光明看齐。

1812年是决定国际命运的一年，拿破仑征服欧洲的野心毕露。殊不知，1812年也关乎着加利西亚粮食、土豆和诗歌的命运。这一年，《利沃夫时报》刊登了多则关于亚当·卡齐米日·恰尔托雷斯基（Adam Kazimierz Czartoryski）亲王的小道新闻。他在18世纪90年代是华沙四年议会的波兰改革者之一，但如今已经成了一名加利西亚权贵，哈布斯堡军队的元帅，曾被授予哈布斯堡"金羊毛骑士勋章"的殊荣。据《利沃夫时报》4月份报道，恰尔托雷斯基将他在谢尼亚瓦（Sieniawa）地产上种植的土豆捐出来，慷慨地供应给驻加利西亚的哈布斯堡部队。5月份，《时报》再次表扬了他。为了补偿前一年的颗粒无收，他在谢尼亚瓦给饥饿的农民提供粮食，展现了他的加利西亚精神典范，"对黎民苍生的真正慈悲"。尽管如此，在华沙大公国的政治舞台上，恰尔托雷斯基也依旧活跃。他作为议会元首在华沙发表讲话，用的都是加利西亚人听起来很陌生的一种政治语言。1812年7月份的《利沃夫时报》引述了这个所谓加利西亚大人物的话："同胞（rodacy）向同胞伸出手,父亲向儿子伸出手,儿子向父亲伸出手,哥哥向弟弟伸出手,他们召唤彼此,投入唯一且共同的祖国怀抱。"[14] 恰尔托雷斯基意指迫在眉睫的波兰起义,由拿破仑暗中支持。他不公开地召唤波兰同胞,号召他们越过支离破碎的波兰边境,从华沙到加利西亚,从哥哥到弟弟,找到彼此,团结起来。如果的确只有唯一一个共同拥有的波兰祖国,那加利西亚的意义在意识形态上并不明朗,在政治上也缺乏逻辑。尽管有"金羊毛骑士勋章"的殊荣和捐献土豆的善举,但恰尔托雷斯基自己让加利西亚一时变得毫无意义。

最终,拿破仑大军的行动,加上其对波兰的特殊意义,可以在《利沃夫时报》的版面上压倒其他任何新闻。报纸报道了拿破仑抵达维尔纽斯,打响了进犯俄国的第一枪。拿破仑还接见了华沙来的波兰代表,对其发表了讲话,其实也是讲给华沙听的,加利西亚的波兰读者可在《利沃夫时报》上读到。"如果我是一个波兰人,我就会跟你想一样的事,做一样的事,"拿破仑说道,"爱国是文明人的第一美德。"接下来,他似乎有意讲给加利西亚的大众听:"我必须要说,我向奥地利皇帝保证了他政权的完整性,所以我不会允许任何形式的滋扰行动,企图危及其治下波兰地区的和平。"[15] 尽管《利沃夫时报》小心翼翼地引述了拿破仑对哈布斯堡政权完整性的公开异议,其中当然也包括加利西亚,但是恰尔托雷斯基和拿破仑关于波兰"祖国"的言论并没有唤起多少加省波兰人的希望和热血。

其实,许多加利西亚人也加入了入侵俄国的军队,其中就有年轻的亚历山大·弗雷德罗。这位未来的大作家 1812 年时只有 19 岁,他是拿破仑大军中的一个加利西亚志愿兵,参加了巴罗蒂诺(Borodino)一战,就是这场决定性的战役使局势发生了转变,拿破仑开始处于下风。当利沃夫 1812 年庆祝哈布斯堡皇帝的生日、展现加利西亚的忠诚时,弗雷德罗正在战场上大喊着"皇上万岁!"。他效忠的不是哈布斯堡皇帝弗朗茨,而是法国皇帝拿破仑。弗雷德罗叫他所服役的部队"法加军(francusko-galicyjskiego)或者加法军(galicyjsko-francuskiego),(我并不记得到底是哪个了)。"[16] 也许,"法加军"番号最瞩目的地方就在于,它暗示加利西亚身份可以独立于奥地利而存在,甚至是独立于波兰而存在。弗雷德罗16岁参军,在部队里,他很清楚自己是一个波兰少年,但是,他也保持着一层加利西亚的归属感。但从那不常见的词语搭配("法加" vs "加法")和连字符可以看出,他的加利西亚身份也在受此影响,其实并不稳定。

在回忆录中,弗雷德罗看出拿破仑的军事行动具有强化加利西亚人群差异的效果,尤其在德意志人和波兰人之间。他做了一个林奈式的总结,总结了他所认为的加利西亚德意志人的种群特征:

> 注意:真实的情况是,加利西亚的德意志人(Niemiec galicyjski)在自然史中占据了一个种族或职业的独特位置,跟法国贵宾犬、西藏山羊差不多。但实际上,这是一个低贱的种族,他们仇恨整个斯拉夫族群,他们吮吸本地人的果实,他们血脉偾张。[17]

可以看出,弗雷德罗非常鄙夷这些德意志人的特质,把他们看作加利西亚属的一个独立物种。此番言论也表达了在波兰的拿破仑事业上,他对加利西亚德意志人是不信任的。他记得1809年波尼亚托夫斯基的部队到达利沃夫时的激动场面:"除了机关里的那些德意志笔杆子躲在办公室里瑟瑟发抖,所有基督徒和犹太人都沸腾了,到处充斥着波兰精神……人们亲吻士兵的手和脚,亲吻马匹,热情高涨到疯狂的边缘。"[18] 哈布斯堡的德意志官员却成了淡漠无情的例外。

其实弗雷德罗对加利西亚犹太人所谓的拿破仑热忱也表示怀疑。"1809 年在利沃夫，犹太人对我们的事业很热心，"他回忆道，"而到了 1812 年的立陶宛，还有华沙大公国，犹太人就成了我们首要的敌人。"[19] 但费雷德罗并没有讲出加利西亚犹太人和立陶宛犹太人的文化区别。他坚信"犹太人永远是犹太人"，他们到头来只在乎钱。他不相信加利西亚的德意志人和犹太人，他们对他而言和波兰人完全不一样，最后也一定会把跟自己无关的波兰事业高高挂起。但他也承认，那两伙人多多少少还算是加利西亚的。

"小莫扎特在加利西亚"

拿破仑战争时期，奥地利大作曲家莫扎特的小儿子弗朗兹·克萨韦尔·沃尔夫冈·莫扎特正住在加利西亚，他算是一个"加利西亚德意志人"，弗雷德罗笔下不齿的低等种族。小莫扎特出生于 1791 年，也是他父亲过世的那一年，但他继承了其父的音乐天赋，1797 年就举办了布拉格个人表演专场。演出宣传上写着：

> 我们诚挚邀请了年仅六岁的小沃尔夫冈为布拉格的观众们演出。观众们对老莫扎特十分喜爱。小莫扎特为致敬先君，将在钢琴的伴奏下演唱其父经典作品《魔笛》中的咏叹调《我是捕鸟人》（*Der Vogelfänger bin ich*）。请大家对其首次登台展示才艺予以包容。[20]

11 年后的 1808 年，17 岁的小莫扎特从维也纳搬到了加利西亚，想寻个音乐教师的工作自谋生计。作为天才钢琴家和有前途的作曲家，他沿用了他父亲的名字沃尔夫冈（Wolfgang），并找到了一份在波兰贵族维克多·巴佛洛夫斯基（Wiktor Baworowski）伯爵家里教音乐的差事。在19世纪初的加利西亚，德、波两个民族的文化和社群仍未产生分裂和对立。小莫扎特在利沃夫及其周边的职业生涯，也暗示了加利西亚地区文化融合的复杂和微妙。

老莫扎特的遗孀康斯坦泽（Constanze Mozart）在家书中告知大儿子卡尔（Karl Thomas Mozart）关于沃尔夫冈要搬家的事："你胞弟打算去波兰发展了。"然而，"加利西亚"这个词没有在信中出现，可见老母亲并没有这个概念。但对小莫扎特来说，他清楚地知道他在哪儿，知道"加利西亚"意味着什么，正如他在给莱比锡市的布莱特克普夫与黑特尔出版社（Breitkopf & Härtel）请求父亲乐稿抄本的去函中写道："我在伦贝格时已经通知您我到加利西亚了……"[21] 转年，16岁的费雷德罗刚加入法加联军，拿破仑大举进犯加利西亚。小莫扎特给他哥哥写信感慨"命运真是捉弄人啊！"他不是指战火，而是指自己音乐生涯的起落。他在信中讲他的近况：

> 三个月了，我还没回家，就留在加利西亚，在伦贝格旁边几英里的地方，一位伯爵家里，教他两个女儿弹钢琴，每天四个小时。不过，好在有吃住，有林地，有阳光，能够洗衣裳。在这儿我得好好努力，精练技艺。等有朝一日条件允许了，我再做旅行打算。

小莫扎特其实并没有计划扎根加利西亚，但他表示自己当下"很满足"，后来一口气待了整整十年。他的职业生涯将会带他走遍欧洲，二三十年代回到加利西亚，最后落叶归根于维也纳。尽管他知道栖身在加利西亚好像是个奇怪的命运转折点，但他却不以为意，而是把这段经历当作今后事业发展的基石。

母亲康斯坦泽却疑窦丛生，1809年在给卡尔的一封信里，她责备沃尔夫冈，"你说你弟弟自从去了波兰，只写了三首长笛与钢琴奏鸣曲，我对他很不满意。这也太少了吧，他年纪轻轻，应该努力奋斗，要对得起他自己，对得起他爸爸"。她另附给卡尔一首小莫扎特给赞助了诗学年历的"伦贝格的汉恩教授"的诗谱写的曲子。那是一首德文自然诗，叫作《去往小溪》（An die Bäche）。这首诗配乐说明小莫扎特和《利沃夫时报》有往来，尤其是和那些致力于促进加利西亚德波民族友好的人士。同年，小莫扎特要莱比锡的布莱特克普夫与黑特尔出版社给他寄点乐谱，原因是"伦贝格啥也没有，去维也纳的路也被封上了"。[23]这就是这位年轻音乐家对在奥地利和加利西亚地区正发生的拿破仑战争的微弱暗示吧。

他还抱怨自己没有好的钢琴。此时正值他母亲准备改嫁到丹麦，在处置她亡夫的旧钢琴，并仔细斟酌要把如此宝贵的遗产留给哪个儿子。最后她决定把琴送给在米兰的卡尔。卡尔虽然年长于沃尔夫冈，但艺术成就稍逊。此时，年轻的沃尔夫冈对加利西亚的美好幻想已经日渐磨灭。他当时还和巴佛洛夫斯基伯爵住在一个叫珀特卡米安（Podkamień）的村子里。1810年，他在一封写给住在魏玛的德意志朋友的信中发牢骚：

> 从前年10月份开始，我就在加利西亚的村子里住着，这和维也纳的纸醉金迷根本没法比。虽然说我也逐渐适应了新环境，但如果没有被剥夺见到朋友，听到好音乐，读到评价我艺

术作品或者任何关于文学的杂志和学术著作的乐趣,我也不会感觉维也纳和一个波兰荒凉村庄之间有着滑稽的对比(虽然差别的确很明显)。[24]

看来小莫扎特对于这个没有朋友、没有音乐、没有杂志、没有文学的加利西亚充满了负面想法。然而这种对比的感觉,恰恰代表了真正莫扎特式精神中的喜剧性,也代表了维也纳和珀特卡米安,一个帝国大都市和一个穷乡僻壤之间的区别。小莫扎特在信中饱含深情地说:"我在踽踽独行(in meiner Einsamkeit)",这是一种加利西亚式的孤独,其中包含了混合着浪漫主义忧郁的启蒙运动的清高。1810年,他的确创作了一首叫作《孤独》(*Die Einsamkeit*)的曲子,但整首歌却出人意料般充满了喜庆的音乐内涵,歌词好似在迎接孤独:

> 我之愿,我之乐,乃身之孤,家之和,国之泰。[26]

世界处于战火之中,这向往和平的宣言也许是身处拿破仑时期欧洲的美好愿景,但这种情绪足以表达一种加利西亚式的隔绝感。

虽然歌中赞扬了孤独,但在年轻的沃尔夫冈的信中,这种感觉似乎是其艺术创造性的阻碍。1810年,他向哥哥卡尔抱怨,他说在如今的加省形势下,他无法创作音乐:"我什么都没写。我这里的生活无趣又孤独,我的情感已枯竭,以至于我必须经常整天的折磨自己,只为给生活增添一丝丝琐碎。"就这样,最伟大天才莫扎特的儿子,将自己的创造性危机归罪于住在加利西亚的悲惨。"作为一个艺术家,我在村子里毫无成绩。我可是这个地方首屈一指的艺术家",他跟卡尔讲道。这位什么都没写出来的作曲家的话里带着很多自以为是。"如果你觉得我在夸大其词或者哗众取宠，我请你来亲自看看，你就会相信我了。"[27] 年轻的沃尔夫冈认为，在加利西亚他是举世无双的，一流的音乐家，他父亲的传承人，但这范围也只是局限在加省的地界罢了。

1811年，年轻的小莫扎特从巴佛洛夫斯基家辞职，搬到了利沃夫城，并一直住到1818年。在此期间，拿破仑从立陶宛出兵俄罗斯，但被赶回欧洲大陆，最后于1813年兵败莱比锡，1815年溃败滑铁卢。而小沃尔夫冈这些年在利沃夫教着音乐课，并在加利西亚时刻关注着世界动态。他曾在亚尼舍夫斯基（Janiszewski）家里担任音乐教师，他的来往信件由伯爵夫人亚尼舍夫斯娃转交。根据沃尔特·胡梅尔（Walter Hummel）的研究，小沃尔夫冈很可能也给顶层贵族譬如恰尔托雷斯基家族上课。他和哈布斯堡官僚巴罗尼-卡瓦尔卡博（Baroni-Cavalcabò）家庭交情甚笃，还教他女儿朱莉上音乐课，或许和女主人约瑟芬还有过一段爱情故事。虽然在利沃夫，小沃尔夫冈的情人可能是一位哈布斯堡官员的意大利妻子，但他还有很多波兰朋友。1811年，他向布莱特克普夫与黑特尔出版社推荐了他利沃夫"朋友们"（Freunde）写的曲子，有利平斯基和卡什科夫斯基（Kaszkowski）［应该是小提琴家卡罗尔·利平斯基（Karol Lipiński）和作曲家约阿希姆·卡奇科夫斯基（Joachim Kaczkowski），他的名字被莫扎特拼错了］。[28] 不管怎么说，这些名字有力表明了小莫扎特在利沃夫的波兰社交圈左右逢源。当他还和巴佛洛夫斯基家庭住在那个"波兰村庄"里，说自己是此地"首屈一指的艺术家"时，他心中还是多少有些德意志至上的心态，这也导致了他孤独的高傲。但到了利沃夫，他信中提到的波兰客户和朋友们并没有德意志身份。他于1811年将他的波兰朋友推荐给他的德语出版社，这也反映出一种文化交融，正如汉恩教授在翌年诗学年历中所倡导的那样。

在 1816 年给布莱特克普夫与黑特尔出版社的信中，我们可以看到小莫扎特在利沃夫创作了什么样的音乐。出版社把在莱比锡印好的他的曲谱寄到利沃夫，但他十分着急：

> 前天我终于收到了等待许久的波罗奈兹（Polonaise），看到后我甚为诧异。我交代的条件您一定是完全忘记了吧。这些我眼中的小东西并不值得索要金钱上的酬劳，所以我要您寄给我 40 册样谱，并且享有一年之内（得从我收到谱子的那一天算起）在伦贝格的独家销售权。您应许了所有这些条件，且在 1814 年 5 月 18 日您的尊贵来信中已被证实，信我还有留存。两年了，我到现在只收到了七册，而不是 40 册。[29]

他说的"小东西"是靠他受尽折磨的创造力写出的小作品，即这些"等待许久的波罗奈兹"，特指代波兰舞曲，他相信自己可以在利沃夫为它们找到市场。

这些"小东西"必然指的是六首钢琴配奏的忧伤波兰舞曲，在他的作品中序号为第 17。而且既然小莫扎特在 1814 年已经要求寄送样册，这些曲子一定是在此之前完成的，也就是 1812~1814 年，拿破仑发动的战役由盛转衰的那两年。在这个过程中，波兰人民的希望先是高涨到了举国振奋，随后便受到大军从俄国撤退这一噩耗的打击。小莫扎特虽然出生在维也纳，母语为德语，但也充分受到了具有波兰背景的加利西亚的鼓舞，并用他艰难的受到阻塞的创造力创作了这六首波兰舞曲。他将于 1820 年前再写四首，将其献给宰乌斯卡（Rzewuska）伯爵夫人，1823 年前再写两首，献给格沃古夫斯卡（Głogowska）伯爵夫人。[30]19世纪30年代，肖邦［Frédéric（Fryderyk）Chopin］将会通过他充满创造力的天才来改良波兰舞曲，在舞曲中加入浪漫主义音乐的精神和波兰爱国主义的热忱。而加利西亚的小莫扎特在拿破仑时期就已经运用了相同的旋律。1812年，当弗雷德罗随着法加军奔赴巴罗蒂诺时，弗朗兹·克萨韦尔·沃尔夫冈·莫扎特也许正在思忖着波罗奈兹的创作。

"撒哈拉沙漠中的一片花丛绿洲"

小莫扎特波兰舞曲的听众很多也是《利沃夫时报》的忠实读者，1812年夏末，他们看到报纸上有越来越多的篇幅在报道发生于俄国的军事行动。当巴罗蒂诺战役9月份在莫斯科附近打响时，《利沃夫时报》还在发布早先拿破仑于斯摩棱斯克（Smolensk）取得胜利的消息。报纸上还有一则"皇上诞辰"的通知，但这次指的不是哈布斯堡皇帝弗朗茨，而是拿破仑。法国在8月15日庆祝了他的生日，虽然他当时并不在场，而是远在俄国。《利沃夫时报》刊登了各种拿破仑占领莫斯科的新闻，一旁附带着对莫斯科城的特别介绍："莫斯科城的景象对每一个外国人来说都是既新奇又乡野。"这里的"外国人"指的是攻占了莫斯科的外国军队。部队里也有很多加利西亚籍战士，而加利西亚也不是没有自己的"野蛮"，报纸上说有一个年轻的信奉希腊礼天主教的村民在加利西亚被执行了死刑。在从泽洛齐夫（Zolochiv）市场回家的路上，他因为一顶帽子引起的争执，杀害了一个14岁的男孩。[31]拿破仑到了莫斯科后，所有东方的事物，包括希腊礼天主教，都在《利沃夫时报》版面中挂上了野蛮之名。

占领城市后，拿破仑的军队找到了一份俄国的纵火报告，这些报告可以用来证明莫斯科居民的野蛮。《巴黎报》(*Journal de Paris*)首先刊登了莫斯科的火灾事件,《利沃夫时报》随后将其翻译成波兰文并转载,于是我们可以综合看到法加在俄国问题上的态度:"我们有义务,令人痛心疾首的、无法拒绝的义务,讲出野蛮主义的特点。他们一直把自己展示成一个文明国家,我们有必要让整个欧洲知道这群人的真实习性和本质。"《利沃夫时报》总结了莫斯科从古至今的历史,并对焚城表示惊愕:

> 这就是饱经沧桑的莫斯科城,直到那可怕时刻的到来,它要被毁于魔鬼的野蛮主义了,他们都不能够被称作人。经过七个世纪的存在后,如果不是法国皇帝的度量及其勇猛军队的忠实保护了它,这座壮丽的城市将被夷为平地。[32]

就这样,《利沃夫时报》让加利西亚民众从法国文明的视角出发,强烈鄙视了莫斯科居民的野蛮。弗朗兹·克萨韦尔·沃尔夫冈·莫扎特可能厌恶加利西亚村子的文化贫瘠,但从利沃夫的城市角度看,1812年的他可能会加入《利沃夫时报》的读者群,一起去谴责俄国骇人的野蛮主义。

到年末,俄国的新闻变得有所不同。俄国人在庆祝拿破仑从莫斯科撤退,华沙那边则不顾一切地呼吁波兰人继续为拿破仑而战。《利沃夫时报》给加利西亚读者转载了这份"呼吁",但当下波兰民族复兴的希望日渐式微。12月23日,利沃夫为庆祝圣诞季表演了海顿的清唱剧《四季》,并将演出收入尽数捐给了穷人。因此,在1812年,那个洋溢着波兰人民族热情的激动人心的夏天,最后却伴随着哈布斯堡的音乐,以加利西亚的慈善和顺从收尾。

"波兰的希望随着法国势力的削弱而被削弱了。"弗雷德罗在他关于拿破仑的回忆中如是说道。拿破仑制造的海市蜃楼的消散，使加利西亚人的心境遭受了深度幻灭，1815年维也纳会议后，在梅特涅设计的哈布斯堡专制主义下，民族政治的诉求几乎不再可能。在他回忆录的结尾，弗雷德罗说："波兰人的国家幸福现在是撒哈拉沙漠中一片开满鲜花的绿洲（Szczeście domowe Polaka jest teraz oazą kwiecistą śród puszczy Sahary）。"[34] 在梅特涅的加利西亚，在这片政治沙漠中，弗雷德罗发觉了自己在家庭喜剧上的巨大天赋。

小莫扎特和弗雷德罗一样，在维也纳会议后的那段时间里对喜剧甚为投入。他在钻研父亲莫扎特伟大的喜歌剧（Opera buffa，喜歌剧是一种体裁，意大利语 buffa 原指玩笑——译注）。"近来我非常喜欢看《费加罗》（Le nozze di Figaro）的演出，"小莫扎特1817年在利沃夫写道，"多么美妙的音乐！为什么我父亲这么早就离开了我，离开了这个世界呢？"[35] 1818年，小莫扎特也离开了利沃夫，离开之前举办了一场告别演奏会，演奏会收获了维也纳《综合音乐报》（Allgemeine musikalische Zeitung）的差评。演奏会的大戏是作曲家演奏自己的钢琴协奏曲，维也纳评论家觉得这个节目很"冷淡"，但"出于对莫扎特名位的尊敬"，并没有点出具体哪里不好。开场节目是《女人心》（Così fan tutte）的序曲，评论家认为演得很"逊色"，终场节目是同一部喜歌剧的终曲。[36] 到1818年，弗朗兹·克萨韦尔·沃尔夫冈·莫扎特已经成功地变成了一个加利西亚人，他在利沃夫的地方成就遭到了维也纳的鄙夷不屑。

在《女人心》的终曲里，费朗多（Ferrando）和古列莫（Guglielmo），这两个和彼此恋人有染的男人，为了考验恋人的忠诚，假装从战场上归来，给出轨的费娥迪丽姬（Fiordiligi）和朵拉贝拉（Dorabella）一个突击检查。在洛伦佐·达·彭特（Lorenzo

Da Ponte）的歌剧脚本中，并不存在真正的战争，主人公只是假装被征调到部队中去。而莫扎特创作这部歌剧是在1790年，这时哈布斯堡士兵们真的在和奥斯曼土耳其的对手展开会战，小莫扎特1818年在利沃夫表演这部歌剧的序曲和终曲，此时拿破仑战争只不过才结束了三年。不久之前也真的有"法加军"的士兵打完仗返回家园，回到他们忠诚或者不忠的妻子或恋人身边。《女人心》的终曲尤其符合梅特涅时期加利西亚的和平时代精神，因为这部喜歌剧把参军服役编成了浪漫喜剧中的一个虚构借口。这些士兵从一场未曾真正发生过的战争中回家了。

1825年，弗雷德罗在喜剧《女人和骑兵》（*Damy i huzary*）的场景设定中回顾了拿破仑战争时期。题目中的轻骑兵包括了一个少校、一个上尉和一个年轻的少尉，他们都在一个加利西亚的乡下庄园里"休假"。尽管这是一个设定在战时的剧，但军事行动离戏剧情节十分遥远。士兵们唯一看到的战斗是一群女士，少校的姐妹们，"入侵"他们的男性团体，企图"捕获"一个或几个男人来结婚。尽管开幕的场景中所描写的轻骑兵都拿着枪，但观众立刻明白了这些武器是用来捕猎的。剧里有一个"铺着地图的桌子"，可能在暗示历史舞台中上演的最伟大的国际戏剧（指莎士比亚的《亨利四世》——译者注），但这些军人并没有在研究军事形势。少校在开幕场景中跟其中一个人发牢骚："为什么你把我的烟斗放在了地图上？"[37] 弗雷德罗虽然本身也参加过拿破仑战争，经历过战斗的血腥与残酷，但他却借助发挥到极致的自由创作力，本着家庭喜剧的精神将战争搬上了舞台。

女士们的计划是让年长的少校迎娶他年轻的侄女。侄女多才多艺，在罗西尼咏叹调的演唱方面取得过辉煌的成绩，也很有可能在利沃夫上过小莫扎特的钢琴课。最后她嫁给了年轻的少尉，老少校宣布军事行动到此结束："够了，你们女人已经战胜了轻骑兵，轻骑兵被迫投降，并交出一个人给你们做奴隶，你们也得承认，那是他们中最优秀的一个。"[38] 虽然这些骑兵可能是"法加军"的人，1809 年弗雷德罗自己也加入其中，但拿破仑的名字却没有在剧中被提及，因此士兵们有可能是服务于哈布斯堡皇帝。1825 年，所有在加利西亚的部队都穿着哈布斯堡的军装，梅特涅盛期在加利西亚表演的喜剧也不会造成军事忠诚度下降的政治问题。何况整部剧中这几位轻骑兵都在"休假"，没有必要点明他们是"法加军"的人还是"奥加军"的人。回顾连梅特涅自己也不清楚加利西亚未来的这一历史时刻，弗雷德罗在回顾性的战时加利西亚喜剧情节中，注入了一些不确定的精神。

"制造真正的加利西亚人"

1815 年 4 月份，在维也纳会议期间，外交官们紧张等待着拿破仑百日王朝的军事结果。在奥地利首都，梅特涅会见了哈布斯堡加利西亚省省长彼得·戈斯，并就加利西亚事宜向弗朗茨皇帝做了汇报。梅特涅和戈斯强调了"筹备秘密警察"的重要性——这是王朝上下梅特涅时代的标志——以及"为求加利西亚对奥地利帝国有更多依赖性而做出的政治和管理规则"。[39] 在未来 19 世纪的岁月中，加利西亚终将归属哈布斯堡王朝的统治。

1815 年，梅特涅和戈斯也在苦苦思考加利西亚的身份问题，包括波兰人和德意志人之间的紧张关系，这和 18 世纪 80 年代约瑟夫时期遇到的问题差不多。但在 19 世纪早期，梅特涅和戈斯对民族身份的潜在影响力有更深刻的理解，梅特涅也会尽其所能，在接下来的二三十年里，尝试弱化甚至抑制哈布斯堡王朝内的各种民族身份。就加利西亚而言，存在各种理由承认波兰身份的巨大潜力或者危险，尤其是在拿破仑的插曲之后。这种身份认同可以把像弗雷德罗这样的年轻加利西亚人运送到莫斯科再送回来，因为他们坚信波兰人的使命。1815年，梅特涅就身份问题做了认真的思考：

> 关于政治诉求，戈斯伯爵讲的很对，大原则就是：不能让波兰人一下子都变成德意志人，而是首先制造真正的加利西亚人（ächte Gallizier zu machen）。因为只有通过这个阶梯过程（Stuffengang），我们才有希望达到终极目标（Endzweck）。任何其他的政府行为都会偏离这个目标，甚至会让当前形势变得危险。[40]

梅特涅把国家身份看作潜在的危险，但他也清楚它的可塑性。"真正的加利西亚人"可以通过政府政策被"制造"出来，但波兰人不会在压力下就范，突变成德意志人，他们一定会冒险，做出危险的抵抗。克拉特早在18世纪80年代的信中就讲过，通过哈布斯堡的统治和德意志的影响，作为一个省区概念的加利西亚，将不再有波兰人的声音存在。相反，1792年那位加利西亚匿名诗人，《伏尔泰作品的后果》的作者，声明在他自己的加利西亚外壳下，还跳动着一颗"真正波兰人"的心。看来，成为真正的加利西亚人，既是真正波兰人和真正德意志人的综合，也是二者的中间阶段。

梅特涅试图促进"加利西亚人对奥地利帝国政府的依赖"，他发现过渡的加利西亚身份对此很有帮助。一个加利西亚人身份可能缓和加省内波兰人和德国人以及鲁塞尼亚人和犹太人之间的部分冲突。因此，18世纪创造的加利西亚需要19世纪创造的加利西亚人。

梅特涅认为哈布斯堡的政府政策中最关键的一环就是"在思想上说服加利西亚人"（die Gemüther der Gallizier zu gewinnen）。他们必须被哈布斯堡政府说服，但同时，由于他们仍是正在形成的加利西亚人，他们也必须被说服成为加利西亚人。对于"思想"（Gemüther）的强调清楚表明了梅特涅把这项工程理解成内部改造和转变，是一个身份的问题。成为加利西亚人并不是简单地定居在省界的一边而不是另一边。梅特涅在给皇帝的信中写道，他有意考虑宪法承认加利西亚身份的可能性，安排他们的"民族代表"，在加省名流家族内设置哈布斯堡办事机构，并沿袭约瑟夫二世的精神，适当减轻贫苦受压迫者的负担。最后，梅特涅提醒皇帝小心行事，尤其针对刚刚重组的哈布斯堡领地伦巴第－威尼西亚王国（Lombardo-Venetien），并警告说，给予这个新省份的任何帝国特权都会激起加利西亚的怨恨和嫉妒。皇帝要特别注意这一点，"以免加利西亚人认为自己被冷落，甚至被怠慢，受到轻视"。[41] 在梅特涅的概念中，加利西亚人极度敏感、善妒，在获取特权和政治席位上易受伤害，这和弗雷德罗在他后来数十年剧作中展示的喜剧形象居然非常接近。政治家运筹帷幄的政治视角和作家喜剧表演的观点，都是基于一个没有确切国家身份的，被人类境况中的平凡抱负和日常焦虑所驱使着的讲加利西亚语的剧中人。

1815年，梅特涅在信中讲得很清楚，加利西亚并入哈布斯堡王朝是当局追求的目标，但他力劝此举不可昭告天下。"如戈斯伯爵建议的那样，绝不可以有任何证实加利西亚与奥地利帝国政权统一的言论，因为这样的言论很容易带来误解，误解我们之前与这片土地的关系。"[42] 在经历了拿破仑时期的动荡后，1815年加利西亚重回奥地利旗下，回归的合法性恰在于18世纪哈布斯堡统治加省的延续。如今讲政治大一统会使人们集中关注加利西亚早先情况的细节，势必会回到1772年第一次瓜分波兰，"加利西亚"刚刚被创造出来的时刻。只有承认统治的完美衔接，同时鼓励对加省过去和当下情况进行政治模糊化，梅特涅才有希望争取到正在获得加利西亚身份的那些加利西亚人。

1817年，加利西亚迎接了弗朗茨皇帝的一次视察。同年，伴随着加利西亚议会的重新召开，利沃夫大学的重建，奥索林斯基图书馆的成立，以及《利沃夫时报》文学增刊《综艺》（*Rozmaitości*）的出版，后拿破仑时代的加利西亚境况日渐明朗。加利西亚的议会（Sejm）和法国旧制度的三级会议（états généraux）差不多，往届会议可以追溯到玛丽亚·特蕾莎和约瑟夫时代的1775年和1782年。议会旨在巩固加利西亚的产业，从而与哈布斯堡其他省份保持相似的社会政治结构。1817年改组的议会包括四个阶层，分别代表贵族豪门、士绅、神职和城镇，议会每年召开一次，讨论加省事宜，但权力却十分有限。据历史学家斯坦尼斯拉夫·格罗兹斯基（Stanisław Grodziski）的研究，在拿破仑的插曲之前，这样的体制只作为一个"无用的政治花瓶"而存在，如今，1817年之后，它的重要性在增大，虽然只是政治协商性质，但在加省已成为哈布斯堡行政管理的重要辅助机构。[43] 议会曾是波兰-立陶宛联合王国的重要立法机构，直到1795年联合王国陨灭。现在，加利西亚存在这样一个议会也暗示它是一个在历史上有政治特权的哈布斯堡省份。矛盾的是，哈布斯堡专制主义不得不支持加省的特权，也不得不创造这些特权，其目的却是代表帝国政府最终压倒这些特权。

你在1817年也可以亲历利沃夫大学的重建。利沃夫大学于1784年由约瑟夫创办，克拉特两年后带着傲慢的态度说："伦贝格的那个大学还是个婴儿（Wiegenkind）呢，它需要母亲般细致入微的照料。" 1772年加利西亚省设立后，人们无法再去波兰的教育机构念书，所以加利西亚所谓的地方统一的确需要这么一所大学，就像它需要某种形式的议会一样。利沃夫大学于1805年被降格为中学，在拿破仑战争期间，又作为加利西亚机构框架的一部分，于1817年重建。和之前一样，它是一所德语大学，但在梅特涅准备争取加利西亚人的态度下，政府做出让步，准许聘任一位波兰语言文学的讲席教授。这个教职最终在1826年由米科瓦伊·米哈莱维奇（Mikołaj Michalewicz）担任，他对波兰文化和鲁塞尼亚文化都有兴趣，并且在《利沃夫时报》和《综艺》担任编辑工作。[44]

还有一位名为约瑟夫·马克西米利安·奥索林斯基的研究文学的学者和收藏家，他密切参与了维也纳在利沃夫大学的工作安排，尤其为设立波兰讲席一事做出了贡献。奥索林斯基很有可能是1790年加利西亚权利"大宪章"背后的作者，他自己也非常认可哈布斯堡政权，当时在维也纳有自己的住所。和小莫扎特一样，他坚信，在哈布斯堡的首都，自己的文化追求会比在加利西亚的乡村庄园更有回报。但与小莫扎特不同的是，奥索林斯基具备在维也纳生活的客观条件。他和哈布斯堡首都圈联系紧密，并且和18世纪90年代的外交大臣弗朗茨·图古特（Franz Thugut）交情甚笃。在维也纳，奥索林斯基还担任维也纳-加利西亚经济学院的院长，以及文理学院的领导职务。他也是一个大藏书家，他在奥地利首都积累了丰厚的图书资源，并开放这些书籍和手稿给那里的波兰学生使用，但图书馆最终是为加利西亚所建的。1809年，奥索林斯基受到了弗朗茨皇帝的赞许，皇帝对他"为加利西亚创建一个国家图书馆"的目的十分满意，对"他为提升国家思想文化而做出的无私奉献致以祖国的感谢"。[45] 为加利西亚创建"国家"图书馆这个说法意味着，至少在皇帝的思维里，加利西亚可能已经在哈布斯堡"祖国"内构成一个"国家"了。

1815年恢复和平后，奥索林斯基也回归了从前的事业，他给利沃夫的朋友写信说道："很久了，在我心中，我一直想给我的国家留下一份纪念。"奥索林斯基对自己国家的判断或许更加波兰而非加利西亚，但两种感情在图书馆项目上得以并存。在维也纳居住22年后，他决心把他的图书馆留给利沃夫作为纪念。"我关心这所图书馆，她好像我的独生女一样，我不想把她丢给命运。"他写道。[46] 奥索林斯基图书馆就这样在加利西亚落成，意义非凡。从某种意义上说，这是奥索林斯基的波兰文化背景和他在维也纳收藏的结晶，仿佛他们生下的女儿。

1817年5月，皇帝准许开办这个图书馆，哈布斯堡的匈牙利大臣约瑟夫·埃尔德迪（Jozef Erdödy）在信中告知奥索林斯基这件事（pro generosa bibliothecae publicae fundatione）。6月份，利沃夫的政府领导人弗朗茨·克里格（Franz Krieg）写信给奥索林斯基，告诉他皇上还批准了波兰系主任的设立，但要奥索林斯基协助确定这一专业岗位的要求。8月份，奥索林斯基写信给利沃夫的罗马天主教大主教，也是加利西亚都主教安杰伊·安科维奇（Andrzej Ankwicz），讨论图书馆的创办和之前弗朗茨皇帝的来访：

> 我无比欣慰，我们的好君主在亲眼见证后信服了，我们国家只需要看到他的美好心愿和父爱的证据就可以燃起对他最生动的挚爱。您这位先生做了非常伟大的工作，移开了那些横挡在双方之间的偏见、质疑和变态谄媚。和德意志国家一样，上帝以此为模版，将我们的国家分给不同的统治者，但它是一个自由的国度，自内而外散发出与众不同的气质，成为独一无二的存在。我们并没有背叛国籍，而是把国家引向统治家族那边，与此同时，这既是加利西亚的纽带，也是

周边国家的诱饵！请上帝给予我们最美好的祝愿，下一代将会获得红利，而我们走向衰落的这一代人，至少可以带着祖国幸福的慰藉进入坟墓！[47]

因此奥索林斯基毫无遮掩地提出了一个加利西亚概念：在19世纪初作为波兰人意味着什么。对哈布斯堡的依附必须受到鼓舞和抚慰，而不仅仅是对激情的忠诚。

虽然有一些波兰人因拿破仑的失败感到万分沮丧，奥索林斯基却本着加利西亚的精神，相信在哈布斯堡王朝的统治下，未来一代人可以期待美好生活的到来。的确，他在"祖国幸福"的愿景中找到了慰藉，虽然没有说祖国到底是政治复兴全然无望的波兰，还是好君主对加利西亚表示友好善意的奥地利。奥索林斯基的祖国（ojczyzna）在概念上和弗朗茨的祖国（Vaterland）差不多，都混杂了波兰、奥地利和加利西亚的不同层面。

9月份，奥索林斯基在给维尔纽斯的数学家扬·施妮亚德斯基（Jan Śniadecki）的一封信中讨论了利沃夫的图书馆计划。奥索林斯基要用他在加利西亚的地产，出全资建馆。他也要参与馆长的选拔过程，馆长会在新组建的加利西亚议会的监督下工作。同样在9月份，弗朗茨·克里格给奥索林斯基写了一封信，信中提出很希望在波兰讲席教授的聘任上听取他的意见，但他担忧薪资设定过高，会让大学里的其他教授心生嫉妒。总之，1817年，奥索林斯基在战后复兴加利西亚文化生活上成果显著。因为他的事迹和贡献，维也纳授予其圣斯蒂文森骑士的殊荣，加省也颁给他加利西亚王国元帅的称号。

12月份，因为两度获奖，奥索林斯基收到了利沃夫大学历史系教授约瑟夫·莫斯的德文祝贺信，以及他的年终问候和美好祝福。莫斯给加利西亚写了专属的新年祝愿：

> 希望在新的一年里，我们的加利西亚可以财源滚滚，但在花销上要愈加注意，要效仿那些古今智者。整洁和简单的点缀可以带来美丽，但把钱都浪费在家里那些装饰的、耀眼的、令人反感的东西，以及衣服和游行上，就会把家底耗光，且毫无收获，只会带来孔雀的自傲（Pfauensinn），与公共福利背道而驰，与致力于教育大计的民族智慧（Nationalweisheit）相去甚远。[49]

把钱花在刀刃上是大智慧的典范，这说的当然就是奥索林斯基自己，他为了在利沃夫建立图书馆而捐出了他的资金和藏书。他是"民族教育"的典范，但是莫斯暗指的是哪个民族呢？这是给加利西亚的新年祝愿，所以显而易见，莫斯把奥索林斯基看作一个民族的智慧典范，这个民族只可能是加利西亚民族。

莫斯自命清高的学院式价值观使其在1817年他的大学重建仪式上，摒弃了闪闪发光的孔雀式的骄傲："仪式上有许多靓丽的女士和小姐，她们受到法国奉承般的邀请，作为超尊贵嘉宾（des personnes les plus distinguées）而来。"莫斯更关心波兰讲席教授的位置还没有觅到良才。在他眼里，这对于加利西亚的波兰文学和德意志文学之间的关系来说是非常重要的。他希望增进"两个民族活跃且多层面的文学交流，这对于二者来说都是最美好的结果"。莫斯因此展望了加利西亚的民族融合：

> 挑衅和恶意只会分离和阻碍两边的友好交往，只有老百姓之间才会这样做。知识分子要互爱互敬，共筑美好天堂，永远敬爱彼此。[50]

在约瑟夫弥赛亚精神的复兴中，莫斯的新年想象将加利西亚视作天堂本身。至少对于知识分子来说，这讲究情同手足的新宗教，它的庙堂不在别处，就在奥索林斯基的图书馆中："奥索林斯基的帕那苏斯（Parnassus Ossolinius）"。说到莫斯自己的贡献，他正在写一部关于加利西亚的英雄史诗，他说已经写到1347年了。[51]这项工作是致力于民族想象的徒劳努力，大概从来没有完成或者出版，因为他把加利西亚的历史追溯到了14世纪，目的是寻找它的中世纪前身。1817年，莫斯重视的不仅是对历史的解释，也抱有对乌托邦未来的憧憬。在这个乌托邦未来里，波兰-德国友好互爱的宗教仪式会在奥索林斯基的帕那苏斯山上举行——而另一边，梅特涅却在想着如何把波兰人重新制作成加利西亚人。

"我要歌唱喀尔巴阡山"

1818年的新年钟声敲响，《利沃夫时报》的增刊，新创刊的文学杂志《综艺》开始于每周六发行。它给加利西亚大众提供了大观世界"综艺"的机会。有一个故事讲道："波斯，我们对她有着美好的幻想，但当我们进一步了解，就会发现那里是一个丑陋的沙漠，住着饥饿和悲苦的人们。"[52]还有一个扑朔迷离的航海故事："一个麻省年轻人的日记，这个年轻人于1813年5月在海上被英国人抓捕。"这则故事最开始出现在1816年的波士顿，但两年后的今天传到了利沃夫，《综艺》虽许诺做"英国和美国民族特点的比较观察"，却说这个麻省的年轻人很自然地表露出他"代表自己国家时的偏见（uprzedzenie dla Narodu swoiego）"。民族情感只有放在国际距离上才最惬意自如。在1818年的《综艺》上，和文化最相关的故事是一个长篇连载的文章，该文章是从一个华沙刊物上转载过来的，题为《波兰诗歌精神之我见》。文章完全没有提及加利西亚，事实上，除了题目之外，也没有讲到波兰，却强调了"民族天才"和"民族语言"对于诗歌的重要性。文章指出，"哲学家和学者可以为整个人类社会服务，但演说家和诗人必须要心怀祖国"。[53] 虽然这里强调的民族仅指波兰（因为文章发表于华沙），但在利沃夫和加利西亚的语境中，"民族天才"可以被构筑成多面手，即，多民族的。

在 1817 年 12 月给奥索林斯基的新年贺信中，莫斯强调波兰人和德意志人要有互相欣赏的文化关系，但是他也把自己的观点扩大到"这片土地上的好人，以及我所有三种母语（aller drei Zungen）听众中最优秀的人"。[54] 这一影射使得加利西亚的波德关系戏剧变成了一场三角恋，虽然没有提到第三个角色的名字，但奥索林斯基想的一定是鲁塞尼亚语。鲁塞尼亚人的宗教和语言不仅仅出现在加利西亚，还出现在维也纳。玛丽亚·特蕾莎 1774 年在维也纳创建了一个希腊礼天主教神学院，名字叫圣芭芭拉（Barbaraeum），在 19 世纪初期，圣芭芭拉神学院教堂还用鲁塞尼亚语讲道。1806 年，弗朗茨皇帝批准利沃夫建立希腊礼天主教哈里奇都主教，这里成了加利西亚东仪鲁塞尼亚人独有的教会地盘，1808 年由安汀·安和洛维奇（Antin Anhelovych）担任都主教一职。1818 年，当《综艺》在强调民族语言诗歌的重要性时，由加利西亚省长弗朗茨·郝尔（Franz Hauer）支持的一个哈布斯堡教育委员会裁定，波兰语将成为加省初等教育的主要语言，但也可以偶尔使用鲁塞尼亚语，尤其是在希腊礼天主教的学习上。[55] 高等教育还是以德语教学为主。

利沃夫是加省的哈布斯堡行政中心，也是东仪教的中心。但同样重要的城市还有普热梅西尔（Przemyśl），它是加利西亚独特的鲁塞尼亚文化的萌芽之地。加利西亚的希腊礼天主教神父协会1816年成立于普热梅西尔，协会积极动员神父推广鲁塞尼亚语宗教教育。1818年，当局准许学校教学可以有限使用鲁塞尼亚语，从而推动了鲁塞尼亚语基本写作的普及。尤其是伊万·莫希尼茨基（Ivan Mohylnytsky），他还编撰了鲁塞尼亚语教材，由希腊礼天主教神父协会赞助出版。历史学家扬·考兹克认为，协会的宗旨是"培养对奥地利王朝的爱国心和忠诚度"，而且协会和维也纳圣芭芭拉希腊礼天主教的知识分子生活联系紧密，形成了这样一个"维也纳-普热梅西尔圈子"。莫希尼茨基有一本教材叫作《臣民的义务》（*Povynnosty Podanych*），1817年由德文翻译成鲁塞尼亚文出版，这本教材灌输了对哈布斯堡皇帝忠诚的价值观。伊万·斯尼胡尔斯基（Ivan Snihursky）于1818年担任普热梅西尔希腊礼天主教主教一职前，曾在维也纳的圣芭芭拉做神父。伊万·拉夫罗夫斯基则是从利沃夫的希腊礼天主教神学院调到普热梅西尔的中学，并且还贡献了自己的语言热忱，编撰了一本"鲁-波-德"三语字典，为加利西亚完成了一项崇高的工作。斯尼胡尔斯基和拉夫罗夫斯基一起组建了普热梅西尔的图书馆馆藏，比奥索林斯基的馆藏规模略小一些。[56] 这些图书馆为加利西亚文化做出了突出贡献，也让加省文化定义问题变得更加复杂。《综艺》因其专攻民族语言诗歌，后来成为鲁塞尼亚语言文化的一个重要学术交流论坛。

鲁塞尼亚学者拉夫罗夫斯基与波兰学者佐里安·乔达科夫斯基（Zorian Chodakowski）很熟，乔达科夫斯基非常看重当代加省鲁塞尼亚人，把他们视为研究古斯拉夫民族历史情况的重要资源。[57] 他于1818年来到加利西亚，由恰尔托雷斯基家族资助，住在他们位于谢尼亚瓦的庄园里。他在那里写了一篇文章，题为《基督教之前的斯拉夫民族》（*O Sławiańszczyźnie przed chrześcijaństwem*）。他很遗憾，斯拉夫多神教那段中世纪皈依基督教前的历史不幸被忽略。但他相信，自己可以在加利西亚找到一些答案，尤其在民间文化，譬如鲁塞尼亚农民的传说和民谣中。因此，1818年，他向加利西亚省长申请，准许他考察加省，调研"从'乡村民歌'中看'斯拉夫神话和古代'"这个课题，其内容涵盖了"歌曲、习俗、游戏、巫术和迷信"。此时，梵文研究在德国大学逐渐成为热点，他还猜想斯拉夫文或许和梵文之间有某种联系，这是他要在加利西亚探索验证的。对"相信科学、保护老百姓的加利西亚王国政府"（rząd Królestwa Halickiego），乔达科夫斯基把这个研究项目看成是加省的地方骄傲。[58] 加利西亚农村的生活条件可能让小莫扎特恼火，但乔达科夫斯基却非常渴望把加利西亚乡村当成自己的实验室，研究前基督时期的斯拉夫民族。离城市文明便利越远的村庄，就越有可能在民间文化中保留一些古代斯拉夫的印迹。

在乔达科夫斯基的学术观点中，加利西亚具有人类学意义上的凝聚性，贫穷落后就是货真价实的保证，就是窥探斯拉夫古代世界的证据。他希望找到真正的加利西亚，真正的加利西亚不在利沃夫，不在普热梅西尔，甚至不在谢尼亚瓦，而是在那些小村子里。《基督教之前的斯拉夫民族》一文于1818年首次发表在华沙的《科学实践》（Ćwiczenia Naukowe）杂志上，随后，于第二年被加利西亚刊物《利沃夫杂志》转载。

1821年，由哈布斯堡新古典建筑家彼得罗·冯·诺毕雷（Pietro von Nobile）主持的利沃夫新总督宫殿完工，这座宫殿是帝国权力在加利西亚的建筑化身。[59] 同年，《加利西亚杂志》在利沃夫创刊，作为一个"致力于国家历史、文学和工业的刊物"，它有意识地要为加利西亚专属问题发声。编委会解释了这个项目的特殊使命：

> 新期刊出版发行，我们倍感责任重大。从某种意义上讲，期刊的全体编辑是我们自己国家（swojego kraju）公众观点的翻译官……给刊物标题的命名没有其他含义，只是想让我们的杂志变得更民族化。在波兰和立陶宛，层出不穷的新杂志讲的都是自己国家（swoich krajów）的事；所以我们的刊物也要讲我们国家的事，到现在为止我们还对其知之甚少。[60]

编辑们的用词表明了加利西亚是他们的"国家（kraj）"，这个国家具有"民族（narodowy）"属性。做民族期刊这个观点其实和梅特涅自己的想法异曲同工，梅特涅也想让加利西亚本身变得更民族化，让居民在身份认知上成为加利西亚国人。加利西亚并不像波兰和立陶宛那样"被人知晓"，但这并不让人吃惊，毕竟那两个实体已经存在了数百年，还作为波兰-立陶宛联合王国的政治范畴，而加利西亚在1772年才被创造出来。

1821年《加利西亚杂志》的第一篇文章《斯拉夫民族起源新发现》就说明，在乔达科夫斯基的开拓性成果后，此类研究在加利西亚具有新的重要性。关于斯拉夫语言和书面文化的文章在《加利西亚杂志》中占据了越来越重要的地位，也经常被认为带有浪漫主义色彩。有一首描写喀尔巴阡山脉的波兰长诗，作者是斯塔尼斯拉夫·雅索乌斯基（Stanisław Jaszowski），这首诗以史诗般的风调赞扬了加利西亚最为显著的地理特色：

> 让我来歌唱喀尔巴阡（Śpiewać będę Karpaty），这雄壮的山脊
> 上帝之手将它筑起，为了保护我和你
> 让心意在旋律中表达感激
> 大山的珍贵与优雅，是如此美丽。[61]

在诗情画意中,你还可以看到加利西亚人感谢大山为他们提供现实的"防御"。在克里斯蒂娜·波克莱夫斯卡(Krystyna Poklewska)的《浪漫加利西亚》文学史中,雅索乌斯基是一个核心人物,他代表了浪漫主义一派,和立陶宛诗人密茨凯维奇的早期作品诞生的时代相仿,但因其注重加利西亚的地方景观又显得别具一格。雅索乌斯基后来还向加利西亚的大众宣传密茨凯维奇、普希金和拜伦的诗歌。[62]

《加利西亚杂志》还通过一篇讲斯拉夫文化的文章探索了山地地貌的诗学潜力。这篇文章远望黑山,找寻"荒野山人"的诗迹。黑山人的"伊利里亚语"被赞许为"高贵、优雅、暴力,总之,是英雄的语言"。南斯拉夫族人的即兴口头诗歌体现出"野蛮部落和文明社会一样,有自己的曲调、舞蹈、音乐"。[63]赫尔德首先提出了民间诗作为每个具体"人民(Volk)"中天才表达的重要性。如今,在《加利西亚杂志》上,一篇"东方"诗歌的文章写出了赫尔德对阿拉伯、波斯和希伯来语言文化的无尽欣赏之情。虽然阿拉伯和波斯在遥远的东方,可能离《加利西亚杂志》的读者很远,但是希伯来有很高的地区相关性,毕竟加利西亚社会中有大量犹太人口,很多人都通晓希伯来文。[64]

1821年,《加利西亚杂志》刊发了一篇叫作《欧洲犹太史片段》的文章,特意将犹太人作为民族认同的研究案例。文章开篇引题:

> 犹太人,虽然分散各地,但一直保留着没有淡化的民族印记(niezatarte piętno narodowości),这种印记是一种特别的存在,完全是单线的传承。因此,他们可以和我们共享法律的保护和启蒙运动带给欧洲的福利,还有工业的增长,教育的发展,但他们同时也保留着一个部落的所有痕迹。结果,今天的

政府感受到了来自犹太人持续的抗争，抗争以各种方式被同化（w przyswojeniu tego ludu），抗争施加同等义务，抗争通过共同命运和共同祖国的纽带进行更为紧密的联结。[65]

这番表述让人十分疑惑的点在加利西亚。从加利西亚的地方角度看，或者从哈布斯堡的帝国角度看，犹太人坚韧不拔的民族个性可以被看成政府营造共同祖国的阻碍。同时，从波兰民族的角度看，犹太人对同化的抗争也可以作为一个振奋人心的反抗先驱，在沙俄、普鲁士，甚至奥地利等外国列强统治下，波兰或有希望坚持存活下来。最后，如果你认同犹太人的民族自强，那么独立生存就应该是更加普遍的现象，比如黑山人，或者在加利西亚的鲁塞尼亚人。如果梅特涅相信认同是可塑的，比方说加利西亚的居民可以被制作成加利西亚人，那么从犹太人的例子中，如《加利西亚杂志》所述，并没有任何明显可以效仿的认同模版。

1821年，即这篇论文发表的同一年，加利西亚犹太改革家约瑟夫·铂尔收到了弗朗茨皇帝的奖杯。铂尔事业的成功无疑说明顽固不化坚持犹太身份会被当成眼中钉，即使在加利西亚的犹太社群中。铂尔1773年生于捷尔诺波尔（Ternopil），与加利西亚几乎同龄。他代表了犹太人哈斯卡拉启蒙运动的改革派，他们向哈布斯堡政府寻求支持，想改变加利西亚犹太教的现状。1813年，铂尔在捷尔诺波尔创建了犹太启蒙德语学校。1819年，他在维也纳匿名出版了一本希伯来文小说《告密者》（*Megalleh Temirin*），小说从哈斯卡拉的角度讽刺了犹太哈西德主义。该书以书信体形式呈现了加利西亚内外犹太人的交流，把哈西德派犹太人描写得又疯又傻。铂尔和哈西德派势不两立，他时而向哈布斯堡政府谴责他们的犯罪行径、贪污受贿，以及干扰他在加利西亚的启蒙教育项目。梅特涅接见了铂尔并听取了他关于建立"加利西亚犹太实用工业和招聘推广协会"的计划，计划最后并未实现。由此可见，当《加利西亚杂志》声称犹太身份存在一种想象中的稳定性时，加利西亚的犹太社群却是高度两极化且易变的。历史学家拉斐尔·马勒梳理了哈西德主义和犹太启蒙运动之间的冲突，并以此作为撰写加利西亚犹太史的基本框架。[66]

《加利西亚杂志》对加省的地形地貌特点颇感兴趣，比如喀尔巴阡山脉，还有民俗社群，比如犹太人，以及加省的历史。1821年，期刊刊登了名为《加利西亚史概论》的文章，署名为 E. B.，作者应该是期刊编辑之一尤金纽斯·布洛茨基（Eugeniusz Brocki）。文章以卡西奥多罗斯（Cassiodorus）的拉丁题词开篇："在自己的祖国当陌生人真是惭愧啊！"但加利西亚的居民可能并没有认为加利西亚是他们的祖国，也许住在这片土地上还会感觉自己是外人，毕竟这个地方的名字是新的，政治归属在前些年拿破仑战争期间也不太稳定。布洛茨基许诺会展示"组成今天加利西亚王国属地的历史和统计"。[67]要了解加利西亚就等同于先肯定了它作为哈布斯堡一省的有效存在，但他想做的历史叙述困难很大，如果这位历史学家打算回顾1772年之前的历史的话。

布洛茨基把自己沉浸在加利西亚中世纪前身的世界里，他发觉故事里讲的名字、人物、地点前后都对不上，一直在变。他首先讲述塞西亚人，注明他们后来被叫作斯拉夫人。他描述了俄国弗拉基米尔大公攻占红鲁塞尼亚，并加了一则脚注解释，"这个名称指的是加里奇、弗拉基米尔、海乌姆、波多里亚和沃里尼亚所在的范围"。于是，加利西亚主要指的是红鲁塞尼亚，红鲁塞尼亚主要指的是加里奇，但我们很难找到加利西亚在中世纪时期的任何历史。[68]《加利西亚杂志》虽然简述了加利西亚的历史，也不可能不暴露它飘忽不定的含义，这样的历史写作必然是有问题的。

"加利西亚的戏剧"

1821年，《加利西亚杂志》评论了一部颇有名气的文学新作，戏剧《迷信》（Zabobon），它另一个熟悉的标题是《克拉科维亚克人和高地人》，改编自几十年前博古斯拉夫斯基的民族歌剧。[69]博古斯拉夫斯基1821年时还在世，住在华沙，而此时扬·内波穆森·卡明斯基（Jan Nepomucen Kamiński）完成了《迷信》的创作，他从加利西亚的角度调整了原剧剧情。卡明斯基热爱18世纪的启蒙遗产，这可以从他的数部席勒译作中看出来。他还是利沃夫波兰戏剧生活的领军人物。卡明斯基出生于1777年。1795年后，当博古斯拉夫斯基站在利沃夫的大幕前演出时，卡明斯基也在利沃夫。1809年拿破仑进城那一小段时间内，卡明斯基其实正在表演《克拉科维亚克人和高地人》，并高唱拿破仑赞歌。[70]和弗雷德罗差不多，卡明斯基不得不适应后拿破仑时代的世界，也就是梅特涅治下的加利西亚。因此，1821年，《迷信》因其利用了加利西亚和波兰文化之间的玄妙关系，演出十分成功，广受大众好评。这部喜剧采用了约瑟夫启蒙式的嘲讽，嘲讽本土迷信，例如当地对龙的信仰，但也通过愚蠢暴躁的管家角色讽刺了加利西亚贵族庄园的管理问题。

卡明斯基剧中的加利西亚场景设置在莫吉拉村（Mogiła），和博古斯拉夫斯基的原作一样，有维斯瓦河做背景，还可以看到远处的克拉科夫城。卡明斯基声明，他创作《迷信》的初衷是"真切民族戏剧作品的缺乏"，但这里"民族"的成分既可以是波兰也可以是加利西亚，因为该剧着重刻画了老百姓的民间生活，并刻意照顾到当地的方言和传统。[71] 剧中，农民们对贵族庄园的经济管理者极度鄙夷，善良的学生巴多斯（Bardos）也骂他们"不是人"。在最后一场，人们发现巴多斯居然是当地真正的贵族。村民们臣服于他，做了他的农奴，巴多斯也欢迎他们像他的兄弟一样自由地生活。

　　克拉科夫人：主人，我们死也要做你的臣民（jak twoi poddani）！
　　巴多斯：要像我的兄弟一样活着，自由地活，有爱地活（wolni, kochani）！[72]

对于梅特涅的加利西亚来说，这里释放的政治平等和社会解放的信号是非常进步超前的。据推测，该剧之所以没有被当局责令删改，只是因为波兰贵族也是政府的主要怀疑对象。1821年，《迷信》在利沃夫的出版和表演并没有带来任何危险，现实中任何被奴役的村民都没有机会发现解放的信号。

　　卡明斯基的《迷信》在1821年十分成功，但还有另一部代表这一时代的关键文学作品，即弗雷德罗的《丈夫与妻子》（*Mąż i Żona*），该剧于次年在利沃夫亮相，这也是他第一部重要的加利西亚喜剧。该剧的场景设定在瓦茨瓦夫（Wacław）伯爵家里，位于很可能就是利沃夫的一个城市。贵族乡村庄园世界在剧中完全不存在，《迷信》中的农奴角色也不存在。反之，《丈夫与妻子》描绘的是加利西亚的城市社会，在那里，政治和经济被无所事事所取代，生活无聊到迫使剧中人走向外遇这样的禁果。瓦茨瓦夫的妻子艾尔维拉（Elvira）和情夫阿尔弗雷德（Alfred）出轨，而这两个男人都和艾尔维拉的女仆尤丝提西娅（Justysia）有染。就这样，剧中的这四个角色,每两个异性之间都有浪漫关系。因此,这部作品似乎以人类爱情的极大波动和脆弱为由,在法律上支持最大程度和最大范围的异性恋不忠。该剧的结局是女仆被流放到修道院,丈夫和妻子恳求彼此的原谅,并都获得了对方谅解,和好如初。但弗雷德罗对婚姻的黑暗认知——甚至比《女人心》还悲观——并不会因喜剧的幸福结局而被掩盖。在回忆录中,弗雷德罗描述梅特涅的加利西亚是多么"家庭幸福",如同"撒哈拉沙漠中的花丛绿洲",但是在《丈夫与妻子》里,他暗示这样的幸福是不牢固的,甚至是无法达到的,绿洲只是海市蜃楼罢了。

1822年,在沙俄帝国统治下的威尔诺斯,亚当·密茨凯维奇出版了他的《歌谣和罗曼史》,开启了波兰浪漫主义的序章。其中一首诗的题目概括了整个运动的主旨——《浪漫主义》(*Romantyczność*)。这首诗发表于1822年,和弗雷德罗1821年创作的《丈夫与妻子》几乎同一时间出现在大众视野里。密茨凯维奇在诗中讲到一个小姑娘,她在跟她逝去的恋人倾诉心声,她对他的爱情忠诚早已超越了生死。波兰浪漫主义的精神让当代人醒悟,如此这般忠诚的背后必然有一定的政治意图,即暗示了在被瓜分之后,人们仍有可能效忠于波兰。如果密茨凯维奇诗中爱情忠诚的政治解读适用于沙俄统治下的波兰,那弗雷德罗剧中不忠的政治含义也大可适用于哈布斯堡管制下的波兰。从19世纪30年代开始,弗雷德罗发现自己成了浪漫主义评论家眼中的批判对象,他们批判他的社会保守主义,指控他的政治淡漠,反对他在文学上的草率与轻浮。但弗雷德罗出身于拿破仑大军中的法加军,19世纪初曾为波兰事业而战斗过。同时,《丈夫与妻子》也被认为受到了法国剧作家莫里哀戏剧价值的极大影响,因此它正好算是一个"法-加"联合视角下的产物。

梅特涅的加利西亚建立在"不确定"的条件下,这种不确定从拿破仑危机时就萦绕在加省的上空:哈布斯堡所有权的不确定,加利西亚身份归属的不确定,波兰忠诚度的不确定。弗雷德罗在自己的生命中也经历过这种动荡不安,从对拿破仑的信仰转变为对加利西亚的顺从。他笔下这部外遇题材的作品《丈夫与妻子》看起来并不算是一个关于善变之恶的道德课,却更像是对出轨原动力的赞许,以及对世上唯一不变就是"人的善变"的接受,并以此塑造了一部家庭生活喜剧。在《丈夫与妻子》中,每一个爱情和欲望都不是忠实的、稳固的、长久的,就像弗雷德罗的同辈人,从拿破仑时代活到了梅特涅的加利西亚时代,他们看透了什么叫政治忠诚。婚姻的体制或许可以掩盖出轨的冲动,但永远无法将这个念头打消。同理,哈布斯堡统治的政治现实是无法摆脱的,它或许可以抑制加利西亚当下的敏感情绪和身份不清,却永远无法真正解决这些问题。

《丈夫与妻子》的第一场戏展现了艾尔维拉和阿尔弗雷德在偷情。第二场戏中,女仆警告这对男女,艾尔维拉的丈夫瓦茨瓦夫伯爵今天要早些回家。所以阿尔弗雷德走了,艾尔维拉匆忙地拾起她的缝纫活儿,瓦茨瓦夫走向他的妻子。

> 瓦茨瓦夫(站在艾尔维拉面前):为什么你一年到头都不出门呢?你应该时不时向世界展示自我。你总是待在家里,我总是看到你一个人待着。
>
> 艾尔维拉:我喜欢一个人(Lubię samotność)。
>
> 瓦茨瓦夫:我讨厌一个人。(踱步,稍息)真是怪了,你总在家里就这么坐着![73]

弗雷德罗的人生经历与剧中情景甚是贴切:他在拿破仑战争时走遍了世界,向东最远到过莫斯科,向西到过巴黎,打完仗之后回到加利西亚的家,在家里的绿洲中找到了自我归属,并开始创作他的喜剧。但在加利西亚的现实情况下,能做到抛弃世界是一件很不容易的事情。每个观众都知道,艾尔维拉就是因为跟世俗诱惑太过纠缠不清,才没有离开家的。她懂得如何在加利西亚的孤寂(samotność)中找到快乐,这种孤独感和小莫扎特体会到的差不多,只不过他的孤寂(Einsamkeit)是用德语表达的。

回到剧中,丈夫讲话的时候,艾尔维拉在弹着钢琴,表面上,至少有一条思想上的途径可以使她直达家外面的世界。她停下钢琴,拿起了一份杂志。

> 瓦茨瓦夫:是哪种严肃或娱乐作品吸引了你的注意?
> 艾尔维拉:是《杂志》(Pamiętnik)。
> 瓦茨瓦夫:诶呦喂,《杂志》啊,真的假的?我看它在那儿敞着放了两周,都快长毛了,可终于被人翻看了,我不知道,这到底是出于寂寞,还是出于欲望。[74]

《丈夫与妻子》于1822年上演,但很可能是前一年创作的,所以它和《加利西亚杂志》的创刊号,就是编辑们说筹备这个刊物是"要讲我们国家的事,到现在为止我们还对其知之甚少"的那一期,是完完全全同步出品的。艾尔维拉当时对她丈夫来说就是一个陌生的国度,别人可能想象她在翻阅着赞扬喀尔巴阡山脉的诗歌,讲黑山的斯拉夫英雄诗作的那篇文章,讲顽固坚持犹太身份的那篇,还有讲中世纪加里奇摇摆不定的那篇。即使是在审查严苛的梅特涅时期,她或许也能找到足够刺激她爱情感觉的内容,找到与广阔世界连通的方式，找到成为加利西亚人意味着什么的答案。即使在自己家中，她也能找到足够多的机会尝试婚外刺激。而瓦茨瓦夫则对女仆尤丝提西娅很有感觉，可以不出家门就享受到感情开小差的便利。爱情可以不忠贞，政治可以不忠诚，弗雷德罗告诉我们，在梅特涅的加利西亚，无论什么家庭绿洲，都像戏剧那样，是不确定的。

"你可知此地？"

梅特涅1823年来过加利西亚，那是在去往布科维纳省切尔诺夫策（Czernowitz）市的路上，在那里，弗朗茨皇帝要会晤沙皇亚历山大。这两位神圣联盟的保守派首脑要商讨那不勒斯、西班牙和希腊的革命迹象。梅特涅到的时候发现，加利西亚十分宁静。他9月25日在热舒夫给妻子写信说道："这个国家跟我之前想的相当不一样（tout autre que je ne me l'étais figuré）。这里风景优美，树木郁郁葱葱，浓绿扑人，进入加利西亚的路旁都是绵延不绝的山脉，跟上奥地利（Oberösterreich）很像。再往前就是平原，树木丛生，百草丰茂，极为漂亮。搞烂这个国家的事情（ce qui gâte le pays）就是随处都会遇见犹太人。你能看到的只有他们，乌泱乌泱的（ils pullulent）。"[75] 梅特涅一边表示他比原本预期的更喜欢加利西亚，并提到这里风景秀美，土地也肥沃。他作为皇帝的人，已经总理了加省十年之久，但他好像以为这里就是一片废墟。然而另一边，加利西亚的人群，尤其是那么多犹太人的出现，又毁掉了起初风景给他带来的好印象。

梅特涅中途在万楚特（Łańcut）停了一站，拜访了波托茨基的家庭宫殿，他十分满意，这是"一个堂皇富丽的乡村建筑"。他9

月28日到了利沃夫,但鞍马劳顿让他疲惫不堪。梅特涅病倒了,被诊断患上了风湿热。"我一直在出汗,"梅特涅写道,"关于伦贝格我没有什么可说的,因为我什么都没看到。"他在那里小住了一个月,时间都用来恢复身体。他没有机会看切尔诺夫策了,他的病情不允许他继续旅行,不允许他去参加布科维纳的君主会谈。"想想我的道德处境!"他喊道,"我在伦贝格卧病在床,两位皇帝在切尔诺夫策亲切会晤。"[76] 梅特涅毫不谦逊,他觉得欧洲的未来危在旦夕,一切只因为他自己重病缠身无法远行。然而梅特涅在系统地管理欧洲,至少他自己以为是这样,所以他说他安排了两位皇帝的会面,他可以避免沙俄和奥斯曼土耳其之间的战争,即使在利沃夫的病榻前。

> 我一直在努力安排此次会晤,但因为现实情况,我自己却不能如愿参加。和平稳了:万事俱备,大功告成!这是全欧洲的幸事,更是我的幸事。它给了我休息的机会,让我长舒了一口气,就如小鸟渴望空气一样。[77]

就目前情况讲,这只鸟儿除了继续在加利西亚休息外,别无选择。

在这种境地下,梅特涅不可能对利沃夫产生多好的印象。波托茨基伯爵的夫人"绝对想让我渡过卢比孔河"——也就是说,她要试图强迫他离开病床,去舞会上玩玩。梅特涅坚持自我,也坚守住了他的床,他还感叹加利西亚的经济:"这个国家极其多产,但缺少出口的途径。"农业富饶下的普遍贫困,主要问题就出现在分配上。"我们不能取笑这些不幸的人民(se moquer de gens aussi malheureux)。"梅特涅评价道。[78] 简而言之,即使在病床上,加利西亚在他看来也是一个嘲笑的对象,无论是由于纠缠不休的伯爵夫人,还是由于失调的经济。

"我十分感谢你能想到送我橘子吃。"梅特涅给妻子的信中写道。此时他已经在加利西亚待了三个礼拜了。"我根本无法在这里搞到橘子。柠檬树在这片土地上不会开花。"[79]他在暗指歌德著名的描写意大利的词句,"你知道在哪片土地上柠檬树可以开花么?(*Kennst du das Land, wo die Zitronen blühn?*)"梅特涅抖了个机灵,把歌德的妙语用在加利西亚上。加利西亚因为其客观的地理环境,的确不可能有地中海的气候。几天后,他身体感觉良好,所以被带去利沃夫市里转了转,他倒是表现得有点不太情愿:"他们要带我看看伦贝格。我从没见过比他们更热爱自己城市的人。"这句话明显在暗示这里的人们太高估他们城市的吸引力了,尤其是当他们要梅特涅注意看,这个景点像那不勒斯,那个景点像维也纳时。他觉得特别没意思:

> 如果你离近了看,会发现这个城市就在一个坑里,坑里没有水,也没有树。这个城市一半是美的,一半是丑的。这里的许多房子的确要比维也纳盖得好,因为它们有建筑风格。然后就是沟沟壑壑,有的是荒芜的,有的填满了简陋的房屋。东方的感觉开始出来了。[80]

梅特涅曾讲过东方始于兰德斯特拉塞(Landstraße),直通维也纳城,现在他在利沃夫表露出他心中的地理架构,仍然是启蒙运动观念下的东欧,文明和野蛮之间的过渡区。这种对东欧的观念与当年约瑟夫在加利西亚大搞哈布斯堡文明工程的意识形态如出一辙。

"我不知道怎么告诉你,亲爱的,就要离开这个地方有多么高兴。"梅特涅写道,他终于可以上路了,"厌倦杀我,我会用一辈子记得 1823 年的 10 月份。"[81] 10 月 27 日的时候,他已经到了塔尔努夫(Tarnów),之前在普热梅希尔和热舒夫分别住了一宿。他吹嘘在皇帝的特殊关照下,给他安排的住宿条件是多么奢华。不过,住的屋子有点太热了,这给了他评论所谓波兰"礼节"(*politesse*)和"城镇化"(*urbanité*)的话柄,也就是讽刺波兰的文明。"这里就很可笑,"他评述道,"我要给你讲故事,特别招笑。"[82] 梅特涅很期待他在加利西亚的经历可以把维也纳人逗得哈哈大笑。

10 月 30 日,梅特涅欣喜若狂,因为他终于要离开加利西亚了。他开始总结自己对加省的整体看法。

> 亲爱的,现在我在摩拉维亚,这是一个文明的国度(*un pays civilisé*),离维也纳也就三十小时马车程那么远。从加利西亚到摩拉维亚,这一路走来真的是让我惊讶。要说风景,从一头到另一头都是非常美丽,但这边的第一个村庄就给我一种感觉,这终于是人住的地方了。没有破败不堪,房子也很整洁,居民也穿得很立整。没有更多的犹太人,没有更多的疥癣,没有更多的头屑,没有更多的悲惨或死亡。[83]

整个 10 月份,梅特涅在加利西亚无比痛苦,现在他把满腹怨气用来指责加省,指责它超出了人性和文明的极限。梅特涅对加利西亚的看法可以总结成一个让人瞠目结舌的贬义词名单:破烂、污垢、犹太人、疾病、悲惨、死亡。梅特涅也许害怕他在利沃夫生的病会夺走他的性命,他也许需要说服自己加利西亚才是那罪魁祸首。在拿破仑时代,有一次,他曾对哈布斯堡占有加利西亚感到怀疑和矛盾,如今,他认为加省就是奥地利的,永远不可改变,并且急需帝国的专制改造。尽管身处利沃夫的大部分时间都是在床上度过的，但梅特涅觉得自己足够了解加利西亚，可以总结概括加省的特点了。在那难以释怀的1823年10月后，加利西亚获得了梅特涅坚韧如铁的鄙视。

"虔诚又忠实的相面术"

19世纪20年代，《利沃夫时报》受到了梅特涅审查制度和官僚专制的约束，德波双语的政府公文占据了报纸的大量版面。这些公文并不是以新闻的形式呈现的，而是以"公告"的标题见报（"Ankündigung, Obwieszczenie"）。你还能在报纸上看到五花八门的汇率、市场价格，以及彩票结果。1825年1月份的第一期上有报道称，西蒙·玻利瓦尔（Simón Bolívar）攻占利马，但这是很久以前的革命新闻了。后几期里还有同样过时的民主新闻：安德鲁·杰克逊（Andrew Jackson）已当选美国总统。实际上，这是一个乌龙，后来被纠正了：新任美国总统是约翰·昆西·亚当斯（John Quincy Adams）。[84]

在《利沃夫时报》上，人们真正在乎的首脑只有弗朗茨皇帝。1825年2月他过生日的新闻被大肆宣扬。从各地赶来的加利西亚人民汇聚在利沃夫，团结在"一片快乐祥和、欢天喜地中，饱含对王朝最神圣人物最真诚的爱戴"。庆祝活动从十点钟开始，三声礼炮后，一行队列举着各种利沃夫政府和部队的条幅迎面走来。然后教堂仪式开始，活动进入到高潮部分，大家一起为皇帝唱圣歌。晚上全城灯火通明，在整个庆祝期间，你会听到不间断的呼喊声，"弗朗茨万岁！（Niech żyje Franciszek！）"[85]将西蒙·玻利瓦尔和他造反独立的消息，与哈布斯堡王朝在加利西亚的专制主义放在一起，显得格格不入。复活节的时候，《利沃夫时报》报道了一群富有爱心的加利西亚妇女（damy galicyjskie ducha dobroczynnego），她们筹集了一大笔善款用来帮助穷人并赞助慈善修女会。[86]

1826 年，波西米亚贵族奥古斯特·洛布科维茨（August Lobkovic）亲王被任命为哈布斯堡的新一任加利西亚省省长。加利西亚的贵族阶层非常关注这项人事变动，他们希望从中找到帝国偏爱和同情加省的信号。住在维也纳的奥索林斯基此时已经快 80 岁了，这也是他生命的最后一年。他听到任命消息后立刻给洛布科维茨写了一封德语信，请求他资助利沃夫正在建设中的国家图书馆（Nationalbibliothek），这时奥索林斯基藏书的迁移工作终于要完成了，图书馆也终于要开门了。[87]

弗雷德罗也知道哈布斯堡贵族团结的重要性，他或许还给热爱文学的新省长献了殷勤。他的确送给洛布科维茨一个礼物，礼物是一只活的加利西亚熊。这位剧作家用法文跟洛布科维茨说：

> 我的亲王殿下！我匆忙寄给您一只贝斯基德山里的熊，这只熊是我哥哥朱利安送给我的。您看这熊，虔诚又忠实的面相准错不了，大家都说它是小熊崽子们能找到的最好的老师。我相信，学了意大利规矩后，它品德良好，性格甜美，前程似锦。而且，歌唱得好也是它诸多才华中的一项。[88]

这只熊既然生于喀尔巴阡山脉下的贝斯基德山，它就可以完美代表加利西亚的野生世界。弗雷德罗诙谐的呈现也想揭示加利西亚内在的一面。大熊"虔诚又忠诚的面相"好似暗示了加省人群的某种特点，好似提供了"品德良好"的保证。说到唱歌，加利西亚人早就在哈布斯堡皇帝的生日那天唱过忠诚圣歌了。

1826年，弗朗兹·克萨韦尔·沃尔夫冈·莫扎特回到利沃夫。他组建了一个唱诗班，并在当年12月于圣乔治东仪教堂演出了莫扎特的安魂曲，以纪念他父亲去世35周年（老莫扎特1791年12月于维也纳故去）。[89] 加利西亚人还在继续吟唱，1828年，利沃夫还发表了一篇报道：《加利西亚及洛多梅里亚王国国王和皇帝陛下生日夜时波兰剧院演员演唱的圣歌》。还是1828年，在利沃夫，帝国圣歌《帝皇颂》首次以鲁塞尼亚文出版，文中同时使用了拉丁字母与西里尔字母。[90] 弗朗茨皇帝生于1768年，1828年时恰好满60岁，也只不过比加利西亚大了四岁而已。

"Gin-Li-Kia-Bo-Bu：中国普通话"

尽管那只熊不会展示歌喉，但奥索林斯基的图书馆在1727年正式开放了。在洛布科维茨执政期间，整个加利西亚都对哈布斯堡忠心耿耿，虽然这些年他们的忠诚一直在经受着巨大的外部考验，比如说1830~1831年，俄属波兰的议会王国就发生各种反俄起义和战乱。刹那间，加利西亚的人们看到了另一种面相，毫不虔诚也毫不忠实的面相。这些起义似乎在和梅特涅欲灌输的加利西亚地方认同初衷唱反调，他们戏剧性地展示了什么才叫波兰国人。洛布科维茨非常同情波兰人的政治抱负，1831年起义失败后，他允许一些暴动者来加利西亚寻求庇护。政治放任正是这位省长1832年被革职的原因之一。

朱利安·霍洛斯基维奇（Julian Horoszkiewicz）在回忆录中记述了1830年11月的起义对一个少年的政治影响。霍洛斯基维奇生于1816年，当他还是孩子的时候，他对到底什么是波兰和加利西亚只有非常模糊的概念。"我想就好比布洛迪（Brody）属于波托茨基家族，洛帕廷（Lopatyn）是霍沃涅夫斯基（Chołoniewski）家的产业一样，"霍洛斯基维奇写道，"所以加利西亚就是奥地利皇帝的财产，波兰就是莫斯科的财产呗。"霍洛斯基维奇的父亲供职于洛帕廷的霍沃涅夫斯基家族庄园，所以他儿子完全有可能在很小的时候就对封建的所有权概念有过单纯接触，这也影响了他的加利西亚认知。重要的是，长大的霍洛斯基维奇相信加利西亚会和波兰不一样。小孩子天真的政治地缘理解缺少了历史的语境："那个时候我完全不懂我们的祖国经历了哪些暴力和罪行，不知道那完整的波兰是怎么被瓜分的。"[91] 他不知道波兰的覆灭，就不会知道加利西亚的源头，因此他也不会理解二者之间的关系。霍洛斯基维奇在利沃夫上学，在教堂唱诗班唱过歌，每次弥撒后他都会唱"弗朗茨皇帝万岁！"[92] 这个笑呵呵的男孩一生都是在哈属加利西亚度过的，所以会认为它的政治存在完全理所当然。

当 11 月起义在俄属波兰打响时，他只有 14 岁，他对这个事件的理解和记忆都是加利西亚的视角。

1830 年的平静秋日，11 月底风雨大作，电闪雷鸣，雷电瞬间击中了华沙，它暗沉的回声很快就传到了利沃夫，那是 12 月的头几天。这个消息静悄悄、小心翼翼、鬼鬼祟祟地闯进了波兰人的家中，但没有马上造成明显的影响，也没有公然引起同情的迹象。别无他法，毕竟政府和城市的所有权力都在德意志人的手上，或者在受到德意志规训下的人的手中，现行的纪律控制着一切。学校里也是一样：德语科学，德语祷告，德语的教堂歌曲，也包括经常在弥撒结束时喊的那句"弗朗茨万岁！"。关于祖国的概念（o ojczyznie）已经被整个联合在一起的奥地利土地上的百姓普遍接受……因此，华沙暴动的消息并没有在我心中觉醒，也无法唤醒我的任何感情。[93]

如果梅特涅在1815年立志于"制造真正的加利西亚人"，那1816年出生的小霍洛斯基维奇就代表了这个政策下结出的果实。加利西亚唱诗班高唱《帝皇颂》，这首歌被认为旨在表达哈布斯堡王朝治下全体人民的爱国主义，而哈布斯堡帝国是他们共同的祖国。

然而，俄属波兰的起义终会在这个加利西亚少年心里留下烙印，使他脱胎换骨成为一个波兰青年。"组织起义的声音变得越来越大，振聋发聩，越来越细致，越来越动人心弦。"霍洛斯基维奇回忆道，他还记得消息是如何在利沃夫传开的。"利沃夫出版的《利沃夫时报》是官方媒体，也是唯一一份政治题材的报纸，它十分客观真实地报道了前线战况。我们兴奋地抢走了每一份报纸。"正如1812年，《利沃夫时报》报道了波兰人参加拿破仑对俄国的入侵，并着重强调了加利西亚完全的超然态度，所以，对于1830～1831年的起义事件，报纸让它的加利西亚读者看到了正在进行中的波俄冲突。与此同时，霍洛斯基维奇也发觉很多利沃夫人突然消失了，尤其是年轻人，包括他的大哥，都"去波兰人"（do Polaków）那边了，好像他们自己不是波兰人，而是去那边加入波兰人阵营的加利西亚人。[94]

历史学家马戛尔尼（C. A. Macartney）认为，1830～1831年的加利西亚"其实很平静，尽管伦贝格组建了一个委员会专门负责军队派遣，包括给俄国前线波兰军队的弹药供给及医疗保障，还有一些志愿者跨过边境参加战斗，但数量极少"。[95]但霍洛斯基维奇回忆说，即使只有一小拨年轻人被征召入伍，也会给没有去的人留下深刻印象，包括家里的弟弟们。他在回忆录中也表示，不能简单地把那些年轻人归类为加入波兰起义的"波兰人"。霍洛斯基维奇通过利沃夫高中的空余席位判断,"学业优秀的年轻人,高中高年级的学生,包括马祖尔人(mazurs)、鲁塞尼亚人、匈牙利人和德意志人都从座位上消失了,其中德意志人家的孩子,奥地利高官如万若伊(Vanroye)、奥斯特曼(Osterman)、列伊岑海姆(Józef Reitzenheim)家的孩子,也不会受到限制,教授对此并不感到奇怪"。[96]梅特涅计划把波兰人制造成加利西亚人,而不是把他们变成德意志人,但这个过程也有反作用力:德意志人同时成了加利西亚的加利西亚人,然后也快要变成波兰人了。

加入波兰起义代表着某种独特的加利西亚态度,在约瑟夫·列伊岑海姆的回忆录中可见一斑。列伊岑海姆是霍洛斯基维奇提到的从利沃夫消失的那群"德意志"年轻人中的一员。他生于1812年,1830年的时候正好18岁,刚刚够格"去波兰人"那边为起义而战。他在15年后,也就是1845年,描述了当时的情况,并将回忆的内容在巴黎出版。他的暴动身份迫使他移民法国,最后在巴黎的波兰移民委员会中担任要职,这个委员会充当着19世纪中期一种波兰流亡政府的角色。他发表的1845年的关于起义的记述叫作《加利西亚日记》(Galicia: Pamiętnik),该书以自传故事为基本特色,尤其强调了他自己的加利西亚观点。"我这里要讲述包括波多里亚、红鲁塞尼亚和小波兰的部分区域,也就是被人们熟知为加利西亚的那个地方。"列伊岑海姆写道:"一批又一批的加利西亚子孙在战场上为民族军队奋战了70年之久,一直到最近,无数人为爱国主义运动而牺牲。"[97]加利西亚原本是波兰的一部分,现在成了一个独特的地缘实体,并为波兰民族事业做出了自己的贡献。列伊岑海姆算的时间表,也就是加利西亚加入波兰事业的70年,是非常精准的,因为如果从19世纪40年代一直往回数到18世纪70年代,他就可以看到第一次瓜分波兰和加利西亚的创建了。

第二章 恢复加省：梅特涅的政治与弗雷德罗的喜剧

列伊岑海姆描写加利西亚是带着地方自豪感的，比如他提到为教育、医疗、农业进步所做的慈善事业："在加利西亚，人人都应伸出双手，从物质和道德上帮助社会底层。"保守的天主教式哈布斯堡的慈善伦理在此显而易见，如《利沃夫时报》所述的加利西亚妇女在复活节期间筹集善款帮助穷人和姐妹慈善会。但是这种伦理道德观也会被像列伊岑海姆这样参加起义的年轻一代自豪地拿来说事，用来作为加利西亚特性的一个方面。列伊岑海姆还夸赞加利西亚著名文豪，包括弗雷德罗和卡明斯基。他认为他们是为波兰"民族"文学做出巨大贡献的加利西亚人，他把自己看作和他们一样的加利西亚人。"我在加利西亚度过了人生中的大段时光，但加利西亚作为波兰的一部分则完全被人忘掉了，我很痛苦，我很难过，"他说道，"我不可能最后只讲我怎么服役于第五乌兰团（Ułan）和参加1831年的起义运动，而没有追忆像我一样活跃在波兰王国中的加利西亚人。"[98] 所以列伊岑海姆铭记着起义这个团结波兰民族情绪的历史时刻，他选择把回忆录的重点放在加利西亚和加利西亚人所扮演的角色上。

列伊岑海姆笔下的加利西亚是一座保存波兰民族记忆的堡垒：

> 一直以来都是如此，在每一个阶段，养儿育女，口口相授，在青铜和石头里，传统被保存下来，如同父亲传给儿子的神圣遗产，爱国的热忱。它们升华了波兰国家与鞑靼人和突厥人神圣战役的记忆，当时波兰还是文明的堡垒（antemurale）……加利西亚人越是牢记这些过去，越会相信，直到今天，他们和整个波兰成为先锋队，以抵挡留里克部落迫近欧洲。[99]

对于1845年的列伊岑海姆来说，加利西亚的身份属于欧洲，有着共同对抗沙俄的欧洲使命。

列伊岑海姆写道，在1794年柯希丘什科的反俄起义中，"加利西亚人跑到他的麾下参加战斗"，在扬·亨利克·东布罗夫斯基指挥的拿破仑波兰军团里，"加利西亚人占了士兵的大多数，就好像一个奥地利军团从身边经过"。战争之后，带着拿破仑战败后的失望，加利西亚人回到"乡村和私人生活中"寻求避难，但他们却在"心灵深处"存留了波兰情怀。为证明梅特涅时代的加利西亚依然保留着这些感情，列伊岑海姆回忆说，自己有时还会看到它们浮现出来，比如在剧院里："我还记得在我小时候，《克拉科维亚克人和高地人》反响热烈。"[100] 博古斯拉夫斯基的民族歌剧，1794年先是作为波兰民族歌剧在华沙上演，从1796年在利沃夫的第一次演出开始，加上剧作家自己的改编和导演后，就再也说不清它到底是一部波兰作品还是加利西亚作品了。列伊岑海姆是1812年生人，他也许还记得1817年弗朗茨皇帝视察利沃夫时的那场演出。

"加利西亚人的生活非常平静，且充满渴望（tęskno）。"列伊岑海姆讲到维也纳会议后的加利西亚时，在叙事中加入了浪漫主义语言中的那种期待感。在他看来，加利西亚对1830年俄属波兰起义的反应一部分也受到了加省一些没有那么戏剧化事件的影响。

奥地利政府致力于解决加利西亚人的民族情怀问题。按照指令，利沃夫创建了一个波兰语言文学的教授岗位。波皮尔家族（Popiel）的后裔、捷克亲王洛布科维茨，也被派到加利西亚担任省长一职。作为一个斯拉夫人、一个与民同乐的领导者，他懂得如何让大家喜欢上他。[101]

列伊岑海姆将洛布科维茨的波西米亚斯拉夫特征,甚至他是斯拉夫神话中波皮尔国王后嗣的传说,都看成了省长和加利西亚人民之间的连通纽带。联结波西米亚和加利西亚的哈布斯堡王朝,被描绘成民众的极度同情者,同情他们纵横交错的感情渴望,这些民众同时是加利西亚人、波兰人和斯拉夫人。

列伊岑海姆相信,整个加利西亚都会支持他和他的志愿兵同志们从利沃夫收拾行囊,参加1830~1831年的起义运动。"无论我们走多远,无论是罗马天主教徒、鲁塞尼亚人,还是犹太人,都会保佑我们一路平安。"列伊岑海姆顺理成章地想象了一个加利西亚团结一心的普世精神,这种精神在当时的含义就是波兰使命感。而且,在波兰起义军内,列伊岑海姆立刻认出了他的加利西亚同胞:"当我到达华沙时,我看到每个军,甚至每个团里,都有非常多的加利西亚人。"[102] 当他赞许波兰民族的团结时,也代表了他对加利西亚身份意义的认同。他给回忆录起名为《加利西亚》,他毫不犹豫地管自己和加省同僚们叫作"加利西亚人",这一身份归属也考虑到加省的宗教和文化多元,同时包括犹太人和鲁塞尼亚人。所以说,同情1830~1831年的波兰民族事业,与保留对加利西亚和哈布斯堡的情感依附,二者并不矛盾。1831年,奥索林斯基的波兰裔管理员正式向维也纳议院递交申请,申请准许在图书馆内挂一幅弗朗茨皇帝的肖像画。[103]

1831年沙俄镇压了起义军,无数波兰反抗者穿过哈布斯堡边境来到加利西亚,其中许多人后来移民去了法国,譬如列伊岑海姆自己。据马戛尔尼说,"数以千计的避难者落户加利西亚,这给当局带来了很大麻烦,因为当局既同情波兰人,又不能不端正对俄国的态度"。[104] 维也纳判定洛布科维茨作为省长过于同情波兰反叛者,所以1832年将其撤掉,省长一职由偏保守的哈布斯堡帝国家族成员、来自埃斯特家族的斐迪南大公接任。弗雷德罗 1832 年给朋友写信，表达在当下俄属波兰起义被粉碎后的政治忧虑。甚至家庭的幸福绿洲也无法缓和他政治上的痛苦："我有一个好妻子，我有一个小儿子，我有书，我有一个和谐的家；总之，如果我不是波兰人的话，我会过得很幸福。当我不得不写作时，我希望我可以多么开心地签名：'Gin-Li-Kia-Bo-Bu'，这句中文普通话。"[105] 当梅特涅宣称要深挖加利西亚的东方印记时，东方对于弗雷德罗来说好似一个纯粹幻想的世界，可以使他逃离愈加感到不满的政治现实。这种政治不适感并不一定和加省的地方形势有关，而是更关系到个人的民族身份，以及如何在 19 世纪 30 年代做一个波兰人。同一时期，在巴黎，波兰移民譬如密茨凯维奇和肖邦将要给波兰的民族身份注入一剂浪漫主义强心针。尽管只比密茨凯维奇大五岁，弗雷德罗却无法在浪漫主义的辉煌下重新发现他的波兰属性。他幻想着中国，但从根本上说，他依然属于加利西亚。

在 1830~1831 年起义之后，加利西亚的哈布斯堡政府越来越重视针对政治不满者进行谋反的治安维稳工作。1830 年，14 岁的霍洛斯基维奇在教堂高唱《帝皇颂》，他相信加利西亚是哈布斯堡皇帝的个人财产，30 年代末，他因参与政治已经被关押在位于库夫施泰因（Kufstein）的蒂罗尔（Tyrol）堡垒了。根据 1833 年在波西米亚签订的《尼斯塔德条约》（Münchengrätz），俄国、普鲁士、奥地利准备联合制定对波政策。另一个被关押在库夫施泰因的犯人斯蒂芬·慕斯科夫斯基（Stefan Mułkowski）形容梅特涅是"波兰人的刽子手"，他被"沙皇尼古拉的握手"收买了，承诺去搞"镇压和迫害的魔鬼工程"。[106] 如果说 1823 年，梅特涅在利沃夫缠绵病榻，错过了奥俄峰会的时候，就学会了如何鄙视加利西亚，那么到了 30 年代，反过来，加利西亚对梅特涅的憎恶也与日俱增。

"在云中高飞"

1833年，密茨凯维奇从巴黎写给加利西亚人一首书信诗。这位诗人已经如同使徒保罗那样，给安纳托利亚的加拉太人写信。他信中的问题是如何在1830~1831年起义失败后继续波兰的民族事业。如果圣保罗告诉加拉太人不要行割礼，密茨凯维奇则提醒加利西亚人不要过度谨慎："内部活动应旨在为集结未来起义的力量和方式做准备。"圣保罗警告加拉太人一定要警惕犹太人对基督教的影响，密茨凯维奇却力推扩大加利西亚政治活动的计划："神父、伯爵、农民、犹太人，对我们都同样重要。"而且，他鼓励土地贵族"保护每个忏悔的神父，尤其是他心里想的鲁塞尼亚神父，要避免与他们争吵或对簿公堂"。[107] 所以密茨凯维奇在筹划建立波兰民族独立组织时，也考虑到了加利西亚民族划分的具体细节。而且他已经在计划下一次起义了。

《迷信》的作者、利沃夫剧院导演扬·内波穆森·卡明斯基在1830年前已经完成了席勒《唐·卡洛斯》(*Don Carlos*)的波兰译文。该剧严厉批判了16世纪的哈布斯堡王朝，尤其批判了其对法兰德斯的压迫统治。19世纪30年代，在11月起义被镇压后，卡明斯基又继续翻译了席勒的《华伦斯坦》三部曲，三部曲讲的是17世纪波西米亚大元帅被怀疑对哈布斯堡不忠，皇帝最后将他杀害的故事。[108] 宣传哈布斯堡历史上对皇室忠诚的戏剧也是加利西亚计划的一部分。

然而弗雷德罗还在继续写喜剧。1832年，就是洛布科维茨下台的那一年，同时也是弗雷德罗自己很沮丧、希望做中国官员的那一年，他看到他的喜剧《尤维亚勒斯基先生》(*Pan Jowialski*)在利沃夫上演，这部剧写的是德意志所有贵族中最欢乐（jovial）的那个人。尤维亚勒斯基可以把一切都变成笑料，用自己奇怪的幽默感抓住每一个机会抖包袱。1833年，《尼斯塔德条约》签订，弗雷德罗的另一部剧《小姐的誓言》（Śluby panieńskie）也迎来了首次亮相。两个年轻的女生，阿妮拉（Aniela）和卡拉拉（Klara）渴望独立，相信理想主义，所以决心不去爱男人，也不嫁给男人。阿妮拉宣称男人是"属鳄鱼的，躺在那里，一边歇息，一边等候，守株待兔为了增加我们的自信，然后再背叛我们"。卡拉拉知道反抗有多么艰难："喊叫、讨厌、憎恶。在仇恨、轻蔑、怒火中，他们占据了优势，于是最后，可怜的孩子们，我们当中不止一个人，丧失了信心，失去了理智，疲于斗争，遭遇着来自四面八方的压力，为了避免麻烦，我们不得不去谈恋爱。"[109]这当然也描述了这部剧本身的结局。在弗雷德罗的认知中，女性对正常异性关系的反抗，也可以用来形容19世纪30年代加利西亚的顺从政治。在俄属波兰起义失败后，尤其是奥地利在《尼斯塔德条约》中迁就沙俄后，世代仇恨的誓言不足以保存加利西亚的暴动火苗。最终，疲于斗争，加利西亚人也会退却，回到日常驯服的节奏中去。1834年，弗雷德罗的新剧《复仇》（Zemsta）首演，这部喜剧讲述了两个波兰敌对贵族家庭之间彼此仇恨，但仇恨最终得以化解，双方喜结连理的故事。同年，密茨凯维奇的《塔杜施先生》在巴黎上演，这首长诗也讲了小贵族互相对抗，最终又重归于好的故事，尽管这里的政治目的性更强一点，原因是波兰人热血沸腾地加入了拿破仑对俄国的入侵。列伊岑海姆的独特加利西亚视角让他在巴黎也引用弗雷德罗《复仇》中的台词，"齐心协力（wszyscy razem）"，作为对团结的呼吁。[110]

1835年，画家彼得·米查沃夫斯基（Piotr Michałowski）从巴黎回到克拉科夫，即他出生的地方。生于 1800 年，他一直是弗朗茨皇帝治下的哈布斯堡子民。他比弗雷德罗小七岁，也经历过拿破仑的时代，那时他不是一个年轻的战士，只是一个天真好奇的孩子。19 世纪 30 年代，他回到克拉科夫后不久就接手管理加利西亚的家族庄园，于是，他开始同时过上了艺术家和地主的生活。虽然作为哈布斯堡的加利西亚臣民，还管理着地产，但他的艺术事业在 1835 年前后开始更多专注于拿破仑肖像，以及拿破仑战争场面的描绘。他画的马也很有神韵，尤以描绘马背上的哈布斯堡骑兵而闻名，但他经常会回到拿破仑的题材上，创作他立于马上英姿飒爽这种戏剧性的历史主题画。和弗雷德罗一样，米查沃夫斯基也无法逃出法加联合运动的历史阴影。[111]

弗雷德罗生于 1793 年，即弗朗茨皇帝登基一年后。他从小就目睹了加利西亚是如何赞颂弗朗茨的。这位剧作家之前也没有在其他君主统治下生活过。1835 年，弗朗茨驾崩，同年，弗雷德罗完成了可能是他最后一部伟大的喜剧，光怪陆离又辛酸悲凉的《终身年金》（Dożywocie）。该剧的场景设定在一个镇上，大概应该是利沃夫。梅特涅在利沃夫待得特别无聊，但弗雷德罗的加利西亚主人公里昂·比尔班茨基（Leon Birbancki）——江湖人称"浪子里昂"——则太会享受城里的各种声色犬马了。他挥霍自己的收入，狂欢，喝酒，跳舞，沉溺于夜生活，尤其是赌博。他的收入来自定期支付的终身继承年金，是某个祖上产业留给他的。但为偿还债务，他不得不交出他的年金，收入支配权落在了一个很坏的老吝啬鬼的手上，原型应该是莫里哀笔下的吝啬鬼。这个利沃夫吝啬鬼很在意里昂因为纸醉金迷而出现的健康问题，因为他害怕如果里昂早早死掉，年金就被取消了。

里昂的生活因此成了吝啬鬼的投资："我买下里昂·比尔班茨

基的年金后,我想找一个聪明人一直在他身边看着,看护他珍贵的健康,看护他的生命。"里昂很清楚,他成了某种被保护监管的对象,但他不知道为什么会这样。

> 一年多来,冥冥中有种神秘的能量(skryta władza)一直跟随着我,守护着我走的每一步,助我化险为夷。当公共化装舞会上有人在我身边斗殴,我就会立刻被滑稽演员和医生包围。如果某个我所在的地方突然下起瓢泼大雨,尽管我没有跟任何人讲过一句话,不知为什么一辆马车就会过来接我。如果我弄丢或者弄坏了什么东西,或者旅途中迷路了,也总会有人突然出现,非常热情地要帮助我。甚至当我晚回家,有时都站不稳了,总有一个人会为我挂起灯笼,或者有一只手会伸出来扶着我。[112]

这戏剧性的场面非常奇特,也令人惴惴不安。虽然里昂感觉自己活在某种善意的守护下,观众却意识到他已经被困在吝啬鬼的贪婪所布下的监护网里了。里昂幻想自己受到了特殊的保护,其实这是一种监视与囚禁,他被非常小心地操控着,为了不伤害到目标对象的感受。他不再拥有自己的终身年金,因此,某种意义上说他已不再是自己生活的主宰,而早就成了某人金钱利益下的寄生对象。

弗雷德罗除了创作喜剧式的奇葩娱乐外,也有意讽刺入侵现代生活的贪婪小气之风,尤其指剥夺现代男女天然独立性的理财操作。弗雷德罗对金融的敌意与他作为波兰土地贵族所持有的保守价值观是一致的,但他也是一个大帝国下的地方臣民。爱德华·萨义德认为现代欧洲文化,尤其是文学活动,是帝国统治下的各种冲突和矛盾造就的。终身年金的托管隐喻了帝国内部的关系:加利西亚省存在于帝国的保护之下，它的问题和毛病也都一定会受到帝国的关注，而与此同时，对她的照顾和保护又可以用来造福帝国整体，并给哈布斯堡带来更多利益。让加省维持在一个良好的状态下，他们就会获利，以赋税形式获得定期收入。梅特涅在用于现代政治管理的警政监控方面是很出名的，他就是那个负责保护哈布斯堡皇帝做加利西亚投资项目的人。而弗朗茨是帝国年金的最终持有人，持有期一直到他1835年去世，那一年《终身年金》问世。

那一年也代表了弗雷德罗文学盛期的结束，《终身年金》是他最后一部重要的加利西亚喜剧。1835年之后，弗雷德罗不再创作喜剧，不仅仅是因为加利西亚的形势可能看起来没有那么诙谐了，更多的是因为他遭受了一次猛烈的公开谴责。诗人、评论家塞维仁·高斯琴斯基（Seweryn Goszczyński）曾参加过俄属波兰的11月起义，后避难于加利西亚，他于1835年发表了一篇题为《波兰诗歌的新纪元》的文章。文章向浪漫主义致敬，并尖锐攻击了弗雷德罗。弗雷德罗被批评创作风格法兰西化（Francuszczyzna），作品带有漫画家浅薄的风趣，但高斯琴斯基主要指控他创作的戏剧可能缺少了民族特点：

> 喜剧，是写给民族的（dla narodu），创作者应该抓住能够展现民族生活的内容。从这个角度说，这份事业是很特别的，每个人，如果他承认喜剧不是小孩子的玩具，而是民族教育和国家形成最有力的手段和工具，就会同意这个观点。弗雷德罗的喜剧并不符合这个要求，它们都是非民族的（nienarodowe），你读读他的作品就会知道了，好过听我在这里给你讲。波兰的名字并不等同于波兰的特点，几个民族人物，几个国家场面，并不能赋予这四册剧本任何国家民族的色彩……民族的浪漫主

义风格的确是世界性的,这就是弗雷德罗喜剧中全部的波兰成分(polskość)。但那些美德、错误、荒谬,统一的特点、普遍的面相,任何形成民族个体性的真实印记,你是不会从他那里找到的。[113]

这份指责击垮了弗雷德罗。尽管他又活了 40 年,到 1876 年才去世。他在五六十年代也创作了更多的作品,但他的代表作只属于二三十年代,只属于梅特涅时代的加利西亚,想当年,弗雷德罗在撒哈拉政治沙漠中搭建了一个文学绿洲。

高斯琴斯基的指控一击致命,因为他的确洞察力非凡。尽管评论家没有欣赏到弗雷德罗伟大的戏剧才华,但在 19 世纪 30 年代的浪漫主义思潮下,在波兰文化背景中,他把弗雷德罗的作品贴上"非民族"的标签是非常合情合理的。当然,弗雷德罗认为自己是一个波兰人,在拿破仑战争中他为波兰民族事业战斗过,也同情过 1830~1831 年的波兰起义,并且曾对民族的不幸境遇感同身受,1832 年时也曾抱有不再做波兰人的想法。弗雷德罗绝不会成为一个中国官员,但他可以做一个加利西亚人,波兰身份和加利西亚身份的重叠也造就了他戏剧上的视野。在梅特涅专制的政治态势下,加利西亚地方生活的非民族特性抑制了民族性,并在哈布斯堡多元文化的精神下超越了民族性,这反倒让弗雷德罗的戏剧达到最真实的人类状态。波兰身份带来的紧张和加利西亚身份带来的矛盾在喜剧中得以升华,无法抗拒的婚外情,不能维持的少女誓言,顽固坚持的狂欢之乐,以及年金的异化,导致了存在的异化。

里昂·比尔班茨基十分兴奋,他发现了一个招募意大利热气球飞行者的海报,海报公开邀请社会的勇敢人士升上天空。

天赐之福！虽然只是短暂一刻，但可以飞上云间，以贤者平静的眼光俯瞰万物的愚蠢和不幸。当你飞得更高，更高，看到那个泥点，就是我们世界的核心，我们的蚁丘，它看起来多么渺小啊！下面的那些蝼蚁，充满了欲望、智慧、骄傲……在泪与血的悲哀中，胜利的谋杀者的欢呼在哪里？荣誉的响亮的回声在哪里？那些响彻天堂的赞许之声在哪里？在高空中，你听不到任何响声……只有寂静……幸福的寂静……在上面可以自由地呼吸——远离人群，接近上帝！（沉溺于幻想中）[114]

这个喜剧场景源于这样一个事实，年金的秘密拥有者正惊恐地盯着里昂对热气球的幻想，他很害怕里昂有生命危险，并把他当作说胡话的疯子。对弗雷德罗来说，幻想逃上天空和想象成为中国官员很有共鸣，提及血泪往事也可以让1835年的利沃夫大众轻松联想到1830~1831年的波兰起义，而且对成功的谋杀者的影射是在沙皇尼古拉和梅特涅均被视作"波兰刽子手"的那个时刻做出的。弗雷德罗作为一个戏剧家，致力于撰写"人间蚁丘"的喜剧，展显人类的各种琐碎。但他也想从更远的距离审视人间百态，届时他也不可能用肉眼分辨出愚蠢和不幸的表现，甚至也无法分辨民族性。从热气球的角度看，波兰的特点也会在加利西亚的全景中消失。

1835年利沃夫市中心的最高点就是集市市场上最近重建的市政厅塔尖。1826年这个塔坍塌过，1835年得以重建，塔尖顶上装饰着代表利沃夫的狮子和代表哈布斯堡的雄鹰。如果弗雷德罗像里昂那样，乘坐热气球破空直上，越过了哈布斯堡的雄鹰，他可能会看到远处喀尔巴阡山脉的峰顶。这就是弗雷德罗曾经献给哈布斯堡省长那头活熊的栖息地，那只熊带去的是加利西亚的虔诚、忠实和礼貌举止。弗雷德罗在加利西亚度过了他的一生，他情不自禁地把自己看成加利西亚人，他也一直认为加利西亚是一片绿洲。梅特涅曾经非常相信会出现一个加利西亚认同，而弗雷德罗的作品恰恰促进了非民族性的加利西亚地方文化的形成，他的贡献要远远多于其他文学人物。但到1835年，弗朗茨皇帝去世的那一年，加利西亚的绿洲变成了某种幻景，于现实中不再可能实现。的确，绿洲似乎收缩到了热气球篮子般大小。弗雷德罗曾试图在他的喜剧中调和梅特涅的加利西亚矛盾，如果英雄随热气球升空，从巨大的高度向下俯瞰加利西亚，借助这种幻觉和令人迷醉的角度，一切看起来是多么的和谐。

第三章　童年回忆：从民歌到大屠杀

引言：加利西亚奴隶

现代虐恋文学的缔造者利奥波德·冯·萨克-马索克（Leopold von Sacher-Masoch）1836 年生于加利西亚，并在此度过了他的童年时光。他父亲是利沃夫的哈布斯堡警察局长，于 1848 年那动荡的革命之年被调到布拉格，此时，他才跟随父亲离开了加省。在加利西亚生活的 12 年对这位作家今后的个人发展和艺术天赋塑造起到了至关重要的作用，他的许多文学作品都是以加利西亚为背景的，包括最耳熟能详的"受虐"作品，《穿裘皮的维纳斯》（*Venus im Pelz*）。同时，这些年也是加利西亚的重要转型之年。1836~1848 年间，加省见证了鲁塞尼亚文化认同的确立［1837 年第一部民间文学年历《德涅斯特仙女》（*Rusalka Dnistrovaia*）出版］，1843 年加利西亚议会将农奴制和强制劳动问题提上了议程，1846 年，波兰农民对波兰叛乱贵族实行了惨绝人寰的屠杀，以及 1848 年的各种革命表现与波兰和鲁塞尼亚秘密计划间的竞争。正如他成年后的回忆录和文学作品所折射的那样，萨克-马索克在加利西亚的童年经历是他分析加省那些年历史的棱镜，他借此思考"加利西亚"对 19 世纪三四十年代的加利西亚人代表着什么，意味着什么。这个问题也给演变中的文化和民族认同提供了重要的政治语境。

萨克-马索克是第三代加利西亚人，他的父亲（老利奥波德·冯·萨克-马索克）三四十年代是利沃夫的哈布斯堡官员，爷爷约翰·尼波默克·冯·萨克（Johann Nepomuk von Sacher）于18世纪曾在约瑟夫时期的哈布斯堡加省政府做事。这位作家的加利西亚身份即形成于三代的地方家史中，一直可以追溯到加利西亚的最初构建。萨克-马索克的人生跨过了哈布斯堡历史上的一整个纪元。他1836年出生时，梅特涅还是总理，在维也纳的鲍尔豪斯广场（Ballhausplatz）上指点欧洲江山，等到他1895年去世时，弗洛伊德已经在伯格巷19号分析患者的病情了。萨克-马索克于1870年出版了他的代表作《穿裘皮的维纳斯》，当时他30多岁，住在格拉茨（Graz），但他的文学想象一直在回忆他加利西亚的童年时代。

这本中篇小说的受虐狂主人公名叫泽韦林·冯·库西姆斯基（Severin von Kusiemski），书中介绍他是"一名加利西亚贵族"，而披着裘皮大衣手拿鞭子的女主人公旺达·冯·杜那奇（Wanda von Dunajev）来自利沃夫，是一个寡妇。二人在喀尔巴阡山中的度假村相遇，旺达邀请泽韦林做她的奴隶，后者欣然接受了。他们还签署了一份合同，正式建立了主奴关系。合同上列出了最高服从的条款：

> 杜那奇女士不仅可以用她认为最好的方式惩罚男奴隶犯下的任何微小过错或任何冒犯，她还有权利随时虐待他，无论是心血来潮，还是为了消磨时间，如果愿意，她甚至可以杀了他。总之，他是主人不受限制的财产。[1]

这种合同关系，加上必然会发生的情景，给泽韦林带来了极度的性兴奋，加利西亚贵族现在变成了加利西亚奴隶。这对快乐的虐恋情侣后来离开了加利西亚，去意大利找寻他们互相满足的幻梦，也将受虐文化带到了西方文明的腹地。但加利西亚无疑给他们个人心理和意志的形成提供了培养空间。如果用梅特涅的维也纳帝国都市标准去衡量，加利西亚看上去既遥远又不开化，但在萨克-马索克的文学想象中，野生又偏僻的喀尔巴阡山中却隐藏着充满激情且极不寻常的生命。

对奴役的迷恋，包括它的暴力，它的契约，它的羞耻感，都和19世纪40年代萨克-马索克童年时的加利西亚相吻合。在那十年里，加利西亚农奴受到残忍迫害的生存环境一直在省议会乃至奥地利政府中被拿来讨论，尤其注重要履行强制劳动（robot）的合同义务（"机器人"一词就是从捷克/斯拉夫语中衍生出的，作者在这里保留了波兰原文，或许暗示了劳动强迫和机器人没有区别——译者注）。农民的怒火在1846年的大屠杀中爆发了，并最终因1848年的农奴解放而平复。在那之前，将加利西亚——乃至俄属波兰和整个沙俄帝国——的农奴境遇比作一种奴隶制，就像当时美国的黑人奴隶制那样，已经是司空见惯的事了。对那时的萨克-马索克来说，奴隶制并不是一个遥远的话题，无论在地域还是时间上，因为这属于他童年时在当地遭遇的一个棘手问题，这个问题给他幼小的心灵留下了不可磨灭的印迹。回到18世纪80年代，波兰贵族对农奴犯下了史无前例的残忍暴行，包括杀害、折磨和无尽的抽打，约瑟夫的加利西亚代表们很重视这方面的问题。"屡见不鲜了，"弗朗茨·克拉特写道，"人们在鞭子下丢掉了性命。"对鞭子的关注和启蒙运动对东欧的看法是一致的，这种态度突出了农奴被肆意虐待，特别是残忍的体罚，尤其是在俄国，他们会遭受重皮鞭（knout）的鞭打。[2]在约瑟夫的意识形态中，波兰贵族对加利西亚农奴的虐待行为指向了对哈布斯堡统治的辩护,维也纳要为这残酷野蛮之地吹来一股启蒙文明的春风。于是,鞭子就在加利西亚的哈布斯堡意识中留下了它的符号印记,成了萨克-马索克生命和文学中的性痴迷。

萨克-马索克最终娶了一个名叫旺达·冯·杜那奇的女人,旺达跟丈夫签了一份性奴协议,规定她可以穿着裘皮衣鞭打他。"没有一天,"旺达在她的传记中写道,"我没有鞭笞我的丈夫,没有一天我没有证明给他看我有履行合同中我那部分的义务。"[3] 在小说《穿裘皮的维纳斯》中,旺达突出了惩罚的随意性,而不是规律性,"我要真诚地鞭打你一次,虽然你并没有做错任何事让我必须打你,但我想让你知道,如果表现不好,不听话,想反抗,等待你的会是什么。"在血淋淋的鞭打后,他跪在地上吻她的脚,俯首称臣。[4] 旺达提到的反抗与不服从呼应了 19 世纪 40 年代,也就是萨克-马索克童年时,加利西亚封建压迫和阶级斗争的社会大背景,那真是一个暴乱和流血的年代。1846 年,波兰贵族奋起反抗哈布斯堡家族,而波兰农民则奋起反抗贵族。19 世纪中期,加利西亚臭名昭著的标志就是一排排贵族残缺不全的尸体,这些波兰贵族都是被效忠于哈布斯堡皇帝的农民所杀害。1846 年的屠杀代表了约瑟夫加利西亚观念——也就是农民和贵族两极化——的终结与坍塌。然而,屠杀留下的记忆和遗产将会影响加省在余下历史生命中的文化与政治,直到第一次世界大战。

1890 年,奥地利精神学家理查德·冯·克拉夫特-埃宾(Richard von Krafft-Ebing)在《性心理变态》(*Psychopathia Sexualis*)一书中创造了一个新的临床诊断:"我认为将这种性异常称作'马索克现象'是合情合理的,因为作者萨克-马索克常常把这种变态作为他作品的基调。在他之前,科学界对这种病知之甚少。"[5] 那个时候萨克-马索克在欧洲已经拥有很高的名望，距离他的加利西亚童年已经过去了半个世纪之久。虽然加利西亚好像看上去跟克拉夫特-埃宾所关注的心理疾病没有太大的关系，但实际上，是加利西亚的基调影响了萨克-马索克的个性与文学，促成了这种反常现象。他于1836~1848年在加利西亚度过的童年时光，不仅对于他，而且对于加利西亚自身的历史进程，都是一个形成期，同时也是一个创伤期。

"加利西亚人民的波兰和鲁塞尼亚歌曲"

和后来的弗洛伊德一样，萨克-马索克认为婴幼儿时期的经历对人的塑造极其关键。虽然他从未公开表达是在加利西亚度过的童年决定了他受虐性倾向的形成，但有提到过儿时照顾他的加利西亚农村姑娘对他的成长起到了十分重要的作用。19世纪初期，很多城市上流家庭的母亲都会寻找乡下穷姑娘做奶妈，萨克-马索克出生的这个哈布斯堡官僚家庭也不例外。利沃夫的五万人口里包括了波兰人、犹太人、德意志人和鲁塞尼亚人，加利西亚东部的乡村就住着成千上万的鲁塞尼亚人，那位新生儿的奶妈就来自于此。"我吮吸着她的奶水，享受着俄国人民的爱，省里的爱，祖国的爱，"萨克-马索克说道，"我的俄语就是奶妈教我的，这是我掌握的第一门语言，尽管我家里主要说波兰语、德语和法语。也是她给我讲故事，讲那些美丽奇幻的俄罗斯童话，还有她一边摇动我一边教我唱的那些小俄罗斯民歌，这些东西给我本身，我的情感世界，还有我之后的创作都留下了深刻印记。"[6] 萨克-马索克的人种学命名并不精确，一会儿说"鲁塞尼亚人"（也就是今天的"乌克兰人"）是"俄罗斯人"，一会儿说他们是"小俄罗斯人"。但是有一点很清楚,他认同加利西亚的东斯拉夫身份。

在他提到"俄国人民的爱,省里的爱,祖国的爱"时,这个省里指的只能是加利西亚,祖国一定指的是哈布斯堡王朝。他的身份,包括这个男人后来在整个欧洲声名狼藉的怪异"情感世界",受到了民族、地方和帝国界限的影响。萨克-马索克想成为鲁塞尼亚人,他记得他的奶妈和奶妈讲的那些童话故事,所以也有可能,他在幻觉中想要在母亲那边,也就是马索克家庭那边,做一个鲁塞尼亚贵族后裔。这一支祖先的异域风采一定让他十分迷恋。他认为父亲那边的家庭就没那么有趣,可以追溯到西班牙摩尔人:"人们往往认为萨克是一个犹太名字,实际上它源自东方。"[7]他对加利西亚"东方"犹太主义的着迷已然成了他加利西亚认同中的另一个组成部分。

> 加利西亚的居民中有各种不同种族的人,其中,犹太人可能最为有趣。没有比波兰和加利西亚拥有更多和更纯正犹太人的地方了。波兰的犹太人聚集区就是位于欧洲中心的一个微型东方。[8]

作为加利西亚哈布斯堡官员的孩子,萨克-马索克与加省几个本土民族身份都有过特殊的接触。他用德文写作,但是他从未特别认同自己是德意志人;他也从未同情过波兰,他看波兰带着约瑟夫的加利西亚人看波兰的那种敌意。只有犹太人和鲁塞尼亚人填充了萨克-马索克文学画布中的加利西亚景观。他允许甚至暗中鼓励自己承认犹太人身份,尽管他公开宣称祖上是鲁塞尼亚人。

他加利西亚故事中的主人公很可能就是鲁塞尼亚贵族,譬如1866年出版的《科洛梅亚的唐璜》(*Don Juan von Kolomea*)中的主角,当然,在加利西亚社会中,鲁塞尼亚人实际上更可能是在波兰贵族庄园里干活的老农。《穿裘皮的维纳斯》中受虐狂男主人公的名字泽韦林·冯·库西姆斯基,貌似就取自萨克-马索克19世纪60年代与鲁塞尼亚政治领袖米哈伊洛·库泽姆斯基(Mykhailo Kuzemsky)的来往信函。萨克-马索克在格拉茨时受到了作家、评论家费迪南德·库恩伯格(Ferdinand Kürnberger)的热情款待,库恩伯格对这位年轻作家的鲁塞尼亚身份特别感兴趣:"除了大俄罗斯的屠格涅夫,我们这里如果有一个小俄罗斯人,一个属于东方的加利西亚人,一个奥地利人,一个德意志人,那么会怎样呢?"恰恰因为他的加利西亚渊源,这样的作家可以重振德国文学。据库恩伯格说,"我们将要看到一位德语诗人从维斯瓦河的草原上和德涅斯特河郁郁葱葱的山中冉冉升起,这位诗人并不是从书本里创作,而是在大自然中创作。"[9]萨克-马索克身份中的鲁塞尼亚特色成了他作品原创性的保证,但这层色彩又和俄罗斯、加利西亚、奥地利和德意志文化纵横交错。

萨克-马索克对自己鲁塞尼亚独特身份的塑造,与19世纪的一种鲜明的鲁塞尼亚民族文化在加利西亚的出现是同时发生的。19世纪30年代,萨克-马索克出生的那个年代,是加省鲁塞尼亚人自我文化发掘的年代。当鲁塞尼亚奶妈还在喂他吃奶的时候,1837年,第一个里程碑式的鲁塞尼亚诗集《德涅斯特仙女》在利沃夫出版了,诗集由"鲁塞尼亚诗人三杰"创作。1848年,萨克-马索克家从利沃夫搬到布拉格的那一年,在哈布斯堡国内革命浪潮汹涌的背景下,加利西亚的鲁塞尼亚人宣布了他们民族自我确立的第一个政治项目。因此,马索克在加利西亚的童年时期也正是鲁塞尼亚问题可以首次公开讨论的时代。之前,鲁塞尼亚人最明显的特征就是宗教:他们信奉东仪或者希腊礼天主教,而非罗马天主教。19

世纪 30 年代，这种宗教差异性逐渐演变成更宽泛意义上独特的鲁塞尼亚民族文化。据伊万·弗兰克（Ivan Franko）所说，回顾 19 世纪，"在 1830 年的时候，波兰人可以放心地认为加利西亚没有罗斯人，只有一个波兰民族，还是饱受德意志人压迫的波兰民族"。[10]等到了萨克-马索克的童年时期，这个想法就不太能站得住脚了。

1830 年，俄属波兰人发动起义，加利西亚的波兰人重新确立了自己的加利西亚身份。由瓦伦蒂·何伦都夫斯基（Walenty Chłędowski）主编的文学年历《哈里查尼恩》（Haliczanin）在利沃夫出版，题目的意思就是"加利西亚"，但其拼写却影射了中世纪的罗斯加里奇或者哈利赫公国，同时也是 1772 年哈布斯堡给"加利西亚"命名背后的源头。《哈里查尼恩》收录的加利西亚文学包括莱谢克·杜宁-波尔克夫斯基（Leszek Dunin-Borkowski）的诗《哥萨克》，尤金纽斯·布洛茨基的中篇小说《喀尔巴阡山中的土匪》甚至还有弗雷德罗的《保卫奥尔什丁》，还有一篇扬·内波穆森·卡明斯基（剧作《迷信》的作者）的哲学文章，论述了语言对"民族精神"的重要性，这篇文章的哲学主旨或许会同时吸引波兰人和鲁塞尼亚人。与此同时，《利沃夫时报》的文学增刊《综艺》——尤其是在米科瓦伊·米哈莱维奇任主编时期，也包括 1835 年卡明斯基当主编时——发表了很多鲁塞尼亚知识分子撰写的关于鲁塞尼亚语和希腊礼天主教会的文章。因此，这些波兰文学作品的创作发表确立了加利西亚的地方身份，这些刊物也成为加利西亚文学的专属场所，并且在加利西亚身份中，你还可以看到鲁塞尼亚人的一席之地。[11]

1830 年的《哈里查尼恩》还囊括了被翻译成波兰文的鲁塞尼亚民间诗歌。等到了 1833 年，之前在《综艺》上写过文章、后来任职加利西亚总督的瓦茨瓦夫·扎莱斯基（Wacław Zaleski）整理出版了一个大部头曲集，名字叫《加利西亚人的波兰和鲁塞尼亚歌曲》(Pieśni polskie i ruskie ludu galicyjskiego)，其中鲁塞尼亚歌曲都是用拉丁字母抄录的，而且也没有被翻译成波兰文。扎莱斯基把自己扮成一个古老的收藏家，并用上了化名"Wacław z Oleska"，意为从东加利西亚小镇奥利斯卡来的瓦茨瓦夫。曲集开篇的题辞是赫尔德讲民族 (das Volk) 对于诗歌的重要意义。赫尔德的确在18世纪70年代出版过一本《民歌》(Volkslieder)，是赫尔德把民间歌曲放到了欧洲启蒙运动的议题里，也是他预言了"乌克兰将成为一个新希腊"，他称赞乌克兰人，尤其赞赏了"他们的音乐天赋"。[13] 这个预言并没有在扎莱斯基的题词中出现，但在鲁塞尼亚民歌曲集的附录里有不少带着音乐谱子的歌谣，说明他非常认可乌克兰人的音乐性。

和萨克-马索克一样，扎莱斯基还记得民歌的曲调，这是他儿时的旋律："我出生在农村，小时候的生活与世隔绝，我很喜欢这些歌曲，它们伴我度过了美妙的婴儿时光，给我留下了最早的记忆，也是第一个刺激到我情绪的东西。这种依恋在吸吮奶水和呼吸空气的过程中产生了。"扎莱斯基在这点上和萨克-马索克不谋而合，说到民歌的记忆都联想到奶水，民歌影响到他早期的性格和情感养成。他默写下记忆深处的歌曲："这首歌是这个集子的第一个珍宝。"[14] 不久之前，乌克·卡拉季奇 (Vuk Karadžić) 的塞尔维亚民歌集，还有乔达科夫斯基用波兰文写就的前基督斯拉夫民族研究，都激励扎莱斯基从事曲集整理工作。但他在这个项目上想到的并不是波兰，而是加利西亚——"我收到来自加利西亚四面八方的年轻朋友的帮助"——所以，他最后做出来的并不是波兰民俗文化的民族曲集，而是一个展现了加利西亚文化丰富性并带有一定波兰和鲁塞尼亚成分的地方年历。扎莱斯基认为，民间歌曲必须和民族精神有机地结合起来:"这些曲子是他们成长土地上的真正产物。就跟森林中的树、田野里的花一样狂野又茂盛,他们孕育了大地的天然果实。所以这些人的歌曲也是他们民族的天然之声,是他们民族的对应标签。"民歌作为民族的基本表达,在环境上受限于所生长的土地,这种赫尔德式表述并不偶然,因为大地指的是加利西亚,而民族是复数的:波兰人和鲁塞尼亚人。扎莱斯基很期待看到"加利西亚歌曲集可以和任何一个民族的歌曲集相媲美"。[15] 对民俗学者扎莱斯基而言,"加利西亚"是他曲集的环境场,所以它很重要,但同时又很模糊,因为它既是行省辖区,也是民族故土。

"波兰人和鲁塞尼亚人与每一个斯拉夫人一样,每时每刻都在唱歌,在用心歌唱,"扎莱斯基写道。[16] 他发现把波兰人和鲁塞尼亚人放在一起需要解释澄清,所以他一开始就说,瓜分波兰使民间歌曲研究所用到的加利西亚框架成为一种必然。

> 我不否认我们最好搞一个专门的波兰歌曲集,再搞一个专门的鲁塞尼亚曲集。但那样的话,我们就需要收集波兰全境和罗斯全境的所有歌曲。但在当下的政治境况下,我觉得这两件事中的任何一件都很难独立完成。我们只能做其中一部分的工作。我要收集出版的是加利西亚的民间歌曲,因为加利西亚住着波兰人和鲁塞尼亚人,所以我整理的都是波兰和鲁塞尼亚的歌曲。我把它们放到一起发表了,因为如果分开发表,对任何一本而言,都太单薄了。我把它们混合在一起,因为身处加利西亚的波兰人和鲁塞尼亚人也是混合在一起的。在我看来,没有必要把他们分开……每一个鲁塞尼亚人都懂波兰歌曲,波兰人如果想的话,也可以听懂鲁塞尼亚的歌曲。[17]

第三章　童年回忆：从民歌到大屠杀

所以扎莱斯基以必要性为由将鲁塞尼亚和波兰歌曲结合在一起，这种必要性指的是政治现状和实际考量。然而他也讲到，合并加利西亚土地上这两类诗歌也有民俗学原因：第一，它们相通，可以形成统一的诗学领域；第二，从地理意义上讲，它们在加利西亚大地上是混杂的（pomieszany），因此它们的歌曲在所出版的曲集中也应该是错乱的。至于所谓合并两类歌曲为了让书看起来不那么薄只是一个借口，你可以看到最后的成书非常厚：50页的前言，500页的歌曲，还有近200页的乐谱附录。很明显，不管有哪些解释和澄清，扎莱斯基总归在加利西亚曲集中合并了波兰和鲁塞尼亚歌曲，因为他相信它们应该被放在一起。

扎莱斯基还为歌曲合并给出了一个波兰民族的解释。他指出，在其他地方，比如捷克的斯拉夫文学中，它的传统是要包括摩拉维亚甚至斯洛伐克的，那么波兰文化也要有同样的包容性。他用民族煽动的语气问道："我们真的希望鲁塞尼亚人有他们自己的文学吗？"然而，扎莱斯基却为独立鲁塞尼亚文学的建立做出了根本性的贡献。他讲到鲁塞尼亚歌曲时说："把这些歌写到纸上并不是一件容易的事：有些曲子从来没有以文字的形式出现过。我还发现了更多的问题：鲁塞尼亚语没有语法，也没有字典。不同地区的发音是不一样的。"[18] 因此，尽管扎莱斯基说要把鲁塞尼亚歌曲算到波兰文学中，但他却通过记录民歌这一鲁塞尼亚文学重要标志的方式，实际上有助于使鲁塞尼亚语成为一门文学语言。这项功绩并没有被埋没，伊万·弗兰克很多年之后评价了扎莱斯基的曲集："这本书是我们民族复兴的第一个信号。它让鲁塞尼亚文人们相信了周围那些朴素农奴口中传唱的歌曲和故事，他们可以在全世界面前挺起腰板来。"[19] 生于1836年的萨克-马索克从他鲁塞尼亚奶妈的歌声中发现了鲁塞尼亚民间诗歌的美，当时诗歌以传统的"口头"方式传唱，而当 1833 年扎莱斯基的曲集出版后，这些歌曲已经以书籍的形式呈现给广大加利西亚读者，并且还附带乐谱。

18 世纪 80 年代，为推动哈布斯堡在宗教和宗教教育方面的中央权威性，约瑟夫在利沃夫建立了一个希腊礼天主教神学院，这个具体项目是约瑟夫大运动中的一部分。50 年后，在 1835 年 2 月份，神学院中一个名叫马齐延·沙氏科维奇（Markiian Shashkevych）的鲁塞尼亚学生，用鲁塞尼亚语创作并朗诵了一份颂词，以表达对皇室的敬意和对弗朗茨皇上 67 岁（也是最后一个）生日的庆祝，颂词在希腊礼天主教斯塔夫罗及吉翁教堂（Stavropygian）的出版社出版。正式颂词使用鲁塞尼亚语是前所未有的。颂词题目是《庆祝皇帝弗朗茨一世的加利西亚声音》，但并没有凸显鲁塞尼亚。使用鲁塞尼亚语表达体现了加利西亚的认同感，在利沃夫恭祝皇帝也通常是加利西亚人才有的表现。1836 年，沙氏科维奇公开表示，希望鲁塞尼亚语可以用西里尔字母而不是波兰语所用的拉丁字母拼写，这篇文章发表于普热梅希尔。当扎莱斯基出版波兰与鲁塞尼亚混合歌曲集时，他并没有觉得必须要转写字母。而等到沙氏科维奇、亚基夫·霍洛瓦斯基（Iakiv Holovatsky）和伊万·瓦希列维奇（Ivan Vahylevych）所谓的"鲁塞尼亚三杰"出版他们的鲁塞尼亚文学作品集《德涅斯特仙女》时，他们不仅使用加利西亚的鲁塞尼亚口语，还采用了现代的西里尔字母来拼写。

德涅斯特河流经东加利西亚，但《德涅斯特仙女》一书实际上是 1836 年在布达佩斯问世的，虽然出版日期写的是 1837 年，但整个构想和创作都是在利沃夫完成的。书中收录了民间诗歌以及年轻的神学院学生们写的鲁塞尼亚语原创诗。在布达佩斯，出版可以绕过利沃夫的政府审查，对鲁塞尼亚图书的具体审查是由希腊礼天主教会的官员负责的。对于习惯了传统礼仪使用古教会斯拉夫文的东仪保守阶层来说，这本书的口语语言和现代拼写方式让人非常不舒服。同时，书中引用了斯拉夫多神教神话，比如书题中的仙女露莎卡，看起来就很不基督。其实，讲鲁塞尼亚民歌的绪论中讨论了从多神教到基督教的完美过渡，并且提到了民间文化传统的保存："人民之前的习俗不会被剥夺，随着母亲奶水一起被吸收的感情不会被抹去，铲除多神教没有在族人的心中植入任何外来信仰。"最终，《德涅斯特仙女》这部加利西亚的现代鲁塞尼亚或者叫乌克兰文学的奠基之作，被准许在哈布斯堡王国流通售卖，但在加利西亚地界上却被查封了。"鲁塞尼亚三杰"被希腊礼天主教神学院的权威人士传唤，并遭到了正式的训斥。[21]

《德涅斯特仙女》的出版给加利西亚的本质带来了极大风险，因为其长期的文学影响会让人们重新理解何为加利西亚，他们发现加利西亚不仅仅是多信仰，而且从根上说还是多民族的。加利西亚的观念将至少要囊括波兰和鲁塞尼亚两种文化，两者都会受到加利西亚背景的限定和影响。其实，新晋的鲁塞尼亚观被一种强烈的成为加利西亚人的感受所影响。毕竟，沙氏科维奇发出他敬献皇帝的"加利西亚声音"之后，便加入了《德涅斯特仙女》的创作。这个"加-鲁"双重视野下的紧张可以在"三杰"后来不同的人生轨迹中发现：沙氏科维奇期盼着沙俄帝国内部乌克兰人的团结，瓦希列维奇和加利西亚的波兰人来往密切，而霍洛瓦斯基最终移民去了俄罗斯。

萨克-马索克1836年出生，正逢"鲁塞尼亚三杰"创作出版《德涅斯特仙女》的时期。他在早期记忆中几乎把鲁塞尼亚保姆看作仙女露莎卡。

从我过去的迷雾中浮现出来的第一个幽灵是伟大而美丽的女性,她的脸是拉斐尔所画的圣母玛利亚形象。直到今天,我还能清晰地想到那个画面,她蓝色的眼睛和温暖的笑容,头上围着白色的披巾,她趴在我的摇篮前抚摸我:汉德丝卡,我的奶妈。[22]

图3　加利西亚的德涅斯特河

资料来源:Julius Jandaurek, *Das Königreich Galizien und Lodomerien* (Vienna: Karl Graeser, 1884)。

注:《德涅斯特仙女》是一个重要的加利西亚鲁塞尼亚文学事件。

他说他出生时是一个非常娇嫩胆怯的孩子,所以找一个好保姆是生死攸关的大事。汉德丝卡来自利沃夫旁边一个叫维尼齐(Winniki)的村子,这个村子以一幅玛利亚创造神迹的画像而闻名。萨克-马索克的妈妈穿着很厚的皮草大衣,乘坐雪橇来到这个村子,恳求女孩接受这份工作。汉德丝卡并不想离开家，因为她正在照顾自己的孩子。"我不会丢掉我的孩子，"她表示，"哪怕是要我去当女沙皇。"在萨克-马索克讲述的这段婴儿时期的故事里，鲁塞尼亚女主角看向的是东方的罗曼诺夫，而不是西边的哈布斯堡。然后萨克-马索克穿着皮草的母亲一边哭泣一边祈求她答应，于是女孩被眼泪感动了，她最后还是选择了去利沃夫。汉德丝卡含泪把她自己的孩子留给邻居照看，穿着一件农民的羊皮袄进了城，这和萨克-马索克妈妈的皮草大衣形成了鲜明对比。当她第一眼看到这个病恹恹的城市小婴儿时，她表示，"这个孩子比我家的那个更迫切需要我的照顾。我是一名基督徒，我要履行我的责任。我要待到这个孩子不再需要保姆的那一天"。[23]她待了好几年，久到可以在萨克-马索克最早的记忆中留下印象，久到使鲁塞尼亚语成为他的第一语言，并构成了他最早的想象世界。

她可以给他带来农民的口语文化，也就是19世纪30年代成为现代鲁塞尼亚文学基础的那些神话传说和民间诗歌。萨克-马索克将它们随着童年的奶水全部吸收了，这也是一个民间文化传递的常见比喻，甚至在《德涅斯特仙女》中也出现过。鲁塞尼亚文化因此给这个哈布斯堡官员家娇嫩的孩子留下了永不磨灭的印象。

> 保姆讲的那些童话故事，唱的那些民歌，比我之后所有的学习经历，都更能影响到我的思维、我的情感生活和我的性格。相比于古典文学，那些希腊罗马的作家们，或者贝多芬和莫扎特的音乐，再或者拉斐尔和鲁本斯的画作，它们在我的想象世界中留下了更深刻的印记。冬夜漫漫，我们几个孩子坐成一圈，围着这位漂亮的农村姑娘，全神贯注地听她讲故事，她在我们脑海中留下了东斯拉夫人民丰富幻想所产生的壮丽图像，极少有其他人像

小俄罗斯人那样拥有这么多的童话、传说和民歌。[24]

欧洲浪漫主义精神鼓励着小萨克-马索克，让他可以在利沃夫家中的私密空间沉浸于加利西亚的鲁塞尼亚民歌中，正如鲁塞尼亚人已经开始在公共空间里把这些歌曲变成一种现代民族文学的根基了。

萨克-马索克记得这些曲子是加利西亚的音乐，并用它们作为他加利西亚故事的情绪基调。在《科洛梅亚的唐璜》的开头，叙事者发现自己被关在了东加利西亚的一个犹太小酒馆里，他不久之后就在这里认识了放荡的主人公。这时候，他听到了当地农民在唱歌。

> 万籁俱寂，严肃又庄重，外面的农民唱起了忧郁的歌曲，旋律似乎从很远的地方传来。音符飘在旅店的四周，如同鬼魂一般，好像他们害怕进来，加入窃窃私语的活人当中……我的无聊也要变成抑郁了，我们小俄罗斯人特有的抑郁……[25]

在他离开加利西亚多年后，萨克-马索克还会记得鲁塞尼亚歌曲巨大的情绪感染力。尽管他用德语写加利西亚的故事，但他却把叙事者设计成鲁塞尼亚人，用第一人称复数说"我们小俄罗斯人"。

萨克-马索克的鲁塞尼亚主义是他毕生的热忱和刻意追求，是潜伏在他整个文学事业下加利西亚身份中最重要的一面，尽管他12岁就已经离开那里了。他真实的鲁塞尼亚对象，也是他真正的同龄人，是他从没见过的一奶同胞，就是他奶妈去利沃夫前留在村子里的孩子。那个孩子成长于《德涅斯特仙女》之后的那一代，他是19世纪加利西亚的一个真正的鲁塞尼亚人。

"我们雄伟壮丽行省的知识"

19世纪40年代，利沃夫出现了一本新的德语刊物，它的名字叫《加利西亚》（*Galicia*）。它说自己是一份"维护并报道祖国、艺术、工业、生活的报纸"。虽然"祖国（Vaterland）"在德语报纸中可能代表了整个哈布斯堡王朝，但是报纸的题目"加利西亚"暗示了加省也可以被理解成含有某种意义的祖国。在1841年的新年一期中，杂志刊登了由编辑写的一首给加利西亚读者的问候诗，其中提到了加省。

> 喜上眉梢的座右铭
> 加利西亚熊，我们的引导星
> 是！上帝，皇帝，祖国！（Gott, Kaiser, Vaterland!）[26]

这段爱国主义诗句大概是取自霍夫曼·冯·法勒斯莱本（Hoffmann von Fallersleben）1839年的诗《我的祖国》（*Mein Vaterland*），原诗表达了德意志的民族情怀。这首加利西亚诗则是想表现加省的特点——既指代这个地方和这里居住的人，又指代这份同名报纸和它的读者大众——也就是对哈布斯堡的忠诚要高于自己的民族归属。这样一份杂志和它的三句意识形态口号"上帝，皇帝，祖国"可能对利沃夫的波兰人和鲁塞尼亚人的语言和情感触动十分有限，但它一定是名门官僚家庭比如萨克-马索克家中的必读刊物。

维也纳也注意到利沃夫出现了一本《加利西亚》杂志，1841年《戏剧综合报》（*Allgemeine Theaterzeitung*）中的一篇文章对此有所提及。到目前还没有一份好的加利西亚德语报纸，"加利西亚，这个伟大秀美的省份,奥地利帝国皇权下最富饶的珍珠,到目前为止,对我们以及我们共同祖国的每一部分来说,几乎都是陌生的"。奥地利人不知道"加利西亚在政府悄无声息的仁政影响下取得的卓越进步"。现在终于有了一周三期的《加利西亚》了。"我们可以了解一个如此重要行省的大众活动,这个敏感的空白被果断又荣幸地填补了。"杂志的编辑约瑟夫·梅霍夫(Joseph Mehoffer)被誉为"加省最博学多识的文学人物之一",人们对杂志的用纸和印刷也赞不绝口,称赞里带着几分都市的高高在上:"印刷得比其他任何你能在伦贝格看到的刊物都要漂亮。"[27] 在维也纳,《加利西亚》似乎给帝国提供了关于这个重要省份极有价值的知识。

1841 年 1 月份,《加利西亚》刊登了各种国内外的新闻,包括威廉·亨利·哈里森(William Henry Harrison)当选美国总统,也包括哈布斯堡皇帝斐迪南为普热梅希尔的希腊礼天主教大教堂区筛选牧师。报纸上有乡村农业报告,宣讲用来制糖的甜菜的种植,还有城里的戏剧消息:多尼采蒂(Gaetano Donizetti)的《贝利萨里奥》(Belisario)和罗西尼的《坦克雷迪》(Tancredi)在利沃夫演出,两部剧都被称作新剧 [尽管《坦克雷迪》已经有 30 年的剧龄了]。《加利西亚》对利沃夫歌剧的"贫瘠不育"深表遗憾,剧院头一年一直在循环上演贝利尼(Bellini Vincenzo)的《诺尔玛》(Norma)、《梦游女》(La Sonnambula)和《清教徒》(I Puritani),还有多尼采蒂的《爱的甘醇》(L'Elisir d'Amore)。[28] 虽然《加利西亚》赞扬了加利西亚,但它没能忍住表达对加省的担忧,在某些方面讲,加省还是存在地方局限性的。

1 月末,萨克-马索克家的名字出现在了报纸上。当月最后一天晚上有一场狂欢舞会(Faschingsabend),到处都是服装和骨牌,人们"自由的娱乐、情绪和幽默都可以肆意地展现"。这种狂欢式的自由在梅特涅时代的限度可以从一则通知中看出端倪,通知说人们需要从警察局长萨克-马索克,也就是作家的父亲那里获取舞会的入场券。舞会在事后被宣布是一次巨大的成功,有一千三百人参加,一直持续到凌晨三点。[29] 五岁的萨克-马索克大概是被留在家中,他父母则参加了这次狂欢活动,这次活动也是在他父亲慈祥的赞助和严密的监视下进行的。

很少有人知道在1848年前这意味着什么。带着流浪汉和被绑起来的罪犯的警察,外表黝黑的雇员,瘦削而又阴险的审查员,不敢直视任何人的间谍,鞭打台上,涂着脂粉的妓女不时透过有铁栏的窗户凝视,有时是苍白而忧郁的波兰阴谋家。上帝啊,这并不是一个令人心旷神怡的环境。[30]

审查、间谍、警察,这些关键词都和梅特涅时期紧密相连。考虑到萨克-马索克著名的倾向,很有可能警察工作的阴暗面——捆绑、入狱、惩罚,尤其是鞭打——给他幼小的心灵留下了深刻的印象。

然而,在刻画作为警察局长的父亲的文学形象时,萨克-马索克描写了一个多才多艺的男人,尤其爱好自然历史。警察局长有一个标本室,里面有矿石收藏、哺乳动物骨骼标本,还有大象牙齿的标本。他的桌子上不仅有腓特烈二世和拿破仑的微型雕像,也有苏格拉底、维吉尔和歌德的微型雕像。在他办公室的墙上有画作、壁毯、古代兵刃和熊皮(很有可能是来自喀尔巴阡山的熊)。在警察局长办公室的角落里还有一个等比例的人体模型,模型穿着喀尔巴阡山土匪的衣服,头上架着一只安了玻璃眼的玩偶鹰。

当他的严肃命令,他与波兰阴谋者不停歇的斗争给予他一个休息时刻,可以不被某人贴在大门上的死刑通知打扰时,我的父亲会坐在这里。他整理自己的宝物,那些从伦贝格附近的森林、沼泽、草地、采石场中淘来的宝物。他把甲壳虫从酒瓶里抓出来,用钉子钉在软木板上,整齐陈列开来,就跟成队的士兵一样。他还用锤子凿刻石头,将风干压扁的植物粘贴在白纸上。[31]

19世纪三四十年代正是加利西亚波兰密谋者持续活跃但未获成功的时代,他们部分受到了1830~1831年俄属波兰起义失败后流亡者的影响。朱利安·霍洛斯基维奇在1830年还是利沃夫的一名小学生,十年之后,他却成了库夫施泰因的一名政治犯。[32]但警察局长萨克-马索克的密切监视并不足以预测1846年灾难性的波兰暴动,抑或是加利西亚1848年短暂的革命胜利。

警察局长萨克-马索克监视着加利西亚,监视对象也扩大到了省内的犹太人,他尤其担忧哈西德主义的政治反动会造成严重的后果。他和约瑟夫·铂尔保持着联系,铂尔是一名马斯基尔(maskil)改革者,犹太启蒙运动的支持者,也是哈西德主义的劲敌。铂尔向哈布斯堡政府指责哈西德派教徒,这份指责被摆到了利沃夫警察局长的桌子上。1838年,铂尔对哈西德派教徒在其所在的捷尔诺波尔城制造骚乱表示十分生气,他们不仅阻碍了他的德语犹太教育项目,还集会反对捷尔诺波尔聘任启蒙拉比所罗门·犹大·拉波波特(Solomon Judah Rapoport),并故意破坏了他的犹太教堂。铂尔痛斥犹太人的学习屋(bet ha-midrash)(就是学生学习的房子)和礼俗浴池(mikvah),他说这些已成为哈西德派非法集会、谋反阅读,甚至聚众淫乱的场所。铂尔还敦促要严格执行加利西亚德语拉比教育这一约瑟夫指示,并提醒说,哈西德派教徒在试图掌控加利西亚的犹太教，无视加省的哈布斯堡法律。[33]

警察局长萨克-马索克发出了一个关于危险哈西德派领导人（zaddikim）的报告。据说他们控制了信众，不遵守当地的法律。哈布斯堡政府在1838年进行认真考量后，认为哈西德派领导人要"用迷信锁链捆住犹太精神"，但政府却拒绝立法约束他们，因为加省的哈西德派教徒无处不在。监视行动让警察局长发觉了波兰密谋者和哈西德派领导人的活动，但和五十年前的约瑟夫相比，他也无力使加利西亚社会做出更多的改变。这些紧张关系则成为加省的核心特性。当约瑟夫·铂尔于1830年去世时，捷尔诺波尔的哈西德派教徒正在他的坟上翩翩起舞。[34]

"我父亲很少给我讲任何事，"作家萨克-马索克回忆他的加利西亚童年时说，"但我很高兴在他身边待着，安静的像个老鼠一样，害怕打扰到他。"[35] 19世纪40年代，在蠢蠢欲动的波兰人和虔诚的哈西德派教徒眼中，哈布斯堡警察局长似乎很可怕，虽然他善意地支持了狂欢舞会。梅特涅审查下的《加利西亚》杂志也没有提到波兰谋反者的任何小动作，但很多年以后，萨克-马索克的文学创作中传递出一种遍布加利西亚的嫌疑感。读者可以在书中看到，科洛梅亚的唐璜被一个农民巡逻员认为有波兰密谋者的嫌疑，尽管他声称自己其实是鲁塞尼亚人。"朋友们，帮个忙，认了我吧！我是波兰叛乱的密使吗？"他被抓后申辩道，"我是波兰人吗？你想让我埋在切尔奈伊察俄罗斯墓园中的父母亲在坟地里气活过来吗？我的祖先难道不是和哥萨克的博格丹·赫梅利尼茨基（Bohdan Khmelnytsky）一起打过波兰人吗？"萨克-马索克回忆，在那个加利西亚的世界里，无论是波兰农民还是鲁塞尼亚农民，都不假思索地怀疑贵族，每一次怀疑都会被立刻挂上"谋反"和"革命"的帽子。科洛梅亚的唐璜确实是一个危险人物，但他只是在性生活上很放荡，并不是政治密谋者。被关在旅店后，他马上就对犹太掌柜的媳妇施展了他那令人陶醉的魅力。掌柜小声提醒叙述者："他是一个危险的人，一个危险的人。"[36] 19世纪40年代，他父亲在追踪加利西亚的波兰谋反者，所以在那些潜在暴力中，性恐吓对小萨克-马索克来说永远都是最刺激的。

图4 喀尔巴阡山塔拉特山脉的古拉尔人（即高地人）

资料来源：Julius Jandaurek, *Das Königreich Galizien und Lodomerien* (Vienna: Karl Graeser, 1884)。

注：在19世纪三四十年代，高地人开始成为加利西亚文学和民俗感兴趣的对象。他们也出现在18世纪90年代博古斯拉夫斯基的作品《克拉科维亚克人和古拉尔人》中。

对小孩子来说，可能最吓人的当属警察局长办公室里那座喀尔巴阡山盗贼的等比例模型。作为装饰品，它大概就是一个民俗象征，代表了19世纪三四十年代加利西亚对喀尔巴阡山的广泛兴趣。尤金纽斯·布洛茨基在《哈里查尼恩》上发表过《喀尔巴阡山中的土匪》，马齐延·沙氏科维奇写过一个故事叫《奥琳娜》（Olena），讲的是土匪到加利西亚贵族家实施暴力，为农民报仇。"鲁塞尼亚三杰"的成员也知道鲁塞尼亚族民歌时常在赞扬山贼。[37]1841年，《哈里查尼恩》刊登了一则"雄伟的"喀尔巴阡山游记，说这座山给"大自然的朋友们"提供了太多东西。[38]1843年，维尔纽斯出版了约瑟夫·科泽尼奥夫斯基（Józef Korzeniowski）的浪漫悲剧，剧的名字叫《喀尔巴阡山地人》（Karpaccy Górale），并于次年在利沃夫上演。全剧具有人类学的严谨性，围绕着山中游牧的鲁塞尼亚人（也被称作胡楚尔人）展开。剧中对胡楚尔人（Hutsuls）的形象描述得很详细，包括他们的长发、羽毛帽、宽皮带、小斧头和手枪。故事讲的是一个年轻的高地人安托斯（Antos）离开了哈布斯堡军队，成了山中的盗贼，结局十分悲惨。"我没有家，"安托斯说，"我的家就是洞穴和森林，我的家人就是土匪。"[39]萨克-马索克警察局中的模型就这样被带到了利沃夫的舞台上，成为警政责任和浪漫民俗的双重象征。

穿着服装的模型也许被当成了警察局长自然收藏的一部分。与在利沃夫周边收集的矿石和植物标本一样，与墙上的熊皮一样，盗贼代表了加利西亚环境的样本。1841年的《加利西亚》杂志大肆宣传了《加利西亚与布科维纳脊椎动物》一书的出版。作者亚历山大·萨瓦茨基（Alesander Zawadzki）是普热梅西尔和利沃夫的教授，这本德文书在斯图加特问世。《加利西亚》饱含深情地讲述了"加利西亚动物世界的丰富"，并夸赞"我们拥有在其他省已经灭绝或者很少见到的动物,比如说熊、山羚与河狸"。报纸还注意到,"对加利西亚动物的系统综述很有必要,到目前为止还没有一本书列出过本土动物的名单索引"。这本新书于是填补了"巨大的文献空白",并且提供了"关于我们雄伟壮丽行省的知识"。[40]掌握加省的知识可能会被认为是现代帝国征服人民的当务之急,在加利西亚的例子上的确如此,因为认可加省大一统即是对哈布斯堡统治的内在辩白。警察局长的自然收藏品因此可以被理解成一个微型象征,象征着他自己在加省帝国政府中扮演的重要政治角色,而强盗在他办公室里的形象代表了一种脊椎动物类型,与他的职责特别相关。

19世纪40年代加利西亚的哈布斯堡意识形态仍然在努力促进波德两种文化的友好关系。因此,1841年,《加利西亚》的编辑对德语读者们提到了波兰文学:"不夸张地讲,我们相信,到目前为止,波兰文学对德语文学来说,并非大多而是全部都是陌生的。最大的阻碍就是语言,现在依然如此。"虽然警察局长萨克-马索克在桌子上留着一个歌德塑像,但没有任何可以证明他对波兰文学感兴趣的东西,尽管强盗形象经常出现在当代(波兰)作品中,比如说科泽尼奥夫斯基的《喀尔巴阡山地人》。《加利西亚》评价波兰文学时提到了"当下对民俗文化的兴趣,对收集和保存民族精神纪念物的尝试,并把他们一起放在民歌的陵墓内"。《加利西亚》还赞许了"民间歌曲、故事、传说的收集整理工作"。[41]其实,杂志所感兴趣的那些歌谣和传说正是此时此刻抓住五岁的利奥波德·冯·萨克-马索克想象力的东西。

《加利西亚》坚信,波兰的新闻工作"并不是那么贫瘠,也不像人们以为的那么水平差"。编辑提到了利沃夫的《综艺》,还有其他俄属波兰和普属波兰的杂志。显而易见,德意志读者肯定带着非常高高在上的态度看待波兰文化,但《加利西亚》决心在波兰人和德意志人的文化之间推动"有选择的亲和（Wahlverwandtschaft）"。1835年，高斯琴斯基骂弗雷德罗写的是法国风格的"非民族"喜剧，现在，加利西亚封杀了波兰文化中的加利西亚成分，并坚持说跟波兰有更多关系的是德意志文化而不是法国文化。"德语和德意志文化（Gesittung）才是这里土生土长的（heimisch）。"[42] 报纸这样写不是在说加利西亚是一个德意志省份，而是认为加利西亚的文化超出了德波文化之间的差别。扎莱斯基1833年的民俗曲集也类似讲过，加利西亚的文化超越了波兰和鲁塞尼亚文化之间的差异。与此遥相呼应地是，同年在普热梅西尔，歌德叙事诗《魔王》（Der Erlkönig）的鲁塞尼亚文版得以翻译问世，同时配有德文原文。[43]

1842年，华沙出现了一个双语期刊叫《晨星》（Dennista-Jutrzenka），这个刊物确立了波兰和俄罗斯文化之间的关系，期刊所有内容都附有俄文和波兰文的对照文字。"鲁塞尼亚三杰"中的亚基夫·霍洛瓦斯基在上面发表过一则《在加利西亚和匈牙利罗斯旅行》的故事。他离开利沃夫去探索鲁塞尼亚的乡村。

> 你知道对于一个小乡村农场里出生长大的人，可以逃离大城市城墙的束缚是多么快乐的一件事啊。你很了解我，也知道我对受苦受难的祖先有深厚的感情。你记得我对村子有怎样的向往（z jakiem utęsknieniem），对抛弃城市尘土这一幸福时刻有怎样的渴望……你可以猜到我现在是什么感觉，在和利沃夫分开后，我像一只飞出笼子的鸟儿一样飞向自由的天空。[44]

从《加利西亚》的角度看，利沃夫，还有它的哈布斯堡官员、德语出版物、意大利歌剧、化装舞会，本质上都是加利西亚的，这种城市世界主义已经跨越了任何民族的概念。从华沙《晨星》的角度看，利沃夫好像得了一种腐败不堪的城市枯萎病，破坏着东加利西亚乡下鲁塞尼亚农民所拥有的真实农村的吸引力。在《晨星》的俄波双语栏目中，可以找到杂志的拉丁格言，修改自罗马剧作家特伦斯："我是斯拉夫人，我懂斯拉夫的一切（Slavus sum, nihil slavici a me alienum esse putto）。"然而，由俄罗斯主导的泛斯拉夫主义的出现对于像《加利西亚》这样的杂志来说是完全陌生的，此时《加利西亚》还在展望德意志人和波兰人之间可以有选择的互通友好。

1842年，还有一个来自维也纳的提案，建议国家创办一个鲁塞尼亚刊物，用来抵制俄罗斯泛斯拉夫主义的渗透。提案人是编辑伊万·霍洛瓦斯基，亚基夫的弟弟。他说，这本期刊要选择加利西亚的作者，要用"加利西亚的鲁塞尼亚语言"写作。然而这个理想最终没有实现，因为维也纳方面坚持要用拉丁字母，而非西里尔字母，所以有一些非议认为，维也纳不仅想抵抗俄罗斯在鲁塞尼亚的影响，还要把加利西亚的鲁塞尼亚人与俄罗斯帝国的小俄罗斯人或者乌克兰人区别开来。[45] 这和梅特涅制造"真加利西亚人"的早期想法很合拍。事实上，1843年，在东仪总主教的推动下，维也纳正式接受了用"鲁塞尼亚（Ruthenen）"这个分类，来描述生存在加利西亚的人口，这个名字会被一直用到1918年，加利西亚和哈布斯堡王朝覆灭的时候。[46]

加利西亚铁路

在萨克-马索克的《穿裘皮的维纳斯》中，那对恋人是乘火车离开的加利西亚。旺达坐的是头等车厢，而她的奴隶泽韦林坐的是三等车厢，但他有更生动的加利西亚体验。

> 我和波兰农民、犹太小贩还有普通士兵呼吸着同样的洋葱味空气。当我走到她的车厢时，她正四仰八叉地躺在靠枕上，穿着舒服的裘皮大衣，盖着兽皮毯子，犹如东方的暴君一样。[47]

火车把泽韦林和旺达从加利西亚送到了维也纳后又开往了意大利。小说作者把火车看得非常理所当然，这时候是1870年了。而二三十年前，当萨克-马索克在利沃夫出生时，还没有这样的火车呢。他的童年时期，正是欧洲历史上第一次考虑修建铁路的时期，而加利西亚在哈布斯堡王朝铁路项目中扮演着很突出的角色。

1836年，萨克-马索克出生的那年，斐迪南皇帝授予罗斯柴尔德家族（Rothschilds）修建第一条哈布斯堡铁路线的帝国特权。这条线从维也纳连接加利西亚的博赫尼亚镇（Bochnia），史称"维也纳-博赫尼亚"铁路，或者"斐迪南大帝北部线"。博赫尼亚和附近的维利奇卡一样，都以盛产盐矿出名，因此在经济上很有价值，所以被设为北部铁路线的终点。另一端的铁路将会一直修到维也纳的南边，终点是亚得里亚海的的里雅斯特。1836年，维也纳出版了一个叫作《维也纳-博赫尼亚铁路项目的科技、商业和财政问题》的小册子。[48]铁路项目和政治利益息息相关，它可以用来串联凝聚王朝诸省，为它们提供更好的交流和经济融合。

尽管从理论上来说是一个独立的城市共和国，但克拉科夫也被纳入哈布斯堡的铁路规划中，而利沃夫，还有整个东加利西亚却离铁路线十分遥远。根据1839年加利西亚议会的记录，"两位有名的公民向皇家法院最高权威递交了延长维也纳到博赫尼亚铁路的提案：提案建议铁路可以一直延续到加利西亚纵深，到达利沃夫下面的贝尔扎尼。这个举措的意义特别巨大".⁴⁹ 这两名公民之一就是莱昂·萨皮哈（Leon Sapieha）王子，他参加过 11 月起义，然后逃回了加利西亚。到了 19 世纪 40 年代，他成为一个重要的加利西亚政治人物，参加过许多创新实验项目，例如创办信用社、经济社和农业学校，设立火灾险，还有推动铁路扩建。另一个公民之所以有名并不是因为他长期出席议会，他就是亚历山大·弗雷德罗。这段时间是他的文学沉默期，在被高斯琴斯基斥责之后，这位剧作家不再写剧本了，但在此期间，他给予利沃夫波兰剧院和奥索林斯基图书馆很多政策上的支持，而且他还很关心加利西亚议会中讨论的经济和政治议题。在 19 世纪 30 年代末，他和萨皮哈合作撰写了铁路议案，两人在 40 年代还一起为农奴制改革做过努力，虽然最后以失败告终。在梅特涅专制时期，和王朝其他省份一样，加利西亚议会权力也非常有限，但弗雷德罗很乐于帮助塑造并表达能影响同龄人的观点、为他们发声，并将这些声音传递给利沃夫和维也纳的哈布斯堡当局。

1839 年的弗雷德罗与加利西亚的哈布斯堡政府关系密切。10 月份，他和弟弟亨里克受邀和总督大人（埃斯特的斐迪南大公）一起参加秋季狩猎聚会。哈布斯堡高官弗朗茨·克里格代表总督写给弗雷德罗一封德文信函："皇室殿下，杰出的总督大公，下周欲在多利纳地区享受狩猎之欢乐。"⁵⁰ 弗雷德罗之前给上一任总督洛布科维茨送过一头活的喀尔巴阡山熊，但这位埃斯特的斐迪南大公好像并不特别受这位波兰贵族的待见，克里格就更不讨弗雷德罗喜欢了。"他就是一个官僚，一个暴发户（*dorobkiewicz*），"萨皮哈很势利地讲，"他老婆是以前利沃夫一个裁缝的女儿，是一个德意志人。这两个家伙都极度看不上波兰人。但是波兰人很讲礼貌，没有显露他们的厌恶。"[51] 萨克-马索克的父亲，那位警察局长，就在克里格的官场圈子中。

但弗雷德罗和官员们相处得很不错，所以他获得了狩猎邀请，这也说明他很得宠。剧作家此时希望可以借用这些关系和人脉推进加利西亚议会上的计划。一封1839年12月的信表明他在加利西亚银行问题上很依赖克里格，铁路问题也在他的考虑中。

> 我们的信用社只需要最终和最高层的确认，既然克里格男爵现在在维也纳，我希望一切都会顺利搞定……最近我们提出了铁路从博赫尼亚修到贝尔扎尼的想法。这对我们国家（dla kraju）无疑是巨大利好。现在的问题是谁掏腰包，这也不是什么大事！[52]

铁路当然不是小事一桩，钱的问题在铁路项目中举足轻重，并和信用社计划互相关联。关于钱包上的麻烦，他说得很轻松随意，好像钱能从弗雷德罗的喜剧中变出来似的；譬如，在他1835年《终身年金》的吝啬算计中，金钱开支就占着许多戏份。但弗雷德罗在财政和信用问题上非常真诚，并把修建铁路视为可以利国的大好事，这个"国"就是加利西亚的代名词。

1840年，弗雷德罗的弟弟亨利克在巴黎正享受着多尼采蒂的歌剧——《拉美莫尔的露琪亚》（Lucia di Lammermoor）和《卢克雷莎·波吉娅》（Lucrezia Borgia），而贝利尼的杰作还在利沃夫循环演出。巴黎有一个女人问亨利克·弗雷德罗是不是一个诗人，是不是"波兰的拉马丁"。亨利克回答说不是："我们家只有一个莫里哀，那就是我的哥哥亚历山大。"[53] 与此同时，在利沃夫，波兰莫里哀正在研究加利西亚的地图，测量每两个可能建站地点之间的距离，估算花销，给北部铁路线的工程师弗朗茨·布雷特施奈德（Franz Bretschneider）撰写规划方案，还有跟莱昂·萨皮哈交换以上这些事情的意见。在 1830 年 11 月起义中拿起武器的萨皮哈，如今在 1840 年的 12 月份，则用非常不军事的态度给弗雷德罗写信："我时常在想，到底我们的火车该怎么走，是开往布洛迪和波多里亚（Podolia），还是沿着德涅斯特河走廊行驶呢？两个方案各有利弊。"弗雷德罗当月给萨皮哈的回信中不带一丝喜感："我已经向布雷特施奈德递交了项目的修改方案。我们都同意连接桑河（San）和德涅斯特河的铁路线是最理想的，只是利沃夫绝不能被遗漏，也不能离商业干线太远，这还是一个有待解决的问题。为此，我正在寻找利沃夫和德涅斯特河的中间点。"[54] 两个人都沉迷于研究加利西亚地图，都专注创造新的交通传播方式，用铁的力量来加强加省的凝聚和团结。

相比生活在利沃夫的哥哥，身处巴黎的亨利克·弗雷德罗或许有更佳的远观波兰民族问题的视野。1840 年 12 月，亨利克提到拿破仑的遗体运抵巴黎，要举行仪式将他重新埋葬在荣军院，这离拿破仑 1821 年在圣赫勒拿病逝已经有 20 年光景了。现场有波兰军官高喊"皇上万岁！波兰万岁！（*Vive l'Empereur! Vivent les Polonais!*）"。典礼的消息也传到了利沃夫，并登载在波兰文的《利沃夫时报》和德文的《加利西亚》上。[55] 除了拿破仑的遗体，巴黎的波兰人也看到了本民族最伟大的诗人亚当·密茨凯维奇的真身，他于 1840 年开始以斯拉夫文学教授的身份在法兰西学院授课。亨利克·弗雷德罗对此并没有很兴奋，他说："密茨凯维奇每周二和周五讲两次课，但他的法语不太灵光，讲不明白，我目前只去听过一回……我不认识他，但是别人说他感情强烈且不易相处。"波兰浪漫主义者们骂亚历山大·弗雷德罗太法兰西了，太不本民族了，弗雷德罗的兄弟现在则报了个小仇，不无得意地说密茨凯维奇的法语或许还有他的法国礼仪都很差劲。流亡者的巴黎生活可以说是19世纪40年代波兰民族政治文化生活的中心，倒不是因为密茨凯维奇在这里。亨利克对此观点有所保留："这里的流亡者经常做蠢事，我根本不和他们掺和在一起。"[56] 亨利克的观点就是加利西亚对巴黎的波兰民族社群的观点，这也与亚历山大在加利西亚财政和铁路方面的强烈务实态度相契合。

1840年，我们的波兰莫里哀为加利西亚议会撰写了名为《关于在加利西亚建立银行和铁路的需要和可能》的会议文件。他认为这两个项目不但紧密相关，还可以相互促进。他提议建立一个中央铁路枢纽穿过加省，从奥斯维辛（Auschwitz）到利沃夫，如此一来，在欧洲东西之间占据特殊位置的加利西亚就能发挥出它的经济作用。"这条干线把东方贸易引到维也纳，然后再推向欧洲腹地。这条线路确确实实是最优越的线路了。"弗雷德罗雄心勃勃地规划道。他很清楚，加利西亚可以成为维也纳与俄罗斯和摩尔多瓦的纽带，也就是与黑海贸易的纽带。这个计划并不只针对保守的加利西亚贵族，他们很渴望能运出他们的农业产品。弗雷德罗还宣扬了加利西亚新经济纪元的到来："日常经验告诉我，加利西亚不应再满足于它的农业，如果想有大的进步，想繁荣富强，就必须要发展工业。"[57] 对加利西亚落后的认知可以追溯到18世纪建省之时，这种认知已经成了进步意识形态的基础，在这种意识形态下，加省经济一体化是帝国政治结构的必然。

对于弗雷德罗来说，加利西亚的明天和波兰的拿破仑神话或者密茨凯维奇的神秘并没有任何浪漫的交织。加利西亚的明天，从实用主义的角度出发，在于加省自己。"铁路会拉近我们国家和其他有大大小小工业的地方的距离，"他写道，"铁路很重要，不仅是加利西亚当下形势的必需品,还是使加利西亚能够变得更有意义、更受益的方式。"相对于密茨凯维奇的波兰浪漫主义预言,这样的一个未来视野的确是非民族的。加利西亚银行和加利西亚铁路项目"的存在可以带来巨大好处,不搞这些项目则会给我们国家带来双倍的损失"。[58]在弗雷德罗眼中,"我们的国家"永远是加利西亚。从维也纳的角度看,他也完完全全是一个加利西亚人。1843年《戏剧综合报》发表的《加利西亚与加省文学》这篇文章中提到"伯爵弗雷德罗(亚历山大)已经写了五卷具有重大意义的喜剧"。[59]其实这五卷作品是维也纳皮希勒(Pichler)出版社在1825~1838年出版的,那是弗雷德罗在加利西亚的鼎盛年代。

因为健康、家庭,以及对公共生活的不满,弗雷德罗于1842年离开了议会。他从维也纳写信给议会表示遗憾,自己的健康和身体不再允许他继续履行"为国服务(służyć krajowi)"的责任。[60]早在1841年11月,他就写过一封信,提出他在加利西亚的文学事业和公共生活中遇到了一些更大的个人挫折和危机。收信人是约瑟夫·扎武斯基(Józef Załuski),弗雷德罗多年的好友,两人三十年前曾一起投身于拿破仑的军事行动。扎武斯基在1830年的11月革命中参加过战斗,然后定居在加利西亚,这两位老友在信中讨论弗雷德罗地产的农场租赁事宜。弗雷德罗玩起了关于"租约(dzierżawa)"的押韵:"喧嚣(wrzawa)","残暴(krwawa)","荣耀(sława)"。弗雷德罗很多伟大的喜剧都是押韵的,但现在,他遗憾地讲,诗歌已经被日常散文所替代了,不再喧嚣,不再荣耀,也不再残暴了。较其他地方而言,加利西亚更是如此,密茨凯维奇在巴黎被捧为最伟大的波兰诗人,浪漫主义诗歌的超级明星,而弗雷德罗则在平淡无味地担忧铁路和农场租赁。他给扎武斯基的信中充满了愚公移山的精神。

> 我们必须坚持写散文，正如冰可以在河里固定住一个漂浮的树枝，冷冰冰的散文也可以在各个方面压制住我们的生活。在每一个奇思妙想处，在每一个外表光鲜的势力下，命运会击倒我们。从那里开始，人类的希望到达了最远处：超越自己的坟墓，超越孙辈和重孙辈的坟墓，超越所有世代的人，获得永垂不朽的花环。[61]

这里面的感情流露有些晦涩，弗雷德罗好像在表达他自己在厄运面前的文学挫折感，好像在摒弃诗歌辉煌的花环，迎接一个更平淡的未来。奇思妙想为展望未来让位，为铁路带给我们的实际好处让位。

弗雷德罗因此质疑起作家的职业价值。他在通用名词"斑点"（żyd）和专有名词"犹太人"（Żyd）上玩了一个波兰语的双关。

> 今天如果有人想写作，他只需要摇晃笔杆，大概就会留下一个斑点——这就是为什么当代作品中有那么多污页。而且，说真的，没有这些斑迹还挺不习惯的——斑点在纸上，犹太人在走廊里，到处都是犹太人。没有他们，美酒就干了，粮食就坏了。我们和他们之间的差别已经很小了。和他们一样——从公共生活中被剔除，被赶来赶去，被鄙夷——我们在地上蠕动，像杂草一样铺在土上，为了让土松软一点，好让外国人的脚踩上去。留胡子的风潮，虽然很脏，但不管怎么说都是合时宜的。听着，我是加利西亚的议员，我写了这些废话。[62]

所以弗雷德罗明确表示，自己是以加利西亚议会代表的身份写下这些话，他当时甚至正在准备辞掉这个职位。他不仅提到了加利西亚经历的平淡无奇，还提到了散文和犹太人之间的关系，这个关系听起来让人觉得不舒服。犹太人在加利西亚生活的日常经济细节上面面俱到，无独有偶，弗雷德罗作为加利西亚的议员也不得不关注那些非诗歌的政事，比如银行和铁路。他并不是唯一一个提过犹太人在加利西亚经济中无所不在和不可替代的人，但他可能最先观察到了"他们和我们之间"的一致性。犹太人追逐经济利益，同时在基督教社会中与他人保持距离，而加利西亚贵族如弗雷德罗，尽管和哈布斯堡大公一起狩猎过，但现实中还是在种庄稼，修铁路，被外国人踩在脚下。确实，加利西亚最本质的东西就是，它对哈布斯堡统治的臣服，迫使加利西亚人在自己的国家变成了无民族的外国人。弗雷德罗醒悟了，从这一点来说，犹太人才是最"正宗"的加利西亚人，他们是无民族的臣民，他们在外族统治下追求平淡的经济利益。

即使离开了议会，弗雷德罗还在参与讨论修建加利西亚铁路，1844 年，他和其他几个人包括萨皮哈，一起写了封德文信给总督斐迪南大公，请求组织一个"博赫尼亚-利沃夫"铁路线修建协会，还建议在德涅斯特河沿岸再修一条铁路。[63] 然而当局并没有给予回应，弗雷德罗和萨皮哈一起去找了维也纳的银行家索罗门·罗斯柴尔德（Salomon Rothschild），后者正在出资修建"维也纳-博赫尼亚"铁路线。萨皮哈回忆与罗斯柴尔德的会谈："他礼貌地接待了我们，但他总给我一种俯视的感觉，这种俯视可能是他的金融地位带给他的。"罗斯柴尔德趾高气扬地邀请他们吃晚饭，晚宴的过程中，当被奉承时，他就会"满意地微笑"，他列举那些据说曾给过他红酒作为礼物的政府大臣的名字。萨皮哈觉得罗斯柴尔德滑稽好笑，但弗雷德罗大概并没有被逗笑。萨皮哈提到弗雷德罗的反犹情绪："我真心笑这位金融巨鳄的傲慢，我也笑弗雷德罗的气愤，他一直在重复，这个卑劣的犹太人在想什么呢，我们需要他的影响力么？"[64] 弗雷德罗的愤怒反讽了他自己，作为加利西亚贵族，他竟然要依靠一个犹太人，但从萨皮哈觉得可笑这个角度看，这里面还有更大的反讽：这时代最伟大的波兰喜剧作家似乎无法鉴别他处境中滑稽的一面。

我们的波兰莫里哀还是应该能够觉察到犹太"贵人迷"喜剧般的虚荣做作。而且，弗雷德罗自己的喜剧，比如《终身年金》，总是有资金扶持和财物依赖这些金融方面的曲折情节。但弗雷德罗在力推修建加利西亚铁路时，却无法在维也纳财政与政治之间的都市纠葛中找到任何乐趣。虽然他说他很希望有这么一条铁路可以"拉近加利西亚和其他地方的距离"，但显而易见的是，他也因跨越加省生活边界的那些应酬和交际而感到烦恼。最终，铁路修到加利西亚还要等很久，利沃夫和克拉科夫之间的东西主干线直到1861年才得以竣工。

"加利西亚的道德败坏进程"

19世纪40年代早期，铁路问题耗费了弗雷德罗和萨皮哈的大部分心血，但他们二人还很关心迫在眉睫且充满争议的农民改革问题。萨皮哈尤其期待加利西亚封建农奴制度的现代化，甚至是完全摒弃它。约瑟夫二世在18世纪80年代曾对哈布斯堡王朝的农奴制进行了重要的法律限制，给农奴们提供了一些保护和防止贵族地主们滥用权力的法律修订。但强制劳动付出（robot）仍然是加利西亚农业体制的一大特色，农民受压迫的情况看起来还是一种奴役。其实，加利西亚农民1846年屠杀波兰贵族的表现震惊了整个欧洲，在1848年革命期间，他们很快就被哈布斯堡政府从农奴制中解放出来了。

萨克-马索克在加利西亚的童年，也就是 1848 年以前，属于一个和 1870 年的世界完全不同的经济时代。他对奴隶制的幻想可见于《穿裘皮的维纳斯》。泽韦林充满热情地期待着成为旺达的奴隶。

"为什么不现实？"我先开了口。

"因为我们国家没有奴隶。"

"那我们去一个还有奴隶制的国家吧，去东方，去土耳其。"我满怀渴望地说道。

"泽韦林，你是认真的？"旺达回答说，她的眼里欲火中烧。

"嗯嗯。我非常认真地想成为你的奴隶，"我继续说，"我想你对我的权力被法律奉为神旨，然后我的生命就可以握在你的手上了。我希望世界上没有任何人或事可以保护我或者从你那里把我救出来。啊，这感觉真的好棒啊，要完完全全听从你的随心所欲、你的情绪、你的手指挥动！"[65]

1870 年时，奴隶制在加利西亚已经不复存在了，但 1848 年前大家普遍认为它是压迫和专权的，正如泽韦林的受虐想象那样。和萨克-马索克一样，泽韦林和旺达都是完全两相情愿的成人，岁数也大到足够可以记得一种像奴隶制的东西曾经在他们的国家存在过，在自己的生命中出现过。确实，萨克-马索克对 1848 年前加利西亚奴隶制的影射也完美符合他对加省东方特征的认知。

"加利西亚议会上提出的最重要事情之一就是摒弃封建主义，"萨皮哈回想 1843 年议会时讲道，"有那么几年时间，私下里大家都在聊这个。每个人都承认封建主义的危害，这也是劳动力浪费的主要原因。"只要农奴被要求在贵族庄园上劳作,"农民的使命就是在最短的时间内干最多的活儿"。[66] 但改革的提议还牵扯地主补偿的问题,哈布斯堡政府并不鼓励在哈布斯堡王朝内有任何特殊化加利西亚改革的行为。历史学家斯蒂芬·科耶涅维奇(Stefan Kieniewicz)认为,"议会讨论的最终结果就是,那些贵族老爷们商讨了强制劳动,却没有为农民办任何事"。[67] 这个看法在几年之后的 1846 年就变得格外重要:农民一边和哈布斯堡皇帝抱团,一边暴力攻击起义的波兰贵族。

1844 年,弗雷德罗拟定了一个关于农民改革的章程,将其递交给弗朗茨·克里格,最后文件呈到了皇帝那里。波兰莫里哀写的这份法语章程讲的是《加利西亚的道德败坏进程》。文件开门见山介绍了几个政治哲学的基础理论:"政府必须要维持社会秩序。秩序必须要有法律依据。"弗雷德罗所谓的"道德败坏"是指法制的失败,例如说"所有邪恶都成了社会邪恶",指的是社会堕落的总体趋势,而不是具体的违法事例。[68]

当《加利西亚》赞扬了加省,赞扬了那场警察局长负责的狂欢舞会筹集善款帮助穷人时,弗雷德罗正在分析研究日益严重的去道德化问题。贪赃枉法、酗酒、贫穷是社会阶层间互相敌对而产生的具体后果:"贵族、牧师、公务员和农民——他们都在暗中斗来斗去。"如果哈布斯堡王朝认为自己是加利西亚文明的代表,那么弗雷德罗就会用同样的文明标准来追究哈布斯堡王朝的责任。

> 如果文明要想传播,相互的关系就必须是善意的,这样才可以有互相的信赖。这 20 年我们做的所有事都是为了毁掉这种信赖。有政府官员,甚至是区级领导,摇身一变成了奸细

(*agents provocateurs*),煽动农民反对他们的地主,强迫他们对现有秩序心生抱怨和不满,可以说是无所不用其极。是啊,没有什么要比用法律来保护弱小不受霸凌更值得表扬了,谁又能厚着脸皮提出抱怨呢?但是走近看看,所有人都会发现,无数的农民反地主案件,对双方任何一方而言都是弊大于利的。[69]

50多年前的1790年,奥索林斯基曾帮忙撰写了也是法文的《加利西亚大宪章》,呈给刚刚接替哥哥约瑟夫的新皇帝利奥波德。那个时候也是这样,哈布斯堡政府被指控种下了社会分歧的祸根,破坏了波兰旧制度的社会和谐。现在,19世纪40年代,弗雷德罗用同样的方式评价了约瑟夫的政治遗产。

除了加利西亚社会阶级之间信赖的崩盘,弗雷德罗还指出了哈布斯堡内有一个独特且恶劣的加利西亚贵族和农民形象,这种形象形成于约瑟夫时期,半个世纪后依然存在。19世纪,这个形象在美国和欧洲专制主义崛起后又获得了新的意义。弗雷德罗禁止哈布斯堡官员宣扬这样的狭隘观念。

他们在贵族暴行和农民奴化上存在偏见,这种偏见无法消除,因为他们对二者的社会关系特点是完全无知的。波兰贵族从来不是恶霸,如果政府交予他们命令,或者因为下面的人没有开化,迫使他们要独断专行一点,这也是一种父权的专制,但远远没有达到同一个世纪其他地方封建贵族那种严酷的程度。他们认为农民的奴化可以由徭役制度(corvée)来佐证——但是徭役不能被看作奴化的证据,反而是从奴隶到个人解放的第一步。奴隶没有一天,甚至一个小时的时间是属于自己的;如同负重的野兽,他们在鞭子的抽打下一步步挪动——

但如果他有一个小木屋,有一片土地,在家里做自己的主人,条件是要从事一定的劳动,那他就不再算是奴隶了。[70]

徭役式的强制劳动,或者说是 robot,在弗雷德罗眼里,对于农民、贵族,以及加利西亚的整个经济是有百弊而无一利的。但它不算是奴隶制,有害也只是因为对其滥用会浪费和损害加省经济。

为了缓和省内的社会关系和经济状况,加利西亚议会和哈布斯堡政府需要整治滥用问题。哈属加利西亚的帝国意识形态也支持在政策上减轻"暴行"和"奴化",以促进"文明"的发展。然而在弗雷德罗眼里,这个提法直指道德败坏,因为其认可了所有关于加利西亚的恶意传说。哈布斯堡对于"奴隶制"的恐惧阻碍了对土地改革可能的现实评估。同样的传说依然流行于萨克-马索克的童年时期,甚至可能也隐含在他父亲的官方视野中,从而给这个敏感的孩子后来有名的反常提供了影响因子:奴隶、专制,还有主人鞭子的抽打。受虐狂还有一个历史病原,泽韦林·冯·库西姆斯基的性扭曲败坏行为来源于弗雷德罗所说的加省道德的腐化败坏,泽韦林可以说是加利西亚堕落性变态的典型。

弗雷德罗还讨论了哈布斯堡法律在不同加利西亚场所执行的不一致性,关乎犹太人、牧师、征兵还有卖马——但是他更大的观点是一般法不适用于加省的特殊情况。"很多法令都是为整个帝国设定的",他注意到,"但既然帝国是由情况不同的省份组成的,很明显,对奥地利有利的就不一定对加利西亚有利,反之亦然。"甚至加利西亚的特别法也会被哈布斯堡的"外省政府"曲解——"鉴于他们通常都是纸上谈兵。"[71]看来在1772年建省后的70年,哈布斯堡政府仍然被加利西亚理解成外国。当然,省长斐迪南大公是一个外来户,像弗朗茨·克里格这样的高官也不例外。"就算是在本省出生,有的人也完全是外国人,"弗雷德罗说道。[72] 他心里想的可能是那些官僚家庭,例如萨克-马索克的家庭,他们从 18 世纪就在加省居住了。

对于 1841 年 1 月末利沃夫的那个化装舞会,《加利西亚》骄傲地称其是救济穷人的善举,这看似与弗雷德罗所担忧的道德败坏不符。在政府警察局长萨克-马索克的赞助和授权下,舞会调和了加利西亚不同社会阶级之间的利益和福祉。2 月末,另一场化装舞会作为狂欢节的尾声被安排上了。这次,善款将被捐给孩子们的福利学校,这些孩子可能和小萨克-马索克年纪相仿,1841 年的时候,他正好五岁。《加利西亚》带着极致的地方骄傲赞扬了第二场化装舞会的举办。

> 很荣幸《加利西亚》可以贡献版面给在任何情况下都如此高尚的团体,并希望它可以成功激励伦贝格民众的慷慨参加,还有我们伟大又美丽加省的其他同样高尚的居民。因此,可以给祖国的其他省份看一看,我们省搞了如此多的公共事业。目前这些消息还没有传出省外,原因是其他省听不懂我们的大众交流语言。[73]

加利西亚身份的确立意味着可以让加省在哈布斯堡全国更有名气。刊物对加利西亚的积极展现也回应了那些将加利西亚诊断为社会道德败坏的人,比如弗雷德罗。

福利院的消息甚至传到了维也纳,也给了热舒夫的威廉·德特杜巴(Wilhelm Turteltaub)博士一个新年夜反思的机会。他于 1842 年 1 月在维也纳刊物《喜剧人》(*Der Humorist*)上发表了一篇题为

《对加利西亚的一点想法》的文章。德特杜巴是一个完全开明的加利西亚哈斯卡拉犹太人，他于19世纪30年代在维也纳学医，1841年回到了家乡热舒夫，但他继续参与着维也纳的文学生活。他写新年反思的时候刚从加利西亚回来，他观察说，唯一一件让维也纳人关注的加省事情就是利沃夫的戏剧生活，他们对正在前进中的加利西亚的"巨大脚步"毫不知情。德特杜巴提到自己对加利西亚的秘密新年祝愿："我的心在为祖国温暖地跳动，我还怀揣着一个夙愿，希望看到加利西亚的犹太居民也可以有心灵和思想上的进步。"他为了实现愿望还在《时代精神》（Zeitgeist）上写了一份祷文，他希望加利西亚"万物成金"。[74]《喜剧人》上这个有点奇怪，可能还有些讽刺意味的宣泄重提了约瑟夫时期现代转型的弥赛亚幻想，而犹太人又被特别地拎出来，去应对要用现代欧洲的模子来"重铸"加利西亚，甚至要用经济繁荣这个稀有金属来"重铸"它的现代转型。

如果德特杜巴怀疑维也纳人没有完全认识到加利西亚的进步，那弗雷德罗就相信哈布斯堡政府里流传着饱含偏见的加利西亚形象，这个加省形象中充斥着专制的贵族和奴化的农民，整个社会由鞭子抽打的声音所主导。加利西亚新闻——关于化装舞会和慈善活动——的目的显而易见，不仅仅是让加利西亚更为人所知，还为了在省界外和针对加省的负面观点做斗争。在宣布第二场化装舞会是"我们伟大又美丽的加省"鼓舞人心的表现的那期《加利西亚》上，还有一则死刑通知，两个年轻人康斯坦丁·丘布卡（Costantin Ciupka）和特奥多尔·洛津斯基（Theodor Lozinski）被处以绞刑，他们分别是23岁和25岁，身份是希腊礼天主教徒，也就是鲁塞尼亚人。他们生活在加利西亚村庄德布罗森（Dobrosin），给当地地主打工，负责强制劳动的监管工作。丘布卡和洛津斯基刚杀害了另一个同岗位的 19 岁的年轻人奥努福里乌斯·马斯鲁克（Onufrius Masluk），谋杀动机是为了偷走他负责分发的完成劳动（Robotzeichen）的证明。[75]虽然当时在分心搞狂欢季的化装舞会，但警察局长萨克-马索克必须要处理这个刑事案件，并给出司法结果。加利西亚身份中的矛盾——贵族和农民，波兰人和鲁塞尼亚人，德意志人和波兰人，犹太人和基督徒，民族和非民族，经济和社会层面的矛盾——日益复杂，从而为 1846 年的动乱危机埋下了更深的种子。加利西亚的道德败坏将要通过血腥的语言被加省外的世界所知晓。

"可怕的场面"

"1846 年那可怕的场面让我难以忘怀，"作家萨克-马索克在他的自传文章中回忆道。[76]1846 年他只有 10 岁，那年波兰民族起义在加利西亚爆发。起义是由巴黎的波兰流亡者策划的，以波兰独立民族政府的成立宣告结束。这个政府处于小小的克拉科夫城市共和国内，只存在了九天，从 2 月 22 日到 3 月 4 日奥地利军队占领克拉科夫为止。波兰领导人扬·泰索夫斯基（Jan Tyssowski）和爱德华·登博夫斯基（Edward Dembowski）曾希望扩大加利西亚起义的战果——如 1833 年密茨凯维奇所畅想的那样——终极目标是将独立之火从加利西亚烧到俄属波兰。然而，这次起义在加利西亚内就遭遇了始料未及的巨大阻碍。加利西亚的波兰贵族为了民族事业集结到一起，但无论是波兰还是鲁塞尼亚的农民，他们不仅对起义活动无动于衷，还对起义军充满了敌意。尽管革命承诺解放农奴，他们还是要效忠于哈布斯堡皇帝。在西加利西亚地区的塔尔努夫（Tarnów）附近，波兰农民为了向哈布斯堡展示忠心，逮住机会杀了许多起义的波兰贵族。农民们把被屠杀贵族的残肢带入城内，作为他们忠诚行为的证据。在弗雷德罗看来，这样的行为就是加利西亚社会关系"道德败坏"的最极端表现。

屠杀的民族影响可能和杀戮本身一样令人震惊。人们猛然意识到西加利西亚那些所谓的"波兰"农民，他们虽然说着波兰语，信奉着罗马天主教，但当要为民族事业而奋斗的时候，他们绝大多数人都完全不把自己当波兰人看。确实，他们和东加利西亚的东仪鲁塞尼亚农民一样格格不入。所以农民阶级对地主贵族的憎恨打败了民族团结的迹象，加利西亚的农奴阶层竟然出乎意料地显现出了他们的"加利西亚"基因——即对哈布斯堡皇帝的完全效忠，无视某一民族要求得到他们同情的呼声。18 世纪 80 年代，加利西亚的约瑟夫主义意识形态曾斥责过波兰贵族的残忍，并试图约束他们施加在农民身上的绝对权力。如今，1846 年，当农民以王朝之名屠杀了他们的贵族主人时，那个法制化的计谋被戏剧性地澄清了。恐怕他们在屠杀时，嘴边还挂着皇帝的名字："斐迪南皇上万岁！"[77]

1846 年被杀害贵族的具体人数已无从查证，但历史学家给出的数量估算大概从 1000 人到 2000 人不等，最新意见倾向于比 1000 人略多。[78]当时还是一个利沃夫孩子的萨克-马索克能够目睹的只是暴力的细枝末节，但是作为警察局长的家属，他在一定程度上肯定会注意到当时的政治氛围有多么紧张，这一次加利西亚的法律和秩序先是被贵族暴动者挑战，而后又被农民护法者质疑。那个 10 岁的男孩后来说到自己萌芽中的戏剧想象力。

> 我快 10 岁的时候为诗歌做出了第一份努力，当时没有任何目的只是想逗弟弟妹妹们开心。我写了几首在小木偶剧院里表演过的段子，又抄下一个老农给我说的一个故事，我只是想

在我的小妹妹面前把它讲得更好一点。[79]

这样天真无邪的文学尝试很符合当时知识界的民俗关注,包括抄录民间歌曲和传说故事。萨克-马索克说过,自己的成长受到了加利西亚民歌和故事品味的影响。作为一个10岁的男孩,他从一个老农也可能是一个家庭仆人那里收集故事,在1846年,在整个加利西亚社会阶级史中最激烈的戏剧化时刻,他和加利西亚农民阶层却有着最单纯的接触。

萨克-马索克并没有具体讲述他在木偶剧院里演的是哪种剧,但1846年的可怕场面"几乎是同时上演的,这给他敏感的戏剧鉴赏力留下了一些印记。

> 我父亲在东边平定叛乱,他找到了在伦贝格起义的几个首领,并下令逮捕了他们。波兰革命同时在西线爆发,农民站到了贵族的对立面,他们杀了造反者,烧了贵族的宅邸,并制造了骇人听闻的血洗事件,这时我父亲那边的维稳举措受到了人们的一致认可和感激,甚至包括波兰人在内。只有一个起义领导人逃脱了伦贝格的抓捕,他把造反派和农民都聚集在格热扎尼(Gorozani),但农民在那里把杀人的锄头对准了波兰人,这是东边唯一一个血流成河的地方。我看到叛乱分子被武装农民遣送回来,有的已经死了,有的受伤了,那是一个2月的阴天。叛乱者躺在令人难受的小车上,鲜血顺着稻草淌下来,被狗舔了个干净。[80]

1846年标志着小萨克-马索克想象力发育的转折点,也标志着加利西亚在地方、帝国和欧洲想象中的意义转变。萨克-马索克从民间传说和木偶剧院转向了各种展现了1846年社会崩盘的木偶剧和暴力诗歌。这是一个具有戏剧画面的历史时刻,对于10岁的孩子来说肯定是无比惊恐的,每一个加利西亚的人也都有同样的感受。这极度变态的暴力剧终将成为萨克-马索克成年后所具有的敏感情绪和成熟文学创作力的主要关注对象。

萨克-马索克回忆了自己父亲为了安定社会在镇压波兰叛乱中所做的努力——"他受到了人们的认可和感激,甚至包括波兰人在内"。这关系到最敏感的问题,也意在澄清所有对他父亲的怀疑。原因是,尽管警察局长以及整个哈布斯堡当局在反对叛乱的问题上态度坚决,但他们还是当即成了默许甚至公开鼓励农民屠杀起义军的嫌疑人。近来,阿兰·斯格德(Alan Sked)的研究表明,虽然维也纳方面在组织或者煽动屠杀上肯定没有责任,但的确有加利西亚的哈布斯堡官员怂恿农民抵抗贵族起义,而且还收买他们获取情报,并补偿了他们在抗争中花掉的时间和开支。因为屠杀成了抗争的一种形式,尤其是在塔尔努夫地区,有些农民可能会以为他们拿钱杀人是代表了皇帝;个别官员和农民组织之间具体是怎么谈的已经无从考证,部分内容直到今天也不得而知;于是,哈布斯堡是屠杀同谋的传言在当时便流传开来。[81]

在接下来几十年里,传言还在加利西亚的波兰人之间反复出现,传言说指挥塔尔努夫周边暴力行动的是农民领袖雅库布·塞拉(Jakub Szela),哈布斯堡政府下令并奖赏他去煽动群众。塞拉之前曾和贵族鲍顾斯的家庭有过法律纠纷,在为哈布斯堡的使命而集结当地农民时,他也血偿了自己的私仇。农民屠杀贵族既给政府提供了政治收益,也带来了政治窘迫,因此将塞拉从他大胆表演的那个加利西亚现场转移走,安置在旁边的布科维纳地区是最为方便和妥当的,也说不好这到底是惩罚还是奖励。不管怎样,他从塔尔努夫前往布科维纳的路上必然会经过利沃夫,在那里他可以见到警察局长萨克-马索克。

尽管利沃夫的一些人可能把塞拉看成一个臭名昭著的杀人犯,但因为礼节,警察局长并没有让自己的孩子远离他。19 世纪 80 年代,已经成年的作家萨克-马索克称赞塞拉为"加利西亚的斯巴达克斯",他回想了 40 年前他们之间唯一一次见面的情景。

> 当他去往布科维纳,也就是政府要流放他的地方时,途中路过伦贝格,我父亲带我去看望他。塞拉冷静又礼貌地接待了我们。他个子很矮,身材很瘦,大概有 60 岁。他的长相并不是人们想象中农民将领的模样,那个让欧洲关注了数月,报纸称他是'农民王',亨利克·弗雷德罗指控他杀了人的那个农民将领。但是,塞拉清澈的眼睛里蕴含着极高的智慧和能量。[82]

这份对塞拉的正面评价应该放在加利西亚 19 世纪三四十年代的文化背景下进行考量,这时的文学浪漫主义已经向喀尔巴阡山上的土匪暴行投下了赞许的目光。[83]

只能让萨克-马索克管中窥豹的那些发生在 1846 年加利西亚的风波,在接下来的几十年里将会急剧扰乱和重置加利西亚的文化意义,并依照社会阶级观、民族团结、政治暴力和王朝忠诚等决定加省的地方身份。对于萨克-马索克来说,他从一个高官孩子的有限角度间接目睹了这场屠杀,他对屠杀事件记忆犹新,并把它用在了他第一本小说《1846 年的加利西亚史》(*Eine galizische Geschichte: 1846*)的情节中。小说出版于 1858 年,当时他只有 22 岁。1864 年这本小说再版,题目更改为《伯爵顿斯基》

第三章 童年回忆：从民歌到大屠杀 173

（*Graf Donski*），同名主人公是一位波兰贵族，他不幸成为屠杀的受害者。在撰写自己的第一部小说时，他已经在格拉茨大学接受了历史学的训练。他在《加利西亚史》中探索了1846年起义和屠杀的历史动态，同时也回溯了他童年时在加利西亚塑造形成的情感趋向。[84]

小说中，当农民被强迫加入民族起义时，他们却宣布自己要效忠于皇帝。鲁塞尼亚农民奥努福里（Onufry）在小说中被刻画成一个农民"巨人"，他反对伯爵顿斯基并陈词，"我是一个农民，但我也有记忆……我爸爸也是一个农民，他也有记忆"。奥努福里记得，在两代人之前，时间从19世纪40年代退回到加利西亚被发明前的波兰联合王国，那时的贵族肆意压榨百姓。奥努福里讲述了一个荒诞不经的往事，一个波兰贵族让村姑们掀起她们的裙子，然后要求男人们从身后认出哪个是自己的媳妇："谁要是认错了，他就会被宽厚的主人抽50大鞭。"[85] 体罚和性羞耻的组合非常吸引萨克－马索克的文学想象，他或许编造了这件轶事。奥努福里回忆的其他故事已经在约瑟夫时期存在了："我爸爸告诉我之前的主人，我们伯爵的先父，让农民爬上树学鸟叫，然后把他们当作森林里的鸟一样射杀。"这个故事可能是萨克－马索克在18世纪80年代出版的那种约瑟夫加利西亚报告中读到的。克拉特曾提到，他听过一个波兰贵族让农民上树取猫头鹰的窝，然后为了好玩开枪打他。特劳恩保尔也讲过一个犹太人被迫爬上树学鸟叫，然后被贵族射杀的故事。[86] 萨克－马索克版本的故事，虽然是从鲁塞尼亚巨人口中讲出的，但也说明了约瑟夫的加利西亚叙事有强大的说服力。19世纪50年代创作的《加利西亚史》的背景设定在40年代，却仍然在"怀念"着18世纪80年代的意识形态。

"鲁塞尼亚歌曲是如此的凄凉断肠"，萨克－马索克想起加利西

145

亚的民间音乐世界，这些都是他自己小时候记得的歌。[87]"我们不是莱赫伊（Lechi），"奥努福里呐喊道，他用了鲁塞尼亚语中贬低波兰人的词语。"我们是帝国的人。""斐迪南万岁！"的呼喊凝聚民心，也惹怒了贵族，后者放了第一枪，也由此引起了之后的屠杀。"杀了他们！杀了他们！"奥努福里一边大叫一边挥舞着他的锄头。萨克-马索克好像在纵容农民的暴力，将其视为一种帝国忠诚的过度表达，但他也没有放过那些凶残的细节。他的笔尖跳到了波兰贵妇旺达身上，她正处于屠杀场的危急处境中，"有几个青年很渴望抓住她，但她成功保护了自己。她火焰般的眼神一次又一次地使他们不敢上前，她挥着马鞭，马鞭发出的阵阵抽打让他们望而却步"。[88]一个名叫旺达的加利西亚贵妇后来成为《穿裘皮的维纳斯》的女主人公，她用她的钢鞭狠狠地抽打着她的受虐恋人微微颤抖的身躯。

在《加利西亚史》的前言中，萨克-马索克提出了他个人的加利西亚观："问候同胞（*Gruss an meine Landleute*）。"

  远离故土（Heimat），我向你们表达问候。我没有选你们歌中所唱的温柔的夜莺，骄傲的天鹅和嬉闹的云雀作为我的信使，我选择了出版社。它虽没有光亮的翅膀，但有成千上万的纸张，像翅膀一样可以环游世界的每一个角落，正如你们，我的同胞，散居在四海八方！我的信使将找到你们，向你们问好，在马路上，在月半弯的余晖下，在草原的木屋里——还有在故土中。我向你们所有人问好，因为是加利西亚这片土地给了我们生命，波兰人、鲁塞尼亚人、德意志人，还有犹太人！

此时，萨克-马索克正住在格拉茨，从斯蒂利亚越过哈布斯堡国土远眺加利西亚，回望10年前的19世纪40年代，他欣慰地察觉到，在他看来，当时加利西亚地方的统一就是同样的记忆，同样的民间文化，同样的一方水土养育的各种人的情感合体。他的加利西亚文化构造观可见于他把印刷机看成想象共同体的代理人，替代口头民间文化的传统。

萨克-马索克的小说里充满了恐怖暴力的情节，这是他从幼时记忆中想象出的加利西亚景象。

> 我的思念把我带到这雄伟的维斯瓦河，带到汹涌澎湃的杜纳耶茨河（Dunajec），带到远看波光粼粼的小池塘，带到我们的森林，带到我们的平原，带到我们的人民身边（zu unserem Volk）。大家好啊！我好像听到了有人也向我问候并回应了从我的过去发出的声音。它们听起来好亲切，好熟悉啊！我还听到了远处牧羊人的笛声，像是奇幻的梦境一般。悲凉的鲁塞尼亚旋律传入我的耳郭，还有马祖尔人的炽热激情，克拉科夫人的调情，以及鞋跟挑逗的咚咚声，马刺清脆的叮当声。童年的记忆都回来了……[90]

如此充满感情的童年回忆与小说里真实的屠杀背景可以说是毫不相干。萨克-马索克童年的加利西亚音乐，可以追溯到他最早的记忆，都被1846年加利西亚大屠杀的爆发和它所留下的创伤所改变、所打断、所干扰。这个相互都是暴力关系的社会影响着这位加利西亚受虐狂的微妙情绪，这个社会在主人的鞭子和农民的锄头之间，在坚决的依附顺从和强烈的自我肯定之间，在悲凉的旋律和野蛮的屠杀之间保持着平衡。

"大型共产主义密谋"

克拉科夫在 1795 年第三次瓜分波兰时被划入加利西亚，但 1809 年它被分给了拿破仑的华沙大公国，然后在 1815 年后又变成了带有主权议会的独立城市共和国：自由独立和严格中立的克拉科夫城（"Wolne, Niepodlegle, iściśle Neutralne Miasto Kraków"）。它始终处在三家瓜分势力（奥地利、普鲁士和沙俄）的严格监管下，但是相对独立的身份让它可以作为 1846 年 2 月份发动一场波兰起义的理想地点。等到那年年底时，克拉科夫因暴乱受到惩罚，它被并入加利西亚，由哈布斯堡王朝直接掌管。

1846 年 2 月，梅特涅给驻巴黎的特命全权大使安托万·阿波尼（Anton Apponyi）写信，让他告知弗朗索瓦·基佐（François Guizot）和法国政府，哈布斯堡将要占领克拉科夫："这次覆盖波兰领土的大型共产主义反动势力似乎看好这座自由城，这座为冒险家和密谋者而建的名副其实的自由港，在此，他们打响了波兰移民筹划已久的革命的第一枪。"因为这些移民大都住在法国，梅特涅要阿波尼向巴黎建议，"政府不希望被怀疑为那些怀有反社会目的而非政治目的的组织充当道德保护伞"。[91] 当马克思 1848 年发现共产主义的幽灵正在欧洲上空游荡时，梅特涅已经在 1846 年喊出了这个幽灵，他说共产主义的幽灵正在波兰领土上游荡，其中当然也包括加利西亚。

2 月 19 日，农民拖着贵族遇害者的尸体出现在塔尔努夫。第二天，梅特涅就收到了加利西亚烧杀抢掠的消息，他反而责怪波兰贵族在暴乱运动中培养了这样的民主动力。"民主观念并不适用于像波兰土地上这样的斯拉夫人，"梅特涅讲道，"这些想法都是那一小部分波兰侨民推动的，很共产主义，就是要夺财害命。"[92] 他的意思是说加利西亚的幽灵在整个欧洲的上空游荡，"共产主义"在贵族革命者的误导下滋生繁荣，所以这些贵族就要承受他们自己不负责任的惨痛后果。梅特涅还在人种上强调了加省的"斯拉夫人"，他进一步暗示说"共产主义"在加利西亚的烧杀抢掠或会蔓延到整个东欧。民主可能不合时宜，但专制主义和共产主义则掌握着东欧的命脉，这样的概念将会一直延续到 20 世纪末。

2 月 22 日，"自由、独立、严格中立的克拉科夫城"改头换面成了波兰联合王国民族政府的所在地。"波兰人！崛起的钟声已经敲响了，"民族政府宣言中写道，《克拉科夫时报》全篇登载了这份宣言。"四处听到的消息"都确认了"起义是上帝的旨意和全体波兰民族的意愿"。[93] 但是黑暗中有人在窃窃私语，塔尔努夫传来的坏消息本应驱散人们对天选波兰和民族团结的错误信念。

3 月 7 日，梅特涅致函巴黎，讲述他针对加利西亚发生事件做的缜密分析，这是"史无前例"的一场风波。由于克拉科夫的民族起义是受法国波兰侨民运动所影响和鼓励的，梅特涅尤其想要他的大使代表去跟法国政府甚至国王路易·菲利普表明态度，说巴黎容忍波兰人避难是极大的愚蠢。[94] 为了讲清楚 1846 年这些史无前例的事件，梅特涅打算给法国人上一堂加利西亚历史课："当加利西亚在 74 年前交由奥地利掌管时，这个国家发现它自己处于一个最野蛮的状态，"梅特涅谈道。他把历史课的开端正好定在了 1772 年的第一次瓜分。"所以公平的家长制立法和管理被引入了这个国家。"[95] 梅特涅自己从 19 世纪伊始就在哈布斯堡政府里任职，他看上去十分熟悉将文明带入加利西亚的约瑟夫式意识形态。

梅特涅尤其注意到玛丽亚·特雷莎和约瑟夫限制加利西亚农奴的劳动义务，因此为哈布斯堡赢得了爱戴和人心。

结果就是,人们完全没有怀疑政府对待他们的动机,也没有怀疑皇权直接被代理的不轨图谋,相反,他们认为政府在真正保护他们的权益,保护他们的安康、和平与幸福。没有其他政治权威比他们的行政区负责人更受老百姓的爱戴;刚发生的事情就证明了这一点。[96]

这个证明是用血写就的,尽管确信王朝对坚持维护社会稳定和安宁的决心不会动摇,但梅特涅觉得自己处在一个很尴尬的位置,竟然要用农民屠杀波兰贵族来为哈布斯堡在加利西亚的统治辩白。

梅特涅认为,这样一个帝国的意识形态,只有在特殊情况下才可以成立,那就是"上流社会"在"致力于'革命'事业","革命"一词他用了首字母大写。人民(le people)于是成了革命的敌人,他们被刻骨铭心的记忆所驱动着:"这个记忆就是农民在波兰旧制度时期的悲惨境遇。"[97]在波兰的例子中,梅特涅把"革命"和贵族,而不是和"人民"画等号。梅特涅站到了加利西亚人民的一边,陈述了他们在旧制度下的痛苦回忆,同时他跳过了那个尴尬的历史事实,就是波兰旧制度在74年前被哈布斯堡的统治所取代,时间久远到超过了生命记忆的极限。令1846年加利西亚农民做出反应的,不是对波兰的回忆,而是加利西亚本身的历史。"加利西亚人民做出了英勇忠诚的抗争,抵制住了上层阶级的蛊惑",梅特涅对此非常认可。[98]加利西亚的创立已经过去了四分之三个世纪,加省农民已经向世人证明了,他们就是加利西亚人。

"加利西亚新鲜出炉的报道"

梅特涅3月7日向法国通报了加利西亚的近况,《克拉科夫时报》3月10日正在适应克拉科夫新的政治形势,也承认加利西亚发生了屠杀事件。报纸还公布克拉科夫"临时市政机构"成立,但不一定清楚之前的自由、独立、严格中立的政府已经一去不复返了。现在城里驻扎着俄国军队,其中有来自乌克兰的哥萨克,来自高加索山脉的切尔克斯人,还有各种"从亚洲腹地"来的人,他们的军事训练集中在克拉科夫的主广场(Rynek)。《克拉科夫时报》不得不接受新的军事占领,并说克拉科夫民众很羡慕"他们干净崭新的军装,灵活敏捷的战马,以及精准纯熟的射击"。其实编辑们明白,克拉科夫出现这样的俄国军队,在波兰居民眼中无异于野蛮族裔的恐怖侵略,无论他们的军装多么五颜六色。来自"加利西亚境外"的报道也对克拉科夫当前的形势充满了担忧和警觉,虽然很多事情并不会在广场上被当地人亲眼所见。"来自加利西亚和利沃夫新鲜出炉的报道",《克拉科夫时报》3月10日如此写道,虽然报道的已经是两周多之前发生的事情了,"声称,不幸的是,有人想在那里借助共产主义的伪装煽动人民骚乱",而"加利西亚人民"用暴力的方式予以反击。[99]

另一份关于塔尔努夫的报道给克拉科夫读者提供了更多细节,这份报道转载并翻译自维也纳的《奥地利观察者》(Oesterreichische Beobachter)。

从早到晚,2月18日平静安详。2月19日上午九点半,一群村民被发现在运送着几台装满尸体的车,车上有地主、私人官员、庄园管理人,总共19人。他们是秩序和安宁的破坏者,村民们抓住他们,将其押送衙门。在询问农民和其他目击者后,发现这些阴谋者试图怂恿恐吓,甚至暴力强迫村民,其中还有几个老百姓被杀了。这些人想要村民们在2月18日的暴动中予以配合，占领塔尔努夫，掠夺城池，屠杀每一个异己者。之后，一系列叛乱者的尸体可以证明，不屈不挠的村民没有投敌，没有加入他们的造反企图。[100]

到 3 月 10 日，克拉科夫人已经听说了塔尔努夫周边发生的杀人事件，此时克拉科夫已被哈布斯堡接管，《克拉科夫时报》的版面上公开承认杀戮，这算是一种对叛乱后果的半官方警告，塔尔努夫离克拉科夫只有 50 英里远。

3 月 14 日，另一则加利西亚的报告从维也纳和《奥地利观察者》的渠道传来，在《克拉科夫时报》上刊印，报告证实了"各处的农民都意气风发，到处抓捕叛军，将他们上交给地方当局"。而且，有一伙克拉科夫叛乱者刚刚在 10 英里开外、加利西亚边境附近的维利奇卡投降："他们被无数村民组建的自卫军攻击，一败涂地。"[101] 这就是克拉科夫叛逆者在 10 英里外的维利奇卡遭遇大败的故事，消息从加利西亚散播到了维也纳，然后再从那里传到《克拉科夫时报》。克拉科夫、加利西亚、维也纳的网络连接在 1846 年事件的新闻传播中变得异乎平常的紧张和繁忙。

3 月 16 日，《克拉科夫时报》发布了来自加利西亚的消息，消息说在叛乱发生的地方，"村民们宣布无条件地支持政府，不惧怕叛逆者的任何糖衣炮弹"。[102] 3 月 23 日，《克拉科夫时报》指出了在 19 世纪后半叶将决定加利西亚波兰民族情绪的基本事实："波兰人的叛逆企图并没有获得大多数民众的广泛同情。"尽管加利西亚已经差不多恢复了平静，"但很多地方还存在着恐惧感（obawa）"。报纸还写道，"在布洛迪，犹太人给自己安排了护卫人员"。[103] 毕竟，对贵族的暴力行为也不是不可能发生在犹太人身上。

1846 年春天，奥地利当局在克拉科夫公开化这种恐惧情绪有其自身的考虑。2 月份农民屠杀事件后，遗留的威胁感可以驱散任何残存的波兰叛乱冲动，可谓以暴抑暴。当梅特涅致函法国说到农民忠于哈布斯堡的证据时，他沾沾自喜地发现了这一点。但梅特涅无法完全确定农民屠杀他们主人这一现象以及他们的动机。他把其看作哈布斯堡的内部事宜并分析了加利西亚当下的形势，他发现在轰轰烈烈的革命目的背后隐藏的是波兰的民族性："波兰（Polonisme）只是一个公式，一个词语，其后面隐藏着最丧心病狂的革命。"因此，按照梅特涅的说法，波兰人"要竭力推翻全部的社会基础。"他隐晦地论述了波兰叛乱者在试图颠覆社会秩序的过程中，如何成功刺激了农民对自己的杀戮袭击。但梅特涅没有承认，以王朝为名的屠杀其实也是一种对社会秩序的革命性颠覆。

在梅特涅盘算今后的国家政策时，他有必要考虑如何采取有效措施减少贵族叛乱和农民屠杀的发生可能。梅特涅打算在加利西亚建立地区宪兵队并建造工事，他提到了绵长的俄罗斯边境和"内部煽动"的危险。同时，他还希望对加利西亚的现状做出更彻底的改变，想要"把加利西亚融进（fondre）王国内"。[105]他暗示需要合并、融化、将加利西亚的暴力溶解到整个有序的君主制中，但梅特涅此时对加利西亚的根本概念还模棱两可。他建议将加利西亚分成东西两个省，以桑河为界。梅特涅认为，这样划分不仅可以更好地管理加利西亚，还可以对应加利西亚的人种分布："西岸住的是马祖尔人，东岸住的是罗斯纳克人（鲁塞尼亚人），它们的宗教信仰和传统习俗都不一样。"[106] 在这种加利西亚的分割假设中，波兰民族好像并不在梅特涅的头脑里，他们被重新基督化为马祖尔人了，而东岸则分给了鲁塞尼亚人。梅特涅在奥地利政府中的政敌弗朗茨·安东·冯·科洛拉特（Franz Anton Kolowrat）建议完全废掉

"加利西亚"这个名字,以克拉科夫和利沃夫两个新省作为替代。[107]加利西亚的鲁塞尼亚人在两年之后的1848年革命中也提出了加省分割的议题,而哈布斯堡政府是在用这个提案来操控波兰的政治走向。加利西亚作为瓜分波兰的产物,同样要在被瓜分的阴影下度过它余下的政治时光。

但最终,梅特涅回到了约瑟夫观念下的加利西亚,力保德意志人和波兰人之间的平衡,这也反映出了东西欧之间的紧张局势。"加利西亚需要的,"他谈道,"是德意志部分的发展。"他试图鼓励加省的德裔布尔乔亚,使德意志人更容易获得土地,同时提高学校教学中德语的使用频率。这样做的目的不是要"德意志化"波兰人——"改变一个种族需要很长时间"——而是去平衡两方势力,从而促进"真正意义上的文明"。[108]作为哈布斯堡开化政策的对象,加利西亚的帝国意识形态十分紧迫,尤其是在1846年农民残暴对待他们的主人后。梅特涅对野蛮主义令人作呕的暗示隐含在他对文明标准的理解中。虽然他看似在赞扬农民对王朝的忠心,但他不能寄加利西亚的未来于斯拉夫居民,无论他们是波兰人、马祖尔人还是罗斯纳克人。梅特涅指望的是所谓离文明更亲近的德意志人。

加利西亚的概念是一个不稳定的概念,从1772年一开始就被认为是种族势力的竞技场,代表了启蒙与非人道、文明与野蛮、进步与落后这些互相对立的向量。这些矛盾冲突不可能以一种方式被解决,因为帝国思想在加利西亚依靠的正是文明遭遇风险和野蛮面对困境所造成的政治和文化焦虑。1846年,小萨克-马索克在利沃夫目睹了一群狗舔干了受害者的血迹。远在维也纳养尊处优的梅特涅没有看到这样直接或生动的景象,但他还是在加利西亚瞥见了黑暗的内心。

"大祭"

3月23日的《克拉科夫时报》最生动形象地描绘了那天的暴力画面,这已经是事情过去一个月之后了。这份描述由一位加省德意志移民所提供——他正好属于梅特涅想要鼓励、代表了文明的社会分子。所以他的"文明"视角构建了加利西亚的残暴叙事,将它呈现在克拉科夫的波兰大众面前。这位德意志移民,一个亲哈布斯堡人士,将暴力的发生直截了当地归罪于贵族:他们给老百姓施压去抢掠塔尔努夫城,尤其怂恿他们把"有钱的犹太人"当作目标。然而农民对这样的伎俩无动于衷,于是最后有个贵族向农民开了枪、杀死了其中一个人。对于之后发生的事,这位德意志移民十分相信贵族是罪有应得的。他说"农民马上燃起了一股复仇情绪,他们看到血溅之后,愤怒到了极点"。他又提供了一些细节。

> 伯爵卡罗尔·科塔尔斯基(Karol Kotarski)是暴乱的首领;他赤裸的尸首被带入城内,还有他21岁的儿子,在农民抢掠他父亲府宅的时候,也被杀害了。斯塔辛斯基(Starzyński)伯爵为了躲避更残忍的死法,不惜饮弹自尽。[109]

这些细节非常形象,既戏剧化了加利西亚的野蛮主义,又夸大了暴乱的后果。

3月30日,《克拉科夫时报》追踪报道了维也纳的新闻:"加利西亚各地的呈文均表示,前段时间违法骚乱行为所破坏的社会平静现在已经完全恢复了。农民回到了他们平时的工作岗位上。"这里面有点含混不清的是,哪种骚乱暴动才属于违法犯罪呢。克拉科夫报纸还登了来自利沃夫的报告，说暴动的领导人之一戴菲洛·威西尼奥夫斯基（Teofil Wiśniowski）在泽洛齐夫（Zolochiv）区被两个老农（可能是鲁塞尼亚人）抓获。"伊万·布德尼克（Ivan Budnik）在他的蜂场里发现了一个陌生人，看起来很有嫌疑，他在亲戚阿那斯塔思·布德尼克（Anastasz Budnik）的帮助下抓住了他。"报纸还提及这两个警觉的农民可能会获得政府的奖赏。[110]

然而一周后，也就是4月6日，《克拉科夫时报》很想要澄清一个事实，农民并不是因为期待被打赏才采取行动的。因为有一个可怕的流言在疯传，尤其是在威西尼奥夫斯基被逮捕后，传言愈演愈烈，人们说加利西亚的农民从一开始就是政府雇用去杀害贵族的。哈布斯堡政府不得不澄清，他们并没有介入任何打着他们旗号的暴力行径。

> 暴徒的叛乱运动是被村民坚定不移的忠诚所摧毁的，不是被靠上交闹事者或闹事者的尸体所获得的奖励摧毁的。这是一个无礼又荒谬的谎言，是革命党编造的谣言，为了掩盖那不可否认的真相，真相就是人民击垮了民主和共产主义的努力，编造这个谎言的目的就是要污蔑人民。金钱奖赏或许可以买通几个叛乱者和刺客，但是政府不可能用重金买下所有民心，能赢得民心的只有仁慈忠实的履行职责。[111]

虽然在1846年，波兰的民族事业被加利西亚的农民斗争粉碎了，但同时，哈布斯堡当局也对农民的杀戮暴行做出了妥协。《克拉科夫时报》有必要严词否认当局提前对暴动贵族的尸体开价，尽管事后抓捕逃犯的确可以获得政府奖励。而且很关键的是，政府得解开文明和野蛮之间的纠葛，以免帝国的形象和使命会因屠杀而遭到损害。

4月19日，斐迪南皇帝庆祝了自己的生日，他生于1793年，与弗雷德罗同龄，1835年登基，第二年萨克-马索克出生了。哈布斯堡皇族的生日是19世纪加利西亚的大事，尽管屠杀事件刚过去不久，斐迪南的生日也没有被忽略。的确，2月份加利西亚农民的所作所为在4月份被理解成民众效忠王朝的证据。维也纳的《奥地利观察报》（*Oesterreichische Beobachter*）评论了来自加利西亚的生日庆贺："这是人民的节日（Volksfest），最高意义的人民节日。"报纸还说，"举国欢庆前有一段黑暗时刻"，那些人企图"挑拨人民对皇家和祖国的神圣使命"，但是加利西亚人证明了自己对皇帝的忠诚，他们正在庆祝他的生日。[112]因此，维也纳方面也在从加利西亚身上为代表哈布斯堡立场的行为找寻合法性。

克拉科夫和加利西亚的政治命运可能要殊途同归了。《克拉科夫时报》在战略性地公开了加利西亚的恐怖事件后，开始发表更多令人舒适宽心的加省内容。5月30日，报纸刊登了利沃夫节日欢庆的新闻，并用第一人称复数讲述——"今天对于我们来说是举办隆重典礼的一天"，此时弗朗茨·克里格连任加省总督职位，庆祝他50年如一日效力哈布斯堡王朝。他的效力一直可以追溯到18世纪，即18世纪90年代克拉科夫和加利西亚最早建立联系的时候。几十年来，克里格把自己变成了莱昂·萨皮哈口中"令波兰人鄙夷的人"。1846年，克里格代表了那个梅特涅对于开化加利西亚寄予厚望的德意志成分。

克里格的50周年纪念日是来自加利西亚唯一的政治新闻，这本身就很值得注意。据《克拉科夫时报》记载：

> 没有任何政治新闻从加利西亚传过来，这是那边已经恢复

正常秩序最有力的证据。利沃夫好像又开始了往日的歌舞升平。城外开了一家新咖啡馆，引来许多居民围观；每个人都奔向新娱乐中心，那儿停靠有40辆马车。在塔尔努夫，一个名叫鲁托夫斯基（Rutowski）的人设计建造了一个美丽的花园，供老百姓欣赏。[113]

在咖啡馆，在花园，在利沃夫，在塔尔努夫，人们消遣娱乐的兴致标志着加利西亚常态的恢复，尽管恐怖事件刚过去不久。夏末时节，加利西亚经济协会举行有奖作文竞赛，题目是"在最短时间内提高加利西亚牲口养殖数量和质量的最佳方式是什么？"[114] 这个活动代表了加利西亚经济发展计划和习俗的舒适回归。给优秀作文颁奖（银币或者金牌）与政府刚刚悬赏缉拿逃跑的波兰叛乱者形成了鲜明的对比。《克拉科夫时报》也刊登了作文比赛的通知，这说明克拉科夫居民也可以加入这次加利西亚竞赛，加利西亚大众范围也因此而扩大，涵盖了克拉科夫人。那边梅特涅正在考虑应该让加利西亚"融入"哈布斯堡王朝，这边克拉科夫已经有融入加利西亚的迹象了。

当年年底，克拉科夫和哈布斯堡喜结连理。11月16日，克拉科夫正式归到哈布斯堡的皇权之下，那个"自由、独立、严格中立的克拉科夫城"政治实体被明确废除了。哈布斯堡的典礼（uroczystości）标志着城市独立的终结。仪式中，莫里茨·德姆（Moritz Deym）伯爵代表哈布斯堡宫廷进入克拉科夫，城内哈布斯堡军队的指挥官海因里希·卡斯蒂廖内（Heinrich Castiglione）元帅与他会晤。他们二人一起用德语和波兰语宣读了军事宣言和帝国诏令，宣布奥地利从此接管了这个城市。瓦维尔城堡的21响礼炮宣告了交接的完成。《克拉科夫时报》描述说"人民欢呼呐喊着"，但那天城中一定漂浮着其他不愉快的情绪。无论如何，当时还有通往城市广场圣玛丽教堂（Mariacki）的游行队伍，在那里要进行一场礼赞弥撒，弥撒以敬献给斐迪南皇帝的爱国歌曲《帝皇颂》作为结束。典礼还包括了广场上的军事阅兵，卡斯蒂廖内承办了晚宴，他举杯祝愿帝国家族，夜里城市内外灯火璀璨。"这是人民的自由选择"，《克拉科夫时报》还在坚持着，这就有些尴尬了。[115]

第二天，《克拉科夫时报》全文刊登了帝国权利声明，以德波双语印刷。双语声明还出现在官方海报上。克拉科夫很明显在被公开处刑，因为它孕育了反对哈布斯堡政府的"2月阴谋"，并因此被通知违反了1815年建立自治城市共和国的条约。根据1846年哈布斯堡的官方观点，奥地利并没有入侵克拉科夫，而是重新占有这座城市，因为它在1809年前就属于帝国的一部分，1809年则变成了拿破仑的华沙大公国。1846年夺取克拉科夫象征着另一个加利西亚式的收复。

斐迪南皇帝的帝国权利声明坚称，他这么做是为了"保护克拉科夫那部分热爱秩序和正义的人，以及加利西亚的忠诚子民免受革命党的煽动和攻击"。在新的政治秩序下，加利西亚的忠诚子民将不再会被克拉科夫的革命党人袭扰，而克拉科夫正直的公民也不会再遇到加利西亚的暴力屠杀。斐迪南因此吞并了克拉科夫，"把它永远地团结（für ewige Zeiten，na wieczne czasy）在皇室左右"。他承诺："对于那些向皇室证明了自己的忠诚和爱戴的子民，我们要在他们面前永远做高尚的君主和慈善的帝王。"[117]所以克拉科夫人在被鼓励着，也是在被警告着，他们一定要把自己变成忠诚的加利西亚人。

然而加利西亚的屠杀肯定没有被人们忘记。1847年，意大利民族主义者在瑞士发表仇恨哈布斯堡的诗作。伦巴第和威尼斯大区都在哈布斯堡的管辖之下。诗中自然提及了加利西亚作为帝国之恶的例子。其中加布里埃尔·罗塞蒂（Gabriele Rossetti）的一首诗是写给梅特涅的——"愚蠢国王的恶魔总理（empio ministro，d'imbecille sire）"。

> 非人哉！
> 激怒百姓把贵族害！
> 加利西亚看清你，
> 公祭大会为你开！[118]

这里的斐迪南不是一个"高尚的王子"，而是梅特涅机器下的懦弱昏君。加利西亚被唤作梅特涅的公祭大会，成为他自己的残忍祭品——意大利人将此事公开，希望打击哈布斯堡家族在整个帝国统治的公信力。孩子们，像萨克-马索克那样看到了狗舔干受害者鲜血的孩子们，一定不会忘记那个景象，在1846年之后，加利西亚也会立刻开始反思那个命运之年的道德与政治意义。1846年的回忆和幻梦将会在19世纪后半叶笼罩在加利西亚的上空，屠杀的血色传说也会成为悲惨的动力，将决定着加利西亚地方身份的持续演变。

第四章　加省晕眩：屠杀的意义

"文明世界的指控"

梅特涅可能在为加利西亚农民的忠心耿耿而洋洋得意，并谴责波兰（polonisme）共产主义者的革命计划。他的观点并不是没有被别人质疑过，他的立场充满矛盾和内在的虚伪，尤其是表面上在为农民的暴力背书，这些都被波兰事业的支持者生动地公之于众。"一只无形的手用加利西亚的鲜血在墙上写下对自己的判决"，波兰评论家特欧多尔·莫拉夫斯基（Teodor Morawski）点出了梅特涅的公共罪行。"他站在欧洲舆论的颈手枷中，被一个波兰贵族的揭发所鞭笞。"[1] 这只无形的手属于亚历山大·威洛波利斯基（Aleksander Wielopolski），他于1846年在巴黎匿名发表了一本法语宣传册，题为《波兰绅士写给梅特涅亲王的一封信，关于加利西亚屠杀》。威洛波利斯基是1803年生人，出生在位于西加利西亚的家庭庄园里，他曾在维也纳、华沙和巴黎求学。这个年轻人曾于1830~1831年担任过波兰起义政府在伦敦的代表，那里的工作让他特别意识到英法舆论对于波兰事业的重要性。作为一个乡村绅士，他在19世纪40年代试图重建它的贵族家庭庄园，可想而知，他对1846年的风波感到十分恐惧，在写了这封公开信给梅特涅后，他就不再认同哈布斯堡王朝了。后来，他成为俄属波兰的一个政治改良者，在那里，他想阻止 1863 年的起义，但是没有成功。

威洛波利斯基的信的落款是 1846 年 4 月 15 日。他在欧洲舆论的审判台前，直截了当谴责了梅特涅。

> 我的亲王——一个多月前，欧洲为加利西亚发生的故事所触动，但公众并不能理解到底发生了什么。每天都有越来越坏的消息，都在考验和消耗着这个世纪的所有信仰和观念……一听到屠杀的新闻，欧洲便将目光投向了你，我的亲王。一直以来，人们都习惯敬重的称呼你是欧洲秩序的维护者之一，欧洲秩序之父，欧洲需要听取你的建议。[2]

梅特涅曾希望通过他的大使在法国自证清白，威洛波利斯基却利用在巴黎出版的法文版波兰事件来反对梅特涅。梅特涅和威洛波利斯基都坚持说"加利西亚事件"的影响力超越了加省边界，甚至是哈布斯堡王朝的国界，这件事对于欧洲大陆秩序的意义非同小可。

当然，巴黎所代表的欧洲是西欧，在远处凝视着 1846 年东边加利西亚的溃裂。威洛波利斯基在试图借用文明的力量和价值观去佐证他自己的波兰态度。梅特涅也许是假意给加利西亚带去文明，但威洛波利斯基却把梅特涅置于文明世界舆论的审判席前。

> 你很快就会感受到文明世界（du monde civilisé）对你的指控即将爆发。为了逃避指控，你应该自己赶快成为那个指控者。在文明国度的法庭上，在历史后代的判官前，严肃的辩论开场了，你会听到一个声音代表着被处决的贵族，没有监斩官，没有辩词，没有指控，也没有罪责。[3]

哈布斯堡的帝国意识形态可以追溯到约瑟夫时代，力图给加利西亚这片较为野蛮的土地带来文明。但是威洛波利斯基在1846年屠杀后能够尖锐地阐明这样的意识形态定位所存在的内在矛盾。他利用普遍的东欧概念，也就是人们所说的东西欧分化，向所谓文明西方国家的"文明舆论"申诉，谴责梅特涅自己就是加利西亚野蛮主义的帮凶。

在致梅特涅的信中，威洛波利斯基从一个自觉的波兰人角度讲述了对屠杀的看法，然后，他就永远地背弃了哈布斯堡王朝。弗雷德罗也从加利西亚的角度进行了总结回顾，然而，他仍把自己看成哈布斯堡皇帝的臣民，不管这是不是好事。多年后，警察局长萨克-马索克出版了关于1846年的回忆录，题目是《波兰革命：加利西亚的回忆（1863）》。这位退休的警察局长依然全身心地忠于哈布斯堡的利益，作为当时在任的官员，他毫无愧疚地为屠杀正名，虽说他自己也逃不掉鼓动杀戮的干系。这些往事敷陈说明了当代对屠杀意义的解读过程具有思想的重要性和复杂性。1846年屠杀的重要性将会影响，甚至说遮蔽加利西亚1848年革命的光辉。对屠杀意义的争论和残留的痛苦将会在19世纪剩下的日子里和加省的政治纠缠在一起。

威洛波利斯基："在违法狂欢之后"

威洛波利斯基强调，加利西亚的农民在很久以前——"在波兰的旧制度下"——与贵族和睦相处，并享受着最初"父权"社会下的好处，是瓜分波兰和创建加利西亚改变了贵族和农民之间的社会关系。哈布斯堡政府却吹嘘奥地利当局带给"加利西亚人民的积极影响"。

然后，当我要给战栗的欧洲解释这些乌合之众有多么残暴时，你指控说，是波兰贵族的堕落败坏了人民。如果波兰贵族对加利西亚农民的道德状况负有责任，如果是贵族阶层在70年的时间里决定了这些人的命运，那么你吹捧你们完美绝伦的法律，又是什么意思呢？你们统治了70年啊，你们的政府如此无能吗？贵族阶层对现在农民的状况没有任何责任吗？是你们的政权让老百姓学坏了，让他们的人格扭曲了，让他们变得贪婪，狂暴，忘恩负义，不知敬畏。[4]

梅特涅声称，当加利西亚1772年被创建时，"那个国家呈现的是最野蛮的状态"，农民尤其受到压迫，但威洛波利斯基反转了这个认知，坚持说是哈布斯堡在长达70年时间的统治中导致了人民的暴戾和堕落。

哈布斯堡的帝国意识形态是建立在加利西亚落后这种观念的基础上，这种落后一直暴露在帝国文明的影响下，但实际上加省还没有真正达到开化的程度。如果文明可以在加利西亚实现，那帝国就不再有意识形态上的辩白了。威洛波利斯基直捣黄龙，戳中了这个矛盾点，强调在70年后，哈布斯堡必须承担农民阶级不幸境遇和暴戾性格的一切责任。

威洛波利斯基认同伯克的政治理论，也支持1790年加利西亚"大宪章"中的论点，他指控哈布斯堡有目的地损害了加利西亚旧制度中的父权和谐。追溯到约瑟夫二世统治时期，政府干预调整了农奴制度，但没有真正废除它，这就开启了农民因官僚腐败而愤怒升级的时代："在旧制度的世界里，主人那边有取之不尽的慷慨和高尚情感，农奴那边有奉献、信任、孝敬的品格。渐渐地，这种关系演变成了相互的不信任，相互嫉妒，贪婪吝啬，甚至产生了各种邪念。"加利西亚的哈布斯堡官员也试图"激起农民对他们主人的敌意",以达到分而治之（divide et impera）的目的。威洛波利斯基完全清楚萨皮哈和弗雷德罗在19世纪40年代初的担忧,他提醒梅特涅,加利西亚权贵们曾试图向维也纳政府请愿,以改变加利西亚农奴日益紧张不安的性格。"为什么你没有去满足加利西亚权贵的要求呢？"[5] 威洛波利斯基坚信梅特涅更希望去刺激农民的不满情绪,这样一来,这种情绪就会在1846年起义这样的不可测事件中被开发出来并为其所用。据此推断,梅特涅就该为加利西亚屠杀负全部责任。

在为公众想象屠杀的过程中,威洛波利斯基把重点放在了博古仕家庭被害的案例上,尤其是家中87岁的族长,斯坦尼斯瓦夫·博古仕（Stanisław Bogusz）,他甚至比加利西亚的年纪都要大。

> 他了解遍体鳞伤前的那个波兰,他从没听他父亲讲这一地区发生过任何农民屠杀贵族的事件。当年,他亲眼看到他的国家从痛苦走向死亡,自己却在给末代帝王当好最后一班差后继续苟活人间。他听说波兰被处以死刑可以让他们获得好处,所有阶级的人从此都会享受强势的、文明的、家长般政府的保护。然而当他已垂垂老矣,没有犯下什么错误或被人非难,却在光荣的一生快要结束时,看到了自己的孩子和家人惨遭不幸,他看到像敬仰父亲一样敬仰他的贵族子孙,成了一个偶像的祭品,杀戮者竟然称那个人为皇帝。[6]

威洛波利斯基满含深情地讲出博古仕族长的想法,屠杀看起来就像是某个阿兹特克宗教野蛮的歃血仪式一样,充斥着对哈布斯堡皇帝的错误崇拜。所谓"文明的"政府从来没有如此公然露出它嗜血虚伪的一面。那个凄凉老者辞藻华丽的呼唤被有意用作抨击加利西亚的最初创立和约瑟夫对此所做的全部辩白，毕竟博古仕年纪大到亲身经历过这些。[7]

在替博古仕家庭的受害者说话之后，威洛波利斯基又转向了雅库布·塞拉，那个对贵族已有多年不满，据说率先发起杀戮的人。

> 灭了这一整个家族的就是那个被释放的囚犯，他作为农民运动的主要领导人之一，和塔尔努夫区政府一直保持着联系，他自夸亲手杀了多少多少人，这么多年也没有和帝国官员失去往来。通过一个反转——我不讲所有的大道理，我只讲最基本的常识——一个语言词汇拒绝表达的反转，这个塞拉成了政府委派的官方凶手。[8]

威洛波利斯基重点揭露了塞拉和加利西亚的哈布斯堡官员是最大的共谋，虽然他很难确定，这个农民在屠杀前到底从哈布斯堡官方那里收到了多少好处，多少鼓励，是什么性质的，达到了何种程度，但之后，可以肯定的是，塞拉绝不仅仅是与警察局长萨克-马索克（根据其子的回忆）这一个帝国代表谋划，威洛波利斯基这次决心不给梅特涅任何用文明或者保守主义标准自我辩解的机会。令人惊愕的"反转"竟然是哈布斯堡和农民屠杀者之间不光彩的结盟，皇室的同谋嫌疑让整个世界颠倒了。

农民所谓的忠诚被更高的王朝原则所反驳。威洛波利斯基的童年大部分是在维也纳度过的，所以他提到了安放哈布斯堡皇家墓穴的人骨教堂，墓穴中包括加利西亚的创建者们。

> 我的亲王，让我们带着基督徒的良心确保，下到那些墓室

中，你的君主的遗骨可都在那里安眠，让我们斗胆提出那个问题，为了让他们的家族把持加利西亚，这样的代价是否真的有必要？你听到这些墓穴在颤动了吗：伟大又虔诚的皇后的灵魂首先升起，考尼茨恐怖的影子也出现在你的面前。[9]

这个哥特式的墓穴传奇想象是为了诠释，屠杀背后的主谋梅特涅不能再把自己裹起来，裹进服侍皇室的思想中去。值得注意的是，威洛波利斯基并没有提到约瑟夫二世的阴影，因为是他规划了农奴制的约束条款，回头来看，他也涉嫌破坏了农民和贵族之间的"父权"关系。威洛波利斯基足以用此提醒梅特涅，"皇上万岁！"的呼叫是1846年加利西亚屠杀的信号，这种对斐迪南的变态忠诚要被对玛丽亚·特蕾莎精神的召唤所严厉叱责。

"你当时在维也纳做什么？"威洛波利斯基质问道。他试图建立梅特涅和加利西亚屠杀的不正当关系。

> 你觉得你有点控制不了社会混乱的局面了，你就不去谴责它，反倒去认可它，去批准它。3月12日，你发表了那个令人记忆犹新的皇室公告，通过公告，你感谢了加利西亚人民，因为他们对皇室忠贞不二，然后你只是建议他们回到各自的工作岗位上去。这份宣言，是对罪恶的纵容，它不仅仅只是一个特赦：如果它没有名字，也是因为在欧洲人的面前，用它的名字来命名是不合适的。同时你还感谢了你的军队的英勇，你的官员的理智。而且，在3月7日我们回应的你发出的那份公文中，你提供了一份针对屠杀的辩解书，你把屠杀提到了社会大原则的高度，你把它们展示为对神秘的合法性的庆祝。[10]

正如加利西亚回归的合法性掩饰伪装了瓜分波兰的丑恶现实,所以"合法性的神秘"就被不怀好意地用来遮掩1846年的暴力。威洛波利斯基写道,"你想圆满掩盖住既定事实,掩盖住自瓜分波兰以来,东欧历史上最重要的事件,这一切都是徒劳的"。[11]如果瓜分关乎一个国家的领土切割,那1846年的屠杀就代表了一个国家的焚毁。

盘旋于1846年事件上的关键问题是加利西亚和波兰相对且重叠的意义。农民屠杀或如威洛波利斯基所言,展现了哈布斯堡对加利西亚波兰民族强烈的敌意,或者如梅特涅所坚持的,代表了加利西亚波兰人冷漠无情的本性。自1772年以来,哈布斯堡的意识形态始终坚守着加利西亚在本质上不是一个波兰行省的原则,1846年的事件也可以被解读成对这个定理的证明。这么说来,1772年回归的是加利西亚的领土,而1846年回归的是加利西亚的意识形态。

现在的加利西亚抹去了,或者说是逾越了所有的波兰特性。尽管威洛波利斯基相信波兰特性是被梅特涅损人利己指导下的哈布斯堡政策所暴力撕碎的。

> 在加利西亚,人们说,你想看到我们死,那就杀了我们吧,但是请收下它们,作为你夺取我们性命的赎金;砍我们的头吧,但在你砍头之前,请将农民的感情还给我们;当你要杀我们时,请不要再借他们的手杀了。我不会再跟你讲我们的故国……但求求你,允许我们跟你提那独一无二的民族,或者,如果这个词仍然让你们恐惧的话,那就允许我们跟你说那个,你们喜欢叫它什么都可以的东西吧。[12]

当威洛波利斯基在为他"独一无二的民族"遇到的1846年厄运而悲恸时,他似乎也认同民族名称和分类存在符号上的不稳定和情况上的偶然:"你们想叫它什么都可以"。梅特涅当年力推制造加利西亚人,洗掉他们身上的波兰属性,现在他在民族演变问题上采取了更具历史偶然和政治可塑的态度。

对于威洛波利斯基来说,1846年屠杀不仅意味着哈布斯堡政策在加利西亚的误用,还意味着奥地利和波兰的关系史发生了实质性的改变,其中就关乎加利西亚政治存在的历史背景。

> 在上帝的永恒篇章中,我们开始了与奥地利的往来,我的亲王,新的篇章要始于你的名字。在辉煌漫长的事业里,在踏入坟墓之前,你的脚沾满了血渍。这是贵族后裔的鲜血,他们曾经在维也纳的壁垒下奉献过自己一生。你把我们国王的古老宫殿变成了一个堡垒,在塔尖上,每晚,人们仍能看到喀尔巴阡山脉边界的地平线上,燃烧的火焰在吞噬着我们的乡村。但放眼未来,你难道没有看到另一条微弱的光线?那是带血的痕迹,从你自己的手上,落到哈布斯堡鲁道夫和玛丽亚·特蕾莎所属的高贵又古老的种族的头上,如同火烧云预兆了电闪雷鸣和火光四射?在这项任务中,那些过于驯从的工具,在放荡的罪行之欢后,迎来的是郁郁寡欢的冷静独处,他们将会遇到受害者的鬼魂,鬼魂不会像你原谅那些杀人狂般将他们宽恕。[13]

威洛波利斯基以浪漫主义精神写下了这些文字,想象着从遥远历史过往和最近危机事件中找来的鬼魂,在离奇又不祥的闹鬼中、微光下和预兆里寻找着加利西亚,观察到了加省末世的血光景象。这些文学效果奠定了他的意识形态目的:坚决不接受、不认同加利西亚的理念。

威洛波利斯基在给梅特涅的信中背弃了加利西亚,并暗示新叙事的开始。从克拉科夫的瓦维尔城堡——"我们国王的古老宫殿"——上一眼望去,加利西亚是淹没在熊熊烈火中的行省。瓦维尔教堂下埋葬的波兰统治者的遗体忍受着加利西亚灾难的鬼魂景观,维也纳人骨教堂下哈布斯堡皇帝遗体的魂灵也在承受着梅特涅的罪行重担。威洛波利斯基知道,加利西亚是在波兰和奥地利历史相遇的背景下生存的,不仅可以追究到1772年的政治瓜分,还可以追溯到波兰国王扬·索别斯基(Jan Sobieski)的军事胜利,他在1685年从突厥人手里拯救了维也纳。现在,1846年屠杀之后,加利西亚的观念在威洛波利斯基这里是不成立的。在2月份的克拉科夫,当加利西亚的消息传入城内,无人不感到恐惧。"人们极力反对加利西亚的恐怖事件,你的部队威胁到了共和国,人们恳求俄国人赶快来救他们于水火之中。"克拉科夫共和国在1846年底不是被俄国入侵,而是被奥地利入侵。威洛波利斯基宣布,从此以后,波兰人的心,尤其是他自己的心,将永远属于俄罗斯。"如你一样,和你一起,俄国废黜了我们的国王,我们的体制,我们的自由,但是他们并没有打乱我们的社会秩序,"威洛波利斯基对梅特涅说,"他们从来没有把沙皇的权力移交给屠杀者。"[14]从某种意义上说,俄国人的确要比奥地利人更加文明。从一开始,威洛波利斯基在信中反帝国的意图就暗示了,哈布斯堡家族已经失去了在加利西亚帝国意识形态上的文明主导,他们证明了自己才是那个野蛮人。

"波兰贵族无疑更喜欢和俄国人并肩作战,做斯拉夫文明的领头军,昂首挺胸,阔步向前,朝气蓬勃,未来无限,"威洛波利斯基谈道,"而不是在你腐朽没落、焦躁蛮横的文明尾巴上被拖来拖去、冷眼相对、仇视和伤害。"威洛波利斯基以"斯拉夫文明"为名,拒绝了哈布斯堡的世界以及它的加利西亚观念。威洛波利斯基的法国读者也早就知道什么是斯拉夫文明了:他们已经从法兰西学院斯拉夫文学教授亚当·密茨凯维奇19世纪40年代的讲座中学到了。

威洛波利斯基想象波兰贵族向俄国沙皇称臣,"他们是我们敌人中最慷慨的"。贵族们喜欢的不是沙皇的仁慈品质,而是他的复仇精神:"对于在我们加利西亚兄弟身上犯下血腥罪行的外国人,绝不可以让他们逃之夭夭——不要忘记斯拉夫人的血在呐喊着复仇。"按照这个精神,威洛波利斯基还预测让加省农民尝到血腥滋味的哈布斯堡要遭遇大麻烦了。他引述歌德的梅菲斯托费勒斯(Mephistopheles),好像在提醒梅特涅,有一名波兰贵族掌握了德意志文化,但现在,他要以斯拉夫文明的名义彻底与德意志画清界线了:血是一种特别的汁液(Das Blut ist ein besonderer Saft[15])。作家萨克-马索克小时候也了解到血腥的滋味,后来在整个文学生涯里,在惩罚和复仇主题的作品中,他一次又一次品尝血的滋味,带着受虐狂的快感。

弗雷德罗:"晕眩发作"

威洛波利斯基写的信没有留名,只署了"波兰贵族(gentilhomme polonaise)"。许多波兰贵族的确和他一样对1846年屠杀愤愤不平,但并不是每个人都认同应该彻底摒弃加利西亚或者永远诅咒哈布斯堡家族。屠杀发生后,另一位波兰贵族在一系列半私人信件和一个半公开便函中表达了自己的看法,这个人不是别人,就是亚历山大·弗雷德罗。弗雷德罗没有走威洛波利斯基血腥和鬼魂的路线,在他的思考和提议中，一直保持着加利西亚人的态度。威洛波利斯基给梅特涅的信落款是4月15日。弗雷德罗大概在4月末5月初也写了一封信，也是用法语，收信人是当时居住在维也纳的阿尔弗雷德·波托茨基（Alfred Potocki）伯爵。伯爵是加利西亚万楚特村波托茨基大庄园的主人，是小说《萨拉戈萨手稿》作者扬·波托茨基（Jan Potocki）的儿子。和弗雷德罗一样，阿尔弗雷德·波托茨基曾跟随拿破仑的军队参加了巴罗蒂诺一战。梅特涅时期，他在加利西亚事务中扮演着关键的角色，屠杀发生时他正住在维也纳。因为波托茨基和哈布斯堡政府来往密切，弗雷德罗的信并不完全算是一封私函。"伯爵先生！"他开始写道，"我们国家不幸成了刚刚上演恐怖剧的剧院，恐怖程度只有受害人才能完全讲清。但是看到他们重新建立秩序的方式，相比于未来将要发生的事，这些恐怖事件就根本不算什么了。"[16]上演恐怖剧的"剧院"跟弗雷德罗的喜剧天赋无关，他现在的态度是极其严肃的。

弗雷德罗抨击奥地利政府在佯装恢复秩序，无视2月份发生的那些罪行。据他所言，加利西亚的奥地利官员对现实完全熟视无睹："他们假装万事井然有序，社会一片祥和。这都是假的：政治混乱的危险迫在眉睫。各处的农民只梦想着屠杀和掠夺——他们天天谈论这些，整个世界都听到了，只有政府充耳不闻。"[17]弗雷德罗在利沃夫给维也纳的波托茨基打了一剂现实的苏醒针，发了一份犯罪现场的报告，就像给虚幻迷乱的大气候开了解毒剂：专门诊治政府对秩序的迷惑信念和农民对屠杀和掠夺的血腥梦想。弗雷德罗渴望和建议的现实是追责严惩。

弗雷德罗说，他知道东加利西亚农民在炫耀，把攫取所得用来买牲口："他们的罪行没有被制裁，这便是鼓励大家去争相效仿。"全省上下的农民不再在田里劳作，不再履行他们的封建义务——

"在最横行霸道的地方,他们的行为都被纵容了,这怎么可能不发生呢?"和威洛波利斯基一样,弗雷德罗祈求"革命精神"的"伟大胜利",并为加利西亚的地主乡绅感到悲哀。"我们被洗劫了,"他谈道:"我们这些大业主,失去了物质和道德权势,对农民,我们失去了关心,对政府,我们失去了信心。"所以贵族被抛弃了,他们忍受着"鞭子和谎言的抽打 (les coups de fléaux et de faux)"。[18] "鞭子的抽打"可能是弗雷德罗的修辞,但他的想象倒是和那种鞭刑的场景很贴切——这也是萨克-马索克后来的文学卖点。

弗雷德罗意识到封建制的强迫奴役必须被废除,而且和萨皮哈一样,他早在19世纪40年代初期就倡议要改革封建制度了。他提醒波托茨基,政府不能允许封建主义作为屠杀免罪的后果而继续存在,因为"这种免受制裁将成为一种危险的传统,给未来开了不好的先河"。免罪成为先例,先例就会导致屠杀再次发生,最后就可能引发社会混乱。"以上帝之名,伯爵先生,"弗雷德罗写道,"你还是让维也纳的人明白,加利西亚的情况现在十分危急,正因为没人想去了解它。"政府没有采取保护贵族安全的措施,1846年的复活节,他们留在城里,因为不敢去乡下的庄园。"你不懂那些道德败坏和业主的心灰意冷,"弗雷德罗写道,"未来只有混乱。几乎没有人不愿意变卖全部家产,然后逃离这个他们只看到敌人在毁灭他们的国家。"[19] 弗雷德罗对当下形势的分析和威洛波利斯基想象的一样严重,但他自己并没有准备好放弃加利西亚,他在给波托茨基的信中力荐惩罚举措和安全设施,以防止潜在的骚乱和人口流失。但与威洛波利斯基不同的是,剧作家觉得,奥地利的政策并没有冒犯波兰民族,而是在攻击加利西亚贵族的社会秩序。

我们没有找到波托茨基从维也纳寄出的回信的法文原件，但是一部分波兰译文留存了下来。这两个加利西亚人的信函，在哈布斯堡的帝国首都与加利西亚的地方省会之间来来回回，代表了1846年屠杀落幕之后不久，对什么是加利西亚人进行的一次信件式磋商。波托茨基给弗雷德罗写信，提到了加利西亚人的审慎。"审时度势是很必要的，不要去激怒大众。总之，这是一个更加恰当的时机，可以展现出大部分受保守原则影响的贵族还是很愿意尊守法律秩序的。"[20]波托茨基"保守原则"的说法并不非得如弗雷德罗那样只是谴责农民屠杀，而是首先尊重哈布斯堡在加利西亚的"法律秩序"。威洛波利斯基骂哈布斯堡不怀好意，煽动农民屠杀贵族，弗雷德罗抨击政府没有惩治农民、维持安定，而维也纳的波托茨基除了对皇室忠诚以外，也没有找到什么解决问题的好办法。

弗雷德罗5月16日从利沃夫回信，他坚持说自己在批评政府时并没有任何不忠的意思。

> 我的信和让维也纳抓耳挠腮的那些加利西亚投诉信根本不一样。我只是想通过你作为中间人来表达一个观点……指出下级官员的错误，这些错误可能对加省的社会秩序造成极坏的后果，并且会危及整个王朝。[21]

他坚持说他和波托茨基一样坚决捍卫社会秩序，也同样支持审慎政策。

> 你说审时度势很有必要，不要去刺激老百姓，这正是我想要说的。但这并不是司法的公正严格（对于这样的犯罪，无论多么野蛮的人都会在内心深处感到耻辱）。免除刑罚才会刺

激到老百姓,让他们走上违法犯罪的道路,最终鄙视所有权威……[22]

和威洛波利斯基一样,弗雷德罗明白1846年屠杀严重背离了奥地利在加利西亚自诩的文明姿态,他在发往维也纳的信中尖锐地说出了"野蛮"一词。

到现在为止,弗雷德罗声称和波托茨基在保守原则问题上的路线是一致的,但实际上,他们观点之间存在很大的分歧,简直就是维也纳到利沃夫之间的地理距离,从统治者的都市到被统治(或者错误统治)的省份之间的距离。连接横跨哈布斯堡王朝版图的这两位加利西亚贵族的距离,可以借助清晰的图示以信件的形式表现出来。弗雷德罗相信加利西亚人必须要身处加省才能体会1846年到底发生了什么,尽管他非常礼貌地"为自己的坦率万分致歉",他的确格外坦率。弗雷德罗催促甚至刺激波托茨基亲自返回加利西亚,来查看一下他在万楚特的家产。

来看看你家辽阔的地盘上都发生了些什么事吧。当你看到人们没有调查就从你的仓库里运出小麦(附带说一下,这不能被叫作"尊重财产权"吧),当你办公差的时候发现只能"刺激大众",煽动他们对贵族的怨气,当你亲自读到公告说农民有权将任何看起来有罪的地主押送衙门,当你相信集体行动可以颠覆社会秩序时,你去跟当局讲:"我是想重建秩序的大多数。我是这个国家的人(je suis du pays)。我知道这里居民的特点和社会关系。我警告你,你正在走向一条不归路。"你收到他们的回复,说他们根本不相信你,他们也不想相信你,他们反驳了你对公共利益的考虑,无视你的耿耿忠心。到那个时候，伯爵先生，我就会来再次问你，那些为了祖国繁荣愿意献出鲜血和生命的人到底应该怎么做呢？[23]

弗雷德罗直率过头了，他坚持认为，身处维也纳的波多茨基与加利西亚的现实完全隔阂。对弗雷德罗而言，这个"来看看"挑战背后所显现的是，整个讨论开始思考谁是加利西亚人，谁有资格走上前说"我是这个国家的人"。那个国家一看就不是奥地利，也不是波兰，而是加利西亚。而且，当弗雷德罗不同寻常地构想了流血时，他所说的血不是威洛波利斯基笔下波兰被屠杀者为了波兰流淌的血，而是加利西亚人的血，他们很高兴为祖国流血牺牲，他们的祖国是加利西亚。

波托茨基下一封的回信日期是5月25日。他知道弗雷德罗很生气，想改变现状："我为你祈祷，伯爵先生，你要相信，如果我的信伤害到了你，是我的鲁莽。我的本意是想和我的同胞保持良好关系，我对你有最崇高的敬意。"到这里为止，二人交流之间比较明确的一点是，两位伯爵如果都认为对方是同胞，他们只能是加利西亚同胞。弗雷德罗希望鼓励波托茨基在维也纳动用他的影响力，相反，波托茨基寄希望于弗雷德罗在加利西亚的强大势力。"只是因为我感觉我在加省人微言轻，"波多茨基写道，"所以如果你愿意的话，我想跟你合作，你在加省很有影响力。"波托茨基坦言他不知道应该相信谁，那些加利西亚传到维也纳的消息就像"一堆编出来的故事"，他自己从利沃夫听到的都是"最奇怪的讲述"。他希望找到最不偏不倚的版本给哈布斯堡王朝看，不刻意指责，也不心存成见。"现在有一种对抗的声音，这种对抗和那些愚蠢的违法一样残忍，但是我重申，中央政府只想给予所有人公平，农民屠杀者会被绞死，我对此毫不怀疑。"[24] 因此，波托茨基建议要在行动和抵抗之间找到一个平衡，在波兰起义者的愚昧犯罪和某些哈布斯堡官员在农民屠杀中的共谋嫌疑之间找到一个平衡。然而，维也纳的中央政府为自己开脱了所有道德责任。基于此，波托茨基的立场和威洛波利斯基是完全对立的，威洛波利斯基公开表示中央政府的立场就是梅特涅自己的立场。

弗雷德罗 7 月份再次给波托茨基写信，告知他加利西亚的近况："并无佳音（Rien de bon）"。基层官员还在酝酿着农民骚动。弗雷德罗在潜心寻找政府意图之谜的答案时，不幸晕眩发作（saisi de vertige）。

> 官僚想打倒贵族，打倒大地主，这个好理解，但是他们用人民的道德败坏来达到这个目的，让人很费解……他们想用一个社会秩序的纽带来打破另一个纽带，来攻击财富和民族的文明。然而人们已经这样做了，系统地做了，在整个国家层面都做了。你真的要相信，上帝生气了，他在惩罚我们，他让那些领导人眼瞎，然后就没什么可做了。[25]

文明开化的哈布斯堡家族又一次被指纵容对文明的攻击，这个悖论也是那个反转谜团的一部分，弗雷德罗为此绞尽脑汁、晕头转向。它颠覆的不仅仅是社会秩序，还有弗雷德罗的整个世界观，在过去 50 年来逐渐定型的世界观：做加利西亚人到底意味着什么。

"我们相信中央政府的善意"，弗雷德罗写道，尽管这更多是一句客套的说辞：如果政府什么也看不见，光凭善意又能怎样呢？最有希望的迹象就是摩拉维亚原省长鲁道夫·斯塔迪翁（Rudolf Stadion）被派到加利西亚，他负责向维也纳汇报加省的情况，用耳闻目睹来缓解大都市耳聋眼瞎的症状。他的兄弟弗朗茨·斯塔迪翁

(Franz Stadion)于 1847 年被任命为加省省长,接替斐迪南大公。斐迪南大公的任期因 1846 年事件不可挽回的恶劣影响而臭名昭著。弗雷德罗告诫波托茨基,鲁道夫·斯塔迪翁此次的任务会被许多"戈耳狄俄斯之结"缠住,哈布斯堡政府不得不赶快"结束混乱","惩治杀人者",这是开始逃出"恶性循环"的唯一方式。弗雷德罗在这里好像玩了一个双关,循环=行政区,法语叫"cercle",德语叫"Kreis"。他批评在"循环"中的官僚于 1846 年犯下的种种恶行,他也吃惊地得知,塔尔努夫区的总督约瑟夫·布瑞尼尔(Joseph Breinl)据说在屠杀之际与雅库布·塞拉有过接触,但他得到了维也纳的奖赏,并被授予哈布斯堡荣誉勋章。"在我正给你写信的时候,"弗雷德罗在给波托茨基的信中写道,"我知道布瑞尼尔的好行为获得了不错的回报,他刚刚被授勋。"[26] 弗雷德罗认为这是维也纳眼瞎的又一例证,他们并没有发现哈布斯堡官僚的公信力因与农民屠杀丑闻有关而被大大损害:利沃夫的警察局长萨克-马索克也没有在塞拉离开加利西亚的路上拒绝见他。

弗雷德罗接着打出了感情牌。他告诉波托茨基,"有成千上万的孩子因父母被无故杀害而成了孤儿"。他还告诉后者,加利西亚在为这些孤儿搞慈善活动。弗雷德罗和他的妻子也收留了一个八岁的女孩,小姑娘的父亲是塔尔努夫附近一个贵族庄园的林务员,在屠杀中遇害。但政府并没有给予这群孤儿"一丝的"帮助,很多孤儿被交由"犹太人和工人"抚养,随时有"贫困和死亡"的可能。[27] 在屠杀事件后为孤儿做慈善活动是一个典型的加利西亚做法,这种类似的做法在之前的几十年里常常见于《利沃夫时报》。但弗雷德罗知道,除了惩恶扬善,要应对当下的危机,还有更多的事情要做。他草拟了一份报告,题目是《加利西亚社会状态考察》(*Uwagi nad stanem socjalnym w Galicji*),这份报告大概是在他与波托茨基通过书信交换意见的背景下拟成的,最终的版本叫作《1846年奏疏》(Głos do Tronu w Roku 1846)。也许报告从来没有被呈递到皇帝那里,但它的手抄本于1846年就在加利西亚流传开来,次年德文版匿名发表。[28] 因此,弗雷德罗与波托茨基半私密信函中的谈到的那些想法又在这份半公开的奏章中找到了出口。这些想法对塑造特定的加利西亚人(非奥地利人或波兰人)回应1846年事件的态度起到了一定的作用。

"给加利西亚造成流血和破坏的,并可能再次带来相似不幸的那些事件,绝非偶然,"弗雷德罗写道。他追根溯源一直到创立加利西亚和瓜分波兰,当时维也纳在帝国统治方式上面临着两个不同的选择:或者依照"民族影响下的文明理念"管理加利西亚,或者用官僚制度来管制加利西亚。哈布斯堡选择了后者,并把加利西亚带上了灾难的歧途。弗雷德罗小心地解释了,为什么他理解的民族含义在加利西亚是和官僚制度对立的。他所谓的民族,特指死亡了半个世纪之久的波兰-立陶宛联合王国。

> 波兰民族曾经由两部分组成,直到今天依然如此。一个是几乎无意识的(prawie nieświadoma siebie),是这个地方的自然影响,这里的气候、食物、生活方式、血统、语言。另一个是有意识的,在前者的基础之上,再经过几百年来慢慢构建的记忆和关系,以及思想的形成,最后就是权力,长期以来的权力控制。老百姓(lud)代表了第一个部分,贵族(szlachta)代表了第二个。[29]

因此弗雷德罗所说的与哈布斯堡官僚相对立的,就是有着自我认知的波兰贵族。对于那些没有自我民族认知的农民来说,弗雷德罗表示他们并不会受到奥地利爱国主义的影响,他们去屠杀贵族,只是想寻求从封建义务中获得自我解放。但民族上"无意识的"人民这个概念却给弗雷德罗自己出了一个无法解答的难题:这些加利西亚农民的身份到底是什么?

那份报告和给波托茨基的信一样,重申了免罪(bezkarność)的恶劣后果,此为恢复社会秩序的最大阻碍。但弗雷德罗走得更远,他给加省制订了改良维新准则,第一条就是邀请加省庄园代表议政,这也是约瑟夫二世所创立、维也纳会议通过的制度。弗雷德罗自己也在加利西亚议会中履职,他希望这个角色可以引导加省的公共舆论。第二条建议就是将波兰语定为教育和行政语言,如此可以"为加利西亚年轻一代开拓更广阔的空间,在学习法律的道路上增长才干,为国效力"。第三,弗雷德罗建议削弱出版审查制度,这样地产巨头们的议题可以传到所有关心"国家总体利益"的人的耳朵里。最后,为了"国家的安全(bezpieczeństwo kraju)"[31],贵族们必须对农民的封建从属问题进行改革。所以,虽然弗雷德罗也很关心波兰民族在加利西亚的情况,但他的每一个提案都是专注于"国家",也就是加利西亚本身。尽管他含蓄地批评了哈布斯堡政府,直率地攻击了哈布斯堡官僚,但他的报告还是全盘接受了加利西亚政治秩序和社会秩序的先决条件。因此,弗雷德罗1846年的《奏疏》可以被看成1790年《大宪章》的衍生品。

他提出:"这些是我们认为恢复和维持加利西亚秩序比较有效的方式。"他在结尾处还分析了"加利西亚"到底是什么,未来会是什么。"在法律的羽翼下,各种民族和各种社会阶层都会充分找到他们的位置,"他写道,并点出了加省多民族的特点。但和威洛波利斯基一样,他也看到加省会有一股民族凝聚力,这股凝聚力来自"五百万斯拉夫人的行省"。弗雷德罗将这些无民族意识的大众称作"斯拉夫人",而非波兰人或者鲁塞尼亚人,这说明他还是寄托于由波兰民族统领附近国家的斯拉夫人民,把五百万人拧成一股斯拉夫民族的绳,作为东欧的中心点。加利西亚将成为"团结在奥地利皇室权杖下一代又一代斯拉夫人的支撑点和堡垒"。[32] 1846年事件在威洛波利斯基眼中成了抛弃奥地利、支持斯拉夫向俄国靠拢的诱因,但对弗雷德罗来说,加利西亚的观念给斯拉夫统一提供了可能,给忠于奥地利、抵制俄国的吸引力提供了可能。

尽管弗雷德罗主张支持加利西亚忠于帝国,但他的报告却没有让他批判的官僚们高兴起来。当局整理了一份德文抄本,特别提到这份报告为弗雷德罗所拟,44个贵族联名签署,旨在正式递交给维也纳的皇帝。注释还大体上总结了弗雷德罗的观点,这些观点有悖于哈布斯堡对事态的认知:"作者用怨恨的口吻,企图将民众对封建主人的恨意和因此做出的暴行归咎于官僚私用公权。"[33] 在1848年革命之际,弗雷德罗的讲演抨击了哈布斯堡的官僚,1852年,待革命年代结束后,他发现自己因为那些批评言论而被冠以叛国罪名。他微妙的处境早在1846年的报告中已经显现,那时他试图在屠杀事件后去定义什么是加利西亚人。

"波兰革命"

1863年,加利西亚屠杀已过去多年,布拉格出版了一部匿名的德文作品,回顾性地表达了官僚对当局的态度。这本书的名字叫作《波兰革命:加利西亚回忆》,很有可能是警察局长萨克-马索克的回忆录,他当时已年过66。他的儿子已经开始在文学的道路上驰骋,既是小说家又是历史学家,1857年出版了他的毕业论文,研究查理五世时期的根特暴动,次年他又匿名出版了一部讲述加利西亚 1846 年暴动和屠杀的小说。儿子最终会继承父亲的叙事技巧："我爸爸文笔很好，虽然他的文风是政治人物清晰又乏味的那种。但每当开口讲话，他就变成了一个诗人，我从没见过任何比他讲故事还好的人。当他开口那一刻，所有人都被他的话吸引住了，就好像他是一流的小说家一样。"[34] 1864 年，他发表了另一部关于加利西亚的小说，这次的题目是 1848 年革命，和他父亲 1863 年的回忆录一样，是由同一家布拉格出版商出版。1864 年，他的第一本讲 1846 年屠杀的小说得以重印，这次他没有匿名，而是在封面署了名字。在 1846 年事件结束多年后，这对父子都在虚构文学和回忆录中回顾了那一年，重提叛乱、暴力、屠杀、复仇这些主题。因为 1863 年在俄属波兰发生了当代波兰人起义，公共舆论此时已经完全成熟。虽然加利西亚后来没有发生过那样的动乱，但有一个针对 1846 年历史场景的文学回顾。

警察局长萨克-马索克在回忆录中运用了一些诗意雕饰，譬如夸加利西亚是"我们王朝皇权下的明珠"，王朝的互惠政策是"加利西亚农民真正的'黄金国（El Dorado）'"。[35] 警察局长生于加利西亚，是哈布斯堡波西米亚裔官员的子女。"我的祖父约翰·尼波默克·冯·萨克一度担任过帝国的行政长官，那时加利西亚共和国在波兰瓜分之际被收归奥地利，"作家萨克-马索克如是写道，"他和其他官员被派到那里，为这个没有法制和管理的新省带来秩序。"警察局长萨克-马索克也相似地回忆起家族刚来到加利西亚时的情景："我父亲后来经常告诉我，他不想离开快乐的波西米亚而来到萨尔马特人的地方。"[36] 祖父的话通过正宗的口口相传可以让我们回到 1772 年，那时，加利西亚还没有名字，只是被喜剧性地叫作萨尔马特人的地方，甚至约瑟夫二世也曾这么说过。到了孙辈这一代，大家都用"加利西亚王国"这个称号，好像它一直存在着一样。萨克-马索克家族三代人大概明白，是哈布斯堡的政治任务给加利西亚的无政府状态带来秩序，给波兰的珍珠打磨抛光。

如警察局长萨克-马索克所说，哈布斯堡官员可能对加利西亚多少有些依附和爱慕之情，但同时也强调了加省情况有多么糟糕，积重难返，他们需要努力改善管理。警察局长是弗朗茨·克里格的门徒，他把很年轻就从符腾堡（Württemberg）地区踏入哈布斯堡政界的克里格看作约瑟夫启蒙传统的执行者："他在加利西亚找到了第二故乡（Heimat），他如此热爱这片土地，他将自己的大半生都奉献于此。"警察局长当然很崇拜克里格，但他也承认克里格不是那么讨人喜欢，"他的面相给人一种冷酷无情、冷嘲热讽的感觉"。[37]像萨皮哈这样的波兰加利西亚人觉得克里格"十分讨厌"，但作为哈布斯堡行政长官的克里格，则会把加利西亚认作他的故乡，还说自己是加利西亚人。警察局长萨克-马索克则更想做加利西亚人，因为他已然属于加省的哈布斯堡官二代了。

在《波兰革命》一书中，警察局长写到西加利西亚农民时不禁流露出敬佩之情（西加利西亚就是屠杀发生的地区）。

这个加利西亚地区的乡下人是彻头彻尾的波兰人。但农民们不说自己是波兰人，而自认为是东加利西亚的鲁塞尼亚人、马祖尔人，或者奥地利人，更少的是加利西亚人。他们中等身材，宽肩小脚，体态十分显眼。脸型俊俏，看起来聪慧迷人，宽眉毛，鹰钩鼻，脸颊红润，头发棕红。女性不像喀尔巴阡山人那么惊艳，但依然典雅美丽，长着会说话的眼睛，这些基本上概括了加利西亚乡下人的典型特点——尤其是奥地利内外德意志人的那种样子。[38]

可以看出，警察局长自诩为种族面相专家，但是他对概念的替换使用——前面还说这些人是"彻头彻尾的波兰人"，但后面就成了"加利西亚乡下人"——说明了1846年戏剧事件背后的民族身份有多么的模糊。

在警察局长的民族反思中，波兰身份也具有极大的矛盾性："到处都能看到，加利西亚的波兰农民对贵族行为存在着根深蒂固的憎恶，对任何与波兰民族或波兰政府有瓜葛的东西都抱有苦大仇深的痛恨。"[39] 可见，这些农民的波兰性因他们仇恨所有波兰事物而被削弱。

与1772年前波兰-立陶宛联合王国统治时的处境比起来，哈属加利西亚好似农民阶层的"黄金屋"。早些年，贵族具有绝对的支配控制权："贵族可以把农民打死，夺取他们的财产，强奸他们的老婆，也不会担心有任何人举报。"[40] 这些联合王国时代所谓农民惨遭杀戮和暴力的历史，被用来为1846年二者关系的反转做辩护，当时农民报仇杀害贵族却似乎未受惩罚。这么说来，根据从瓜分时期开始潜移默化形成的加利西亚整体意识形态，1846年的屠杀可能早就隐约被预料到了。"1772年，当加利西亚的第一个权威、地区政府和法院开始挂牌办公时，"警察局长还提道，"农民的境况变得好起来了。"[41] 他们的生命和财产得到了保护，并且有了一些应对他们封建主人的方法和资源。

警察局长萨克-马索克再次讲述他的家史，因为是他的父亲约翰·尼波默克·冯·萨克在1772年来到加利西亚发起了这些改革。警察局长生于1797年，他回忆约瑟夫当政那10年是加利西亚农民的黄金年代:"加利西亚农民最美好的时光就是从 1780 年到 1790 年的约瑟夫统治时期。"[42] 警察局长萨克-马索克相信,约瑟夫改革在 18 世纪 80 年代就已经决定了加利西亚农民会在 1846 年还保持着对哈布斯堡的忠诚。

警察局长将加利西亚分成两部分,东部和西部,分别在维斯瓦河和德涅斯特河旁边。西部的加利西亚农民被说成"彻头彻尾的波兰人",但他们仇恨所有跟波兰民族相关的东西,东部更加憎恨波兰,因为鲁塞尼亚人"对波兰人是深恶痛绝的,必须要熟读历史才能理解这种仇恨"。答案藏在中世纪,"在加利西亚一直到基辅和全部南俄地区,鲁塞尼亚人被他们自己的君主统治着"。这里所谓的中世纪"加利西亚"——或者叫加里奇——绝非波兰,而是属于鲁塞尼亚人的地盘:"他们在中世纪要比其他欧洲人,尤其是波兰人,更幸运也更有文化。"警察局长和他的作家儿子一样,一定都被 19 世纪 30 年代加利西亚发现的鲁塞尼亚民间诗歌感动过。他提过中世纪时有一个伊戈尔王子的传说,指的就是加省鲁塞尼亚人,这个传说比任何西欧诗歌,包括德语的《尼伯龙根之歌》(*Nibelungenlied*)都要高级。

老萨克-马索克还谈起 14 世纪波兰非法入侵罗斯地盘:

> 从那时起,鲁塞尼亚人真正的苦难开始了。在诸多利好下,鲁塞尼亚的贵族和城市逐渐波兰化。只有农民和牧师才可以继续代表鲁塞尼亚民族和小村子里的居民。他们用斯拉夫人的固执来守卫他们的语言和教堂,并在波兰政府和拉丁教堂牧师暴风雨式的攻击下屹立不倒。每个世纪,鲁塞尼亚人都要失去一些权利,到 1772 年加利西亚并入奥地利时,他们除了自己的存在以外一无所有。犹如沉船后逃生的人感谢上帝救下了

他们赤裸的生命,鲁塞尼亚人就这样受到了奥地利君主国政府公正、温和、明智的统治。[44]

在加利西亚,就像西边的波兰农民那样,东边的鲁塞尼亚农民也会把哈布斯堡王朝看成是历史沉船后的救世主。

警察局长描绘了鲁塞尼亚人的群体面容特点:他们很忧郁,又很猜忌,男人比波兰人身体强壮,女人比波兰人更漂亮但缺少一点精致。他说喀尔巴阡山的胡楚尔人是拥有"真正切尔克斯之美"[45]的异域东方人。波兰和鲁塞尼亚的男人还被他评为能打仗的材料:"在奥地利部队中,鲁塞尼亚人和波兰人一样,总而言之,这些加利西亚士兵是最好、最可靠的战士。"[46] 所以警察局长既坚持波鲁差异,又把他们看成是加利西亚人,他在两者之间摇摆不定:"总而言之,这些是加利西亚士兵。"

"鲁塞尼亚人与奥地利君主国及皇室走得更近一点,"警察局长萨克-马索克写道。他还发觉加利西亚的犹太人也同样忠诚。

犹太人起初和波兰人一起来到加利西亚,然后在波兰国王的支持下逐渐壮大(那些国王对犹太女人情有独钟)。但是总的来说,犹太人在波兰地界的情况并没有比鲁塞尼亚人好到哪里去;只有穷苦的农民可能有权去嫉妒他们。但犹太人受到奥地利政府的丰厚待遇,尤其是在约瑟夫二世统治年代,他们见证了痛苦压迫的中断,所以和农民及鲁塞尼亚人一起心怀感激。他们总是用行动去证明自己多么忠心耿耿,用自我牺牲支持着加利西亚政府。在革命年代,他们完成了充当政府信息员和中间人这一最重要角色的任务,完全出于对政府或某个具体善良官员的热爱,而非贪婪和欲念。[47]

不仅如此，据说利沃夫的犹太人向为加省恢复秩序做出贡献的哈布斯堡军队无偿供应酒饮。警察局长还不经意地提到并驳斥了关于犹太人贪婪的歧视性刻板印象，他完全站到加利西亚犹太人一边，力证他们的真诚与忠实。可能警察局长自己就是这样一个"善良的官员"，或许他在利沃夫执行警政任务时，也依靠犹太人或者其他信息员和中间人，而这样的任务或许也得到了报酬和补偿。

强调犹太人的忠诚与纯洁性对于1846年事件来说极为关键，因为政府不敢承认金钱诱惑可能导致了贵族大屠杀。萨克-马索克证实了犹太人对哈布斯堡的感情，就如同在讨论农民和鲁塞尼亚问题时那样，表现了三方的忠诚与团结，不管怎么说都可以用到约瑟夫二世的历史根源。加利西亚发明于18世纪，但直到19世纪，约瑟夫依然影响并决定着哈布斯堡的统治思想。

"加利西亚的暴行"

在铺垫针对1846年事件的叙述时，警察局长萨克-马索克引出了一位典型的加利西亚哈布斯堡官员的形象，这位官员正是他自己。因为书是匿名发表，他可以把自己描绘成在1846年危机中指挥加利西亚警察的一个历史角色。"那个部门的领导就是警察局长利奥波德·里德·冯·萨克-马索克（Leopold Ritter von Sacher-Masoch），"他介绍了自己，"他来自加利西亚王室领地的地主贵族家庭，在那里完成了学业，然后被克里格男爵带到政界任职。"[49]他在那里出生、成长和学习，如果加利西亚是克里格的第二故乡，那它必须是警察局长真正的故乡，也是他的作家儿子真正的故乡。老萨克-马索克在他的自我叙述中是一个预判了1846年惨剧的人："农民们太倾向于做这件事了，以至于他坚信如果要有暴乱发生的话，贵族会被他们杀死。但是所有的警告都没有起到作用。"这样说来，萨克-马索克倒成了他故事中的英雄，是为数不多真正了解加利西亚并可以预测屠杀的人，但是他却像卡珊德拉（Cassandra）那样，注定没有人相信他的话。他之前曾被人称作一个"极端的悲观主义者（übertreibender Schwarzseher）"，所以他的讲述不仅可以作为哈布斯堡政府的辩白，还可以为自己和自己理解下的加利西亚做辩解。[50]

早在1846年1月份，警察局长萨克-马索克听说，有人密谋想要暗杀总督斐迪南大公，场所选在了利沃夫的舞会上，届时波兰小姐会邀请哈布斯堡官员跳舞并在关键时刻干扰他们的注意力。他们要把事情做成加利西亚的"西西里岛晚祷事件"，并发出骚乱暴动的信号。[51]在五年之前，1841年1月份还有一场利沃夫狂欢舞会，应该是在警察局长萨克-马索克警觉保护下举办的一场自然而然的具有"娱乐性、精神性和诙谐特点"的舞会，他的办公室还负责管控活动售票。1846年，仍旧是他阻止了1月份这场利沃夫谋杀大公的行动，但他却无力控制2月份乡下的起义事变。

警察局长萨克-马索克并没有想要弱化恐怖事件的骇人程度，他生动描述了2月19日农民来到塔尔努夫时的情景。

大约早上九点半，塔尔努夫当局和部队正在提防着波兰暴动者随时会来攻击，但是情况突然变得紧急，一切都在意料之外。远处好像出现了几台雪橇和几辆板车，旁边围绕着农民，他们带着草叉、长矛、火枪和锄头，向当地办公大楼走来。在一辆板车上面坐着一个人，奄奄一息，大腿上是两具没有生命迹象的半裸尸体，尸体身上有多处伤口，脑袋也被压碎了。其他板车上也同样堆放着尸体，还有一些喘着气但受了重伤的人，躺在自己的血泊中。[52]

这是那天第一波到达塔尔努夫的板车队伍,它们托运着被屠杀贵族的尸体。"那惨烈的暴行(entsetzliche Greuelthaten)是农民所为,没有人会否认",警察局长写道,但他否认政府应该以任何方式对此负责。"我们将会讲到血洗事件中一些最恐怖的场景,"他说道,"为了不显得我们好像希望它被埋藏在沉默里,被人故意忽略掉。"他描述着,有些人的耳朵和鼻子被割掉,眼睛被挖掉,有的贵族被拴在马尾巴上拖着,丢掉了性命,还有的孕妇被杀。他认为,"加利西亚血腥之日的暴行名声将会传到欧洲",会被"奥地利的敌人所利用",为人不齿。[53]警察局长的专业沉着让他不害怕与1846年的极度暴力做斗争,他也完全相信,如果事实全都摆出来,奥地利会自证清白。也有可能,即使在1863年,他也不反对公开1846年波兰反叛者的悲惨命运,作为对任何潜在暴乱的警示。再或者——有其父必有其子——他在细致入微描述恐怖、暴力、血腥时找到了一些文学满足感。

威洛波利斯基信誓旦旦地说,雅库布·塞拉和塔尔努夫的哈布斯堡官员接触甚密,所以塞拉也获得了"官方凶手"这个奇怪的称号。但作家萨克-马索克说塞拉是"加利西亚的斯巴达克斯",局长萨克-马索克也夸他,为他辩白:雅库布·塞拉是一个真正有"人性(Menschlichkeit)"的男人,是"忠于奥地利"的模范。[54]警察局长认为,"塞拉在1846年加利西亚风波中获得了欧洲范围的名气,但并不是他应得的那一种",因为"他并没有参与暴行"。[55]1846年,塞拉在整个欧洲声名狼藉,这是当时加利西亚要在欧洲出名的征兆。比起1846年,加利西亚没有在19世纪其他时间引起更多欧洲人的关注,那些屠杀报告诱发了他们毛骨悚然的想象。

1846年,塞拉年满60岁,他都快赶上加利西亚的岁数了。

图 5 塔尔努夫

资料来源：Julius Jandaurek, *Das Königreich Galizien und Lodomerien* (Vienna: Karl Graeser, 1884)。

注：1846 年 2 月，加利西亚的农民将被杀害贵族的尸体运到了这里。

"作为一个年轻人，他经历了约瑟夫二世的权威转型改革，"警察局长写道，"这给他幼时的性格和想象力留下了巨大的印记，这种印记将伴随他的一生。"塞拉还是后来约瑟夫改革成果、农民生活条件改善的"见证者（Augenzeuge）"。那些在约瑟夫时代成长的孩子都成了哈布斯堡在加利西亚硕果累累的人生见证者，他们的经历可以被用来解释农民的忠诚主义。塞拉的辩白即是加利西亚政府的辩白，塞拉的人生故事也是整个加省从建省以来历史的个体重述，而他心中的"遐想"也映现了哈布斯堡的加利西亚幻想。

因为塞拉很看重约瑟夫改革对保护农奴的重要性，他研究了法律制度并向塔尔努夫地区的农民解释过他们作为哈布斯堡子民的权利。他尤其建议农民可以向官方政府和法院控诉贵族地主的为所欲为。塞拉自己也告了倒霉的博古仕家族一状，指控他们强迫农民从事过量劳动，要求判他们支付经济赔偿。据警察局长说，塞拉高举约瑟夫理论，"总的来说，加利西亚农民只会从奥地利、皇帝和他手下的官员那里得到正义"。[57] 这个理念巧妙地总结了自约瑟夫统治以来，哈布斯堡王朝在加利西亚的帝国意识形态实践。除了明确加利西亚农民对哈布斯堡皇上忠诚不变的公理，它还证实了"加利西亚农民"这一社会类别的存在。因为加利西亚农民正是在瓜分波兰后约瑟夫改革法令中精准定位的那些人，他们的加利西亚身份区别于贵族地主的波兰民族身份，他们和哈布斯堡皇帝及其代表感情深厚，不允许出现任何与波兰暴乱者的勾结。如果加省确实有一群如上所说的"加利西亚农民阶层"，那发生屠杀就不需要做再多的解释了。

博古仕家族成员于 1846 年 2 月被农民杀害，幸存者剑指塞拉煽动了屠杀，并怀疑可能是哈布斯堡地区长官约瑟夫·布瑞尼尔怂恿所致。警察局长萨克-马索克坚决否认了这样的影射，力称塞拉和布瑞尼尔都跟屠杀没有关系，"博古仕家族并不是完全无辜的，他们一边是叛国者，另一边是农民的暴君"。[58] 可以看出，警察局长并不同情遇害的贵族。

1846 年的弗雷德罗觉得，政府无论如何不能允许屠杀者逍遥法外，但是 1863 年的警察局长却在免罪问题上持有不同的观点。他用讽刺喜剧的意味表态，这肯定不是喜剧大师弗雷德罗会喜欢的。据老萨克-马索克说，"听起来很滑稽，竟然是波兰人和外国机构要求政府开始对加利西亚的波兰农民实施大审判"。这里面的喜剧因素是，那些迫不及待惩治农民的人同时也是最想赦免波兰暴乱者的人，尽管暴乱者也准备好去谋杀哈布斯堡的士兵和官员了。

"最后就是，如果应该处置，那到底该处置谁呢？"警察局长问道，他的职责本就是考量惩处。[59]同样的问题也支配着作家儿子的幻想，他在文学作品中给出了答案：最应该惩罚的人可能就是自己吧。那些在他的小说中认识到自己幻想的人最终会采用他的名字，认为自己是受虐狂。

塞拉在屠杀事件后并没有被追责。他被勒令搬出加利西亚，在布科维纳得到了一个农场（布科维纳在1848年大革命后正式脱离加利西亚）。有波兰传闻说，塞拉还因他的忠诚表现获得了哈布斯堡的奖章。"塞拉在布科维纳获得了一个很漂亮的农场，所以他不得不离开他的家乡"，警察局长报告说，他1846年在利沃夫曾见过塞拉，还提到他脸上流露出的"忧郁感"。"他被要求离家，但他没有说一个不字，他从生到死都是忠诚的模范。"[60]加利西亚是塞拉的家乡：他18世纪70年代出生于此，和哈布斯堡建立加省同属于一个时期，他童年时期经历的约瑟夫统治把他塑造成了第一代"加利西亚农民"。

在书的结尾处，警察局长把故事延展到当下的19世纪60年代，他还树立了一个新的加利西亚典型，总督阿格诺尔·戈武霍夫斯基（Agenor Gołuchowski），也就是不久之后在1866年主持开启了加利西亚政治自治的那个总督："戈武霍夫斯基伯爵来自一个古老的波兰贵族家庭，他是加利西亚寥寥无几的致力于国家行政的骑士之一。戈武霍夫斯基是个完完全全的波兰人，但他同样爱戴奥地利政府。"[61]威洛波利斯基1846年后就高调转投俄国，并参与俄属波兰的政府事务。1863年的波兰暴乱标志着威洛波利斯基在1846年后所做的一切皆为失败，而哈布斯堡忠臣戈武霍夫斯基则即将实现加利西亚自治的成功。

"加利西亚的希望不在巴黎或华沙，而在维也纳，"警察局长写道,"加利西亚的波兰党正在夜以继日地准备行动,给予反俄流血斗争以支持,但加利西亚却会保持平静,因为有农民在此放哨站岗(den der Bauer wacht)。"[62] 退休的警察局长很久都没有为加利西亚的法律和秩序站岗了。其他人接替了他在利沃夫的岗位,但是在他的理解中,1846年的教训说明他其实没起到什么作用。正是农民们自己在没有像他这样官员的鼓励或同谋的情况下,为哈布斯堡家族保护了加利西亚。

警察局长没有否认1846年的屠杀现实。相反,他为保留这段往事回忆还描绘了各种可怕的细节。在19世纪剩下的日子里,屠杀将会决定加利西亚的政治生命进程,19世纪的剩下日子也就几乎等同于加省政治存在所剩的日子了,重中之重是"农民守望"的普遍意识。在这个独特的圆形监狱世界里,加利西亚的农民汇聚成一个加利西亚之眼,监管并规训着加省的政治生活。而哈布斯堡政府对1846年屠杀态度只能是含糊其辞,因为它既是王朝的耻辱又是政府当下和今后的重要砝码。警察局长萨克-马索克解释了约瑟夫改革与屠杀的关系,理清了这样的暴力是如何在思想上融入哈布斯堡原本针对加利西亚的帝国意识形态中的。

"从1846年屠杀到1848年革命"

警察局长萨克-马索克一直待在加利西亚,直到1848年的春天,哈布斯堡王朝乃至整个欧洲掀起了革命热潮,他和家人被遣送至布拉格。搬家的时候是5月,他们经历了利沃夫的革命爆发,紧接着是布拉格的反革命胜利,哈布斯堡家族重新夺回了王朝的政治权力。2月份开始的巴黎革命在3月份就波及维也纳,游行直接导致梅特涅辞职下台;对于加利西亚,这意味着出版恢复自由,实现立宪政府，以及波兰民族的诉求声音可以再次涌现。这些诉求——包括在教育和行政上使用波兰语，开除官僚队伍和军队中的外国人，扩大加利西亚议会的权力——被呈给总督弗朗茨·斯塔迪翁，最后奏给维也纳的斐迪南皇帝。其中一些诉求和1790年加利西亚"大宪章"一样有年头，波兰人一直都是以加利西亚的行省架构为基础建构民族议程的。1790年时，波兰人提案的精神是偏保守的，但到了1848年，随着立宪政府即将实现，同样的诉求如今看来具有更多的政治挑战性，甚至是革命成分。同时，波兰民族委员会（Rada Narodowa）成立于加利西亚，接受了公民自由、法律面前人人平等、高级代议政府，以及废除强制劳动的现代自由蓝图。旅居国外的亚当·密茨凯维奇也准备建立一支波兰军队，去攻打驻意大利的哈布斯堡军队，甚至弗雷德罗这位保守且非民族的加利西亚文学巨匠，也深受1848年的波兰政治计划的影响，他后来被哈布斯堡指控叛国。

如果波兰民族委员会和可能发生的波兰起义有关联，因而被指不忠，那么前所未有的鲁塞尼亚最高委员会（Holovna Rada Ruska）从组建一开始就符合加利西亚效忠哈布斯堡的原则了。鲁塞尼亚委员会得到了总督弗朗茨·斯塔迪翁的鼓励，以平衡波兰民族委员会的势力。第一份鲁塞尼亚政治刊物《加利西亚之星》（Zoria Halytska）的出现同样得到了警察局长萨克-马索克的支持。斯塔迪翁建议鲁塞尼亚委员会成为"麻痹波兰影响、支持奥地利在加利西亚统治的一个途径"，这里面还有一些讽刺暗示——可能源自维也纳记者莫里茨·戈特利布·萨菲尔（Moritz Gottlieb Saphir）——加利西亚总督"发明"了鲁塞尼亚人，作为哈布斯堡的政治权宜之计。[63] 事实上，鲁塞尼亚民族意识的觉醒与哈布斯堡创立和做实加利西亚不无关系。加省给鲁塞尼亚身份表达提供了一个政治框架，而哈布斯堡统治的意识形态，以及它对波兰崛起的根本性否定，必然鼓励滋养了加利西亚地区的文化替代品。

4月25日法令颁布了所谓的皮勒斯多夫（Pillersdorf）宪法，加利西亚政府从此实行了君主立宪制，而"四月法"也造就了匈牙利的自治模版，加利西亚的波兰人可能很想效仿。另一边，米哈伊洛·库泽姆斯基起草了一份鲁塞尼亚政治演讲稿，准备在1848年4月交由总督斯塔迪翁，这个演讲打击了波兰人的民族诉求，因为文件要求鲁塞尼亚语也必须在加利西亚的教育和行政上占有一席之地。讲演不仅确定了鲁塞尼亚对皇室无条件的忠诚，还通过确立鲁塞尼亚的民族称号与中世纪加里奇大公之间的联系，调整了加利西亚合法性的意识形态。正如哈布斯堡通过炮制中世纪加里奇的回归在1772年创立了加利西亚，1848年的鲁塞尼亚人也引用了加里奇，他们这样做是为了将自己定义为加利西亚的"原始居民"，这对他们来说是一个"心爱的家园"。因此，斯塔迪翁可以很情愿"向鲁塞尼亚人致以最高的敬意，因他们无与伦比的忠实，臣服于皇上和奥地利政府"。鲁塞尼亚委员会也没有犹豫，向斐迪南皇帝表示"加利西亚鲁塞尼亚人会永远忠诚，永远拥护陛下和高贵的帝国皇室"，斐迪南回复了一份《致我虔诚加利西亚人的宣言》。[64]鲁塞尼亚人1848年在加利西亚做出的民族声明与树立加利西亚地方身份休戚相关。同时，鲁塞尼亚人开始呼吁将加利西亚分成两个哈布斯堡地区，一个是西边的波兰加利西亚，另一个是东边的鲁塞尼亚加利西亚。

鲁塞尼亚人遏制波兰人在加利西亚的民族野心与1848年波兰人面临的更广泛困境有关：也就是应该如何接触农民，其中就包含了大部分鲁塞尼亚人。1846年血的教训告诉他们，加利西亚农民阶层没有把自己当成波兰民族的一部分，1848年鲁塞尼亚委员会宣告成立又继续加深了这种印象，更有甚者，塔尔努夫周边的那些绝非鲁塞尼亚族的农民正是屠杀波兰贵族最活跃的那拨人。因此才有波兰人从1848年革命伊始就呼吁要废除强制劳动，以争取农民为波兰民族使命而奋斗，或者至少让他们保持中立。然而斯塔迪翁抢占了先机，他代表哈布斯堡政府率先提出了废除强制劳动的议案，考虑到加利西亚苍生的福祉，斐迪南皇帝表示同意："这么做是为他们在1846年的忠诚表现持续给予承诺过的恩惠。"[65] 因此，哈布斯堡公然利用了关于加利西亚屠杀的新鲜记忆。

没有比塔尔努夫的记忆更新鲜和生动的地方了，两年前，贵族的尸体和俘虏被戏剧性地运往那里。1848年3月27日，塔尔努夫大教堂举行了一场感谢仪式，感谢皇帝对出版自由和立宪诺言的兑现。据《塔尔努夫时报》（*Gazeta Tarnowska*）记载，"在大教堂的宗教活动结束后，大约有2000名塔尔努夫市民奔向安葬着1846年2月遇难者（męczennicy nasi）的墓地。他们所有人跪在坟前，充满感情地向上帝祷告。"[66] 既然墓园仪式紧跟（zaraz）在大教堂的政治解放庆典之后举行，那么在塔尔努夫看来，1848年的自由也包括了纪念1846年加利西亚的遇害者，也就是纪念波兰民族烈士的自由。确实，新的出版自由允许《塔尔努夫时报》称呼受害者为烈士，全面地报道墓园中的活动场面。

这篇新闻刊登在《塔尔努夫时报》4月1日的创刊号上，也展现出革命期间刊物的出版情况。在令人头晕眼花的政治时刻，这份刊物讲出了加利西亚遗留的焦虑。报纸向"民族生活的新时代"招手，也就是波兰的民族生活，但它也警告人们不要有太高的期望："看看1846年那些不幸，以及公共生活的主要阶级分化……我们还不能带着兄弟般的衷心喜悦来迎接这个时代。"[67] 兄弟情在加利西亚的语境下是一个极难实现的理想。在一周后4月8日的第二期报纸上，《利沃夫时报》列举了一系列令人焦虑的问题：

立宪承诺是真的吗?梅特涅亲王真的下野、不做政府领导人了吗?为什么村民们还在搞武装?为什么农民和地主间还在产生分歧?为什么人们要为起义和1846年的恐怖事件做准备?为什么当局对这一切冷眼旁观坐视不管?[68]

可能在1848年,整个欧洲都在思考第一个问题,揣摩政府立宪的蓝图,这引起了一种加利西亚独有的焦虑心态。在塔尔努夫,对春季史无前例的赞颂和希冀笼罩在不久之前史无前例的恐怖当中。1848年的革命热潮不由自主地激起了人们的恐慌,1846年的屠杀会再次发生吗?

5月15日是陈述鲁塞尼亚政治主张的报纸《加利西亚之星》的创刊日。这一天,废除强制劳动法案正式生效,农民们无不感激哈布斯堡王朝并向其表达忠心。1848年5月份,波兰民族抱负在政治态势的发展下变得愈加复杂和棘手,警察局长萨克-马索克被派往布拉格,继续参加哈布斯堡针对1848年革命的官方工作。他12岁的儿子也因此被带出加省,那个他永远认作是故乡的地方,加利西亚。实际上,加利西亚的革命浪潮随着萨克-马索克一家来到了布拉格:为调和波兰人和鲁塞尼亚人剑拔弩张的关系,为了加利西亚有更美好的未来,斯拉夫大会于6月初在布拉格胜利召开。组建的联合委员会最终达成共识意向(从未真正落实),建议设立加利西亚双语行政和双语教学体制,但代表们搁置了关于加省要不要一分为二的讨论。[69]不过,阿尔弗雷德·温迪施格雷茨王子(Alfred Windischgrätz)率领哈布斯堡部队进驻布拉格,中断了大会进程,这意味着帝国反动的初步胜利。

1846年屠杀事件后,威洛波利斯基和弗雷德罗都在极力反对哈布斯堡,1848年看到梅特涅耻辱下台,被迫从维也纳逃到国外的时候，他们一定会觉得自己做的是正确的选择。相反，回想过去，警察局长萨克-马索克支持政府 1846 年的所作所为（包括这位政府官员自己的行为）。1848 年调离加省多年以后，他还是认同哈布斯堡统治在加利西亚具有合法性。在萨克-马索克父子的作品中，有加利西亚经历的个体回忆，还有加利西亚身份的历史构建，这些必然染上了个人感情和血腥的色彩。1848 年革命对全欧洲的政治和社会而言如此重要，在加利西亚，它却被 1846 年那场记忆尤深的屠戮覆盖或者遮蔽了。1901 年，克拉科夫剧作家斯坦尼斯瓦夫·维斯皮安斯基（Stanisław Wyspiański）凭借一部加利西亚乡村剧《婚礼》（Wesele）敲开了波兰现代主义戏剧的大门。在演出中，他把雅库布·塞拉的鬼魂放到舞台上，这仍然招致了人们的恐慌。可见一直到 20 世纪初，塞拉和 1846 年风波的记忆仍没有被抹去，人们不可避免地被卷入有关加利西亚的愿景和文化焦虑中。

第五章　革命之后：沙皇崛起与弗朗茨·约瑟夫的降临

引言：不可分离

1848年10月底，哈布斯堡军队从民主革命人士手中夺回了维也纳。11月2日，他们轰炸了利沃夫，扑灭了波兰人的一次民族起义，控制了整座城池，革命年在加利西亚至此宣告结束。第二天，即11月3日，利沃夫向西两百英里开外，在加利西亚另一边的克拉科夫城，新刊物《时间报》（*Czas*）发行创刊号。[1]《时间报》的命运全都交给了时间。在革命的浪潮后——从哈布斯堡立宪之变，波兰人的民族抱负，到梅特涅倒台后前所未有的出版自由——《时间报》成了新时代实打实的保守派报纸。它创办于各种专制和反制回潮的保守时期，包括重启的审查制度，都在推动着加利西亚的历史复辟。《时间报》将成为加利西亚保守主义的权威发声机构，无论是在1848年后的哈布斯堡专制时期，1867年后的加利西亚自治时期，还是1918~1939年纳粹入侵前的波兰独立时期。19世纪下半叶，《时间报》呼吁建立一种加省波兰人的身份认同，其中对加省（kraj）的关注会渐渐吸收甚至可能从属于对波兰祖国的关注。

19世纪下半叶，影响了加利西亚身份的还有哈布斯堡皇帝弗朗茨·约瑟夫，他于1848年12月2日登基，接替了退位的叔叔斐迪南，时年仅18岁。弗朗茨·约瑟夫在众多头衔中保留了加利西亚和洛多梅里亚王国国王的头衔，直到他1916年驾崩，而两年后的1918年，加利西亚也和哈布斯堡王朝一起灭亡了。在12月2日的登基宣言中，弗朗茨·约瑟夫给"自由"以口惠，期待"整个王朝走向积极的转型和再生"。同时他宣布，自己"有决心使皇室的光芒继续耀眼，王朝的光辉继续璀璨，也愿与人民代表一起分享我们的权利"。他还希望可以成功"团结各个地方的各族人民，组成一个繁荣昌盛的国家"。[2] 实际上，在接下来的二三十年里，王朝经历了数次宪法修改，19世纪50年代集中专制下的维也纳也一直在试图拉拢加利西亚，1867年奥匈帝国做出了关键妥协，维也纳方面也对加省让步，承认地方独立自治。1867年的帝制转型使得加省在王朝内具有一种特殊的地位，在1772年瓜分波兰、创立加利西亚近一个世纪后，维也纳为加省的历史存在提供了最有力的辩白。

在11月3日的创刊号上，《时间报》带着波兰民族主义的精神，宣布"我们唯一的目标就是要努力恢复自由独立的祖国（ojczyna）"。但实现如此伟大志向的时代已经过去了，11月9日的报纸表示"利沃夫和我们整个国家（kraj nasz）都大难当头"。加利西亚——我们的国家——正在被哈布斯堡军队占领，处于戒严状态。[3] 可见《时间报》的革命时刻是昙花一现，11月30日的报纸最后一次提到波兰的民族命运，回想18年前1830年11月30日的民族起义，那是多么"值得回忆的一天"，不禁令人想起"烈士"和（耶稣受难的）"各各他（Golgotha）"。[4] 这就是报纸向波兰浪漫主义和1848年革命的临终告别。当弗朗茨·约瑟夫12月2日继承皇位时,《时间报》已经准备好本着后革命时代的保守主义精神向他致敬了。

"不管怎么说,换掉当权者是一个非常严肃的政治事件,尤其在社会解体或政治转型时期,譬如此时此刻,"《时间报》看到1848年12月7日的皇权更迭后如此评论道,"从来没有一位年轻的皇帝比弗朗茨·约瑟夫前面的路还要艰难。"《时间报》带着1846年的灾难记忆,以其独特的加利西亚视角审视着1848年的艰难。"行政有机体,无论是1846年的加利西亚,还是今天作为整体的奥地利,"《时间报》写道,"都在试图从老百姓那里找到一个支撑点——而这又是一把双刃剑。"1846年的暴力事件意味着加利西亚人或许拥有宝贵经验,可以将其提供给整个王朝和新皇帝。1848年,当卡尔·马克思宣告有一个幽灵,一个共产主义的幽灵,在欧洲游荡时,一个独特的幽灵也在加利西亚游荡,《时间报》忠告弗朗茨·约瑟夫要小心"无政府状态的鬼魂"。[5]

12月9日,弗朗茨·约瑟夫登基已满一个星期,《时间报》讨论了加省的鲁塞尼亚问题:"我们回过头来关注一下我们的鲁塞尼亚兄弟。"这个兄弟的提法是对革命年间鲁塞尼亚人否认(与波兰人存在)亲属关系,对他们在本民族议会(Holovna Rada Ruska)上确立鲁塞尼亚民族身份独特性,以及对他们一而再、再而三主张以鲁塞尼亚和波兰聚落区域为依据,将加利西亚分割为东西两部分的直接回应。1848年6月在布拉格召开的斯拉夫大会成为讨论加省切割问题的场所。波鲁双方在此达成了调解意向,原则上认可鲁塞尼亚人在加省的政治、宗教和语言权利。然而到了7月份,东加利西亚流传着瓜分加省的民意,而且在征集农民的签字,准备提交给维也纳的哈布斯堡政府,据估计,最后大约收集了20万人的签名。10月28日,鲁塞尼亚委员会正式向奥地利政府提出加省分割的提议，并谴责了省内波兰人对鲁塞尼亚人的压迫。"瓜分加利西亚对鲁塞尼亚人而言是一件非同小可的事情，"委员会表示，"只有用这种方式，国家才能摆脱掉叫嚣着的恐怖主义，鲁塞尼亚人才有自由发展他们民族性的空间。"波兰人被污名为决心再创波兰独立的"革命者"，这与鲁塞尼亚人忠于哈布斯堡形成鲜明对比。鲁塞尼亚人甚至还有幸与斐迪南先皇在 11 月 6 日面谈过，在他于 12 月 2 日退位的前一个月。[6]

12 月 9 日，《时间报》讨论"我们鲁塞尼亚兄弟"问题的时机正是所有加利西亚人都感到深深焦虑的时候，他们不知道新上任的少年皇帝会怎么看待加省。报纸承认，"在分割加利西亚波兰人与鲁塞尼亚人的问题上存在着对抗和不满"，并暗指俄国在背后怂恿鲁塞尼亚人的分裂思想。《时间报》表示，他们有信心看到波兰人和鲁塞尼亚人会像兄弟一样在一起生活："让鲁塞尼亚民族在加利西亚按照自己的力量和天性自然生长吧；要团结，不要分裂，手牵手，走向美好的明天。"[7] 一些波兰人可能在 1848 年梦想过波兰的独立，但到了年底，革命势力铩羽而归，一败涂地，《时间报》站到了那些重新发现加利西亚重要性的人一边。1849 年 1 月份，国会宪法委员会〔已从维也纳迁至摩拉维亚的克罗美利兹（Kremsier）〕争论了哈布斯堡王朝的未来；波兰代表弗洛里安·齐米亚乌科夫斯基（Florian Ziemiałkowski）支持在包括加利西亚原有疆域上建立联邦制的方案，而鲁塞尼亚代表、东仪主教赫里奥里·雅科夫列维奇（Hryhorii Iakhymovych）却主张分割加利西亚。齐米亚乌科夫斯基其实从根上就否认了鲁塞尼亚作为一个独立民族的存在——它是"人造的民族，去年才搞出来的"，是弗朗茨·斯塔迪翁 1848 年为制衡波兰民族诉求而创造出来的民族。在克罗美利兹，分割加利西亚的方案未获通过，到革命结束时，宪法委员会的工作已经被提前中断了。[8]

鲁塞尼亚人扬言要把这个人造的省份，18 世纪才搞出来的加利西亚给瓜分了。加省完整性受到了威胁，此事引起了波兰人的格外关注。加利西亚现在看起来不是哈布斯堡的计谋，而是在其历史定义下的整个范围内，为之而战的故土。而"瓜分"这个词对波兰人而言又意味深长。密茨凯维奇在《塔杜施先生》中唱道："啊，立陶宛！你如健康一般／当失去它的时候／你的价值才会被人知晓。"加利西亚在 1849 年 1 月份还没有被丢失，但是面对分割的要求，波兰的加利西亚人开始前所未有的重视它：啊，加利西亚！

"接下来要怎么做呢？" 1849 年 1 月 3 日，《时间报》掷地有声地问道，这是后革命时代第一年的开端。"加利西亚的每个人都会问到这个问题：接下来要怎么做？"文章的题目是《关于加利西亚》，《时间报》把它看成是一个地方问题。文章开头讲"无论是个人还是民族的苦难，必然在很大程度上源于自身的过错"，然后报纸做了分析讨论，这里的苦难既不是个人的，也不是民族的，而完全是加省的。

> 我们暂时不去回顾我们民族的历史，暂时不翻出那些导致毁灭的错误……但我们要深入审视我们的时代，那些导致加利西亚成为今天这副模样的那些事件。1846 年后我们遇到了灭顶之灾。谁是罪魁祸首？背后的原因又是什么？[9]

报纸提到"以仁政统治我们的"哈布斯堡政府应该负有一定的责任，但报纸强调加利西亚必须自己承担一部分后果。用一个词可以定义这个政治罪责。

> 这场波兰和加利西亚亘古未有的灾难，根本缘由就是波兰

人想要恢复独立（niepodległość）。独立！民族的自由！神圣的口号，美好的宏图，人类长久的目标：谁又敢批评此等圣洁之心？[10]

《时间报》在1848年11月3日的创刊号上呼吁要"重建自由独立的祖国"。如今，才过去短短的两个月，在反动的新语境下，《时间报》就敢于摒弃波兰独立的理想，转而为加利西亚的地方利益背书。民族让位于地方，波兰让位于加利西亚，这背后隐藏的是一份美好但又有些捕风捉影，希望波加两全其美的信念。报纸头版的最后有一则加利西亚发现金矿、引发空前淘金热的新闻；但头版头条则在警告世人，要接受加利西亚的政治现状，放弃一切幻想和野心，放弃那些蠢人才会想要的独立的黄金。[11]

3月5日，《时间报》报道了克拉科夫玛丽安教堂的宗教活动，纪念刚刚过世的加利西亚总督瓦茨瓦夫·扎莱斯基的亡魂。追悼仪式和庆祝仪式一样，将成为加利西亚克拉科夫的标志，而庄严悼念加利西亚总督这件事本身即等同于确认了加省的地方身份。这么说来，此次活动对加利西亚就极其重要，尤其是处于哈布斯堡王朝的历史关键时刻。扎莱斯基是加利西亚的第一位波兰裔总督："在加利西亚受奥地利管制的80年里，只有几个波兰人混入了高层，但除了扎莱斯基以外没有任何人做到了总督的级别。"[12] 在1848年革命之际，弗朗茨·斯塔迪翁从利沃夫调回维也纳，扎莱斯基被指定为接替他的新总督，部分原因是向加省正在请求民族权益的波兰人示好。但他在任上不幸病故，他的任期就是象征性的几个月而已。尽管如此，他还是有机会运用他在维也纳的影响力抵制鲁塞尼亚人意图分割加利西亚的活动。总督在12月份向年轻皇帝表忠心的时候，也突出了加利西亚整体"不可分割"的重要性。[13]

图 6　沃齐米日·泰特马耶笔下的克拉科夫和玛丽亚教堂

资料来源：Bolesław Limanowski, *Galicya przedstawiona słowem i ołówkiem* (Warsaw: Wydawnictwo Przeglądu Tygodniowego, 1892)。

《时间报》强调，扎莱斯基生前呼吁过加利西亚波兰人和鲁塞尼亚人要多进行文化串联。因为他本人就是1883年出版《加利西亚人民的波兰和鲁塞尼亚歌曲集》一书的那个来自奥利斯卡的瓦茨瓦夫（Wacław z Oleska）。作品集的泛加利西亚性明确了加省内部的民族串联，因此扎莱斯基的文学事业就唤起了19世纪初独特的加利西亚文化。"他的童年时光是在鲁塞尼亚人中间度过的，那里到处充满着诗的渴望，"《时间报》写道。这就是萨克-马索克用来描述他婴幼儿时期和鲁塞尼亚民歌关系的语言，通过他的鲁塞尼亚保姆，这些民歌滋养着他的加利西亚身份意识。[14] 扎莱斯基的一生可以被总结成为加省团结凝聚而奋斗的一生，他从加利西亚文化圈晋升到加利西亚政治圈的顶峰也是完全符合这一加省逻辑的。

1849年，下一任总督阿格诺尔·戈武霍夫斯基开始主持加省接下来二三十年的政治生活，他的影响力一直延续到1875年他过世的那一年。1851年，戈武霍夫斯基迎接弗朗茨·约瑟夫莅临加利西亚，60年代，在他的推动下，加利西亚实现了哈布斯堡帝国内的自治。50年代，《时间报》再次肯定了恢复专制后加利西亚与王朝的关系，60年代又盛赞了加省自治，将其视为最有希望的新道路，足以替代自取灭亡的波兰独立梦。在整个后革命的一代里，《时间报》为加省地方团结统一的意识形态发声，完美结合了波兰和加利西亚的政治考虑，创造出新的加利西亚身份。加利西亚身份也受到了重新解读波兰和加利西亚历史的影响，这种新的历史解读兴起于后革命时期的历史学家，譬如沃尔里安·卡林卡和约瑟夫·苏伊斯基，他们后来成为克拉科夫历史修正学派的先驱。

克拉科夫在推动实现波兰加利西亚合成体的过程中担任了领头羊的角色，它也从中找到了一个新的城市身份。16世纪前，它是波兰的皇家首府，后来把首都的位置让给了华沙，自己变成了二级城市。在1795年的第三次瓜分中，克拉科夫并入加利西亚，但在维也纳会议后又再次脱离了加省，获得了岌岌可危的城市自治权。

当克拉科夫1846年被迫重归加利西亚时，这座城市好像命中注定要做二级城市，因为利沃夫是加利西亚当仁不让的首府。不过，克拉科夫拥有丰富的波兰文化资源，尤其是雅盖隆大学（Uniwersytet Jagielloński），所以它可以再次被建成加省波兰生活的思想中心，被制成锻造加利西亚波兰身份意识形态的熔罐。戈武霍夫斯基在加省做地方大员，《时间报》在利沃夫负责加省的舆论导向，二者都受到了普奥战争后，1866年加利西亚人向弗朗茨·约瑟夫表露忠心这一转折点的牵连："我们支持您，陛下，我们衷心支持您。"加利西亚在1866年之后实现了政治上的地方自治，但是"加利西亚"的思想含义已经在之前几十年的过程中被协商解决了。

"扎根国家，遍布国家"

1848年11月，《时间报》在创刊之时宣布，它"唯一的目标"就是"重建一个自由独立的祖国"。它没有说是哪个祖国（ojczyzna），因为任何人都知道所指的是波兰。在放弃了独立目的后，《时间报》在1849年3月22日发出了全新的实践指导口号："扎根国家，遍布国家（w kraju przez kraj），我们承认这是唯一真正且有益的行动，国家是我们唯一的'天然场地'。"这里的国家也没说是哪个国家，因为任何人都知道它只能是加利西亚，加利西亚不是一个人造的实体，而是加利西亚人政治事业的"天然场地"。3月31日，《时间报》报道说波兰人参加了欧洲各地的革命军，尤其是在意大利反对哈布斯堡王朝。但报纸声明，"我们讲过的观点不会变：扎根国家，要活跃在有机工作的道路上，为了国家，从新法中获得利益"。[15]"有机工作"的意识形态出现于19世纪40年代的普属波兰，指的是社会全面转型和大力改良。19世纪下半叶,这成为波兰各地的经验主义口号,这也是替代注定失败的浪漫主义起义的唯一实用选项。[16] 1849 年,《时间报》代表"国家"鼓吹"有机工作",意思很清楚,就是说加利西亚是一个不可分割的有机整体,它的社会问题可以在哈布斯堡帝国框架下得以改善。

1849 年,希波利特·斯图普尼基(Hipolit Stupnicki)所著的《加利西亚》(*Galicia*)一书肯定了加省的有机凝聚力。这本波兰语著作讲述了加利西亚的地貌、地理和历史,还附带了一张地图。它在利沃夫首次出版,并得到了奥索林斯基图书馆的支持,1853 年出版了德文版,1869 年以波兰文再版。在讨论地理的时候,斯图普尼基找到了发表他爱省情怀的机会:"加利西亚山川的主角是野生又浪漫、黑暗又原始的森林。坚硬的石堆与魔幻的田野此起彼伏,那里的田野美得让世界上任何田野都黯然失色。"加利西亚本身就具有得天独厚、美轮美奂的地理连贯性。"大自然把加利西亚造成了一个鱼米之国",斯图普尼基 1849 年如是观察,这离 1772 年瓜分波兰、加利西亚被制造成为一个奥地利行省已经过去了四分之三个世纪了。[17] 按照《时间报》的说法,加省是政治的"天然场地",它也可以被视为一个自然生态区,不仅如此,根据亚历山大·扎瓦茨基(Aleksander Zawadzki)的自然史研究,斯图普尼基计算了加省范围内动植物种类的数量,他遗憾地说,他没有精准计算昆虫种类的数量。

同样,斯图普尼基还列举了人种分类:"在奥地利君主国,没有比加利西亚居民种类更多的地区了:波兰人、鲁塞尼亚人、德意志人、亚美尼亚人、犹太人、摩尔多瓦人、匈牙利人、吉普赛人……"他还提到了胡楚尔人,也就是喀尔巴阡山中的鲁塞尼亚人,还有卡拉人,就是犹太教异端,他们只读圣经,不读塔木德,也不接受希伯来语的犹太教。尽管人口如此多元,我们还是可以做一些全省范围人类的概括归纳。斯图普尼基讲,"加利西亚农民的习性"虽然各不相同,但"整体来说依旧很粗野"。粗野涉及吃喝玩乐各个方面。所以,这些多种族人群的集体特点就是粗俗,而这种粗俗也和加省地理那些原始森林的野性遥相呼应。克拉科夫附近的村民,还有高地人,也就是博古斯拉夫斯基 18 世纪 90 年代波兰民族歌剧中的主角,如今出现在了斯图普尼基的书中,成为加利西亚种族的类型:克拉科夫人"体态轻盈,动作优美",戴着棕红色的四角帽;高地人"身强体壮,精明强干,富有创造力",穿着无领长衫。[18] 斯图普尼基认为,加利西亚的历史可以分成三个阶段:1772 年之后的奥地利时期;1340～1772 年的波兰时期;981～1340 年的中世纪鲁塞尼亚与匈牙利王权时期。因此加利西亚不仅具有自然连贯性,还有历史连续性,甚至可以回溯到奥地利入侵的近一千年前。

  1849 年 10 月 3 日的《时间报》饶有兴致地向大家介绍了斯图普尼基的《加利西亚》,说这是"一本名字不错的书",但是带着卖弄学问地惋惜说,书中有很多错误,有历史错误也有地貌错误。"我们省的地理非常有趣",《时间报》写道,"是教育下一代的必需品",该书可以给他们提供良好的"民族教育(narodowe kształcenie)"。[19] 但通过这样一本书,一本还带着一个不错的以省名——加利西亚——为题的书,它输出的"民族教育"最多也只是异常的民族教育,甚至可以被看成"非民族"的,即高斯琴斯基 1835 年抨击弗雷德罗的那种"非民族"。不过《时间报》早就宣称"国家"是它创刊的基本使命,所以加省的地貌、地理和历史或可以带来民族教育新图景,混合着波兰和加利西亚内容的民族教育。

  1849 年秋,《时间报》公告了肖邦于 10 月 17 日病逝于巴黎的消息:"肖邦谢世!音乐世界损失了一位最伟大的浪漫主义大师;

我们失去了当代民族辉煌的一部分。几乎每一天,我们都变得更加贫瘠。"浪漫主义一代的谢世意味着民族光芒的暗淡,而这民族光芒也自然被另一种民族计划,所谓地方文化的有机工作取代了。在《时间报》的讣告中,肖邦并不像写出革命性或者军事性波罗乃兹舞曲的作曲家:"肖邦没有放弃对他贫穷孤寡的祖国波兰的热爱;身处美妙的巴黎,身处追求荣耀的名利场,他从未停止对自己不幸的乡土,对北方的空气和天空,对那些儿时伴他入眠的乡村歌曲感到悲伤与渴望。"[20] 有趣的是,肖邦的讣告和几个月前扎莱斯基的讣告有相通之处,都提到了被民歌包围的童年。肖邦成了一个名誉上的加利西亚人,向往着在后革命时代获得有机的满足,而这一切在他死后才刚刚开始。

次年春天,《时间报》关注了没有那么诗意,也没有那么强民族性的波兰项目:"加利西亚铁路计划"。报纸认识到交通和传媒对革命的重要性,指出"今天克拉科夫有铁路的帮助,我们比之前离巴黎和伦敦更近了,我们可以只花四五天时间就看到那里出版的报纸,我们离华沙、维也纳甚至利沃夫都近了"。[21] 西方的地平线好似离克拉科夫仅咫尺之遥,但整体看来,加利西亚并没有融入现代欧洲的交通版图。

> 西边的蒸汽交通,如我们所见,完美满足了各种公共和私人需求。为什么我们不能这样讲东边呢?为什么我们加利西亚如今还不在遍布欧洲的铁路网上?……加利西亚今天的交通情况还处于一种天然状态。[22]

落后是相对的,随着全欧洲蒸汽进步时代的到来,加利西亚的"天然状态"不仅代表了科技方面的最低值,经济落后的平稳点,

图 7 克拉科维亚克人

资料来源：Julius Jandaurek, *Das Königreich Galizien und Lodomerien* (Vienna: Karl Graeser, 1884)。

注：克拉科维亚克人是克拉科夫附近地区的农民。斯图普尼基在19世纪50年代称赞克拉科维亚克人"身体动作极其灵活和优雅"。他们也出现在18世纪90年代博古斯拉夫斯基的作品《克拉科维亚克人和古拉尔人》中。

相对而言还回到了发展中的状态。加利西亚很落后，而且落后得越来越多，这就是一个大问题，发展中的经济更需要现代交通的扶持。"加利西亚完全是一个农业国家，"《时间报》评论道。因此加省需要出口农业产品，进口工业制成品。[23] 斯图普尼基可能想到了原始森林的美轮美奂——没有遭到铁轨的破坏——但是《时间报》认为天然的状态不利于经济发展。

报纸回顾了加利西亚的上一个历史阶段，说 1842 年的议会曾探讨过铁路发展的重要性，莱昂·萨皮哈王子等人对此表示十分支持。其实萨皮哈和弗雷德罗在维也纳面见过索罗门·罗斯柴尔德，游说他建设一条到利沃夫的线路，但 1846 年和 1848 年的革命风波使这类经济规划搁浅。到了 1850 年的后革命时代，《时间报》已经要将这些问题重新提上议程。尽管如此，克拉科夫到利沃夫的铁路建设——可以整合东西加利西亚成为一省的铁路线——直到 1861 年才竣工。

1850 年 10 月份，《时间报》欢迎加利西亚新总督或省长（namiestnik）阿格诺尔·戈武霍夫斯基的到来。

> 管理皇家属地的总督阁下前日回省，我们已焦急等候多时，并热情迎接了他，因为我们可以看到，在不久的将来，他会宣告我们国家（nasz kraj）要从现在的临时状态进入到在"3 月 4 日"宪法精神下组建的新加省政府……[24]

1849 年 3 月 4 日的宪法修订通过了弗朗茨·约瑟夫的哈布斯堡专制主义复辟。弗朗茨·斯塔迪翁负责修订案的具体工作，从加利西亚被召回后，他到维也纳担任内务部长。这是一部很讲集权的宪法，给予维也纳皇帝更大的权力，但是从加利西亚的角度看，它的价值在于保留了王朝属地的行政结构，但每个属地又有各自的特点，比如加利西亚的议会。[25]

戈武霍夫斯基出生在加利西亚，出生于拿破仑兴风作浪的

1812 年,他将用毕生的时间来定义什么是加利西亚。1830 年,他到了参加俄国波兰起义最好的年纪,但是他没有参与起义,反而进入哈布斯堡政府工作,并在加利西亚的官僚系统内平步青云。1848 年,时任利沃夫市长的他和斯塔迪翁合作紧密,后来又和扎莱斯基搭班子,直到 1849 年接任了总督一职。历史学家约瑟夫·布什科(Józef Buszko)总结了戈武霍夫斯基当时的仕途:"总而言之,他和政府一起反对革命,反对他出身的社会。"其实在这个哈布斯堡的历史转折点上,戈武霍夫斯基也在调和波兰与鲁塞尼亚利益和身份之间的微妙关系。据布什科说,"他总去维也纳跟皇帝谈,波兰贵族可以成为加利西亚反对革命和分裂倾向的皇家靠山"。[26]戈武霍夫斯基获得了年轻皇帝的信任,并且可以轻松穿梭于维也纳和利沃夫。人们"热烈"欢迎他回家,回到加利西亚,因为他的每次往返都在巩固着后革命时代加省坚忍不拔的政治果实。

1850 年 10 月 25 日,《时间报》对戈武霍夫斯基一行顺利进入加利西亚到达利沃夫进行了报道。

> 期待总督到达的呼声很高,这对加利西亚而言是一件无比重要的幸事:每一个合理或不合理的希望,每一个大大小小的愿望,都在心急如焚地等待他的到来。所到之处,人们欢声雀跃和他打招呼,用礼炮向他致敬,他驻足的每个小镇都会准备夜曲和灯火游行。利沃夫尤其大张声势,城内机关、牧师和各行各业的代表一起出现在总督的宫殿前,总督在阳台上向他们致辞表示感谢,并向他们保证,在他心中,加利西亚和其他省的地位是一样的,也包括利沃夫和其他皇家城镇。为表达人们的欣喜之情,只会为皇帝到来而制作的横幅在镇政府大楼上挂了三天三夜。[27]

因此，戈武霍夫斯基宣布要建立——可以说是以他总督的身份去建立的——加利西亚与弗朗茨·约瑟夫之间最亲密互惠的关系。如果加利西亚的地图刻在了皇帝的心中，那么加省的统一就稳妥无忧了。只为皇帝保留的横幅已经为戈武霍夫斯基飘扬起来了，但据《时间报》派驻利沃夫的人员讲，弗朗茨·约瑟夫来年五月要亲驾来访，准备工作正在进行："这里的剧院虽然有一个富丽堂皇的大堂，但里面灯光灰暗、十分不堪，为了仪式活动，正准备将它翻修一番。"所以戈武霍夫斯基的到来可以说是某种仪式预演，为了之后弗朗茨·约瑟夫更令人期待的光临。[28] 同时，戈武霍夫斯基在维也纳的地位能够保证，加利西亚在哈布斯堡后革命秩序的演变中也可以获得更多的关注和照顾。

"1849年3月4日的国家宪法第一段将加利西亚和洛多梅里亚王国、奥斯维辛和扎托尔大公国，以及克拉科夫大公国注册为奥地利王国世袭君主制的皇家属地，"1850年11月11日的《时间报》头版宣布道。当1772年加利西亚并入哈布斯堡时，特蕾莎对入侵的合法性有所顾虑，但现在是1850年了，面临同样的政治情况，宪法再次确认加省的合法性，《时间报》称此次事件为一个重要的政治里程碑。除了这一观点中隐含的义不容辞的王朝忠诚，报纸说还有其他批准将加利西亚写入宪法、写入哈布斯堡世袭领土名单上的动机。通过单独给予每个皇家属地的诏文细则，宪法的精神愈发明晰，保证了每个"个体属地"的"自治权（samoistność）"。[29] 尽管在一个目的是恢复中央集权式帝国专制主义的宪法中，地方政治自治权看起来好像形同虚设，但《时间报》还是很在意这个细节，既然皇家属地是"个体"的，那就是"自治"的，它们的完整性隐含在宪法中。如果加利西亚被登记为可世袭的皇家属地，由一个帝国委任的总督管理统治，那么就可以说任何瓜分加省的意图都是违宪的。

"我们反复公开地讲,我们不想否认任何民族的任何发展权利,"《时间报》说道,"每个民族都有发展自身的权利,我们以为这完全可以实现,用不着瓜分国家。说到瓜分,我们认为这是很危险的,会弱化我们国家的实力。"[30] 这样的反抗声音很有必要,恰恰是因为——尤其是在新修宪法的时代——瓜分加利西亚的想法在全省范围内呼声很高,维也纳那边也在斟酌考虑。其实,后革命时代重新登记哈布斯堡家族的财产使布科维纳变成了一个独立的皇家属地,之前它一直非正式地属于加利西亚,时间可以从1775年加省吞并摩尔多瓦算起,也就是哈布斯堡吞并波兰、建立加利西亚的三年之后。即使在1848年之后,加利西亚本身仍然需要一系列名义上的称谓——加利西亚、洛多梅里亚、奥斯维辛、扎托尔、克拉科夫——为了保留可以覆盖全部加省地域的历史借口。但从《时间报》的保守观点看,哈布斯堡对加利西亚权利的皇室和宪法方面的主张——也就是需要加省的完整存在——使得加利西亚的政治身份和抵制省域分裂的行动都变得合法化,纲领化了。

1851年1月2日,《时间报》发表新年祝愿,沉痛反思了刚过去不久的大革命,同时乐观展望了后革命时期的政治未来。皇帝计划在新的一年里来加利西亚考察,《时间报》也提出了一个新的政治路线:突出加省的实用主义,摒弃1848年令人灰心的民族理想。"我们要为自己考虑了",《时间报》写道,本着一种坦率的政治利己意图,"我们要从一切机会(korzystać sposobności),一切在1848年风波后留给我们的机会中获利"。然而,教训就是专门给加利西亚准备的,来自于那两个革命之年,这两个年份放在一起只与加利西亚有关。

在1846年和1848年,前所未有的事情发生了。在一个民族中,在一个领土上,成群的老百姓站起来,不仅反对那些提出民族标准的人,还反对那些所谓为人民利益而奋斗的人。往日的理想,自由的魅力,物质的诱惑都没能吸引到老百姓。为什么?因为老百姓有常识,常识告诉他们哪些事可以做,什么时候可以做——冥冥之中也有人告诉他们谁配做领导者。[31]

在其他欧洲国家,人们或许觉得帝王的反制措施欺骗了他们1848年的革命希望,而加利西亚人还有一份1846年的额外教训,提醒他们,人民——那些老百姓——可以扮演一个暴力的决定性的、说到底就是反革命的角色。

1851年元旦,《时间报》回绝了波兰民族"大喊爱国主义"的号召,并提出了一个上下层阶级和解的保守观点,其中也认同了老百姓的常识。

如果要和自己的民族绑定在一起,只讲宪法权利是远远不够的。我们有必要了解人的本能,我们人民的本能是守规矩和分等级的。所以有必要在社群中找到一个领导人,在加省不同的行政机关中找到带头者。加省的新组织为此提供了新的契机……[32]

《时间报》评论说,加利西亚的后革命政治必须要具备加利西亚特性,要依照在加省治理中寻找政治机会的地方实用主义原则,要根据哈布斯堡王朝的宪法框架:"扎根国家,遍布国家。"接受民众对秩序和等级的本能认知就等同于接受了在哈布斯堡等级统治政治背景下的加利西亚。"我们在为国家考量（my ślimy o kraju），所以我们为国家而写作吧（piszymy dla kraju）"，第二天，《时间报》就这样在新年伊始确立了它自己的加利西亚身份。

"我们的故土"

1851年6月，戈武霍夫斯基从利沃夫前往维也纳，《时间报》报道他路过克拉科夫，"人们热切盼望着他的出现，短暂的停歇没有给克拉科夫民众留下向他致敬问好的机会，他们想让他住得更久一点"。《时间报》的加利西亚身份某种程度反映出克拉科夫的政治边缘化，现在它只是连接利沃夫和维也纳这条重要加利西亚线路之间的一个换乘点罢了。但报纸也表达了加利西亚爱戴戈武霍夫斯基的温馨感情："人民的爱戴，他当之无愧，他是皇上的心腹大臣，他为加省的明天殚精竭虑。"[34]

6月27日，《时间报》谈论了更令人期待的君主来访一事。皇帝5月份没有按照计划前往加利西亚，他的到访日期仍然是未知数。"圣上要来了。圣上不来了。"这就是克拉科夫集市广场上可能会听到的矛盾交谈。从克拉科夫到利沃夫的一路上，有很多小镇已经做好"凯旋门、灯光照明和演讲的筹备"。在利沃夫城内，帝国客人的莅临一定会带来"最美轮美奂的马车，最流光溢彩的金边制服，好像从地底下召唤出来似的"，还有为皇家正式场合而准备的进口时尚晚礼服。《时间报》却遗憾地说，克拉科夫太穷了，在城市装扮上无法与利沃夫媲美。

如何能走到前面，吸引皇上的目光？总的来说，考虑到克拉科夫现在的城市面貌，我们如果检查公共庆典的准备，可能会看到人们脸上充满期待的表情,美好愿望马上要实现的表情。人人都预言自己会有光明的未来。[35]

能吸引皇上目光的面部表情正是《时间报》所呈现出的那种加省的地方政治面貌,典型的加利西亚人期待来自哈布斯堡等级制的凝视。

7月份,《时间报》发起了《来自加利西亚的信》的系列连载,想让读者朋友更加了解他们自己的国家,同时也突出了加省故乡全新的重要意义。"直言不讳地讲,比起故乡(kraj rodzinny),我们其实更了解外国",《时间报》写道。专栏记者要去探索喀尔巴阡山一角,他批评市面上出版的书籍缺少好的向导介绍,他尤其看不起斯图普尼基的新作《加利西亚》,说他"在错误里溺毙了"。《时间报》讲到士奇吉茨(Szczyrzyc)镇上可以被称为加省骄傲的老城堡和修道院,并给出了中世纪时期的历史注解,这可比创立加利西亚要早得多。士奇吉茨的修道院花园被称为"全国(w kraju)第一。[36]在这些"来自加利西亚的信"中(不言而喻,这些信同样是写给加利西亚的,也是关于加利西亚的),加省被展现成这里居民的"原乡"。

10月份,在漫长的等待后,皇帝终于来到加利西亚,停留了三个礼拜。《时间报》10月13日报道了皇上代表帝国在克拉科夫的现身,克拉科夫人民"喜极而泣",伫立在街头两旁观看大游行。在城郊的卡齐米日犹太区,社区代表"依照习俗,手里拿着犹太圣经等待着君主"。克拉科夫的军乐队演奏海顿的《帝皇颂》,玛丽亚教堂庄重地迎接了皇帝,在以旅游为导向的《来自加利西亚的信》中,这个教堂被形容成"国内(w tym kraju)最漂亮的哥特式建筑"。到了晚上,宏伟壮丽的文艺复兴式纺织品市场——苏金尼斯(Sukiennice)——"五颜六色,光彩夺目"。[37]

第五章 革命之后：沙皇崛起与弗朗茨·约瑟夫的降临　247

图 8　马背上的弗朗茨·约瑟夫皇帝（1849 年）

资料来源：作者收藏。

注：弗朗茨·约瑟夫皇帝于 1848 年 12 月即位，时年 18 岁，并于 1851 年访问加利西亚。

此次对克拉科夫的访问是一场全市的庆典，也算是更隆重的全省范围内庆祝弗朗茨·约瑟夫来访的一个节目。他 10 月 11 日和 12 日在克拉科夫，但是 13 日已经去了维利奇卡盐矿，然后准备横穿加利西亚，前往利沃夫。历史学家丹尼尔·乌诺夫斯基观察道，有波兰贵族对 1851 年帝国皇帝访问加利西亚颇有非议，其中有些人还怀揣着 1848 年的民族情感，还有的人只是因为自己没有被邀请参加盛典而感到羞辱。戈武霍夫斯基自己也抱怨,皇帝来访期间,哈布斯堡军事负责人会比他的地方政府有着更高的地位。但成千上万的加利西亚农民站立在皇帝座驾途经道路的两旁,想亲眼看着皇上经过,弗朗茨·约瑟夫收到了3000多条来自加利西亚臣民的请愿,要求帝国提供帮助。[38] 对加利西亚自古以来就是哈布斯堡皇家属地有执念的《时间报》,在1851年弗朗茨·约瑟夫来访之际,怀念起了1773年约瑟夫二世来访加利西亚的旧事。[39]

在克拉科夫和利沃夫之间的塔尔努夫,21岁的皇帝于10月12日写信给母亲,表达自己在教堂钟声响起时,在礼炮响起时,拿到城市钥匙时的极大满足感。"学校里的孩子,举着横幅的行会成员,揣着犹太圣经的犹太拉比,大教堂里穿着教皇装扮的牧师……你会听到各种叫喊声,尤其是犹太人,你都想不到来了多少犹太人。"[40] 对于皇帝而言,就像对于其他任何加利西亚的来访者那样,犹太人的出现引人注目,这里的犹太人远远要比其他哈布斯堡行省的犹太人多,这是加利西亚最具特色的风景。在弗朗茨·约瑟夫从加利西亚写的信中可以看出,就和1823年梅特涅的信差不多,加利西亚犹太人给维也纳来访者留下了深刻的印象。对加省犹太人来说,1851年也代表了哈斯卡拉启蒙改革运动(Maskilim)和传统东正教社区(Mitnaggedim)之间暴力冲突的结束,二者都把枪口一致对准神秘虔诚的哈西德派。开明的犹太人喜欢德语和现代习惯,从约瑟夫时代起,他们就受到了哈布斯堡政府的支持,1844年,拉比亚伯拉罕·科恩(Abraham Kohn)当选为利沃夫大犹太教会的领导人,从而大获全胜。但是1848年9月份,在革命之年,科恩被他的东正教对手杀害,据说他们派人去科恩家,在汤里下了砒霜。历史学家迈克尔·斯坦尼斯拉夫斯基分析了这场谋杀案如何反映出加省犹太教内部的冲突。1851年,在皇帝出行的那一年,维也纳最高法院驳回了他控告东正教领导人涉嫌参与谋杀的诉讼请求。[41] 在展现 1851 年犹太人如何代表加利西亚向弗朗茨·约瑟夫一致表达热情时，《时间报》并没有提及不久前发生的那些明争暗斗。

帕维乌·波佩尔（Paweł Popiel）是初期展现保守倾向的《时间报》的主要编审，还有一个参与编辑工作的年轻人叫瓦莱里安·卡林卡，1851 年时他只有 25 岁，将来注定要成为克拉科夫历史学派的奠基人之一。卡林卡曾参与了 1846 年灾难性的波兰民族起义，但是到了 1849 年入职《时间报》时，他已经成为一名加利西亚保守主义者了。但在后革命时期的政治气候中，卡林卡成了奥地利警察的审查对象，1852 年选择移民巴黎。在法国，他创作了第一部历史作品，《奥地利统治下的加利西亚和克拉科夫》，该作品于 1853 年问世。[42] 这部作品不仅控诉了奥地利如何控制加利西亚，还全然接受了加利西亚作为历史研究主题和政治讨论议题的真实性和重要性。卡林卡生于 1826 年，在自治时期的克拉科夫上学读书，对于"加利西亚的年轻人"，他的同龄人的教育机会非常有限，他感到很遗憾。

> 准确来说，奥地利政府是一个警察国家，它管控着公共生活的每一种表现，并把它们扼杀在襁褓中。被监管怀疑的公民只可以在娱乐社交圈活动，但他们不可以发展出任何持久的忍耐、互助和支持，以及共同的利益，一言以蔽之，不能形成任何凝聚力。这是加利西亚之前和当下最大的不幸。[43]

卡林卡讲到，加省无论是在梅特涅时代还是在后革命时代，都不能真的产生属于加利西亚的公民社会或者属于加利西亚的公共空间。

但卡林卡批评奥地利并不等同于他怀念瓜分前的波兰。事实上，他在波兰历史学界率先重新思考整个波兰的历史和联合王国的衰败史。卡林卡和克拉科夫学派都不同意将波兰人视为受害者的那种浪漫主义崇拜，他们认为国家被瓜分是有其历史原因的，部分是由于波兰自己的政治和社会生活造成的。这种历史修正主义自然会导致加利西亚成为历史学家笔下一个有价值的研究课题。相似地，加利西亚也是《时间报》笔下一个有价值的政治新闻平台："扎根国家，遍布国家。"

大革命后，当《时间报》开始抒发对加利西亚的使命感时，弗雷德罗，这个在梅特涅时期尽心尽力的加利西亚人，如今却发现自己难以坚持哈属加利西亚人的身份认同。在19世纪40年代初期的加利西亚议会上扮演着保守角色的他，1848年却参加了波兰革命运动，是民族委员会和民族护卫军的一员。他时年19岁的儿子扬也跟着匈牙利革命军一起去反对哈布斯堡。1848年的扬与他父亲1812年在俄国为拿破仑而战时的年纪一样大。在后革命岁月里，这对父子可以在巴黎相见，但不同于儿子的是，弗雷德罗还以为，只要他愿意，他就能够自由且安全地回到加利西亚。1852年，因1848年参加革命反对哈布斯堡，尤其是在某次讲演中谴责过奥地利的官僚体制，大剧作家被判处叛国罪。1854年，弗雷德罗被无罪释放，但在遭受政治挫折后，他并不太想回到他的定居地，也不太想当加利西亚人了。1855年12月，弗雷德罗还在利沃夫，但他曾认真考虑去普属波兰购买一套房产，至少，他还能在那里看到儿子，后者如踏入哈布斯堡君主国的领地，就会面临被拘捕的命运。弗雷德罗就此向自己辉煌的文学成就说再见，他准备要永远放弃加利西亚了。[44]

弗朗茨·约瑟夫皇帝出生于1830年，与1829年出生的扬·弗雷德罗几乎同龄。而弗雷德罗家族也把皇帝看成政治特赦的资源。1853年，剧作家的妻子佐菲娅·弗雷德罗娃（Zofia Fredrowa）看到皇帝要迎娶巴伐利亚的伊丽莎白的新闻时，情绪激动地说："皇上大婚的消息令我震惊，我不知道我要开心还是害怕——我真不知道。我知道的是，特赦还是有机会的。"特赦比他们想象的要来得更晚一些，1856年，扬·弗雷德罗从斯帕（Spa）给父母写信说道："我不知道要怎么解释，直到刚才，我还觉得拿到特赦没有可能，但现在希望似乎来了，我很快就要回到加利西亚了。"最终，1857年，身处利沃夫的亚历山大·弗雷德罗在6月12日的信中宣布："今天是个好日子，我儿子要回家了。现在我可以死而瞑目了。"45 作为终生的加利西亚人，弗雷德罗又活了20年，1876年病逝于利沃夫时已是一位八旬老人，但早在19世纪50年代，他对加利西亚的信念就因身处绝对异化的边缘而衰退了。

1857年，扬·弗雷德罗返回加省的同年，另一位纨绔子弟也回到了他的故土，他就是利奥波德·冯·萨克-马索克。1848年，12岁的他随父亲离开加利西亚搬到布拉格，如今，他在格拉茨大学拿到了历史学位，在格拉茨做人民教师，平时进行创作，但他还耽于声色，全身心地追求他的性虐满足感。1857年，萨克-马索克写完了他的第一本小说，小说背景设置在1846年的加利西亚。他拿着小说的稿费云游四方，游览他凭借童年记忆所虚构的风景。

> 我用我赚到的第一桶金飞奔回家乡。那是1857年的夏天，我第一眼看到加利西亚的农民时不禁潸然泪下。此时此刻，当邮递马车到达伦贝格时——那时还没有火车——我认出了这里的街道、房屋、墙边的大树、伦贝格的长廊，我像孩子一样哇地哭了出来。我的祖母当时还在世，我们家的老房子和我10

年前离开时一模一样。这就像一个童话故事,在沉睡了一千年以后,万物复苏,与往日无异。[46]

和弗朗茨·约瑟夫 1851 年到访加利西亚时一样,年轻作家是为了宣布某种帝国的所有权而来,他带着情绪和感情,宣称在今后的写作生涯中,本土风景是属于他的。

对于萨克-马索克来说,加利西亚就是童话中的迷信和魅影,是自然之美和残暴之野性相结合的场景,东欧半神话般的落后容许加省的童年幻想以成人变态的形式被虚构出来。1857 年,他通过让加利西亚对他行使权力来声明他对加利西亚的权利:"从伦贝格出发,我漫游在加省东部。后来我经常回到故乡,但我再也没有和之前那次同样的感受,那一次我满腔热情回家,和我们的人民(mit unserem Volke)同吃同住了两个月。"[47] 这种支配着他心灵和创作生活的热情,即受虐的热情,也在他作为年轻人的归乡过程中培养累积。在"我们的人民"之间,在加利西亚人之间,他的幻想再次燃起,使用第一人称复数有明显的帝国意味。对于这个利沃夫警察局长的孩子来说,加利西亚人民无疑是"我们的人民",奥地利官僚体制和哈布斯堡王朝统治下生活的臣民。

萨克-马索克尤其追忆了 1857 年与犹太哈西德主义在加省的相遇。实际上是在毗邻的布科维纳省(不久前脱离出加利西亚),萨克-马索克会见了一位因为正直被称为圣贤(Zaddik)的哈西德派领袖。

1857 年,我在叔叔的陪同下见到了义人萨达戈瓦(Sadagora)的李卜曼(Liebmann),我可以近身观察这个神奇的人,有机会领略哈西德主义……萨达戈瓦当时是一个小镇,住的几乎都是犹太人和亚美尼亚人。狭窄的街道上充斥着污垢，幽深黑暗，永无天日。[48]

萨克-马索克所理解的哈西德派教徒是摒弃禁欲主义的神秘人，他们不相信肉体死亡，想通过祈祷寻求与上帝的合体，同时要求自己"避开每一次折磨，满足每个合理的需求，甚至培养快乐"。这位青年受虐狂很喜欢这种痛与乐的并存，也十分敬重被称作"哈西德主义哥伦布"的巴尔·谢姆·托夫——按照萨克-马索克的说法，他生活在18世纪的"加利西亚"。其实，巴尔·谢姆·托夫病逝于1760年，远在创立加利西亚之前。哈西德派后来的确在加利西亚蓬勃发展，萨克-马索克也深信哈西德主义就是加利西亚土生土长的。

拜访萨达戈瓦的犹太圣贤给萨克-马索克留下了深刻的印象。

> 一个长着小狐狸脸的哈西德派青年领着我们走上楼梯，通过前室，来到了一个大房间，这家的女人们在此集会，有圣贤的妻子、儿媳、女儿和侄女。我感到我好像被运到了君士坦丁堡的苏丹后宫一样。这些女人都很漂亮，至少很好看，黑色天鹅绒的大眼睛盯着我们，觉得既惊奇又好笑。她们都穿着丝绸早礼服，还有丝绸或天鹅绒制成的袍子，袍子边缘装饰着一层昂贵的皮毛：黄紫色的丝绸，绿色、红色和蓝色的天鹅绒，松鼠皮，白鼬皮，貂皮，紫貂皮……最后，还有一个又大又厚的窗帘绑在一边，然后我们走进了圣贤接见客人的大房间。门口的墙边放着一个土耳其老沙发，圣人正倚靠在上面。[50]

一看便知，在萨克-马索克眼中，哈西德主义的加利西亚到处都是东方暗示，他说自己活在《一千零一夜》的童话世界中，有后宫，有苏丹，有沙发。同时，这位《穿裘皮的维纳斯》的未来作者，历史上最有名的皮毛恋癖者，观看拉比的"后宫"时一定是非常兴奋的，幻想场景中有多重的性虐情景，松鼠、白鼬、紫貂……

萨克-马索克坚信，带着幻想狂热神秘成分的哈西德主义，是典型加利西亚式的。

> 要想了解哈西德教派，就必须先了解他们生活的地方，了解加利西亚。试想那一望无际的平原，在春天铺满了绿芽，夏天铺满了黄麦穗，冬天铺满了白雪……你知道，那些在海上沙漠漂泊半生的水手慢慢会变得少言寡语、郁郁寡欢。加利西亚的大平原也会产生同样的效果。这里的人民有一种他们无法抓住的永恒感，他们投入自我的深渊……现在我们想象一下，一片昏暗的浓荫，在这片荒地上，远离世界，远离文明……有一个伟大的灵魂，他需要去探索发现这个世界，深入街头，走进小巷深处，他有无限的想象力和温暖的内心，他像一个犯人那样被关在封闭空间中，像植物园中枯萎的花朵，除了塔木德和他的卡巴拉之外，并没有其他可以参考的东西。你会知道，这个人一直在寻找，一直在怨念，他是一个做梦的人，一个狂热者，你会相信这个人可以听到上帝的声音，他可以跟天使和魔鬼聊天。不，哈西德派教徒不是骗子——他们都是哈姆雷特，都是浮士德，如果他们最后像哈姆雷特那样有点疯癫，你不要感到惊讶。[51]

认识他的，或者只是读过他作品的人，总会怀疑，萨克-马索克有理智吗？最后他把他的名字和名声带到了克拉夫特-埃宾《性心理变态》(*Psychopathia Sexualis*)的诊疗资料中。在萨克-马索克眼里,加利西亚就是幻想、狂热,甚至有些心理扭曲的景象——和莎士比亚式的体面如出一辙。这个景象特点在萨克-马索克看来,也是源于加利西亚的原始粗糙和远离文明。

19世纪上半叶,哈布斯堡试图再次对加利西亚使用帝国的那套说辞,帝国在瓜分波兰的同时也获得了一大批犹太人口,即波兰犹太人。19世纪下半叶,当人们逐渐接纳加利西亚的地方完整性时,当各方人士仔细研究它的行省特征时,我们越来越有理由认同萨克-马索克的观点,加利西亚犹太人组成了一个独特的社群,不同于东欧其他的犹太群体。哈西德派虽然也存在于俄属波兰,但他们在这里却被制造成加利西亚犹太人的一个重要标志,叫作加里坚人(Galitzianer)。

加利西亚自治:"圣地"

19世纪50年代,弗朗茨·约瑟夫以帝国专制主义精神一统天下,亚历山大·巴赫(Alexander Bach)时任内务部长,但在1859年的索尔费里诺(Solferino)战役后,意大利大败奥地利,后者被迫向新统一的意大利王国割让伦巴第省,于是,长达10年的专制主义被19世纪60年代为期10年不稳定的宪法适应期所取代。50年代加利西亚总督戈武霍夫斯基坚持加利西亚统一不动摇,坚决抵制一切鲁塞尼亚人的政治运动。然而,在哈布斯堡王朝的帝国背景下,他所能做的也无非是听命于维也纳的官僚专制。虽然之前有波兰人做总督,但维也纳的专制还是由一群德意志人实际掌控,是用德语操纵的。所以令人始料未及的是,在1859年的索尔费里诺战役后,戈武霍夫斯基从利沃夫调回维也纳,接任内务部长一职，负责管理帝国范围内的事务。加属波兰人在中央做这样级别的高官是史无前例的。这次任命不仅印证了皇帝个人对戈武霍夫斯基的信任，还给人一种感觉，就是他的波兰民族身份极大程度上受到了哈布斯堡帝国观，或者是加利西亚地方观的影响。毫无疑问，他作为一个加利西亚人的首要任务就是效忠于哈布斯堡皇帝。

尽管如此，委任戈武霍夫斯基并不是为了复辟19世纪50年代的专制主义，他反而主持了所谓1860年"十月文告"这一政治小插曲。1849年宪法承认皇家属地是王朝的基本领土组成，王朝对其有中央管控权，但"十月文告"在很大程度上提升了皇家属地的执政能力，并向各自立法机构下放权力，其中包括加利西亚议会。换句话说，"十月文告"强调了哈布斯堡宪法的联邦性，这很受加利西亚波兰保守势力，比如《时间报》的欢迎，这样说来，让戈武霍夫斯基这样的加利西亚人负责这项政策的落实就再合适不过了。不是某个单独的加利西亚人，而是普遍的加利西亚观点，突然间对整个哈布斯堡王朝产生了影响。

"十月文告"旋即引起了争议，官僚中的德意志和自由主义势力尤其反对这项新政。据历史学家马戛尔尼讲，在维也纳，戈武霍夫斯基就是"自由主义出版社严厉甚至是恶意讨伐的靶子（他们讨厌像他这样的贵族、联邦主义者、神职人员，以及像他这样的波兰人）"。[52] 在签发"十月文告"两个月后，戈武霍夫斯基忽然被逼辞职，再两个月后的1861年2月份，所谓的"二月文告"完全推翻了"十月文告"的内容，重新建立了中央集权系统。但前加利西亚总督、现任维也纳内务部长的戈武霍夫斯基给了我们一次机会，让我们看到了受宪法制裁的皇家属地还是有潜力在政治上起到重要作用的。随着1861年久违的克拉科夫——利沃夫火车线路竣工开放，加利西亚的同舟共济、团结一心又登上了一个新台阶。

1863 年是加利西亚的大考之年，俄属波兰涌现的民族起义必然博得了加省波兰人的同情，但哈布斯堡军队和警察在加省承担的压力——此时加省已经进入紧急状态，开始实施各种抓捕和管控——遏制了这种同情心的表达。有一个加利西亚高级委员会组织力量支援起义，起义政府在加利西亚的代表塞维仁·埃勒扎诺夫斯基（Seweryn Elżanowski）评判了加利西亚的现况："我们必须要把加利西亚看成是波兰最古老的行省之一，因此也是波兰自古以来不可分割的一部分。"但人们对他寻找支援的诉求反馈一般，他感到很失望。他说他发现"加利西亚要比别的波兰地区缺少一份爱国之心"，"太看重金钱回报，把那份吝啬都带到祖国的祭坛上了，"他平淡地总结道，"在其他任何地方，你都找不到像加利西亚那样，在支持同胞方面做得如此冷酷无情的民族政府。"[53] 埃勒扎诺夫斯基将这样不合格的爱国主义归因于民族组织的缺失，也许还有加利西亚人逐渐形成的情感双依恋的原因。爱国主义在加利西亚指的不仅是对祖国波兰的民族归属，还有对皇家属地，也就是对加利西亚的地方奉献。

1865 年，俄属波兰的起义军被残酷击溃后，加利西亚还在继续沿着地方自我认同的道路上昂首阔步。还记得斯图普尼基 1853 年总结整理了加利西亚的动植物种类，但遗憾的是，他没有给出加利西亚昆虫种类的准确数量。1865 年，我们在马克西米利安·诺维茨基（Maksymilian Nowicki）所著的《加利西亚昆虫》（*Insecta Haliciae*）中找到了这个问题的答案。此书由雅盖隆大学在克拉科夫出版，书中完整展示了加省的昆虫分类以及拉丁波兰双语的物种名称，比如黄蜂（vespa, osa）。同年，他出版了另一本学术著作，专门研究加利西亚的蝴蝶，这本书分别在利沃夫和维也纳用波兰文和德文出版，这样一来，地方和首都的鳞翅学者都可以品读翻阅，汲取知识。后来他转去研究鱼类，又写了一部加利西亚鸿篇巨制，在他去世前的1889年于利沃夫出版，题为《加利西亚的维斯瓦、斯特里、德涅斯特和普鲁特河中的鱼》。[54]

1865年《加利西亚昆虫》的发表正好赶上了国家议会的召开。哈布斯堡王朝再一次准备做出政治结构的调整，修改"二月文告"的内容，弱化政府系统的中央集权，所以这又与地方上的皇家属地息息相关。俾斯麦的挑战以及1866年奥地利和普鲁士战争的开始〔以奥地利在克尼格雷茨（Königgrätz）的战败而告终〕使得弗朗茨·约瑟夫皇上瞬间陷于王朝内部政局的压力。结果就是1867年奥地利与匈牙利做出妥协，匈牙利王国在政治上脱离奥地利帝国，当年可是弗朗茨·约瑟夫亲手促成他们之间的王朝结盟。"奥地利"或者"内莱塔尼亚（Cis-Leithania）"的一半帝国（当下以莱塔河为界）获得了适用于十五个皇家属地的新自由宪法，其中包括上下奥地利、波西米亚、蒂罗尔、摩拉维亚、施蒂利亚、卡林西亚、卡尼尔拉、达尔马提亚以及加利西亚。内莱塔尼亚的版图大部分都在莱塔河的西侧，构成了地理上的完整性，但加利西亚在地图上并没有与之完美衔接，尤其是它的东部疆域，与维也纳、布拉格、卢布尔雅那这样的内莱塔尼亚中心相距甚远。

政治上讲，加利西亚可以要求享有某种特殊待遇，因为帝国政府盘算着，自己在新维也纳宪法框架下的议会中不能没有加省波兰人的支持。所以，对匈牙利的历史性让步导致了对加利西亚更卑微的妥协，也就是允许其保留大幅度的政府自治，也允诺波兰语在教育和行政上的优先权。因此，在目睹了俄属波兰起义军被打垮后，加利西亚人在波兰人的支持下于行省境内获得了全面的政治自治。昆虫可以自由穿越国家边境，鱼儿可以沿着维斯瓦河从克拉科夫一直游到华沙，但是加利西亚自治的政治界限比以往更明显地标志了加省作为一个独立实体的存在。

奥地利在克尼格雷茨的失利发生在1866年的7月3日。8月11日，克拉科夫的《时间报》已经预料到国内要发生重要的政治变革："奥地利面前有三条路可以选：中央集权、二元化，或者皇家属地独立自治。"《时间报》设想，"奥地利一定会对自己说：我不是一个德意志国家，我也不是半德半匈的国家，我是由王朝上下各族人民组成的多元集体国家"。[55] 加利西亚对奥地利政治转型的关注点还是在皇家属地，这其中自然包括了加省自身，而《时间报》将这种政治关注与戈武霍夫斯基联系到一起，此时戈武霍夫斯基正悠闲地生活在加省的庄园里，他已经处于半退休状态，距1860年12月辞任部长已有五年时间了。1865年，他参加了在利沃夫举办的加省议会；1866年，他奔赴维也纳，和弗朗茨·约瑟夫以及总理理查德·贝尔克雷迪（Richard Belcredi）探讨了奥匈二元王朝下的加利西亚未来。戈武霍夫斯基是为加省特别自治区呕心沥血的人，是他让加利西亚成为诸多皇家属地的一分子，是他的努力让加省进入内莱塔尼亚的自治属地的行列。

9月26日，《时间报》报道了戈武霍夫斯基刚刚收到弗朗茨·约瑟夫的任命，他二度出山担任加省总督，正在从维也纳赶回利沃夫。

> 我们国家（kraj nasz）之前总是想从中央那里求得有利于自己民族和自治所需的好处，如今，我们在总督个人那里兑现了第一个愿望。这次提名确实说明，从今天开始，加利西亚将要依照自己的意愿去管理，表明了加省的美好即是王朝的美好。因此我们向我们的总督大人致敬，祝愿他万事如意、一帆

风顺,我们要让他看到,克拉科夫上下都对他的新任期充满信心和期待。[56]

因为通往利沃夫的铁路已建成,戈武霍夫斯基还有几个小时就可以抵达克拉科夫了,他只需要在中途换一趟车。在车站,戈武霍夫斯基的总督职责——作为皇上在加省的权力象征,同时也代表着加省全体人民对皇上的忠诚——展示了加省在王朝内的特殊地位。加利西亚是"我们的国家",它是一个和睦而凝聚的整体,它有自己的利益和好恶,在概念上也无法与哈布斯堡帝国分割开,而如今,通过戈武霍夫斯基的周旋,加利西亚已经全然与哈布斯堡皇帝保持一致,二者休戚与共。

"每个皇家属地的自治权必须构成一个整体,同时也是整个君主制的一个独立单元。"《时间报》9月29日写道:"大家都知道有一伙人意图采取分裂加利西亚的行动。"在《时间报》看来,1848年的教训对1866年的今天仍然有教育意义。鲁塞尼亚人要求瓜分加省反倒巩固了加利西亚的凝聚力,构造了加利西亚的观念和身份,这对波兰人尤其重要。矛盾的是,波兰人为了加利西亚的主张,为了加利西亚"全国性(kraj cały)"的主张而要抹去自身的波兰性。《时间报》认为,戈武霍夫斯基是典型的加利西亚人,是加省最合适不过的政治行动者:"我们也都相信他可以克服重重困难,找到支持全国的方式。举国上下都需要自治政府,都渴望强有力的权威人物。"[57]克拉科夫的保守主义者们提出了总体和谐的有机政治哲学,他们否决一切政治异见,坚持"全国"政治和社会完整性的主张,这种政治哲学可以被一个词概括,就是加利西亚。

加省统一的精神指示虽被一再强调,但很快就有另一种声音将其覆盖,鲁塞尼亚人直接承认自己真心反对加利西亚自治。《时间报》仍坚持认为，真正意义上的反对声音来自于加利西亚之外，甚至是哈布斯堡王朝之外：即俄国。假如加省被看成一个整体——"kraj cały"——那么鲁塞尼亚那一撮异见者就必须被说成是受俄国操控，以及受外国势力指使的。《时间报》在 11 月 8 日控诉，"在东加利西亚，俄国用圣乔治党（sviatoiurtsi）作为棋子"。这个圣乔治党和希腊礼天主教会联系紧密，也被称为"古鲁塞尼亚人"，是鲁塞尼亚保守势力的党派，他们最仇视波兰人，最效忠哈布斯堡，最倾向于把加省鲁塞尼亚人看成独立的民族群体。《时间报》猜想，这个组织在 19 世纪 60 年代逐渐趋近于鲁塞尼亚亲俄派。而且，60 年代的希腊礼天主教会中还兴起一股"仪式净化"运动，以清除罗马天主教对东仪传统礼仪习俗的影响，同时向东正教投怀送抱。乌克兰诗人塔拉斯·舍甫琴科（Taras Shevchenko）1861 年病逝于圣彼得堡，他的作品开始逐渐受到加利西亚鲁塞尼亚人的欢迎，于是他们越过哈布斯堡王朝的边界，观察俄罗斯帝国内部的乌克兰文化。[58] 代表波兰态度的《时间报》则认为，鲁塞尼亚人对乌克兰或东正教感兴趣的任何表现，背后都有俄国人在操纵。

因此，在《时间报》眼中，谁在 19 世纪 60 年代反对加利西亚自治，谁就等于在叛国，就是奥地利的叛徒，而支持加利西亚自治的人就是忠诚和爱国人士。对后半句我们要做更细致的分析，到底什么是忠诚，什么是爱国，以及爱的是哪个国，是波兰，加利西亚，还是奥地利，三者又那么盘根错节，真可谓剪不断，理还乱。

加利西亚与政府的关系带来的最主要的好处，就是我们能够在法律上承认我们的民族情绪，按照民族需要提出要求……提出的要求并不会冒大不韪。加利西亚知道（Galicya czuje）

奥地利政府的底线在哪儿,它没有也不会逾越国家的权力和限度,更不会违背国家的利益。[59]

这段话对"波兰"只字未提,所以对于加利西亚的"民族情绪"或者"民族需要",我们到底应该理解成波兰的还是加利西亚的,这里也留了一个问号。《时间报》中央-地方关系的政治理论指出了政治可能性的边界。这些政治边界无疑反映出加省在哈布斯堡王朝的边界,以及王朝区别加利西亚和其他波兰土地的边界。在这些边界和限制中,加利西亚具有自己独特的政治角度和感知力。

但加利西亚也不是对其他波兰土地的情况一无所知。《时间报》未卜先知地预告了加利西亚在它余下的行省生命中承载的那份使命感,这份使命感一直坚持到第一次世界大战。

在其他的波兰地区,强权推倒了民族生活的旗帜,切断了自由的最后一口气,只有主导民族才有存在和享有公共自由的特权。加利西亚注定要成为保存最纯粹民族元素的避难所,守护着我们祖先的信仰和财产。没有必要为了怕被恶人盯上而把它们藏起来或者扯谎,没有人真想毁掉它们。相反,政府答应要和我们一起保护,一起守卫。这也是加省人民族感的来源吧。[60]

自治的加利西亚被看作保护波兰民族文化的国家避难所,这个观念在接下来的二三十年里慢慢成形、深化。加省使命从根上说也是一种自我开脱的意识形态,因为只有不提波兰政治起义,不提背后的革命意图,只有乖乖回到加省的边境内,才有可能把加利西亚建设成波兰的民族避难所啊!

对皇帝的忠诚不渝即是对加利西亚自治最有力的保障,同时又是最后的底线,这条意识形态红线绝不可跨越。《时间报》以报纸编辑的口吻表露了这份赤胆忠心:"加利西亚从来没有比现在更忠心耿耿,我们也从没听过或看到过如此大规模的效忠现象,它们同时出现,不是官方安排好的。"[61] 在 19 世纪上半叶,甚至是在不久之前 1831 年弗朗茨·约瑟夫的来访中,加省的哈布斯堡官员可能有意在一些特定场合去协助表演忠心。但从 60 年代开始,在《时间报》这样的公共机构的影响下,对奥归依的仪式化表现逐渐成为加省身份和文化血液中的一部分。就如《时间报》得出的悖论,每一次对弗朗茨·约瑟夫的效忠同时又都是证明加利西亚自治的感言。

忠诚:"我们拥护你"

《时间报》11 月 8 日声明,"加利西亚从没有比现在更忠心耿耿"。一个月之后的 1866 年 12 月 10 日,在利沃夫召开的加利西亚会议通过了效忠奥地利的正式宣言。在哈布斯堡败于普鲁士后,王朝岌岌可危,加利西亚人没有再提波兰民族独立的问题,反倒表达了他们对皇帝坚定不移的支持。"在那刀光剑影的日子里,善良的上帝",议会向弗朗茨·约瑟夫高呼,"我们国家(nasz kraj)贡献出我们孩子的鲜血——人们报名参战,自告奋勇,热火朝天,誓与王朝共生死——这温暖了许多将士的心,稳固了你们军队大部分队伍的士气"。[62] 这些就是 1866 年跟着奥地利对抗普鲁士的加利西亚战士啊,与 1863 年为波兰民族独立而反俄的波兰士兵截然不同。

"奥地利得强大，得孔武有力"，议会断言，"才能保持完整，才会繁荣昌盛，下面的皇家属地自治区才能随之在历史和民族基业上继续发展壮大，实现物质和精神的共同富强"。对皇家属地自治理想的特别强调也是为了隐射这是无条件效忠的等价交换条件。议会还唤起了"天命"，这里的天命即为省命。

> 最仁慈的上帝啊，我们概括一下，句句真心，天地可鉴……奥地利要想比以前发达强大，就要在内无比尊重自由，在外肩负尊重西方文明的盾牌，民族的权益、人道、正义……我们不担心有人会放弃我们的民族信念（bez obawy więc odstępstwa od myśli naszej narodowej），我们也相信奥地利的使命，相信改革之重要是你们王朝金口玉言说出的不变精神，我们从内心深处拥护您，陛下，我们想和您在一起（przy tobie, najjaśniejszy panie, stoimy i staćchcemy）。[63]

加利西亚人多少有点自卫的意思，他们从来没有放弃过他们的民族追求，但这也说明有些波兰人会把对奥地利皇帝的效忠视为一种不爱国的行为。

这份宣言不仅是基于对迎接加利西亚自治时代的内涵理解，还基于对加利西亚可以在奥地利"使命"中发挥作用的意识形态解读。在18世纪末加利西亚创立后，哈布斯堡一直在为吞并加省做意识形态辩白，说是为了文明的使命，从而形成了奥地利扮演拯救所谓落后加省的重要角色，这是从东西欧不同的启蒙观念中得来的。1866年，当议会确定了效忠皇上的方针时，没有再提18世纪瓜分波兰的旧事，哈布斯堡的文明使命是要把加省建立成西方文明的前哨，而非局外人。19世纪的文明观可以被理解成涵盖了民族权、人道权和公正权，以及附带了皇家属地的地方自治权。但讳莫如深的是西方文明和俄罗斯帝国之间的暗中较量，俄国对鲁塞尼亚人的潜在影响或会威胁到加利西亚的完整性，甚至是奥地利的统一。

12月11日，也就是议会通过宣言的次日，《时间报》将哈布斯堡立宪的关键时刻放在19世纪60年代世界政治变革的背景中：美国内战刚刚平息，英国扩大了选举权，俾斯麦创建了新德国。12月20日，《时间报》刊登了弗朗茨·约瑟夫对加利西亚讲演的积极评价："皇帝陛下宣布，加利西亚和当权家族与奥地利王朝的关系保证了加省的物质富足和道德富有，保证了加省的自由发展。"[64] 加利西亚自治现在只剩下细节问题了。在历经近一个世纪的政治不明朗和不明确后，加利西亚身份终于圆满地确定下来了。而加利西亚1846年的梦魇雅库布·塞拉于1866年不幸病逝于布科维纳，就在加利西亚自治的黎明破晓前。

1867年1月19日的《时间报》已然很期待维也纳即将召开的帝国议会，加利西亚代表届时将对王朝重构产生决定性影响。人们预测波兰人若想得到加利西亚自治权，就一定要支持奥匈的二元体制。《时间报》强烈表示，这不仅是出于加省自身利益考量，还有对加利西亚、奥地利和波兰历史的长远考虑，最早可以追溯到18世纪的国事诏书，当年因预见玛丽亚·特蕾莎会成为王朝的女性继承人，匈牙利和波希米亚王权便紧紧依附在哈布斯堡皇室周围。

加利西亚没有什么国事诏书可以参照和捍卫，毕竟它是被强取豪夺并入哈布斯堡，没有自己的王权可以用来重新自证清白。毋庸置疑，加利西亚具有历史权，但它只能在王朝所有人平等权利的基础上要求自治……好像人们已经忘记加利西亚曾经是前波兰联合王国的一部分，在昔日强国统治之下，历经基督教欧洲世界的风雨，团结一心，众志成城，尽管在政治地图上已经找不到波兰的任何踪迹，但在每个还有波兰人占据波兰席位的国会上，比如奥地利，他们的代表本身就带有一种欧洲视角。我们对此不接受任何反驳和质疑，因为过去会留下一种传统，历史像法律一样在记录着这种传统，而当代世界无论愿意与否，也会认可这种传统的存在。所以，想清除掉一个欧洲民族是绝不可能的。[65]

议会坚称不会放弃波兰的民族抱负，《时间报》也别有深意地搬出波兰联合王国和瓜分波兰的往事。加利西亚作为皇权属地在历史上并没有任何王位传统——不像匈牙利的圣斯蒂芬和波西米亚的圣瓦茨拉夫——因为它1772年之前只是波兰联合王国的一部分。但加利西亚声明了自己作为哈布斯堡王朝和基督教欧洲的土地所拥有的"历史权利"。

《时间报》在1867年1月份试图调和加利西亚人对奥地利的忠诚与波兰作为一个国家和民族的历史。同月，1866年在克拉科夫创刊的《波兰评论》（*Przegląd Polski*）发表了一篇社论，题为《我们历史上的几个真相》（"Kilka prawd z dziejów naszych"），执笔者是期刊编辑、青年历史学者约瑟夫·苏伊斯基（Józef Szujski）。苏伊斯基生于1835年的塔尔努夫，和萨克-马索克是同龄人，也是1846年见证塔尔努夫屠杀的小孩，或许也亲眼看到过农民带着被害贵族尸体进城的画面。1851年弗朗茨·约瑟夫到访加利西亚时，他还在塔尔努夫上学，但第二年他就转到了克拉科夫，先后在圣安娜高中和雅盖隆大学学习。[66]1863年，他对俄属波兰起义表示同情，但在起义失败后，他转而不再理会造反者，投向了加利西亚忠诚主义，和其他包括斯坦尼斯瓦夫·塔尔诺夫斯基（Stanisław Tarnowski）和斯坦尼斯瓦夫·科吉米安（Stanisław Koźmian）在内的一批克拉科夫人一起为皇帝奋斗终生，这些人跟《时间报》编辑部走得也很近。[67] 跟随着卡林卡的步伐，苏伊斯基将成为克拉科夫历史学派真正的奠基人，这个学派在加利西亚自治时期十分活跃，桃李众多。1869年他被聘为雅盖隆大学的波兰史教授，1872年当选教育研究院（Akademia Umiejętności）秘书长，成为那一代加利西亚知识界大名鼎鼎的人物之一。

苏伊斯基几个真相中的第一个就是"如果一个民族国家衰亡了，那是它自己的错，如果它再次崛起，那也是它自己的努力，自己的领悟，自己的造化"。[68] 苏伊斯基不苟同波兰是悲剧般的历史受害者，长期忍受着文化悲凉的酸楚——密茨凯维奇曾在波兰福音中夸张地表达过此类说法，波兰好似众多民族中那个上了十字架的耶稣——苏伊斯基发表非同寻常的言论说，瓜分波兰不仅是由于外国侵略者的邪恶捕食，还是波兰自身的历史错误和软弱造成的后果。他表示，波兰人自己必须要承担民族衰败的部分责任。

苏伊斯基说他找到了联合王国没落的历史源头，从16世纪后期开始，慢慢累积直到18世纪末国家的四分五裂。波兰人一定要反思他们自己曾在历史上对政府的"鄙夷"，对"无政府状态"的倾心，以及对老百姓的"压迫"。所有这些造就了"国家社会中可怕的不稳定因素，最后导致了波兰被瓜分"。按照苏伊斯基的说法，联合王国终结的原因是萧墙之患，所以这个结果是不可更改的："联合王国没了，但你们听好了，新时代要开始了！"因此，为复兴联合王国做出的一切革命努力都是徒劳的，他的同辈人最终会在1863年的起义中明白这个道理。"1863年永远终结了谋反的时代，"苏伊斯基写道，并热烈欢迎"正常而有机的民族发展之路"。当年，贵族特有的自由否决权（liberum veto）促成了联合王国的毁灭，如今他口中的"自由叛乱权（liberum conspiro）"在19世纪完全是具有自我毁灭性的。可以肯定的是，他所得出的结论受到了1846年塔尔努夫童年经历的影响。

1863年俄属波兰起义的教训虽然让苏伊斯基坚信谋反必是死路一条，但也让他深信俄国人是全体波兰人最大的敌人。加利西亚的对立面是俄国："今天，任何人阻碍奥属波兰人的历史进程，在未来任何时候阻碍有机工作的进程，就等于和莫斯科同流合污、沆瀣一气，无论是否有意为之。"如今，奥地利代表了波兰民族的唯一选择。在1867年哈布斯堡宪法转型的背景下，加利西亚自治或成就了加利西亚的身份根基："造化弄人（przypadkowo），现在我们不仅是波兰人，还是真正的奥地利爱国者。"[70]《时间报》高度赞扬了苏伊斯基的"几个真相"，评论说"他知道如何从历史中找到民族国家（dla kraju）证据确凿的真理"。报纸推崇其为未来加利西亚议会的候选人。[71]

1867年，随着哈布斯堡二元体制细节的逐渐明朗，《时间报》追踪转载了常见于维也纳报刊上的首都新闻。2月9日，《时间报》首次提到，甚至很别出心裁地说，有传闻说维也纳要在王朝中给予加利西亚"特殊地位（Sonderstellung）"，争取到加省特权的就是"在御座前慷慨陈词"的戈武霍夫斯基。《时间报》公开申明，波兰人想要王朝所有的皇家属地享有自治权。"我们梦想有一天奥地利会实现三位一体，"报纸写道，"不过是在哈布斯堡家族的奥地利王权下的三位一体。"《时间报》梦想的是，哈布斯堡皇帝也许某天可以同时戴上波兰、圣斯蒂芬（匈牙利的）和圣瓦茨拉夫（波希米亚/捷克的）三项王冠。如此幻想让波兰在哈布斯堡统治下有了重新统一的可能,在 19 世纪 60 年代加省自治时期开启后,波兰和加利西亚的情绪就这样被神奇地化解了。[72]

加省的经济生活和生态面貌在政治独立后变得愈加重要。1867 年 2 月 9 日,《时间报》发表了一篇关于加利西亚自然历史的文章,文章通过讨论省内蛇类的特征(charakterystyka wężów krajowych)肯定了自治后的加省是爬行动物的集聚地。5 月 1 日,利沃夫建立了一所加利西亚抵押银行,在报纸广告上的创建者名单中,戈武霍夫斯基家族的名字赫然在列。5 月 14 日,《时间报》不仅刊登了银行的广告,还在头版的编辑寄语中对抵押银行大加赞赏,夸赞它是一所解决了"国家燃眉之急"的单位,是一个会给"国家带来利益(korzyść dla kraju)"的机构。[73]

1867 年 6 月 19 日,弗朗茨·约瑟夫的弟弟,墨西哥皇帝马克西米利安(Maximillian)被当地的共和势力处死。当消息传到克拉科夫时,《时间报》7 月 3 日抓住这次机会,重申了哈布斯堡忠诚主义的原则。"这已经是奥地利帝国皇族死在绞刑台上的第二位成员了,第一位是玛丽·安托瓦内特(Marie Antoinette,路易十六的皇后)",《时间报》写道,并追忆了远早于报纸成立的哈布斯堡辉煌史,"历史早已为第一位昭雪了,第二位的平反俨然在他的死刑宣告前就已经开始"。[74] 使这个颇有些不寻常的类比有意义的前提是,我们要从保守的意识形态角度揣摩,这种保守主义仍然坚信,法国大革命是充满毁灭性的世界革命政治冲动的源头。这里借用 1793 年玛丽皇后的死,把《时间报》的读者带回到四分之三世纪前哈属加利西亚的峥嵘岁月,那时的确要早于 1795 年吞并克拉科夫的第三次瓜分。同时,《时间报》在关于马克西米利安的文章中对玛丽皇后致以崇高的敬意,报纸还发了系列报道,召唤出了她母亲玛丽亚·特蕾莎和哥哥约瑟夫二世的哈布斯堡亡魂。维也纳学者阿尔弗雷德·里特·冯·阿内特（Alfred Ritter von Arneth）1867年首次公开了母子之间的书信往来，那些信函中有一些是第一次瓜分波兰和创建加利西亚时期写的。《时间报》刊登了一些信的节选，并配上自己的历史点评。

报纸发现，玛丽亚·特蕾莎在信中为瓜分波兰担忧，令人敬佩："所有这些奇奇怪怪的政治诱惑让玛丽亚·特蕾莎的心在滴血。"从约瑟夫的信中还可以看出，他倒是对瓜分后的加利西亚颇有兴趣。《时间报》对他1773年考察加利西亚给出评论："在将成为混乱的老巢和充满怪物般社会关系的臭名昭著的土地上，我们开启了辽阔的改革试验田。皇帝相信并且认定他可以给这片被瓜分的国家带来真正的福祉。"旁边还引用了约瑟夫的信来讲述加利西亚的贫穷和农民的不幸，报纸把哈布斯堡官僚看成剥削者。[75]毫无疑问，《时间报》重读了波兰历史，但仍然具有一定的局限性，对哈布斯堡皇帝献殷勤具有选择性。约瑟夫对加利西亚无微不至的帝国干预政策恰恰是加利西亚自治在未来想要预防的。

斯坦奇特："民族存在也分不同的等级"

8月8日，《时间报》愤慨回应了维也纳报界的介入，缘由是后者刊发了一篇讲加利西亚的文章，题为《波兰人、鲁塞尼亚人与犹太人》。这篇文章分析认为，加利西亚是由不同的部分组成，在《时间报》看来，这是一种冒犯。报纸批评维也纳报界"替鲁塞尼亚人说话，好像他们是被压迫的特殊农民族群，不能和加利西亚从东到西的其他农民享有同样的待遇"。同样，把犹太人看成是单独被剥削的群体也是一个错误，说"他们没有任何安全感，犹如被排挤在法律之外。"[76]

在加利西亚自治区域内，在波兰裔总督的治理下，借由恩惠波兰地主的选举法和偏向波兰语言的教育行政改革，波兰保守主义者正准备呼风唤雨，所以在意识形态上极为重要的是，必须坚持加省没有任何严重的文化分裂现象。

> 只有从事适合本地居民的宗教、民族、行为、习惯和传统的体制建设，社会关系才可以稳定。去挖掘子虚乌有的差异，或者大肆渲染、大书特书那些的确存在的差异，都不会带来任何帮助。这些族群已经和谐共生了上百年，现在人为地制造对立，或将暂时出现的对立看成是进一步共生所无法逾越的阻碍，这是不对的，尤其是将党派密谋视为民众运动。在自由的土壤上，在真正自由的土壤上，他们会找到机会理解和缓解现实存在的差别，这些差别会在合适与彼此满意的情况下消逝不见。[77]

加利西亚自治和哈布斯堡立宪主义就提供了这样的自由土壤。《时间报》乐观地表示，加省的地方凝聚力可以解决一切文化差异，加利西亚的制度为整个哈布斯堡王朝带来了充满希望的幻景：一种抵消了所谓民族问题的超然想象，这个问题却会在接下来的半个世纪中愈演愈烈，直至毁掉整个王朝。

1868年1月23日，《时间报》报道了来自英国的外事新闻。据悉，那些"审时度势"的政要们展望，英爱暴力冲突可以通过"在法律上建立"爱尔兰独立行政权的方式而和平解决。这份爱尔兰当家做主的方案就是波兰给加利西亚开的自治药方。2月15日，《时间报》高度赞扬了加利西亚省级学校委员会（Rada Szkolna Krajowa）的成立，并提到，"怀着激动的心情、深切的希望和饱满的信心，举国上下欢迎期盼已久的新机构"。[78] 报刊中的舆论表达——"举国上下"的表态——是一个讨巧的手段。加利西亚将在政治上实现自治，《时间报》也顺势制造了所谓加利西亚的统一舆论，并代替其发声，如此这般，社会和文化差异就会被合宜地溶解了。事实上，教育委员会是根据波兰语言和波兰人的要求来重整加利西亚的教育体制，那所谓举国上下的热忱开始变成越来越贫乏的谎言了。

当1868年在利沃夫召开的省议会讨论与自治相关的问题时，议会代表苏伊斯基说他对加利西亚统一有一种强烈的责任感："国家需要我们在这个会场中站出来，像战士一样打击国家内部的一切邪恶势力，而不是互相拆台。"加利西亚人在哈布斯堡君主国内为自己的国家争取利益，苏伊斯基相信他们同时也在推进着波兰的民族事业："所有波兰人的眼睛都在盯着加利西亚，"他在议会上陈词。[79] 1868年9月份的议会决议批准了最全面的自治权和最广泛的加省特权，甚至试图让总督受议会的领导。尽管维也纳拒绝全盘接受这些提议，波兰人还是在1869年成功控制了加利西亚的教育和行政管理，结果就是波兰语成为中学和高校的主导教学语言，以及加利西亚内部行政使用的主要语言。[80] 苏伊斯基也被聘为教育和行政两个议会委员会的成员。

1869～1870年，苏伊斯基与他的波兰保守主义同僚塔尔诺夫斯基和科吉米安在《波兰评论》上发表了一系列匿名讽刺文章，这个系列被称为《斯坦奇特汇编》(Teka Stańczyka)，他们借此输出了自己的政治观点。科吉米安以"奥珀提莫维奇（Optymowicz）"（"乐观人"——译者注）这个有讽刺意味的化名总结了波兰的整个传统，这也是斯坦奇特（Stańczyk）观所反对的传统。

> 我不需要证明给你看,对于一个被压迫的民族,被三国势力压迫的民族,唯一救赎的方式,唯一可能的政策,用五个字总结,就是"不断地起义"。所有妥协、外交、唯唯诺诺、谨小慎微都是没用、被动的策略。我们只相信方法的有效性,我们从1772年起就保存着圣火,我们是波兰精神的贞女。[81]

被科吉米安公然戏谑的波兰精神和苏伊斯基在议会上倡议的波兰特性截然不同。苏伊斯基是一个深谋远虑的务实妥协派——其中一些特性代表了典型的加利西亚人。克拉科夫学派修正波兰历史和斯坦奇特反对波兰起义都导致了加利西亚对波兰特性的再定义,新波兰精神的创建也可以用一个词来概括:加利西亚。

科吉米安把19世纪60年代看作历史的转折点:"这个值得纪念的事件可以被称为加利西亚的重生。"这次重生与在1863年起义失败余波下产生的波兰新爱国主义观和民族存在的新观念密切相关。"当然,民族存在也分不同的等级(różne stopnie bytu narodowego)",科吉米安思考着,"最高的安全等级就是独立"。但他还说了,民族也可以"在与独立迥然不同的条件下存在和繁荣"。《时间报》早在1849年就宣布放弃独立的"神化口号",称其是极危险的妄想:"波兰和加利西亚一次又一次遭难的原因就是渴望恢复独立。"对于科吉米安来说,加利西亚在19世纪60年代的重生,承认了民族的存在不一定要在政治上独立,"波兰的民族生命,无论采取何种或能够采取何种形式"[82],都是可以被培育的。60年代即可以看到加利西亚这种矛盾的,以非民族形式孕育民族重生的现象。

1869年,当加省波兰人在行政和教育领域追求他们的目标时,《时间报》扮演着看门狗的角色,牢牢看守着加利西亚大门,以克拉科夫保守主义精神与外国敌人唇枪舌剑。加利西亚最有名的敌人当属俄国——1月17日的《时间报》说它是"亚洲残暴势力的最强悍领导者"——俄国胁迫加利西亚的说辞是根据东西方世界分裂的语境而产生的。"既然只有奥地利和波兰在政治上已经建筑了堡垒,"《时间报》写道,"那么两股势力较量的最终结果将会在经济上见分晓。"[83] 波兰联合王国的历史使命就是壁垒（Antemurale），一直以来就作为西方基督教世界抵御俄国人和突厥人进犯的军事壁垒。如今它要转型成为加利西亚经济发展的关键棋子。加利西亚的有机工作也就变得极其重要,不仅为了保留波兰民族的火种,还为了守护西方文明。

在奥普战争结束后,哈布斯堡政府的军事指挥官们越来越意识到,在未来可能发生的对俄战争中,加利西亚具有重要的战略意义。历史学家汉斯-克里斯蒂安·马内尔认为,在19世纪的后三十年里,这件事成为加利西亚身处哈布斯堡帝国边陲的一个基本意义。军事指挥官早在1868年就提出,"所有从俄国进发到维也纳和布达佩斯的部队都要途经加利西亚"。1873年,一份预演未来军事部署的报告也总结说,加利西亚版图狭长,"易攻难守"。[84] 所以,维也纳的军事顾虑也对应了《时间报》传递出的加省波兰人对俄国的敌意。

1869年2月19日,《时间报》再次宣泄对维也纳报界的不满,因为《新自由报》(*Neue Freie Presse*) 竟然刊登了一篇文章,副标题为《来自加利西亚的德意志声音》。《时间报》嘲讽德意志写手在抒发对昔日德意志人管辖的加利西亚遗失黄金国的怀恋,称德意志人都是"殖民者"。《时间报》提到他曾暗示省议会应该被撤销,因为那里面的鲁塞尼亚代表寥寥无几,德意志代表更不见踪影。《时间报》写道,"我们不关心德意志殖民者的声音,因为他们热爱的诗人说过,上帝也无法对牛弹琴"。[85] 尽管如此,痛斥发表这样愚蠢文章的维也纳报社并不是对牛弹琴，还是很有必要的，《时间报》用席勒的诗武装自己，记下了对加利西亚自治的污蔑。

《时间报》不仅紧盯着帝国首都维也纳，还关注着西方文明的首都之一巴黎。2月25日的报纸带着一丝尴尬和犹豫，说法国出版人、政治家卡西米尔·德拉马雷（Casimir Delamarre）向参议院提议修改法国历史教程，将鲁塞尼亚人和俄国人区分开。他的宣传册《被历史忘记的1500万欧洲人》（*Un people européen de quinze millions oublié devant l'histoire*）让《时间报》焦虑不安，因为这所谓1500万（鲁塞尼亚）人中就有250万生活在东加利西亚，其中20万人曾在1848年请求瓜分加省。[86]

《时间报》一开始对德拉马雷憎恶俄国表示认同，但是几天后，报纸决定再表达一点看法，提到了1569年的"卢布林联合"，声称1869年刚好到了它300周年的纪念日。"卢布林联合"是绑定波兰立陶宛联合王国下各区域的政治举措，其中包括鲁塞尼亚人居住的罗斯，作为具有君主选举制和联合议会的一个独立共和国。自从波兰被瓜分以来，罗斯和鲁塞尼亚（或乌克兰）就被哈布斯堡王朝和俄罗斯帝国分割开来。在奥地利的疆域内，大多数的鲁塞尼亚人都住在加利西亚。

> 加利西亚不仅应缅怀铭记当年的"（卢布林）联合"，还要保留其背后的精神，一定程度上发扬它的政治意义，这是奥地利政府所希望的，会有利于加利西亚的统一，省议会和总督的统一，各部门和各界的统一……因此，尽管有人多次提过分割加利西亚的想法，也就是撕裂卢布林联合，但健康正确的政治认识依然是主流……如果加利西亚撕毁在卢布林签署的约定，那么奥地利就会发现在北部边境会出现两个小的皇家属

地,势单力薄,无法守护帝国领土的完整。[87]

在正在进行的波兰历史修正界定工作中,"卢布林联合"被《时间报》重新拿来讨论,作为保留加利西亚统一的原则解释。历史周年的纪念活动将在接下来半个世纪的加利西亚文化生活中扮演着重要角色,1869年《时间报》头版关于"卢布林联合"的讨论也印证了,在当今加利西亚框架下重新解读波兰历史是一个很重要的策略。

《时间报》也在密切关注着加利西亚的历史。1869年,莫里茨·利特·冯·奥斯特罗(Moritz Ritter von Ostrow)在维也纳出版了一本讲1846年加利西亚"农民战争(Bauernkrieg)"的书,《时间报》觉得有被题目冒犯到,因为书题把屠杀表现成真实的阶级斗争。奥斯特罗曾是加利西亚的哈布斯堡官员,他的书展现了哈布斯堡的官僚视角,这和1863年警察局长萨克-马索克的那本《波兰革命》一样。如今,在加利西亚自治的1869年,《时间报》觉得奥斯特罗的书令人十分不舒服。

> 我们很不情愿地,甚至心理上有些反感地读完了这本书,我们选的时候就选错了。光说题目就和现实情况不符……这个话题唤起了人们的回忆,那些更愿意被忘掉而不是被记得的回忆……里面的故事,男人看了会抑郁,女人看了会怜悯,小孩子看了会被吓到。从中得出的每一个真相或道理都太残酷了,会毒害人们内心的平静,动摇他们的信仰。[88]

《时间报》虽然对历史一向着迷,但是并不想回顾这个"惨绝人寰的灾难",更不想从维也纳那里听到它。尽管报纸好像在说"天命"无情，1846年的屠杀动摇了加利西亚波兰人的宗教信仰，编辑可能指的是另一种信仰（wiara）受到了冲击，那就是加利西亚对哈布斯堡政府的忠诚。[89]

《时间报》清楚得很，曾几何时，哈布斯堡政府将加利西亚农民视为反对大搞民族谋反的波兰地主的政治势力："但那些日子早已是过眼云烟，再也回不去了（bezpowrotnie）；今天，最疑神疑鬼的警察也肯定不会怀疑波兰人要破坏国家的统一。"19世纪60年代的加利西亚忠诚主义一部分可以说是1846年大屠杀的结果，毕竟不忠的代价实在是太大了。《时间报》表示，现在，民族谋反、农民屠杀的时代已经不可逆转地结束了。某种意义上讲，加利西亚半个世纪的自治史就是建立在对1846年历史记忆的政治与文化平复之上。别忘了，苏伊斯基，这位自治初年加利西亚思想生活的领军人物，在屠杀发生之时还是塔尔努夫的一个小男孩。

"加利西亚，又称奥属波兰，丝毫没有要把自己从王朝中剥离出去的意思，"1869年4月的《时间报》写道，"但反过来说，它也没有放弃和其他波兰地区的社群保持联系，还是有必要就政治存在和民族存在做出区分的。"[90]这种区分是加利西亚60年代意识形态的核心，是加省在哈布斯堡王朝内试图并最终获得自治的重要理念。波兰的民族领域——跨越了哈布斯堡国界的民族领域——与国界内加利西亚的政治领地是两码事。

1869年6月，在克拉科夫的瓦维尔大教堂整修期间，大卡齐米日（Kazimierz III Wielki）的遗体和皇家陪葬品被意外发现，在他于14世纪去世后，首次曝光于众。7月举行了带有宗教礼拜和公共观摩性质的复葬仪式。这当然是一场波兰人的民族盛典，但卡齐米日的一生与加利西亚也有千丝万缕的联系：他起家于克拉科夫，征服过鲁塞尼亚，鼓励过犹太人定居波兰。这场复葬的仪式活动恰在卡齐米日病逝（1370年）的500年后。[91]

历史纪念活动是加利西亚确立自己和其他波兰属地文化凝聚力的重要形式。《时间报》1869年提及的"卢布林联合"也在当年8月11日被特别纪念，这天正好是1569年的议会在卢布林完成了统一大业的300周年纪念日。《时间报》记下了这个日子。

> 这是全体波兰人神圣的一天，历史性的一天，无论他们是在何处统一的。但这天并没有给人带来欢乐，而是于历史和尊严的判官前，在苦难的庄严前，在天意的信念和希望前，令人抱愧。在民族共同纪念的节日里把恰好更幸福的加利西亚区别出来，在庆典中将其和立陶宛、罗斯和波兰王国一定要庆祝民族联姻的沉默感受区分开来，这势必有违民族的共通性，就等于否认了我们民族兄弟的苦难和被奴役。但如果不配恣意享乐，那我们就更要大力加深这种内心的愧疚感和精神的集中。通过说出的话，写下的字，通过想法和行动告诉世人，如果在整个丧失权力的国家中，我们获得了在某个领域行动的可能，我们知道如何去做，并希望可以完成我们应尽的分内工作，去思考民族的过去和未来。[92]

加利西亚在奥地利的政治"特殊地位"现在可以被理解成一种文化上的特殊地位，这种地位将其与别的波兰土地"区别开来"。

甚至加利西亚官方也不鼓励公众庆祝"卢布林联合"300周年纪念日，害怕在外激发对俄抵触情绪，在内引起鲁塞尼亚人的不满。在加利西亚，罗马天主教会要举办32场仪式（希腊礼天主教会只有两场），在克拉科夫圣玛丽教堂的弥撒之后，还要展示扬·马特伊科（Jan Matejko）描绘的"卢布林联合"历史油画。在利沃夫，维也纳帝国议会的主要波兰政治人物弗朗西斯克·斯莫尔卡（Franciszek Smolka）率领了一支游行队伍，途经鲁塞尼亚抗议组织，为城堡山上的纪念碑奠基——其实城堡山在1851年弗朗茨·约瑟夫来过之后就改名叫"弗朗茨·约瑟夫山"了。在一些加利西亚的例子中，纪念8月11日"卢布林联合"自然而然就和庆祝8月18日弗朗茨·约瑟夫的生日联系在了一起。所以"卢布林联合"的300周年纪念日既具有波兰民族意义，也具有加利西亚地方意义，既回忆了过去的波兰民族统一，也肯定了当下的加利西亚地方统一。

1869年8月15日，拿破仑一世的百年诞辰并没有引起什么大动静，即使是在法国。然而，在克拉科夫，《时间报》谈及了这件事，回忆起拿破仑曾带给波兰大地特殊的神秘感，许多波兰人——包括加利西亚的波兰人如弗雷德罗——曾参加过1812年拿破仑进犯俄国的军事行动。《时间报》在拿破仑百年诞辰之际，讲出了加利西亚可以从拿破仑历史中汲取的教训："只盯着外部势力，希望它能够神奇地将我们从自身的软弱中拯救出来，结果一定会失望，因为外援只有和内部培养的力量互相配合才能成功。"在克拉科夫历史学派看来，"卢布林联合"要比拿破仑的生日更值得纪念。

9月1日，在回顾了当年卢布林和拿破仑两个重要纪念活动后，《时间报》又讲到另一个更特别的百年纪念正在奥地利举行。据说100年前，约瑟夫二世来到摩拉维亚，亲自用双手帮助一个农民种地。《时间报》并不想细究约瑟夫的传奇故事和爱民如子的表现，但从波兰的角度看，这是一则带有复杂意识形态意义的故事："德意志皇帝把德意志文化带到了东边的斯拉夫野蛮之地。"佐以发表的约瑟夫和玛丽亚·特蕾莎的信件，《时间报》讽刺地记录了约瑟夫文明意识形态的影响。在 19 世纪 60 年代，随着自治的实现，加省波兰人不再认同约瑟夫在这方面的观念，并肯定了波兰与西方文明的历史从属关联。保守派对西方文明的保护因此成了加利西亚在哈布斯堡君主国内维持"特殊地位"之关键。加利西亚是被哈布斯堡创造的，但如今，它要被加省波兰人以自己的方式再创造了。

尾声：加利西亚的孤儿

1869 年，阿波罗·科热尼奥夫斯基（Apollo Korzeniowski）病逝于克拉科夫，他留下了一个 11 岁的孤子，约瑟夫·泰奥多尔·康拉德·科热尼奥夫斯基（Józef Teodor Konrad Korzeniowski）；这个男孩被人们叫作康拉德，他就是后来注定成为伟大英国文学家的约瑟夫·康拉德（Joseph Conrad），掌握帝国病症的文学巨匠。阿波罗·科热尼奥夫斯基自己也是一名作家，一位波兰诗人、剧作家、民族主义者，1868 年离开俄属波兰前往加利西亚，在利沃夫和克拉科夫陪伴妻子走完了她生命的最后旅程。从他的信中可以看出，在加利西亚自治体制已经健全的 1868 年，波兰人和波兰加利西亚人之间的政治观念依然存在巨大隔阂。他决心把儿子培养成"波兰人"，但是到了 1868 年 3 月份，他很怀疑还有没有可能在利沃夫做成这件事。

> 我怀疑这还是不是当今利沃夫（Lwów）教育体系的目的……留在利沃夫的原因就是此地是天选之城，虽然波兰特性已经缺失，但在这里还可以发现它的踪迹和表现……你会相信吗，在 20 场公共集会上，我只有一次听到了"波兰"这个词？[95]

《时间报》当然完全理解这种加利西亚综合征,毕竟报纸是加省主要的公共宣传工具之一,"波兰"或者"波兰人"这些概念也经常在报纸上被含糊其辞地影射到。科热尼奥夫斯基很期盼在加利西亚能找到一份属于自己的报纸,因为他对新闻界的现实情况很不满意。和《时间报》的编辑们截然不同的是,他相信加利西亚必须要做好民族起义的准备。

> 难道暴风雨前的平静不是筹备加利西亚美好未来的最佳机会吗?当海啸打了它一个措手不及时,愚蠢、低贱、背叛就都会出现,毁掉一切:但愿我是错的,但我在家、学校和教堂里并没有看到奉献的迹象,也没有看到为关键时刻所做的充分准备。[96]

事实上,1868年就是实现加利西亚的波兰优势和政治自治的最佳时机,但是这样的加利西亚机会主义在科热尼奥夫斯基看来完全是非民族的,因此是需要被批判的。

1868年10月,科热尼奥夫斯基在一篇讨伐加利西亚的书信体檄文中爆发了,指责他们轻率愚蠢,对俄属波兰的命运十分淡漠。

> 他们所有人都恐惧莫斯科,就好像只要它能不以任何方式干扰加利西亚,不带领千军万马打过来,不在舞会上领舞,不建立合作关系,等等,那么把自己的孩子送给它吃也不是不行。他们已经忘了什么是感觉——他们也不知道如何说话——他们也不读书。习俗、语言、宗教对他们都毫无意义……加利西亚让我忧心忡忡,压在身上沉甸甸的,如我的墓碑一样。假

> 如我的墓没有碑，我可能不会如今天在加利西亚感受到的那般难过……一提到华沙或者华沙人，我的心跳就加速：我从来没见过更诚恳更有生机的人。我在那里度过的时光算是我人生中和我作为波兰人生命中最曼妙的一段了。为了一个华沙人，我可以放弃许许多多加利西亚人和旁边其余的人。[97]

阿波罗·科热尼奥夫斯基就是于1869年在加利西亚的克拉科夫去世的。他的儿子康拉德后来试图拿到哈布斯堡君主国治下的加利西亚公民籍，但未能如愿。他仍然有俄国的兵役义务，所以1874年，他离开加利西亚奔向大海，跟随命运的指引，康拉德·科热尼奥夫斯基后来摇身一变成了约瑟夫·康拉德。[98] 的确，他父亲如果看到儿子长大后成为加利西亚人一定不会高兴的，作为哈布斯堡的子民，就意味着波兰的习俗、语言和宗教含义都被做了一些修改和重新解释。阿波罗·科热尼奥夫斯基1868年的信，写于加利西亚实现自治的高光时刻，证实了加利西亚人与众不同的存在方式，这是一种加利西亚的观念，但对于加省境外的波兰观察者而言，是全然陌生的。

第六章　自治年代：加省平民以及关于斯拉夫东方的幻想与统计

引言：寓言中的加利西亚

　　1868 年，利沃夫宣布为一部创作中的巨著征集订阅人，这套百科全书——《加利西亚的专业百科全书》（*Encyklopedya do krajoznawstwa Galicyi*）将要按月逐期发行，书中涵盖了加省的方方面面，从地理、历史、统计，到地形、土壤、经济。这个宏大的项目主要出于一人之手，他的名字是安东尼·施耐德（Antoni Schneider），他在预备出第一期的时候，就已经准备好收集整理感兴趣订阅者的住址了。在公告中，施耐德写下了他"花费 30 年的心血直到如今，引领他自己服务祖国的炙热又坚定的愿望"，他希望他的投入和"作品的价值"会受到"高尚公众的强力支持"。[1]1868 年，随着加利西亚自治的深化，出版一部综合百科全书的想法在政治意义上可以说是完全可行的，甚至是现实的：关于国家本土的知识（krajoznawstwo），行省教育和行政新框架下应该具有的思想和旅游产物。

　　施耐德所著的加利西亚百科全书是一个波兰项目，以波兰文撰写，计划于 19 世纪 70 年代问世，政治上正好属于波兰主导的加省

图 9　1881 年竣工的加利西亚议会大厦（位于利沃夫，现为大学）
资料来源：作者拍摄。
注：加利西亚的寓意雕塑位于议会大厦的顶部。

自治年代。但这个项目却搁浅了，最后只出了两卷，第一卷出版于 1871 年，第二卷出版于 1874 年，只收录了以字母 A 和 B 开头的加利西亚知识。这部加利西亚百科全书并没有如施耐德预想的那样，

第六章 自治年代：加省平民以及关于斯拉夫东方的幻想与统计　285

图 10　加利西亚的寓意雕塑

资料来源：作者拍摄。

注：为利沃夫的加利西亚议会大厦而创作，意指加利西亚在维斯瓦河与德涅斯特河中间。

在加利西亚大众中找到支持者，而且事实上，加利西亚大众这个概念也变得越来越不确定，波兰人在 70 年代的强势招致了越来越多加省犹太人和鲁塞尼亚人的公然批驳。

在加省自治初期，《时间报》代表的波兰保守主义正享受着意识形态霸权，并试图合法化省内波兰人的主导地位。1867 年后，哈布斯堡内莱塔尼亚的自由宪法框架鼓励了不同观点的出现。加利西亚鲁塞尼亚人和加利西亚犹太人就在加利西亚人的定义上提出了不同的看法。当约瑟夫·苏伊斯基继续在加利西亚问题上发表他的波兰观点，扮演思想领导者的角色时，另一边，鲁塞尼亚知识分子比如斯蒂芬·卡卡拉和伊万·弗兰克也就加利西亚自治问题发表不同于波兰人一家独大的政见。同时，卡尔·埃米尔·弗朗索斯

（Karl Emil Franzos）的小说公开了加利西亚犹太人的处境和忧虑，强调了他们身上特殊的加利西亚性格。

在自治年代，加省组织结构的稳固意味着，不仅波兰人，还有鲁塞尼亚人和犹太人都必须要商榷他们与加省之外的同宗教和民族群体的关系。然而，加利西亚的思想成果也在试图巩固着加省的统一，就像施耐德最终搁浅的加利西亚多卷百科全书出版计划那样。建筑作品也可以起到同样的作用，比如利沃夫为省议会这个代表了加省统一自治的关键政治机构盖了大楼。建筑师尤利乌什·霍奇伯格（Juliusz Hochberger）建造了一所新文艺复兴风格的宫殿，1881年竣工，楼顶上立着一个石雕女神像，她是一个象征加利西亚的伟大女性形象，旁边站着寓言化的地理人物维斯瓦河和德涅斯特河，代表了未被瓜分的加省的东西两部分。[2]

1868年，也就是施耐德百科全书张贴公告的那一年，自治初期的加利西亚议会投票决议，企图最大化议会权力：比如说，省长应该听从于议会，而不是皇帝。弗朗茨·约瑟夫没有同意这项决议，还在出发两天前把原定的加利西亚访问取消了。"很遗憾，我不得不放弃加利西亚之行了，"他在一封信中写道，"波兰人真不负责，加省议会刚刚做了如此令人费解的愚蠢之事，在这种时候我不能去那里考察。"[3] 这种波兰、加利西亚与哈布斯堡利益和身份之间的微妙互动，反映了19世纪末几方一直在进行的交涉和再交涉。但弗朗茨·约瑟夫意识到，即使在自治年代，加利西亚也要在意识形态上依附于皇帝。他最后还是在1880年重新安排了前往加利西亚的帝国访问。

弗朗茨·约瑟夫一直在位到1916年去世，他几乎看到了加利西亚的结局。在维也纳指点江山，偶尔也去加省亲自考察，这位胡须浓密的帝国人物始终是加利西亚身份的关键参照物，连接着波兰人、鲁塞尼亚人还有犹太人之间的情感网络。寓言中高高在上的加利西亚女神主持着利沃夫的议会,她渴望一个类似的具有超凡魅力的优先地位。然而,寓意的壮美背后是社会现实的悲凉,斯坦尼斯瓦夫·斯泽普诺夫斯基(Stanisław Szczepanowski)1888年出版了《统计下的加利西亚厄运》(Nędza Galicyi w Cyfrach)一书,加利西亚从此因贫困而出名。这本书接受了自治时代的加省框架,并用统计学的方法分析了加省的现况,不是基于种族差异的分类,而是根据贫穷落后的经济指标。为了更好地展现加省的贫困人口,斯泽普诺夫斯基的统计方法塑造了一个"普通加利西亚人"的形象。

约瑟夫的加利西亚意识形态附和的是18世纪80年代启蒙运动的东欧观,一百年后的19世纪80年代,这种意识形态依靠现代社会科学的语言和统计学被再次修正。1848年,加利西亚有感于国外移民革命性的暗示:巴黎的波兰人,比如在法兰西公学院的密茨凯维奇,或者在位于兰伯特(Lambert)酒店官邸总部的亚当·恰尔托雷斯基亲王。而1888年诞生了另一种全新模式的移民潮:加利西亚穷人——波兰人、鲁塞尼亚人、犹太人——的美国大移民。在19世纪60年代实现自治后,加利西亚,这个统计学上的完整体,在作为贫困潦倒的行省故乡中找到了它的现代身份。

加利西亚百科全书

安东尼·施耐德生于1825年,父亲是来自巴伐利亚的加利西亚哈布斯堡驻军官员。他在利沃夫上的高中,1848年与匈牙利人一起对抗哈布斯堡家族,但之后,他放弃了革命,50年代进入加利西亚的哈布斯堡官僚体制;他主要负责的工作是交通维修,这使得他可以走遍全省。这样的背景必然给他带来一种加利西亚的视角，尽管在 60 年代的利沃夫《文学杂志》（*Dziennik Literacki*）上，他把自己和波兰文化挂钩。在杂志上，他为百科全书项目寻找资金支持和内容材料。其实在奥索林斯基图书馆的帮助下，加利西亚议会送给他一套公寓，戈武霍夫斯基也给予了他一些资助。[4] 百科全书的第一卷出版于 1871 年，他在绪论中讲了写书的缘由："很多年来，为了更真实准确地认识我们亲爱祖国的成果和特点，出现了很多宏观描绘的作品。在这些作品之外，民族知识的进步也要求我们加入与其他欧洲国家的角逐。"[5] 施耐德觉得他的大众一定会和他一样怀有对加利西亚的情感依恋（"我们亲爱的"），一部百科全书也可以满足"民族"野心。他只字未提波兰，这个项目本身的特点好似暗示了加利西亚是欧洲国家之一，有关国家的知识急需展示和出版。第一卷收录了 A 字母开头的主题，包括所有关于利沃夫大主教的文章：罗马天主教、鲁塞尼亚、亚美尼亚。第二卷是 B 字母开头的，其中收录了"一种蛋糕：兰姆糕，巴布卡"——从 A 到 B，从大主教到小糕点，说明了施耐德知识渊博。

B 卷发行于 1874 年，也是最后出版的一卷，但是位于克拉科夫瓦维尔城堡的国家档案馆至今仍收藏着施耐德为此项目所收集的海量资料，从 A 一直到 Z。譬如，有一个夹子整理了关于德涅斯特河畔的加省小镇祖拉诺（Żurawno）的波兰语、德语和拉丁语资料：有扬·索别斯基 17 世纪抵御突厥人入侵的笔记，有 18 世纪耶稣会学院的材料，还有 19 世纪《利沃夫时报》关于马市的剪报。[6] 施耐德兼收并蓄的方法对表现加省多元化有很大帮助，虽然这样做也会削弱百科全书项目的连贯性。

施耐德还收集了从 1822 年开始整理的加利西亚统计数据，那是在他出生的三年前，数据旁配有苏格拉底的双语箴言：自知

(*Kenne dich selbst*，*Znaj siebie samego*)，还有关于加省多元化的德语反思。加利西亚人是谁？

> 从血统来看，他们一部分是斯拉夫人——波兰人和鲁塞尼亚人属于这一支，一部分是摩尔多瓦人，德意志人，亚美尼亚人，匈牙利人和塞凯伊人，有一部分混血，比如利波万人，还有一部分是犹太人，还有一小股吉普赛人……从宗教角度说，加利西亚和整个奥地利王朝一样，是和谐有序的大家族，无论晚辈们在思想和性格上存在何种差异，都受到家长相同的疼爱。[7]

施耐德在数据收集方面也照单全收，无所不包。在玛丽亚·特蕾莎1772年瓜分波兰的拉丁宣言旁，注有他追溯14世纪"卡齐米日大帝赋予红鲁塞尼亚的权利"的铅笔笔记。德罗霍贝奇（Drohobych）犹太人的档案里不仅有关于联合王国时期犹太教派机构卡哈拉的波兰语文件，还有18世纪80年代约瑟夫的德语文件，包括他和政府之间关于婚姻规定和酒精租赁垄断（*propinacja*）的通信。[8]

施耐德想全面理解加利西亚，他不能忽略加省的犹太人和鲁塞尼亚人，这两个民族在由波兰主导的自治时期尤为活跃。也许把加省的方方面面汇聚在一个完整系统中的百科全书项目根本是不可能的，这样一部作品的思想冲突也反映了19世纪70年代加利西亚的社会政治矛盾。在搜集了近两千份资料后，在仅出版整部百科全书的两卷后，在认清了所谓加利西亚大众的冷漠后，施耐德于1880年自杀身亡了。

尽管省议会、奥索林斯基图书馆和省长大人都提供了惊人的机构支持，但施耐德的加利西亚百科全书终止于1874年在利沃夫出版的 B 卷。然而到了 1876 年，克拉科夫也出现了一卷完全不同的百科全书，重点集中在加利西亚的完整性上，内容上也是应有尽有。这本《加利西亚人口的体质特征》（The Physical Characteristic of the Population of Galicia）（简称《体质特征》）是所谓的科学作品，根据新的现代学科体质人类学的方法和标准总结了加省的情况。作者约瑟夫·梅耶（Józef Majer）和伊兹多尔·科佩尔尼茨基（Izydor Kopernicki）供职于雅盖隆大学和新建的教育科学院人类学委员会，教育科学院是 19 世纪 70 年代加利西亚自治的重要文化机构。梅耶 1808 年生于克拉科夫，1872~1890 年在大学任生理学教授，也是科学院的首任主席。可能和哥白尼沾亲带故的科佩尔尼茨基出生于 1825 年，是施耐德的同龄人。梅耶作为医生参加了 1830~1831 年起义，而更年轻的科佩尔尼茨基则参加了 1863 年的起义，在自治实现后才到加利西亚定居。两个人的加利西亚身份和利益中都有非常明显且重要的波兰成分。作为人类学家——也是雅盖隆大学人类学学科奠基人——科佩尔尼茨基的主攻方向是吉普赛人和高地人（Górale）研究，他还跟着奥斯卡·科尔伯格（Oskar Kolberg）做当代课题，在全波兰收集民间歌曲和故事。[9] 但《体质特征》这本书的研究只局限于加省范围之内，而且完全专注于人体测量学，根本不是什么民俗。

人类学委员会还主持过一项"活人观测"的研究项目，观测对象"大体上是加省人口"和"三个主要民族——波兰人、鲁塞尼亚人、犹太人"。这项研究包括 5052 位被试男性——他们都是哈布斯堡军队的士兵，由当地医生给他们体检，检查结果供研究人员翻阅处理——所以保证能代表典型的加利西亚男性。医生用一系列专业工具做了相关的测量。两位研究人员梅耶和科佩尔尼茨基在数据分析方面做了分工，梅耶负责身高、胸围、肤色、眼球颜色、发色和发质,科佩尔尼茨基负责头骨、面部、鼻子的形态。[10] 这项研究始于19世纪70年代,原本是要获取更多自治时期准确翔实的加省科学知识。同样类型的体检也将在加利西亚和东欧其他地方以种族科学之名进行,那是20世纪的纳粹德国所主持的。

波兰人的平均身高为160~164厘米——"和人类整体平均身高一致"——鲁塞尼亚人(包括胡楚尔人)的身高也大概在这个范围。人们期待犹太人应该会有所不同。

> 加利西亚这第三个民族的人口,虽然不是本地人而是后来移民落户的(nie rodzina lecz napływowa),虽然他们属于完全不同的人种(całkiem odmiennego szczepu),但恰恰因为其独特性,他们可以成为有趣且具有科学意义的研究对象……尽管他们在我国生活了数百年,但这些住在村子和小镇里的人——作为我们专门的研究对象——并不是土生土长的,所以我们可以把他们和其他本地类别区分开来……[11]

事实上,从14世纪开始就有很多犹太人生活在波兰了,那时卡齐米日大帝鼓励犹太人在此地安家落户。但作者强调的是犹太人的取巧,而且是负面意义的取巧——"躲避苦力农作,追求挣快钱,到处搬家"——目的是解释为什么犹太人身上并不一定带有地域特征。但最后,身高测量的分析结果一出来,犹太人的平均身高竟然和波兰人没有差别,二者还比鲁塞尼亚人都要矮一点。[12]

在肤色分析中,每个实验对象被认定为"白(biały)"、"黄(płowy)"或"深(śniady)"色皮肤。然后研究者计算每一个民族皮肤浅深色的比例。波兰人和鲁塞尼亚人都是3∶2,要比只有2∶1的犹太人更黑。被试者的眼球被分成灰、绿、蓝、棕四种颜色。

三个民族的深浅色比例大不一样：波兰人的眼睛颜色最浅，犹太人最深，鲁塞尼亚人居中。头发颜色的结果也类似，由浅到深分别是：波兰人，鲁塞尼亚人，犹太人。[13]头骨测量包括了高度、宽度和周长；脸型分为长、短和椭圆；鼻子分成端正、扁平、宽短和高挺。"科学"研究表明，犹太人的鼻子在统计数据上比波兰人和鲁塞尼亚人更高挺，研究者认为这与他们最开始的预判相符。犹太人与众不同："就这个方面而言，犹太人和加利西亚本地人口大相径庭，他们有鹰钩鼻。"[14]这项研究的汇总数据表格以实证主义的形式展示了加省的人种情况。

梅耶和科佩尔尼茨基因此确认了波兰人和鲁塞尼亚人的相似性（这也委婉驳斥了鲁塞尼亚人分省的想法），突出了犹太人的差别，他们虽然住在加利西亚却没有被当成加利西亚"本土"人。但也许研究最重要的结论是，里面存在一种假定，假定加利西亚在自治年代是具有人类学分析的区域单位意义的。19世纪早期，加省的动植物昆虫已经被研究和分类过，现在人类也被研究了，自然历史如今要给现代人类学让道。梅耶和科佩尔尼茨基的人类学范式成功展现了加利西亚是一个完整连贯的人类领地——当然有内在的差异区别，但其组成元素是可比的，相关的，交融的。1876年，他们俩在克拉科夫发表了自己的研究成果，同年，亚历山大·弗雷德罗以83岁高龄病逝于利沃夫。19世纪20年代，他曾把加利西亚社会搬上了喜剧舞台，70年代，他几乎无法在体质人类学的测量、比例和统计数据中认出他自己的加省了。

如果说犹太人的与众不同是19世纪70年代加利西亚人类学项目的成果之一，那么这个结论还为现代反犹主义添油炽薪，这件事发生的背景是1867年的哈布斯堡宪法改革，改革要求内莱塔尼亚（奥地利）犹太人在法律面前与其他公民地位平等。尽管犹太人已经在1848年的革命中获得解放,50年代的反制却恢复了一部分民事限制条款,尤其是针对土地所有权。1867年的宪法保护不仅没有彻底解放他们,还创建了后专制的政治框架,其中民事权利比之前变得更为重要。全国范围内的犹太人虽然都获得了这些权利,但没有其他地方比加利西亚的犹太人口还要密集,所以解放在此地可谓兹事体大。在接下来的一代人中,大批加利西亚犹太人会搬迁到维也纳,70年代维也纳的犹太人口从6.6%激增到超过10%。[15]1869年,雷瑟·鄂博(Leiser Erber)出生于加利西亚的祖拉诺,属于第一代彻底解放的犹太人,一出生就具有哈布斯堡平等权利的公民身份。他后来轻松搬到维也纳,做了一名皮革品零售商。他的公民权一直持续到1938年的德奥合并,即奥地利并入纳粹德国。1942年,鄂博被逐出奥地利,遭送到特雷西恩施塔特(Theresienstadt),后来在大屠杀中不幸遇害,在1867年加省自治后出生的犹太人中,这样的悲剧人生十分普遍。[16]

1848年,农民从封建义务中被解放出来,1867年,犹太人迎来了全面解放,全体公民获得民事权利的宪法保护,理论上颠覆了旧制度,在哈布斯堡尤其是加利西亚,为现代社会打下了法律基础。加利西亚在内莱塔尼亚中占据了特别的自治地位,加利西亚人也享有内莱塔尼亚其他公民所享有的全部自由权,包括言论、宗教、出版自由以及法律面前人人平等。同时,国家议会给民族的集体权利立法,宣布"国家内所有种族(Volksstämme)享有平等的权利,每个人都有培养和保护本民族和民族语言的权利,不可剥夺。"[17]语言权尤其是针对行政和教育,波兰语主宰加利西亚自治区一方,或与整个国家的立法原则有不可名状的矛盾冲突。

相比于王朝其他地方,1867年后整个平权概念——个人与集体、不同社会阶级、不同宗教、不同民族——在加利西亚这个曾经严重不平等的地方来说,是更陌生、更破天荒的。这样的权利确立必然会让公众意识到他们早年的缺失,更能让他们认识到在没有平等权的情况下活着是什么滋味。1869 年 12 月 8 日,时居格拉茨的加利西亚作家萨克-马索克签署了一份正式合同,表示放弃自己的人权,绑定成为他所挚爱的性虐女主的奴隶:"利奥波德·冯·萨克-马索克先生(Herr Leopold von Sacher-Masoch)以名誉担保,同意做皮斯托女士(Frau von Pistor)的小奴,无条件实现她的每一个想法和每一个指令,为期六个月。"按照合同规定,她有权随意惩罚他,只要女主身穿裘皮大衣——"只要条件允许就要一直穿着,尤其是实施严厉酷刑的时候。"[18] 这份在现实生活中存在的合同,被虚构地刻画在《穿裘皮的维纳斯》里,于次年,即 1870 年出版问世。

《穿裘皮的维纳斯》不仅让作家萨克-马索克妇孺皆知,还让加利西亚出了不清不楚的洋相,这时正值公民权利首次受法律保护之际,加利西亚却因与暴力奴役相关的私密情色活动而臭名远扬。1872 年,萨克-马索克小说法文译本的前言强调了他作品中的加利西亚地貌:"现实主义在东方斯拉夫人(l'Orient slave)这里逐渐形成了一个学派,这是一个新角度,掩盖在悲观遵从之下,掩盖在对自然诚命的盲目服从之下,这种态度正是出于游牧民族的道德哲学。这个学派最有影响力、最不寻常的代表人物是一位来自加利西亚的小俄罗斯人,萨克-马索克先生。"[19] 萨克-马索克成为加利西亚的鲁塞尼亚人代表,加省本身则代表了崇尚不寻常诚命和原始游牧主义的"斯拉夫的东方"。

萨克-马索克因此在 19 世纪 70 年代成为闻名欧洲的加利西亚鲁塞尼亚人,尽管有读者可能会猜到他是加利西亚犹太人。80 年代，在维也纳，作家威廉·戈德鲍姆（Wilhelm Goldbaum）形容萨克-马索克"不仅待在伦贝格和切尔诺夫策之间的家中，而且是最虔诚的哈西德派教徒，一年五次走路去萨达戈瓦拜谒拉比"。可以根据萨克-马索克的民族倾向做如下概括："他仇恨波兰人，同情鲁塞尼亚人，热爱犹太人。"[20] 简而言之，他是集合了自治年代加省内各种观念的加利西亚人。

19世纪70年代出版的《穿裘皮的维纳斯》属于他以《该隐的遗物》（*Das Vermächtnis Kains*）为题创作的文学系列。此外，他还凭借在加利西亚的名气，于1875年出版了《加利西亚故事集》（*Galizische Geschichten*），1878年出版了《犹太故事集》（*Judengeschichten*）。在1875年的《哈撒拉拉巴》（《大驱除》）中，萨克-马索克以约瑟夫二世给加利西亚犹太人赐族名开始讲起，然后说到一个犹太变态家庭的鞭子、出轨、神秘主义和东方服饰的戏剧性故事——故事里甚至还提到波兰贵族购买加省犹太人鼻子的正式合同。在加利西亚自治区的立宪政府中，加省见证了传统社会与现代性之间演变中的相遇，萨克-马索克的故事恰恰突出了那些让加省看起来光怪陆离、东方原始的元素。他在1848年还是孩子的时候离开加利西亚，那时正处于解放和宪政到来之前，所以在他栩栩如生的文学幻想中，他的故乡一直都在顽固不化地抵制着现代性的力量。

卡尔·埃米尔·弗朗索斯：
"欧洲之文化与亚洲之野蛮"

在1872年的法文前言中，萨克-马索克被描述成现实主义"流派"的代表人物——尽管他的现实主义极大程度上是被自己的幻想操控的。倘若真有这样一个流派在滋润着加利西亚的文学大地，那么70年代最著名的人物,除了萨克-马索克之外,当属卡尔·埃米尔·弗朗索斯(Karl Emil Franzos)。不同于萨克-马索克,弗朗索斯真真切切是一个加利西亚犹太人,而且他把加利西亚的犹太人写进了自己毕生的文学创作中。他的祖父在塔诺普镇(Tarnopol/Ternopil)开了一家蜡烛厂,父亲在乔尔特基夫镇(Czortków/Chortkiv)行医。弗朗索斯生于1848革命之年,要比萨克-马索克年轻12岁。他10岁前的童年是在后革命年代加利西亚的乔尔特基夫镇度过的。1858年父亲病故,母亲将家搬到了旁边布科维纳的切尔诺夫策。和萨克-马索克相同的是,幼年的弗朗索斯也是由一位鲁塞尼亚村姑照顾长大的,他也从中接触到了鲁塞尼亚的语言和文化。他甚至还有一个斯拉夫小名,叫"米尔科"(对应他的埃米尔)。[21]但他父亲是在维也纳高中和德语大学接受的教育,所以小男孩成长时期的家庭氛围是德意志语言和德意志文化,其中还结合了启蒙犹太主义的思想,摒弃了大多数加利西亚犹太人所遵循的传统习俗戒令。后来,弗朗索斯上了切尔诺夫策的高中,维也纳的大学,1870年萨克-马索克出版《穿裘皮的维纳斯》时,他也住在格拉茨,也许二人还有过联系,但可以肯定的是,这个年轻人肯定听说比他大一轮的作家突然就臭名昭著了。

19世纪70年代,弗朗索斯开始创作关于乔尔特基夫的犹太故事,他幼年记忆中的那些故事,作品中的小镇化名为巴尔诺夫(Barnow)。他之后搬到了维也纳,做德语自由报纸《新自由报》的供稿人,《新自由报》就是经常惹怒《时间报》和克拉科夫那伙波兰保守主义者的报纸,70年代《新自由报》上呈现的加利西亚景象一部分就来源于弗朗索斯的供稿。1876年,他在莱比锡出版了一本书,书的标题总结了一种观看加利西亚的独特文化视角:《半亚洲》(Aus Halb-Asien)。书中收录各种来自"半亚洲",也就是半东方的故事和手绘,题目下给出了"半亚洲"的具体指向:加利西亚、布科维纳、南俄罗斯和罗马尼亚。加利西亚就是弗朗索斯熟悉的童年地貌,能够让他用一个词组概括整个东欧。1880年《半亚洲》再版,副标题改成了更广义的《东欧的人与大地》,而主题本质上并没有变,还是加利西亚。

1872年萨克-马索克法文前言中的"斯拉夫的东方"与1876年弗朗索斯选取的总括性题目《半亚洲》同属文学现实主义和异域幻想。弗朗索斯试图用发明东欧的启蒙运动语言来解释他的标题,也就是当年用来构建约瑟夫加利西亚观的语言。

> 不仅仅在地理上,这些地方位于欧洲文明(gebildete Europa)与亚洲游牧者穿梭的荒芜草原之间,不仅仅是按照栖居者的语言……他们与欧洲其他方面格格不入,不仅仅是在景观上,这些遥远的平原和相互交错的山脉……离乌拉尔或者中亚腹地更近。不!还有政治和社会关系,欧洲之文明,亚洲之野蛮,彼此奇特地碰撞,欧洲人的努力与亚洲人的懒散,欧洲人的人道与亚洲人的野性,还有民族和宗教群体之间如此恶劣的争斗,对于西方居民来说,不仅闻所未闻,还很骇人听闻,甚至不可置信。他们在很多方面曾向西方学习,但都是形式上的表面功夫,他们的精髓和精神仍旧是生于斯长于斯的野蛮。[22]

把东欧看成欧洲与亚洲的中间地带,文明与野蛮的中间地带,这样的描述和启蒙运动一样老旧。

"当你走进波兰,你会相信你已经完全离开了欧洲。"法国人路易斯-费利浦·德·塞居尔(Louis-Philippe de Ségur)在18世纪

80 年代如此说道。梅特涅 19 世纪 20 年代身陷加利西亚时也曾借用过同样的东方主义话语："东方的尾巴要自己露出来了。"[23] 弗朗索斯以他的词组"半亚洲"坚称这样的东方主义——或者叫半西方主义——依然可以在 19 世纪末继续用来评价东欧，评价加利西亚。明眼人可以看出，这样的观点与《时间报》和那些波兰精英迥然不同；他们认为加利西亚自治的关键意识形态基础就是加省与西方文明之间那算不上结盟的结盟。

弗朗索斯尤其强调了加利西亚犹太人的原始和奇异——也不是没有恻隐之心——他不怀疑加利西亚的环境是使他们变得原始和奇异的因素之一。"每个地方都有与之相配的犹太人"，弗朗索斯在《半亚洲》中说道，暗指如果加利西亚的犹太人是半亚洲的，那是因为加利西亚自身就是半亚洲的。[24] 梅耶和科佩尔尼茨基试图通过体质人类学的研究确认犹太人不是加利西亚的"土著"，具有人类学意义上的独特性，而 19 世纪 70 年代的弗朗索斯却表示加利西亚的犹太人就是真正意义上的加利西亚犹太人，加利西亚大环境塑造了他们的性格特点。

因为弗朗索斯的文学创作聚焦在一个叫巴尔诺夫的小镇上（以乔尔特基夫镇为原型），所以他的作品可以说是某种人类学探索，以文学之细腻再建了一个完整的微型加利西亚社区。20 世纪初，乔尔特基夫有 15000 人口，波兰人、鲁塞尼亚人和犹太人几乎各占三分之一，镇上还有一个火车站，在波托茨基家族宫殿的废墟旁。在弗朗索斯的童年时代，小镇上还听不到轰隆隆的火车引擎声。1848 年，他出生的革命之年，镇上的鲁塞尼亚人都赶去听鲁塞尼亚三杰之一的亚基夫·霍洛瓦斯基讲他们的公民权利："我要讲一讲我们民族的状况，我是这里自古以来的第一个专家，我要讲壮丽的罗斯时代和我们的王公，讲它怎么被突厥人进犯然后灭亡的，讲波兰如何守株待兔一举拿下了罗斯，讲它在波兰贵族统治下的命运，讲它直到今日在奥地利掌控下的造化。"[25] 弗朗索斯，奥地利统治时期的那个犹太小孩子，在19世纪70年代申明了他对该镇的文学所有权，他写了很多关于"巴尔诺夫犹太人"的故事，1877年以此为标题发表，英译版于1883年在纽约问世，获得了全世界读者的认可。奥地利和德意志的读者群体认为，弗朗索斯描绘出了加利西亚犹太人的奇异，这种奇异来自加利西亚落后的制约。在纽约，加利西亚犹太移民在早已建成的"我们这帮人"，也就是德意志犹太人社群眼里，也同样显得无比奇异。

在《人民的两个救星》这则故事中，讲述者是巴尔诺夫一位记性很好的犹太老奶奶。她说自己最早可以记得1773年复活节前后的事，这是1772年哈属加利西亚创建后的第一个复活节。"复活节要开始了，"老奶奶娓娓道来，"有传言说维也纳的女皇/女王打算消灭波兰人所剩的势力，从此用她自己的人管理这片土地。但是根据我们目前所掌握的，这个计划还没有实施的迹象。"就在此时，一个农村妇女——可能是波兰人，也可能是鲁塞尼亚人——悄悄地把一个小孩的尸体放到了犹太人的房屋内，"目的是让那个可怕的古老传说再次流传开来，据传犹太人有在逾越节宴会前杀基督教小孩的习惯。如果基督教徒要拿他们的邻居复仇，那就太恐怖了"。[26] 于是，有一个年轻的犹太女人说是她杀了人，死的是她自己的孩子，所以整个犹太社群就可以保存下来，只有她这位人民的"救星"接受惩罚。据波兰封建领主的法官讲，她很快就被处以极刑，身体被绑在轮子上，四肢被打断，然后又被砍了头。"但是丽娅并没有死在绞刑架上；40年后，她在儿孙的陪伴下于自己的家中安详离世。原来，奥地利军事法已经在该区生效，铂廷斯基伯爵（Graf Bortynski）的人没有时间对丽娅处刑。一个负责审理刑事案件的奥地利政府官员复查了她的作案证据。"²⁷ 被认定无罪后，她在奥地利人那里获得了自由。由此，弗朗索斯归纳了 1772 年加利西亚创立而产生的戏剧性影响，哈布斯堡政府开始逐渐插手传统社会野蛮的社会关系。

1872 年，加利西亚创立一百年之后，弗朗索斯写下了《女王埃斯特尔卡》这个故事，故事是关于巴尔诺夫的一个绝美犹太女孩，美丽程度堪比圣经中成为波斯皇后的以斯帖，传说还迷倒了中世纪的波兰国王卡齐米日大帝，激发了他对犹太人的仁慈。"埃斯特尔卡（Esterka）女王！这是我们在捷尔诺波尔或者切尔诺维茨中学上学的那些小孩，暑假回家时呼唤的名字，"故事讲述人回忆道，"后来，在维也纳大学读书时，每当我们在聚会上聊起巴尔诺夫的女生，我们还会叫她这个名字。她的真名是雷切尔·维尔特。"²⁸ 用皇家名字"女王艾斯特尔卡"给一个加利西亚犹太姑娘起外号，是在哈布斯堡教育下的一代加利西亚犹太男孩的典型创作。谁又会把希伯来语的名字，斯拉夫语的小词缀，以及拉丁语的绰号结合在一起使用呢？和约瑟夫二世皇帝一样，这些男生也在赋予加利西亚犹太人新的名字。

雷切尔·维尔特，或者叫埃斯特尔卡女王，是巴尔诺夫屠夫的女儿，她的那些男性爱慕者不仅包括犹太学生，还囊括了巴尔诺夫的加利西亚小社会：哈布斯堡官员、波兰贵族，甚至还有一个曾在利沃夫学哲学的长发波兰诗人，如今正在克拉科夫给一本女性杂志写诗。在埃斯特尔卡女王的悲喜剧中，有一个在维也纳大学读书的巴尔诺夫男孩。罗曼史开始于一场巴尔诺夫的聚会，该聚会是在一个有钱的犹太寡妇家中举办的，这个寡妇也喜剧般地映射出制约加省犹太人的复杂社会力量。

克雷恩女士的生活和其他所有犹太女人一样。她不敢不带假发，她也不会在食物的细枝末节上有违祖法。但她还是小女孩时，在伦贝格待了六个月后，她就对'文化'和'启蒙'萌生了柏拉图式的迷恋。她的每句话几乎都用'想我在伦贝格时'起头。她以奇怪的方式呈现了对启蒙运动的柏拉图之爱。譬如，她喜欢说高地德语，她只要学到一个外文单词，在接下来一周的聊天里就会想方设法一直使用它。你不难想象这个可怜的外文单词在她的手上备受折磨。[29]

如同《半亚洲》中的荒唐女人，克雷恩女士也陷在两个冲突的世界之间，一边是加利西亚的犹太小社群，另一边则是利沃夫和维也纳引人注目、高不可攀的波兰和德意志文化，就像是维也纳的加利西亚学生仍然逃脱不掉女王艾斯特尔卡的巴尔诺夫之美那样。萨克-马索克在《穿裘皮的维纳斯》中也创造了一个加利西亚有钱寡妇的恶魔典范，她也对启蒙运动极其沉迷，这种沉迷远远超过柏拉图式的献身。

1873年，在故事《查恩》中，一个犹太女人经历了加利西亚式的人生转变，她离开了她的犹太丈夫，后来又嫁给了本地的哈布斯堡官员。她是有着东方气息的俏佳人——"好看得能让你联想到祖雷马（Zuleima）和祖雷卡（Zuleika），还有东方世界的勾魂美女"，但是她却永远被禁锢在了巴尔诺夫的小社会中，无论是犹太人还是基督徒的社会："你如何能想到是她？看看她的名片吧——为什么她没有按照常规方式印制，将娘家姓放在该放的位置？因为写'克里斯汀·冯·内格乌兹，贝尔克斯氏，离异，原西尔伯施泰因氏'看上去不太好，她的本名是查恩。"[30]说起约瑟夫二世最早给加利西亚犹太人更名，那已经是好多年前的事情了，犹太人的名字仍旧是加省犹太身份的复杂标记。在查恩的例子中，她的犹太丈夫西尔伯施泰因受到席勒诗歌的影响，决定尊重爱的力量，休了他的妻子。

德意志文化是加利西亚的文明标杆，这一理念可以追溯到约瑟夫二世时期。弗朗索斯做了一辈子的德语作家，他必然相信德意志文化始终都是"半亚洲"的重要启蒙推手，而且，如果他们愿意睁开双眼，德意志文化就可以给原始狂热的东方犹太人带来光明。其实，1876年第一版《半亚洲》中就有一则叫作《席勒在巴尔诺夫》的故事，该故事想表达的是席勒在波兰人、鲁塞尼亚人以及犹太人中神秘又高耸的文学领袖感。讽刺的是，对德意志文化的推崇正好处在加省开始自治，波兰语和波兰文化成为加利西亚的主导语言和文化，在行政、教育和思想生活中占据不可估量的作用之时。19世纪60年代以前，对加利西亚的犹太人而言，如果他们远离传统社会，远离希伯来和意第绪文化，就要接受德意志文化的教育，然后从某种意义上讲，变成德意志化的人，比如说弗朗索斯一家。但在加省实现自治后，越来越多的加利西亚犹太人可以通过波兰文化接触到现代性的东西，所以一个波兰化的加利西亚犹太人社会阶层就此形成，逐渐在人数上与德意志化加利西亚犹太人阶层持平。最后一代的加利西亚犹太人见证了哈布斯堡王朝的瓦解，以及加利西亚的撤销，其中，1892年出生的布鲁诺·舒尔茨（Bruno Schulz）成了一个伟大的波兰作家，而生于1894年的约瑟夫·罗特（Joseph Roth）则成了一个伟大的德意志作家。

一个前哈西德教徒的回忆录

"每个时代都有一个孔眼被糊住的钥孔"，20世纪50年代，看到公众被前共产主义者的回忆录挑逗时，玛丽·麦卡锡（Mary McCarthy）评论道。1874 年，维也纳出版了一本自传，名为《我的生命之路：一个前哈西德教徒的回忆录》。作者约瑟夫·埃利希（Joseph Ehrlich）并不是一个特别重要的人物，但他的生命历程必然会引起 19 世纪 70 年代哈布斯堡大众的兴趣，因为加利西亚的哈西德主义之神奇，看起来就是"半亚洲"原始东方主义的一个方面。这些读过弗朗索斯小说的大众，可以在前哈西德教徒的回忆录中，找到与哈布斯堡王朝开化加利西亚使命有关的反思。"我的出生地是布洛迪"，埃利希写道，并即刻把自己置于哈布斯堡的地图之上，"加利西亚与俄国边境旁的一个自由贸易城"。[32] 埃利希生于 1842 年，他说自己还是小孩子时，就有一种早熟的热忱，他曾当着其他小朋友的面，走上前去亲吻《托拉》。热忱是哈西德派教徒的标志，哈西德主义又和加利西亚紧密相连，这可以说是加利西亚犹太人最引人注目的宗教属性。"每当主持说完祈祷仪式最后的祝福时，"埃利希回忆着童年往事，"我一定会高声应和'乌门（Umein）'，但我的满腔热忱让我在结束祝福之前就大声叫出了那声'乌门。'"[33] 这仅仅是小孩子式哈西德派热忱的一个不起眼的例子，但表现出的是，埃利希对发音很敏感，尤其对布洛迪童年时期"阿门（Amen）"的特殊发音很敏感。

埃利希还讲到，在考虑自己是否要选择哈西德派拉比这个职业时，他得到过哈西德派导师的鼓励，而发音问题再次出现在故事中。"现在"，塞缪尔一边接着说，一边用手捋着他的胡子，"我的想法是你找小一点的加利西亚村镇，比如说贝尔兹（Belz），去当那里的拉比"。贝尔兹并不是一个鸟不拉屎的地方，20 世纪初，这里有 6000 人口，其中 3600 人是犹太人，还有"加利西亚最著名的能够创造奇迹的拉比，成千的犹太人一年几次来找他朝圣，尤其集中在犹太新年前后"。[34] 对于19世纪中叶的布洛迪青年埃利希来说，加利西亚小镇似乎太狭隘了，他跟塞缪尔坦言，自己不想一辈子待在这样一个镇上当拉比。

> "好吧好吧"，塞缪尔说，伸出手掌，"你也可以去俄国的大城市做同样的事啊。他们正在那里寻找优秀的犹太人"。
> "啊，俄国啊，"我满脸不情愿地说，"俄国有野性的哥萨克。"
> "非也非也，"塞缪尔打断了他，"恰恰相反，小约瑟夫啊，哥萨克对拉比很尊敬的。他们会为你敞开边境通道，不问你要护照，不搜你的行李包裹，不像要求其他旅客那样要求你们。"
> 我也坚决地回答："我不喜欢俄国，原因是，俄国犹太人的发音让我作呕（weil mich die Aussprache der russischen Juden anwidert），每次听他们说话，我都要吐了，所有'诶'都要发成'哎'的音——他们根本发不出'诶'的音。"[35]

年轻的埃利希明显是接受了加利西亚的西方文明意识形态，要做阻挡"野性哥萨克"和其他不安分东方势力的城墙堡垒。尽管他还是一个懵懂的孩子，但他好像也相信，加利西亚犹太人与俄国犹太人之间的文化差异意义非凡。

当然，作为布洛迪的小男孩，埃利希没有任何克拉科夫雅盖隆大学人类学委员会的资源，也不懂那些研究方法，他不能做人类形体测量，只能用最简单粗暴的直观感受来区分不同的社群。但碰巧的是，用发声细节来定义加利西亚犹太人（Galitzianer）具有人类学的意义。"诶"和"哎"的区别，——"乌门"和"阿门"的区别——将成为移民美国后，判定加利西亚犹太人与其文化对立面的立陶宛犹太人（Litvak）的重要依据。

埃利希19世纪70年代所讲述的或是最早对加利西亚犹太人方言特点的观察,如果观察追溯到他童年时期的四五十年代,则更是如此。布洛迪的位置靠近俄国边界,而且还是一个自由贸易镇,这样一来,埃利希就有机会见到俄国犹太人,听他们讲意第绪语,由此,他形成了自己的加利西亚身份,知道国界对面的犹太人不一样。这样的身份塑造过程后来在纽约被深化,在曼哈顿下东区的廉租公寓楼内,从加利西亚来的犹太人遇到了从俄属波兰来的犹太人,没有任何国界的划分。19世纪70年代,当弗朗索斯正在文学中表现加利西亚犹太教的世界时,埃利希觉得加利西亚犹太人已经固化为一个独特的种族类别,与奥地利有关系,与哈西德主义有关系,甚至还与意第绪语的特殊变音有关系。到萧伯纳1916年写《皮格马利翁》(*Pygmalion*)的时候,加利西亚犹太人和考克尼一样,已经形成了一个种族类型,潜藏在他的口音中:乌门!

埃利希还记得在布洛迪大教堂举行的皇帝同名纪念日庆祝活动,记得1859年他17岁时去参军打仗,跟着奥地利打意大利时多么积极踊跃,记得他有多不情愿待在布洛迪的老家,记得他唱奥地利国歌时的感动,"上帝万岁!",《自传》以他离开加利西亚和哈西德主义,前往维也纳而结束。这个前哈西德派教徒的回忆录是一本关于一个加利西亚犹太人文化养成的书。[36]

马丁·布伯(Martin Buber)生于1878年维也纳的一个加利西亚犹太人家庭,他后来成为20世纪著名的德国犹太神学家和哲学家,他尤其痴迷研究哈西德主义。1878年那年,在利沃夫,年轻的鲁塞尼亚作家伊万·弗兰克——后来成了现代乌克兰文学的领军人物——出版了中篇小说《巨蟒》,在他的文学事业发展中属于里程碑式的一部作品。在之前一年,还是大学生的他因为参与社会主义活动被捕入狱。《巨蟒》提供了观看资本主义压榨鲁塞尼亚人的社会主义视角,这些鲁塞尼亚人在鲍里斯拉夫(Boryslav)的加省油田工作——小说猛烈批判了他们的资本主义剥削者,加利西亚犹太人。

虽然出生在维也纳,但马丁·布伯实际上是在利沃夫的祖父家里长大的,他的祖父索罗门·布伯(Solomon Buber)是一位赫赫有名的研究圣经和塔木德的宗教学者。索罗门1827年生于利沃夫,那还是弗雷德罗的年代,他既从商,又做研究,在1867年后的加省自治年代为加利西亚银行业的资本主义发展做出过卓越的贡献。90年代,他送孙子回维也纳的大学读书。1903年,住在维也纳的马丁·布伯给伊万·弗兰克写信,希望他给一本犹太杂志写篇文章,文章的题目叫《犹太人在加利西亚》。[37]

弗兰克后来写了一篇更个人化的散文,题为《我的犹太熟人们》。他描述文章里的人物时,用的都是"加利西亚犹太民族(galizische Judenschaft)"、"加利西亚犹太人(galizische Juden)"这样的表达,这强烈表明了他把这些人看成了一个独特的加利西亚种类。

> 加利西亚犹太民族是一个如此奇妙的历史文化和民族心理产物(ein kulturhistorisch und völkerpsychologisch so wundersames Gebilde),外人和此中的人都不能完全理解这个概念,毕竟仁者见仁,智者见智。因此,就此刊物的编辑盛情邀请我写一篇关于加利西亚文章一事,我想说我不认为自己可以胜任,不认为自己有能力把这个主题讲得全面,讲得尽善尽美。但我还是愿意说说关于犹太人和犹太问题的个人经历和感受,为加利西亚犹太学做出我的微薄贡献。答应这个事主要是因为,我写的故事和诗文经常塑造犹太人的角色,吟唱犹太的调子。因此,

有犹太人指责我反犹，而我自己的同胞却批评我亲犹。要反驳所有这些苛责，我只能说，一切都是我的所见所感，我的理解。和写鲁塞尼亚人、波兰人或者吉普赛人一样，我写犹太人也是在描绘人，也只是在描绘人罢了。[38]

他所描绘的人类景观——犹太人、鲁塞尼亚人、波兰人、吉普赛人——确凿无误是一种加利西亚的景观，弗兰克把加利西亚犹太人明确看成一个特殊又独有的种族类别：由文化和历史缔造的，由民族心理驱动的种族类别。

弗朗索斯出生于1848年，70年代因撰写加利西亚犹太人的故事而在维也纳文学圈出了名，无独有偶，弗兰克生于1856年，70年代以写东加利西亚油田中的加省鲁塞尼亚人——以及他们与加利西亚犹太人的日常关系——在利沃夫获得了文学声量。在《我的犹太熟人们》一文中，弗兰克回顾了自己的童年，那是19世纪60年代的东加利西亚，他记得自己的基督徒母亲将没有发酵过的面包带回家里，在犹太逾越节的时候吃，她告诉孩子们，有些人说犹太人用基督孩子的血烤玛索饼，她觉得这纯粹是一派胡言。弗兰克记得见过一个犹太流动商贩："他大约有50岁的样子，骨瘦嶙峋，典型的犹太平民，脸上带着友善和忧郁——我们这些孩子有一点儿怕他。"弗兰克还回忆起在他就读的乡村学校，学校里有两个犹太男孩，其中一个还和他短暂交了朋友："这个朋友热爱大自然，尤其是猎鸟和捕鱼。在这些诗意的奢华中，我成为他的伙伴，陪他一起玩，穿过田野，抓小鹌鹑和野鸽子。"[39]友谊和惧怕决定了加利西亚不同人群间的亲疏远近。

19世纪70年代初，弗兰克在德罗霍贝奇的高中读书，同学中既有犹太人，也有波兰人。这时候加利西亚刚开始实行自治，波兰人成为主导势力,弗兰克认为这会加剧民族间的冲突。在他的印象中,波兰和鲁塞尼亚学生争论文学和历史,而犹太人却不参与这些纷争。这时正值鲍里斯拉夫的石油业繁荣期,弗兰克回忆说,从德罗霍贝奇可以走到油田:"我溜达到鲍里斯拉夫很多次,在德罗霍贝奇也可以观望到,距离非常近,能看见鲍里斯拉夫的工人、企业家和投机商在作业和活动。"[40] 凭借对加利西亚种族的认识以及自己的童年社会主义价值观,他大概理清了这些人物的角色。在 70 年代末,弗兰克的鲍里斯拉夫往事成功刻画了当代加利西亚自治社会经济背景下的鲁塞尼亚人和犹太人形象。

历史学家艾丽森·弗兰克(Alison Frank)研究过加利西亚的石油业,她提出,在劳动分工中存在种族差异,波兰人从事着更多的技术工种,鲁塞尼亚人则常常在地下矿井作业,而犹太人大多时候充当了"大家坚决痛恨的监工和工头"的角色。穷一些的犹太人也在油田做非技术劳动,但据弗兰克讲,"犹太工人的存在几乎没有在同时代的史料中体现,资料中看到更多的是犹太人做监工、小老板和客栈掌柜的刻板形象"。[41] 1884 年,鲁塞尼亚矿工和犹太监工发生打斗,引发了暴力事件和镇压活动,并激化了基督徒和犹太人之间的冲突,被称为鲍里斯拉夫战争。

弗兰克小说《巨蟒》中的犹太人主角赫尔曼·高德柯莱姆(Herman Goldkramer)从穷困潦倒陡然而富,执掌鲍里斯拉夫的一口油井,成了百万富翁。赫尔曼在古碧池(Gubichi)村度过了他的童年时光,弗兰克优美地勾勒了那里的加利西亚风光。

古碧池是季斯梅尼齐亚(Tismennitsa)河畔比较大的一个村子,位于鲍里斯拉夫和德罗霍贝奇的正中间。村子在北坡上,南边是高山,连接着另一片高地,高地上布满了可爱的捷普秋日山（喀尔巴阡山脉中的小座小山——编注）橡树林。村子地势低洼，坐落在约 1000 英尺宽的山谷中，并沿着斯梅尼齐亚镇，从鲍里斯拉夫山一直到克罗德茹比（Kolodruby），在那里成为大德涅斯特山谷的一部分。古碧池环境的秀美是独一无二的。[42]

在弗兰克眼中，这本加利西亚专题小说中的犹太主人公就是加利西亚地理的产物，一看就是加省本地人，而不是像梅耶和科佩尔尼茨基的体质人类学研究中得出的结论，即犹太人属于外地人。

赫尔曼·高德柯莱姆完全有资格算作加利西亚土著，他开始怀念自己的童年风景了，这种怀旧感随着在油田成名暴富所带来的精神不安而再度加深。他看到他手下鲁塞尼亚工人的艰苦条件，感到良心上过不去，偶尔会有阵痛袭来。他还陷入与亲儿子俄狄浦斯式的丑陋争斗中——1856 年出生、与弗洛伊德同龄的弗兰克直接称其凶残。尽管加利西亚的风光让赫尔曼心潮起伏，但还有另一个图像占据了他的想象，出现在他的噩梦里：东方孟加拉（Bengal）巨蟒的形象。赫尔曼十分着迷于在维也纳买下的一幅画，这是一幅巨蟒在孟加拉森林中袭击羚羊的油画。所以孟加拉在弗兰克的创作中被带进了加利西亚；他的《巨蟒》和《半亚洲》都出版于同一个年代。

弗兰克没有具体说赫尔曼是否害怕巨蟒，或者说，害怕自己已经变成了巨蟒。而另一边，鲁塞尼亚民工被作者刻画成如羚羊般无辜弱小。这些工人冒着生命危险下到油田中去。

米克拉在安静地往挂在绳索末端的铁桶里装着镐子和锄头；西摩在继续弄水泵，像醉汉一样摇来摇去；而斯捷潘在给弹簧绑圈，弹簧的一头系着铃铛，他还点亮了一把灯笼，交给了格里高里。

"你怎么磨磨蹭蹭的？"赫尔曼再次吼道，工人们榆木般的平静和无所谓让他气不打一处来。

"我们尽力了！"西摩回答道，"毕竟如果下面空气稀薄，我们就不能放他下去！底下有500多英尺深，不是开玩笑的！"

"过来，格里沙，拿上灯笼，上帝保佑你！"斯捷潘说。[43]

他们从井下带上来一个鲁塞尼亚人的骨架和头骨，这个人两年前被杀害，也许事出有因，此时赫尔曼还站在那里，他在想自己是不是被诅咒了。

在他后来为布伯写的那篇讲述犹太熟人的文章中，弗兰克说起了写《巨蟒》的经历，他声称，甚至有些辩护地说，他并没有把赫尔曼·高德柯莱姆看成一个反面形象。

> 当我还在构思那个故事的时候，批评家判定这会是我第一部还算重要的作品，也就是之前提到的《巨蟒》。对于鲁塞尼亚文学而言，其中之新恰恰在于故事的主人公是一个犹太人，这个犹太人被描绘成一个真实的男人，没有留下任何在迄今为止的鲁塞尼亚（还有波兰）文学中讽刺角色的痕迹（抑或是被理想化，也就是另一种极端的刻画）。[44]

19世纪70年代，无论是在弗朗索斯还是弗兰克的作品中，使加利西亚文学更具加利西亚特性的关键点，在于犹太人、鲁塞尼亚人和波兰人都出现在彼此的故事中，出现在一系列由于加利西亚大环境所导致的冲突和共存中,这种复杂的关系在加利西亚自治年代尤为引人注目。

"针对罗斯"

弗兰克在19世纪70年代末成为一个青年社会主义者,他于1877年被捕,中断了在利沃夫大学的学业。1879年,他写了一首诗嘲讽维也纳议会中的鲁塞尼亚代表,因为他出于哈布斯堡忠诚主义的本能反应而毫不意外地支持政府。

> 我们对奥地利的忠心日月可鉴,
> 我们时刻准备着为国家奉献,
> 不仅仅是金钱——
> 如果需要,还可以交出身体里的鲜血。[45]

里奥尼德·鲁德尼茨基(Leonid Rudnytzky)对"伊万·弗兰克作品中的奥地利形象"做了研究分析,将这首诗放到诗人不满于"过度忠诚"的背景中,鲁塞尼亚人试图和波兰人争夺谁对哈布斯堡更忠心耿耿,好像在为了赢得维也纳的喜爱而叫价一样。弗兰克在他的一些故事里描写了鲁塞尼亚农民,他们忠诚地记得1848年前的斐迪南皇帝,甚至18世纪时的约瑟夫二世,却对1848年后的弗朗茨·约瑟夫颇有微词,对他的波兰裔总督戈武霍夫斯基更是怀恨在心。[46]

伊万·列维茨基(Ivan Levytsky)也怀疑鲁塞尼亚人的无条件忠诚主义会带来不好的政治后果,他1879年在利沃夫发表了一篇文章,题为《加利西亚的鲁塞尼亚运动》[署名为波兰文的扬·莱维茨基（Jan Lewicki）］。"100 年来，加省鲁塞尼亚领导人的旗帜上总会带着对自己民族价值感的信念缺失"，列维茨基从加利西亚到 19 世纪 70 年代为止的百年历史讲起。他的文章着重讲述了加利西亚的第一个 50 年，大约从 1772 年到 1820 年，文章指出了当代加省鲁塞尼亚民族领导人的失败，他们没能让维也纳政府坚守当年对鲁塞尼亚人的承诺。"他们更惬意地依托维也纳去实现自己的幻想，他们已经依托 100 年之久了，"列维茨基写道，"他们只记得奥地利政府在吞并加利西亚时表现出的善良。在利沃夫建大学，在神学哲学系开设鲁塞尼亚语言教学的课程，还把利沃夫主教提高到都主教的级别，奥地利政府这么做也有其自身的利益考量。"[47] 从玛丽亚·特蕾莎 1774 年在维也纳为东仪牧师建立芭芭拉神学院说起，列维茨基以批判的口吻历数了奥地利政府为加利西亚鲁塞尼亚人所做的功绩，包括哪些做到了，哪些没有做到。

凭借对主题的理解和对材料的处理，列维茨基轻松建立起加利西亚作为研究鲁塞尼亚——甚至是加省鲁塞尼亚——民族史和民族政治的统一阵地。砥砺前行，他变得更考究，更学术，成为那个时代鲁塞尼亚文献学领域中首屈一指的人物。1888~1895 年，列维茨基在利沃夫陆续出版了他的大部头作品，《加利西亚-鲁塞尼亚图书目录》（*Halytsko-ruskaia bybliohrafiia*），该书收录了多达 7000 余个图书条目。他还负责一本加利西亚-鲁塞尼亚人物志的编撰，但和安东尼·施耐德的加利西亚百科全书差不多，这本人物志出版的卷数也没有超过字母 B。[48]

列维茨基也许很不愿承认哈布斯堡对东仪教会有过恩惠，尤其是在加利西亚的早期。这个问题在《从古至今的鲁塞尼亚教会与罗马天主教会联合史》一书中有着更正面和心怀感激的处理。这部德文书分两册在维也纳出版，由鲁塞尼亚牧师尤利安·派乐思

（Julian Pelesz）在 1878~1881 年编写。书中，派乐思尤其对比了东仪教会在沙俄帝国下的悲惨命运与在哈布斯堡王朝治下的备受呵护。1886 年，他成为加利西亚有权位的高级教士，任斯塔尼斯拉维夫（Stanyslaviv）[今天的伊万诺-弗兰科夫斯克（Ivano-Frankivsk）城，以伊万·弗兰克命名] 主教一职，1891 年又担任了普热梅希尔的主教。那一年，在利沃夫的宗教会议上，他向东仪教会递交的采取独身主义的提案被否决了（东仪教和东正教一样，一直保持着已婚神职人员制）。[49] 19 世纪末的东仪教会极度分裂，一边是梵蒂冈和耶稣会想罗马化东仪人，另一边是加利西亚亲俄派向他们施压，要其与东正教靠拢。确实，东仪教会的一线生机代表了罗马天主教派和俄国东正教之间的让步妥协，代表了东欧与西欧在斯拉夫东方的和解。

1879 年，鲁塞尼亚东仪牧师斯蒂芬·卡查拉在利沃夫出版了一本关于波兰人的波兰文书籍：《波兰对鲁政治》。这本书用波兰文写成，一部分原因是波兰语已经成为加利西亚自治区占支配地位的公共领域的语言，而且如卡查拉所述，也是为了让波兰人有机会学习一下鲁塞尼亚人是怎么看待波兰和加利西亚的。比起斯洛文尼亚人和德意志人可能会在哈布斯堡大吵大闹，卡查拉觉得"加利西亚两个都有着斯拉夫渊源的民族"如果彼此交恶会更令人难过。[50] 他看到了历史对于形成加利西亚的波兰意识形态十分重要——也就是克拉科夫历史学派的历史修正主义观点，所以他也在自己的作品中用到了相似的修正史观，不过是从鲁塞尼亚人的角度写的。他批判那些"相信波兰过去的辉煌，活在传统中的人"的"错误历史观念"。[51] 他也不苟同对前波兰历史和今天加利西亚历史常见的波兰态度。

卡查拉回到了中世纪的加里奇时代，那时加里奇是罗斯大公之一,因为加利西亚的名字最开始就是从鲁塞尼亚的政治版图中得来的。他提到加里奇的地盘14世纪时被波兰的卡齐米日大帝攻占了,虽然卡查拉没觉得卡齐米日有多伟大:

> 波兰国王卡齐米日三世,以强者为王的心态进犯加里奇罗斯,围攻利沃夫,拿下了这片领地,奏凯而归克拉科夫。他看到了鲁塞尼亚人的不堪一击,决定继续攻占红罗斯。他集结了新的军事力量,占领了普热梅希尔、萨诺克(Sanok)和卢巴丘夫(Lubachiv)周边的土地。鲁塞尼亚人要谈判投降,但有一个条件,他们的习俗礼仪和民族性不能被侵犯或改变。卡齐米日答应不限制鲁塞尼亚人的信仰,尊重他们的民族性,但后来,随着扩张,他愈发大胆,开始挑衅希腊东方正教的礼仪。[52]

卡查拉论述了"加里奇罗斯"是波兰14世纪的非法所得,并强调了罗斯领土与波兰王国领土的分离。他提到了保留独特"民族性"的条件约定——这样把19世纪的概念运用到14世纪显得很不合时宜。卡齐米日当年违反承诺,从此克拉科夫与罗斯的根本关系就建立在非法的基础上,这样的明知故犯持续了五个世纪,一直到今天的加利西亚。的确,卡查拉用一般现在时态写中世纪历史的风格,使得他以及他的读者们可以肆意且不合时宜地在过去和当下间跳动转换。

重读波兰历史给卡查拉带来了新的结论,结论印证了他最开始的臆测:"波兰人和鲁塞尼亚人不仅在习惯风俗上有差别,还在语言、书写和仪式上大相径庭。总而言之,这两支斯拉夫族人是两个不同的民族。"[53]卡查拉生于1815年,他在1848年也参与过政治活动。在叙述1848年时,他写到波兰人拒绝理解鲁塞尼亚人的民族诉求。讨论60年代加利西亚实现自治时，卡查拉引用了1868年省议会上波兰议员的话，"不存在鲁塞尼亚人，罗斯是波兰的，不是波兰的部分也是属于莫斯科的"。卡查拉还用统计数据展示了70年代加利西亚的大跨步波兰化进程，表示波兰对"加里奇罗斯"的政策只不过是想通过文化战争的方式"毁了鲁塞尼亚人（zniszczy ćRusinów）"。他还尤其批评了《时间报》的轻蔑态度。[54]在加利西亚自治年代，卡查拉讲出了鲁塞尼亚人的观点，在哈属加利西亚的背景下挑战了波兰的理念。

弗朗茨·约瑟夫的来访："一场胜利的游行"

1880年，加利西亚以两件大事件开启了新的十年，这两件事对加利西亚人如何看待本省有着预示性的意义。第一件，这是一个饥荒之年："我们国家闹饥荒了，已经是14年来的第四次了。"2月18日的《时间报》把时间拨回到1866年，那是决定加利西亚政治财富的关键一年。[55]第二件，1880年弗朗茨·约瑟夫对加省做了仪式性访问，这样的机会并不常有，尽管他可能会路过加省去东部边境进行每年的军事调动，在1851年的后革命之行后，他就再没有以壮观而肃穆的帝国名义正式访问加利西亚了。弗朗茨·约瑟夫当年来访的时候只有22岁，现在一晃到了1880年，他都快50岁了，而加利西亚进入自治时代也已经有十几年的时间。饥荒造成的自然灾害，以及皇帝访问加利西亚的仪式庆祝，给了加省一次自省的机会，两个极端的一边是自我批评，另一边是自我表扬。19世纪80年代见证了加利西亚身份的再次确认，这次再确认不仅依据意识形态忠诚主义这样的政治概念，同时还提出了一个以加利西亚苦难为名的社会身份。1884年，加利西亚被归纳进《图话奥匈大地》丛书下面的一个小册子里，丛书是在皇太子鲁道夫的资助下出版的。1888年，加利西亚又一次被总结概括，这次是在经济统计数据里，题目是《加利西亚的苦难》(Nędza Galicyi)，此书将加省全省定性成极度贫困区域。

1880年的粮食歉收催生了一本书，名为《加利西亚的饥荒与匮乏》(Nieurodzaj i głód w Galicyi)，作者是罗杰·鲁宾斯基（Roger Łubieński），他的兴趣点在有机工作和经济发展。他讲到，加利西亚过度注重农业，而工业发展相对缺失，这使得加省承受不住饥荒这样的天灾，《时间报》应和了他的担忧。[56]1880年3月，《时间报》指出，"农民移民美国的人数再次增加"，报纸对农村生活中缺乏"道德和谐"而感到遗憾——尽管缺乏农业生产力的说法可能更合时宜。[57]19世纪，加利西亚和洛多梅里亚王国——这是弗朗茨·约瑟夫头衔中的叫法——有时会被改成贬义的双关语，"糕利西亚和锅多梅里亚"，荒芜（goły）饥饿（głodny）之乡。1868年在利沃夫，阿波罗·科热尼奥夫斯基气愤地借用了这个表达，好像这是一个人人皆知的俏皮话："哎呀，锅多梅里亚和糕利西亚王国的居民，多么自私啊，自私到了极点！"[58]加利西亚的贫困早在19世纪80年代的饥荒和人口流失之前就已经家喻户晓了。

伊万·弗兰克1880年再次因社会主义者的身份被捕入狱，被关在科洛米亚（Kolomiya）三个月之久。他在狱中创作的一首诗提到了加利西亚的灾荒情形，这首诗是3月28日写的《春景》。

> 清静小溪下，
> 银鱼戏水游，
> 谷茬经年去，
> 觅食拐瘦牛。[59]

在弗兰克眼中，灾荒不是经济落后所致，而是源于对社会底层阶级的经济剥削和压迫。他对民族压迫也很留意，1880年，他所创作的另一首诗后来成为加省鲁塞尼亚人广为流传的民族小曲，虽然它以乌克兰民族主义之名含蓄地拒绝了加省鲁塞尼亚人的身份。

> 不干，不干
> 不再伺候俄国和波兰！
> 乌人自古的不满已成往事——
> 我们毕生所愿是乌克兰。[60]

将目光从哈布斯堡王朝的边界转移到俄罗斯帝国境内的乌克兰同胞，他开始盘算着要让加利西亚的鲁塞尼亚人认同乌克兰人的身份。

或许早夏的作物生长已经缓解了饥荒，1880年7月7日，《时间报》宣布了皇帝考察加利西亚这个计划已经定下来了。《时间报》欢迎弗朗茨·约瑟夫的到访，但同时告诫"皇上要参观自己的疆土，首先必须要有心理准备，准备面对人民的各种请求，各种冤屈，各种对政府或地方政要的不满"。[61]《时间报》认为，鲁塞尼亚人的委屈应该是皇帝来加省要随时准备好倾听的——首先倾听然后置若罔闻，因为在波兰人看来，这些委屈不过是对长期不满的抱怨而已。《时间报》相信，从1851年弗朗茨·约瑟夫上一次考察算起，25年来，它已经为加省波兰人做忠诚的哈布斯堡子民建立了信誉，这次来访将会确定加省忠诚和帝国恩惠间的互助纽带，这个纽带奠定了加利西亚在哈布斯堡王朝内的"特殊地位"。弗朗茨·约瑟夫从1848年登基后，在任已有32年，创刊于1848年的《时间报》也和时间一起成长，随着时间的消逝，它变得更有特色，更别具一格。克拉科夫作家塔德乌什·哲伦斯基（Tadeusz Żeleński）被人们称作"波伊（Boy）"，他后来回忆说，"名气颇高的每日《时间报》，这个贵族、保守派和牧师的报业机构，"对公众有着广泛且深入的影响："《时间报》写了什么，《时间报》说了什么，这些话我小时候都听了无数遍。"[62] 小男孩生于 1874 年，所以他的童年时期大概就包括皇帝访问加利西亚的 1880 年，此刻正是报纸最一呼百应、叱咤风云的时候。

刚好一周后，7 月 13 日，《时间报》直抒它的加利西亚忠诚主义，报纸反击了出现在利沃夫的一份宣言，宣言呼吁所有波兰土地都应该就 1830 年 11 月起义的五十周年纪念日举办公开纪念活动。"我们判定，没有人会去参加纪念活动，他们会觉得这是一个代表全民族落败的悲伤周年，还不如静静待在家中，在心里默默哀悼，"《时间报》写道，并拒绝接受一切公共游行。《时间报》把宣言背后的人说成"顽固不化或者有危险"（*ludzie nieprawni lub chorobliwi*），他们"太想为之前的政治错误洗白了"。而且《时间报》还影射了皇帝即将成行的访问，说"此时在加利西亚发这种宣言是别有用心"。弗朗茨·约瑟夫马上就来访问加省了，今年还是不要暴露出任何有关反叛情结的痕迹为好。

一个月后，8 月 18 日，《时间报》表现出对另一个 50 周年纪念日的青睐——那就是弗朗茨·约瑟夫皇上的 50 岁大寿，他出生于 1830 年的 8 月 18 日。报纸提到举国上下都在"欢天喜地"地庆祝，尤其强调了加利西亚庆祝的理由："对于在奥地利皇帝权杖下的这一支波兰民族，当朝代表了一个重要阶段和最幸福的时代，因为加利西亚加入王朝体制了。"弗朗茨·约瑟夫十分尊重民族的"权益"，"在任期间，他奠定了加奥关系前所未有的道义基础，这个基础——我们相信——已经成为王朝的永久（*na zawsze*）传统"。[64]《时间报》完全没有怀念1830年11月的起义,而是抓住皇帝生日的机会,以一种高调的姿态宣布,加利西亚与哈布斯堡的亲密关系并非短暂或临时的,而是道义且永久的。1772年的吞并或许是权力斗争的结果,只需要在王朝所有权上做一点点意识形态的辩白就好,但是《时间报》认为,哈布斯堡君主国在弗朗茨·约瑟夫统治期内的演变,尤其是通过行省自治权的方式承认了民族权利,终于首次建立起加利西亚存在的道德依据。

与此同时,鲁塞尼亚人也回顾了加利西亚的建国初期,通过筹备庆祝约瑟夫二世亲政的百年纪念,树立了他们自己的哈布斯堡忠诚主义。约瑟夫二世在1780年玛丽亚·特雷莎病逝后成为王朝的唯一统治者,他减轻农奴负担的做法使他在鲁塞尼亚农民间尤其受到好评。加利西亚使者去了维也纳骷髅教堂,在他的棺材上放了花圈,上面写道:"加利西亚-鲁塞尼亚人敬挽——约瑟夫二世皇上千古——1880年。"[65] 这个场景既确认了鲁塞尼亚的哈布斯堡忠诚主义,也确立了鲁塞尼亚人的加利西亚身份。

8月22日,《时间报》公布了弗朗茨·约瑟夫的行程安排:他预计9月1日抵达奥斯维辛火车站,在加利西亚待两个星期,大部分的时间会在克拉科夫和利沃夫,也会坐火车到塔尔努夫、热舒夫和普热梅希尔做短暂停留,还要去德罗霍贝奇转一圈,之后的五天要在部队观看军事演习。历史学家帕特里斯·达布罗夫斯基(Patrice Dabrowski)指出,皇帝还参观了科洛米亚的民族展览,其中展示了代表加利西亚地方特色的胡楚尔民族,这一点十分重要。他认为,皇帝出现在这个展览上,象征了19世纪加利西亚喀尔巴阡山人的大"发现"达到了高潮。[66]

9月1日,《时间报》"向皇上问候,我们国家多年来都在期待他的大驾光临,向他表示感谢和敬意"。皇帝来访没有任何别的意图，没有具体的政治问题要谈，也没有特殊场合要安排。

> 这将是一场胜利的游行，它是一次不同寻常、举世无双、独一无二的胜利。它不是庆祝残暴的胜利或庆贺新获的领地，也不是秉着英雄和军队胜利精神的队列行进，而是一次庄严肃穆的仪式，代表了未来社会的富饶重生，意味着一个伟大国家和治下民族之间关系和意义的整体转型，一个辽阔的王朝，一个光辉的皇室。[67]

加利西亚是那个"伟大的国家"，在《时间报》随意的叙述中，它成了一个单一民族的家乡。皇上的胜利因此可以被解读成为波兰加利西亚观的胜利，毕竟它掌握着自治区的文化霸权。这个所谓的胜利是"没有征服者和被征服者的胜利"，是基于"文化、宗教和文明的社群，以及所需和所求彼此之间的理解"。[68]

《时间报》编者论的结尾高歌了著名的1866年宣言，宣言在1880年依然适用："若干年前讲过的标语，还应该且永远应该成为我们的口号：'我们拥护您，陛下，我们要和您在一起！'"坚持忠心也是自治的基础，也让《时间报》可以畅想哈布斯堡对加利西亚长久稳定的占有。帝国访问的成功盖过了饥荒的不幸，诉苦人的抱怨——比如鲁塞尼亚人认为加利西亚是两个民族的国家——被淹没在胜利的锣鼓喧天之中。克拉科夫市档案馆保存了城市当年的订单记录，克拉科夫从维也纳订购了各式各样挂在街头的"窗台条幅"，有大、中、小三个尺寸，还有带着帝国皇冠图案的灯具，安装在阳台上为夜晚照明使用的金色烛台。[69]

历史学家丹尼尔·乌诺夫斯基发现，决定此次"胜利"的是加利西亚保守主义者，也就是执掌加省、编辑《时间报》的那伙势力，皇上准许他们宣传准备大部分的帝国访问事宜。1851年的访问完全是由哈布斯堡官员本着新专制主义精神筹划的，而如今在自治年代，加利西亚的执政阶级自然就会安排一些壮观场面。据乌诺夫斯基透露，"波兰保守派下功夫编排一系列的公众场面，传递出斯坦奇克忠诚于帝国和波兰功业的思想"。一个参与了编排工作的加利西亚官员说，"我们的努力是为了避免在皇上莅临期间出现任何不和谐的声音，保证一切活动可以顺利进行"。[70] 因此，可以说是加利西亚人讲出了加利西亚的重要性，他们一边给皇帝展示加省，另一边也将皇帝展示给加省，作为加利西亚身份不可分割的基础面貌。

1880年9月1日，总督阿尔弗雷德·波托茨基在奥斯维辛火车站迎接了皇帝一行。波托茨基（他父亲也叫阿尔弗雷德·波托茨基，是弗雷德罗的好友）1870~1871年间在维也纳担任皇帝的总理大臣，曾被授予哈布斯堡级别最高的金羊毛骑士勋章。在利沃夫，《利沃夫时报》恭贺了皇帝在加利西亚——"在我们国家（w kraju naszym）"——的访问。报纸期待会看到"成千上万的胸膛发出雷鸣般的喊叫，伴随着喜悦的回响，从一个城区到另一个城区，从一个村镇到另一个村镇，一路穿过加利西亚"。[71] 尽管这次旅程刚刚开始，但它已经凭借人们期待中的幻想，把加利西亚统一成一个整体的欢迎队伍，表达着万众一心的忠诚。

9月2日，在克拉科夫，皇帝登上瓦维尔城堡和大教堂，参观波兰国王的陵墓，也就是1869年卡齐米日大帝被仪式性重新下葬的地方。省议会的代表正式向皇上递交申请，希望皇上将瓦维尔城堡，波兰皇帝的住所，定为自己在克拉科夫的帝国行宫。约瑟夫·苏伊斯基也在克拉科夫的接待委员会名单上，弗朗茨·约瑟夫还被安排参观了克拉科夫的雅盖隆大学和教育科学院，两个机构都属于苏伊斯基的地盘,都是他对波兰加利西亚人的观点进行操控的地方。欢迎皇帝的是科学院主席约瑟夫·梅耶,他与科佩尔尼茨基合著了《加利西亚人口的体质特征》。[72]

在9月2日下午的紧密行程中,皇上2点参观大学,2点半参观教育科学院,2点45分参观玛丽亚教堂,3点10分参观恰尔托雷斯基博物馆。这个博物馆开放于1878年,恰尔托雷斯基家族将其丰厚的艺术收藏从巴黎运到了克拉科夫,其中还有达·芬奇的《抱银貂的女子》,这一定程度上也是对加利西亚自治的信任。皇帝只给博物馆安排了25分钟的行程。第二天,即9月3日,他参观了圣安妮高中,苏伊斯基50年代的时候在这里读过书。现在,1880级学生用波兰语吟唱《帝皇颂》,获得了皇帝的德语赞许:"你们唱得很好听(sehr schön gesungen)!"[73]克拉科夫已经吟唱这首老歌很多年了,但从60年代开始,人们唱得越来越有信念。

《时间报》深情描述了皇帝在克拉科夫的最后一晚。他跟随游行队列走到市中心广场,下榻在波托茨基位于石羔之下的宫殿("Pod Baranami")。人们在布艺大厅里翩翩起舞,节日的气氛洒向广场:"在舞者中,农民和身穿长袍(kontusz)的王公贵胄们聚集在一起。"这是一个鼓励遗忘历史的画面,1846年农民屠杀贵族的所有恐怖记忆都荡然无存。长袍是波兰贵族上百年前在联合王国时期盛行的全身过膝长衫。宣布皇帝来访克拉科夫是一次"胜利",《时间报》试图与波兰历史的鬼魂做一次对话:"在这片克拉科夫广场上,闭目沉思,我们仿佛看到了许许多多的大人物,从卡齐米日大帝到柯希丘什科,在这么多个世纪的历史景象之外,如今也要保存下弗朗茨·约瑟夫夜晚游行的足迹。"[74]这就是正值巅峰的克拉科夫历史修正主义,它把英雄队列中的哈布斯堡皇帝视为波兰民族历史上的伟大人物,如此锻造了带有波兰传统的加利西亚历史。

9月11日，当弗朗茨·约瑟夫走进利沃夫时，数十万人等候着向他致敬，总督也在其中，他带着皇帝参观了像奥索林斯基图书馆这样的加利西亚特色景点。但利沃夫还有一个单独的鲁塞尼亚接待委员会，负责安排皇帝与鲁塞尼亚人相关的活动，他们邀请皇帝参观圣乔治东仪教堂和鲁塞尼亚民族中心。语文学家迈克尔·莫泽告诉我们，1859年和1871年版本的鲁塞尼亚语入门教材的确保留了弗朗茨·约瑟夫早在1851年到访利沃夫时就关注鲁塞尼亚的记忆。[75] 1880年和1851年差不多，对鲁塞尼亚人的关注成为微妙表达异议的场合，这不是鲁塞尼亚人缺少忠诚的表现，而是他们不允许自己的情愫被默默掩盖在展现加利西亚忠诚的大局观下，如波兰统治阶级排练的那样。通过纪念约瑟夫二世百年单独执政这样的活动，鲁塞尼亚人表达出他们的哈布斯堡忠诚主义，但其中还掺带着一些约瑟夫式的对波兰的敌意。

弗朗茨·约瑟夫此次的加省访问可谓多种忠诚的表现，在加利西亚全省情绪高涨的伪装下，埋藏着加省各种身份和代表之间风起云涌的紧张关系。访问于9月15日落下帷幕，它对于建构加利西亚有着深远的意义，《时间报》评论说："加利西亚享受着民族权利和自由，在道义上与君主国保持高度一致，和哈布斯堡王朝密不可分，并对皇帝抱有赤胆忠心和感恩之情，皇上也允许它在尚古和厚今之间找到平衡。"[76] 加利西亚最后要通过折中的意识形态自证清白：帝国忠诚与民族权利，民族的过去与行省的今天。

唐·吉诃德与桑丘·潘沙

1881年，一个叫作起义兄弟会的波兰罗马天主教团体提议在加利西亚创办允许鲁塞尼亚学生就读的寄宿学校，进而促进罗马和希腊礼天主教派的和解。这个宗教团体成立于1830年11月起义后的巴黎，由波兰流亡者所创立。一代人之后的1868年，历史学家沃尔里安·卡林卡决定加入此团体，成为一名"振兴者"。他支持办学计划，将其视为"用爱而不是恨来解决鲁塞尼亚问题"的途径。[77]但鲁塞尼亚人却强烈反对建校，觉得这是一个旨在罗马化东仪教堂、波兰化鲁塞尼亚的圈套，最终目的就是巩固波兰人在加利西亚的民族统领地位。

在1881年的加省议会上，反对建学校的是斯蒂芬·卡查拉。所以，这次以寄宿学校提案为导火索，关于加利西亚如何化解宗派矛盾的辩论，使两个无法调和的历史观彼此对立，一个是卡林卡的，一个是卡查拉的。《时间报》想让加利西亚"和谐共处"，但是卡查拉拒绝买账，拒绝搞团结，而是要求维护鲁塞尼亚人的民族权利。

> 如果鲁塞尼亚人和波兰人之间存在矛盾对立，那是由于鲁塞尼亚人在要求自己的权利，而波兰人拒绝承认他们的权利。只要没有平等，就不会有彼此和谐。稳固的和谐关系不是依靠寄宿学校，而是要依靠正义。[78]

1880年，《时间报》将皇帝来访视为庆祝加利西亚自治的场合，这种庆祝是基于民族权利，卡查拉则在1881年提出了尖锐的异见，扬言"（加省）没有自治，只有霸权"。[79]所谓加利西亚的统一，为歌颂弗朗茨·约瑟夫排练出来的整齐划一，很快就因波兰人和鲁塞尼亚人在寄宿学校问题上的论战而不攻自破了。

1882年，约瑟夫·苏伊斯基在维也纳出版了一本德文书，题

第六章 自治年代：加省平民以及关于斯拉夫东方的幻想与统计

目为《加利西亚的波兰人和鲁塞尼亚人》，作为丛书《奥匈的人民：种族与文化历史大观》中的一册。这本书的筹备与1880年皇帝访问加利西亚有直接关系，意在宣传加省这个外人好像还不太了解的省份。

波兰人和鲁塞尼亚人在奥地利的家乡，也就是加利西亚，属于奥地利或更大范围地理中最容易被忽视的地区。小册子甚至大部头作品也会跳过或一笔带过这片土地。旅行者也很少选择加省作为学术考察的目的地；更甚之，有倾向性的通信记者带着各种有色眼镜看待加省的现状，不仅没有照亮黑暗，报道还真假参半，像伦勃朗式的影子一样。所以结果就是，欧洲大众，甚至是奥地利大众，肆意允许自己在中长篇小说中、在报纸版面上，获知那些加利西亚的丑陋之事（manches Ungeheuerliche）。[80]

萨克-马索克和弗朗索斯的小说也无疑是他斥责的对象，因为这些作品传播加省丑恶谎言，或者在阴影下混淆真伪，将关于加利西亚的变态幻想呈现给欧洲大众。作为一个加利西亚人，苏伊斯基挺身而出，要展现一个所谓真实的"祖国"形象——他用德语启蒙加省境外的公众，尤其是帝国首都的公众。

如果加利西亚像苏伊斯基自由定义的那样，是波兰人和鲁塞尼亚人的共同祖国，那么他就非常有资格给国外大众展示加利西亚，因为他自己可以说既是波兰人又是鲁塞尼亚人。苏伊斯基（Szujski/Shujsky）家族是一个中世纪罗斯大公家族的后裔，家族史清楚地证明了这一点：其中有一支驻扎在波兰立陶宛王国的立陶宛境内，另一支在俄国历史上大放异彩，瓦希里·苏伊斯基（Vasily Shuisky）

还是莫斯科1606~1610年间"麻烦时代"的沙皇,在鲍里斯·戈杜诺夫(Boris Godunov)去世后和罗曼诺夫王朝开始前在位。所以约瑟夫·苏伊斯基可以凭借自己的中世纪罗斯血脉,在加利西亚的当代种族争论中占据一个更卓越的视角。

苏伊斯基历数居住在加省的各族人民,穿着五颜六色民族服饰的各种山地人。但他认为波兰人和鲁塞尼亚人是两个主要的种族分支,并且试图找到二者的边界。

> 在东加利西亚,波兰和鲁塞尼亚的势不两立并不明显——他们或者已经和谐共融,或者在互不干扰地各自生活着——但是在西加利西亚,他们至今却保留了古代的鲁波界线,鲁塞尼亚人的个性中展现出许多原汁原味且异于其邻居波兰村民的种族特征,他们几乎全都是黑眼球、黑头发,身材纤细,四肢柔弱,举止迟缓而神情忧郁……[81]

苏伊斯基对体质人类学的测量法,如眼球颜色、头发颜色,等很感兴趣,但他更看重整体上的差异,他也提到二者在做了几百年的邻居后,会有一定程度的趋同特征。

在精神层面,忧郁是苏伊斯基发现的种族界限,这好像又重复了《半亚洲》中提出的东西之别。鲁塞尼亚村庄的木质房屋或许已经开始欺骗人的眼睛,你或许会觉得他们很富饶,但在房子内部,苏伊斯基只看到了贫穷。"人们饿得满脸苍白",这肯定是经受了加利西亚长年累月灾荒的结果。"所以忧郁,说起来挺惨的,是我们第一次遇见鲁塞尼亚人的感受",苏伊斯基写道,他为读者细致描述了这次经历。鲁塞尼亚人的村子很古朴,古朴到似乎有一种异域风情。"这里怎么看都风景如画且原始,"他写道,"就感觉像是非洲的村子。用麦秆、树枝、泥土和一些小树就可以盖房子了。"[82] 他在讲加利西亚的鲁塞尼亚村庄时竟然想到了非洲，看来东方主义根本不足以去表达他自己所感受到的——或者所认知到的——文明割裂。

从人类学的角度讲，加利西亚是一个混合体，苏伊斯基认为"在加利西亚，数百年来，德意志民族的血统与波兰人和鲁塞尼亚人的血统相互混合杂糅"。众所周知，加利西亚并没有存在数百年，只有区区一百年，苏伊斯基也清楚，约瑟夫二世在建立加利西亚之初的 18 世纪 80 年代一度吸引德意志人来加定居。"但除了新教徒之外，"苏伊斯基观察道，"他们也失去了自己身上原本的一些德意志属性，也在很多方面和加省其他人口混合起来（verschmelzen sich）。"[83] 混和还真是约瑟夫时代的加利西亚作品的主题之一，可以一直追溯到弗朗茨·克拉特 18 世纪 80 年代的游记。混合的主题甚至还和加利西亚的犹太人有关。他把加利西亚看成是波兰人和鲁塞尼亚人的祖国，但也提到说犹太人占总人口的 10%。"伴随着金融和商业的走向，受教育程度高的那一部分人也在接受德意志或者波兰文化"，他观察道，暗示了文化转变的张力，犹太人正在变成德意志人和波兰人。至于那些犹太的穷苦众生，他们与"穷苦的基督教徒"生活在一起，二者的境况因为贫困而趋同——"偶尔他们也想漂洋过海去美利坚或者澳大利亚"。

苏伊斯基也意识到，"加利西亚犹太人"已经在某种意义上"享誉欧洲"了——尽管这大概率是他鄙夷的那种小说轰动效应所造成的。"加利西亚犹太人"这个门类可以被分成三个主要类型：具有专业技能或从事商业的"开化的具有摩西信仰的波兰人或德意志人"；穿着"半现代半守旧"服饰的"半开化"犹太人，大概属于《半亚洲》里描写的那种人；最后就是带着毛帽子、顽固信守传统主义的哈西德派教徒。[85]苏伊斯基不否认犹太人是加利西亚社会的重要组成部分,"是加利西亚基督教社会中一群极度活跃的人,他们存在于两个斯拉夫族裔——一个冲动鲁莽,一个大意粗心——之间"。在这个对斯拉夫精神相当随意的人类学描述中,犹太人其实起到了凝聚两种主要斯拉夫社群不同情感特点的作用。据这位雅盖隆大学的博学教授苏伊斯基所讲,加利西亚犹太人周旋在代表贵族的波兰人唐·吉诃德与代表农民的鲁塞尼亚人桑丘·潘沙中间:"你可以说这个中间阶级是被爱包围的,它与加利西亚的基督教社会一起茁壮成长。"[86]所以犹太人实际上并不是外来者,尽管有人可能把他们看作半开化的,但这刚好确认了他们在加利西亚社会中扮演的调解与整合的角色。在苏伊斯基眼中,那个社会就是由各种加利西亚人民汇聚混合构成的。

对比波兰人唐·吉诃德与鲁塞尼亚人桑丘·潘沙并不是在有意奉承后者,鲁塞尼亚文明的出现不太能进入苏伊斯基的考虑范畴。当他撰写罗斯历史时——也就是写他自己大公祖先的历史时——他很遗憾"加里奇帝国并没留下多少文化遗址和文化作品"。罗斯世界在鞑靼人的杀戮下覆灭,加利西亚没有从加里奇帝国那里继承任何有意义的文化。而卡齐米日大帝14世纪兼并了鲁塞尼亚,"将文明的福祉从波兰带到了那片在鞑靼统治下渐渐衰落的土地上"。[87]苏伊斯基家族也在几个世纪前被波兰文化同化,而他自己如今通过波兰的文化机构,比如雅盖隆大学和教育科学院,把"文明的福祉"带进了加利西亚。从1866年宣言开始,文明的意识形态就已成为加利西亚自治的重中之重。1882年,苏伊斯基再度调用了这个意识形态,从历史学和人类学的角度,阐释了波兰人对加省鲁塞尼亚人的态度。

其实,19世纪80年代初,考古研究发现,加里奇附近区域存在罗斯大公的一些中世纪遗迹,这些遗迹可以给加利西亚正名,因此也证明了鲁塞尼亚人的说法,加省最初是属于他们的。1882 年,鲁塞尼亚期刊《黎明》(Zoria)哀叹道,加里奇的镇子已经"失去了它古老真实的鲁塞尼亚特色",杂志还抱怨说那里现在住着很多犹太人。到 1887 年,《黎明》使用了更多"我们加利西亚"的说法,表示"加利西亚罗斯自始至终都是西欧与东方的交界处"。[88] 所以在 19 世纪 80 年代,针对波兰人关于文明统治的设想,鲁塞尼亚人以眼还眼地提出了对加省的所有权,在精巧建构的加利西亚的东西两边中,偏向东边的部分。

1883 年,加利西亚经历了 200 年一遇的大事件,受到了不可抗拒的意识形态的影响,这就是 1683 年波兰国王扬·索别斯基击溃奥斯曼突厥人的入侵、解救维也纳于危难之际的 200 周年纪念。克拉科夫的布艺大厅举办了一场突厥帐篷和西方铠甲的历史展览,其中还有克拉科夫一流画家扬·马特伊科创作的大型历史画作《索别斯基在维也纳》。9 月 12 日,进攻奥斯曼的纪念日这一天,安葬索别斯基遗体的瓦维尔大教堂组织了游行仪式,游行队列从瓦维尔出发,来到集市广场,在那里举行了索别斯基青铜纪念碑的揭牌仪式,并演奏了瓦迪斯瓦夫·哲伦斯基(Władysław Żeleński)(塔德乌什的父亲)为此专门谱写的康塔塔清唱曲。[89]

除了克拉科夫城内的老百姓,还有上千名农民特意进城参加庆典,他们主要是受到平民牧师斯坦尼斯瓦夫·斯托亚沃夫斯基(Stanisław Stojałowski)的鼓励。历史学者基丽·斯淘特-豪斯泰德(Keely Stauter-Halsted)认为,19 世纪末的纪念盛典可以被理解成一种在加利西亚农民内部宣传波兰民族身份的方式,这类人在 1846 年的时候还是无民族意识的。[90]1883 年的庆典兼具波兰民族、哈布斯堡帝国以及加利西亚行省的意义。波兰人在 1683 年给予奥地利莫大的帮助，而 1883 年，加利西亚人是内莱塔尼亚统治的重要政治伙伴，坚决拥护维也纳爱德华·塔菲（Eduard Taaffe）的保守派内阁。此次活动的纪念明信片上印着索别斯基的肖像，肖像由克拉科夫艺术家尤利乌什·科萨克（Juliusz Kossak）绘制，上面还有波兰文和鲁塞尼亚文的对照文字，突出了加利西亚公众的完整性。[91] 马特伊科的油画《索别斯基在维也纳》后来被送到维也纳展览，最后存放在梵蒂冈博物馆中。

哲伦斯基的康塔塔由克拉科夫作家瓦迪斯瓦夫·路德维克·安奇奇（Władysław Ludwik Anczyc）填词。安奇奇生于 1823 年，参加了 1846 年的克拉科夫起义。1848 年，他在克拉科夫发表了一首诗，以雅库布·塞拉为主题的《1846 年的加利西亚土匪》。但在 1883 年的加利西亚歌词中，安奇奇热情洋溢地歌颂了对维也纳的保卫。

> 波兰骑士，英勇无畏
> 突厥新月，节节败退
> 索别斯基，奏凯而归
> 帝国首都，人声鼎沸[92]

意识形态上，没有比这更能展现加利西亚意识形态的波兰民族纪念活动了。

1884 年初，在日益严峻的移民美国的问题上，《时间报》引用了不久前去世的安奇奇的作品。安奇奇生前创作了数部以农民为主题的流行剧，比如《农民迁移》，还有讲 1794 年波兰农民手持镰刀大战俄国人的历史剧《柯希丘什科在拉茨瓦维采》（*Kościuszko pod Racławicami*）。《时间报》评价说他是将移民问题呈现给公众的第一人。而在他去世后，新一波人口外流预计将在1884年的春天出现。有报道说，农民正在抓紧卖房卖地，为旅途筹备盘缠。"很难相信近年来他们对各种觉醒中的欲望和需求有着多么强烈的反应，不仅仅是那些搬去美国的，还有那些留在老家的"，《时间报》透露，"我们的农民（lud nasz）正在变得美国化（amerykanizje się），如果只是物质本能就罢了，但里面还包含了创新精神和工作意识"。[93]《时间报》好像明白了，加利西亚农民对自己的身份如此缺少认同以至于给其美国化留下了足够的空间。

《时间报》表示，加利西亚存在一个最有移民倾向的地区，就是加省中部以塔尔诺夫、亚斯沃（Jasło）和热舒夫为顶点的三角区域。报纸认为这个地区缺少强大的民俗传统和华丽的地方服饰。

> 和人种一样，这里的服饰类别不存在任何本地的单一性或原创性。苏伊斯基在他的著名作品《加利西亚的波兰人和鲁塞尼亚人》中，称这个地方住着又聋又哑的德意志人，他们否定自己的斯拉夫出身。在我们看来，他们之中可能很大程度上掺杂了后来定居于此的鞑靼人俘虏。总之，在加利西亚所有人口中，这群人对传统习俗依赖最少，对乡土的依恋程度最浅——甚至还涌现出一批帝国的农民，维也纳的人说他们是"在加利西亚站岗的农民（Der Bauer wacht in Galizen）"。虽然1846年的风暴给每片土地都带来了同等的暴力与伤害，但最先燃起烈火的，就是国家的这个角落，此地区也出了塞拉这样的英雄人物。[94]

《时间报》强调，由此或可以反映出本地区的区域特点，"具有加利西亚农民阶层的最坏传统"。这也暗示，加省的其他地方就遍布着更好的加利西亚传统了。

这里面有一个悖论，最倾向于离开加利西亚的农民，从某种意义上讲，也是最具有加利西亚特点的农民——他们的身份模糊到使他们感觉自己是真正的"帝国"人了。于是，当年导致1846年屠杀发生的"依恋"缺失，如今似乎在鼓励着他们放弃加利西亚，移居海外。而在1846年事件后，被从加利西亚驱逐到布科维纳的塞拉，现在又被重新挖出来，作为加利西亚的移民模范，以及脱身于本土地理三角区的农民典范。《时间报》这样的保守机构在农民问题上陷入矛盾，这在其对待移民的态度上表现得很明显，一方面其惋惜人口流失，另一方面，它也暗中欣喜——因为农民移民者可以在精神上与雅库布·塞拉产生联系了。

"图文并茂"

梅特涅生前未出版的回忆录于19世纪80年代问世，这让加省大众开始意识到早年的加利西亚有多么虚无缥缈。据《时间报》1884年的一篇文章透露，在拿破仑建立华沙大公国后，梅特涅曾经考虑过放弃全部加利西亚。这位哈布斯堡首相心里想的是，如果波兰真要复国了，奥地利必然会丢掉加省："所以我们要么白白失去加利西亚，要么主动撤掉它，并拿到补偿。"回忆录揭示了梅特涅在加省问题上表现出的卑劣和无所谓的态度，它的哈布斯堡身份从那时起，就变得几乎不言自明了，从弗朗茨统治时期到弗朗茨·约瑟夫统治时期一直如此。[95]

1884年，《时间报》已经在盼望下一个哈布斯堡皇帝王朝。报纸饶有兴趣地提到当年皇太子鲁道夫的游记,名字叫《东方之旅》(Eine Orientreise),讲的是他游历东南欧和奥斯曼帝国的经历。皇太子传说中的自由主义思想完全入不了《时间报》和它那些保守派编辑的法眼,但他们尊重这位旅行者的求知欲。

> 致力于科学事业的好奇家,我们皇位的继承人,热爱自然,渴求探索,已经兴致勃勃地完成了远行的步伐。但是旅行还给太子带来了不为人知的大好处,能够让他更好地了解大自然最重要的一部分,人类的那一部分。关于人性的知识,是英明执政的基础。[96]

这个暗示很微妙,但《时间报》的每一个读者应该都可以察觉到。如果太子的好奇心可以把他带到遥远的东方,那么他或许也会想去《半亚洲》里面的二分之一东方去看一看。在那里他会认识加利西亚人,他们期待着他的到来,更希望他未来大权在握。哈布斯堡执政者的来访总会成为深化加利西亚意识形态的大好机会。

在关于弗朗茨·约瑟夫王朝的经典叙事中,约瑟夫·雷德利希(Joseph Redlich)突出了皇太子鲁道夫19世纪80年代自由且新颖的思想探究。这是太子生命的最后10年,1889年,他与情人在梅耶林(Mayerling)双双自杀,以这样的丑闻结束了生命。"80年代中叶,他构想了一个伟大的文学计划,并付出了身体内和性情中所有的热忱去完成了它",雷德利希写道。这个计划指的是在鲁道夫支持下出版的多卷丛书《图文并茂的奥匈大地》(in Wort und Bild)。据雷德利希说,"在知名作家和学者的合作下,一本详细介绍了这里所有民族、所有方面、所有领域的图书就要诞生了"。[97]1884年,维也纳就已经出版了德文版的加利西亚卷,150页的《加利西亚和洛多梅里亚王国》，后面还附了 40 页的《布科维纳大公国》，当时它算是另外一个皇家属地。这一卷的作者是朱利斯·杨多瑞克，他在利沃夫的高中教德语——头衔为"教授"，虽然他教的是高中生。他之前在 70 年代给加省中学写过德语教材。也就是说，他是一位在专业上多少被加利西亚自治边缘化的教师，毕竟波兰语已经取代德语成为加省的基本教学用语。如今，在皇太子的特殊关照下，他要向维也纳大众好好总结一下加利西亚这个帝国所辖之地。

第一部分是"历史纵览"，杨多瑞克把波兰历史讲成了加利西亚的历史，从"维斯瓦河上游最古老的斯拉夫传说"开始。这些传说有创建克拉科夫城的神话屠龙人克拉克（Krak），以及他的女儿旺达（Wanda），相传她拒绝嫁给一位德意志王子，跳到维斯瓦河中结束了自己的生命。[98] 杨多瑞克对加利西亚的一草一木有着很深的感情，他概括了加省主要的地理特色，喀尔巴阡山脉和两条大河，维斯瓦河与德涅斯特河。维斯瓦河被作者怜爱地描绘成人与自然和谐共生的景象，有着草帽传统的"加利西亚摆渡人"，划着悠悠的小船，飘荡在水中："从黎明破晓到黑夜降临，生命和运动从未在此停歇。你看，远近的木舟上亮起了红色的渔火，你听，悠扬悦耳的丝竹之音隐隐飘来。"夜晚的河水静静地流淌，升起的月亮凝视着维斯瓦河镜子（Weichselspiegel）里的自己。[99]

说到民族，杨多瑞克引用了 1880 年最新人口的普查数据：加利西亚总人口近 600 万，其中包括了 300 万波兰人，250 万鲁塞尼亚人和 30 万德意志人。这次普查统计的标准是语言，因此没有给加利西亚犹太人单独分类，因为意第绪语不是官方语言。在这种情况下，犹太人大多被算成了波兰人，于是在普查中，加利西亚波兰人的人口比例也就比实际情况要高一些。杨多瑞克引用的宗教调查结果显示了其中的细目：270万罗马天主教徒，250万希腊礼天主教徒，以及70万犹太人。[100]

对杨多瑞克来说，单一的民族并没有混合的民族志复杂有趣，他在书中罗列了加利西亚五花八门的民族志群体，重点放在了不同民族的服饰上，还配有许多精美插图。他把人口大致分为波兰人和鲁塞尼亚人，还分成了平原人和山地人，前者有马祖尔人和克拉科维亚克人，后者有胡楚尔人和博伊科人（Boyko）。有一幅图展示了克拉科维亚克人，他们戴着有羽饰的帽子，披着镶边的披风。[101]据杨多瑞克讲，这个群体以歌声激情昂扬闻名。

> 克拉科维亚克人唱歌时兴高采烈，他们一边种地，一边唱歌，然后像英雄一样地直起身来。音乐和歌曲完全代表了他们的本性；他们也和加利西亚人一样（wie überhaupt der Galizianer），是优秀的骑手。当加利西亚为弗朗茨·约瑟夫皇帝1869年秋天的访问而欢呼雀跃时，不要忘了，是骁勇的克拉科维亚克骑兵们，护送着亲爱的陛下的马车，让它在去往克拉科夫周边游玩的路上疾驰。[102]

这本书里还有一幅弗朗茨·约瑟夫坐在马车上的图片——是1880年，而不是1879年的景象——皇帝的四周都是骑马的克拉科维亚克人，他们举起自己的羽帽，向皇帝致敬。他们的勇猛与忠诚突出体现在性格和着装上，从某些方面说，应该也代表着"普通的加利西亚人"。杨多瑞克坚持要表现加省人的多元化，但他也发现了加利西亚人存在一些普遍特点。

鲁塞尼亚人和波兰人的明显不同之处在杨多瑞克的笔下被抹去

了。他从自己相对中立的德意志立场，探索了克拉科维亚克人和古拉尔人（Górale）（古拉尔人就是博古斯拉夫斯基18世纪90年代著名的音乐剧里所表现的高地人），或者胡楚尔人和博伊科人的细微差别。不过，他还是简单总结了鲁塞尼亚人和波兰人的一些特点。

> 鲁塞尼亚农民要比波兰人更高、更瘦，行动更缓慢，更爱钻研思考。他们脾气很好，很和善，不喧闹，但也知道要有仇必报，十年不晚。悲惨的过去给他们的民族带来了忧伤的一面，使他们生性多疑，很难敞开心扉。[103]

和苏伊斯基一样，杨多瑞克把忧伤认定为鲁塞尼亚人的性格本相，这里又和酷爱引吭高歌的克拉科维亚克人形成鲜明的对比。加利西亚的种族具有多种人类学特征，这打乱了加省政治理念中严格两极分化的民族概念。

"到此，亲爱的读者朋友们，"杨多瑞克写道，"我已经讲完了加利西亚人（die Galizianer）的外表特征。现在，我想让你们看一看他们的灵魂深处，他们的情感生活，我相信没有比去听他们唱民歌还要更好的了解他们内在的方法了，因为波兰人和鲁塞尼亚人都爱唱歌，生活中的每时每刻，无论做什么，他们都在哼着小曲。"[104]可见杨多瑞克尽力在灵魂、情感生活和民歌上，把波兰人和鲁塞尼亚人融合成为加利西亚人。那句"亲爱的读者朋友们"的顿呼当然不是冲着二者中的任何一个说的，而更可能指的是那些高高在上，用文明又慈祥的目光观看他们的人：或许是维也纳的大众，或许是皇太子鲁道夫本人。话题从民歌很自然地过渡到了民间庆祝，比如神圣之夜，也就是平安夜，杨多瑞克也把它与斯拉夫多

第六章 自治年代：加省平民以及关于斯拉夫东方的幻想与统计 337

图 11 弗朗茨·约瑟夫于 1880 年访问加利西亚

资料来源：Julius Jandaurek, *Das Königreich Galizien und Lodomerien* (Vienna: Karl Graeser, 1884)。

注：围绕在皇帝身边的是骑着马、穿着民族服饰的加利西亚人。

神宗教活动联系在一起。"现在我们要去看一看民族节日中的加利西亚斯拉夫人"，他写道，他把波兰人和鲁塞尼亚人统称为加利西亚斯拉夫人。古代的多神教及其现代的遗留，都是斯拉夫遗产的一部分，它把两个民族捆绑到了一起："加利西亚人民（das galizische Volk）仍然保留了其他许多珍贵的多神仪式；在'圣灰星期三'，到处都能看见女人在村里的酒馆中跳火麻舞，只有这样，来年的火麻才能长势大好。"[105] 杨多瑞克通过研究农民和山地人这些有特点的加利西亚人民，突出了加省的非现代，甚至是多神的一面，从德意志的视角看，也就是东欧的落后性。

杨多瑞克看待加利西亚的德意志人时俨然使用了同样的逻辑。他解释说，在约瑟夫二世时期，受其邀请，有一大批德意志殖民者来到此地，"目的是让斯拉夫农民效仿德意志农民的先进文化"。波兰人和鲁塞尼亚人在这里又再度合体，成为与德意志殖民者对立的斯拉夫农民。[106] 杨多瑞克把犹太人看成如德意志人那样，是与其他加利西亚人不一样的人群。一幅贴着"加利西亚犹太人（Galizischer Jude）"标签的插图把此形象置于那一排穿着经典民族服饰的种族图绘中。"普通犹太人的穿着都是老式波兰人的：黑色长款的丝绸大衣、黑色的腰带、毛帽子、长袜、鞋子。这样的装束如今越来越被平常的城镇穿戴取代了。曾几何时，所有犹太人都留着胡子，都在教堂里留着一绺长头发（Peissen）。已婚女人会剪掉她们的头发，戴上假发。"在过去时态和现在时态的转换中，杨多瑞克示意加利西亚犹太人经历了一代不平衡的现代化进程，和加利西亚的经历一样，有的犹太人仍然是"旧波兰"的打扮，而有的则开始被现代服装和习惯同化了。从普珥节三角糕到犹太婚礼上的摔酒杯，杨多瑞克讲述了犹太人的各种传统习俗，明确表示加利西亚犹太人不同于其他加利西亚人，而出于同样的原因，其他这些加利西亚人又大同小异。

书中的最后50多页好像给加省周边地区做了旅行导览，结束在加利西亚的远东，以土匪和熊闻名的喀尔巴阡山森林。作者跟在一个胡楚尔老者的后面，他是一位"威武的猎熊人"，他说到自己的专业特长：

"熊，亲爱的先生们"，他开始讲话，目光如炬地盯着我们，"并不像人们想象的那么危险。相反，它生性善良，不会无缘无故伤害人和牲畜。只是饥饿迫使它去捕猎，在必要的时候，它也会显露出它的勇气和足智多谋"。[108]

文字旁还配有一幅捕熊人的图画，他穿着民族服饰，手持来复枪，但是画中并没有熊的影子。胡楚尔捕熊人称呼他的游客团为"亲爱的先生们"，但杨多瑞克把这些讯息传递给更大范围内"亲爱的先生们"，也就是维也纳文明的城市大众，对其而言，东加利西亚深处的森林看起来必然凶险又蛮荒，到处都是熊，到处都是胡楚尔人。在皇太子鲁道夫的自由精神中，这个消息还挺安慰人心的：加利西亚的熊只有饥饿的时候才会变得危险。加利西亚在过去几十年里饥荒不断，不仅是熊，而且人也会饥不择食，食不果腹。他们的贫困逐渐成了定义加省的特质。

1887年，鲁道夫真的来到加利西亚了。在太子妃斯蒂芬妮的陪同下，他于6月28日参观了利沃夫的瓦维尔大教堂和皇家陵墓、雅盖隆大学、教育科学院和恰尔托雷斯基博物馆，博物馆里还有1683年索别斯基的军队收缴的突厥人物品，令人大开眼界。鲁道夫因此再次肯定了哈布斯堡对加利西亚的信心，而伊万·弗兰克1887年梳理了加利西亚与哈布斯堡王朝的关系史，在他的叙事诗《农奴制的昨天》中回顾了1848年的革命之年。鲁道夫游览了克拉科夫令人印象深刻的波兰文化场馆，但是弗兰克认为，哈布斯堡在加省的统治既没有给鲁塞尼亚人带来民族正义，也没有给农民带来社会公道。

弗兰克的诗记录了1848年波兰封建贵族和哈布斯堡官员的冲突插曲。官员要在东加利西亚宣告农民解放，不再受封建义务的束缚，这些本地鲁塞尼亚农民在剧中充当了希腊礼（天主教）的唱诗班。农民们听不懂这个宣言（用德文写就），他们不能相信波兰主子会承认他们的解放。因此，带着更多鲁塞尼亚人的迟疑而不是加利西亚人的热情，他们跟哈布斯堡官员说：

图 12　喀尔巴阡山的胡楚尔猎熊人

资料来源：Jandaurek, *Das Königreich Galizien und Lodomerien* (Vienna: Karl Graeser, 1884)。

注："亲爱的先生们，熊并不像人们想象的那么危险。相反，它生性善良，不会无缘无故伤害人和牲畜。只是饥饿迫使它去捕猎。"

我们祝愿恺撒多年，

愿他光辉永远不减！

但我等穷人无力改变，

忍受痛苦以泪洗面。

第六章　自治年代：加省平民以及关于斯拉夫东方的幻想与统计

> 我们也非常担心这一次，
> 又是错觉又是讹骗。
> 善良的先生我们求您，
> 一起与我们去趟大殿，
> 将有着恺撒之印的榜文，
> 交给主人以示公验。[109]

这是1848年的春天，在位君主为斐迪南，鲁塞尼亚人向哈布斯堡祖国报以感激之情，感谢其兑现了解放鲁塞尼亚人的允诺，但他们也深深忧虑，帝国的好意可能在地方执行上令人失望。

波兰地主生动回忆了1846年的农民屠杀，因为他对皇帝气不打一处来，完全没有信任。面对气愤的地主，官员秉持着哈布斯堡对加省历史的一贯态度。

> 今天你我最好
> 莫再提"四六"之故
> 是你们波兰地主
> 先射杀了可怜的农奴
> 是你惹下的风暴
> 就活该砸烂你的头颅
> 啊，贵族先生！
> 若你敬奴为人而非为畜
> 他们就不会害你
> 反倒会给你帮助。[110]

他们二人交锋后，波兰地主将哈布斯堡官员关在了狗笼子里，但最终,官员成功让政府有关部门逮捕了地主。弗兰克回顾历史,承认了1848年的革命期许,但他不愿意接受弗朗茨·约瑟夫的加利西亚,也就是《时间报》和波兰保守派掌权的加利西亚。

统计中的加利西亚苦难

弗兰克在诗中领悟到了加利西亚老百姓有多么贫困,与此同时,1888年,斯坦尼斯瓦夫·斯泽普诺夫斯基在利沃夫出版了一部里程碑式的经济社会学作品:《统计中的加利西亚苦难》(*Nę zda Galicyi w cyfrach*),用统计数据刻画了加利西亚这个可以被视为欧洲最穷的地方。加利西亚以一个独立政治实体存在多年,1772年由哈布斯堡王朝创造,1860年后实现自治,这里的社会经济既有研究意义也有数据价值,从这个层面评估其统计特征是可行的。然而,斯泽普诺夫斯基还认为,在作为行省存在一个世纪后,加利西亚自身已经形成了一种独特且糟糕的经济传统。在前言中,他呼唤读者——"尊敬的先生们"——并央求他们"摆脱掉加利西亚的传统,拥抱波兰的传统吧"。斯泽普诺夫斯基的论点是具有历史眼光的:加利西亚在1772年第一次瓜分时被从波兰分割出来,所以没有机会参加1788~1792年那一届国家议会和1781年5月3日的立宪,因此就没有受到刚刚起步的波兰公民传统的影响,没能"将我们的社会推向文明国家的高度"。加利西亚缺少了使民族国家经济腾飞的"公民事业"传统,因此必然会更加落后,成为"最不快乐、最受压迫的省份"。[111] 贫穷、欠发达、经济滞后,这些词在斯泽普诺夫斯基的眼里,都是加利西亚骨子里的特点,它们定义了加利西亚的传统,随之定义了加利西亚的身份。他的书题把"加利西亚苦难"的绰号挂在了波兰政治文化实体的牌子上，在满心欢喜的政治自治旁，又赋予加利西亚一个悲伤的经济身份。

斯泽普诺夫斯基于加利西亚危机之年的1846年出生于俄属波兰，他多年旅居英国，领略了那里的经济进步，最后定居加利西亚，他在加省油田事业发展中扮演了主要的角色。[112] 他后来当选为加利西亚省议会议员，以及奥地利国家议会代表。《加利西亚的苦难》一书在利沃夫出版，但是克拉科夫的《时间报》用了一系列长文章给这本书做宣传，包括引用、概括和评论。

> 关于加利西亚贫困和苦难的内容已经被很多人写过了，我们经历了接连不断的哀悼，接二连三的说教。此书作者用统计图表计算了我们的悲惨，但他并没有那么悲观。伴随当前不妙情况的，是对美好明天的坚定希望。[113]

这本书的副标题允诺，要建立一个"充满活力的加省经济发展项目"，斯泽普诺夫斯基有信心用波兰切实的"公民事业"传统来激活加利西亚的"有机工作"，将加省置于奔向英吉利式经济繁荣的康庄大道上。斯泽普诺夫斯基是一个自由主义者，与《时间报》的保守主义格格不入，但他的历史批评视角让他对克拉科夫历史学派情有独钟，《时间报》也肯定了他对斯塔奇克保守派的自由主义式欣赏。"过去或现在，没有人比苏伊斯基、卡林卡或者斯坦尼斯瓦夫·塔尔诺夫斯基更了解他们自己的国家，"斯泽普诺夫斯基写道，"他们是地地道道的欧洲人。就是说，他们对社会症结的诊断是无人能比的。"[114] 斯泽普诺夫斯基乐于将自己自由主义的经济批评和保守的克拉科夫历史学派的历史修正主义相结合，来实现自相矛盾的加利西亚式发展理念。

斯泽普诺夫斯基把加利西亚与各种欧洲国家以及哈布斯堡行省做了排名比较。据统计，波兰王国——即俄属波兰——没有任何加利西亚的政治优势，但它似乎有更先进的经济形式。斯泽普诺夫斯基计算了每平方公里的农业人口，他发现英国是 27 人，然后依次递增，从法国、匈牙利、德国、俄属波兰、捷克、爱尔兰、比利时，到意大利，最后是加利西亚，每平方公里有 60 个农业人口。在全世界范围内，只有中国和孟加拉国有更高的农业人口密度。斯泽普诺夫斯基又测算了人均农业产值，英国再次居首位，和比利时并列第一，然后是法国、德国、爱尔兰、匈牙利、俄属波兰，加利西亚又是最后。其实，加利西亚在每一个引述的经济指标中都是倒数第一，除了铁路里程占国土面积比这一项，但即便这一项，加利西亚也仅比匈牙利高一点点。[115] 回到 19 世纪 40 年代，弗雷德罗曾抑制住自己的波兰自豪感，在维也纳拜见了索罗门·罗斯柴尔德，求他给加利西亚修建铁路；19 世纪 80 年代，如此卑微求来的结果证明了加利西亚至少在这一方面还不是绝对的欧洲最差。

在斯泽普诺夫斯基的分析中，加利西亚的多元人群在统计上被合并为"普通加利西亚人"，他们的主要特征不是民族，也不是宗教，更不是民族服饰，而是他们的极度贫困。普通加利西亚人既吃不饱饭，也没有活儿干。

> 统计数据表明，普通加利西亚人（przeciętny Galicjanin）只能吃个半饱，干活干四分之一。我们看到农民、手艺人、书记员皆是如此。如果这样的事发生在我们人口的各个层面，那犹太人也必然包含其中。[116]

在反犹主义高涨的大气候下，有人坚持认为犹太人在加利西亚属于外来户,暗指犹太人剥削波兰人和鲁塞尼亚人。斯泽普诺夫斯基却论证了犹太人也是普通加利西亚人的一员,大家都穷,都惨,都营养不良。这样说来,犹太人已经在经济上被加利西亚同化。斯泽普诺夫斯基有着自由派的信心,相信如果加省可以找到一条经济发展之路,犹太人会被更广泛地同化。

保守的《时间报》对此持有异议——"说到犹太问题,作者的观点有些太乐观了"——认为犹太人在本质上就与其他人不一样。

> 作者看起来没有怀疑同化、解放和改革犹太人的成功,即便他们没有被洗礼过……他没有想到不同宗教之间的分离和敌对背后有更大的原因。我们不反犹,但我们也不认同斯泽普诺夫斯基先生的期盼,尤其在我们看来,只从经济角度分析考量问题,并不能触及最深层的本质。[117]

《时间报》表示他们不是反犹主义者,而此时此刻,加利西亚普通人中间正在出现公开反犹的民粹之风,比如斯托亚沃夫斯基教父鼓励的农民运动。《时间报》只是简单承认——或坚称——犹太人在人类学和社会学意义上都是与众不同的,意思是,加利西亚犹太人并不能被完全算到加利西亚人中,更不能算作典型或者普通的加利西亚人。斯泽普诺夫斯基的自由主义看重的是加省经济一体化,超越了民族和宗教的差异,提出了在彻底现代形式下的加利西亚身份新问题。

米哈尔·西利瓦(Michał Śliwa)认为,《加利西亚的苦难》这本书并不是简单列出了加省的统计数据,而是达到了一种"神话"的境界,从而用来团结社会政治变迁中的各种势力。[118]贫困数据与文明神话紧密相连，斯泽普诺夫斯基也据此分析了加省的情况。

> 我们已经有了文明的需要和模样，但还没具备它的能力和生产力。我们像野蛮人一样无能，却又被惯出欧洲人的品位和需求……我们渴求欧洲商品和欧式优雅，但我们不知如何在行省实现自己的渴望。[119]

矛盾的是，欧洲文明的吸引力反而给处于斯拉夫东方的这个半文明社会带来了负面的经济影响。在斯泽普诺夫斯基的经济分析中，加利西亚与欧洲的整个关系都岌岌可危。

"加利西亚并不是被中国长城围了起来"，斯泽普诺夫斯基坦言，考虑到铁路是加省最不薄弱的特色，他推荐广大读者坐火车去华沙，去布达佩斯，甚至去布加勒斯特，"好好去观察一下那边的社会，它们不久之前还和我们一样落后和愚昧（zacofane i barbarzyńskie）"。[120] 他的经济学分析是基于东欧落后说的假设，可以追溯到启蒙运动时代，在约瑟夫二世在位时，这个观念参与粉饰了哈布斯堡统治加利西亚的意识形态。1866 年，加利西亚保守派将"文明"的概念划入他们的意识形态中，作为宣布效忠哈布斯堡皇帝的前提，而斯泽普诺夫斯基现在对其发起挑战，表示也要在经济上做到文明之实，摆脱统计数据曝光的那种落后和愚昧。如果华沙、布达佩斯和布加勒斯特能够像巴黎和伦敦那样，那么克拉科夫和利沃夫也可以在欧洲大陆的斜坡——由斯泽普诺夫斯基测量统计得出——上崛起，这个斜坡是用来定义东西欧之间互补关系的。

1890 年，保守派哲学家安托尼·莫里茨基（Antoni Molicki）发表了一份对《加利西亚苦难》的回应，批判它的结论是"头脑发热的成果,和在疯癫中狂叫一样有病,是病态中想象出来的稻草人,不切实际的荒诞幽灵"。如此近乎歇斯底里的反应说明了斯泽普诺夫斯基这样诠释加利西亚有多么危险。莫里茨基认为,斯泽普诺夫斯基的想法"毫无根据,让我们国家在外蒙羞,对内放毒,腐化弱小的心灵,灌输苦涩和颓废的情绪"。[121] 到 19 世纪 80 年代末,可以说加利西亚已经在国内外具备了一定的名声,一种属于自己的荣誉和气节,这全部栽培于、得益于,也消失于、败坏于公共领域中展开的思想批评。

虽然 1888 年的《时间报》还是偏于保守,但它接受了斯泽普诺夫斯基的挑战,向读者朋友们宣传了这本书,读者大都是加利西亚的波兰文化精英。加利西亚的悲惨当然不是好消息,但它给加省提出了一个地方的和神意的任务,这个经济任务超越了民族和宗教纷争,因此也就相当于肯定了加利西亚自治的设定和开始。《时间报》说,斯泽普诺夫斯基的统计和伯沙撒(Belshazzar)提到希伯来圣经中巴比伦关于毁灭预言的文字不一样。加利西亚人无论多么悲惨,也不算是消失的人民(perduta gente),《时间报》引用了但丁的典故,暗示他们不会下到十八层级的地狱。[122] 相反,斯泽普诺夫斯基根据欧洲经济发展的层级为加利西亚找到了它的位置,明显给加利西亚的提升留下了可能的空间。

《时间报》没有为《加利西亚的苦难》敲响丧钟,因为经济上的积极进取能够挽救苦难深重的加省,给它带去美好的希望,与此同时,负责管理加利西亚自治的波兰政治精英们也会从中找到这么做的意义。克拉科夫保守派接受了斯泽普诺夫斯基将自己的经济批评和克拉科夫历史学派的历史修正主义相提并论的做法。《时间报》在引述了圣经和但丁后,还需要一个古希腊哲学的隐喻完成它对斯泽普诺夫斯基的夸赞:"正如自知(znajomość siebie samego)

是一个人智慧的开始,因为人们可以从中修正和提高。历史批评主义和社会症结诊断是积极的、有用的,只要它不会导致悲观主义。"[123] 在斯泽普诺夫斯基的统计数据中,加利西亚可以听从古典时代苏格拉底的那句劝告来找到自己的身份归属:"得自知!"

第七章　世纪之末：鬼怪妖魔

引言：婚礼

1901年3月16号，斯坦尼斯瓦夫·维斯皮安斯基（Stanisław Wyspiański）的戏剧《婚礼》（*Wesele*）在克拉科夫首次演出，这或许是波兰现代主义文学最重要的一部作品。这部剧讲的是一个来自克拉科夫的诗人和加利西亚村子的一个农民姑娘喜结连理的故事，一大群克拉科夫的城市知识分子赶去农村，见证了他们的爱情结合。戏剧素材取自1900年发生的一场真实的婚礼，维斯皮安斯基用诗文重建了当时的场景，其中还穿插了一系列与波兰过去鬼魂的荒唐遭遇。《婚礼》很快被推举为一部杰作，1901年，诗人卡齐米日·泰特马耶（Kazimierz Tetmajer）在《每周画报》（*Tygodnik Illustrowany*）上评价了该剧，并将维斯皮安斯基放到波兰文学中与密茨凯维奇同等的高度。泰特马耶惊叹，"维斯皮安斯基直击民族心灵，民族也用真心回应了他"。[1] 波兰民族对维斯皮安斯基的欣赏或许遮盖住了另一件事情：《婚礼》也可被解读成一部加利西亚式的杰作。

维斯皮安斯基是青年波兰（Młoda Polska）文学运动的领军人物之一，因此，他所关心的一定也是波兰民族所关心的：知识分子和老百姓之间、基督徒和犹太人之间，以及过往的历史和凶灵现身之间的各种矛盾冲突和彼此依赖。但剧中还有一些元素确实与加利西亚有关，比如有一个"记者"〔原型是《时间报》的编辑鲁道夫·斯塔泽夫斯基（Rudolf Starzewski）〕见到了虚构的小丑斯坦奇克的鬼魂，当地的犹太美女蕾切尔爱上了城市来的诗人（原型很可能是泰特马耶），这些绝对都是非常加利西亚的：

> 在维也纳她去听歌剧
>
> 在自己家她还拾掇鸡
>
> 她知道一切
>
> 关于皮哲比谢夫斯基……[2]

斯坦尼斯瓦夫·皮哲比谢夫斯基（Stanisław Przybyszewski）是克拉科夫一位颇有魅力的现代主义运动教主式的人物。他喜欢研究肖邦、尼采，还有撒旦主义文学，他写过文章《撒旦的犹太教堂》和小说《撒旦的孩子们》。蕾切尔的生活就介于维也纳的歌剧和克拉科夫的皮先生之间，她在《婚礼》中象征了世纪末的加利西亚女性。

要说维斯皮安斯基的《婚礼》中最加利西亚的部分，就是剧中人物对1846年的屠杀记忆有着悲剧性的固恋，它距离1901年的首演已经有半个多世纪之久了。婚礼主持人的原型可能是艺术家沃齐米日·泰特马耶（Włodzimierz Tetmajer）——也是那位诗人的弟弟，他1890年娶了一个农村姑娘，而《婚礼》的新郎原型很明显就是作家卢谦·雷德尔（Lucjan Rydel），1900年那场婚礼上真正的新郎。在新婚之夜，主持人和新郎这两个都选择入赘农户的知识分子聊到了历史，说到1846年大屠杀中加利西亚农民有多么暴戾：

主持人：他们呀，一看到闪闪发光的匕首，
　　　　就会忘掉上帝的名字，
　　　　就像回到了1846年，
　　　　波兰农民现在还是那样的。

新　郎：我只听别人讲过这些故事，
　　　　但是我还是挺信以为真的，
　　　　波兰村子真毒害我的思想：
　　　　他们是狗，
　　　　用自己的呼吸污染了水源，
　　　　他们的衣襟上沾满了血，
　　　　这跟我今天看到的村子差不多。

主持人：嗯，过去的总会再来的。

新　郎：我们全都忘记了；
　　　　当年他们把我爷爷锯成两半；
　　　　我们全都忘记了。

主持人：他们刺杀了我爸，
　　　　用棍子和锄头把他打倒在地
　　　　他浑身是血，在雪中被追着跑……
　　　　我们全都忘记了。[3]

"我们全都忘记了（Myśmy wszystko zapomnieli）"——但剧中展现的恰恰相反，他们记得所有的事，历历在目，尽管主持人和新郎官1846年的时候都还没出生。正是这记忆中的恐怖，让这场知识分子和农民的婚姻结合，在加利西亚的背景下，变得比游牧田园诗要复杂得多，更像是诚惶诚恐地宣告了一次历史性的破冰和解。巴黎和维也纳的现代主义文化在世纪之交也存在一些焦虑，但是在维斯皮安斯基的《婚礼》中，1846年的记忆才是那个非常具有加利西亚特色的焦虑所在。

《婚礼》的人物中有一个老乞丐，虽然50多年过去了，他仍然记得1846年的屠杀场景，他仍然能认出舞台上的雅库布·塞拉的鬼魂。1901年的加利西亚大众要面对加省最臭名昭著的历史角色，要面对他噩梦般的幽灵。

  乞丐：滚，你这地狱看门狗！
  鬼魂：别骂了，你是我兄弟——
     颤抖吧！是我——塞拉！！
     我是来这儿参加婚礼的（przyszedłem tu do Wesela）。[4]

这个特殊的鬼魂在欧洲其他地方不可能出现，只有在加利西亚，它被魔术般召唤到舞台上，激起了观众的恐慌，让大家找到了情感宣泄的出口。只有在加利西亚，塞拉的名字才能和婚礼这个波兰词的第二格押上韵：*Wesele*, *do Wesela*。在婚礼上，知识分子和农民之间亲密无间，这种亲密却掺杂了他们对身后血迹斑斑的历史的焦虑。

  乞丐：滚，你是死尸！
  鬼魂：你看，我戴着我的奖章呢！[5]

据无法被证实也无法抑制的小道消息说，这个奖章是哈布斯堡政府颁给塞拉的，以表彰他煽动农民成功阻挠了加利西亚的波兰叛乱者——也就是说，表彰他煽动了屠杀。塞拉完全不是一个死尸，他是一个强大的精神力量，仍然盘旋在世纪末哈属加利西亚的灵魂景观之上。

19世纪90年代，加利西亚人被迫要对抗他们的特殊焦虑——其他欧洲人也是如此——在新世纪到来之时，他们要再次反思19世纪就已经提出，但到现在还未能解决的身份归属问题。弗朗茨·约瑟夫1894年再次造访加利西亚，参观了正在举办的加省大展览，民族志展厅内拐弯抹角地展露出加省各民族社群之间不稳定又不和平的关系。在19世纪末的哈布斯堡政治舞台上，在群众政治令人不安地涌现过程中，波兰人、犹太人和鲁塞尼亚人的三角爱恨情仇开始变得愈加一触即发。研究世纪末维也纳的卡尔·休斯克（Carl Schorske）形容群众政治为"新钥匙下的政治"。在19世纪20世纪之交，暴力是加利西亚令人走火入魔的话题，1898年哈布斯堡皇后伊丽莎白客死他乡，她被意大利无政府主义者无情暗杀在日内瓦湖畔，1908年加利西亚总督安杰伊·波托茨基（Andrzej Potocki）在省内被近身射杀身亡，凶手是一位鲁塞尼亚学生。雅库布·塞拉的鬼魂在《婚礼》上出现，意欲提醒大家，暴力和杀戮是加利西亚历史不可分割的一部分。的确，加利西亚的历史也将成为本世纪末探索加省身份的重要平台。1894年，米哈伊洛·格鲁舍夫斯基从乌克兰来到利沃夫大学，负责给加省鲁塞尼亚学生普及乌克兰历史。在20世纪的第一个十年里，梅尔·巴瓦班开始用波兰文撰写加利西亚犹太人的历史。而在同一时期，克拉科夫历史学派大佬米哈乌·博布金斯基（Michał Bobrzyński）坐上了加利西亚总督的宝座。

一战后，那些敏感焦虑又萎靡颓废的亲历者在回忆录中讲述了世纪末维也纳的历史。其中最有名的就是文学评论家、夜总会诗人塔德乌什·哲伦斯基的传记，哲伦斯基经常称童年的自己为"波伊"（"Boy"）。20世纪20年代，"波伊"回顾了19世纪90年代的农民热（chłopomania）和以此为背景创作的《婚礼》一剧的历史情况。20世纪30年代，"波伊"追忆了世纪末克拉科夫经历的波西米亚式文化爆炸，并出版了一本回忆录，题为《你可知此地？》（Znaszli ten kraj?），这是歌德同名著作（Kennst du das Land?）的波兰版本。歌德讲的当然是意大利，那柠檬花开的地方，那充满魔幻风情的地中海之乡，而"波伊"想到了有着别样风情的另一片土地。对于每一个加利西亚人来说，"kraj"（国家、土地）这个词都特指加利西亚。"波伊"回首波西米亚的精神大地，给儿时的他带来了无尽乐趣，啊，波西米亚的生活（la vie de bohème），但他同时也难以忘怀加利西亚，在他写回忆录时，加利西亚已经不复存在了，它已经从欧洲历史的地缘政治地图上永远消失，成了没有肉身的大地的鬼魂，你可知此地？

加省大展览："种族形式如此丰富"

世纪末的加利西亚表现出了一种悲观厌世的态度，这种颓废感在当时席卷了整个欧洲。1891年，在克拉科夫，卡齐米日·泰特马耶发表了一首诗，题为《我什么都不信》（Nie wierzę w nic），作为青年波兰运动的成员，26岁的他注定要"青春"永驻了。虽然诗人声称自己"对世界无欲无求"，他还是向往着世界之外的事物。

  涅槃啊，
  那是我心中唯一的期盼。
  一切生命于此黯淡，

因困倦，因懒散，

因诡秘的无力感。

不知不觉中，

慢慢走向死亡与腐烂。[6]

这种很时髦的厌世风，影响到了世纪末的加利西亚以及欧洲其他地方的当代诗人。伊万·弗兰克甚至还写了一首小曲献给佛陀和涅槃，虽然仍活跃于政治生活中的他表达的情感好像并没有太多说服力。[7]

在泰特马耶 1894 年出版的成名诗集中，有一首诗叫作《19 世纪之终结》（*Koniec wieku XIX*），他想知道他这一代诗人会如何回应世纪末的时刻：是带着詈骂，或带着不屑？还是与其斗争，或任其摆布？

揭竿而起？

落轨之蚁安能战胜疾速之车？

任人宰割？

俯首于铡刀之下焉能逍遥快活？[8]

泰特马耶代表了世纪末的这一代人——"我们知晓一切，但没有任何旧信仰可以满足我们"——诗人的结论只能是自己"静静地把头埋起来"。[9] 遥想 19 世纪 40 年代，亚历山大·弗雷德罗和莱昂·萨皮哈如此努力为加利西亚争取的轨道建造项目，如今倒成了现代性的象征，现代化的快速火车坚持不懈沿着加省向前开进，带来了暴力、动荡以及革命的危险暗示。19 世纪加利西亚人身份在模棱两可中产生的微妙平衡，引发了世纪末加利西亚人的焦虑情结。

1894年，正当泰特马耶预告19世纪即将落下帷幕时，维斯皮安斯基回到加利西亚，结束了四年环欧洲的漂泊生活，以及主要在巴黎的工作。在巴黎时，他准备设计一系列彩色玻璃窗画，并打算将其安置在利沃夫的罗马天主教大教堂内：有历史题材的窗画，描绘17世纪波兰国王扬·卡齐米日（Jan Kazimierz）把波兰献给圣母玛利亚的情景，闪闪发光；也有寓言题材的，波兰睡美人躺在花团锦簇的草地上进入香甜的梦乡，草地郁郁葱葱，这幅画的背景或与世纪末克里姆特（Gustav Klimt）和比亚兹莱（Aubrey Beardsley）的作品有关联。[10]虽然利沃夫大教堂没有采用他的设计，但这些活灵活现的花卉奇景很快就被带到了克拉科夫的弗朗西斯大教堂中，维斯皮安斯基从1895年开始为这里的玻璃窗做精品彩绘。从中，我们能够看出他对波兰历史青睐有加，不仅如此，他还在自己的现代主义剧作中诗意般表达着对历史的着迷，《婚礼》就是其中之一。仍然是1894年，当维斯皮安斯基回到加利西亚时，乌克兰青年历史学家米哈伊洛·格鲁舍夫斯基离开了基辅和俄罗斯帝国，定居在加利西亚，他在利沃夫大学任教，担任新的历史讲席教授。1890年，波兰人与鲁塞尼亚人"求同存异"，似乎开始了良好双边关系的"新纪元"。在教育领域，波兰人做出了一些让步，其中包括为格鲁舍夫斯基设立的大学讲席教授职位。尽管在维也纳，奥地利教育部长保罗·高奇（Paul Gautsch）男爵认为"研究鲁塞尼亚史不是什么正经学术"，但他还是批准了讲席教授的聘书，上面写明该职位要承担"通史，尤其是东欧历史"[11]的教学任务。格鲁舍夫斯基希望可以在加利西亚找到逃脱俄罗斯帝国审查的避难所，他还希望有机会教加利西亚的鲁塞尼亚学生读乌克兰史，看来，他已然把他们看成20世纪的乌克兰人了。

在 1894 年的就职演讲中，格鲁舍夫斯基强调，"所有时代的罗斯历史都是紧密相连，浑然一体的"。在他看来，民族是"从阿尔法到欧米茄（从始至终的）的历史话语"，是"历史的唯一主角"，一路"秉持理想，坚持斗争"，砥砺前行。[12] 维斯皮安斯基和格鲁舍夫斯基都是 19 世纪 60 年代生人，他们双双深陷在 90 年代加利西亚的世纪末焦虑和自我斗争之中，但对他们来说，加省的政治、民族和自然景观将会成为一个文化平台，可以将——波兰和乌克兰的——历史大幻影投射到 20 世纪新征程的政治想象中。[13]

"你可知此地？"是"波伊"提出的疑问，也是他那本关于世纪之交克拉科夫的回忆录的标题。它还是波兰作曲家斯坦尼斯瓦夫·莫纽什科（Stanisław Moniuszko）创作的歌曲题目，这首歌是为歌德的诗谱写的曲子，但更重要的是，它还概括了哈布斯堡帝国政府和加利西亚省政府的迫切之举：要了解这片土地，为了帝国统治的运行，为了加省身份的表达。这在哈布斯堡帝国的任何地方都是基本的，但在加利西亚地区更是如此。当年地缘政治的诡计让加省的身份问题变得极其麻烦。1884 年，杨多瑞克的书以实证主义理念概述了整个加利西亚，在"图文并茂"介绍王朝大地的维也纳丛书中的加利西亚分册上有所展示。1892 年，另一本讲述加利西亚的书出现在华沙：《文绘中的加利西亚》（*Galicya przedstawiona słowem i ołówkiem*）。[14] 作者博莱斯瓦夫·利玛诺夫斯基（Bolesław Limanowski）总结了加省的特性、复杂性和矛盾性，仍然本着实证主义的精神，但沃齐米日·泰特马耶（诗人泰特马耶的弟弟）时而写意的手绘则表现出了世纪末现代主义的风格。《加利西亚的农民和典型犹太人》这张图——上面的人物看起来像是木头雕刻的，是民间艺术作品，涡漩的线条表达了加利西亚天空中的焦虑征兆——应该是取自《婚礼》的一幕。沃齐米日·泰特马耶还是

1901年《婚礼》中的角色，维斯皮安斯基通过他塑造了主持人的人物形象。

图13　沃齐米日·泰特马耶笔下的"农民和典型犹太人"

资料来源：Bolesław Limanowski, *Galicya przedstawiona słowem i ołówkiem*（Warsaw: Wydawnictwo Przeglądu Tygodniowego, 1892）。

了解本土是1894年加利西亚举办加省大展览（Powszechna Wystawa Krajowa）的原动力，那一年，维斯皮安斯基正好回乡了，格鲁舍夫斯基也搬了过来。展厅设立在利沃夫的斯特利斯基（Stryjski）公园内——历史学家伊霍尔·朱克（Ihor Zhuk）提到，是一个"有百余种历史风格的展览厅"——它们讴歌了进步和现代化，以及"加利西亚及洛多梅里亚自治王国在社会、经济和文化领域的成功"。[15] 展览还在意识形态上回击了1888年在斯泽普诺夫斯基大力宣传下出了大名的加利西亚"苦难"形象。然而，突出进步性并没有取代展览的侧重点,也就是通过省内最传统的一面来了解加利西亚,尤其是介绍本土民俗文化的民族志展览。

翻开民族志展览的资料册,映入眼帘的是弗拉基米尔·舒赫维奇(Volodymyr Shukhevych)[册子中印的是他的波兰名字(Włodzimierz Szuchiewicz)]在卷首语中对加利西亚的介绍,他说加利西亚在诸多方面都是非常"多元化的"(różnorodny),包括"人们的生活、穿着、工作、住所和习俗",这就是本次民族志展览的人类学本质。"不提波兰和鲁塞尼亚的民族差异,仅仅是波兰山地人、鲁塞尼亚分支的胡楚尔人、博伊科人和兰科人(Lemkos)人之间,都是非常不一样的,波兰那边的马祖尔人、克拉科维亚克人(Krakowiaks)和鲁塞尼亚那边的山下人(Podgórzany)、博古特人(Pokut)和波多拉克人(Podolak)人亦有很多不同。"可见,此次民族志展览详细清点了以地貌区分的高地民族和低地民族的各自特征差别,弱化了波兰人和鲁塞尼亚人之间的民族异同。"这里的种族形式异常丰富,直到今日,我们还没有科学掌握或透彻了解这个领域,它们给民族志研究提供了巨大资源和潜力,值得挖掘。"此次展览的艰巨任务在于要展现这些光怪陆离的多元化,或者说,如何从这些多元化中找到意义:"要穷尽所有的形态,系统地展示出我们这片土地民族类别的丰富多彩。"[16]众所周知的加利西亚之贫穷被潜移默化成了加利西亚民族志的"丰富",这场世纪末的展览揭示了以"科学"实证主义展现加省富饶有多么的艰难,展览更多是做了五颜六色的万花筒展示,在相似和差异间转换。舒赫维奇后来为世纪末的民族志研究贡献了一部三卷本著作,该著作专门研究胡楚尔人,第一册在1899年问世,后来整部作品既出了波兰文版,也出了乌克兰文版。

1893年芝加哥世界博览会开幕,其中设立了一个民族志专区,

图 14 胡楚尔人

资料来源:Jandaurek, *Das Königreich Galizien und Lodomerien* (Vienna: Karl Graeser, 1884)。

里面陈列着萨摩亚人的乡村建筑和阿兹特克的寺庙,从芝加哥的视角看,它们都相当遥远,相当异域风情。而1894年利沃夫民族志展览的亮点则放在了加利西亚的社群上。据维也纳民俗杂志报告,有一位从加利西亚小镇特泽比尼亚(Trzebinia)来的学校教师,名字叫阿黛尔·普莱格(Adele Pfleger),她感叹"民族志展厅是整个展览之光(Glanzpunkt)"。这个展厅由利沃夫建筑师朱利安·扎卡里维奇(Julian Zachariewicz)领衔设计,旁边还盖了一个具有加利西亚民俗建筑风格的"村落"。"每位走进展览大院的游客,"

阿黛尔·普莱格说,"都会立刻被一座鲁塞尼亚教堂震撼到。"教堂的旁边围绕着各式各样的农民房屋,"错落有致",代表了加利西亚不同的部分。普莱格还提到,教堂的建造者是一名"普通的木匠",里面摆放着"显然背离了拜占庭影响的大量宗教用品和雕饰"。[17] 如果说展览中还有一点异域风情的话——她是用德文讲给维也纳杂志听的——那就是拜占庭了,而不是萨摩亚或阿兹特克。"错落有致"的状态既概括了展览,似乎又总结了加利西亚自身。足以使得其分裂的多元性被呈现在种族展览上,既惬意又温和。

展厅的设计者朱利安·扎卡里维奇代表了 19 世纪维也纳的历史主义建筑流派,他担任利沃夫理工学院教授、校长,学校的新文艺复兴风格宫殿就是他设计的。他的儿子阿尔弗雷德·扎卡里维奇将成为下一代利沃夫现代主义建筑的领军人物,他的作品受到了新艺术运动的影响,以及维也纳现代主义建筑师奥托·瓦格纳(Otto Wager)的启发,但历史学家雅采克·普尔赫拉(Jacek Purchla)却认为,阿尔弗雷德·扎卡里维奇用现代主义的框架呈现了利沃夫"从扎科帕内(Zakopane)和胡楚尔民俗中提取的建筑元素"。[18] 纵观利沃夫现代主义的演变,这些特别加利西亚风格的改动早已出现在 1894 年那场历史风格的展厅,以及那个鲁塞尼亚民俗建筑的博物馆村落中。历史学家马克安·普罗科波维奇观察到,展览上还有一层加利西亚式的混融景象,即波兰和鲁塞尼亚建筑家们相互配合,跨越了所谓的民族屏障:"例如朱利安·扎卡里维奇和伊万·莱文斯基(Ivan Levynskyi)一起草拟了乌克兰艺术厅的平面图。与此同时,扎卡里维奇设计了鲁塞尼亚的木教堂,这也是另一个建筑奇观,而莱文斯基建造了马特伊科展厅。"[19] 鲁塞尼亚建筑师莱文斯基建造了波兰艺术家扬·马特伊科设计的展厅,波兰建筑师扎卡里维奇则为鲁塞尼亚村子建造教堂,这些都强调了此次展览的确是一场成功的加利西亚展览,虽然这个时期的民族矛盾仍然在不断积累加剧。

"离开村子,我们路过一尊古老的雕像,"阿黛尔·普莱格讲道,"一位老人坐在雕像下,用听不出来是什么调子的小提琴旋律吸引了我们的注意。"加利西亚老人试图把迎面而来的观众招徕到民族志展厅这边,里面有各种发掘出的史前文物、织品、木雕和乐器展品,点睛之笔是32个排成一列身穿服饰的人体模型。据波兰文的资料册记载,这些模特"代表了鲁塞尼亚各族的真实写照"。[20] 雕像、老者、访客、人体模型,这场展览将艺术与现实诱人的世纪末相遇搬上了展台。

阿黛尔·普莱格不惜笔墨,详尽优美地讲述了这些模型身上服饰的由来,他尤其对比了胡楚尔山地人和住在低地的村民。胡楚尔女性人体模型的脖子上套着"各种玻璃珠链和几个铜环儿",还有一个来自低地的男性人体模型头上戴着"装饰有华丽孔雀羽毛和镶了边的帽子"。[21] 这些装饰和色彩散发的唯美主义,将加利西亚的民族身份传递给身处维也纳的公众们,要知道,1894年的维也纳人已经在追慕格林斯坦咖啡馆(Café Griensteidl)中的那些"青年维也纳"作家,已经在品读年轻的霍夫曼斯塔尔(Hugo von Hofmannsthal)的诗歌了。

一缕唯美清风,夹杂着一股异域风情,这就是利沃夫展览的整体之美,不仅体现在加利西亚民族服饰的装饰上,还体现在众多宗教艺术陈列品所受的拜占庭文化影响。加利西亚的大部分鲁塞尼亚人信仰东仪教或称希腊礼天主教,这是当初1596年布列斯特联盟的交换条件,他们很大程度上保留了东正教的经文、习俗与传统。因此,加利西亚东仪鲁塞尼亚人的宗教艺术很接近东正教堂,而拜占庭风也是1894年利沃夫展览中民间艺术的重要异域看点。正如普莱格提到鲁塞尼亚教堂中有拜占庭的气息,舒赫维奇在介绍册上也讲到,"这一展区的初衷就是要展示加利西亚罗斯人的文化特性,这种特性得益于拜占庭传统和西方文明之间的彼此摩擦和相互影响"。[22] 此乃"加利西亚罗斯人"在 1894 年利沃夫呈现的混合文化特点,同年,格鲁舍夫斯基从基辅赴加利西亚,带来了乌克兰人对鲁塞尼亚身份的历史解读。

据资料册记载,部分鲁塞尼亚人强烈反对向展方提供宗教展品,还对"更宽容开放"的神职工作者进行"恐怖威胁"。朱利安·派乐思(Julian Pelesz)是代表宽容派的普热米希尔主教,也是东仪教堂的一位历史学者,他为了这次布展拿出了不少个人收藏的宗教器物。然而,资料册上写着,"展览开放的五个月来,好多陈列品都遗失了,这给多所教堂带来了巨大的损失和亏空。人们自己也不理解展览的目的,也不再寄送东西,甚至还有人强烈抵制,比如说在博戈罗德恰尼(Bohorodchany)"。[23] 这句话里有个很讽刺的点,说"人们自己"并不理解这些民间艺术的含义,这些民间艺术不就出自他们自己的大众文化吗?舒赫维奇也许想说,只有来观看展览的加利西亚上层精英,文明的访客,才会欣赏鲁塞尼亚民间艺术,而且远比鲁塞尼亚人民更能理解他们自己的艺术。据后来 1914 年的一本加利西亚导游册记载,博戈罗德恰尼是一个有着 5000 人口的小镇(其中有 800 名波兰人,1800 名鲁塞尼亚人和 2400 名犹太人),离斯坦尼斯拉维夫(Stanyslaviv)不远,周围还遍布着油田,1907 年打井时还在此发现了一具保存完好的史前猛犸象化石。但这个小镇最吸引人的旅游景点是一座"加利西亚最有价值的圣幛",是 17 世纪的物件,展现了景观画作中"弗拉芒画派的影响力"。[24] 导游册上还重提了拜占庭传统如何与西方文明相结合,这是 1894 年展览册上已经强调过的内容,别忘了当年博戈罗德恰尼的鲁塞尼亚人可是积极抵制寄送或陈列他们的宗教物品的!

结果,1894 年的展览还真的陈列了一座圣幛(从一座圣巴西勒修道院借来的),还有来自卡门卡·司徒米罗瓦(Kamenka Strumilova)的一幅 16 世纪的主题画作"最后的审判",该画描绘了对鞑靼人、犹太人和德意志人的审判定罪。卡门卡·司徒米罗瓦同样因为给犹太木制教堂制作壁画而出名,这些壁画是"加利西亚的珍品之一",但宣传册并没有把犹太教的艺术品算进此次利沃夫的陈列展品中。1894 年的展览已经准备好品味加利西亚的拜占庭风情,但或许还没有准备好鉴赏犹太教的大众文化。到 1914 年,加利西亚宣传册在加省的自我欣赏方面又向前跨越了一步,在美学方向上则添加了鲁塞尼亚教堂和犹太大教堂。举个例子,来到布查奇(buchach/Buczacz)镇的游客不仅要被拉到圣尼古拉斯东仪教堂参观"具有极高艺术价值"的圣幛,还要被叫去欣赏斯特里帕河畔"风景如画"的房屋住宅,"尤其是周五晚上的犹太安息日,你能看到窗户上闪烁着数百道烛光的景象"。[26] 加省那股强大的反犹气焰,在这一刻,在安息日烛光的闪烁下,消失得无影无踪。在这里,犹太教好像映现出了世纪末加利西亚的那种唯美和如诗如画。

1894 年利沃夫展览的民族志展厅还设置了一个小型图书馆,展示伊万·弗兰克的所有相关藏书。其中有加利西亚早期的民间文化历史,包括 1833 年"奥利斯卡的瓦茨瓦夫"发表的《加利西亚人民的波兰和罗斯歌曲集》和鲁塞尼亚三杰之一亚基夫·霍洛瓦斯基的民俗藏品,除此之外,还有近些年出版的图书,比如维也纳拉比阿道夫·耶利内克(Adolf Jellinek)1881 年的《非犹太族谚语中的犹太人》(*Der jüdische Stamm in nicht-jüdischen Sprich-Wörtern*),

该书梳理了非犹太谚语——如波兰和鲁塞尼亚谚语——中提到的犹太人,以及克拉科夫人类学家伊兹多尔·科佩尔尼茨基写的《加利西亚的古拉尔罗斯人:民族志概论》(*O góralach ruskich w Galicyi: zarys etnograficzny*),该书介绍了加省鲁塞尼亚高地人。[27]他们正是展览上穿着民族服饰的模型代表的人种。

1894年的民族志展厅彰显了人们对民间艺术的欣赏与热爱,这样的美学态度可以用来缓和加利西亚与日俱增的民族和宗教矛盾。不过,展厅是按照加省由东到西的地理顺序布置设计的,也就是说仍间接承认了波兰人和鲁塞尼亚人之间存在着普遍对立。展览中还有一幅波兰农民在拉茨瓦维采与俄军交战的全景画,波兰民族的自豪感油然而生,这一年也正是1794年柯希丘什科起义的一百周年纪念。该全景画由沃伊切赫·科萨克(Wojciech Kossak)和扬·斯蒂卡(Jan Styka)以历史现实主义风格创作,并没有受到当时现代主义艺术的影响。它的展览寿命比加利西亚都要长,一直在利沃夫博物馆里挂着,直到第二次世界大战后,才被转移到弗罗茨瓦夫(Wrocław)。所以拉茨瓦维采战役全景画中的波兰爱国主义和展厅内加利西亚民俗种类的"多元性"和"错落有致"形成了鲜明对比。在弗朗茨·约瑟夫皇帝来利沃夫参观展览的五天内——除了部署军队外,这是他最后一次正式访问加利西亚——加利西亚自治区掌权的波兰贵族安排接待了他。历史学家丹尼尔·乌诺夫斯基的研究表明,皇帝除了在利沃夫展览上见识了他所有的加利西亚子民——包括看展的大众,还有那些穿着服饰的人体模型——还参观了东仪教的鲁塞尼亚神学院和一个犹太孤儿院。[28]1894年的展览为皇帝和加利西亚自身都呈现出了一个19世纪末千变万化、多姿多彩的加利西亚省。

艺术至上:"肖邦的主题酒精变奏曲"

"我在克拉科夫这里真的好无聊啊(nudno),尽管有很多事要做!"维斯皮安斯基在1895年10月31日的信中写道。这一天是万圣节前夜,在波兰,人们叫它"鬼节",波兰人在那天扫墓祭祖。在维斯皮安斯基的剧作中,经常有死去的亡魂出现在舞台上跟活人见面,像《婚礼》中展示的那样。一年后,1896年的8月8日,他决定重返巴黎:"在克拉科夫我实在待不下去了。"他心里计划了一个"毕生的事业",可以让他在巴黎一直住到1905年:"在这之前我可不要回国(do kraju)。"这说明他不仅在和克拉科夫这个城市告别,还在和加利西亚这个国家告别。维斯皮安斯基还提到一句,"卢谦·雷德尔,我的分身,去扎科帕内了"。[29] 这么说来,离开克拉科夫但不离开加利西亚也不是不可能,就像雷德尔那样,他是《婚礼》中的新郎官,也是剧作家的分身。19世纪90年代,塔特拉山脉(Tatra)中的扎科帕内镇(Zakopane)成为文学与艺术的中心。在这里,加利西亚高地民俗影响了一代诗人,像扬·卡斯普罗维奇(Jan Kasprowicz)、卡齐米日·泰特马耶,还有建筑师和艺术家斯坦尼斯瓦夫·维特凯维奇(Stanisław Witkiewicz),他最有名的儿子(和他同名),以及著名作家、艺术家,大家熟知的维卡奇(Witkacy)。

在去世之前,维斯皮安斯基的大部分时间都是在克拉科夫度过的,这座城市对他来说变得越来越有趣味了。很大程度上是因为他的付出和贡献,城市在1895年、1896年就已经开始日新月异。维斯皮安斯基当时一直忙于创作现代主义诗剧,在瓦格纳的启发下,他在其中添加了很多神话、象征和主旋律元素。在那封1896年8

月8日的信中，他提到自己在写《神话》这部剧，主要是关于克拉克国王和旺达公主那个传说时期的维斯瓦河。[30] 与此同时，他还在为他最伟大的艺术作品——克拉科夫弗朗西斯教堂的壁画和彩窗——做设计准备工作。维斯皮安斯基在1895年、1896年时就已经构思好了靓丽夺目的花草和几何主题，这些图案将会确定教堂装饰的最终特色，这个艺术项目可以称得上是他的一部现代主义杰作了。

1895年，当维斯皮安斯基纠结要不要逃离克拉科夫时，弗兰克也觉得利沃夫没有多大意思。他最近刚被维也纳大学授予博士学位，毕业论文写的是"巴拉姆和约瑟法特"（Barlaam & Josaphat）的中世纪故事。他申请应聘利沃夫大学的一个讲师席位，但加利西亚当时的总督卡齐米日·巴德尼（Kazimierz Badeni）来到维也纳横加干涉，搅黄了这次学术聘用，理由是弗兰克怀有政治激进主义思想。"由于总督的一份报告，部委没有批准我担任乌克兰-罗斯文学讲师，"弗兰克埋怨道，他还将此归咎于鲁塞尼亚的政治敌人："他们以各种方式抹黑我，阻挠我出任讲席教授。"据历史学家托马斯·普里马克（Thomas Prymak）讲，格鲁舍夫斯基很喜爱弗兰克，是他让这位同时代最伟大的鲁塞尼亚作家最后舒舒服服地留在了利沃夫，给他提供了在谢甫琴科（Shevchenko）科学协会工作的机会——主要做民族志和民俗研究——还付给他不错的薪水。对这位备受争议的加利西亚诗人和那位刚来不久的乌克兰历史学家来说，他们的人生轨迹开始相交，这时正值1895年的选举，波兰人与鲁塞尼亚人之间的政治妥协开始瓦解冰泮——两个民族和缓的关系要在世纪末重新洗牌了。"他推想的不错，"格鲁舍夫斯基提到弗兰克。弗兰克说："我没有被加利西亚的复杂难题捆住，我有所谓全乌克兰人的授权令，因此我可以穿过加利西亚的编织网。尤其是在我工作的单位谢甫琴科科学协会,我不会因加省的传统裹足不前。"[31] 现代乌克兰身份是在 19 世纪 90 年代加利西亚面对选择和遭遇困境的过程中产生的。

"波伊"将 1893 年定为"现代主义之风徐徐吹进克拉科夫"的第一个春天。这一年,塔德乌什·帕夫利科夫斯基(Tadeusz Pawlikowski)接任了市剧院院长一职,他开始引进现代主义戏剧,包括易卜生、斯特林堡、王尔德、契诃夫、高尔基,还有梅特林克的作品。帕夫利科夫斯基在克拉科夫一直待到 1899 年,之后搬到加利西亚的另一边,继续为利沃夫戏剧生活的现代化事业而奋斗。1894 年,卡齐米日·泰特马耶在克拉科夫发表了一部里程碑式的诗集作品——其中包括了那首《19 世纪的终结》。1897 年,文学刊物《生活》(Życie)创刊,这为审美主义开创了一个新的平台,此时正逢"腥风血雨的 1897 年大选",各种暴力竞争,使得加利西亚的政治现实——以及波鲁关系——陷入了不太美好的局面。但"波伊"在回忆录中说,他印象里 1898 年才是现代主义的代表年份,当时,斯坦尼斯瓦夫·皮哲比谢夫斯基从柏林来到克拉科夫,以精力饱满、毫无保留、醉酒式的世纪末颓废状态接手了《生活》的编辑工作。那一年,加利西亚还举行了若干纪念活动,又创造了反思加省身份和历史的好机会:波兰人庆祝了亚当·密茨凯维奇的百岁诞辰,鲁塞尼亚人举办了伊万·科特利亚列夫斯基(Ivan Kotliarevsky)创建乌克兰文学百年纪念活动,还有 1848 年加利西亚农奴解放五十周年纪念活动,以及庆祝弗朗茨·约瑟夫皇帝登基五十载。哈布斯堡的帝国纽带是加利西亚身份建立之精髓,1898 年,伊丽莎白皇后在日内瓦被无政府主义者暗杀,在 19 世纪即将走进焦虑尾声之际,也给反思加省现状提供了一次创伤后的动力。

据研究世纪末维也纳的学者修斯克(Schorske)论述,现代美学文化的兴起，也就是艺术至上主义，是被那些不会也无力对抗当代政治丑陋现实的人培养的，因为他们忍受不了狭隘粗鄙的群众政治。斯科特·斯佩克特（Scott Spector）重新考量了修斯克的观点，他反倒认为"'退守于文化'本身就是意识形态的"，"美学圈子就如龙卷风的风眼，我们不能将其忽视"。[32] 1897年，古斯塔夫·克里姆特领导了维也纳艺术分离派，这时，卡尔·吕格（Karl Lueger）刚刚履新维也纳市长，反犹主义在群众政治中获得了胜利。1898年，皮哲比谢夫斯基带着艺术至上的法宝来到克拉科夫；当年，加利西亚不仅在投票选举中出现了波兰人和鲁塞尼亚人两极分化的局面，在1898年的春天，它还因反犹骚乱爆发而异常动荡，这是整个加省历史上最猛烈的一次反犹运动。

皮哲比谢夫斯基在暴乱之年来到加省，定居在克拉科夫，准备接手《生活》杂志，他与加利西亚犹太人有一种截然不同的以美学为主的关系。在回忆录中，他回忆起自己当年可是克拉科夫放纵不羁艺术家们的教主领袖，天天通宵达旦：

> 你在某个犹太酒馆里喝着酒，听着犹太人的曲子，一直坐到天亮，你也不知道演奏的都是什么曲子，但就感觉应该是前所未闻的音乐，因为需要让表演者进入一种迷幻的状态，在这种状态下演奏出的曲子，你感觉从来没听过，从来也没经历过。哎呀！这是怎么弹的，怎么弹得这么好！有时我的感受就好像是走进了一家精神病院：就像那次，四个犹太音乐人在半痴半醉地为我演奏，弹得还很灵活……那是犹太歌曲《柯尔尼德拉》（"Kol Nidre"）——最后的审判之歌——我听得魂不守舍，瑟瑟发抖。[33]

在加利西亚其他地方，这样的酒馆正在遭受反犹斗士和暴民的攻击，而皮哲比谢夫斯基却忘我于如醉如痴的犹太曲子里，沉迷在《柯尔尼德拉》和赎罪日（Yom Kippur）的音乐洗礼中。现代主义美学就这样非常奇怪地参与了——或者是逃离了——现代反犹主义的大气候。

在皮哲比谢夫斯基来加省的 1898 年，加利西亚恰巧还出现了一位世纪末维也纳的美学瑰宝人物，诗人胡戈·冯·霍夫曼斯塔尔（Hugo von Hofmannsthal）。他在乔尔特基夫服役，那个镇是卡尔·埃米尔·弗朗索斯（Karl Emil Franzos）的老家，位于加省的最东侧，紧靠加俄边界。1890 年，霍夫曼斯塔尔就以诗人的身份出道了，年仅 16 岁，名副其实的少年天才，他被认为是德语世界最优秀的抒情诗人之一。1898 年的时候，他已经是 24 岁的大小伙子了，或许算是世纪末维也纳文化领域中最响当当的人物。1896 年，他曾在离斯坦尼斯拉维夫不远的特鲁马奇镇（Tlumach）服过一次兵役。他当时向维也纳的朋友利奥波德男爵（Leopold Freiherr von Andrian）倾诉过自己有多么抑郁：

> 我周围的一切都比我想象的要糟糕恶劣。万物皆丑恶、痛苦、肮脏（hässlich, elend und schmutzig），无论是人、马匹、狗，还是小孩。我很难受，打不起精神来。昨天黄昏时候，有一个老乞丐一步步爬进我的屋子，然后亲吻我的双脚，我害怕极了，后来我又累又生气，就像从危难中逃生一样。而且我还睡不好![34]

加利西亚人拜倒在地，让他享受了皇家甚至是神明级别的礼遇，似乎也给这位维也纳诗人带来了不小的惊恐和美学冲击，加利西亚给他留下了不好的印象。别的暂且不提,亲身感受一下加利西亚的犹太村庄就让霍夫曼斯塔尔浑身不舒服,其他来加省的旅行者也有同样的感受。其实霍夫曼斯塔尔的爷爷就是犹太人,但皈依了天主教,后来他们全家被正式封爵、完全同化,最后他通过自己的诗歌事业提高了审美品位。这次见到加利西亚犹太人,发现他们跟特鲁马奇镇的丑恶、痛苦和肮脏并无二致,肯定会让这位大诗人心里很不舒服。1896年,当霍夫曼斯塔尔在忍受着加利西亚的丑陋时,维斯皮安斯基则快要完成克拉科夫弗朗西斯教堂的花卉设计了。

无论是在1896年的特鲁马奇还是1898年的乔尔特基夫,加利西亚的服役生涯让霍夫曼斯塔尔如鲠在喉。他努力维持着内心的平静,就像他给父亲的一封信中提到加利西亚犹太人时所说的那样:

> 每天晚上,我在唯一一条还能走的路上来回踱步,其实就是伊利亚斯·里泽和海姆·迪克两家之间一个长长的木板。集市的中央,站着许多鲁塞尼亚农民和他们瘦的跟狗一样的悲惨的马,他们在让犹太人骗钱……我在这乌泱乌泱的人群间来回溜达了几个小时,好像我独处在静默的山顶上,读着柏拉图,或者诗人荷尔德林的优美佳作。[35]

加利西亚的犹太人必定是让霍夫曼斯塔尔受到困扰的一个因素,他在分隔两家犹太人的木板上找寻着自己维也纳美学身份的平衡。浪漫主义诗歌和柏拉图形式的崇高感,包括理想与唯美,不得不苟且于汹涌的人潮中,以及世俗和现实的丑陋,此处指的是在加利西亚的经历。"我要端正我的生活态度了,"霍夫曼斯塔尔说道,"对于大多数人来说,生活要比你以为的更不快乐、更难过。"[36] 这次加利西亚的体验或许加速了他在世纪之交的艺术危机——像1902年在钱多斯（Chandos）信中所写的那样——他在试图调整自己的艺术平衡，一边是对崇高之美的崇拜，另一边是屎一般的糟糕现实。1898 年结束服役后，霍夫曼斯塔尔收起了柏拉图，返回了维也纳，但是皮哲比谢夫斯基正要赶往加利西亚，去宣讲他艺术至上的美学宗教。

皮哲比谢夫斯基生于普属波兰，求学于柏林。19 世纪 80 年代的时候，他身处现代主义圈子的中心，爱德华·蒙克（Edvard Munch）和奥古斯特·斯特林堡（August Strindberg）都是他的好朋友。后来他娶了魅力无穷的挪威姑娘达格妮·尤尔（Dagny Juell），他的那两位朋友其实也十分倾心于尤尔。皮哲比谢夫斯基沉迷于研究尼采的哲学和肖邦的音乐，他立志从事颓废主义文学，但主要是德语文学而不是他的波兰母语文学。1893 年，他出版了《安灵弥撒》（*Totenmesse*），1897 年，他又出版了《撒旦的孩子们》（*Satans Kinder*）。那个时候，他正在考虑做波兰文学的颓废主义者，并开始幻想在加利西亚的未来。1897 年 5 月，他从挪威写信给布拉格《现代评论》（*Moderní Revue*）的编辑阿诺斯特·普罗查兹卡（Arnošt Procházka）：

> 现在我要开始用波兰文写作了。我看到了年轻一代人的支持，因此想去尝试一下。我梦想去加利西亚的某个地方，在利沃夫或者克拉科夫创办一个与《现代评论》风格相似的刊物。我希望在不久的将来，两个刊物可以借撒旦和所有邪恶力量的名义，强强联手，共谋大业。[37]

皮哲比谢夫斯基真的实现了他的梦想，他来到加利西亚，负责期刊《生活》的编辑工作，他在这件事上倾注了自己性格中全部的撒旦之力。他周围的圈子被"波伊"叫作"撒旦的孩子们",他们整夜听着犹太人的音乐,19世纪就这样接近尾声了。

皮哲比谢夫斯基1898年来克拉科夫做的第一件事,是向利沃夫而不是布拉格抛出橄榄枝,19世纪90年代,诗人扬·卡斯普罗维奇就定居于此,他也来自普属波兰和德国。1898年,卡斯普罗维奇出版了一部诗集,里面有一首戏剧诗叫《死魂山上》("Na wzgórzu śmierci")。皮哲比谢夫斯基立刻从克拉科夫写信给远在利沃夫的卡斯普罗维奇,信中说道:

我那俊俏又伟大的同志——我从来没有向任何人或者任何事弯腰——我向您鞠躬,因为您创作了我平生见过的最有力量的东西——就是这首《死魂山上》——我已经读了一百遍了——出神入化,叹为观止!我生命中第一次感到如此振奋和喜悦,我要弯下腰亲吻您的手背![38]

这是象征着世纪末加利西亚文学团结的浮夸表达。很快你就会见到更浮夸的:皮哲比谢夫斯基来到利沃夫,与诗人的妻子雅德维卡·加斯普罗维奇(Jadwiga Kasprowicz)开始了一段戏剧性的风流韵事。

《生活》最开始是诗人鲁德维克·什切潘斯基(Ludwik Szczepański)1897年创办的,很大程度上受到了他19世纪90年代在维也纳求学经历的影响,也受到了世纪末维也纳文艺圈和圈内刊物《时间》(*Die Zeit*)的启发。据阿洛斯·伍丹(Alois Woldan)介绍,1897年头几期《生活》的封面图,还颇具奥属波兰的加利西亚特色,比如海因里希·劳辛格(Heinrich Rauchinger)(生于克拉科夫，在维也纳上学）的寓言象征主义，以法莲·摩西·利立（Ephraim Moses Lilien）（生于德罗霍比奇，辗转在利沃夫、克拉科夫、维也纳和慕尼黑读书，后来致力于犹太复国运动）的新艺术花卉主义。[39] 汉斯·比桑思（Hans Bisanz）还说到了1897年著名的维也纳分离派，在古斯塔夫·克里姆特现代主义的带领之下，那里聚集了包括维斯皮安斯基在内的不少加利西亚艺术创作者。1898年以后，维斯皮安斯基和皮哲比谢夫斯基成为克拉科夫文艺界的领头羊，出身于巴黎和柏林的他们，让世纪末的加利西亚文化更不受维也纳的帝国影响，可以独树一帜。

担任《生活》掌舵人的皮哲比谢夫斯基在克拉科夫仅生活了两年，但是他这颗彗星在短短几年的时间里扭转了这座城市的文化生活，1895年时，维斯皮安斯基还觉得这里是如此压抑和无聊。其实从1898年到1900年，维斯皮安斯基和皮哲比谢夫斯基合作编辑了《生活》，后者离开之后，前者也构思好了在《婚礼》中创建一个典型的加利西亚角色蕾切尔，就是婚礼上的那个年轻犹太姑娘："关于皮哲比谢夫斯基，她知道一切。"确实如此，从1898年到1900年，皮哲比谢夫斯基在克拉科夫煽起的世纪末思想如此强烈，这也使得1901年的戏剧观众有能力品味维斯皮安斯基的加利西亚杰作。

皮哲比谢夫斯基出任编辑时写了一封忏悔词（"Confiteor"），"坦白"了他的理念——也就是他在一个基本原则下的极端思想产物：艺术至上（sztuka dla sztuki）。据他自己说，艺术"没有界限，亦没有法则"，它其实是"最崇高的宗教"，而"艺术家就是最高级的牧师"。这意味着，艺术可以直冲云霄，超越政治，超越爱国主义，甚至超越伦理与道义：

人们对艺术总是争论不休，什么艺术为享乐，艺术为爱国主义，还说什么艺术得具有道德或社会意义，要我说这些统统不能算是真艺术……如果要让艺术来教老百姓做人的道理，要老百姓受教育，要对社会有用，要通过艺术培养爱国主义和社会本能，这分明就是在羞辱艺术，把它从绝对真理的高峰上扔到悲惨生活的不确定中，这样做的艺术家不配叫作艺术家。[41]

如此这般的唯美主义也让世纪末艺术家们有机会上升到高于一切政治、民族、社会和宗教冲突的云端，远离那些19世纪90年代在加利西亚强势上演的各种矛盾与问题。皮哲比谢夫斯基在19世纪末来到了令人头疼的加利西亚，他来得正是时候，可以激起一种艺术至上的意识形态运动了。

皮哲比谢夫斯基关于这个时期的回忆录是在他死后的1927年出现的，1930年在华沙又以图书的形式出版，那个时候，华沙是波兰独立后的首都，而加利西亚却已不复存在了。受到皮哲比谢夫斯基回忆录的启发，"波伊"也在1930年和1931年陆续出版了他的回忆录。他记得莫纽什科《你可知此地？》的歌曲旋律，当年，在无数个酩酊大醉的漫漫长夜里，他和皮哲比谢夫斯基听到有人用小提琴演奏过这首歌，而皮哲比谢夫斯基那时就是他信徒中间邪恶的弥赛亚，小斯坦（Stach）（Stanisław 的爱称）。

当我读到撒旦先生回忆克拉科夫的那段日子时，那个旋律就在我的脑海里一遍又一遍地出现。奇怪的一本书！尽管是几年前写的，并没有过去很久，但它好像给我一种从地里挖出来的感觉，过去的时间被保存下来，就如同石头上的贝壳化石印记一样……今天的读者……如果捡到一本当年的《生活》期刊——今天就是珍贵古董了——然后读到里面各种慷慨激昂的宣言,他是不太能理解的。做这个事情还真有必要搞点酒精、放些音乐。真的,谈到皮哲比谢夫斯基的影响力但不谈酒,就好像写拿破仑的历史却忘记了写战争。[42]

"波伊"说到《时间》里那些慷慨激昂的宣言时,还提到了皮哲比谢夫斯基的"忏悔词"。他在 30 年后表示,整篇文章不着边际,没有道理,除非是在"酒精和音乐"的双重加持下去阅读。"酒精和音乐"把艺术变成了一种人工培养的"梦幻",世纪末美学就可谓更加浓烈且醇厚了。有时皮哲比谢夫斯基自己还会在钢琴上弹几首他的"肖邦主题的酒精变奏曲","波伊"在数十年之后还记得当时的情景:

> 这些是真的宣言啊,《时间》里的其他内容读起来就显得无聊甚至有点滑稽了,更适合传播出去,给省里人看,但不是给我们及我们身边的人看,我们有幸能够从源头了解这些事。根据尼采的术语,酒精与音乐结合在一起,就像斯塔克艺术中酒神元素的精华。[43]

如果《时间》中的宣言被视为在"省内"适用,那它或许象征性地影射出了皮哲比谢夫斯基的波西米亚精英小圈子有多么高傲不凡,他们只是把普罗大众当成省内人。但加利西亚是一个真正存在的省,不是一个比喻象征,那么皮哲比谢夫斯基的宣言就是冲着加利西亚省内公众们说的,要他们去思考自己与艺术、社会、道德、政治和爱国主义之间的文化关系。"你可知此地?"等到"波伊"和皮哲比谢夫斯基的回忆录在独立的波兰出版时,20 世纪已经走进了它的第四个十年,而世纪末的加利西亚,就如加利西亚省本身一样,已经被历史的车轮碾过了,虽然凭借记忆中的难忘旋律,它还可以深刻地回到我们脑海里。

暗杀:"怪物与爬兽"

1898年9月,皮哲比谢夫斯基来到加利西亚,这可是波西米亚小圈子灯红酒绿夜生活的一件大事。而实际上,这个月霸占加利西亚报纸头条的大事是那个骇人听闻的暗杀事件:9月10日,在日内瓦,哈布斯堡皇后伊丽莎白被无政府主义者残忍杀害。在克拉科夫,《时间报》对暗杀事件表示无比激愤:

> 在日内瓦犯下的滔天罪行震惊了整个世界,可谓令人痛心疾首。王朝上下无不谴责,这更加深了人们对王朝的效忠和爱戴,毕竟哈布斯堡管辖的人民才是皇帝的至亲啊。全国和全社会各个层面都有这样深切的感受。几年前,我们还想着要见一见风度翩翩的皇后,她将迷人和优雅散播在每一个地方。但一连串的事与愿违让我们没有机会在这里向她致敬了,这种懊悔增加了我们对自己国家的哀悼。[44]

暗杀事件很快就成了一次加深"全国和全社会各个层面"精诚团结的机会。与此同时,举国悲伤的加利西亚对哈布斯堡王朝的效忠,也让暗杀事件变成了一次确认加利西亚身份的机会。在这里,你会看到教堂里举行着各种弥撒追悼活动,街头上攒动着各种穿黑色衣服的人。弗朗茨·约瑟夫三次来访加利西亚——1851年、1880年,以及来利沃夫观看加省展览的1894年——都是加利西亚身份表达的重要契机,而皇后虽没有踏足加利西亚,却也不妨碍加利西亚人在她去世后为她封神。确实,在缅怀伊丽莎白时,皇后与加省之间未能建立的纽带反倒促进了加利西亚人表达对伊丽莎白的敬意时情感流露的修辞强度。[45]

图15 弗朗茨·约瑟夫皇帝和伊丽莎白皇后(1898年)

资料来源:作者收藏。

注:1898年是弗朗茨·约瑟夫皇帝在位50周年,同年,伊丽莎白皇后被暗杀。

9月17日，皇后的葬礼在维也纳举行，加利西亚派代表出席了追悼游行，并将加利西亚的花圈放到了帝国的灵柩上。加利西亚记者从首都前线发回了关于葬礼活动概况的报道，《时间报》也在深思，在这万分悲痛的场面下，是什么样的哈布斯堡忠诚主义强化了加利西亚的身份，忠诚背后的"真实心理"到底是什么？其实，默哀中的哈布斯堡臣民格外强烈地体会到了他们对弗朗茨·约瑟夫刻骨铭心的感情：

> 百万人的心与君主悲痛的心在一起跳动。让这样的同情与怜悯化为可以疗伤的香脂吧……事君如事父，在他50载的统治下，我们积累了宝贵刻骨的爱，这份感情现在因日日哀悼而倍增，要比任何在欢乐庆祝时的投入和积累还要多。眼泪中筑建的情谊永远都比快乐的情谊更牢靠。[46]

疼痛的心，流下的泪，疗伤的香脂，这些"陷入"悲痛中的情感意象，通过世纪末文学那种过于情绪化的语言表达了出来。在情感程度上，暗杀的悲剧几乎要比任何准备庆祝皇上执政50周年（现在蒙上了阴影）的喜悦都强烈。当加利西亚这个整体被视作帝国有机体的一部分时，当数以百万计忠贞不贰的心在一起跳动时，加利西亚的内部矛盾也随之在幻想和神奇中被化解了。

异见不可不打压，10月末，克拉科夫进行了一场秘密审判。有个邮递员名叫金佩尔·戈德堡（Gimpel Goldberg），他涉嫌对君主大不敬，被处以14天监禁。《时间报》只记载了很短的一句话："被告人在皇后崩逝后对一个犯罪行为使用了溢美之词，依据指控，他被邮政和电报机构要求立即停止工作。"在这个所谓团结一心高调哀悼皇后的时刻,审判的机密性隐去了异见内容的细节。加利西亚还有一个也许是犹太人的邮递员,他没按照要求(或许是强制的)进行哀悼,也即刻被开除、控告、宣判,然后入狱了。

暗杀皇后的人是意大利无政府主义者路易吉·卢切尼(Luigi Lucceni)。《时间报》发表了一篇信息量很大的历史叙述,题为《无政府主义的溯源与发展》,还在头版上提到了19世纪即将终结。

> 越是接近世纪尾声,那遮蔽了未来的云彩就越具有威胁性。不论我们看向何方,到处都是骚动与纠纷……种族、社会乃至与信仰有关的仇恨的力量正在与日俱增。就好比是,跟随着信念的天使,那些善良的灵魂已从地球上飞走——希望天使,爱情天使,自由之魂,正义之魂,进步之魂,都飞走了。然后怪物和爬兽就从各个角落里现了身。[48]

在1898年皇后被暗杀的事件发生前,还有另一位无政府主义者在1894年杀害了法国总统萨迪·卡诺(Sadi Carnot),再之后,意大利国王翁贝托一世(Umberto)在1900年遇刺,美国总统威廉·麦金莱(William McKinley)在1901年被刺。这些无政府主义暗杀者都被纳入怪物和爬兽中。《时间报》直截了当地把这些暗杀事件与世纪末的精神危机联系在一起,想象了一出灵魂天使和怪物爬兽之间的末世相遇。1894年,泰特马耶问道:"世纪之终的人类啊,你用什么样的盾来对抗邪恶的矛?"1898年,在皇后被暗杀后,《时间报》将无政府主义者暗杀的匕首看成是那盘旋在世纪末上空的邪恶怪物手中的器具。异曲同工的是,克拉科夫保守主义者也没有迟疑,认为"上帝的手指和天意的手掌"是唯一还能使用的盾。《时间报》表示,"我们的世纪还不是那么无可救药",尽管有"这样或那样的危险、残缺、衰败与不和",我们还是有理由相信基督救赎的最终胜利。[49]

加利西亚无政府主义的爬兽之祖被认为可以追溯到1846年：当时哈布斯堡政府利用残忍的社会力量打击了波兰民族的反动势力。弗雷德罗当年就毫不犹豫地使用"无政府状态"这个概念了。半个世纪后，加利西亚人没有忘记1846年的风波，1899年的《时间报》提到了历史学家布罗尼斯瓦夫·沃金斯基（Bronisław Łoziński）关于1846年的著作，报纸指出贵族被暗杀就是借无政府主义之名。[50] 在世纪之交的1900年，《时间报》谈论起波兰哲学教授亨利克·斯特鲁威（Henryk Struve）的书，并对书中的"精神无政府（anarchism ducha）"概念进行了点评。斯特鲁威回顾了无政府主义哲学的历史，从波德莱尔经由尼采，最后到世纪末文学无政府主义的震中，也就是克拉科夫，在那里，青年波兰运动（Młoda Polska）处在以撒旦自称、远近闻名的皮哲比谢夫斯基的思想奴役下。斯特鲁威评论说，皮哲比谢夫斯基"赤裸裸的色情妄想"就是他信仰无政府主义的证据。[51] 皇后遇害这一事件使公众开始专注于无政府主义是如何利用感情骚扰政治。在加利西亚，我们还可以在19世纪的加省历史和当代文化生活中找到无政府主义的蛛丝马迹。

1898年伊丽莎白遇害造成了一次反常的世纪末戏剧想象，其中的感性表达与唯美灵动甚至令《时间报》也无法幸免。

> 艾尔兹贝塔（波兰文的伊丽莎白）皇后在他乡被异国之人杀害，这样的悲剧并不是一起孤立的事件，而是本世纪接连不断要扳倒皇权的一系列戏剧——然而，这场戏的历史重要性尤其特别，我们甚至可以说（śmielibyśmy powiedzieć），它散

发着一种奇异的诗意和美丽（ma dziwną poezyę i piękność），而且还激发出了人们极度的痛苦和恐惧。[52]

报纸用病态的现代审美——还是这个世纪末的味道——讲出了亚里士多德式悲剧的感觉。即使在批判罪行如何野蛮和残忍时，《时间报》也不得不承认，这部悲剧在艺术上可圈可点，令人折服，弥漫着"奇异的诗意和美丽"。加利西亚老一辈的强力保守派与新一辈的现代主义艺术家就这样走到了一起，在吟唱暴力上大胆又圆满地达成了思想统一。

1899年3月1日，亚瑟·施尼茨勒（Arthur Schnitzler）的独幕剧《绿鹦鹉》（Der grüne Kakadu）在维也纳城堡剧院首次亮相。月末，《时间报》对该剧做出了评价，报纸一直都帮助加省跟进世纪末维也纳的戏剧热点。[53] 施尼茨勒的这部剧完全围绕着暴力的戏剧性展开，探究了暴力尤其是凶杀情节如何能感染观众，如何能给观众的想象带来一种诗意的快感。这部剧的背景设定在巴黎一个叫"绿鹦鹉"的舞厅内，在这里，堕落的贵族观看着台上的演员表演暴力犯罪。那天是1789年7月14日，外面街上的巴黎人正在袭击巴士底狱，现实的革命暴力与俱乐部里的戏剧暴力就此合二为一。

其实对于加利西亚而言，在日内瓦发生的皇后遇刺事件还是太过遥远了，没有成为恐怖戏剧。但与此同时，加利西亚也爆发了各种暴力事件，它们既没有被末世哲学的理论加以分析，也没有被诗歌美学的意境进行一番包装，更没有被人真正地理解或者抵制。我们主要指的是1898年夏天加利西亚发生的一波反犹屠杀运动，犹太人的商店和酒馆被打砸洗劫，这些都是加利西亚西边的波兰村民干的。暴动的熊熊烈火催生了戒严法，最后全剧以三千余人被捕，一千多场针对农民暴乱者的审判而收场。这些暴乱者不仅被民粹牧师斯坦尼斯瓦夫·斯托亚沃夫斯基的反犹言辞洗脑，还听信了谣言，谣言说1889年与年轻的爱人双双自杀在梅耶林的皇太子鲁道夫其实并没有死，尚在人间，他怂恿人们去收拾加利西亚犹太人。还有其他加利西亚农民秉持着如此诡异的理念，他们相信是犹太人杀害了鲁道夫，现在，弗朗茨·约瑟夫皇帝好像也鼓励大家屠杀犹太人。[54] 有一个名叫斯坦尼斯瓦夫·舍里加（Stanisław Szeliga）的暴乱者涉嫌欺君犯上，他跟村里人讲他去过维也纳，皇帝亲口告诉他可以殴打犹太人。[55] 这些所谓加利西亚愚忠式的暴乱动机不禁让人联想起历史上的1846年贵族大屠杀，关于那场悲剧，人们也说是被哈布斯堡唆使，并以皇帝的名义展开的。想想也不奇怪，1898年的反犹屠杀和1846年那次屠杀多多少少发生在同一片地区。

1898年9月份的第一周，《时间报》接连曝光了本地的暴力事件，虽然新闻很快就被9月10日皇后遇害的消息取代了。9月5日，审判在克拉科夫举行，44人涉嫌偷窃并在周围各村暴力伤害犹太人。在《反犹骚乱》的标题下，《时间报》讲述了不那么有趣的暴动故事。村民们手持板斧和棍棒，砸碎窗户，闯入犹太人开的酒馆，毁掉了里面的东西，拿起伏特加往肚子里灌，并将酒馆洗劫一空。9月9日，另有四名嫌疑人当庭被控公共施暴，涉嫌对他人造成人身伤害，在离克拉科夫不远处的维利奇卡，他们砸烂了犹太建筑物的窗户。同时，《时间报》还跟踪报道了一个故意杀人案的审理过程，在克拉科夫往东的萨诺克村（Sanok），有一个农民被控捅死了自己的妻子和妻子的叔叔，她叔叔恰好还是个牧师；被告声称两个受害人有乱伦行为，所以才杀了人。[56] 这类加利西亚的农村暴力叙事可惜并不诗意或唯美，自然而然就被"哈皇后命丧日内瓦，无政府撒旦行刺杀"这种活灵活现的暗杀新闻挤到了一旁。

10月份到了，暴力事件仍然持续不断。克拉科夫法庭上有这样一桩案件，一个犹太人被公诉涉嫌杀害扎莫伊斯基贵族的家族代理人，起因是，在一个离新塔尔格（Novy Targ）不远的村子中的扎莫伊斯基庄园里，双方因酒品垄断（propinacja）问题产生了口角。[57]《时间报》报道了多起暴力犯罪案件，很多都涉及乡下的农民，行凶大多跟极度贫困有关，多是家庭内部纠纷，有时还反映出加利西亚村子中犹太人和基督徒之间的恶劣关系。11月，与卢切尼在日内瓦受审的时间大致相同，在克拉科夫，针对一个农民涉嫌谋杀他的女婿的案件得以宣判，该案动机或与父女乱伦有关。1899年2月，有一个人涉嫌谋杀他的亲弟弟，还有一个19岁的小男孩涉嫌杀害妇女，他和朋友们朝着犹太酒馆的窗户扔石头，正好砸在了遇害者的前额上，导致其死亡。[58] 这样的暴力犯罪，虽然也获得了媒体的关注，但没有一点儿美感和诗意，并不能在加利西亚大众间激起任何"波澜"。所有因皇后伊丽莎白被刺杀而引出的问题——团结一致的帝国哀悼，无政府主义的撒旦威胁，暴力诗学——其实都很引人入胜，因为它们避开了加利西亚地区日常频繁的暴力事件，专注于哈布斯堡悲剧的罕见和遥远的感觉。

在维斯皮安斯基的《婚礼》一剧中，城市代表团与农村代表团在婚礼上相遇，双方对彼此产生了各种误解。最显著的是，城里人以为加利西亚的农村生活是那么田园般静谧。"啊，如此安逸！啊，如此静美！"新郎感叹道。而记者对农民彻皮兹（Czepiec）讲：

> 诶呀，你这个村子真宁静！
> 整个世界都打起来吧，
> 只要波兰的村子静悄悄，
> 只要波兰的村子太平无事。[59]

彻皮兹充满警觉地回应道,"我们时刻准备着,准备任何形式的战斗"。后来,他的确成了剧中霸道村民的典型:

> 彻皮兹:行,那就看看我的拳头吧;
> 你要是敢冲我吹口哨,
> 你就会听到肋骨咔嚓的声音。
> 主持人:就像对那个犹太人一样![60]

接下来,一个犹太人和一个牧师走上台,犹太人说,"看啊,善良的教父,发生了什么,农民们厮打起来了"。彻皮兹欠着犹太人的钱,他怒发冲冠地跟牧师讲道:

> 善良的教父您莫生气,
> 我如条疯狗心焦急,
> 该死的我啊都可以,
> 把亲兄弟的脖子拧掉地。[61]

维斯皮安斯基也许是从《时间报》上获得这段弑兄情结的素材,报纸的确在1899年2月份讲过这样一个谋杀兄弟的案件。但从更大的层面来说,农民们不安分,互相殴打,还骚扰犹太人,这些元素应该都是从加利西亚频频报道的农村暴力伤害事件中得来的。

在剧中,主持人的身份是来自城里的艺术家,只不过他住在乡下,他承认村民们存在暴力倾向:"你只需要给他们武器,他们就能像干材一样燃起烈火。"他还指出村民们"一点就着"是具有历史意义的:"就像'(18)46'年似的(taki rok czterdziesty szósty)。"[62] 世纪之交的农村暴力大环境,就如同国际无政府主义的邪恶本性和谋杀行径一样,无不在刺激着1846年屠杀贵族的加利西亚专属记忆。耸人听闻的新闻和现代主义文学不由自主地围绕着极其敏感的,位于世纪末加利西亚身份认同这一黑暗中心的主题。

第八章　无望之地：新篇章的开始

引言：病态幻想

"你仔细想想我们国家现在的处境，"1898年10月7日的《时间报》写道，"你看看自己，再看看身后，我想你们一定都会承认，加利西亚的一个历史章节已经画上了句号，而下一个章节正在开启。"19世纪60年代自治以来所取得的成绩与进步，如今全部指向了崭新的一章，即20世纪，这个新篇章也有着诸多紧迫的新问题："现在是深入研究我们国家和社会的时候了，我们犯下了许多疏忽之罪，留下了许多棘手的症候，看到了许多不详的暗示。"毕竟，世纪之交是爬物和怪兽的时代，它们并不是都来自加利西亚之外，还有一些滋生于我们内部的深处。未来的政治必须要找到新的基础来争取社会团结，需要深入群众，但同时，哈布斯堡当局也要为维持加利西亚秩序提供有力的保障。然而，1898年的《时间报》并不喜欢为平定反犹暴乱而做出的军事戒严命令："骚乱如暴风雨般袭来，紧急状态作为缓和态势的手段无可厚非，甚至是必要的，但只能作为权宜之计，它只会提醒人们，维稳要靠武力，只会给农民清醒的意识中留下一点念头，埋下一点祸根。"[1] 想了解世纪之交的加利西亚，就要看它的内里，克拉科夫的《时间报》很想探究加利西亚意识的深层纹路，即便此时弗洛伊德正在维也纳宣讲他的精神分析大法。

凝视内部，凝视深处，意味着也要深入历史，凝视过去。1898年年底本应同时进行的各种周年纪念（大部分在12月底举办），因令人烦心的难题而罩上了阴影。12月份庆祝弗朗茨·约瑟夫执政五十周年的纪念活动已然笼罩在了9月份皇后遇害的阴影之下。1848年农奴解放的周年纪念日——尤其是鲁塞尼亚人的庆祝——也必然会引出社会和民族分歧的事端，它们在世纪末继续给加利西亚带来烦恼。1890年，在去世35年后，亚当·密茨凯维奇成为加利西亚的某种荣誉代表，他的遗骨也被从法国运回克拉科夫，重新葬于瓦维尔大教堂，1898年正值密茨凯维奇百年诞辰，政府还在克拉科夫广场上为他建造了一座青铜纪念碑。[2] 然而，密茨凯维奇诞辰一百周年纪念活动不仅仅是波兰的民族盛宴，还成为加利西亚各民族争锋的一次机会。另一边，鲁塞尼亚人也在纪念着波尔塔瓦（Poltava）籍作家伊万·科特利亚列夫斯基，他在100年前的1798年发表了讽刺史诗《埃内伊达》（*Eneida*），其中埃涅阿斯以哥萨克的形象出现，这部作品被视为现代乌克兰文学的开端。

在一份鲁塞尼亚人刊物的感叹词中，东加利西亚开始针对西加利亚西回应："波兰人不仅在自己的地盘上，还在罗斯的地界，在几乎每个城市中，都举行了诗人亚当·密茨凯维奇的宣传纪念活动。我们对自己土地上先知的尊重不如对方，难道不觉得丢脸吗？我们应该在每个城市，在每个村里的图书室里都大搞舍甫琴科去世周年纪念活动。"[3] 不过，塔拉斯·舍甫琴科去世五十周年要等到1911年，百年诞辰也要等到1914年，因此，为了赢过当年密茨凯维奇的纪念活动，格鲁舍夫斯基在1898年组织了科特利亚列夫斯基作品出版的百年纪念。

1897年，伊万·弗兰克发表了一篇争议性很强的文章，剑指密茨凯维奇，说他是"叛国诗人"，鼓吹假忠诚、实为真起义。密茨凯维奇属于浪漫主义时代的立陶宛人，从这一点看，他的确是所有波兰文化人物中最不加利西亚的。弗兰克设法以一种故意激怒他所有在加利西亚的波兰文学界、新闻界和政界同僚的方式表明这一点，这时正值密茨凯维奇百年纪念即将拉开帷幕。这还意味着，弗兰克的人生新篇章要开启了，他越来越和格鲁舍夫斯基还有加利西亚的乌克兰政治运动走到了一起。1898年，二人一起创立了一个乌克兰－鲁塞尼亚文学刊物，叫作《文学使者》(*Literaturno-naukovyi vistnyk*)。格鲁舍夫斯基出版了他《乌克兰－罗斯史》的第一卷。不仅如此，弗兰克还庆祝了自己文学出道二十五周年的纪念日，在25年前的1873年，他作为青年鲁塞尼亚作家创作了人生中的第一批诗作。其中有一首是向科特利亚列夫斯基致敬的十四行诗。[4]

19世纪就这样结束在一连串此起彼伏的文化纪念中，世纪之交的焦虑和矛盾减弱了那些纪念仪式和活动方案。1899年，弗兰克在维也纳发表了一篇文章，题为《无望之地的不可能》("Unmögliches in dem Lande der Unmöglichkeiten")。在这篇文章里，他大骂奥地利帝国政府和波兰地方政要——尤其是维也纳的"波兰俱乐部"，对于鲁塞尼亚人想在加利西亚公平参与选举是"不可能"的这件事，他予以谴责。其实，选举权的不公平是基于教廷系统，波兰选区的划分，以及选举期间的恐吓威胁，这些都保证了波兰人在利沃夫议会中的主导权及其在维也纳国会中对加利西亚事务的控制权。纪念活动迫使加利西亚人深入观察加省的过去，挖掘了他们历史身份的复杂性，但弗兰克对加利西亚当下的政治格局依然表示忧虑："我接下来要聊的这个无望之地，就是加利西亚。"如同《时间报》

那样,弗兰克相信加利西亚历史上的一章正在完结,也就是从19世纪60年代开始的哈布斯堡立宪和加利西亚自治章节,但他的世纪末悲观心态并没有对20世纪抱有任何期望。只有诚心选举才能拯救加利西亚乃至哈布斯堡王朝的宪法政治,但这是一件完全"不可能"的事情:

> 一次依法依规的选举活动或许会产生奇迹,但奇迹不会在我们的时代发生,因此这些话可能不被当成一种建议或是我的衷心期望,就我个人而言,这是从一种病态幻想中流露出来的言语(als ein Exsudat krankhafter Phantasie)。[5]

说到世纪末的文化精髓,没有什么比诗人颓废地讲出"病态幻想"更一语中的了——皮哲比谢夫斯基会把这种"病态幻想"当成艺术灵感的必要条件。弗兰克作为更清醒的艺术家,倒是没有那么崇拜皮哲比谢夫斯基,但他还是会运用这种幻想,去摸索加利西亚的身份,去探索那无望之地。

在以20世纪为题的加省新篇章中,不仅能看到人们从思想层面上大胆挖掘加利西亚内部的不可能,还会目睹为解决加省矛盾所做的诸多尝试,有文化上的也有政治上的。1903年,维也纳社会活动家伯莎·帕彭海姆(Bertha Pappenheim)准备出发前往加利西亚去观摩学习,公开它存在的问题,尤其是关于加利西亚犹太人的现况。1905年,"波伊"在克拉科夫创建了一家充满暴力和萎靡的"绿气球舞厅",而弗兰克在利沃夫发表了一首关于摩西的圣经诗篇,他在其中以史诗和弥赛亚的方式解读了加省鲁塞尼亚人的命运。1907年,当局在哈布斯堡全境开放了男性普选权,这不仅让鲁塞尼亚人立刻在维也纳国会上变得举足轻重,还给加利西亚政府造成压力，不得不让鲁塞尼亚人扮演更重要的角色。然而，第二年，皇帝的得力助手、加利西亚波兰贵族精英代表，波兰裔总督安杰伊·波托茨基在利沃夫被人暗杀，行凶者是一名鲁塞尼亚学生。这是一场蓄谋已久的政治暴力，而且可以说预示了 1914 年弗朗茨·斐迪南大公（Franz Ferdianand, Archduke）在萨拉热窝的遇害。这次暴力事件还挑战了加利西亚省乃至哈布斯堡王朝自身的根基和底线，它说明加利西亚的各种冲突与矛盾，各种不可能之间的爆炸碰撞仍然在上演，加利西亚的存在也岌岌可危，这一揭开了 20 世纪序幕的新篇章，其实就是加利西亚行省历史的终曲。

伯莎·帕彭海姆：加利西亚的道德败坏

1901 年，利沃夫树起了纪念阿格诺尔·戈武霍夫斯基的铜像，他曾是弗朗茨·约瑟夫的知己和部长，还是加利西亚自治的总督和总设计师。戈武霍夫斯基病逝于 1875 年，那个时候，在加利西亚完全成为无望之地前，仍可以相信他以波兰人为主的政策方针。戈武霍夫斯基的雕像底座旁还有一位加利西亚女神，她目光如炬，但又漫不经心地看向 19 世纪的过去。[6] 然而，在 1901 年的《婚礼》中，维斯皮安斯基为寻找解决社会冲突的突破口，以戏剧的方式挑战了加利西亚的不可能。1901 年，加利西亚无解的矛盾在教会人士安德烈·谢泼斯基（Andrzej Szeptycki）的身上有所缓和，他是亚历山大·弗雷德罗的外孙，担任希腊礼天主教堂的大主教，加利西亚鲁塞尼亚人的宗教最高领导人，即便这些年来，鲁塞尼亚人越来越把自己当成乌克兰人。[7] 于是，安德烈·谢泼斯基也把自己家族 19 世纪以来波兰的加利西亚遗产，也就是弗雷德罗的遗产，转化为了 20 世纪乌克兰的加利西亚视角。他在大主教的位置上一直待到 1944 年去世——如果在今天,他就是未来圣徒的人选了。他个人身上综合了波兰和乌克兰视角,相得益彰,他还主动接触加利西亚的犹太人,并在第二次世界大战中救过犹太人的命。

社会活动家伯莎·帕彭海姆出生于维也纳,居住在法兰克福,她为犹太女性运动持续奋斗。1901 年,她训斥了加利西亚犹太女性所谓的"道德败坏"——认为她们不仅在加利西亚老家,还去奥地利和德国做妓女。"加利坚女人"(Galizianerin)这个分类把加利西亚犹太女性归为一个独特的,一眼可以识别的社会学群体。帕彭海姆认为是加省的恶劣条件——贫穷愚昧——才使这些加利坚女人被逼良为娼,她们并非天生就是不道德的。1901 年,又一个同情加利坚女人的代表出现在克拉科夫的舞台上,她就是维斯皮安斯基《婚礼》中的人物蕾切尔,一个犹太女孩,在维也纳看歌剧,在家里拾掇鸡,知道关于皮哲比谢夫斯基的一切。如果她知道关于皮哲比谢夫斯基的一切,那么她必定知道他为逝者做颓废弥撒时念诵的圣经中的第一行句子,1895 年的安魂弥撒中唱道:"万物之祖,性也(Am Anfang war das Geschlecht)",1904 年被翻译成波兰文:"Na początku była chuć"。1903 年,伯莎·帕彭海姆在加利西亚转了一圈,次年她出版了加省见闻,她查访了地下非法性交易,包括加利西亚的白人奴隶贸易。帕彭海姆来自一个富裕的维也纳犹太中产阶级家庭,曾经是约瑟夫·布洛伊尔(Joseph Bruer)的精神病人,她的精神病例还被收录在弗洛伊德和布洛伊尔 1895 年出版的《癔症研究》一书中。在加利西亚,她把加利坚女人们当成她的姐妹,尽全力向世人诉说她们的悲惨与不幸。[8]

1888 年,在斯泽普诺夫斯基出版《加利西亚的苦难》的那一年,比利时投资人莫里斯·德·赫希(Maurice de Hirsch)男爵创建了一个基金会,用来支持加省犹太人的教育和社会发展,以减轻他们在加利西亚所遭受的苦难。1889 年，维也纳的犹太人发行了一本犹太研究的刊物，上面有不少来自加利西亚的文章，讲的都是赫希的"赎罪"慈善基金会的情况，同时也定义了他们自己与加利西亚犹太人的都市关系："维也纳的以色列人联盟（Israelitische Allianz）大声宣布：他们对文明抱有美好的夙愿，想要在加利西亚当地的宗教同志中开展活动。"[9] 从自诩为犹太文明的维也纳，到被强调为落后的犹太加利西亚，这种团结与谦逊的双刃观点，与救世主的救赎精神相吻合，而赫希基金会的慷慨更强化了这种精神。"这个基金会开启了加利西亚犹太人的新时代"，维也纳杂志宣布。如果没有足够的资金，维也纳的犹太人联盟"就只能在有限程度上运作它的文明活动"，所以，从加利西亚（"Aus Galizien"）写的报道赞扬了赫希的慈善，就如同"天堂来的天使"一样。[10] 约瑟夫式的弥赛亚主义精神又复活了，在 19 世纪 90 年代，赫希基金会特别赞助了犹太学校，让加利西亚的犹太儿童们有学上，有书读。但当帕彭海姆 1903 年到访加利西亚时，她却记录说，基金会在教育方面的付出实际上非常少，尤其是犹太女孩仍然没有书读，因此深陷愚昧，最终走向堕落。只要这片大地的永恒救赎尚未实现，弥赛亚精神就应该一直持续下去。

19 世纪 90 年代，当赫希基金会在加利西亚进行慈善工作时，加省犹太人也开始参与省内的政治活动。历史学家约书亚·谢恩斯（Joshua Shanes）研究了最早的加省犹太民族政治。他提到，1892 年，一直在为加利西亚同化做贡献的波兰犹太刊物《祖国》（*Ojczyzna*）停刊，新刊物《未来》（*Przyszłość*）创刊。《祖国》在 80 年代的编辑是作家阿尔弗雷德·诺西格（Alfred Nossig），他支持波兰犹太人融入加利西亚的目标，这个事业也得到了批评家威廉·费尔德曼（Wilhelm Feldman）的大力支持。但 1886 年，诺西格"皈依了"犹太复国主义，1892 年，有期刊宣布民族同化主义"在加利西亚已经完结"。相反，犹太人却开始在省内寻求建立自己的民族身份，组建加利西亚的犹太民族党，1893 年起草的党章确定了犹太人要定居在巴勒斯坦的大政方针——也就是现代犹太复国主义运动的宗旨——而且还启动了一个加利西亚本省的特殊项目："加利西亚犹太民族党深知维护本地犹太人的政治、社会和经济利益的必要性，并把在加省建立独立的犹太政治当作自身的责任。"莫迪凯·埃伦普赖斯（Mordechai Ehrenpreis）代表一个叫"锡安"（Zion）的组织，在 1895 年的一本利沃夫出版物上讲到过这个二元项目："一方面，我们要和那些希望犹太人免于流亡的人合作，和那些想为穷苦移民在以色列大地营建自己家园的人一起努力。另一方面，我们也要想尽办法提升我们的本土地位。"[11] 也就是说，加省犹太复国主义的应许之地除了巴勒斯坦，还有加利西亚。

1898 年，早期犹太复国主义者索尔·兰道（Saul Landau）在维也纳出版了一部他在加利西亚与俄属波兰的游记，名字是《在无产阶级犹太人中》（Unter Jüdischen Proletariern）。他走访了加利西亚的科洛米亚、斯坦尼斯拉维夫还有鲍里斯拉夫等城镇，考察了加利西亚犹太人的苦难（das Massenelend）。社会主义和复国主义到底重不重要呢，他在斯坦尼斯拉维夫和一个工人交谈时吐露过他的疑惑：

"你是哪个党派的？"

"社会民主党。我想工作。我想从早到晚地工作，挣钱养活自己和我的家人。"

"那你怎么看复国主义？"

"你是说我要不要去巴勒斯坦？去，马上就去！那里没有人反犹啊！我们生活在自己人中间。"[12]

图 16 沃齐米日·泰特马耶笔下的加利西亚犹太人

资料来源：Bolesław Limanowski, *Galicya przedstawiona słowem i ołówkiem* (Warsaw: Wydawnictwo Przeglądu Tygodniowego, 1892)。

看来加省犹太人对反犹主义的发展很警觉，也考虑在世纪之交时离开加利西亚。当1898年的《时间报》还在以保守主义的姿态周旋于无政府主义和皇后暗杀事件，惶恐不安于现代世界中的"怪兽和爬物"时，民粹杂志，如克拉科夫的国家民主党刊《人民之声》(*Głos Narodu*) 则毫不犹豫地把犹太人指认成怪兽，说犹太人有野心，要统治世界。在世纪末的加利西亚，这样的末世所指完全可以给那些邪恶的、暴力的反犹主义提供意识形态借口。[13]

当代反犹主义也决定了伯莎·帕彭海姆此行的目的,她要研究并解释加利西亚犹太女人"不道德"名声的由来。1903 年,她和同事萨拉·拉比诺维奇（Sara Rabinowitsch）一起,做了为期五周的走访调查。"首先,我绝不能因为在加利西亚待了五个星期,就把自己当成研究加省的专家（Kennerin）。"她写道。然而,这就是她采取的视角,和之前的众多维也纳访客（最早可以追溯到 1773 年加利西亚创建之初到访的约瑟夫二世皇帝）并无二致。帕彭海姆 1904 年在法兰克福发布了她的研究报告,题为《加利西亚犹太人群之现状:考察心得与关于提高生活水平的建议》。她引用了自己的"奥地利国籍和正统犹太教育",以及她在社会扶贫问题上做的笔记,以表示自己在加利西亚问题上的权威性。帕彭海姆相当肯定地说,加省有一个独特但不明显的性质:"混合了德意志-奥地利人、波兰人、犹太人的土地有一种非常清楚的特征。"[14] 也许她的不专业就体现在她并没有注意到鲁塞尼亚人,这可是占据了加省一半人口的种族。

1903 年,帕彭海姆的主要任务就是搞清楚加利西亚的犹太人,但她的结论却基于有限但又生动的亲身经历:

> 比如说,当我们坐在创造奇迹的拉比——这个拉比反对建立男校——家时,我们正在聊天,突然有一个大害虫（Ungeziefer）从天而降,从房顶落在我旅伴的大腿上,我不需要在那个房子里吃很多盐,就可以得出大致正确的关于住在这里的人——男人和他的妻子——的精神形象。[15]

这种与哈西德拉比和大害虫卡夫卡风格式的遭遇［格雷戈尔·萨

姆沙（Gregor Samsa）变成了卡夫卡《变形记》（1915）中的大害虫]，给帕彭海姆高度概括"土地面相学"提供了素材，"他们很贫穷，素质很差，卫生条件也很糟糕"。[16]在西欧游客文明和改良的眼光中，加利西亚的"素质"和"卫生"是彼此挂钩的，因为她展现了东欧那惊人的愚昧落后。

加利西亚犹太人："饥饿艺术家"

帕彭海姆不光是一位鞠躬尽瘁的社会活动家，还是一位世纪末的唯美主义者，厌恶加利西亚的粗鄙丑陋。

> 加利西亚犹太人的审美已经死了，被日常生活的精神压力和极度焦虑消磨殆尽了。妇女和姑娘穿着醒目但没有什么品位，她们也不打扮。在这样的生活空间里，在这种不完善的卫生条件下，让她们去追求美，听起来就跟嘲讽差不多。犹太教堂里也没有什么装饰物，甚至宗教清规里允许的那些装饰品也没有。倒是四处都能看到可爱的青铜烛台，而布罗迪则是一个真正的宝库，里面珍藏着辉煌古老的银色托拉王冠，这些都证明了过去更美好的时光！[17]

在世纪之交，这位有奉献精神的社会改革者在评价加利西亚的贫穷时，也用到唯美主义者的措辞。其实帕彭海姆似乎也在自觉与身上的美学冲动做斗争。

> 在安息日的宁静中，在黄昏时分的犹太房屋里，总能感到一点不寻常的诗意，有一种奇怪的气氛（Poetisches，

Stimmungsvolles）——当理性思维驱走了这样的感性情绪后，你会自言自语：只有大多数犹太人跟高级的世界断绝联系，他们才能这样严肃认真地过好安息日，失业的困苦让他们在安息日可以轻松地休息。[18]

传统生活诗一般的魅力有那么一瞬间迷惑住了持批判态度的观察者，使她无法看到加利西亚的真实苦难。

帕彭海姆认为，加利西亚人已经适应了糟糕的生活现状，他们的感性和审美力已经变得麻木迟钝了。

> 我相信，就加利西亚大众的主观感受而言，他们对自己感性上的迟钝（Abstumpfung）已经习以为常了（Gewohnheit）。每一个受到文明熏陶的人（durch die Kultur verfeinerten Menschen），在那样的环境下居住生活，都会感觉像是身处旨在毁掉我们所有理智和感觉的行刑室（Folterkammer）。[19]

所以世纪末感性成为一种心灵装备，20世纪初开化的外国游客以此来区分自己和加利西亚人的不同处境。这层分隔了加利西亚与文明世界的深渊，让加省在文明感性的来访者眼里，看起来如同行刑室一样。

俨然感觉自己是走进了"加利西亚人主观感受"的加省专家，帕彭海姆指出，这里客观存在的问题就是贫困，就是所谓加利西亚的苦难。她不解的是，加省的反犹主义者为什么如此坚持认为犹太人有钱，而实际上加省犹太人和其他老百姓一样穷得叮当响。

除了极少数相对富裕的商人，加利西亚做买卖的犹太人其实属于世界上最穷的无产阶级者。我多次亲眼得见,有些家庭支柱的微薄收入只够买安息日的面包和蜡烛。这些犹太人——反犹主义叫他们'吸基督徒小孩血的吸血鬼'——的整个生活习惯不会让任何基督教农民或者手艺人有一点点妒忌。犹太人是饥饿艺术家(Hungerkünstler),他们的节俭使最简单的生存条件变得如此压抑,以至于对他们中的大多数人来说,持续营养不良的状况普遍存在。[20]

弗朗茨·卡夫卡把"饥饿艺术家"塑造成现代欧洲文学中最引人入胜的一个角色,早在这之前,帕彭海姆就已经刻画过这个人物,把他安在了典型加利西亚犹太人的身上。西方审美观察者在加省找到了艺术性,那就是饥饿的艺术!

帕彭海姆认为,加利西亚人在用力地活着,他们只是想活下去(dahinlebin),从没想过要改变什么现状。

> 我觉得加省大多数犹太百姓只是在求生存的状态里,提高生活水准这种想法必须由外面的人给他们灌输。我看不到他们有能力改善自己的生活水平,省里没有给出什么好的建议,住在省外的加利西亚人也没有做什么。[21]

1903年夏天,接连发生的几场大火烧毁了加利西亚多个村庄和城镇,这让一部分加利西亚犹太人流离失所,不得不逃亡纽约,移民美国。他们在那里建立了美国加利西亚与布科维纳犹太人联盟。[22]这个组织承认了居住在纽约的加利西亚犹太人的身份。而且,无论是住在旧世界还是活在新世界,组织都会为有需要的加利西亚犹太人寻找资源,提供帮助。

这一年里，不仅有帕彭海姆来参观考察加利西亚，还有一件大事，伟大的波兰贵族安杰伊·卡齐米日·波托茨基履新加省总督。他的政治倾向是偏贵族保守主义的，上任后极力维持社会秩序。当时，波鲁矛盾愈演愈烈，后来导致他被杀身亡。1903年，伊万·弗兰克就19世纪30年代密茨凯维奇写给加利西亚人的信发表了一篇评论文章，进而为波鲁矛盾煽风点火。别忘了弗兰克1897年曾痛斥密茨凯维奇是叛国诗人，那时他就已经烧毁了自己的波兰之桥，现在又批判波兰民族诗人，说他天真可笑，竟然觉得加利西亚贵族和农民之间团结稳定，和谐共处。弗兰克想知道密茨凯维奇先生是不是对加利西亚一无所知，是不是"关于波兰农民的历史知识非常匮乏和肤浅"。他1903年的评论文章引述了1846年的"不幸"，作为密茨凯维奇完全不理解加利西亚农民阶层，不理解加省阶级关系的证据。[23] 和帕彭海姆异曲同工的是，弗兰克在世纪之交也想搞清楚那些让无望之地备受打击的文化和经济冲突。

帕彭海姆建议要给下一代更好的教育，尤其是让女孩子上学，但对于这样做是否能够让加省改头换面，是否会让加省不再成为她眼中的那个行刑室，她自己几乎也没有信心。虽然她积极提议在加利西亚创办托儿所和幼儿园，但她也怀疑这些学校是否可以振兴都是饥饿艺术家的社会。[24] 她发现有两种力量真正作用在加利西亚犹太人的身上，一个是传统的哈西德主义，另一个是现代的犹太复国主义。在创造奇迹的拉比家中的遭遇，看到大毒虫从天花板掉下来的经历，说明她很讨厌哈西德主义。她觉得这些拉比都是大骗子，他们说自己能创造奇迹，只是为了招揽生意。她认为犹太教"像一个秤砣一样挂在日常生活中，无时不在碾平、压倒、迫害着人民"。[25]

而复国主义呢，帕彭海姆知道这是一股自由解放之风，但她怀疑这一派究竟有多少实力,除了最后把他们迁出加利西亚,这一派还能为加省的犹太人真正做些什么呢。她还怀疑,在路上遇到的那些加利西亚犹太人是否真的被启蒙开化到有能力建立一个现代民族国家。回到最开始引起她注意的,关于加利西亚犹太女人做娼妓的问题,帕彭海姆很遗憾地得出结论,一切"道德素质问题"都源于贫困、失业和愚昧,二者是挂钩的。[26]这位文明的访客发现了此地落后的证据,这也是她一开始就预料到的。不过,她非常重视加利西亚犹太人的悲惨无助并为此做出了努力,所以她也算是为这些东欧犹太人在加利西亚独特的社会和种族存在做出了贡献。

1903年,维也纳歌剧院的负责人古斯塔夫·马勒(Gustav Mahler)也莅临加利西亚。他去利沃夫指挥一场音乐会,其中一首是他创作的第一部交响曲。马勒最近正在和舞台设计师阿尔弗雷德·罗勒(Alfred Roller)合作,推出了现代主义新剧目,瓦格纳的《特里斯坦与伊索尔德》(*Tristan und Isolde*),该剧在维也纳表演后大获成功。现在,他带着维也纳的高傲和厌恶来到了利沃夫。据他的传记作者亨利-路易斯·德·拉格朗日(Henry-Louis de la Grange)记载,从维也纳出发的13个小时火车旅行已经让他头晕眼花、难受想吐了,到达利沃夫后,又被这里的脏乱差"恶心"到了。80年前,当梅特涅在1823年来到利沃夫时,他给妻子信中的口气也是带着调皮又鄙夷的诙谐:"这里发生的一些事情特别有趣。我讲给你听,你一定也会哈哈笑的。"在写给妻子阿尔玛的信中,马勒的维也纳视角和口气跟梅特涅大同小异:"今天我经历了一个很神奇的散步,其间发生了非常奇怪的事……等我回来要亲自讲给你听。"马勒被"一个省剧院院长类型的人"邀请吃晚饭,还被颁了一个奖,他对妻子说,"我不得不接受邀请,不得不接受这个大众奖项的桂冠

(是铜的还是金的？我还真不知道)，你可以想象我当时的表情"！[27] 阿尔玛·马勒或许想象不到，但伯莎·帕彭海姆一定可以！

马勒与利沃夫交响乐队合作的那两场演出十分圆满，其中也为观众呈现了他自己写的那部交响曲——《利沃夫时报》点评了马勒的"超现代主义"。演出曲目中有贝多芬和瓦格纳的交响作品，马勒还利用这次访问利沃夫的机会尝试了普契尼的《托斯卡》(Tosca)，这是他第一次演出这首曲子——"为一个地方城市卖力气地精彩表演"，但是观众很不买账，不喜欢这个节目，演出过程中就都离场了。第二场音乐会结束后，马勒也没有再多待一晚，而是直接奔向火车站，坐了凌晨12点45分出发的火车，当晚便回了家，他第二天晚上还要指挥维也纳的音乐会。加利西亚给他留下最深刻的印象是，他看到加利西亚犹太人有一种特别不适的感觉——"他们跑来跑去，跟别的地方的狗一样"。马勒自己就是摩拉维亚的犹太人，当上维也纳歌剧院院长之后才皈依了基督教，他为自己和加利西亚的犹太人有共同的祖先而感到惊恐："我的天啊！我竟然和这些人有关联！我告诉你，在这些事实面前，任何种族理论都显得无比荒谬！"[28] 从马勒或者帕彭海姆这种"文明的"维也纳视角来看，加利西亚犹太人就是一个完全独特又原始到令人不安的人类学族群。

无论在音乐上，还是个人印象上，马勒对加利西亚都不怎么满意，尽管如此，当时加利西亚有一位名叫莎乐美·克鲁塞尼斯基(Salomea Krusceniski / Solomiya Krushelnytska)的鲁塞尼亚歌剧皇后，她来自捷尔诺波尔旁边的一个村子，在利沃夫接受了音乐训练。1903年，她登上斯卡拉歌剧院的舞台，演唱艾达的部分，首场演出圆满成功，1904年，她在布雷西亚饰演了改编版普契尼《蝴蝶夫人》中的女主角，同样反响非凡。两年后，在斯卡拉歌剧院的一场重要演出中,伴随着阿图罗·托斯卡尼尼的指挥,她成功塑造了理查德·斯特劳斯《莎乐美》(Salome)中的莎乐美歌剧形象,这代表她为世纪末的萎靡精神发了声。虽然她的加利西亚出身让人捉摸不透,但这并不影响她在国际艺术领域取得辉煌成绩,加省身份或许还给她的歌剧表现增添了一些异域神秘感。有位音乐评论家写道,"她身上有一种独特又微妙的感觉,这种感觉让她可以把艾达和莎乐美这样的角色表现得极有特点,极为丰富饱满,有一种僧侣般的姿态或者神秘东方的倦意感"。[29] 克鲁塞尼斯基 1952 年病逝于苏联的利沃夫,但她在 20 世纪初的国际声望可以给马勒带来一些思考,他或许应该重新审视自己在 1903 年对加利西亚艺术的鄙夷态度。

弗朗茨·约瑟夫:"犹太人民的幻想"

1903 年,维也纳的《奥地利民俗学杂志》(Zeitschrift für österreichische Volkskunde)刊登了讲述弗朗茨·约瑟夫皇帝的两则犹太"民间故事"(Volkssagen),供稿人是利沃夫的本杰明·席格尔(Benjamin Segel)。"弗朗茨·约瑟夫经常视察加利西亚王国。在加省犹太人中间,"席格尔写道,"他已经成为一位近乎传奇的人物,坊间流传着关于他的各种各样富有诗意的故事,重要的是,皇帝的性格和他的许多优秀品质都反映在犹太人民的幻想中。"[30] 的确,从某种角度说,是哈布斯堡王朝创造了加利西亚犹太人(通过创建加利西亚),这也合情合理,加利西亚犹太人的幻想就应该像镜子一样,反映着维也纳哈布斯堡王朝的形象。1815 年,梅特涅的政策或者说他的臆想就是要"制造真正的加利西亚人"。所以精神幻想是双向的,从哈布斯堡到加利西亚,从加利西亚又回到哈布斯堡。更有甚者，1898年的反犹暴徒们也幻想过，皇上和死去的皇太子是支持他们暴乱的。

图 17　弗朗茨·约瑟夫参加加利西亚的骑兵演习活动（1903）
资料来源：作者收藏。

本杰明·席格尔在1903年用严谨的民俗学语言对此做出了贡献，并提到他收集这些幻想样本时的情形。作为加利西亚犹太人，他是1894年从一个以前在哈布斯堡部队当过兵的犹太老人那里听到了这些故事。那是利沃夫办省博览会举办的年份，犹太老人讲的故事恰好符合民族志展厅的民俗学理念。席格尔肯定做了详细的笔记，并且把笔记保留到了20世纪初，所以他才可以一字一句地把这些世纪末的幻想标本展示出来。席格尔对幻想的力量一直十分敏感和在意，很多年以后，他于 1924 年在柏林出版了伪造的反犹文本《复国老人的规约》。[31] 而 1903 年时，他关注的不是别人怎么幻想犹太人，而是犹太人自己心中的幻想。

犹太老人讲的第一个故事要追溯到他年轻时在部队当兵的日子，他和其他犹太裔战士一起休赎罪日的假，听到当时的老人讲了一个关于弗朗茨·约瑟夫的故事。这个故事中的故事又回到了几代人之前，回到弗朗茨·约瑟夫 1848 年登基之前，他那个时候还是皇侄。他在冬天的山里打猎，乘着雪橇，然后他的驾橇人在漫天风雪中完全迷路了。

在那一刻，皇子环顾四周，看到一个人走过来，个子不高，佝偻着身子，手里挂着拐棍，肩上挎着背包，衣衫褴褛，冻得一直在发抖，牙齿都在打战。皇上大声喊道，"停一下！"他没有问任何问题，而是跳下雪橇，脱下裘袄，扔给了那位矮矮的老人，一边说，"快上来吧，不然你会冻死的"。当他说话时，面前突然出现了一个高大的老人，留着白白的长胡须，一身白衣，手里拿着一根银头的拐杖。这是什么？皇上心里嘀咕，感到一切非常神奇。老头开口了："你知道我是先知以利亚吗？我是来寻找你的。天堂认定你有帝王之相，有一天要当皇帝的。所以我下到凡间，看看你到底是什么样的人，你以后可是万人之上，万物之主啊。我看到了你的善良和慈悲，我答应会保护你，任何人意欲取你性命，我都会救你的。"说完他踏上雪橇，坐在了皇帝身旁，给他指引出去的路，然后就消失了。先知以利亚没有食言，有一次，皇上的敌人——每个皇帝都有很多敌人——悄悄走到他身后准备行刺时，先知以利亚就站在那儿，在暗中保护了他的性命。[32]

这个幻想故事的历史背景设定在1848年弗朗茨·约瑟夫18岁登基前。如果他能去山中捕猎，而且只有一个车夫陪同，估计当时不会小于16岁，所以这个幻想大概就是1846年左右的事，那时加利西亚的农民所做的，就是证明自己对哈布斯堡皇室的最高忠诚。弗朗茨·约瑟夫在位这些年见证了19世纪60年代犹太人的全面解放，皇帝还给他们提供了完善的法律保护，愿做加利西亚犹太人的监护人。1898年的反犹闹事者都被绳之以法，按照加省的法律得到了应有的惩罚。在幻想故事中，犹太人也回馈了帝国的保护，给弗朗茨·约瑟夫配备了一个超自然的监护人，旧约中的先知以利亚，他的出现在无政府主义暗杀猖狂的年代还是颇起作用的。如果这个故事是在1894年记录下来的，那么就无须解释为什么以利亚没有在1898年拯救伊丽莎白皇后了。

据说第一次有人讲述这个故事是在神圣的"赎罪日"，是讲给哈布斯堡王朝的加利西亚犹太裔士兵们听的，他们直接关系到保卫国土，有时也要保卫皇帝本人。从约瑟夫二世时期开始，犹太人就被征召进哈布斯堡军队，但犹太居民对服兵役这件事还是很有顾虑的。"那些被叫去当兵的犹太人很快就会忘记上帝的律法。"1788年的一封信中写道。加利西亚犹太人无不对此感到悲哀，"他们不得不亵渎安息日……他们和非犹太人混在一起，然后学习他们那一套东西"。[33] 一个世纪之后，这些民间故事表明，同样的焦虑依然存在，只有靠着弗朗茨·约瑟夫的传奇和仁慈才得以平复。第二个故事也跟"赎罪日"有关，讲的依然是哈布斯堡军队中加利西亚犹太裔士兵间的事情。

以前跟现在可不一样，犹太士兵没有"赎罪日"的休假，不能去他们的教堂，必须坚守岗位。有一次，一个犹太士兵在吟唱犹太祷歌（Kol Nidre）的夜晚站岗，他正对面就是一座犹太教堂。士兵透过窗户，看到里面蜡烛在燃烧，犹太人济济一堂，他听到穿着披肩（tallis）与长袍（kittel）的他们在祈祷，而他，则要立正站在警卫亭里，肩背来复枪，一动不能动。犹太人祈祷的声音牵动着士兵的心，他不行了，抵抗不住了。他不知道自己怎么了，也不知道发生了什么。他让枪从肩上滑了下来，然后一点点向前挪动着身子，一步又一步，他走到了教堂的窗户下，开始跟着念祷词。他全然忘记了自己是一名士兵，这时候应该值班站岗。但是，我们的皇帝是一个好皇帝，他不把事情推给他的属下，而是乐于亲力亲为地监督审查。所以这一次，正好赶上皇帝寻访，他穿成普通官员的样子，目的就是看一看士兵到底有没有爱岗敬业，有没有保卫好城市，时刻防备敌人的袭击。当他走到岗亭——看到了这一切——他又是怎么做的呢？他拿起了枪，自己站到了岗位上，然后等着那可怜的士兵结束祷告。你可以想象，我们的小兵回来看到替他站岗的人竟然是当今圣上，他可是要吓死了。这个士兵理应在两天后被枪决。军中无戏言，违反纪律就要受到处罚惩戒，所以他要断送自己的生命了。当他被带到刑场的时候，他们已经蒙上了他的眼睛，他心里想："这下完了，我要没命了，我需要做的就是承认我的罪，然后喊出"听啊，以色列"（Shema Yisrae）。然而，皇帝突然驾到，骑着大马，将手放到了士兵的头上。任何被皇帝摸过的人都不可以被处死。所以，士兵得救了，捡回了一条命，从此以后，皇帝命令所有犹太士兵都可以在"赎罪日"休假，这就是现在这个制度的由来。[34]

在这第二则关于弗朗茨·约瑟夫的幻想故事中,你能看到皇帝对犹太仪式的细节既感兴趣又参与其中,还有他的宽宏仁慈,甚至对犯错的犹太士兵也很宽容,赦免了他的死罪。故事采集时的1894年,正是弗朗茨·约瑟夫最后一次深度访问加利西亚、参观加省博览会的时候,在此期间,皇帝还参加了利沃夫一所犹太孤儿院的奠基仪式。[35] 他的出现或许激发了加利西亚犹太人的幻想,从而讲出了如此这般的故事。确实,1894年9月的这个访问时间,可能正好让人在臆想中把皇帝个人和"赎罪日"的节日庆祝联系在一起。席格尔向维也纳的民俗研究杂志供稿似乎也说明了,"赎罪日"这个犹太教黄历中最庄重的一天,在加利西亚已经成为一次感谢皇上爱民如子的机会。"赎罪日"本是仪式性禁食的一天,意为赎清自己的罪过;犹太人祈祷可以在来年的"生死簿"中被上帝记下来——也就是可以继续活下去。因此,这个犹太哨兵擅离职守的故事就突现了皇帝握有掌控生死的世俗权力,如同上帝的慈悲一样。

这个故事发表于1903年,戏剧性的是,弗朗茨·约瑟夫还真的在不久前救下了一个要被处死的犹太人,他的名字叫利奥波德·希尔斯纳(Leopold Hilsner)。他被指控为献祭而谋杀了两个波西米亚的基督教女孩,这个罪定得十分荒诞。1900年,波西米亚和加利西亚的反犹分子们竭力主张,并且十分渴望将希尔斯纳"绳之以法",但次年,弗朗茨·约瑟夫刀下留人,把他的死刑减成了终身监禁。由皇帝宽容加利西亚犹太人的幻想衍生出了许多离奇的故事,例如本杰明·席格尔整理发表的那些,但这些故事的确也或多或少基于现实,基于人们合理的感受,皇帝像对待基督徒那样将犹太人看成自己的臣民,在帝国的羽翼下,对他们保护有加。对加利西亚犹太人而言,与弗朗茨·约瑟夫在幻想中的关系只会让他们的身份变得更加利西亚,而这样的加利西亚身份意识又让他们有别于俄国沙皇统治下的犹太人。有一个人叫以斯帖·库兹（Esther Kurtz），于世纪之交出生在塔尔努夫旁边的小村子东布若瓦（Dąbrowa），是弗朗茨·约瑟夫的加利西亚子民，75年后，她身在纽约，却依然记得弗朗茨·约瑟夫的好，说他"对犹太人十分关爱"，她还回忆起在学校里学习如何手绘加省地图。[36]

1903年，维也纳人帕彭海姆考察了加利西亚犹太人的苦难，马勒把首都最亮丽的文化风景，还有他自己的第一首交响曲，带给了利沃夫的省交响乐团，与此同时，维也纳也出版了很多加利西亚的民俗材料，展现了加省异域原始又充满幻梦的世界。在刊登两则加利西亚犹太故事那一期的杂志上，还有一些关于加利西亚鲁塞尼亚人的民俗研究项目的介绍。这些项目是谢甫琴科科学协会组织的，由格鲁舍夫斯基在利沃夫主持。曾于1894年为民族志展览写展品目录的弗拉基米尔·舒赫维奇在1902年正忙于为他的胡楚尔课题收集材料、拍照片。他的著作《胡楚尔》（*Hutsulschchyna*）的若干卷册已经在利沃夫出版了，维也纳的民俗杂志刊发了书评，评论者不是别人，就是伊万·弗兰克。1902年，加利西亚东部发生了大规模的农民罢工事件，但这一年也是深度研究自身民俗的好机会。当舒赫维奇用影像技术采集资料时，奥斯普·罗兹多尔斯基（Osyp Rozdolsky）拿着他的留声机记录下了500余首加利西亚民族歌曲，这是留声技术史刚刚开始的时期，卡鲁索（Caruso）在1902年才做了他的第一首歌剧录音。而沃洛迪米尔·赫纳提克（Volodymyr Hnatiuk）1902年时在布查奇周边活动，抄录了很多民俗内容，有诗歌、传说，还有故事，其中有六个跟妖魔有关，八个跟吸血鬼有关，还有14个是女巫题材的。[37]

维也纳民俗期刊没有具体说明赫纳提克的鲁塞尼亚故事是否跟犹太人有关，但弗兰克的文章《我的犹太熟人》（1903年由布伯征集）清楚地表明，关于犹太人的迷信，包括血祭诽谤——还有那些类似妖魔、吸血鬼和女巫的信仰——在加利西亚鲁塞尼亚人的幻想中扮演着一定的角色。[38] 看来加省波兰人、犹太人和鲁塞尼亚人之间的冲突，有一部分就来自他们三方长期以来的臆测和幻想，政治和语言造成的现代矛盾又令这种冲突加深。1904 年，一个加利西亚的犹太人向一本意第绪语期刊描述了他家乡的种族矛盾：

> 一个犹太雇员路过我们的市镇，他在广场上用波兰语问领队一些话。这些话刚好被一个站在旁边的鲁塞尼亚农民听到了，他扑倒了犹太人，大喊："可恶的犹太人，你这是在鲁塞尼亚人的地盘，你吃着鲁塞尼亚的面包，竟然说波兰话！"然后他用一根大棍子打那个犹太人。[39]

历史学家约翰-保罗·希姆卡研究过加利西亚的波兰人-乌克兰人-犹太人的"三角"矛盾，里面既有宗教原因，也有民族冲突。希姆卡还说，希腊礼天主教都主教谢泼斯基是弗雷德罗的外孙子，他在 20 世纪初已经在试图做和事佬，调解加利西亚各部分之间的关系。在弗兰克的小说，例如 1878 年的《巨蟒》里，鲍里斯拉夫油田的犹太人和鲁塞尼亚人的不和成为 1904 年石油工人大罢工过程中阶级矛盾的根源。[40]

历史学家马切伊·雅诺夫斯基（Maciej Janowski）分析了加利西亚自治区公民社会与公共领域的兴起，19 世纪 60 年代后，帝国的自由宪法框架对此起到了很大的作用，虽然贫困和经济落后依然限制着加省的发展。不过，到了世纪末，加利西亚公共领域很大程度上被民族化了。在 1862 年的波西米亚，索科尔（捷克为 Sokol，波兰称 Sokół……原意是老鹰——译注）运动协会成立，这是一个捷克的公民组织；波兰版的索库乌（Sokół）创办于1867年的加利西亚，从而推动了1894年乌克兰相似的索奇尔（Sokil）协会的出现。成立于1890年的加利西亚社会民主党本来是民族统一的政党，但到了世纪末，其中的波兰人和乌克兰人分别建立了各自的党派，1905年，犹太人也独立建党。雅诺夫斯基还说，甚至咖啡屋这个有着中立属性的公共领域，还有以维也纳为中心的哈布斯堡普通咖啡文化的其中一部分，也在利沃夫被悄然分裂了，因为鲁塞尼亚人更喜欢喝茶。

对于犹太人和鲁塞尼亚人来说，世纪之交是一个用来塑造各自社群文化属性的重要时刻。1901年，在利沃夫大学，波兰裔的主任试图阻止格鲁舍夫斯基在教工大会上用乌克兰语发言，并阻挠抗议学生，反对他们关于建立一个单独的乌克兰大学的请愿。1904年，随着利沃夫出现了第一份意第绪语的《伦贝格日报》（*Lemberger Tageblatt*），加利西亚的意第绪文化也在公共领域迈出了重要的一步。据学者索罗门·利普钦（Solomon Liptzin）表示，这份刊物在意第绪文学运动发展中具有核心地位，他称之为加利西亚的"新浪漫主义"。意第绪语诗人塞缪尔·恩伯（Shmuel Imber）、梅莱赫·赫梅利尼茨基（Melech Chmelnitzky）和大卫·柯尼斯堡（David Königsberg）组成了"青年加利西亚"，可谓世纪之交的"青年波兰"和"青年维也纳"的翻版。赫梅利尼茨基和格鲁舍夫斯基一样，都是从基辅搬到利沃夫，从沙俄帝国搬到加利西亚的，虽然赫梅利尼茨基最后落户在维也纳了。"在他的青少年时期，受到颓废文化代表人、撒旦派波兰小说家斯坦尼斯瓦夫·维斯皮安斯基的影响，他也用波兰语创作，并且把意第绪的诗歌翻译成波兰语，"利普钦介绍赫梅利尼茨基时说，"但是，随着1904年《伦贝格日报》的创建，他逐渐把目光转向了意第绪语，并开始将波兰语和德语的诗歌翻译成意第绪语。"[43] 1904 年时，格鲁舍夫斯基正在利沃夫忙于培育乌克兰文化，这一年，他为来自俄罗斯帝国的乌克兰学生创办了一个暑校项目；他亲自教他们民族史，弗兰克负责文学课程的教学。[44] 四分之三个世纪后，在麻省的剑桥市，欧麦连·普里察克（Omeljan Pristak）教授是第一位哈佛乌克兰史米哈伊洛·格鲁舍夫斯基讲席的持有者，他将创办哈佛乌克兰暑期中心，致力于推广乌克兰文化，而那时，利沃夫和基辅都变成苏联的城市了。

马丁·布伯出生于 1878 年的维也纳，成长在利沃夫的祖父家里，他祖父就是加利西亚的犹太人。他后来在世纪末的维也纳读大学，受到赫茨尔（Herzl）的影响，成了一个年轻的犹太复国主义者，然后在 26 岁时，也就是 1904 年赫茨尔去世的那一年，布伯获得了世纪末的精神顿悟，而顿悟的内容全部都是加利西亚的。

> 我翻开了一本小小的书，书的题目是《犹太拉比巴尔谢姆的圣约》（Zevaat Rivesh）——里面的文字向我袭来："他身上燃烧着如火一般的热情。这股热情让他在睡梦中惊醒坐起，感觉自己的身体被掏空，蜕变成了另一个人，他有能力创造，有能力成为神圣的那位，福星高照的他，可以创造他的世界。"就在这个时候，一瞬间，我被赋予了力量，体验到了哈西德派的灵魂。[45]

回到加利西亚犹太人的家庭出身，布伯现在要穷尽一生，通过哈西德派的故事，探索加利西亚犹太人的幻想。

"绿气球"

正当维也纳的布伯决心去探究加利西亚哈西德派的灵魂时，1905 年，在克拉科夫弗洛里安斯卡大街（Florianśka）上有一家叫米查利卡洞穴（"Jama Michalika"）的咖啡屋，"洞穴"里新开了一家名叫"绿气球"（Zielony Balonik）的卡巴莱舞厅，加利西亚的"波西米亚精神"在此找到了它莺颠燕狂的表达。如皮哲比谢夫斯基在 1898 年的爆炸性出现一般，1905 年"绿气球"的开业对一整代克拉科夫年轻人有着非凡的意义。皮哲比谢夫斯基的门徒，或者说那些"撒旦的孩子们"，20 世纪初风华正茂，"波伊"也在其中，他们的精神主宰着舞厅。"波伊"还给舞厅写卡巴莱歌曲，灵感源自被移植到维斯瓦河的波西米亚巴黎精神，赞美以"癫狂（Szał）"为主题的历史体验。那里还有各种讽刺歌曲和木偶戏，舞厅墙壁上贴满了各种漫画和涂鸦，这些作品打击面非常之广，不仅可以让斯坦尼斯瓦夫·塔尔诺夫斯基这样的老牌克拉科夫保守派怒气冲天，还可以让像威廉·费尔德曼这种利沃夫左派、支持波兰犹太同化的人心生不满。[46]

1905 年"绿气球"的开业邀请函几乎就是一个煽动性宣言：

> 在人们该喊"数字"的时候……
> 即兴表演者应该让大家知道，有一种灵感和幽默的疯狂已经
> 将他们附体，他们要把灵魂掏出来向人们展示最真实的自我……
> 老鼠和白人都去死吧！[47]

导演扬·奥古斯特·基谢列夫斯基（Jan August Kisielewski）也十分赞同这样的精神："我爱你这种愚蠢到没边儿了的样子，我喜欢你这种脸皮厚到傻乎乎的样子。"[48] 可见，在嘲弄和欢愉的讽刺精神下，"绿气球"背向人群，用裸露的屁股面对着在世纪初侵蚀了加利西亚的各种社会政治矛盾。不过，在他们耍酒疯、放飞自我的背后，"绿气球"的创办始终秉持着加利西亚的身份和性格，就像一个表达所呈现的那样，"波伊"说这个表达是艺术家扬·斯坦尼斯瓦夫斯基（Jan Stanisławski）最先使用的：在这迷魂一刻，他讲出了人们常常说的那句感叹，"就让弗朗兹·约瑟夫皇帝像我们这样尽情开心吧！"[49] 在"绿气球"，也许很难分清这是对哈布斯堡忠诚的变态沉迷和夸张表达，还是犯下了大不敬之罪。

"波伊"从来没怀疑过"绿气球"对加利西亚其他地方施加的影响：笑声会传染，会变成一种"流行病"，结果就是"加利西亚所有小镇都有一伙儿年轻人想要搞自己的卡巴莱舞厅"。[50] 不难看出，这里隐含着一丝居高临下，用克拉科夫的波西米亚视角俯视着加利西亚的其余部分，但与此同时，"波伊"也清楚，"绿气球"不仅仅是'青年波兰'的文化标志，于省里的学子而言，于那些潜在的'青年加利西亚'而言，它还是一座传播信号的烽火台。

1905年"绿气球"开张之际，在克拉科夫的另一头，维斯皮安斯基终于完成了他的世纪末巨制——弗朗西斯大教堂里的壁画和花窗玻璃。这个项目的最后一个作品是一幅巨大的玻璃彩绘，刻画着令人敬仰的，留着小胡子的圣父（Bóg Ojciec），花窗上的颜色绚烂多彩，蓝、绿、紫的搭配仿佛寓意着他将生命带给大地。"克拉科夫这里太无聊了。"维斯皮安斯基在1895年抱怨道，那时这个项目才刚刚开始，转眼10年过去了，如今他功德圆满，当然克拉科夫也变成了一个更多彩的城市，一个有着"绿气球"的城市。[51] 然而在弗朗西斯教堂内，维斯皮安斯基没有和大不敬同流，而是用满墙的奇花异草为弗朗西斯科增添神性，最后用《旧约》中体现造物主气质的帝王紫来画龙点睛。维斯皮安斯基1905年画的耶和华，呈现了上帝的权威一统，从天堂俯瞰着加利西亚的种种内讧与杀戮。

《旧约》中与上帝直接对话的摩西，就是那个爬上西奈山当面顶撞上帝的希伯来先知，1905年也现身于加利西亚，成为伊万·弗兰克的乌克兰叙事史诗中的人物形象。在《摩西》中，弗兰克想象了一位极受人尊敬、极具洞察力的先知，先知却在生命的最后，担忧起自己百年之后会发生什么，他为此感到深深的困扰。弗兰克的摩西或可以被理解成鲁塞尼亚人的先知，他的问题也是20世纪初加利西亚鲁塞尼亚人的问题。

史诗开篇敬献给"我那些被折磨得心力交瘁的同胞"——指的是弗兰克的鲁塞尼亚人，如同摩西的希伯来人。

> 啊不！你们并非只有眼泪和消极！
> 我仍然相信意志，相信它的力量。
> 在你们起义的那一天，在你们重生的那一刻！
> 如果有人能把时间切割，
> 用言语在顷刻间点燃人们的行动和生活！
> 或是用一首歌，带着求生的热情，好像一把火，
> 吸引了数百万人，借与他们飞翔的羽翮，
> 行动让他们表达出自我！
> 是的，我说如果！
> 但我们肩负着所有的焦躁，
> 被耻辱弄得伤痕累累，

被疑虑搞得面容憔悴，

我们并不是带你冲锋陷阵的合适人选！[52]

弗兰克也许在把自己比作摩西，二人都属于老一代的思想领袖，都没有找到能够让他们带领各自民族走向应许之地的励志之词。

弗兰克描绘摩西身陷焦虑，用内心中坚定的声音提出了最痛苦的问题：

在痛苦与折磨之间，

像埃及的奴隶们

曾经在他们自己的土地上生息繁衍，

现在慢慢变得强壮

或许要夺回整个国家？

把他们从祖祖辈辈生活的家乡

带到一片陌生之地，荒无人烟，

你是否曾想过

也许这么做

我会给他们带来不幸？[53]

摩西找不到激励的话，不能把他的人带到巴勒斯坦的应许之地，一个看起来什么都没有的地方，摩西知道这里以后会成为"一片乐土"。弗兰克对摩西心灵转变——从埃及的奴隶，经由沙漠中的疑虑，到巴勒斯坦的自由——的映现，在1905年的加利西亚可以被完全辨认出来，这正是现代复国主义的圣经对应。

在最狂热的复国主义者眼中，加利西亚可以说等同于埃及——希伯来语中的"Mitzrayim"——还是一片奴化之地，而巴勒斯坦仍然是应许之地，和圣经时代一样。兰道在1898年的游记中记录了他在石油业中心城鲍里斯拉夫对工人的采访，工人们普遍反映："我们比在埃及法老统治下的先辈们还要劳累。现在正需要上帝派一个新摩西来带领我们走出加利西亚的埃及。"[54] 加利西亚犹太人已经把现代复国主义和圣经的《出埃及记》画上等号，把埃及和加利西亚相提并论。其实，弗兰克非常了解复国主义的领袖赫茨尔，赫茨尔也很了解弗兰克。据弗兰克19世纪90年代在维也纳攻读博士学位时的同学瓦西里·舒拉特（Vasyl Shchurat）透露，弗兰克和赫茨尔早在1893年就见过面。当1896年赫茨尔的《犹太国》一书出版后，弗兰克对该书怀着极大的兴趣，马上写了书评，并发表在利沃夫的一本波兰语刊物上。而复国主义的目标能否立即实现，他对此持怀疑态度：

> 尽管如此，这个计划肯定是有未来的，如果这代人还未成熟到能够实现它，那么随着时间的流逝，我们一定会等到愿意且有能力去实现它的年轻人。[55]

弗兰克此时也许已经在思考摩西所面对过的那些困难，该如何激励他的人民到达应许之地。

在弗兰克的诗中，圣经中的地理也同样具有鲁塞尼亚的意义。毕竟，加利西亚很像埃及，包括鲁塞尼亚人在内的老百姓饱受农奴制的压迫，直到1848年。他们也许期待着，有一天——无论是通过帝国的恩赐还是民族的自我诉求，抑或是选举制改革——能够实现民族权利，在加利西亚找到政治满足感。那么何处才是他们的应许之地，他们的巴勒斯坦呢？那就只能是乌克兰了。当然，这个类比并不是真的要把300万鲁塞尼亚人从哈属加利西亚迁移到俄属乌克兰,而是要重新定位鲁塞尼亚人的精神,改变他们的自我认知,跳出加利西亚和哈布斯堡王朝的边界线,接受做乌克兰人的新身份。这种重新定位和弗兰克前些年经历过的自我重新定位是一样的,其中部分源于格鲁舍夫斯基的影响。格鲁舍夫斯基1894年来到加利西亚,享受了哈布斯堡王朝给予他的更多自由,而1905年俄国革命的爆发,让两个帝国之间的自由天平看起来没有那么一边倒了。

出生于1856年的弗兰克,和西奈沙漠中的摩西一样,与他从农奴制的束缚中解放出来的人民一起游荡,数十年如一日。但他自己始终是加利西亚的鲁塞尼亚人,尽管他好像先知,看到了约旦对面的巴勒斯坦天堂,但他自己却无法进入乌克兰民族国家的应许之地。耶和华于是对摩西讲道:

> 既然现在你要质疑
> 我口头志愿的含义
> 看过应许的祖国后
> 你的双脚将永远不能越过这个山丘。[56]

在克拉科夫弗朗西斯大教堂勾勒耶和华雄伟画像的维斯皮安斯基,于1907年逝世,时年不到40岁。敢于描写摩西和耶和华之间对话的弗兰克,1908年因病不幸导致身体垮掉,上肢瘫痪,无法再进行创作,他还经常出现幻听,会听到各种奇怪的声音,就像诗中的摩西那样。他病逝于1916年——当时加利西亚还健在,尽管时日无多——同年,弗朗茨·约瑟夫也驾崩了。其实,这位鲁塞尼亚作家较哈布斯堡皇帝要早半年离世,这么说来,弗兰克和维斯皮安斯基一样,毕生是弗朗茨·约瑟夫的加利西亚子民。

弗兰克的诗并未在摩西之死后安静结束。希伯来人陷入麻痹中的沉沦，甚至还因为没有在摩西生前听从他而怀有负罪感。然后耶和华的年轻一代站了出来，大声讲道：

> 一个巨大的响声！是暴风雨么？
> 莫非真如他所料？
> 是耶和华，群众所选的君王
> 跟随他的是信念感十足的年轻人……
> 他们从精神上的干枯和孤立
> 以及过去的纷扰中逃离
> 耶和华在发号施令：
> "武装起来！为了自由！"[57]

在休斯克看来，激进政治是一个代际叛逆的问题，在跨世纪的维也纳是这样，在跨世纪的加利西亚亦是如此。年轻一代会投身于休斯克所谓的"政治新解"中，这是一把带着暴力的新钥匙。令利沃夫的鲁塞尼亚大学生感到愤慨的是，他们的大学还是波兰人的天下，他们也不齿于波兰人在加利西亚议会选举中的政治霸权。[58] 1908 年，当弗兰克苍老的手再也不能动的时候，21 岁的鲁塞尼亚学生米洛斯拉夫·西钦斯基（Miroslav Sichynsky）在利沃夫举起了枪，射杀了波兰裔的加利西亚总督安杰伊·卡齐米日·波托茨基。耶和华的一代人已经将加利西亚的政治命脉牢牢掌握在了自己手中。

谋杀总督："干得漂亮！"

波托茨基家族是 18 世纪波兰-立陶宛联合王国最伟大的贵族

之一，到了19世纪的加利西亚依然声名显赫。家族的两个堂系分支分别在位于万楚特（Łańcut）和克热绍维采（Krzeszowice）的庄园里开枝散叶、兴旺发达，家族名下有大片土地，并掌控着加利西亚的农业与经济生活，在维也纳的帝国政府和利沃夫的地方政府中也都扮演着重要的角色。19世纪60年代，波托茨基家族的杰出成员参与建设了以哈布斯堡忠诚主义为基础的加利西亚自治区。1880年，阿尔弗雷德·波托茨基（Alfred Potocki），也就是安杰伊·卡明斯基（Andrzej Kaminski）父亲的堂兄弟，以省长的身份欢迎了弗朗茨·约瑟夫莅临加利西亚；在克拉科夫，皇帝下榻在位于主广场上的波托茨基家族宫殿"石羔之下"。1903年，安杰伊·卡明斯基·波托茨基做了省长，这也成为他政治生涯的巅峰，他之前早已当选为加利西亚和维也纳的议会成员了。这样说来，他管理的是一个实际上部分已属于他的省份，从农业庄园到煤矿和炼油厂，还有无比壮观的收藏品，钱币、手稿、挂毯、地毯、画作，不一而足。贵族精神的职责感有助于形成一种战术性调和的施政方针。于是，作为波兰保守贵族的代表，波托茨基想聘用世纪之交诞生的那些激进派政治新对手：社会主义者、农民民粹主义者，还有受到新乌克兰民族主义影响的鲁塞尼亚人。他试图在民族社会的紧张冲突洪流中找到前进的方向，这些冲突关系到1904年鲍里斯拉夫油田工人大罢工，以及1907年推出的奥地利男性普选权。[59] 然而，他被暗杀的惨剧也宣告了其政策的失败。

  1908年杀死波托茨基的子弹也瞄准了加利西亚。波托茨基虽以省长的身份行使权力，但他的总督任命是皇帝授予的，所以他可以说是哈布斯堡帝国在加省的统治化身。从1866年戈武霍夫斯基担任总督开始，这个位置就对加利西亚自治的运行起到了举足轻重的作用。如果说伊丽莎白皇后1898年在日内瓦被刺杀是对皇族的挑衅和侮辱，各省人民无不表示悲恸，无不表达忠心，包括加利西亚，那么10年后的1908年，总督波托茨基在利沃夫遇害也是对加省政治构成的一次挑衅和侮辱，在帝国首都维也纳看来，这甚至是一个极其危险的预兆。1908年波托茨基在利沃夫被刺事件也十分鲜明地预示了1914年弗朗茨·斐迪南大公在萨拉热窝的遇刺，那一刺杀给哈布斯堡王朝带来了致命的打击。因此，两次暗杀用暴力的方式表达了对哈布斯堡政权的反对，一次在加利西亚，一次在波斯尼亚，其中均反映出了民族间的冲突矛盾，正是这种冲突最终使得哈布斯堡的统治难以维持。

4月12日，当总督波托茨基在一群老百姓面前演讲时，西钦斯基突然闯入大厅，即刻发了五枪，其中一枪射中了总督的头部，在左眼上方。4月13日，维也纳著名的自由派刊物《新自由报》向帝国首都的公众报道了暗杀事件。

> 加利西亚总督安杰伊·波托茨基伯爵昨日被一名鲁塞尼亚裔学生杀害。犯罪动机包括政治盲目、失去理智的狂热，以及沸腾的民族仇恨，但这些理由并不能减弱此种行为的恶劣性，这在奥地利历史上是绝无仅有的。民族斗争导致了群众之间的对立，给这个王朝带来了最刺耳的摩擦，最严重的苦难……当然，暗杀的念头产生于一个幼稚又混乱的头脑中，但它同时也传达了一个信号，即波兰人和鲁塞尼亚人之间充满了矛盾。预谋杀害总督之所以在心理上成立，是因为加省两个民族之间的关系出了问题，甚至可以说，这样的神经错乱在近40年的加省历史上已然可见……同样可怕的是，有一个血淋淋的鬼魂从此站在了波兰人和鲁塞尼亚人之间，在不幸之中，两族人民还要共同生活在加利西亚，还要一起接受这片大地的命运……[60]

从维也纳自由主义者的视角看,加利西亚的暴力事件看上去非常陌生,然而,它同时也与全国的政治生活有着危险的关联。从弗洛伊德的维也纳角度来说,在世纪之交——《新自由报》也是弗洛伊德的报纸——加利西亚的神经错乱急需一个心理学上的解释。1901年,在克拉科夫的舞台上,维斯皮安斯基在《婚礼》中塑造了一个不祥的加利西亚鬼魂形象,如今,在遥远的维也纳也可以看到那些鬼魂的存在了。

历史学家汉斯-克里斯蒂安·马内尔研究了大都市对加利西亚这个王朝边陲省份的认知。在暗杀前夕,1907年的时候,就有加利西亚人谈到总督位置的实际作用,如果把加利西亚看成东方,那我们的总督就跟驻印度的英国总督一样——"我们被当成亚洲"。在暗杀过后,1908年,维也纳议会中的"波兰俱乐部"成员,也是皇家委员会的代表,声称加利西亚对大多数奥地利人来讲是"未知之地"(terra incognita)。议会中还有传言,说大多数与会人员对"加利西亚一无所知":"他们也没有兴趣去了解,只是听说过这个遥远地方——各民族在此打来打去——那些跟他们无关的事情,就像是看到从满洲发过来的电报一样,只是给大家增添娱乐罢了。"[61] 然而,从1908年的暗杀事件开始,加利西亚相互残杀的内部斗争就变得不那么遥远,越来越与维也纳的政治生活相关了。

《新自由报》提到说,讽刺的一点是,波托茨基对加利西亚鲁塞尼亚人采取的是安抚方针。报纸还回忆了他父亲亚当·波托茨基(可能把他和阿尔弗雷德·波托茨基搞混了),指出他是维也纳内阁里的人物——"在别人眼里,甚至在对手眼里,他都是一个令人尊敬、仰慕的绅士"。安杰伊·波托茨基理应继承他父亲的绅士性格(维也纳报纸用了 Gentlemen 这个英文单词,还大写了 G):"维也纳人心痛如绞,对波托茨基伯爵的不幸遭遇和悲惨命运抱以深深的同情。"相反,西钦斯基并不是一个绅士,而是一个疯子,他的行事风格既不英吉利也不奥地利:"这不是奥地利,而是俄国的风格。"这么说是因为,大家觉得是俄国的影响和先例鼓动了乌克兰党派中的加省鲁塞尼亚人,俄国革命党民意党(Narodnaya Volya)的暗杀行动塑造了西钦斯基的政治意识。

> 控诉天下不公的意识被吸收到了一个紊乱的头脑里,生根发芽,直到这个想法开始成型,开始模仿俄国豪杰刺客的英勇事迹,用自我送命的方式来毁掉另一个人。刺杀者的地位被抬高,他们肩上的担子也被代代相传。至少有人说,他的妈妈——这一点真的很难让人信服——肯定了儿子的意图,对其做法表示认同。通过这种不知所措地煮沸已过度干涸的头脑,得到的产物就是这样的行为,即对俄国意识形态宣传的无意识模仿,并将其带到了奥地利。[62]

在维也纳,加利西亚暗杀事件被想象成奥地利文明与俄罗斯文明的碰撞,同年发生的波斯尼亚吞并危机又加深了这样的想象。加利西亚戏剧的主角们展现出了世袭的裂痕,一边是受害者波托茨基,他爸爸是个绅士,而另一边是刺杀者西钦斯基,他妈妈是个魔鬼。

据悉,当波托茨基躺在地上奄奄一息时,他交代说,"给皇上发电报,说我永远是他忠诚的奴仆"。而且,他被射杀的时候正佩戴着自己的哈布斯堡金羊毛骑士勋章。波托茨基就这样最后一次在维也纳公众面前表达了他的加利西亚式忠心和身份归属,《新自由报》也着重强调了波托茨基对皇室的忠心耿耿,以及对他治下省份的完全认同。他在1894年"加省大展览"上做出的贡献被特别提及:"当他身处他的特别展览中,使得加利西亚的自然瑰宝尽数展现,令到访游客无不叹为观止时,他是带着一个贵族的自豪感在做这件事,他想让全世界看到这片土地的功绩与潜力。"[63] 那个在1894年的展览上引以为傲地将全部地方宝藏展现给世人的加利西亚,如今在政治上好像一蹶不振了。

西钦斯基可以被看成一个疯子,也可以被理解为境外势力的傀儡,但这名刺杀者的生活背景却深深嵌入加省和哈布斯堡王朝中。《新自由报》在维也纳找到了他的姐姐,姐姐的丈夫是加利西亚鲁塞尼亚人的议会代表,她接受了采访,声泪俱下地讲起弟弟和他们在兹巴拉日(Zbarazh)地区的老家:"我父亲是一位牧师。在家里,我们经常聊的就是民族的苦痛。我们有六个姊妹和两个兄弟。米洛斯拉夫天资聪颖、勤奋好学。"他在科洛米亚和普热梅希尔的高中念书,还在维也纳和利沃夫的大学里学习过课程,在利沃夫他经常参加学生抗议活动,旨在为鲁塞尼亚的民族事业添砖加瓦。他参加了绝食罢工,组织过游行,还被逮捕过。我们还有一个长兄,生性紧张焦虑,后来他饮弹自尽了。据姐姐说,米洛斯拉夫受到了长兄自杀的刺激,有人听到他讲,"如果谁要放弃自己的生命,他应该首先做一点儿伟大的事,有益于全民族的大事"。刺杀波托茨基就是西钦斯基要做的大事,他自己也交代了全部的犯罪事实,并且毫无悔意,还扬言,如果加利西亚的鲁塞尼亚人过得还是不够满意的话,那么未来的暗杀者要紧跟他的步伐。"会有另一个鲁塞尼亚人来扫除下一任总督的。"他的母亲也以共谋罪被逮捕,她表示"哪有什么密谋可言?我跟波托茨基伯爵个人无冤无仇,我只是反对压迫鲁塞尼亚人民的总督。我跟我儿子聊了他的暗杀计划。我鼓励他放手一搏,并给了他需要的钱款"。[64] 维也纳大众从中学到的,除了这个刺杀新闻本身,还有鲁塞尼亚人无怨无悔的态度。

《新自由报》引述了加利西亚之前出版的波兰报纸，说当西钦斯基被带到利沃夫的法院时，有鲁塞尼亚学生在街边大喊，"干得漂亮！"1899年，维也纳上演了亚瑟·施尼茨勒的剧作《绿鹦鹉》，故事情节是关于一场从戏剧娱乐引出的暴力犯罪，其中一个角色说，"当你喊出'干得漂亮'的那一刻，你就把一切当成表演了"。加利西亚政治暴力的戏剧性在维也纳得到了充分的显示，《新自由报》甚至提到剧中的服装细节，比如波托茨基的金羊毛骑士勋章。剧中，西钦斯基站在观众厅的门廊处，据称"他掸了掸黑色的沙龙夹克衫，走到镜子前整理了一下自己的头发"。[65] 然后他走进"剧场"，开始了射击。

在弗洛伊德的维也纳，《新自由报》思考了暗杀背后的心理状态。"学生西钦斯基极有可能已经病了"，4月14日的报纸头条观察说，并大谈"精神病症"在医学上的神秘性。为了弄清他的病况，《新自由报》联系了一位特派记者，他讲述了当天去利沃夫参加波托茨基葬礼路途中的景象：

> 那是一个阴冷潮湿的早上。当火车经过的时候，能看到草原上依然散落着积雪；光秃秃的田野和矮小的灌木丛此起彼伏，可怖的破败村庄在眼前飞过，看上去好像陷入了一片沼泽。然后，远处城市的房屋开始映入眼帘，塔楼高高伫立，我们到达伦贝格了。[67]

记者跟利沃夫的波兰裔加省政府官员聊了聊，他们希望暗杀事件能给维也纳留下一些印象："维也纳人现在终于可以相信我们了。"他们觉得，暗杀事件可以证明一点，批评加省政府不同情鲁塞尼亚人毫无道理。"住在这里的是一群野蛮人，"一名官员解释道，"加利西亚不是下奥地利，利沃夫也不是维也纳。"[68] 在讲述火车如何途径加利西亚的"草原景色"时，记者自己想要呈现给维也纳大众的是，在视觉上他们的都市生活与加利西亚的"沼泽"之间存在着明显差异。东欧的落后为病态和可怕的暴力行为提供了孕育的环境。

4月14日，波托茨基的灵柩被从利沃夫转运到克拉科夫，然后又送到了克热绍维采的家族庄园，他要在那里下葬。据《新自由报》的记者报道，那天利沃夫的整个城市生活停滞了四个小时，人们都在缅怀波托茨基。从克拉科夫到利沃夫的火车沿线上，加利西亚人脱帽，向他的灵柩致以最后的敬意："穿着城市服装的人，裹着粗羊皮的农民，还有正统的犹太人，各式各样，并排站立，向呼啸而过的火车行礼。"[69] 这种五彩缤纷、文化交融的加利西亚景象中唯一缺少的，当然就是鲁塞尼亚人了。不过，利沃夫出现了一张极具煽动性的鲁塞尼亚海报，上面写着："有一个说法广为流传，说杀害总督的人是鲁塞尼亚裔，这必然是在扯谎，是假的。杀人者西钦斯基是典型的乌克兰野蛮人。"从这张海报可以看出，那些自称是鲁塞尼亚人的民众仍然自认为是文明的加利西亚人，而那些像西钦斯基这样称呼自己乌克兰人的民众则想去摧毁加利西亚。然而，暗杀总督事件已经证实，乌克兰人的观念已经无处不在，《新自由报》从加利西亚东部地区获悉，有人筹钱支持西钦斯基的行动。据悉，农民们"欢天喜地"，庆贺暗杀的成功，拒绝在田里耕种，心潮澎湃地说波托茨基"像狗一样倒在了地上"。[70] 对有着自由主义倾向的《新自由报》而言，虽然它对鲁塞尼亚人在加省的民族关切有所同情，但很难不去想到，这样的欣喜和澎湃之情与心理疾病和社会未开化存在紧密联系。

"野性和无政府的精神"

加省的波兰人很希望维也纳了解他们真实的想法，但又不愿依靠维也纳的特派记者来给自己正名，尤其是自由派媒体的记者。波兰人在加省的霸权一直以来都是政治保守的，可以追溯到自治实现的 19 世纪 60 年代。政治保守派与克拉科夫的历史修正主义者如卡林卡和苏伊斯基保持着长期稳固的友好关系，这也突出了历史学家和历史作品对于加利西亚意识形态的重要性。1908 年，波托茨基遇刺事件很快就被青年历史学者斯坦尼斯瓦夫·泽林斯基（Stanisław Zieliński）借题发挥，他在维也纳出版了一本德语著作，题为《总督安杰伊·波托茨基伯爵遇害：加利西亚乌克兰恐怖主义的判定材料》。泽林斯基提出的历史学问题是乌克兰运动如何成功地改变了鲁塞尼亚人，并就此做出阐释，"他们之前可是守法遵规，向往和平的典范"，而现在展现的却是一个"社会混乱的不幸图景，散发着消极和低沉，鄙视权威，无视法律"。[71] 泽林斯基强调了加利西亚的法律和权威问题，他指出，这次暗杀就是一次无政府主义的恐怖行动。

事实上，1898 年伊丽莎白皇后遇害，就是一个自称无政府主义者的人所为，他表现出对一切政治权威的不服从态度。现在，到了 1908 年，在泽林斯基的历史分析下，波托茨基的遇害也可以和之前的过度暴力联系起来，这种暴力据说属于一个持续不断的骇人暴行的传统，只为破坏社会秩序。西钦斯基明确的民族使命也因此被再度解读为末世的、撒旦的、野蛮的无政府精神的极致。

因此，乌克兰运动并不是要"构建和平友好的关系"，而是打算"在这片土地上形成更多的困惑和混乱"，目的是实现"这个地方的崩坏（Zerfall）"。无政府主义志在毁灭加利西亚本身。泽林斯基很快意识到做"鲁塞尼亚人"和做"乌克兰人"的词典编纂问题，他认为格鲁舍夫斯基故意作祟，将"加利西亚乌克兰人"和"乌克兰-鲁塞尼亚人"这样的杂糅概念引入关于加省的讨论，打算摧垮加利西亚鲁塞尼亚人的地方身份。[72] 他把"乌克兰"加上了引号，严厉批判了"加利西亚新发现的'乌克兰'人"，并认为这个符号学动议必然有其背后的政治目的，它是"妄图制造颠覆、为实现社会无政府的一派"所为——他们要颠覆哈属加利西亚，用俄属乌克兰与"加利西亚的特殊关系"来重新定义加省的政治形态。[73]

泽林斯基讲到，根据 1890 年签署的波鲁协定，加利西亚已经建好了若干鲁塞尼亚学校，包括在科洛米亚、普热梅希尔、捷尔诺波尔、斯坦尼斯拉维夫和利沃夫开办的初高中。但这些鲁塞尼亚学校实际上是在培养乌克兰的文化，在此期间，格鲁舍夫斯基也在利沃夫的大学里宣传乌克兰身份意识。泽林斯基把"乌克兰文化"加上引号，并从波兰的角度对其进行解读：

> 这是一个乌合之众的文化，他们受尽野性和无政府的侵蚀。说起历史教学，在这些学校读书的学生被灌输了哥萨克的辉煌史和他们亵渎神明、滥杀行径的神圣性。博格丹·赫梅利尼茨基被说成民族英雄，他率领哥萨克叛军，集结了鞑靼人，用火与剑使这片土地荒芜，然后将乌克兰的一切交到了俄国人手上。[74]

"火与剑"这个表达取自波兰文学家亨利克·显克微支（Henryk Sienkiewicz）创作的史诗小说《火与剑》（*Ogniem i Mieczem*），这本小说形象地表现了 17 世纪波兰的乌克兰边境地区的粗野与蛮荒。泽林斯基好像在说，20 世纪的乌克兰人也会令哈布斯堡王朝的鲁塞尼亚边陲变得蛮荒（但同时也会背叛俄国人）。格鲁舍夫斯基尤其因寻求"将当今的鲁塞尼亚人与乌克兰的哥萨克和海达马克传统联系起来"，以及要将赫梅利尼茨基奉为"乌克兰历史上最伟大的英雄"而被引用。当格鲁舍夫斯基在 1905 年俄国革命后前往圣彼得堡时，他带回了"对利沃夫的乌克兰年轻人的祝愿"，以及全体乌克兰人为"自由平等"而共同斗争的提议——俄乌与加乌齐心协力。后者这个"加乌"的说法，也就是"加利西亚乌克兰"，在泽林斯基眼中，就是格鲁舍夫斯基不可告人的具有破坏性的政治意图。当然，在被祝愿问候的加利西亚青年人中间，还有年纪轻轻的米洛斯拉夫·西钦斯基。

在格鲁舍夫斯基 1906 年发表的《加利西亚与乌克兰》(*Halychyna i Ukraina*) 一文中，他十分担心这两个地方会走上了不同的道路，尤其是在不久前的俄国革命爆发后。

> 如今乌克兰要沿着自己的路前进了，如果不做任何干预去缩短两条道路之间的距离，那么它每走一步，就离加利西亚远了一程。若让它们各行其道，不维持亲密关系，那等二三十年后，在我们面前的就是同一个种族下的两个民族。这就和如今克罗地亚人和塞尔维亚人的处境类似。[76]

如此看来，加利西亚的政治存在是乌克兰民族统一的障碍，泽林斯基引用格鲁舍夫斯基的《加利西亚与乌克兰》是想表明，文中的逻辑论述颇有深意，本质是要颠覆加利西亚政权，是要背叛哈布斯堡。按照格鲁舍夫斯基的说法，"亲近乌克兰对加利西亚有好处，为了保障未来，为了从现在的苦难和奴役状态中获得解放"。[77] 加利西亚的经济"苦难"从斯泽普诺夫斯基那里开始就一直是个笑柄，但如今，这个苦难又浸染了民族的层面，不仅可以被视为改革的动力，还可以用来做威胁加利西亚全部政治存在的一个论点。

1901 年，格鲁舍夫斯基明确拒绝在教师会议上讲波兰语，这件事在大学内引起了极大的争议。1908 年，泽林斯基明确指出，利沃夫大学内形成了"野蛮混乱"的特殊氛围；学生要求建立一所单独的乌克兰大学，或者至少要在现在的校园内提高乌克兰语的地位，使其和波兰语平起平坐。学生在抗议过程中还造成了很大的破坏——针对桌子、座椅、沙发、灯具、电线、玻璃、窗户，还有历任校长的肖像——鲁塞尼亚学生则散播社会主义和革命性的口号。泽林斯基对此大为震惊：

> 让这些革命闹剧的帷幕落下吧，每个知法守法的朋友看到的话都一定会惊恐错愕。我们展示的这一小部分足以表现那黑暗的画面，在利沃夫大学，人们之间的关系是多么令人绝望，这些景象也足以呈现乌克兰青年的野蛮兽性和无政府意识，在文化和文明的一个聚焦点上，这种特质所营造的现实境况不禁让人想起俄属乌克兰的惨烈场面。就是这样的环境培养了杀害加省总督的罪犯。他是大学三年级的学生，专攻哲学。他还辅修地理和历史（跟着格鲁舍夫斯基教授）。[78]

在 18 世纪，历史和地理这两门学科曾被用来解释和佐证创立加省的正当性，而如今到了 20 世纪，它们却反过来被用于质疑那些假定，用于破坏维持加省政治存在的根基。泽林斯基想要维也纳的大众们看到，这不是一个民族斗争问题，而是文明与野蛮之间，人性与兽性之间，社会与无政府之间一次大灾变式的遭遇。

泽林斯基很希望维也纳公众了解一下乌克兰人对利沃夫暗杀事件的反应，"他们不仅没表示愤怒和恐惧"，还"沉着冷静，是的，甚至还喜上眉梢，连连称赞"。他还表示，《行动报》（Dilo）要为此次案件负责：

> 暗杀前的一个半月里，《行动报》每一天都在骂波托茨基伯爵，煽动读者反对他，把杀人凶器放到非人的乌克兰青年手中，并给仇恨的有毒氛围再加上一些狂热。'成功啦！'这句话的背后有多么大的解脱和快乐啊！当期盼已久的行动终于被付诸实施后，《行动报》负责政治新闻的编辑在他的第一篇文章里就致敬了刺杀者。[79]

《新自由报》试图把西钦斯基形容成一个疯子，只是一个个案，而泽林斯基却希望维也纳大众把暗杀总督看成是一次罪行，是由乌克兰鲁塞尼亚人主导的一整个政治运动。他指出，《行动报》其实在为暗杀这类行为做辩护，表示"政治谋杀会被载入史册，会被写进艺术作品里，诗人和艺术家会让它永垂不朽"。[80] 在1898年伊丽莎白皇后被无政府主义者暗杀时，《时间报》就在世纪末的悲剧里找到了"奇怪的诗歌和美感"，现在10年过去了，《行动报》又在波托茨基刺杀事件中召唤出诗歌和艺术。毕竟，已经有人说鲁塞尼亚学生"干得漂亮！"了。

泽林斯基简要概述了波兰媒体的态度，比如克拉科夫的《时间报》挖掘了暗杀的"悲剧性"，利沃夫的《波兰言论》（Słowo Polskie）谴责了"无政府毒瘤"，报纸针对这个题目做了大量的讨论，泽林斯基也大幅引述了其中的内容，将其呈现给维也纳的公众：

> 乌克兰运动不是一个关于民族斗争的运动，不是一个正在发展中的文化走向独立自强的奋斗过程，也不是要去争取什么特殊的权利和公共设施，从而把自己提升到更高的文化发展水平上的努力。从本质上说，这是一场社会和政治层面的无政府运动。它找到了一个不错的社会基础，也就是鲁塞尼亚的人民大众，他们具有海达马克的传统，但又根本没有能力形成一个独立的政体文化，他们的灵魂形成于未开化的野蛮环境，以及难以驾驭的哥萨克与鞑靼游牧部落的对抗之下。这就是鲁塞尼亚乌克兰主义特别危险的地方，看上去是以乌克兰党派的名义进行的。这会危害到全国的政治生活，因为它带来的是颠覆和野蛮的元素，至少它对我们来说十分危险，对我们在加利西亚的民族利益有极大的冲击……在保护文化，保护民族利益的同时，我们也必须要维护这片土地的社会秩序，谨防无政府主义搞破坏，我们要坚定不移地站在这条船的舵柄前。[81]

加利西亚这条完好的船正处于危难之际，加利西亚的波兰人正站在船舵前为它保驾护航。作为罗马天主教在欧洲的边陲堡垒，老联合王国的波兰人曾为自己的使命倍感骄傲。现在，加利西亚的波兰人也承担了同样的角色，他们不仅在保卫自己，还在保卫着整个哈布斯堡王朝，扫清一切无政府主义和野蛮主义力量的危险腐蚀。

维护加利西亚的政治稳定，现在似乎是一件十分紧迫的事，且具有史无前例的意义，新世纪的"魔鬼与爬物"已经现形了。《波兰言论》写道，加利西亚将会知道如何自卫："我们不去向中央政府要保护,让他们保护我们的社会不陷入混乱,但我们有权要求政府,不要牺牲我们的社会秩序,去认可无政府主义那伙人的行径。"[82] 从根本上说,泽林斯基写书的目的是要向维也纳大众呈现波兰人的态度,然后寄希望于哈布斯堡政府不去做安抚加省鲁塞尼亚人的荒唐事。因此,他坚称乌克兰政党并不是为民族权利而奋斗的民族运动,而是无政府主义对加省整个社会秩序和政治存在的攻击。

泽林斯基很高兴能够报告说,弗朗茨·约瑟夫皇帝似乎站在了同情死者的一边,他还给波托茨基伯爵的遗孀亲手写了便笺,心怀感激地肯定了总督,"他即使面临死亡,仍旧向我表达了忠心"。《时间报》在克拉科夫也说,皇帝的信"在这片土地上不仅令人动容,不仅是一份感激之情,也不仅仅是皇上和正在为逝者哀伤的土地的灵魂合体——它还给予我们对未来的坚定信念"。[83] 在《时间报》眼中,不仅是遗孀本人,而且整个加利西亚都为之悲恸,皇帝的便笺可以被理解成有同情加利西亚的意味。回到19世纪60年代,《时间报》也曾向弗朗茨·约瑟夫传达过老百姓的赤胆忠心,并且陈述了加利西亚自治的让步条件,1898年时还引导加利西亚的公众齐声悼念伊丽莎白皇后。如今,《时间报》又回到了哀悼和忠诚的主题,回到了皇帝与加省亲密无间的话题,而此刻,加利西亚已经到了生死存亡之际。

米哈乌·博布金斯基:"我们自己内部的混乱"

尽管弗朗茨·约瑟夫亲自给遗孀写了便笺,但是,像泽林斯基这样的波兰人,以及像《波兰言论》这样的波兰语刊物,还是很担心维也纳当局在政治上处理刺杀问题的权宜之计,就是去安抚鲁塞尼亚人。这正是《新自由报》的自由主义观点，虽然也憎恶暗杀，但它从来不会在鲁塞尼亚民族主义和恶意的无政府主义之间画等号。4月18日，这份维也纳报纸坦言，"在加利西亚，有一大批民族的炸药被堆放在了一起，极易被引燃爆炸，所以波兰人和鲁塞尼亚人的对立不能进一步加深和激化了"。[84] 目前要确定下来的关键问题是谁来接波托茨基的班，还有新总督是否要或多或少做一些安抚鲁塞尼亚人的工作。《新自由报》当然想要调解——"慰藉这片土地，控制情绪，缓和怒火"——一个背后具有复杂的民族问题，甚至会波及整个哈布斯堡王朝的事件。

一个决定命运的机会把加利西亚推到了风口浪尖，让它必须在这片皇家属地上首次实际应用那些理念，也就是后来扩展到全国范围内的民族间和平共存（Nebeneinanderleben）。安抚政策（Beruhigung）和彼此相互理解是唯一能实现这个目的的方法。[85]

对于保守的波兰人来说，加利西亚就是一座堡垒，是秩序与混乱对抗的堡垒，而对于维也纳的奥地利自由派来说，加利西亚代表着多民族和平共存的一个重要实验案例。从这两个角度讲，加利西亚的未来对哈布斯堡整体的意义非同寻常，而它的未来在暗杀事件后也变得岌岌可危。进入下一阶段的首要任务就是选出一位波托茨基的继任者。

4月18日，《新自由报》已经开始讨论在加利西亚搞一个"过渡期"（interregnum）——也就是暂时不给加省安排总督——并猜想了下一任总督的可能人选。报纸回顾了上半个世纪以来位高权重的总督们，包括阿格诺尔·戈武霍夫斯基、阿尔弗雷德·波托茨基、卡齐米日·巴德尼，他们都曾在维也纳，在皇帝身边的中央政府担任要职。《新自由报》猜测戈武霍夫斯基的儿子——也叫阿格诺尔——可能会被委派接替被杀害的波托茨基任加省总督，他刚刚结束10年外交部长的任期，推动了俄奥关系的良好发展。尽管如此，他是否愿意接受这个差事仍属未知，而且《新自由报》认为，最有可能的人选是著名的克拉科夫历史学家米哈乌·博布金斯基，他被称作"头脑最灵活的波兰政治家之一"。他看起来可能性最大，尤其是在《新自由报》派人去罗马找到戈武霍夫斯基，然后逼他回应自己可能履新的传闻，但得到对方的严词拒绝后，这一拒绝有着世纪末的美学模式："我对波兰的世界已经陌生无感了。在这个独一无二的罗马城里，有着梦幻般的美妙，这里有理所当然的平静生活，不被外人打扰，我很享受。我并不想放弃这些。"加利西亚当然就没那么平静了，《新自由报》转述了《波兰言论》，报道说在普热梅希尔有25个鲁塞尼亚高中生被逮捕，缘由是他们吟唱了"西钦斯基万岁！波托茨基腐烂掉吧！"[86]看来，下一任加省总督必定不能享受到任何梦想中的平静了。

"一场阴谋？（Ein Komplott？）"是一份从利沃夫发给维也纳报告的标题，原因是，和其他很多暗杀事件一样，这场暗杀也留下了一个谜团，刺客到底是单独行动，还是背后有阴谋团伙。在牢房里的西钦斯基被严密监视着，人们怕他自尽，而与此同时，担任东仪大主教的谢泼斯基据说很不开心，准备辞职。据传谢泼斯基说："我觉得我太软弱了。这里没有其他需要我做的事了，除了辞去我的神职，回到修道院里。"[88]事实上，谢泼斯基一直在主持着东仪教堂的工作，直到1944年去世为止，但他表露出的失望反映了1908年那个时刻的痛苦程度。皇上委任的加省总督波托茨基曾尝试调和波兰人和鲁塞尼亚人之间的关系，他失败了；教皇委任的牧师谢泼斯基想要做的是调和加利西亚的罗马和希腊两支天主教派。1832年，亚历山大·弗雷德罗曾绝望地写下："我多么高兴？今天能签下：Gin-Li-Kia-Bo-Bu 这句中文普通话。"[89] 无独有偶，他的孙子安杰伊·谢泼斯基（Andrei Sheptytsky）在1908年时也幻想着从加利西亚的公共生活中全身而退。

4月21日，《新自由报》以其自由主义的立场反对博布金斯基上任，并表示他的保守思想对鲁塞尼亚人而言显得太强硬了。"因为重点是，要让两个民族在这片土地上平静地生活下去，不应该激化任何敌对情绪，"报纸发表社论说，"所以这个任命将会是一个巨大的政治错误。"在复活节期间，加利西亚充斥着一股"集体焦躁"的情绪，因为未经证实的谣言开始疯传，新的暴力行动就要开始了。[90] 在利沃夫还发现了一张小纸条，黑色的边框，画着一个骷髅头，上面是一首俄国革命歌曲的歌词，阴谋论在持续发酵中。而西钦斯基被交由特殊的佩刀侍卫看管，人们不再担心他会自杀，但据说害怕会有鲁塞尼亚人密谋帮助他越狱。[91] 实际上，他在1911年真的逃出来了，还移民美国，最后于1979年在底特律病逝，他活得可要比那个当年他在1908年用暴力手段严重挫伤其政治生活的加利西亚久多了。

尽管《新自由报》持保留意见，但官方还是于4月25日，暗杀事件两个礼拜后，宣布了博布金斯基接替波托茨基的任职消息。"过渡期"结束了；因暴力所中断的加利西亚的政治生活，在新任总督的带领下继续运转，但未来仍充满了不祥的征兆。不管怎么说，博布金斯基是一个对早期的加省传统，那个更稳定的年代充满留恋的加利西亚人。他出生于1849年的克拉科夫，在雅盖隆大学求学，做过约瑟夫·苏伊斯基的学生。19世纪70年代，博布金斯基在雅盖隆大学担任历史教授，还当选为克拉科夫保守派在利沃夫的省议会和维也纳的国家议会中的代表。历史学家菲利普·帕雅科夫斯基（Philip Pajakowski）研究过博布金斯基，他提到，"对当时的人来说，他最核心的政治属性就是他的哈布斯堡忠诚主义"，因为"哈布斯堡代表了与西欧文明连接的桥梁，这座桥对博布金斯基而言就是波兰的文化社群"。[92]因此，他算是一个极其特别的加利西亚人，他把斯坦奇特的政治保守主义，那个在19世纪60年代创建加省自治背后的宗旨，一直带到了20世纪。作为历史学者，他也同样奉行着19世纪中叶克拉科夫学派的理念。1879年，他出版了一本《波兰史纲》（*Dzieje Polski w zarysie*），书中拒绝任何的浪漫主义色彩，宣称波兰人要为他们自己民族的不幸负全责。博布金斯基相信国家及其制度的历史重要性，而且作为一名仰慕赫伯特·斯宾塞（Herbert Spencer）的读者，他还接受了一种社会达尔文主义，即民族存亡某种程度上意味着适者生存。[93]

"给我们的政治存在带来巨大损失的，不是我们的边疆或邻国，而是我们自己内部的混乱。"博布金斯基写道，沉思着波兰的历史。[94]这正是克拉科夫史学流派在瓜分波兰问题上的典型思维，但到1908年博布金斯基就任总督时，这个消息看上去与当代加利西亚和之前的联合王国都有关系。波兰保守派眼中笼罩着20世纪政治舞台的"无政府主义"，呼应着18世纪的"内部混乱"。对一些加利西亚人来说，1908年"无政府主义"的暗杀暴力事件唤起了1846年屠杀波兰贵族的记忆，而对于其他人来说，对加利西亚政治体制如总督职位的攻击，就是在提醒大家不要忘了，是联合王国中央体制的衰落导致国家的最终覆灭。博布金斯基能够从加利西亚和哈布斯堡体制中找寻解决政治混乱的良方，但他也知道自己所处的位置，知道在波兰人与鲁塞尼亚人的达尔文式斗争中，他应该支持谁。正是在他的执政下，从1908年开始，约瑟夫·毕苏斯

(Józef Pitsudski）基在加省组建了一个准军事波兰步兵兵团，后来演变为第一次世界大战中的波兰兵团，它成就了波兰的独立，与此同时，也导致了加利西亚的瓦解。

博布金斯基在回忆录里写道，1908年4月刺杀发生的时候，他也在意大利，他是从意大利的报纸上得知了这个消息，然后他来到加利西亚的克热绍维采参加了葬礼。很快，他被弗朗茨·约瑟夫召到了维也纳，皇帝跟他说要他做下一任总督。

> 你应该知道，在我心中，你才是总督的不二人选。当然，我也让大臣们商讨了这件事，但我一听到波托茨基身故的消息，就立刻决定要提名你来接替他的位置。你要记住一点，你是波兰人民与我本人之间纽带的守护者。[95]

对博布金斯基来说，受委托接管加利西亚，是为了处理皇帝和波兰人的关系，从这样一个波兰人的角度看，鲁塞尼亚人似乎仅仅是一个正确管理的问题。接下了皇帝的委任状后，博布金斯基将这个消息带给了维也纳国会里波兰俱乐部的成员：

> 皇恩浩荡，圣上命我接手加利西亚的总督职位，我履新之际，正值我们失去一个倒在自己工作岗位上的卓越男人，我们痛心疾首，心情无比压抑，他留给我们的是忠诚于王朝和尽责于国家的范例，令人难以忘怀。我履新之际，正是一个困难艰巨的时刻，我们要有清醒的认识，要重新审视人们之间的关系……[96]

他没有点明到底是谁和谁的关系，但大概率是指加省波兰人和鲁塞尼亚人的关系。然而，波托茨基的遇害悲剧迫使像博布金斯基这样的波兰人，在他们自己的波兰式加利西亚概念中寻求慰藉，也就是说，比一切其他关系都重要的关系，就是皇帝和波兰人的关系。1866 年，他们站到了皇帝的一边，"我们支持您，陛下，我们和您在一起！"现在他们需要皇帝站到他们的一边，延续他们的加利西亚概念，拯救加省于混乱之中。

当加利西亚的波兰人和鲁塞尼亚人因 1908 年的创伤而两极分化时，加省犹太人也在摸索他们自己加利西亚身份的意义。1908 年 9 月的第一周，全东欧包括加利西亚的犹太人，会聚在布科维纳的切尔诺夫策，参加第一届国际意第绪语大会，组织者是来自维也纳的内森·伯恩鲍姆（Nathan Birnbaum）。对加利西亚的犹太人来说，这次大会提供了一个绝好的机会来承认他们作为加利坚人的独特性，这在意第绪语的发音中显而易见。对俄国的犹太人来说，夹带加利西亚口音的意第绪语有着非常明显的德语特征，当加利西亚人发言时，他们总会很粗鲁地喊到"意第绪！意第绪！"——好像在说德语一样。[97]

到 1908 年的时候，加利西亚的犹太人已经拥有了自己的历史，利沃夫历史学家梅尔·巴瓦班为纪念弗朗茨·约瑟夫在位 60 年，出版了一本波兰语著作，讲述了从 1848 年到 1908 年，他登基以来奥地利的犹太人历史，"尤其把重点放在了加利西亚"。巴瓦班成为利沃夫一位享有盛誉的历史学家，1942 年在华沙的贫民窟中去世。他于 1906 年开启学术生涯，写的第一本书就是研究利沃夫的犹太人，1912 年又出了另一本研究克拉科夫犹太人的书。1906 年，在发表了一篇关于约瑟夫二世时期赫兹·洪伯格和加利西亚的犹太教育的文章时，他就已经考虑写一部关于整个加利西亚犹太人的历史。后来，在 1909 年，他又写了一篇关于弗朗茨·

约瑟夫治下奥地利犹太人的文章，最终以一本加利西亚犹太史的著作（*Dzieje Żydów w Galicyi*）到达学术顶点，伴随着战争，就是最终令加利西亚毁灭的那次世界大战的爆发，该书于1914年在利沃夫出版。而且，后面的这本书同样在纽约出版，纽约是加利西亚犹太移民的家，他们仍然自认为是加利坚人（Galitzianer）。[98]

1907年，哈布斯堡王朝迎来了男性的普选权，《纽约时报》（*The New York Times*）评论说，"普选权会给奥地利的选举制带来现实的影响，在加利西亚的首都伦贝格，就出现了一个颇有趣的先兆，上百名犹太代表昨天开了会，会议决定创建一个省级组织，职责是维护犹太人的政治权利和经济利益"。《纽约时报》尤其称赞了这些犹太人——这些犹太民族主义者，虽然他们的目光其实聚焦在加利西亚而不是巴勒斯坦——称赞他们非常坦白地承认了自己（作为犹太人）的身份，因为"迄今为止，奥地利的犹太人更愿意伪装成其他民族的成员，尤其愿意当德意志人"。文章在结尾处表示，"加利西亚犹太人值得表扬，他们给其他地方的犹太同胞做出了榜样"。[99]在大洋彼岸的纽约，那里的加省犹太人也非常有趣，不仅仅因为他们是移民，还因为他们的祖国是加利西亚。

1908年，即切尔诺夫策举办意第绪语大会的那一年，马丁·布伯在法兰克福出版了他的《巴尔·谢姆传奇》（*Die Legende des Baalschem*）一书，向读者展示了他在加利西亚犹太人的宗教神话与民俗文学上的早期研究成果。布伯声称自己在这个题目上是有权威性的，因为他的叙述来自他在加利西亚的童年经历以及他的加利西亚祖先。

> 哈西德派的传奇故事并不具有佛教传奇那种威严的力量，亦没有方济各会的亲和感，它非生长在古老树丛下的阴凉处，也非生长在银绿色橄榄树林的斜坡上。哈西德派的传奇来自狭

窄的街头，阴冷潮湿的小屋子，从笨拙的唇齿传到了听者焦虑的耳朵里。一个人结结巴巴地讲了起来，然后另一个人结结巴巴地将其传下去——一代又一代。我从民俗书本、笔记本和宣传册子里读到了这些故事，有时也从活人的口中，从那些还活着的，在他们生命里听过这个结结巴巴故事的人的口中得知这些故事。我吸收了这些故事，然后又重新讲述它们……在我的身体里流淌着那些故事创造者的血液和精神，然后经过我的血液和精神，它又成为崭新的故事。[100]

对布伯这个从利沃夫老家来到维也纳的犹太人而言，加利西亚就好似鹿野苑（Sarnath）或阿西西（Assisi），是一个大型神秘现象的家园，带给他一种非常特殊的哲学视野，流淌在他的血液和精神中，以此来对抗现代性和20世纪。1908年总督遇害，加省正面对着政治境遇中无法解决的那些矛盾，布伯则沉迷在之前几个世纪的加利西亚神话传奇中。总督已死，但巴尔·谢姆仍然活着。19世纪90年代，泰特马耶和弗兰克创作了充满异域神秘主义的世纪末诗歌，召唤佛祖，期待涅槃，而布伯则为加利西亚找到了属于它自己的本土佛陀。

"彗星"

20世纪伊始，在身处世纪之交维也纳的那些现代犹太人眼中，加利西亚好像成了他们神秘主义的始祖之地。西格蒙德·弗洛伊德出生在摩拉维亚，但他的父亲来自加利西亚，来自于一个叫作季斯梅尼齐亚（Tysmenitz/Tysmenytsia）的小镇。"我有理由相信，我父亲家在莱茵河畔（科隆）已经住了很久很久了。"弗洛伊德在他的自传中陈述道："我相信，14世纪和15世纪犹太人被迫害后，他们向东而逃，而在 19 世纪时，他们从立陶宛经过加利西亚移民到了德意志的奥地利。"所以弗洛伊德需要绕一大圈来解释和凭空猜测他的加省出身。在 1930 年的一封信中，弗洛伊德走得更远："你可能会有兴趣听到，我父亲的确有哈西德派背景。他生我的时候是 41 岁，那时他与原生家庭环境分开已经快 20 年了。"[101] 弗洛伊德生于 1856 年，那么他父亲开始"疏离"加利西亚的时候，正好是弗朗茨皇帝 1835 年去世之时，也是弗雷德罗不再创作喜剧之时。虽说弗洛伊德的创作源于他自己的世俗主义与现代性视角，但他仍然承认自己哈西德派加利西亚人的家庭背景。

1894 年，当弗洛伊德在维也纳研究癔症时，困扰卡齐米日·泰特马耶的问题是，世纪末加利西亚的诗人应如何面对 19 世纪的终结。他发出了一种紧张又充满期待的声音，这种声音响彻了世纪之交的整个欧洲，但加利西亚有着自身的神经兮兮和焦虑不堪。1901 年，在维斯皮安斯基《婚礼》的第三幕终场中，聚集在一起的人们惴惴不安地等待着乌克兰传奇诗人韦尼霍拉（Wernyhora），据说他曾预言了波兰的毁灭和后来的重生。

> 主人：安静——黎明，黎明，欧若拉！
> 太阳快出来了——是他！——我的上帝！
> 就是他！就是他!! ——嘘！——韦尼霍拉。
> 向他鞠躬致意——他是活着的真理，
> 一个真实的幻影，真实的不是心灵吧，应该是魂魄，灵魂，鬼魂什么的，真实的想象。

> 诗人：他用七弦琴召唤着黎明——
> 新郎：马蹄声。

新娘：他们来了。

妻子：有马蹄声。

首领：他们在进军啊。

（所有人都靠在门边和窗边听着——屋内悄然无声——好像被催眠了一样）。[102]

令婚礼一行人疑惑的是，克拉科夫那边发生了什么。他们在村子里呆若木鸡地等候着，神经紧绷，又满怀期待，他们的想象里充盈着幽灵般的马蹄声。

在第二幕，韦尼霍拉的幽灵已经在缠扰着主人了，使人回忆起过去波兰人和乌克兰人之间的杀戮：

韦尼霍拉：你还记得吗，那刀光剑影，雷铃怒吼，尸横遍野，血流成河？

主人：还有那个梦，远处的梦，那些铃铛还在我耳边回荡——[103]

他们或许在回忆 1768 年的乌曼（Uman）屠杀。第一次瓜分波兰前夕，东欧大地腥风血雨，成千上万的波兰人和犹太人被乌克兰的海达马克杀害。这些海达马克——哥萨克和农民组成的大大小小的部队——被 1908 年波兰媒体在西钦斯基暗杀波托茨基后的反应所刺激。而《婚礼》中的暴力记忆给人们带来了精神恐惧，恐惧下一次暴力事件的发生。在第三幕的结尾，在等待韦尼霍拉回归时，婚礼客人们突然拿起了武器，根据维斯皮安斯基的舞台说明：

（所有人弯下腰，跪拜，倾听，右手紧握住镰刀；他们取下挂在墙上的宝剑、燧石枪和手枪;他们用手拢住耳朵,听得好像灵魂出窍一样。我们现在可以听到真正的马蹄声了,突然越来越近——然后停止了……)[104]

该剧结尾处充满悬念,观众们疑惑将要发生什么大事。这里面有暗示,这群人听闻的是将要发生的波兰起义,农民拿着镰刀的形象也的确是指向了1794年的柯希丘什科起义,不久之前,刚刚操办了纪念该起义的百年仪式。然而,拿镰刀的农民势必也让人联想起加利西亚的1846年大屠杀,尤其是在《婚礼》第二幕中雅库布·塞拉鬼魂的现身。农民还能再次将矛头对准加利西亚的贵族吗?不管怎么说,他们无疑会突然攻击他们的邻居,加利西亚犹太人,正如1898年的反犹大屠杀所展示的那样,在《婚礼》首演的1901年,这一事件在人们的记忆中依旧鲜活。但是,如果这伙人在剧终等待着打破沉默的戏剧化信号,用暴力的方式宣布加利西亚20世纪的到来,那么他们"用手拢住耳朵倾听",可能是在等待着改变命运的消息,等待着1908年在利沃夫暗杀总督的枪声吧。

韦尼霍拉在世纪之交只是一个鬼魂,但1894年,另一个记忆的捍卫者从乌克兰来到了加利西亚,他就是历史学家和政治预言家米哈伊洛·格鲁舍夫斯基。1898年,撒旦亲自来到世纪末的加利西亚,化身为皮哲比谢夫斯基,使加省经历了几年的动荡岁月。1903年,帝国维也纳的大指挥家古斯塔夫·马勒仅仅在加利西亚的舞台上表现了几天。"绿气球"1905年在克拉科夫风风光光地开业,引起了不小的轰动。加利西亚在世纪之交吹响了现代主义和现代性的号角。而那些在等待弥赛亚出现的人呢,他们会在1905年维斯皮安斯基创作的圣父彩色玻璃上,或在弗兰克描述先知摩西的诗歌中,找到弥赛亚的降临。但是对于两位加利西亚大艺术家维斯皮安斯基和弗兰克来说，前者在1907年病逝前夕、后者于1908年瘫痪之际，分别将目光投向了加利西亚之外，遥望波兰，远眺乌克兰。帕彭海姆将维也纳文明宣扬为治疗加利西亚犹太人落后的灵丹妙药，但她并不会感到奇怪，那些犹太人其实更青睐于哈西德主义的神秘狂喜和复国运动的政治承诺。

"你可知此地？"那是"波伊"回想起世纪之交时令他久久难以忘怀的歌曲。你可知此地？当克拉科夫的艺术家和诗人深入乡村，向加省农民取经时，而维也纳的改革者如帕彭海姆，则走访犹太小村庄去了解加省犹太人，与此同时，利沃夫学者和官员们在准备1894年的民族志展厅，只是为了让公众学习到加省的民俗文化。了解加利西亚的那些盘根错节和自身冲突，就是要发现隐藏在其地缘政治表面下的惊人裂缝。因此，加利西亚人"用手拢住耳朵倾听"，等待着未来的预兆，可能是弥赛亚的升起，也可能是末世的降临。

在1938年发表的《彗星》中，布鲁诺·舒尔茨回忆起他在小镇德罗霍比奇度过的加利西亚童年世界。他所有的文学作品几乎都和那个世界的构想有关，但《彗星》非常突出的一点是，这个题目恰好具有天文学意义，指的很可能是刚好可以在1910年看到的哈雷彗星（或者也可能是所谓的白昼大彗星，同样在1910年出现，有时会和同一年出现的哈雷彗星相混淆）。在加利西亚的有生之年，哈雷彗星只出现过一次，那就是在1835年，弗朗茨皇帝驾崩的那一年。1910年，当彗星再次造访，那些看到它掠过的人们就会将其看作天文征兆。出生于1892年的舒尔茨也是目击者之一，他形容了自己1910年期待彗星到来时的紧张心情：

> 从'第十二夜'（1月5日——译者注）开始，我们就会每天集体围坐在摆着蜡烛和银器的白色桌子四周，玩着无尽的

耐心游戏，一夜又一夜的等。每个小时，窗外的夜空都会变得更亮一些，像披着一层糖衣，晶莹剔透，充满了蜜饯和发芽的杏仁。月亮啊，这最变幻莫测的家伙，完全专注于它的周期运转，完成了一系列的阴晴圆缺后，也愈发明亮。[105]

正如身处维斯皮安斯基《婚礼》终幕的加利西亚人群中，在舒尔茨的故事中也是如此，叙事者身处的加利西亚犹太家庭在焦急等待着天象。彗星的降临也衍生出莫名的恐惧："有一天，我弟弟放学回来，带给我最不可思议但很确切的消息，世界将要毁灭。"彗星或许是末世论的承载：

又一次，天空在我们头顶上打开了，辽阔无际，遍布着星辰。天空之上，每天晚上早些时候，那个彗星就会出现，斜挂在天际中，它抛物线的顶点，就径直地指向地球，每秒钟吞噬着数英里的大地……令人难以置信的是，这样一条小虫，闪烁在茫茫星海中，看似单纯善良，竟然是伯沙撒王宴会上暴怒的手指，在天空的黑板上写下我们地球的沉沦。[106]

可是，他们几乎信以为真了。在 1910 年的那个德罗霍比奇小村庄，在加省总督丧身利沃夫的两年之后，对未来的期许掺杂着深深的焦虑，一切凶兆——比如这个彗星——都可能被当作大灾难的预示，人心惶惶，不可终日。事实上，在这个故事出版的 1938 年，即使不存在彗星，也让人无比绝望。就像彗星出现不久，第一次世界大战就将扫除舒尔茨的加利西亚世界，第二次世界大战同样毁掉了他的波兰世界，这对他来说是致命的，对于许许多多的加利西亚犹太人也是一样；1942 年，他被纳粹杀害在德罗霍比奇。

塔德乌什·哲伦斯基，那个青春永驻的小男孩"波伊"，在第一次世界大战后，在加利西亚被撤销后，离开了克拉科夫，搬到了波兰首都华沙，在那里，他不仅是一位无人不知、无人不晓的文学和文化批评家，还是一位充满争议的社会评论家，以及一位出色的波兰翻译家，致力于翻译法国文学。在第二次世界大战爆发之际，65岁的"波伊"逃离了很快将落入纳粹魔爪的华沙，他搬到利沃夫，一座根据"莫洛托夫—里宾特洛甫条约"（"苏德互不侵犯条约"），被苏联占领的城市。"波伊"在利沃夫大学——就是那座古老的加利西亚大学——教书，斯大林正要把它改成一所乌克兰大学，如世纪初加利西亚的鲁塞尼亚学生所诉求的那样。然而，1941年希特勒进犯苏联，占领了利沃夫，开始实施残酷的恐怖统治，无数在大学任教的波兰教授被集体杀害，"波伊"就在其中。有证据显示，乌克兰学生继承了校友西钦斯基的衣钵，他们助纳粹一臂之力，交出了波兰教授的名单，把这些人从大学清理了出去。

在舒尔茨命丧德罗霍比奇的1942年，都主教安杰伊·谢泼斯基，也就是弗雷德罗的外孙，签署了一封致教区信徒的信，题为《汝不可杀人》。谢泼斯基疾呼，加利西亚要停止仇恨，停止一切杀戮，可惜未能起到作用。遥想世纪之初，在弗朗茨·约瑟夫的权杖下，当西钦斯基刺杀波托茨基时，谢泼斯基也做过同样的事。其实，有数以十万计的加利西亚人在第二次世界大战中被杀害，其中包括几乎全部的加利西亚犹太人。"波伊"在这战乱之世也被谋杀于加利西亚，前加省，1874年他出生的大地——世纪末的加利西亚塑造了他的男孩精神，使他在1898年成为皮哲比谢夫斯基身边的"撒旦的孩子"，使他在1901年观看了维斯皮安斯基《婚礼》的首演，也必然使他在20世纪伊始，在"绿气球"的讽刺歌曲中，唱响加利西亚的种种矛盾。你，可知此地？

第九章　地缘终局：加利西亚的土崩瓦解

引言："超越人类的理解"

"敌对行动爆发后，俄军很快攻占了加利西亚。"意第绪语作家西蒙·安季莫维奇·安斯基（S. Ansky）如是写道，一战爆发后，他就从沙俄帝国来到加省。[1] 后来安斯基因创作了意第绪语剧《阴魂附体》（*The Dybbuk*）而闻名，但在这硝烟弥漫的岁月，他却是加利西亚犹太人战时命运的见证者和记录人。1914 年 9 月，俄国其实已经占领了大部分加利西亚，从某种角度说，这标志着作为哈布斯堡奥地利省份的加利西亚政治存在终结的开始。而 1915 年，从俄国人手中收回加省将成为奥-德军事联合的一项成果，在此次联合行动中，德军似乎占据了主导地位。世界大战后，毕苏斯基在波俄战争中又大获全胜，这意味着加利西亚要全部并入独立后的波兰，整个加省遂将永远离开哈布斯堡皇权的怀抱，离开那从 1772 年开始就阐明了加省政治存在的母体；不过，随着末代皇帝 1918 年 11 月的退位，哈布斯堡的皇权也荡然无存了。

战争期间，加利西亚仍然生死未卜，没有人可以预测战火平息后会发生什么。这次战乱在某些方面和一百年前拿破仑大军驻扎加省颇为相似，梅特涅提出的"占领的不确定性"使得加利西亚的政治未来充满了变数。早在 1914 年，安斯基对加利西亚的关注，尤其是对俄军占领期间加省犹太人的关注，也说明了加省具有很强的吸引力，人们在意它，重视它，即使在它的政治生命遭受威胁时——甚至在它消失了若干年以后。

安斯基 1863 年出生于维捷布斯克（Vitebsk），原名索罗门·拉帕波特（Shloyme Rappaport）。他曾当过沙皇的子民，后来成长为一名俄罗斯社会主义者。从 1905 年左右开始，他来圣彼得堡学习犹太民族志和民俗文化，并开始用意第绪语写作。他研究过俄罗斯帝国的犹太人，这让他对俄哈边境另一边加利西亚的犹太人生活产生了兴趣。1914 年俄军向西进犯时，圣彼得堡就和维也纳一样，它的一切突然跟加利西亚扯上关系了。安斯基听到了令人惴惴不安的传言：

> 有小道消息说，俄国人，尤其是哥萨克和切尔克斯人，要在这些占领地上收拾犹太人……一个犹太士兵写道："每每想起加利西亚的惨绝人寰，每每想起士兵和哥萨克的残暴，我的胳膊就麻木了，我的眼里则含着泪水。"[2]

加利西亚总是被人们当作一个恐怖剧场，一战是这样，二战亦如此，尽管那时加利西亚已经是历史幽魂，最后仍免不了成为纳粹实施种族灭绝的暴行之地。

安斯基在 1914 年听说，俄军士兵残忍加害加省犹太人，强奸妇女，滥杀无辜：

> 从这些以及其他令人绝望的消息中，我们意识到加利西亚正在发生的事情已经发展到超越人类理解的地步了。这里可是有百万犹太人的大区，昨日，他们在奥地利的管辖下还享受着

人权和公民权,而今天却受困于血与铁的封锁。他们被野兽般的哥萨克和俄国士兵踩躏,与全世界割离开来。就好像整族人都灭绝了。[3]

这还不是全部:一代人之后,整族的犹太人将会在第二次世界大战中被灭绝,不过对讲述第一次世界大战的安斯基而言,种族灭绝在加利西亚已经雏形初现。其实加省并没有与全世界割离,只是与哈布斯堡王朝——那个宪政的、多民族的政府——分离了,王朝的政治势力一旦不复存在,这里就瞬间笼罩着一切可能超越了人类想象的恐怖。从 1914 年安斯基的任务,到伊萨克·巴别尔描写自己和加利西亚红骑兵一起游荡在 1920 年波苏战场的故事,我们可以看到,与加利西亚地缘生命终结同时发生的还有它的社会崩溃。加省与哈布斯堡王朝至关重要的纽带,因为战争的关系,也变得岌岌可危,难以确定。1918 年 11 月,战火平息,尘埃落定,哈属加省的行政机关也正式被波兰清算委员会"清洗"了。然而,撤销加利西亚并不能压制战后的政治争议,也不能阻挡前加省大地上后来发生的剑拔弩张。

"伤心泪"

1920 年作者安斯基过世后,《加利西亚的瓦解》(*Khurbn Galitsye*)一书才出版问世,这时候加利西亚已经不存在了。在战火纷飞下,安斯基创作了这部作品,他用生动的现在时态,于加利西亚历史的尾声处,对加利西亚以及加省犹太人进行了总结。施彻帕诺夫斯基的历史叙述在 1888 年中断,安斯基接续了这个故事:

加利西亚是中欧地区的贫困地区之一,即使不是最贫穷的……加利西亚人常住于此,尤其是东部的鲁塞尼亚人,都没怎么上过学,生活很粗糙……虽然奥地利帝国中的犹太人享有平等权利,有进入各行各业或者当公务员的平等机会,但是加利西亚的犹太人太穷、头脑太简单……一边是加利西亚的哈西德派,他们沦落到盲目信仰神奇拉比,另一边则是正统犹太教举着非常野蛮的大旗,向启蒙运动一次又一次的开战……[4]

跟之前来过的旅行者一样,安斯基记录了加利西亚犹太人的落后——盲目崇拜、愚昧野蛮、民智未开、没有未来——但同时也指出了加省整体上趋于落后的大环境。安斯基认为,加省历史(即将走向终结)的悖论在于,尽管哈布斯堡宪政政府给了诸多政策倾斜和利好,但加利西亚的贫困落后仍然无可救药,无可挽回。其实强调落后在意识形态上有其必要性,这便于哈布斯堡王朝开展它的帝国文明任务,所以这一点一直在被重申,直到1918年加省的地缘政治终结。

加省各民族之间的激烈对抗加深了社会经济落后的印象。安斯基当然注意到了加利西亚"不同种族群体相互之间的激烈争斗",他还说,这对加利西亚犹太人的后果就是,为了保持自己在这些民族间的平衡,他们要不停地跳来跳去,在德意志人、波兰人或鲁塞尼亚人中间选边站。"因为频繁转换立场,各民族群体对此深恶痛绝,并将他们的行为视为背叛",安斯基写道。他知道,犹太人的基本政治身份就是对哈布斯堡王朝无民族性的忠诚,这也就是为什么他们才是独一无二的加利西亚人:

总体上良好的政治环境使加省犹太人产生了一种自我价值

> 感和安全感，发自内心觉得自己是真正的公民了。他们对奥地利有很强烈的爱国心，对老皇帝弗朗茨·约瑟夫有着偶像崇拜式的热爱。他们深深地爱着他，尊敬他，将他视为人民的保护神。刚开战的时候，奥地利波兰人的立场很模糊，而鲁塞尼亚人又自成一派、我行我素。只有加利西亚犹太人依然坚守着忠于奥地利的本心，在危急关头展示了自己的忠诚，并无视可怕的后果。这样自我牺牲式的忠贞不渝是无与伦比的。我亲眼所见，当听到普热梅希尔被俄军攻陷后，犹太人都流下了伤心的眼泪。[5]

安斯基没有完全理解个中深意，他所观察到的，其实正是加利西亚要走向历史终结了，加省犹太人的"伤心泪"表露出了一种恐惧感，他们害怕一旦加利西亚的历史终结，就要面临灭顶之灾。

但他们仍然保留了自己加省犹太人的身份，并且在加利西亚消亡的若干年后依然不忘初心。安斯基还饶有兴趣地对比了他们与俄罗斯帝国犹太人之间的差别。

> 他们两伙人彼此并不熟，且互相嫌弃，关系一直冷冰冰的。加省犹太人看不起俄国人，因为俄国的犹太人都没有选举权，也不能理解怎么有人能够在暴政、虐杀和无故迫害中生活下去。在加省正统犹太人的眼中，俄国犹太人就是离经叛道之徒。反过来，俄国人又鄙夷加利西亚犹太人，觉得他们是老顽固，落后愚昧——一群没有教养，胸无大志的乌合之众罢了。[6]

没有了哈属加省的保护，骄傲的加利西亚犹太人就会发现，自身变得特别孱弱与无助。他们即将面对残忍的大屠杀，与战前哈布斯堡治下那些时不时出现的反犹运动比起来，这次的屠杀要野蛮残忍数倍。一战中，加利西亚的消亡会不时被大屠杀中断，第一次是在1914年俄军占领时期，然后就是1918年波兰宣告独立时期，尤其是在利沃夫。一战期间，不计其数的加利西亚犹太人以难民身份逃到了维也纳，战争结束后，又有更多人离开波兰，流亡美国。

截止到1915年，约有15万加省犹太人沦为难民，其中一半栖身于维也纳。他们在那里获得了维也纳犹太组织的救助，比如1872年成立的"以色列人联盟"（Israelitische Allianz），该组织在19世纪90年代就致力于提高加省的犹太人受教育水平。历史学家玛莎·罗森布利特（Marsha Rozenblit）讲述了像"苦难加省犹太人救济会"这种战时成立的组织，是如何专门处理加利西亚大灾难等问题的。但维也纳所谓的开化运动——在帕彭海姆世纪之交的人道主义作品中体现得很明显了——仍然与加利西亚犹太人的现实存在距离。慈善组织就是要弥补这个差距，例如1915年，维也纳的一个施粥铺组织了逾越节晚餐，维也纳犹太人对加省犹太人讲："你们对我们来说是陌生的，你们的文化也跟我们的不一样。但同为犹太人的关系让我们走近彼此，对于你们在不幸中表现出来的尊严和隐忍，我们表示由衷的敬意。"[7] 维也纳犹太人和加利西亚犹太人之间无疑有极大的不同，就像加利西亚犹太人和俄国犹太人的差异那样。

在战火纷飞的1916年，世界上最著名的意第绪语作家、安斯基的同时代人肖洛姆·阿莱汉姆（Sholem Aleichem）在纽约不幸因病去世。去世时，他讲述莫台尔（Mottel）历险的小说还未完稿。莫台尔是一个教堂领唱人的儿子，这本小说讲的是这个来自俄罗斯帝国的犹太男孩借径加利西亚移民美国的故事，阿莱汉姆自己在战前也走过这条路。书中，莫台尔评价了加利西亚的特点，既天

真又风趣:

> 猜猜我们现在在哪里呢?在布洛迪!我们肯定离美国不远了。布洛迪可真不错。城市、街道、人,跟老家的就是不一样。即便是这里的犹太人也大不一样。他们很像我们那边的犹太人,可能比老家的犹太人还更犹太呢:你看他们的鬓发比我们的要长很多,他们的长衫都快到达地面了,他们的帽子、腰带、鞋袜也很奇怪,女人还戴假发——但最重要的还是他们的语言吧。诶呀,这是什么口音呀!虽然词都一样,但他们的"啊"会拉得更长一点,听起来就像在说德语。还有他们讲话的方式!他们不是在讲话,而是在唱歌。对,听上去就跟一直在唱赞歌似的……[8]

意第绪语是肖洛姆·阿莱汉姆文学事业的精髓,他自然对各种方言变化十分敏感。因此,他一定会发现加利西亚犹太人在这点上的与众不同,而且只要跨过俄国边境,到达布洛迪,你就能发现这个问题。

莫台尔对加利西亚也带有一定的偏见:"那是因为我们老家那边有一个关于'克拉科夫和伦贝格'的谚语,如果你吃到啥东西酸死了,你就会说,'酸到我都能看到克拉科夫和伦贝格了'。"然而,莫台尔并没有那么爱吃酸的,他也不得不赞美他在布洛迪的所见,尤其是下一站要去的伦贝格,"干净、宽敞、漂亮",莫台尔说,"我们的朋友平尼跟我们讲,伦贝格要比布洛迪好,因为它离国界更远,离美国更近"。[9]平尼滑稽地吹嘘自己学过地理,知道伦贝格和美国距离不远。离开俄国,每走一步,移民们就离美国更近一步，所以加利西亚就像是西方文明的前哨——有时加利西亚人自己也会这么认为。

到了更西边的克拉科夫，莫台尔觉得这里的犹太人一点也没有犹太人的样子："他们翘起八字胡装腔作势。"加利西亚女人更爱跟皇后做比较，莫台尔也想到了自己的母亲："如果我们在边境没有被抢的话，她现在就是一个'皇后'了。我记得母亲有一条黄丝巾，披戴上之后俨然一个真皇后。"皇后伊丽莎白1898年被杀之后，弗朗茨·约瑟夫余下任期内的哈布斯堡王朝就没有皇后了，直到1916年，但加利西亚却允许每个女人都扮成帝国夫人的高贵模样。皮内说"这里会更'文明'一点"，而莫台尔想，"那我得了解一下这个'文明'，看看为什么缺少它，的我朋友皮内就活不下去了"。[10] 肖洛姆·阿莱汉姆倾向于在文明的臆断中找寻笑料，但他一定也知道，"文明"这个词本身就界定了加利西亚犹太人和俄国犹太人的不同视角。

庞贝城的灰烬

玛莎·罗森布利特主要研究第一次世界大战和哈布斯堡犹太人，她观察到，上战场、打沙俄、爱皇帝、表忠心，犹太人将这当成了一种'圣战'，而沙俄则被看作一个野蛮的、杀戮的、反犹的帝国。罗森布利特从回忆录中发现，在1914年战争爆发之际，加利西亚犹太人反应迅速：

> 当时米妮·拉赫斯（Minne Lachs）只有七岁，她记得父亲连夜把她带到城里［加利西亚的特伦博拉（Trembowla）］，让她看看'战争是如何打响'的。在市政厅上方，奥地利和

加省的旗子飘扬在微风中,火炬闪烁着光芒,一个男人在向人民宣读弗朗茨·约瑟夫的宣言……相似的还有战争爆发时九岁的曼内斯·施佩贝尔(Manes Sperber),曼内斯回忆起一个名叫马克斯的号手,他在加利西亚小城扎博洛季夫(Zabłotów)宣布动员开始,他心潮澎湃地告诉大家这个重要的消息:"看到他的样子,"施佩贝尔写道,"你还以为他在宣布弥赛亚到来了呢。"[11]

米妮·拉赫斯和曼内斯·施佩贝尔的家庭最后都加入难民大军,离开了加利西亚,摆脱了俄军的侵略,两家人最后都定居在了维也纳。对哈布斯堡的犹太人和哈布斯堡军队来说,这场战争很快就变成加利西亚抗击俄国的解放运动了。

当安斯基1914年来到布洛迪的时候,俄军已经放火烧毁了这座城市,战前阿莱汉姆连连称赞的"那座漂亮的"的城市——"我们肯定离美国不远了"——已经成了一片废墟。"这个小城看上去就像是古老的,长了苔藓的庞贝遗址,"安斯基感慨道,"我发现了犹太教堂的断壁残垣。"俄国人声称,在布洛迪,有一个犹太女孩从窗户上向他们开火,这就是他们放火烧城的借口:"后来,在战争中,这样的罪行数十起,甚至数百起的在加利西亚的城邑和村庄中上演,渐渐地开始屡见不鲜,习以为常。但烧毁布洛迪是他们的首次暴行……所以士兵们认为需要一个借口,来为他们的丧心病狂找到开脱的理由。"[13] 像被火山喷发毁掉的庞贝古城一样,加利西亚省此时此刻正遭受一次猝不及防的蛮性喷发,在烟尘滚滚下即将化为一片废墟残迹。哈布斯堡王朝在加省建造的基础设施正在被俄国侵略者大肆破坏,正如安斯基看到的那样:"我在布洛迪待了几天,因为我得把我的那些药材重新装载到非俄国的火车上,才能适应奥地利的铁轨……只有距离边境五英里到十英里的距离,奥地利的铁路扩宽到了俄国的标准。"[14]19世纪为促成省际交通而建设的哈布斯堡铁路,如今要依照世界大战的紧急军事需要而被拆毁了。

"我发现利沃夫是一座非常典雅精致的欧洲城市,"安斯基写道,"这里没有任何战争的迹象,也没烧毁坍塌的房屋。"哈布斯堡火车站——1904年竣工,依照具有现代建筑精神的维也纳"青年风格(新艺术)(Jugendstil)"而建——让安斯基大开眼界:"火车站台是最大也是最华丽的部分,是全欧洲最好看的站台之一。后来俄军撤退时就把它彻底炸毁了。"在1910年于莱比锡出版的《奥匈帝国》(Oesterreich-Ungarn)一书中,贝德克尔(Baedeker)提到,利沃夫火车站内有一家不错的饭店,邀请游客来此欣赏加利西亚首府的美景:站在市政厅的塔上或者城堡山上(Franz-Joseph-Berg)可以看到优美的景色。贝德克尔还提到由尤利乌什·霍奇伯格设计的加利西亚议会大厦,礼堂内挂着扬·马特伊科描绘卢布林联合的历史题材作品。楼外的耶稣花园里伫立着一座前总督戈武霍夫斯基的铜像,铜像建于1901年。在利沃夫大学旁边,游客还会看到一座弗雷德罗的纪念碑,于1897年建成。据贝德克尔估测,利沃夫人口在一战前的1910年有20万左右,其中百分之十一是犹太人。[15]

1914年,安斯基很沮丧,他会见了利沃夫的犹太领袖,并向他推荐了战时特殊救济,但对方并不想要接受救济。据著名律师雅科夫·戴曼(Yankev Diamant)所说:"我们过去是、现在还是奥地利公民。我们忠于祖国,忠于仁慈的君主,我们犹太人非常感谢他为我们所做的一切。如果我们接受建立俄-犹委员会的提议,那么我们就要和俄国当局建立正式关系了。"[16]看来加利西亚犹太人还是小心谨慎,带着加利西亚人的特点。

据与安斯基面谈的拉比回忆，俄军9月进城后，利沃夫只发生过一场屠杀，在赎罪日的前后。犹太教堂因此都关门了——"犹太人害怕去教堂参加赎罪日的祈祷礼拜"——但安斯基又说，俄军队伍内的犹太士兵对此表示了抗议，他们自己还想去参加宗教活动，所以教堂在俄方的军事保护下又重新打开了大门。[17]

犹太人并不是唯一一群躲在家里、怕俄军入城后会发生暴力事件的加利西亚人，安斯基写道：

> 在俄军占领了加利西亚的部分地区后，他们身后就跟随了一大群牧师……鲁塞尼亚农民属于东仪教会，这群黑衣牧师就立刻开始给他们做工作，让他们回归东正信仰。还有很多宗教说客……威胁要没收顽固鲁塞尼亚人的土地，抢走他们的孩子，将他们引入东正信仰……有个医生告诉我，说他家收留了一个鲁塞尼亚女人，过去几天，这个女人都把自己锁在屋内，不让任何人进来，因为她听说东仪教徒的孩子都要被带走。[18]

信仰东仪教的鲁塞尼亚人和加利西亚犹太人一样，都在哈属加省的圈子内发展出了特别的自我身份。虽然许多鲁塞尼亚人在战前已经改换门庭，认定自己是乌克兰人，在民族归属上往俄罗斯帝国的乌克兰人身上靠拢，但是东仪宗教从根本上仍是属于加利西亚的，代表了加利西亚的独特性。在20世纪的过程中，斯大林把东加利西亚变成了西乌克兰，并铁腕压制东仪教堂，但在90年代乌克兰独立后，前加利西亚人却斗志昂扬地重新明确了自己的东仪教身份。

安斯基从利沃夫一路向西走到了塔尔努夫，那里离正在交火的最前线只有数英里远，城内就可以听到隆隆炮声，爆炸声也不绝于耳。但是所有人都已经习惯了那些震惊的消息。安斯基发现，"这里的生活还是一如既往","有两个咖啡馆开着,里面永远都挤得满满的,官员尤其多"。安斯基在塔尔努夫的俄军联系人伊格尔·普拉托诺维奇·德米多夫(Igor Platonovich Demidov)也对加省犹太人忧心忡忡:"这些加利西亚人真不像我们俄国犹太人。他们太没劲了。"当询问为什么的时候,他解释说,他只看到这群加省犹太人对俄国攻占利沃夫非常不满,还有些人想趁着俄国部队驻扎在此的机会大赚一笔。[19]

安斯基在塔尔努夫的街头发现了一张令人不悦的海报,海报是匿名的,但大概率是俄军签发的,内容是关于城里的犹太人:

> 在当前战局形势下,我们发现波兰、加利西亚和布科维纳的犹太社群对我们公然采取了不友好的态度。每当我们离开一个地方,我们的敌人随之进来后,他们就要以各种方式清算我们的亲俄好友,这主要就是因为犹太人的检举揭发,从而激怒了奥地利和德意志当局。[20]

海报提议,这些在背后告密的犹太人应该被判处绞刑,以儆效尤,并且要禁止犹太人出现在战线周边的区域。在安斯基看来,这"无疑就是在号召屠杀"。[21] 他认为,当局鼓励杀戮和迫害,原因在于"俄国人想要攻占加利西亚",所以"他们想削弱加利西亚犹太人的权利,至少使其退回到俄国犹太人的水平"。有趣的是,当加利西亚犹太人适应了俄国的占领后,尤其是在利沃夫,他们开始打起了截然不同的算盘:"他们相信,如果俄国拿下了加利西亚,那么出于和平会谈的压力,他们就被迫要赋予加利西亚犹太人原有的权利,让他们享受和在奥地利治下一样的待遇。"[22] 从根本上讲,加利西亚现在的大问题就是犹太人的公民解放事宜,我们也可以联想到整个加利西亚，1907年的普选改革开始后，所有人都享有投票权，这就势必会成为俄罗斯帝国内部一个潜在的社会转型因素。当然，俄国本身也站在了一场更加来势汹汹的转型改革的边缘了。

1915年春，战争形势扭转，俄军准备从利沃夫撤军。安斯基观察到，经历了俄国的占领后，波兰人也变得更像加利西亚人了。

> 他们秘密准备欢迎奥地利接管，在私下里开会，等待着时机，控诉对俄国人的深仇大恨……有一个熟人讲，他的仆人向他提前索要薪水，因为她想买一顶新帽子，她的牧师跟教徒们说要穿最漂亮的衣服，手拿鲜花，欢迎奥地利的进城部队。[23]

到战争结束时，她会带着那顶帽子，迎接波兰的独立，但在1915年，弗朗茨·约瑟夫还坐在维也纳的皇位上，利沃夫的波兰人、鲁塞尼亚人与犹太人都保持着某种程度的加利西亚身份。

按照玛莎·罗森布利特的说法，部队里的犹太士兵在哈布斯堡收复加利西亚这件事情上显得格外的积极雀跃。

> 犹太士兵描述了奥地利攻打加利西亚塔尔努夫的场景。他说进攻的号角吹响时，他身边的一些人刚刚做完晨间祷告。一个年轻的神学生冲出去的时候还携带着经文匣，就是这个经文匣救了他的命，帮他挡住了一颗子弹。还有一封信记述了相似的事情，一个士兵的背包里如果没有经文匣，子弹就会击穿他的肺部，从而要他的命。布鲁恩镇的《犹太人民之声》（*Jüdische Volksstimme*）骄傲地宣布了收复伦贝格的消息，表扬了加利西亚犹太人携带着经文匣英勇参战，口中还念着"施玛篇"祷词，这是犹太经文中核心的经训篇章。[24]

类似有关经文匣（一个小黑盒子，在晨间祷告的时候缠在手臂和头上）的奇幻故事可能大都来自犹太人向弗朗茨·约瑟夫表忠心的民俗文化，尽管这次战争也为编撰新传奇提供了不少契机。《犹太人民之声》还表示，1915年收复加省失地后，"加利西亚必须要和王朝其他省份团结一致，加利西亚必须要在维也纳的治下万古长青，这是出于犹太人的民族利益，也是出于奥地利的帝国利益"。[25]随着哈布斯堡家族在一战后的瓦解，如此这般向哈布斯堡表示永久忠心的宣言也就变成废纸一张了。

既然安斯基与1915年俄国入侵有千丝万缕的联系，他只好在奥地利部队进城两天前就离开了利沃夫，这时俄军刚刚炸毁了那气派的火车站。安斯基是6月6日离开的，他手上拿着最新一期的俄国占领区的《红罗斯》（*Tshervonaya Rus*）报，这直接让人联想起现在加利西亚东部的那个中古名字，红鲁塞尼亚，那是很久远的事情了，要早于波兰入侵，更早于这里再次成为加利西亚的一部分。在一定程度上，恢复这个名字也是为了在文化上废除加省的哈布斯堡身份。

> 报纸上没有一点撤兵的暗示，一片喜气祥和的胜利气氛。公报上列出了俄国剧院一整周的节目单："周六，6月8日，《乡村骑士》（*Cavalleria Rusticana*）；周日，6月9日，《美丽的海伦》（*La belle Hélène*）。"但最最有趣的还是加利西亚行政官颁布的法令："要将全部犹太人从所有加利西亚司法机构中调离。"现在加省要滑出俄国的手掌心了，但是对犹太人的迫害还在加足马力![26]

其实，企图剥夺加利西亚犹太人公民权不是俄方打击加省哈属身份的附带品，而是其关键一步。占领军倒是并没有特别在意法兰西轻歌剧和意大利歌剧这种哈布斯堡人的休闲爱好；直到下一次世界大战，纳粹分子才会打倒像奥芬巴赫（Offtenbach）这样的犹太作曲家。在战时加利西亚的村子里，在军事占领、民族仇恨、宗教迫害，还有野蛮杀戮的大环境下，《乡村骑士》中马斯卡尼（Mascagni）对农村激情和暴力的真实展现——最后结局是一场为了荣誉的生死决斗——看起来倒也人畜无害了。

俄军继续占领着乔尔特基夫周围的加利西亚东部地区，这里是卡尔·埃米尔·弗朗索斯的家乡，他在此第一次把加利西亚想象成"半亚洲"。现在安斯基要在此搞救济活动，在一个叫作赫洛斯特科夫（Khorostkiv）的小镇上，他与加利西亚哈西德教派的世界相遇了：

> 有个年长的女人闯了进来，走到我面前，用粗鲁又恼怒的声音说："我是拉比祖西·阿妮泼勒的孙女，拉比列维·伊茨乔克·别尔迪雪夫的重孙女。我妈妈那边是巴尔·谢姆·托夫的后裔。我们家出了17个拉比，我是现任布洛迪大拉比的第三个堂姐妹。"一口气讲完了整个家族背景，她站在那里，犀利地盯着我，看我有没有被吓到。[27]

安斯基无动于衷。他向她解释，我们对于宗教名人的后代概不提供特殊战时救助。那晚，对镇上真正需要救济的指挥家，他就要善良很多：

> 他要的资助数额很微薄也很合理，我立刻就答应了。我问他是否听过有关哈西德派的故事。他突然就精神起来，兴致勃勃，一个接一个地给我讲述。他好会讲故事啊！热情洋溢，栩

栩如生，各种细节处理，就像一个真正的诗人……他讲的所有故事都是典型的弥赛亚故事。后来我得出结论，全加利西亚的犹太老人都对弥赛亚甚为着迷。[28]

如同到处收集巴尔·谢姆·托夫轶事的马丁·布伯，安斯基也对加省民俗文化颇有兴趣。赫洛斯特科夫的指挥家通过讲述哈西德派的故事来换取战争救济，以此表现了他的加利西亚身份。在赫洛斯特科夫镇的那晚，安斯基还听到有克莱兹默犹太音乐家在拉小提琴，就像世纪之交的皮哲比谢夫斯基在克拉科夫倾听犹太音乐家的演奏听得神魂颠倒一样，安斯基对这位战时表演者也做出了饱含感情的回应："他温柔的琴声向我诉说着他的艰难，他的苦衷，他的悲痛。听到小提琴的啼哭，看到饥饿男子的泪水，我真的深受触动。"[29] 于是，在加利西亚存在的最后日子里，加省作为流淌着眼泪和有着弥赛亚幻想的土地，经受着战争的考验。在乔尔特基夫，安斯基遇到了一位十分有名的拉比，他相信"预示着弥赛亚要来的苦难日子将会从 5674 年（1914 年）开始，而弥赛亚将会在 5684 年（1924 年）降临"。[30] 按照这样的计算，加利西亚的终结和弥赛亚的降临也就是前后脚了。

"喀尔巴阡山的精神"

1914 年 2 月，战争爆发六个月后，加利西亚的波兰人和鲁塞尼亚人达成了一项历史性的协议：要实现民族分权。协议指出，在省议会和所有主要的委员会中，鲁塞尼亚人必须在 228 个代表席位中占据 62 个席位。协议的见证人包括了前波兰裔总督米哈乌·博布金斯基和东仪都主教安杰伊·谢泼斯基。虽然这个数目并不能完全反映出加省鲁塞尼亚人的人口比例，但这是从19世纪60年代自治以来，首次针对波兰霸权的重要挑战，这也让人们相信，加省还是存在民族共治的可能的。当然，这项协议的具体实施因为战争的到来而被搁置了，当一切尘埃落定时，加利西亚省也不复存在了。

加利西亚的瓦解其实早有预兆，为争取波兰百姓的忠心和波兰士兵的效力，交战国双方都承诺会建立一个统一、自治，乃至完全独立的波兰。俄国向波兰许诺统一和自治——当然仅限于俄罗斯帝国内部——加利西亚如果被吞并，也可以被纳入俄属波兰的版图。当战争形势进一步演变，德意志和奥地利也做出了确保波兰独立的政治保证，毕苏斯基也与此项决议有关，是他把自己的加利西亚步枪队改成了一支波兰军队，和同盟国并肩作战，抵抗俄军的进犯。为了以其人之道还治其人之身，同盟国也希望攻占俄属波兰的地盘，使其与加利西亚实现统一。1915年，在奥地利收复利沃夫不久后，德国也从俄军手中夺回了华沙。1916年，同盟国甚至直接宣布"波兰王国"独立，然而，这个地区的司令官还是德国将军保罗·冯·兴登堡（Paul von Hindenburg），因此，这个独立波兰的范围和含义仍然有待商榷。

敌对势力双方争相为波兰人燃起民族期望，但同时期乌克兰民族抱负的高涨让事态变得更加复杂。马克·冯·哈根（Mark von Hagen）是研究同盟国和俄国政策的历史学家，他指出，两军的进进退退启发了鲁塞尼亚和乌克兰的民族领袖，他们畅想了一个可以超越原哈属加利西亚和俄属乌克兰分界的政治未来。历史学家蒂莫西·斯奈德也表示，弗朗茨·约瑟夫有一个更年幼的堂弟叫威廉·冯·哈布斯堡（Wilhelm von Habsburg），他参加了1915年对加利西亚的收复，那时他已经让自己看上去更像是鲁塞尼亚的领导人了——他在部队的鲁塞尼亚士兵中间叫自己"瓦西尔"（Vasyl）

而不是"威廉"（Wilhelm）。1916年，年仅21岁的威廉推举自己做哈布斯堡王朝的鲁塞尼亚或乌克兰新皇家属地的皇室主要代表。他的父亲是斯蒂芬·冯·哈布斯堡（Stefan von Habsburg），曾经在加利西亚居住过，也认识很多波兰人。他预料到自己未来会在刚宣布独立的波兰王国中担任同样重要的角色。在加利西亚的波兰人中，斯坦尼斯瓦夫·谢泼斯基（Stanisław Szeptycki）率军攻占了前俄属波兰的领地，他是东仪都主教安杰伊·谢泼斯基的亲弟弟，他们兄弟二人都是弗雷德罗的外孙。其中一位在努力争取波兰民族的未来，另一位则正在试图提升鲁塞尼亚人的前景。都主教特别鼓励了威廉·冯·哈布斯堡。[32]

1916年波兰王国宣布成立，这可以说是对加利西亚政治存在的致命一击，加省将会被吸纳进这个新建的王国中，当然你也可以从另一个角度看待这个吸纳的过程：加利西亚首先扩张，收揽全部的波兰领土，然后改名换姓为波兰。回到19世纪60年代的省内自治，波兰保守的效忠派，那些斯坦奇特党人，就曾臆想过哈布斯堡王朝统治"一个统一的波兰"，这样一来，就可以调和加利西亚地方主义、哈布斯堡忠诚主义，以及波兰民族主义之间的冲突。遥看1867年，加利西亚刚刚实现自治，《时间报》的编辑们就敢于构想一幅"哈布斯堡皇权之下，奥地利三国鼎立"的画面：匈牙利王国、波西米亚王国和波兰王国。加利西亚的如此幻想倒是很贴合1916年所讲的波兰王国，但在战乱导致的尸横遍野中，有一个人的死对这件事情的发展至关重要。波兰王国在1916年11月5日宣布独立，11月21日，亲政68年后，弗朗茨·约瑟夫皇帝驾崩，终年86岁。作为政治领袖和政治符号，他是王朝内力推哈布斯堡忠诚主义的关键人物。在加利西亚和别的地方，很少有哈布斯堡臣民还记得其他皇帝。19世纪60年代的"三国之梦"是弗朗茨·约瑟夫皇帝的眉上之愁，如今他不在了，这个梦在情感上就没有那么令人振奋了。

既然君主仍是哈布斯堡的君主，那波兰王国倒的确可以被认为是观念上扩大版的加利西亚，但因战争的缘故，并没有选出新的君主，这件事就被耽搁了，当然，最后同盟国输了战争。1918年1月，伍德罗·威尔逊（Woodrow Wilson）就战争的目的提出了"十四点原则"，其中，第十三点的内容是"要建立一个独立的波兰国，其领土范围应涵盖波兰人口的实际居住地"。这一点对于加利西亚的存在是双重打击，一方面它将被独立的波兰替换掉，另一方面，它的人口也不都是纯粹的波兰人，因此在政治上，根据威尔逊的民族自决原则，加利西亚就不具有政治合理性。而加省的鲁塞尼亚人不仅从威尔逊的原则中找到了民族希望，也因为在同盟国的支持下抵御布尔什维克进犯，以及乌克兰主权国家于1918年1月在基辅宣布成立而备受鼓舞。由此可见，第一次世界大战的敌对双方做出了诸多行动目标和政治承诺，这些目标与承诺也在一步步削弱着加利西亚的政治逻辑，破坏着加利西亚存在的合法性。

当19世纪90年代，维也纳诗人胡戈·冯·霍夫曼斯塔尔来到加利西亚服兵役时，他看到周围的一切都无比"丑陋、肮脏、悲惨"，但一战时，他又返回加省。[34] 1915年，他为奥地利的战争活动效力，撰写何为战争期间的奥地利人。5月和6月时，他被派往克拉科夫，这时奥地利军队正准备向前推进，要把俄军赶出利沃夫。霍夫曼斯塔尔有机会看到了喀尔巴阡山前线的境况，遂在《新自由报》上发表了一篇爱国文章，题为《喀尔巴阡山的精神》。那个一度觉得加利西亚万事丑陋的诗人，如今被山岳的景观，以及驻守在位于加利西亚和斯洛伐克中间的喀尔巴阡山一线的士兵感动了。

命运之声将永远与喀尔巴阡山脉的河流溪涧紧紧相连；每当我们听到杜纳耶茨河或比亚瓦河（Biala）、翁达瓦河（Ondawa）、奥拉瓦河（Orawa）、拉博雷茨河（Laborcza）还有翁格河（Ung）或斯特雷河（Stryj）时，我们的内心深处就会波澜起伏。当我们念出它们的名字，会感到体内被注入了一股雄伟的力量（而非相反），一股我们只有在过去的时光里才会感受和察觉的力量。山上的森林向东绵延，东边的山脉就是君主国的城墙，残忍的命运成就了它独一无二的英雄景色。[35]

念出这些河流——有些是加利西亚这边的，有些是斯洛伐克那边的——的名字得抱有圣礼上的那种虔诚之心，因为奥地利军队在此护国守土，一战中牺牲的无数将士长眠于此。他们对奥地利的意义就如同凡尔登（Verdun）和索姆河（Somme）对英国和法国的意义那样。霍夫曼斯塔尔19世纪90年代参军时的那些加利西亚名字——比如特卢马奇（Tlumach）和乔尔特基夫——只能引出丑恶和贫穷，但现在这些加利西亚的名字——像斯特雷河与杜纳耶茨河——却充满着崇高之意和悲剧底色。

1915年8月，霍夫曼斯塔尔在《新自由报》上发表了一篇叫作《我军在波兰的行政管理》的文章。文章指出，奥地利现在以及将来在此区域的军事力量或不同于战前在加省的时日。[36] 他认为哈布斯堡王朝在波兰扮演了非常特殊的战时角色，这与一战前其统治加利西亚不无关系："我军的优势就是可以和各种土地上的人们和谐共处。"霍夫曼斯塔尔断言，奥地利人在处理"民族共生"问题上具有特殊"技能"，"不仅仅是和德意志人相处，还包括与陌生人的共存：作为邻居、主人、临时管理者或朋友"。波兰占领区由许多群体组成："包括农民、贵族、市民、实业家和犹太人。我们的行政机构、工作人员和士兵在这些人之间任意周旋。"[37]比如说,信奉天主教的奥军士兵就很懂得如何与琴斯托霍瓦的波兰僧侣打交道。虽然霍夫曼斯塔尔在加利西亚的战前经历称不上迷人,但他却表示,奥地利对加省政府的总体印象将直接影响到今后与波兰的关系——即使加利西亚本身,其战前的形式也将会消失、改变,或以某种方式被改变。1916年,霍夫曼斯塔尔前往华沙——经历了一个世纪俄国统治的华沙城如今已被同盟国接管——宣讲"奥地利理念"。这个多年来形成的理念是基于"弹性"原则,即欧洲与"无组织无纪律的半欧半亚人民大杂烩"[38]之间的边界是流动的边界(fliessende Grenze),而不是一个简单的壁垒。据说奥地利有能力协调东西方之间不同的文化载体。霍夫曼斯塔尔用到了"半亚洲"这个概念,说明他知道弗朗索斯曾用这个词指代过加利西亚,从而使这个词为人所知。

到第一次世界大战时,霍夫曼斯塔尔不仅已是成名诗人,还是声名显赫的歌剧作家,尤其是他与作曲家理查德·施特劳斯(Richard Georg Strauss)的合作。他们合作的经典剧目《玫瑰骑士》(*Der Rosenkavalier*)于1911年首次在公众面前亮相。战争爆发之际,二人正在创作童话歌剧《没有影子的女人》(*Die Frau Ohne Schatten*)。这个故事的情景被安排在两个分开的空间里:一边是神话中国王和王后的极乐世界,另一边则是老百姓路有冻死骨的世俗世界。那个人上人的殿堂世界可能就在维也纳,在霍夫曼斯塔尔维也纳童年印象中皇帝与皇后居住的地方,光鲜亮丽的皇后原型或许就是1898年命丧日内瓦的伊丽莎白,那时霍夫曼斯塔尔刚刚结束在加利西亚的任期,返回了首都维也纳。这位青年诗人当时就非常清楚上层与底层世界的割裂,这种割裂和差异正是他所亲身体验到的:文明的维也纳和丑陋的加利西亚之间的差异。当他

1915 年完成了《没有影子的女人》时，一些记忆中形成对照的部分必定萦绕在他的艺术思想中，而这一年，在公众的意识中，加利西亚也正是一个刀光血影的战争剧场。

战争结束后，霍夫曼斯塔尔写了剧作《艰难者》（Der Schwierige），1921 年首次公演。该剧讲述的是一个奥地利贵族，他在战火停息后再无法适应维也纳昔日的市井生活。汉斯·卡尔因战争经历而受到精神创伤，脑子里仍是在前线当兵的景象和战友情谊："1915 年的冬天，我们在喀尔巴阡山的森林中执行任务，一起度过了 20 个礼拜。"[39] 可以说，霍夫曼斯塔尔心中这位后哈布斯堡的奥地利英雄从来没有忘记加利西亚，即使在 1921 年，加利西亚和哈布斯堡王朝都已不复存在了。

早在 1915 年，当霍夫曼斯塔尔去克拉科夫报道加利西亚的战况时，哈布斯堡政府刚刚从俄国人手中夺回了华沙，这让加省人民兴奋不已。克拉科夫老市长尤利西斯·利奥（Juliusz Leo）在一张海报上签名，向克拉科夫同胞们宣告这一"最激动人心的消息"："经历了百年之久的俄国奴役后，华沙终于解放了！"波兰人民集体庆祝，庆祝"一个世纪以来分割华沙和克拉科夫两座波兰古都的国界已经成为历史"。当然，这也是证明加利西亚地缘政治存在的一条国界。收复华沙无疑是波兰民族的重大时刻，但市长也点出了这件事与哈布斯堡和加利西亚的关系："无所不能的上帝，请保佑我们威严的君主和英勇的军队……愿今天的庆典增强我们心中对祖国炙热燃烧的爱。"[40] 用祖国（ojczyzna）这两个字或许就是故意制造模棱两可——说的究竟是波兰，还是哈布斯堡王朝——虽然这个词语通常在加省公共话语中更多指向波兰。这份海报提醒着克拉科夫的公民们，即使现在，他们的子孙弟兄还在冒着生命危险，"为祖国和亲爱的皇帝"浴血奋战。这句话又把国家与君主两个关键政治概念联系到了一起,同时也混淆了彼此。对出生于德罗霍贝奇附近、求学于雅盖隆大学,从 1904 年就任职华沙市长的尤利西斯·利奥来说,加利西亚在 1915 年依然是重要的——但克拉科夫与华沙之间的屏障被消除才是波兰人民的重要进展。

1915 年 11 月,1830 年华沙"十一月起义"八十五周年纪念活动在华沙举行。在大剧院(Teatr Wielki)11 月 29 日当晚的节目单上,出现了肖邦的一首波兰舞曲,所谓军队 A 大调波罗奈兹,极具民族情结——还有泰特马耶诗歌和维斯皮安斯基的剧词诵读。[41] 所以说,华沙解放后,波兰人民内心充满希望,民族情绪高涨,世纪末加利西亚的两位代表人物——泰特马耶和维斯皮安斯基——也被搬了出来,和肖邦一起出现在节目单上。表演者富有民族精神地朗读了他们的词句。而这一股波兰民族精神,不久之后必将取代加利西亚在中欧人心中的位置。

波兰清算委员会:"不必要的肖像"

1918 年 11 月初,加利西亚被取而代之即将在地图上应验。11 月 1 日,华沙报纸《每日消息》(Kuryer Codzienny)头版头条上写着,"波兰清算委员会接管了加利西亚的市政与军权(Polska Komisja Likwidacyjna)"。这个委员会 10 月末在克拉科夫成立,任务是"清算"加利西亚与哈布斯堡王朝的政治关系,接管所有军事、政法和办公机构,以便使加利西亚更平稳地并入独立后的波兰。这是 10 月 24 日才提出组建的过渡性委员会,10 月 28 日正式挂牌,也就是 11 月 11 日卡尔一世退位的两个星期前。[42] 在接下来的几周内,委员会要清算加省与王朝的关联,而最后一任省长卡尔·格奥尔格·胡恩表示自己仍在掌管着加利西亚省,并与清算委员会进行对峙。《每日消息》冷漠无情地报道了胡恩抵制清算的意图。

> 还占据着加省省长办公室的胡恩将军，昨日跟他的"下属"官员通气，他说加利西亚并入波兰"目前还不现实"。他还扬言，今后"要将国家权力牢牢地握在我国的手中（w naszym kraju）"。因此，现在统治我国的已经是外国来的官员……胡恩将军的报告依靠的仅仅是强权，没有任何法律或道德依据，所以并不能持久。[43]

报道引述胡恩的原话不失为一种策略，不仅是为了引用而引用，还为了强调报纸抵制胡恩的外国官员视角。《每日消息》同时还否认加利西亚的存在，即否定了以总督为代表的加省政府的合法性，但没有给加利西亚打引号，因为报纸仍认为"我国"的概念具有重要意义。只要加利西亚还没有和奥地利划清界限，只要它还没有被划入波兰，加利西亚这个概念就仍是有意义的。一旦划清界限，并入波兰，加利西亚就会被有效清算，就会和这位哈布斯堡总督自持的道德和法律权威一起消失，共同出局。

清算委员会成立于克拉科夫，主要活动范围是加省的西部。而在东部地区，它却处处受阻，无法有效运行自己的职能。原因是东部有一个乌克兰的民族委员会，那里的清算活动在往另一个方向发展。利沃夫的乌克兰人，也就是以前的加省鲁塞尼亚人，声称要建立一个西乌克兰（而非东加利西亚）民族共和国，并打算要加入1918年1月独立的乌克兰。而本部位于克拉科夫的波兰清算委员会则打算使加利西亚并入波兰，但它在利沃夫遭遇了另一种截然相反的后哈布斯堡时代的清算理念，于是发现，它自己的计划受到了严峻挑战。

波兰清算委员会的创始人包括加省的波兰裔领导人,比如社会主义者伊格纳齐·达申斯基(Ignacy Daszyński)和农民领导者温森蒂·维托斯(Wincenty Witos),二人都在不久之后独立的波兰国内扮演了至关重要的政治角色。参与委员会工作的还有一个近乎传奇的加利西亚人物:沃齐米日·泰特马耶。这位大艺术家娶了一个农村姑娘,生活在乡下,给维斯皮安斯基《婚礼》中的主持人角色提供了文学素材。19世纪90年代,泰特马耶和他的诗人兄弟一起成为世纪末加利西亚的代表。而1918年,泰特马耶和维托斯二人在清洗委员会成立之初充当农民大众的代表。现在,艺术家要走出《婚礼》的加利西亚现场,跳出剧中所有人都在紧张思忖克拉科夫大火不祥预兆的那最后一幕。现在,他要参与加利西亚的末世清算,要为加省并入独立波兰的弥赛亚式命运贡献自己的力量。[44]

清算委员会成立的初衷是切掉加利西亚与奥地利之间的关联,但矛盾的是,它存在的意义必须建立在加利西亚存在的基础之上,然而,它又一心要把加利西亚消灭掉。所以,正如历史学家米哈尔·斯利瓦(Michał Śliwa)所言,将加省收编进波兰这一整桩事,是和1919年3月伊格纳奇·扬·帕德雷夫斯基(Ignacy Paderewski)领导的波兰政府清算掉这个清算委员会同时发生的。直到1920年的波苏战争尘埃落定,从最东边到最西边的整个加利西亚地区,才全部被纳入波兰共和国的领地。讽刺的是,重新统一的那一刻,就是加利西亚灭亡的时刻。斯利瓦教授还提到,"在克拉科夫、利沃夫、捷尔诺波尔、斯坦尼斯拉夫等行政省份于1921年9月1日成立后,当局终于下决心要在政治、法律和管理上彻底肃清前加利西亚的痕迹"。[45] 所以,伴随着清算委员会被清算,加利西亚无疑变成了波兰的一部分,变成了"前加利西亚"。

清算的过程是一个循序渐进的过程。1918年11月2日的《每日消息》已经讲到清算工作正在进行。在克拉科夫及其周边地区，奥地利雄鹰标志和哈布斯堡的黑黄旗被降下，"在全世界的瞩目下，一个奇迹出现了"，这个奇迹就是波兰的自由和独立。有关清算的象征性和装饰性的作品最能展现这个奇迹："可恶的老鹰被从外墙上拿下来，如今它和我们冷漠以对——而在办公室的内墙上，那些大可不必挂的肖像也不翼而飞了。"厌恶、冷漠、多余（nienawidzone, obojętne, niepotrzebne）：这是自1772年以来，就已经代表了加利西亚政治身份的哈布斯堡符号如今的遭遇。也许，摘掉卡尔一世的肖像要比拿下弗朗茨·约瑟夫的画像在情感上更容易让人接受，毕竟后者在1916年病逝前，其肖像已经被挂了很多年，处处可见，而前者仅仅当政了两年。令人厌恶的哈布斯堡双头黑鹰可以直接被波兰的单头白鹰替换，就这样，1772年被换掉的鹰在1918年又被换回来了。

在维也纳，《新自由报》对加利西亚的新闻有不同的认知。11月3日，从克拉科夫传来的消息并不是奇迹的发生，而是"完美的平静"，与利沃夫传说被"加利西亚-乌克兰"军队占领的消息形成了鲜明对比。实际上，他们攻占了邮局和火车站，利沃夫和维也纳之间的通信网络也因此中断了，所以没听到什么消息也属正常。11月4日，《新自由报》在头版头条宣布："战争进入尾声！"但是另一个标题却写着新的战争就要开始，"波兰和乌克兰军队在加利西亚剑拔弩张"。即使加利西亚正在被清算，它仍然是激烈争夺的目标，而这次争夺最终会演变成一场战争。即使哈布斯堡的统治已经成为过去，但加利西亚的位置在地图上和新闻中，仍然具有重要意义。11月6日，《新自由报》头版头条刊登着"奥地利全线和平"，这给人们带来了些许轻松和慰藉，但另一条新闻标题是，

"伦贝格街头聚众斗殴：60余人命丧黄泉"。[48]

11月11日休战日的这一天，卡尔一世退位。10天之前，他的画像刚刚被从克拉科夫办公室的墙上撤下来。哈布斯堡王朝至此曲终人散。而加利西亚，1772年创建伊始就跟王朝紧紧连在一起的加利西亚，理论上在11月11日这天也应寿终正寝，至少它和奥地利再无政治联系。一周之后的11月18日，《新自由报》驻利沃夫的前线记者报道了这里的城市景象和地方景观，就好像在说外国城市一样，的确如此，利沃夫近来和维也纳在政治上已走得越来越远。报纸头版大字印着"伦贝格的恐怖之日（Schreckenstage）"，描写了波兰人和乌克兰人之间的战争。起因是乌克兰人在加省首府利沃夫"清算"哈布斯堡有生力量，占领该市的公共建筑物：火车站、总督府、议会宫、警察署、邮电局、奥匈银行的分行，以及加省银行。[49]所列举的这些公共建筑物都是加利西亚的核心职能机构，比如说议会宫是加利西亚的女性化身、地方自治女神所加封的，还有安杰伊·波托茨基和博布金斯基住过的总督府，他们也曾是加省自治的坚定拥护者。

这些建筑物在1918年11月的时候依旧矗立——其中很多直到今天仍然存在——作为加利西亚的标志性建筑，但随着皇帝的退位，他们失去了加省政治方面的意义，毕竟加利西亚本身已经被清算，它的那些机构也在波乌争夺对前加利西亚控制权的过程中被"占领"。"当这些公共建筑物被乌方占领后，"《新自由报》指出，"胡恩总督、军方负责人普费福元帅，以及警察局首席参赞莱茵兰德博士就被拘禁了，政府人员和行政管理被乌克兰化，而波兰人迅速集结起来组织反抗。"利沃夫街头出现的战斗，所谓的"恐怖之日"，也出现在其他城市，比如普热梅希尔、斯坦尼斯拉维夫、科洛米亚。在战斗的过程中，那些加利西亚的城市变成了前加利西亚的城市，成了后哈布斯堡民族争夺的对象。[50]

一周后，波兰武装力量重新夺回了利沃夫。11月27日，《新自由报》在维也纳记录了一种新形式的暴力："伦贝格反犹屠杀（Der Judenpogrom）"。在这份报纸背后深耕多年的主编是莫里兹·本尼迪克，他本身就是犹太人。他把这次屠杀放到了复杂紧张的加利西亚局势中进行解读。

> 伦贝格是世界大战中经历了最多艰险、受到了最多折磨的城市之一。它不得不忍受俄国侵略者举着胜利的旗帜，酒足饭饱后在大街上行军……然而伦贝格的最大不幸，是眼睁睁看着自己的孩子血肉相残，看着波兰人和乌克兰人争夺城池，彼此互相仇恨，这是上百年的民族角逐。上周五，波兰人成功控制住对手，在伦贝格的塔尖上竖起了红白旗。他们胜利后的庆祝方式，就是一连三天针对犹太人展开杀戮……成百的男女老少用他们的鲜血染红了伦贝格的街道……整整三天，这座人口稠密的城市，核心机构的驻地，古老历史文化的遗址，却上演着会给俄罗斯大草原上任何一个偏僻荒凉的城镇带来永就耻辱的剧情。[51]

从维也纳的角度看，利沃夫给早已逝去的哈布斯堡"文明加省"使命提供了最后的回顾。原因是，哈布斯堡一退出政治舞台，加省就立马返归野蛮了。利沃夫曾是重要权力部门所在地——哈布斯堡皇帝在加利西亚的政治喉舌——现在，失去了官方保护的加省人民就受到了野蛮的辱骂和攻击。《新自由报》也总结说，波兰军事首脑的确鼓励了屠杀行为。于是，省里的孩子们——也就是加利西亚的孩子们——在加利西亚被清算之际，还在自相残杀。

历史学者威廉·哈根（William Hagen）描写过1918年11月发生在利沃夫的那场屠杀。他提到说，波兰士兵坚信他们就是想惩罚犹太人，因为他们在之前的波乌冲突中保持中立。与1914年俄国人在加省大搞迫害很类似，先是有传言说犹太人开枪自卫，于是对他们的屠杀活动马上升级，变得更加粗暴。哈根表示，当时燃起了一种近乎狂欢式的暴力精神，乾坤颠倒，犹太教堂里的托拉圣书被无情亵渎，里面还有人的犹太教堂也被放火焚烧……[52]加利西亚变得天翻地覆，不归哈布斯堡管了，而大屠杀就和波乌冲突一样，其实是在了结加利西亚的故事。哈根引述了一段喋喋不休的声明，是一个叫作"红卫士"的波兰警卫组织发布的："红卫士委员会要求，你们（犹太救援委员会）在新年之前必须清除利沃夫所有的犹太人。你们带着你们的人去巴勒斯坦。滚吧！你们所有的财产都会用来重振加利西亚，没有你们这群乌合之众，没有你们的皇帝和他的犹太情妇们，这个世界上也不会有这么多的悲惨和不幸。"[53]这里面的意思就是，紧随清算加利西亚之后的，是"重建加利西亚"，那将是一个没有皇帝，没有犹太人，没有乌克兰人的新加利西亚，是一个没有任何加利西亚基本元素和特点，却被矛盾地定义为新加利西亚的地方。

11月28日，据《新自由报》报道，热舒夫、普热梅希尔等地接连发生屠杀事件："加利西亚全境（in ganz Galizien）的犹太人惶惶不可终日。"加利西亚仍被看作一个整体，一个反犹暴力发生的场所。位于维也纳的犹太联盟决定为加利西亚的犹太兄弟们鸣不平，虽说哈布斯堡没了，二者已经没有任何政治意义上的关系，但仍有着共同的宗教纽带和之前的帝国关联。犹太联盟试图制造国际压力，其中包括与远在大洋彼岸的美国通气，对加利西亚的反犹骚乱施压。与此同时，它还利用了加利西亚当下最能够发挥作用的机构,即波兰清算委员会。这个委员会的使命本是跟维也纳做切割,并取代哈布斯堡政府,但现在维也纳方面却呼吁它维持当地社会治安和法律秩序,就像哈布斯堡政府在前加利西亚所扮演的角色。[54]

然而,清算委员会在加利西亚屠杀问题上代表的是波兰的立场。11月29日,《新自由报》引述说,委员会坚信其中另有隐情,并为波方作无罪开脱,令人不免生疑:他们说是乌克兰人释放了利沃夫前哈布斯堡监狱中的犯人。然后,是这些犯人,而非波兰士兵煽动了屠杀事件。清算委员会设立了一个专门小组负责调查此事,其成员包括一位戴曼博士,很有可能就是1914年拒绝和安斯基共同从事战争救济的那个犹太社群领导人。[55] 这个戴曼博士在俄军占领期间曾声称,"我们永远是奥地利公民。我们忠于祖国,忠于圣君,忠于对我们犹太人有大恩大德之人"。到1918年11月底,利沃夫的犹太人已经不再是奥地利的公民了,他们痛心疾首地发现,以前作为加省犹太人是多么的幸运,做哈布斯堡臣民是多么的幸福。从加利西亚逃出来的犹太难民,譬如曼内斯·斯佩贝尔一家,都尽力留在维也纳,因为"我们的老家就要成为异乡",因为加利西亚已经不再是加利西亚了。[56]

11月30日,《新自由报》发表了专栏副刊,不是新闻报道而是一篇社评反思,题目为《伦贝格的屠杀》,作者是一位匿名观察者,很可能是报纸的特派记者。现在他正要离开利沃夫:

在离开伦贝格的路上,我穿过了加利西亚全境,(durch ganz Galizien),其间,我有机会和形形色色的人聊天,他们来自各种社会圈层,做什么职业的都有。他们都向我袒露了对犹太人的憎恨之情,没有人谴责暴乱。他们都认为犹太人横行霸道，肆意妄为，波兰士兵只是在自我防卫而已。有一位中学老师讲得最透彻。他说："当克拉科夫成立了清算委员会时，整个加利西亚就都变成了波兰国的领土。于是，公开反对波兰人的乌克兰人，以及声称保持中立的犹太人，都等于犯下了谋反忤逆的叛国罪。波兰人只是挥兵讨伐这些国家罪犯。伦贝格所发生的一切不过是对这些人实施他们应受的惩处罢了。假如犹太人要通过境外势力去抗议，去制造舆论，企图诽谤波兰人，那等待他们的就是更严厉的惩罚。"[57]

这个认为自己穿越了"加利西亚全境"的记者坦言，从和他对话的波兰人的角度来说，加利西亚已经不再是加利西亚了。那位中学老师也认为，清算委员会一成立，"加利西亚就全部变成波兰的了"。从那时起，加省的所有居民都成了前加利西亚人，而其中的犹太人和乌克兰人，随着波兰国的冉冉升起，则沦为了叛国之徒。

"这位老师在波兰群体中绝非异类"，记者观察到。[58]波兰人大都坚持认为波兰要控制全部所谓他们的领土，并要求那些上个月之前的加利西亚公民、哈布斯堡子民，如今的"外国人"向他们俯首称臣。老师大概只是波兰社会中的一个普通人，但直到前不久，他还在加利西亚的教育机构任职，所以他也属于哈布斯堡王朝治下的子民。所以是清算委员会努力把他从加利西亚中学的老师改造成了波兰中学的老师，而这项工作就完成于1918年11月期间。但从文化、情感和心理上说，这个过程要更加漫长，并且在加省撤销后还要持续很久。11月末的《新自由报》记者穿越了"加利西亚全境"，他目睹的正是一个自我转型的社会，一个重新思考自我身份的社会，一个修正自身历史的社会。

12月1日，《新自由报》刊载了一份电报，这份电报是维也纳犹太社群发给美国总统伍德罗·威尔逊的,恳求他出面干预反犹屠杀:"全世界犹太人从内心深处发出呼唤,加利西亚发生了严重可耻的事件。"[59] 三天后,威尔逊来参加巴黎和会。他当然同情利沃夫被杀害的犹太人,但他也在一定程度上理解那位学校老师的理论,民族自决带来的扭曲逻辑。然而,在维也纳犹太人的呼吁中,威尔逊没有意识到的是加利西亚的非民族性,这里曾是一个统治了形形色色不同人口的古老王朝的地方封地。伍德罗·威尔逊眼中的战后欧洲,并没有给加利西亚留下一席之地。

12月11日,《新自由报》又发表专栏社评《伦贝格屠杀日的景象》。开篇即反思了地理的变化:"伦贝格从来没有像今天这样离我们如此遥远(Nie war Lemberg so weit von uns wie heute)。"部分原因是北部线(Nordbahn)火车网络的中断造成了交通的机械故障——北部线建成于19世纪30年代,曾让弗雷德罗这样的加省人兴奋不已。但轨道交通中断并不是令1918年的利沃夫和维也纳变得如此疏远的唯一罪魁祸首。其中当然还有政治层面的因素,事实上,利沃夫不再是哈布斯堡的一个省会,不再附属于王朝的建制并受制于维也纳。而真正让利沃夫变得遥不可及的,则是波兰人和乌克兰人的内战所带来的无休止的暴力,还有波兰胜利者对城中犹太人的无情杀戮。维也纳人很难想象,在这座不久前还是弗朗茨·约瑟夫治下的城市中,如今则上演着这般的"屠杀景象"。1908年利沃夫总督被刺杀,单单这一个谋杀事件都已经让维也纳惶恐不安,如今10年过去了,利沃夫竟然出现野蛮血腥的暴力行径,简直令人不可思议。唯一宽慰人心的因素是这样的托词,利沃夫现在一下子走远了,跟维也纳没有什么关系了,连接二者的只有曾经共同的记忆和历史,关于加利西亚的历史。12月11日的专栏总结道,波兰人大捷报喜,利沃夫"混乱屠城"。[60]

数十年来,"混乱"是附着在加利西亚身上最恐怖的鬼魂,不禁让人想起 1846 年的屠杀,19 世纪后期难以忘怀的种种,还有世纪之交,面对 1898 年伊丽莎白皇后被无政府主义者暗杀时的恐慌。可以说,加利西亚在自治时期养成的所有意识形态,就是不仅将加省看成抵御东部野蛮俄国人的堡垒,还是抵御内部不可调和之混乱的屏障。1918 年末的维也纳可以发现,在遥远的利沃夫,加利西亚的灭亡带来了可怕的混乱爆发。

巴黎和会:"加利西亚的统计数据"

成立于 1918 年 11 月 1 日的西乌克兰共和国在 11 月月底前把利沃夫输给了波兰,但凭借着它的"乌加军",它于第二年上半年继续在加省东部与波兰展开对抗。乌加军和之前哈布斯堡的很多部队都是由威廉·冯·哈布斯堡大公(Wilhelm von Habsburg)所支持,而其小股空军部队则由派特罗·弗兰克(Petro Franko)指挥,他是作家弗兰克的儿子。[61] 波乌战争很快演变成了 1919 年爆发的波苏战争,加利西亚则成为兵家必争之地,它决定着苏联控制下的乌克兰和毕苏斯基领导下的独立波兰之间的国界划分。1919 年的巴黎和会讨论了加利西亚的未来,即便波兰军队和乌克兰军队,也就是后来的波兰军队和苏联军队,更想在战场上解决这个问题。

1919 年,波兰的和会筹备委员会于巴黎发行了一份报告,名叫《加利西亚备忘录》(*Mémoire sur la Galicie*)(简称《备忘录》),主要编撰者是利沃夫大学著名地理学家尤金纽斯·罗默(Eugeniusz Romer)。《备忘录》将波兰问题展现给威尔逊、劳合·乔治(Lloyd George)、克莱孟梭(Georges Clemenceau)和奥兰多(Vittorio Emanuele Orlando)"四巨头":"波兰人要求,从奥地利帝国脱离出来的（desannexée）加利西亚的全部（la Galicie entière）土地都要分给新的波兰国。他们要求加省回归是出于历史、民族、经济和领土的考量。"[62] 回归和入侵这种词汇都是 1772 年创建加利西亚时用过的，如今在撤销加省重归波兰问题上再度被启用。始于 1772 年的哈布斯堡吞并时代在 1918 年随着波兰的"反入侵"而告终，而前后两个行动都是依靠"回归"这个概念来寻求合法性。1918 年的波兰全然接受了 1772 年哈布斯堡的理论，即"加利西亚"具有地缘政治意义上的完整性：从历史到民族，从经济到领土。这个理论 1772 年的时候就是站不住脚的，只是一个自我辩白的借口，但随着时间过了近 150 年后，它却获得了历史合理性。然而，从民族志这个层面讲，很明显，1918 年的波兰也无非是编造了一个虚构的加利西亚故事，有争议地使用它在和会的背景下反对乌克兰罢了。

1772 年的重要性在 1919 年的《备忘录》中非常明显："从 1772 年起，加利西亚全境除了克拉科夫和捷尔诺波尔区以外，自始至终一直隶属奥地利。现在奥地利没有了，加利西亚必须要完全（tout entière）回到波兰祖国的怀抱。"所以他们把 20 世纪初奥地利哈布斯堡王朝的灭亡和加利西亚的瓦解，与 18 世纪末波兰的灭亡和加利西亚的创建联系在一起。民族志数据——明显是不真实的——补充了加利西亚"回归"波兰的"历史"逻辑，数据坚持认为省内有 59% 的波兰人和 40% 的鲁塞尼亚人。他们一定把加省所有犹太人都算成波兰人了，这就是 1918 年 11 月波兰人屠杀犹太人后，厚颜无耻地在统计上搞得伎俩。这些统计数字还在另一本巴黎出版的英语小册子里出现过，题目很实证，误导性极强，叫《加利西亚统计》，很可能就是专门给威尔逊总统看的，旨在将统计数据中透露出的民族自决深深地刻在他的脑海里。这个小册子主要也是罗默为参加和会的波兰委员会编写的,其中不光做了数据统计,还荒谬地说,"前波兰政府、波兰社会的极大包容性,也可以体现在加省波兰人与加省鲁塞尼亚人之间的相互理解和友善中"。不仅如此,《加利西亚统计》还想当然去评价"波兰和鲁塞尼亚文明",不出所料地认为"波兰文明更高等",同时注意到"鲁塞尼亚人的原始社会结构也与他们的文明相一致"。[64]"乌克兰"的名称就这样被刻意回避了。波兰就这样炮制了——也许是最后一次——波兰版本的哈布斯堡在加利西亚的文明使命。

在法语版的《备忘录》中,加利西亚在民族志上被分成了波兰人和鲁塞尼亚人,但文中也指出,"这两个种族相互交融",经过数次通婚,逐渐形成了一个"民族混合体"。因此,加利西亚作为一个整体不应该也不能在民族志上被分成东西两部分。书中又引用考古资料和中世纪编年史料以证明,全省范围的波兰人都是地地道道的"本地人",甚至在最东边,在他们展示了所谓"文明优越性"的地方亦是如此。《备忘录》强调,加利西亚的"波兰人引领着本省所有的思想和经济活动"。[65]为了让这个论点听起来更悦耳,在巴黎的波兰代表承诺,英国石油公司可以继续使用加利西亚的经济资源:"波兰政府——只要有权做到——已经准备好运用各种可以运用的法律手段,来保证恢复英国第一石油公司及管道公司对战前在加利西亚开采油田的持有权。"民族志、文化和经济均被召唤出来,旨在说明战后的加利西亚在整体上是属于波兰的。

作为地理学家的尤金纽斯·罗默,在《备忘录》中还提出了一个可以争取到加利西亚的地理论点。他引用波罗的海和黑海之间波兰河流的分布情况,强调"从这个波兰特性可以得出结论,从大地理的观点来说,加利西亚的全部地域都应该归属波兰",并且,"加利西亚坐落在喀尔巴阡山脉上,这就给了波兰天然的防御"。地理无非是关于自然的问题,所以通过地理学的推断,可以确定加利西亚的"自然"归属。

> 加利西亚回归波兰这件事,如果我们想从地理方面表达,就是其重新依附于维斯瓦河盆地和德涅斯特河盆地,从自然条件的集成和国家地文结构上说,这个重新依附是完全成立的。[67]

1772 年加利西亚的诞生依靠的是瓜分手段,而 1918 年它的回归却被宣称是完全"自然"的。

罗默在和会上为波兰的地位做出了咬文嚼字的地理贡献,但给波兰带来更多精彩表现的则当属国际知名钢琴家伊格纳奇·帕德雷夫斯基。1919 年 4 月的某个晚上,巴黎歌剧院有演出,英国外交官哈罗德·尼科尔森(Harold Nicolson)在日记中写道:

> 剧情突变。帕德雷夫斯基走进了总统包厢。波兰国歌奏响:观众起立,挥舞着手绢,高声欢呼:'好哇!好哇!'我缓慢起身,帕德雷夫斯基向大家鞠了一躬,面带笑容。这不是一位总统的鞠躬,这是音乐会舞台上的鞠躬。他的夫人在兰花丛中看起来非常不好。[68]

紧接着帕德雷夫斯基 4 月在巴黎的精彩表演,《加利西亚备忘录》和《加利西亚统计》于 5 月出版问世。但到了 6 月份,波兰人在巴黎又印了一个小册子——《光复波兰东南东北前线回忆录》(简称《回忆录》),这一次,加利西亚的名字被删掉了。人们越是为波兰摇旗呐喊,加利西亚的独特性就越是不值一提,需要的只不过吞噬它，淡化它，来为自己重新辩白。加利西亚很快就要变成波兰东南部地区了。

"瓜分波兰之罪必要偿还"，6月的《回忆录》掷地有声，"否则，就毫无权利之神圣和正义之原则可言，就无法为世界复兴提供一个良性的基础。因此，势必要复原到瓜分前的形势，我们要像当时那样来讨论未来波兰的领土和边界"。[69]瓜分前的形势当然跟加利西亚毫无关系了，那时它还不存在。加利西亚的边界，包括东加利西亚，就在这一刻和以后的日子里，成了波兰的"东南边陲"。《回忆录》用大写字母清楚阐明：红鲁塞尼亚不等于乌克兰。的确，鲁塞尼亚区居住着为数众多的鲁塞尼亚人，而非乌克兰人，但"鲁塞尼亚在政治意义上还不是一个国家，独立的时机也不够成熟"。[70]在18世纪瓜分之前，鲁塞尼亚和鲁塞尼亚人都曾是波兰-立陶宛联合王国的一部分，现在要再度归附于新波兰国。《回忆录》还说，"祖国大地上的波兰人和鲁塞尼亚人都是土生土长的本地居民"，但波兰是这一地区唯一推动文明的力量："每一次国家危在旦夕，每一次被鞑靼人或者乌克兰哥萨克奸淫掳掠，都是波兰人站出来恢复秩序和农业生产。因此，波兰人有权把鲁塞尼亚地区称为自己的家乡。"鲁塞尼亚总是"受到波兰文明的影响"，那么它理应属于波兰。[71]

《纽约时报》对此持有不同的看法。1919年5月，报纸刊登了一封写给编辑部的信，信的作者不是别人，正是米罗斯拉夫·西钦斯基。他第一次出现在美国的公众视野里还是1915年，当时，《纽约时报》发表了一篇题为《杀人犯请求入籍》的短文。报纸提到被害的波托茨基曾担任加省省长，但他"却被鲁塞尼亚农民视为仇敌"，这次暗杀和1914年斐迪南大公被害有共通之处，都是位于"奥地利治下的斯拉夫省份，都出于同样的问题"。到了西钦斯基致信编辑部的 1919 年，波托茨基已经被人遗忘了，没有人再提他的遇害事件。这封信的题目叫作《加利西亚东部短兵相接：和会之前波人乌人各持己见》，根本没有提到鲁塞尼亚人。西钦斯基引用统计数据想证明，在加利西亚东部，乌克兰人口其实占了大多数，他痛斥波兰"帝国主义"亡我之心不死，点明波兰人口数据是做了手脚，因为把犹太人也算进去了。"波兰进犯加利西亚东部，"西钦斯基总结道，"并不能遏制布尔什维克的蔓延，反倒会像帕德雷夫斯基所预测的那样，为其提供又一个红色温床。"[72] 因此，世界大战前加省暴力的声响，为战争结束后加利西亚的革命威胁摇起了警铃。

1920 年，新的国际联盟在日内瓦筹备成立，米哈伊洛·格鲁舍夫斯基代表独立乌克兰委员会在日内瓦发表演说，题为《致世界上的文明国家》。1918 年 1 月乌克兰在基辅宣布独立，其中格鲁舍夫斯基扮演了至关重要的角色，一年之后的 1919 年 1 月，他又与东加利西亚代表一起参与联合法案的草拟工作，法案在理论上确立了乌克兰的统一——但次月布尔什维克军队就占领了基辅。1920 年，流放中的格鲁舍夫斯基满腔怒火，撰文批判波兰对加利西亚东部的控制，他还斥责巴黎和会的决议，竟然会如此草率地承认加利西亚——包括他多年执教和生活过的利沃夫——是波兰的一部分。[73]

波兰宣传册坚称 20 世纪的乌克兰人仍是哈布斯堡的加省鲁塞尼亚人，格鲁舍夫斯基则将新时代乌克兰的称谓追溯到中世纪时期：

> 东加利西亚从很久之前就是乌克兰人的国家，有自己独立的国家生活，先是作为基辅乌克兰国的一部分，后来成为加利

西亚-沃里尼亚国的核心区域。东加利西亚于1349年被波兰攻占，在波兰的世俗统治结束后，又落到了奥地利的手中……[74]

波兰为收复加利西亚把故事讲到1772年，而乌克兰则将要回东加利西亚看作一个中世纪历史问题。格鲁舍夫斯基作为历史学者，当然是提出这个问题的最佳人选。在他长时段的历史视角下，哈布斯堡王朝1918年退位意味着东加利西亚要回归独立乌克兰的怀抱。

波兰收回加利西亚的决心也让苏联卷入其中，苏方在波苏战争期间大力为加利西亚发声。1920年，仅仅花了几个月时间，在苏联的扶持下，加利西亚苏维埃社会主义共和国便成立了，共和国的总部设在捷尔诺波尔，力求解决乌克兰人、波兰人和犹太人之间的多元文化问题。因此，苏联无视波兰，承认了加利西亚的存在，又召唤回了被人遗忘的加利西亚幽灵。如果后来苏军节节胜利，列宁就很有可能促使乌克兰和加利西亚发展成毗邻的社会主义共和国。那么很久之后，1991年苏联解体，加利西亚就会像乌克兰一样，成为一个独立的政体，在21世纪的欧洲版图上占有一席之地。

伊萨克·巴别尔："这些可怜的加利西亚人"

波苏战争有幸让20世纪俄罗斯最伟大的作家之一伊萨克·巴别尔认识了加利西亚。他曾是苏联骑兵的随军记者，后来写了许多关于红色骑兵的短篇小说。这些作品体现了巴别尔非常着迷于哥萨克骑兵时而残酷的形象，还反映出他对所谓波兰封建特权的愤慨，以及他对大军所到之处犹太人不幸遭遇的同情。所有这些都是在加利西亚的土地上发生的。

其中一个故事发生在索卡尔城，巴别尔笔下的讲述者目睹了哥萨克将军的葬礼仪式:"我的嘴唇触碰到他马鞍加冕过的光滑前额,然后我就去城里转了一圈,这座哥特式的索卡尔镇,漫天尘土飞扬,到处是加利西亚式的沮丧。"在叙述者步行的过程中,他遇到了一群哈西德派教徒,他们"无视战争和火炮",正在数落维尔纽斯的立陶宛正统犹太机构。随后,另一个人突然出现了:"我猛然看到面前有一个加利西亚人,他无精打采,萎靡不振,像堂吉诃德一样。"[75] 对巴别尔来说,加利西亚到处是穷困和死亡,带着一股疯狂幻想的气味。

这位萎靡的加省堂吉诃德牵着一头同样萎靡的奶牛:"可怜的小奶牛被拖在加利西亚人的身后,步履蹒跚。他郑重其事地拉着它,他瘦弱干瘪的身体好似晴朗天空中立着的一座绞刑架。"巴别尔的讲述者怜悯这头奶牛,但他又希望自己在加利西亚能够心硬一点,学会残酷无情,成为战争和革命需要的男人,就像红色骑兵军的哥萨克那样:

> 我跌跌撞撞走到了柴斯尼基村,这个小村子摇曳在加利西亚持续不断的雨天里,漂浮着,鼓胀着,灰暗的伤口处流出红色的黏土。我头上闪过的第一颗星跌入了云层。雨滴鞭答着柳树,力气逐渐变弱。夜幕直冲云霄,宛如一群候鸟,黑暗将它的花环套在了我的头上。我好累,蜷缩在死亡之冠下面,继续前行,恳求命运之神可以给予我最简单的能力——让我杀人。[76]

伊萨克·巴别尔1894年出生于敖德萨的一个俄国犹太家庭,他经历了1905年的敖德萨屠犹事件,但到了1920年,他还需要在加利西亚学习死亡一课。他不会杀人。斯大林就没有这样难以克服的纠结，在 20 世纪 30 年代的大清洗中，巴别尔被迫害致死。

加利西亚是第一次世界大战、攻击犹太人、波乌战争以及最后波苏战争不变的场地，它给巴别尔的故事增添了几缕阴森的气息。加利西亚确实快要把自己埋葬在自己的地缘政治坟墓中。相比小说，巴别尔的日记更精彩，作者非常清楚加利西亚的独特性，并对那些区别于俄罗斯帝国的特点十分感兴趣。1920 年 7 月 25 日，他在列什尼夫村写道：

> 天主教堂、东仪教堂、犹太教堂，美丽的建筑，悲惨的生活，几个犹太孤魂，一名反抗的女房东，一个加利西亚女人，苍蝇和污垢……关于苏维埃加利西亚的传单……你怎么能想象到，这一切多么悲哀，这些可怜的加利西亚人要疯了，犹太教堂被毁了，各种恐怖事件背后都是涓涓流淌的生命……[77]

从 1914 年开始，加利西亚的前哈布斯堡建筑——三座教堂（其中有一座是犹太教堂）——饱受战乱和暴力的摧毁，只能勉强被认出来。巴别尔钟爱的哥萨克勇士们在加利西亚时不时也能获得士兵之欢，有的付费交易，有的使用强硬手段。作者在 7 月 28 日的日记中，用隐喻夸张的手法渲染梅毒泛滥之猛烈：“整个加利西亚都被感染了。”[78] 又一次，加利西亚的完整性被证实了，这次属于医学上的完整性，全省一心。

"加利西亚阴郁得令人无法忍受，损毁的教堂和十字架，灰蒙蒙快压到头顶的天空，还有遍体鳞伤微不足道的芸芸众生，"巴别尔在列什尼夫村写道，他想知道，"斯拉夫人是历史的粪便吗？"[79] 加利西亚给巴别尔带来了人种学上的沮丧，涉及他周围的所有人，包括苏维埃哥萨克的骑兵和本地的加利西亚人群，二者彼此相遇，发生了野蛮、压迫、鄙夷,甚至梅毒传播的关系。他自己的同情心、认同感,他的抵触和疏远,在苏维埃骑兵和加利西亚人中间徘徊不定,在斯拉夫种族和犹太种族面前踌躇不决。7月30日,他在布洛迪写道,"这个可怕的集市中,都是穿着长衫的侏儒","九座犹太教堂,半数已毁"。作为一名俄罗斯作家,他强令自己努力讲出加利西亚的特点:

> 这是一个犹太城镇,这里是加利西亚,快给我描述一下。战壕、毁坏的工厂、布里斯托、女服务生,还有那"西欧"文化,让我们蜂拥而上,贪婪地扑上去的'西欧'文化。可怜兮兮的镜子,面色惨白的奥地利犹太人——他们是这里的主人翁。[80]

巴别尔眼中的加利西亚就是东西方别扭的混合体,为了追求语法上的精准,他还把"西欧"加了引号,颇有讽刺意味。布洛迪的奥地利犹太人就像一面起到警示作用的镜子,来来回回地反射着东欧与西欧,从东方集市到布里斯托大酒店,都映现在距离逐渐缩小的镜像空间中。

在他的自我发号施令——"快给我描述一下"——之外,还补充了一道需要记住的道德训诫:"绝不能忘记布洛迪,不能忘记这些可怜的人,理发店,外来的犹太人,还有街上的哥萨克。"[81]不过,他发现了一个波兰书店,于是,他瞬间就开始相信自己真的身处西欧:"这么多尚未开裁的书籍和影集,这就是西方,骑士的波兰,一部佳作选集,一部博莱斯瓦夫家族的全史,由于某种原因,我感觉这些都好美:啊,波兰,华服覆盖着一个衰老的躯体。"他找到了一本卡齐米日·泰特马耶的诗集,一个世纪末加利西亚的纪念品,这正是巴别尔心中对西方的暗示。1920年时虽已行将就木,但加利西亚却激起了东西之争,唤醒了生前身后的世界,骑士精神和风烛残年,历史的秽物和堂吉诃德的错觉。8月1日,巴别尔写道,在麦田中央,有一行"神情凝重、鬼魂般的赤脚加利西亚人"走过,非常离奇。已经成为幽灵的加利西亚人继续向前迈入20世纪,而加利西亚本身却从历史变成了幻象。

身处拉什克夫(Lashkiv)这座"绿色、阳光、安谧、富饶的加利西亚村子"时,巴别尔试图了解波苏战争的走向和国际影响。他思考,"我们要和全世界为敌吗?"不久,拉什克夫就燃起了一场大火,整个村子瞬间火光冲天,烟雾缭绕,巴别尔目睹了哈布斯堡加利西亚一个尚且存在的村庄化为灰烬。而哥萨克并不觉得自己和加省鲁塞尼亚农民休戚与共,同属乌克兰人,于是开始掠夺东仪教堂。那些圣物战利品让巴别尔觉得新奇又有趣:

> 你不忍看到,我们的哥萨克把赃物拖到后院,他们目光如炬,看起来很忐忑,很羞愧,这种习以为常的行为已经根深蒂固。所有的教堂匾额、古代圣书、圣像都被搬了出来。雕像千奇百怪,有粉白的、蓝白的、丑陋的、平面的,中国的或者佛教的,还有成堆的纸花,如果教堂着火了,农妇们也只能痛苦地默默紧握双手……士兵们围在牧师的大木箱旁,好像穷凶极恶张牙舞爪的猛兽。他们说这里面有金子。你可以拿走牧师的一样东西,那是加省都主教安杰伊·谢波斯基伯爵的肖像:一个威猛高大的贵人,硕大的手上戴着一枚黑色的戒指。[84]

巴别尔忽然撞见了谢波斯基的画像,经历了战争的洗礼,谢波斯基当时仍在利沃夫担任都主教一职,事实上,他一直任职到1944年病逝，他甚至看到了第二次世界大战结束时苏军入城的画面，看到了斯大林把加利西亚东部并入苏维埃乌克兰的情形。1920年，巴别尔向一位东仪教老牧师打听谢泼斯基，并得知都主教最初来自一个鲁塞尼亚贵族家庭，现在他已经"回到鲁塞尼亚人中间了"。[85] 在跟老牧师交谈时，巴别尔看着哥萨克对加利西亚烧杀抢掠，他似乎对鲁塞尼亚人加省都主教产生了几分恻隐之心。

晚上骑马穿过小镇布斯克（Busk）——"静如死水的布斯克"——巴别尔寻思，"加利西亚的城镇有什么不一样呢？东部（拜占庭和犹太人）的臃肿和脏乱与西部喝啤酒的德意志人的混合体"。在阿达米（Adamy），他发现了"慌张的鲁塞尼亚人"，但波兰人始终不在他拜占庭-犹太-德意志的加省概念里。当巴别尔提到骑兵对之后的掳掠抱有极大期待时，他对此做了澄清："对我们即将前往的波兰，我们无须顾忌，而对于那些完全无辜的加利西亚人，我们还是谨慎为好。"[86] 加利西亚的无辜——这里并不包括波兰人——给本省已经做出的巨大牺牲又添加了悲壮之感，而巴别尔似乎可以与加利西亚感同身受。"可怜的加利西亚人"，他在8月22日写道，言简意赅。随后，在8月26日，他又写道："可怜的加利西亚，可怜的犹太人。"[87] 尽管渴望成为哥萨克骑兵的一员，但巴别尔在"不幸的加利西亚"——不幸的大地，不幸的犹太人，怎么也不会停的大雨，以及"从灰暗的伤口处流出的红色黏土"——找到了任何伟大作家身上都不可或缺的，对人类的同情和怜悯。

第十章 幽灵尾声：加利西亚之后的加利西亚

引言：一次地理探索

毕苏斯基在波苏战争中大获全胜，加利西亚可以全部并入独立的波兰共和国。在波兰国内，加利西亚于1921年被正式撤销建制，其领土被分成克拉科夫、利沃夫、塔尔诺尔和斯坦尼斯瓦维夫四省区。历史学家米哈尔·斯利瓦认为，波兰有能力"去废除前加利西亚的合法政治及行政的独特性"。[1] 加利西亚内部的民族纠纷现在成为波兰自己的纠纷，由旨在保护弱小的国际联盟时刻监控。

获得加利西亚后，毕苏斯基建立了一个由很多少数族群组成的多民族波兰国，这非常符合他的左倾思想和具有包容精神的"雅盖隆"式波兰理念。而他的政治劲敌，国家民主党的罗曼·德莫夫斯基（Roman Dmowski）却推行更狭义、纯粹、排外的国家主义思想，他主张波兰国是波兰人自己的国家，要有统一的民族身份，并鼓励在政治上打压少数民族，包括犹太人和乌克兰人。这样一来，毕苏斯基希望接纳加利西亚的全部，并且他的确做到了，而德莫夫斯基则打算煽动内部民族矛盾，就好像在延续哈布斯堡统治下的加省特色。1922年，波兰举行总统选举，在少数族群的支持下，加布列尔·纳鲁托维奇（Gabriel Narutowicz）当选，但不久之后，他就被人杀害了，凶手是德莫夫斯基的一个疯狂支持者。1923年，联合国接受波兰接管东加利西亚，并默认住在那里的乌克兰人可以获得一定程度的自治权。事与愿违，1924年，国家民主党的斯坦尼斯瓦夫·格拉布斯基（Stanisław Grabski）担任教育部长，他签署法令（Lex Grabski）限制乌克兰语教学，将哈布斯堡在加省最后十年于教育领域取得的进步和成绩完全阻断了。

后来以小说《柏林亚历山大广场》（Berlin Alexanderplatz）而知名的德国作家阿尔弗雷德·德布林（Alfred Döblin）于1924年去了一趟波兰，第二年，他在魏玛德国出版了他的游记。德布林出生于斯德丁（Stettin）（波兰语：Szczecin）〔当时是哈布斯堡的城市，叫"斯德丁"，即"什切青"（szczecin）——译者注〕的一个德意志犹太家庭，后来成为柏林人。他很喜欢去波兰游玩，尤其是去考察东欧犹太人的现状。早在1921年，他就发现德国好像不怎么关心那些犹太人，他们看上去离亚历山大广场的世界非常遥远。"我们怎么也得搞清楚是否真的有数百万东欧犹太人活动在波兰和加利西亚吧"，他评价道，带着讽刺的口吻。要想"证实这个问题，地理考察再适合不过了"。[2]1921年时，他可能还没弄明白波兰和加利西亚到底有什么区别，等到1924年他终于去考察时，前加利西亚的特色将成为他的考察题目之一。

20世纪失去了哈布斯堡王朝的加利西亚——加利西亚之后的加利西亚——只是前加省的一个幽灵。但是，晚期哈布斯堡加省的那些政治动荡和种族冲突却一直延续下来，愈演愈烈，在各种政权下，前加利西亚和前加利西亚人民的日子依然不好过。在两次世界大战期间，俄军和德军都占领过加省的全部或部分区域；波兰、乌克兰、苏联、后苏联政权也先后给加利西亚人施加自己的政治理念。甚至在哈布斯堡的统治终结后，这一片贫瘠的土地仍然继续向世界各地输送移民。无论他们是去往大洋彼岸还是安土重迁，一部分前加利西亚人依旧保留着加省的身份认同，认为自己是加利西亚乌克兰人，加利西亚波兰人，尤其是加利西亚犹太人。他们还构建了独特的民族志分类：加利坚人（Galitzianer）。布鲁诺·舒尔茨和约瑟夫·罗特均为19世纪90年代出生于加利西亚的犹太人，那时加省还处于弗朗茨·约瑟夫的治下，之后他们成为作家，活跃在后哈布斯堡时期的欧洲大陆上，并且分别在波兰文学和德国文学中找寻加利西亚的遗产。19世纪80年代生于加利西亚的萨缪尔·约瑟夫·阿格农（Shmuel Yosef Agnon），在20世纪60年代作为以色列小说家获得了诺贝尔奖，他用希伯来语写作。

负责监督战后条约对弱势群体进行保护的国际联盟，要尽力保障前加利西亚人在独立波兰国内的安全，但实际上却收效甚微。然而，与希特勒和斯大林在二战期间和之后对加利西亚造成的巨大恐怖相比，来自波兰的压迫就算小巫见大巫了。1939年的《苏德互不侵犯条约》不仅再次瓜分了波兰，还肢解了加利西亚，把它分成纳粹和苏维埃两个部分。希特勒和斯大林，以及他们前所未有的杀戮暴行，在1945年和1953年终于分别退场，但他们造成的加利西亚地缘政治分裂却久久无法愈合。直到今天，前加利西亚的领土还是被波兰和乌克兰分割。1989年，共产党政权在波兰垮台，两年后，乌克兰的共产党政权也遭遇同样的命运，弗朗茨·约瑟夫的画像又重新出现在克拉科夫和利沃夫的各个角落。在20世纪走入尾声之际，人们对加利西亚的怀旧之情勾勒出了这个幽灵之省——就像维斯皮安斯基《婚礼》中的鬼魂一样——在20世纪末最后一次幽灵般的到访。

阿尔弗雷德·德布林:"原始幻象"

1924年,当德布林在旅行时,加利西亚仍然是一个有意义的地名,一个有记忆的地理政治实体,虽然刚刚被撤销,但人们并没有忘记它。从柏林出发,德布林先去了华沙、维尔纽斯和卢布林,接着去了利沃夫——随后成为波兰的"利乌夫",他在那里发现了之前的加利西亚。他说他可以当即辨认出奥地利对利沃夫的影响。

> 这座加利西亚城市和议会制波兰国的其他城市完全不一样。这里的人温文尔雅,华沙人就很僵硬死板,跟俄国人似的。上面那个坐在椅子上的红砂石雕像是谁呢?"亚历山大·弗雷德罗",纪念碑上写着。我看清楚了,但我仍不知道是谁。这人一定死了很久了吧,他手里用来书写的笔不是钢笔,而是鹅毛笔。[3]

德布林在1924年仍然知道加利西亚这个名字,但他没听过弗雷德罗这个人。弗雷德罗在100年前创作喜剧作品,他文学事业所使用的波兰语言以及所承载的加利西亚背景,对于德布林来说,都是陌生的。

在德布林眼里,利沃夫很欧洲。他听到有乐队在演奏维也纳华尔兹,此时与维也纳皇家关系的切割仅仅过去了六年时间。但加利西亚的这种欧洲感让他有点不适,反倒使他渴望回到俄式冷酷的华沙。"这些欧洲人,无论正统还是混血,这些苍白到可怕的欧洲人啊",他写到利沃夫的加利西亚人时说,"我已经怕了,害怕这里会开那种咖啡馆,大家都去追逐文学潮流,聊泰戈尔什么的"。这里当然有咖啡馆,欧洲风格的那种咖啡馆,还有漂亮的姑娘和优雅的小曲。"一次又一次,总是维也纳华尔兹,"他写道,"他们在大堂里一直唱,他们有心和灵魂吗?"弗朗索斯半个世纪前总结的加利西亚的半欧洲面向——相反的,也就是半亚洲——让德布林受到困扰,被认为是在模仿且冒犯那个他熟悉但是深表怀疑的欧洲。弗朗索斯用德语写作,并不像弗雷德罗那样,令这个柏林来的旅行者一无所知。其实1920年柏林放映过一个默片,叫《朱迪斯·特拉亨伯格》(*Judith Trachtenberg*),该片就是在弗朗索斯所写故事的基础上改编,讲的是一个加利西亚犹太女孩嫁给了一个加利西亚波兰贵族,结局很是悲惨。[5]

德布林在利沃夫了解了东仪教徒和乌克兰人:"除了罗马天主教的大主教外,希腊礼天主教也有一个大主教,面向鲁塞尼亚人或乌克兰人。那就完全是另一个故事了。"德布林不知道,这位希腊礼天主教大主教就是那个拿着鹅毛笔的作家的外孙。但鲁塞尼亚人或者乌克兰人的故事非常吸引他,因为故事充满了"对波兰人的可怕的,盲目的动物性仇恨"。这种敌意也给利沃夫的欧洲形象蒙上阴影:

> 伦贝格是一个生机勃勃的现代西方城镇,街上熙熙攘攘,平静和谐。但我突然遇到了一件很奇怪的事。这个城市坐落在两个对手的怀抱中间,被争来抢去。在幕后,在不为人知的地方,我看到了歹意与暴力(Feindschaft und Gewalt)。[6]

德布林不难发现这"幕后"和"不为人知的地方"正是哈布斯堡加利西亚的历史境遇:

在奥地利时代，乌克兰就已经和波兰人打起来了。奥地利委任的总督波托茨基伯爵1911年（原文如此）被人谋杀。有人带我看了老总督的宫殿，在一片森林后面的壁垒中。波托茨基临死的时还戴着金羊毛骑士勋章。[7]

1908年的总督遇害地点后来几乎成了一个观光景点，被作为标志性名胜介绍给外国游客，让他们学习前加利西亚的历史。

德布林此次波兰之行本为了解犹太人，但到了加利西亚后，或许是意料之外，他开始研究起乌克兰人了。他参观了由希腊礼天主教大主教创建的乌克兰民族博物馆，他很喜欢其中一幅充满"天真形象"的《最后的审判》。他还去了一所乌克兰私立学校，学生们正在读"博学者伊万·弗兰克"的作品，对德国游客来说，这个名字听起来和弗雷德罗一样陌生。德布林还跑到利沃夫周边转了转："我走访了郊县，看到了乌克兰男女老少。他们这个种族啊，身强体壮，人类学特征很明显。"他还听说有一群不寻常的乌克兰山地人，被称作胡楚尔人，虽然他没能亲自去山里看看，但他在利沃夫见到了胡楚尔工艺品，并对其赞不绝口：

> 这里有胡楚尔人的陶器、武器、乐器、木雕、纺织品、刺绣、家具、玩具。这些山地人拥有令人难以置信的手工技艺和独特的造型感。他们的习俗里应该有不少"非基督教"的元素。令人惊奇的是他们在剪纸和涂复活节彩蛋方面的创造力。战争使他们发生了很大的转变：现代文明闯入了他们的世界，原本的民族特色也不那么明显了。[8]

回顾往事，加利西亚当年可是一个民俗学和民族志的非凡博物馆。

加利西亚的退场同时伴随着"现代文明"的进入,加省人类学宝藏走向濒危,民族志的多样性也因现代民族斗争而被抹杀殆尽。在前加利西亚,德布林发现,现在波兰政府已经被一种"原古幻象"(eine Phantasmagorie aus der Urzeit)附身,集体神志不清,历史记忆变成了病态的"妄想"(Wahnideen)。[9] 德布林话里话外颇有弗洛伊德式的暗示,他认为当下的波兰岌岌可危,对于加利西亚的那些历史成分、遗产、幻想与记忆,政府或许试图去打压、铲除、销毁——但不一定能取得持久的成功,也许还要付出一些精神上的代价。

德布林的利沃夫之行让他记住了波乌战争和1918年屠犹的悲惨历史:

> 犹太墓园中安葬着成批的死者。他们的坟墓就在眼前。但城内还能看到另一个纪念场所,比之前的所有纪念物都要糟糕和令人不安:就是那些被烧毁的房屋。在烧杀抢掠后,它们还在那里,就像从前一样。[10]

关于1918年加利西亚灭亡的记忆,在1924年的利沃夫仍然显而易见。德布林觉得,这是一座三族人民"肩并肩(nebeneinander)"共同生存的城市,但到处充斥着积怨和嫌隙,人们既无法摆脱过去的阴影,又惶恐着未来的生活。

如同1920年的巴别尔,1924年的德布林对犹太人和乌克兰人也抱有极大兴趣,所以对政治上占据主导地位的波兰人就没有多少同情,但他还是愿意接受他们的款待,愿意了解他们的遗产。

> 我遇到了一个有教养的老伯爵,他是前奥属波兰的总督,他和我喝茶聊天,给我看他的意大利绘画作品收藏,还发牢骚说他败给布尔什维克了。然后,如今是大学法律教授的他给了我他的名片,让我可以进出奥索林斯基图书馆。这是一个图书馆兼博物馆,在100年前由奥索林斯基伯爵和卢博米尔斯基亲王合建,馆藏图书有70万本……[12]

这位前加利西亚的前总督很可能就是莱昂·皮宁斯基(Leon Piniński),他在1898~1903年担任加省(已撤销)省长,主持世纪末加利西亚的日常工作:其间,皮哲比谢夫斯基落户克拉科夫,维斯皮安斯基创作了《婚礼》,弗兰克评价加利西亚是"无望之地",谢波斯基首次担任加利西亚的东仪都主教,弗朗茨·约瑟夫史诗般的统治已满50年。1924年,维斯皮安斯基和弗兰克已经过世,皮宁斯基在德布林眼里仿佛就是幻影般加利西亚过去的一个遗物。但凭借皮宁斯基的名片和友好,德布林可以更深入地注视加利西亚可怕的历史,直到更早的一个世纪的世纪之交,那时弗朗茨在位,奥索林斯基还在维也纳收集图书,拿破仑战争结束之后,他才把全部收藏运到利沃夫。

波兰科幻作家斯坦尼斯拉夫·莱姆(Stanisław Lem)于1921年生于利沃夫。他的童年时光正处于后加利西亚时期的20世纪20年代。他记得一件很好玩的事就是去买五颜六色的气球:"大学门前有个卖气球的小贩。那时候大学仍然被称作议会,延续了奥地利时代的叫法,因为这栋大楼是加省议会的旧址,人们懒得改口了。"[13] 的确,这栋建筑表达了加利西亚地缘政治的完整性。如果稍加不慎,莱姆手中的气球飞了的话,气球就会飘上天空,飘过议会宫殿楼顶上仍矗立在那里的加利西亚女神的寓意雕塑,两边是寓意守护的维斯瓦河和德涅斯特河。议会宫殿如今已经失去了它的政治意义,但还保留了寓意雕塑和公众记忆中加利西亚的象征意义。1924年生于利沃夫的波兰诗人齐别根纽·赫伯特(Zbigniew Herbert)在20世纪90年代仍然笔耕不辍,他在诗句中回忆起自己的童年:我啊,"在圣安托尼小学一年级的时候,学习书法,那是70年前的利沃夫了"。[14] 那是加利西亚教给他的,多么高雅的哈布斯堡书法啊,可惜加利西亚不久前已经不复存在了。

德布林1924年离开利沃夫,前往德罗霍贝奇和鲍里斯拉夫,要去领略一下前加利西亚的石油工业。和一战前的如日中天相比,这个产业如今已经夕阳西下,非常萧条。德布林描绘到,整个德罗霍贝奇城和废墟无异:

> 集市广场中央,立着一个可怕的(Fürchterlich)长方形高塔,塔上还有一个钟。这个塔就自己立在那里,既没有连着教堂,也没有连着房屋,就好比是从身体上拽下来的一条腿。这里一定发生过轰炸吧……在一个公共建筑前,有一个空的雕塑底座:上面矗立着曾经是波兰民族诗人密茨凯维奇的半身塑像。几年前,乌克兰人进犯此地,把塑像给毁掉了。[15]

哈布斯堡德罗霍贝奇的断壁残垣留存到了独立波兰时代,德布林认定废墟现在的状态很符合这个地点。他看到城内被翻修过的犹太教堂,说道:"我总是不能避免这样的想法,即不应该翻修这个教堂。"德布林还去参观了德罗霍贝奇的炼油厂和鲍里斯拉夫的油田,他看到勘采现状后非常不悦,评价道:"这里就给我一种西部荒野的感觉,慌乱、投机。一个美国的创造物,仍然困在沼泽（im Sumpf）里。"[16] 其实这里的石油工业都是加利西亚创造的，作为一个被毁掉的过去的残余，一条没有躯体的腿，一个没有雕像的底座，它的寿命比经济繁荣时期和加利西亚的地缘政治存在还要长，活到了20世纪。这就是德布林对加利西亚的幻想。

约瑟夫·罗特也于1924年从德国来到加利西亚。因为他生在布洛迪，所以这次旅途就是归乡，回到他熟悉的地方。当时正给《法兰克福时报》撰稿的罗特，反思了西欧为何对加利西亚的评价一直如此负面，甚至在加利西亚覆灭后依旧没有改观。"文明的傲慢长着廉价而懒惰的脑子，它们总能联想到害虫、污物、欺诈。"人们都知道加利西亚属于东欧，一战期间也并非士兵战死沙场的地方。罗特同样觉得加利西亚是一个贫穷和迷信的落后地区，他说道："弗朗茨·约瑟夫在位的时候什么样，现在就什么样。制服变了，老鹰变了，徽章变了，可是根本的东西没变。"罗特还说，大街上那些亘古不变的"老泥（der unsterbliche Schlamm）"相当漂亮，到了晚上，则如同"一颗颗脏兮兮的水晶"，映现着星星和月亮。集市上，他观察人们购买"那种很古老的木偶，好像回到了200年前的欧洲"。他问他自己，"难道欧洲在这停住了吗？"接着，他看到书店里在卖英文书和法文书，他得出结论：加利西亚毕竟还算欧洲，但不知为什么跟欧洲有些疏远。"加利西亚被世界抛弃，踽踽独行（Einsamkeit），但又没有完全与世隔绝；它被流放（verbannt）在外，但并没有死亡。"虽然加利西亚已经不在了，但罗特坚信，它还保有着"它自己的快乐，它自己的歌谣，它自己的人民，它自己的光辉：被辱骂的令人伤感的光辉。"[17] 罗特出生在加省，也认同自己的加省身份：根本的东西还是没变。

"欧洲的危险区"

1926年,毕苏斯基发动政变,波兰共和国迎来了一个威权政府。与此同时,共产主义诗人布鲁诺·亚先斯基(Bruno Jasieński)正在深入加利西亚的过去,为他的史诗作品《雅各布·塞拉之歌》寻找可用的材料。20世纪20年代初,亚先斯基的艺术风格从未来主义转换到了共产主义,他也从克拉科夫搬到了利沃夫。1925年,他怀揣着对加利西亚的美好印象移民去了巴黎,在那里,他回首加利西亚,创作并发表了他关于塞拉的诗。从亚先斯基的共产主义观点出发,1846年加利西亚大屠杀的那个罪魁祸首完全就是一个革命英雄:"即使历史上的塞拉没能成为英雄,也会有人为了唤醒农民的阶级意识而把他树立成一个英雄。即使现实中的塞拉不是英雄,也会有人以农民的流血牺牲和不公遭遇为名,塑造一个以他为原型的英雄形象。"[18] 就像他的共产主义战友伊萨克·巴别尔同志那样,亚先斯基也在加利西亚找到了他给予强烈革命同情的对象,并代表加利西亚农民阶级纪念塞拉。1901年(那一年亚先斯基刚出生),在维斯皮安斯基的《婚礼》中,塞拉依然是一个可怕的人物形象,是19世纪加利西亚历史逃不掉的噩梦。可是亚先斯基是在加利西亚灭亡之后进行创作,在他看来,以全新的后加利西亚革命政治的名义为塞拉恢复名誉是可能的。

文学评论家妮娜·科列斯尼科夫(Nina Kolesnikoff)认为,民俗元素是亚先斯基《雅各布·塞拉之歌》的重点,这首诗以一种模仿具有虚构口头传统的民俗作品的形式出现:"由波兰民谣的传统所支撑:它的主题、意象、体裁轮廓和韵律节奏,都受到了民歌对句和小曲小调的影响。"[19] 科列斯尼科夫还提出,亚先斯基在巴黎用到的一种文献就是哲高塔·泡利（Żegota Pauli）的《加利西亚的波兰民歌》，1838 年出版于利沃夫。[20] 也就是说，这些民间习语既是加利西亚的也是波兰的，而且 1846 年大屠杀带给我们的全部教训恰恰在于，加利西亚农民并不把自己看作波兰人。

在这种民俗时尚中，塞拉遇到了耶稣，但加省农民被证明要比耶稣本人更虔诚。他指责耶稣更喜欢王公贵胄，并不重视农民的血统（nie ceniłeśty krwi chłopskiej）。塞拉让耶稣面对"农民苦难（chłopska nędza）"的事实。看来，什切帕诺夫斯基 19 世纪 80 年代书题中的那个众所周知的加省苦难在 1920 年仍在使用。[21] 在亚先斯基的民谣想象里，1846 年的农民受到哈布斯堡当局的鼓励，在可怕的死亡之舞中，与他们的贵族主人对抗，后来又被哈布斯堡皇帝劝返，继续当农奴，从事强制性劳动。这首诗扎根于加利西亚的遗产，模仿着屠杀结束后皇上对农民讲话的口吻："我们洛多梅里亚的君主"命令他们回到自己主人的田地里去。农民天真地相信了哈布斯堡的仁慈，又被卖回给他们的封建主人——"皇上把我们搞过来，然后出售给地主老爷（wziął nas cesarz sprzedał panom）"——只卖了 13 个硬币。[22]

亚先斯基用诗歌作品表达了对 19 世纪加利西亚人不幸遭遇的同情，不仅从共产主义精神和民俗创作上高捧雅各布·塞拉，还把哈布斯堡描写成一个犹大王朝。这些受害者，也就是加利西亚的农民朋友们，实际上都是 1846 年的刽子手，手上沾满了鲜血，但亚先斯基在屠杀背后发现了他们的革命正义，并大加赞赏。他有时也会将革命热忱用错地方。1938 年，他作为革命的敌人被斯大林清除，最后客死在西伯利亚的劳改营中。

在 20 世纪 20 年代的环境下，以塞拉为代表的 1846 年农民革命暴力其实算不上前加利西亚最有可能被引爆的因素；当时更具威胁的是波兰人、乌克兰人和犹太人之间的民族冲突。有一本小册子总结了这些民族间的纷争，题目很吸引眼球，叫作《欧洲的危险区》，由位于伦敦的乌克兰办公室出版。英国议会的工党议员塞西尔·马龙（Cecil Malone）（20年代初期曾短暂加入过共产党）介绍了这本书，并引用了很多记述"在毕苏斯基元帅的军事独裁下，针对东加利西亚三省乌克兰居民的恐怖统治的报告，即便这些乌克兰居民被移交给新成立的波兰政权，并受到少数族群条约的保护"。这些报告重点关注系统性的政府暴行，即1930年波兰选举期间实行的"波兰恐怖"，包括关押乌克兰人、关闭乌克兰学校和图书馆。[23]

《欧洲的危险区》剑指"东加利西亚的痼疾"。马龙觉得这是一个"关乎现代世界和国际联盟坚持少数民族——一个民族或者种族的成员臣服在另一个种族之下——理应获得公正和平等对待的愿望和能力的问题"。马龙宣称，乌克兰人是"全欧洲最大的，但也是待遇最差的一个少数群体"，并谴责波兰人甚至拒绝让他们拥有"使用乌克兰这个名号的权利，而据《大英百科全书》，他们从中世纪就已经开始使用这个名字了"。无论是叫乌克兰还是鲁塞尼亚，也许引述《大英百科全书》来裁决加利西亚的民族问题显得有些古板教条，但马龙在特定名称如何使用和不用的问题上极为敏锐。更引人注目的是，他对波兰当局抹除加利西亚这个名字表示强烈不满，就好像在语义学上打击乌克兰人那样。"加利西亚这个有历史意义的名称要不复存在了"，他愤怒地注意到，"然后他们给东加利西亚安上一个'东小波兰'的名字"。[24]在哈布斯堡于加利西亚的统治被清算十余年后，一个英国议员正在肯定加利西亚的政治意义，不仅是名字，还有实体本身，即便他在概念上又将加省依照民族成分切割了。

马龙的前言引出了玛丽·希普尚斯（Mary Sheepshanks）撰写的针对东加利西亚的报告。作为日内瓦国际妇女争取和平与自由联盟代表团成员，希普尚斯到访过波兰。她在战争爆发前为女性争取选举权，战争期间则四处呼吁反战，战争结束后又积极倡议各国裁军。1930年，她做了一个自己喜欢的任务，研究波兰的乌克兰人，并且成为"学识渊博且努力捍卫乌克兰公民权利的都主教谢泼斯基伯爵"的崇拜者。希普尚斯描述了波兰人对位于东加利西亚的乌克兰人的压迫摧残，不仅如此，带着西方文明的所有热忱，她宣称："这个所谓的'和解'实则充斥着暴行，只有19世纪初奥斯曼非正规军（Bashi-Bazouks）在古老土耳其大地上的暴戾恣睢才能与之相比。"19世纪时，威廉·格莱斯顿（William Gladstone）声讨过东南欧这支土耳其非正规军的"暴戾"，如今，带着格莱斯顿式强烈的道德感，希普尚斯决心为水深火热的前加利西亚人民发声。[25]

玛丽·希普尚斯的报告以外国访客的视角呈现。紧随其后的是一篇持不同意见的报告，来自国际妇女争取和平与自由联盟波兰分支机构，文章也讨论了"东小波兰（前东加利西亚）事件"。波兰女性对希普尚斯的观点提出异议，她们坚决支持波兰政府，反对乌克兰的政治活动。对于这一地域，波兰女性声称她们有着外国访客缺少的经验，即使后者手持《大英百科全书》：

> 我们认为很有必要对事件发生的地域和居住在此地的人民进行简要的说明。这片领地在瓜分波兰时被奥匈帝国侵占，他们给它起了"加利西亚"的名字，将利沃夫设为首府，其目的就是要把波兰人赶走，甚至要把波兰这两个字完全抹杀掉……直至19世纪末，这个国家治下的两族人民和谐共处，

> 互惠互利，汇聚交融，在政治上形成了一个民族。鲁塞尼亚人把自己看成波兰民族的一部分……就好比布列塔尼人把自己视为法国人，威尔士人认为自己是英国人一样。奥地利政府根据分而治之的原则妄图煽动是非，鼓动分裂。几百年来，鲁塞尼亚人在自己的语言中一直都自称"鲁塞尼亚人"。[26]

如同马龙那样，这些波兰女人对名字制造政治事实的力量也十分敏感。不仅如此，她们还需要解释"加利西亚"这个名字的由来——如何在瓜分波兰的时候产生——旨在说明废除这个名字，将这一地区纳入波兰领土，改名为"东小波兰"的理由。波兰人给"加利西亚"加了引号，为了强调在地缘政治的语汇中，这个词正处于一个语言危险区，从而更好地解释我们为什么不应该再使用这个称呼了。与此同时，他们强烈表示"鲁塞尼亚"要好过"乌克兰"这个叫法，因为波兰人和鲁塞尼亚人已经汇聚成一个民族。她们殷切希望，英国大众可以像理解不列颠民族社群中的威尔士人那样，理解波兰的鲁塞尼亚人只是有着区域差异而已。

波兰女性认为，波兰实际上完全履行了少数族群保护条约的承诺，给予"鲁塞尼亚人"法律上平等的地位，允许他们拥有自己的教堂、学校和刊物，允许他们参与国家行政事务。按照她们的说法，现有未被捕的"乌克兰极端分子"妄图制造恐怖袭击，组织破坏活动，危害"东小波兰"的波兰人民。"自1918年以来，他们妄称这个地区为'西乌克兰'，并且努力在国外扩散这个名字。"[27] 乌克兰极端主义者，即乌克兰军事组织（UVO）的成员——1929年更名为乌克兰民族主义者组织（OUN）——图谋通过军事手段实现乌克兰独立。国际妇女争取和平与自由联盟波兰分支机构根据联盟的反战精神，严厉谴责"乌克兰恐怖主义者"的行径，同时向"乌克兰姐妹们"发出邀请，希望至少能够使两族女性实现和解。[28]

尽管如此，玛丽·希普尚斯却不讲姐妹情，在波兰女性的印象中，她宛如女性群体中的一匹害群之马：

> 希普尚斯小姐说了，虽然也不知道她是什么意思，她说自己曾以某种私人身份去过波兰，我们热情洋溢地等候她的到来。其实我们只是问她，是否愿意在前往利沃夫之前来华沙一次，待一天也行，我们希望派代表陪她走走……可是这位希普尚斯小姐呢，根本没有回信搭理我们，径直跑去利沃夫了，甚至都没通知我们一声……她在利沃夫与波兰社会断绝了联系，因此没人知道她在那里干什么……不幸的是，希普尚斯小姐只听从了那些乌克兰沙文团伙的说法，对其他情况则一无所知。[29]

德布林当年是先去的华沙，再去的利沃夫，他知道前加利西亚情况十分复杂，而且他了解了乌克兰或者鲁塞尼亚"故事的另一个版本"。玛丽·希普尚斯在利沃夫也听到了那个故事，因为加利西亚时隔多年依然保留了多民族形态和民族之间的仇恨，这些就是当年弗朗茨·约瑟夫时代加省独一无二的政治特点，今天不仅仍然存在，而且有增无减。

面对波兰女性的谴责，玛丽·希普尚斯毫无惧色，她也不认可用威尔士类比鲁塞尼亚，而是选择了另一个比较对象："我觉得，东加利西亚的情况更像是爱尔兰，或者其他有类似遭遇的国家，那里的人们不快乐，满肚子牢骚。"她把鲁塞尼亚人抵制波兰和爱尔兰人抵制英国进行比较，后者的结果是1922年建立了爱尔兰自由邦。希普尚斯有几分同情前哈布斯堡王朝，特别是其前加利西亚政府；"我想大家都知道，如今那里的处境跟奥地利时代相比差了很多，生活也较不开心。这也是我通过比较今天的东加利西亚和1913年时我看到的加利西亚后得出的结论。"[30] 在她回应波兰女性的结论部分，还列出了在1930年所谓反战活动期间，波兰军队或警察犯下的种种罪行。

在这本小册子的结尾，刊印着乌克兰人对波兰女性的报告的回应。文章开篇声明，他们有权自称乌克兰人，而非鲁塞尼亚人，有权使用东加利西亚这个名字：

> 首先，人们说乌克兰的错就是加利西亚乌克兰人拒绝接受鲁塞尼亚的名字，拒绝用小波兰代替东加利西亚……但我们认为，每个人都有选择自己名字的权利，他人无权干涉。东加利西亚的乌克兰人做得很对，他们早在并入波兰前就已经表达了自称乌克兰人的意愿。1918年，奥地利解体后，他们在东加利西亚的土地上建立了属于自己的独立国家，叫西乌克兰。这个行为是基于每个民族都享有民族自决的原则，这是威尔逊总统讲的。[31]

民族自决概念的重中之重就是可以自由选择人名和地名，这样可以让民族和土地之间达到更真实的对应关系。但这些名字和任何不稳定的概念指向——如"加利西亚"——一样，模棱两可，不能精准反映出身份归属、空间设置和现实情况。

"众所周知，成为波兰公民的乌克兰人和他们生活在苏维埃乌克兰的同族兄弟之间没有任何差别"，乌克兰人写道，虽然说这种身份问题通常经不起事实推敲，更别说获得普遍承认了。乌克兰人辩称自己有断断续续建国独立的传统，可以追溯到中世纪，而且他们对加利西亚的主权行使也可以追溯到同一时期。鉴于1918年的波兰借用1772年的说法，要回了他们被奥地利割去的那片被叫作加利西亚的领土，乌克兰人就直接回顾14世纪，去要回他们输给波兰的领地："1341年，加利西亚被从乌克兰王国加里奇（加利西亚）割走了。"[32] 于是，加利西亚的名字就在一战后的世界里被抢来抢去，这真是应了那个"欧洲危险区"的定义，但危险之处恰恰在于它已经不存在了，在于它1918年已经被清算过了，以及仍然是后哈布斯堡时代持续不断的竞逐对象。乌克兰人坚持将说出"加利西亚"作为对波兰的拒绝，但实际上，他们自己也在搞针对加利西亚的语义消除和政治同化，想将东加利西亚称作西乌克兰，正如最终应验的那样。

哈布斯堡咖啡馆："我们自娱自乐"

20世纪30年代，加利西亚仍会时常陷入政治风波，但在文学艺术领域，它已经进化到了神话的领域。关于加利西亚的文学作品在30年代涌现，代表作家有1888年生于布查奇的萨缪尔·约瑟夫·阿格农，1892年生于德罗霍贝奇的布鲁诺·舒尔茨和1894年生于布洛迪的约瑟夫·罗特。三个人出生时都是弗朗茨·约瑟夫治下的加省犹太子民，后来成为不同语言文学领域的著名作家，阿格农使用希伯来语，舒尔茨使用波兰语，罗特则使用德语。虽然他们三位都没有使用乌克兰语创作，但他们的出生地都位于今天的乌克兰境内。

阿格农在20世纪20年代从魏玛德国移民到英属巴勒斯坦，1931年出版了一部关于加利西亚的历史小说，名叫《新娘的树冠》，故事背景设定在 19 世纪初。1938 年，他又出版了《夜晚来客》，讲的是 20 世纪初一个移民到国外的加利西亚人返回家乡的故事。先后在布洛迪、利沃夫、维也纳求学的罗特也在 20 年代的魏玛德国从事写作，1932 年在柏林出版了小说《拉德茨基进行曲》，这本历史小说围绕着哈布斯堡王朝最后 50 年的忠诚主义展开，结局发生在一战爆发时俄国边境的加利西亚。加利西亚也是他另一部有关哈布斯堡忠诚主义作品的背景，这篇著名的短篇小说叫作《皇帝的胸像》，出版于 1935 年。在另一部小说，1938 年出版的《皇帝的陵墓》中，加省也扮演了重要的角色。而舒尔茨呢，他从来没有离开过德罗霍贝奇，但在哈布斯堡覆灭后，他成为一名波兰公民，1934 年和 1937 年先后出版了小说集《肉桂色铺子》〔英文名字是《鳄鱼街》(*The Street of Crocodiles*)〕和《沙漏做招牌的疗养院》，都是波兰现代主义文学的标志性作品，作品构想了他童年时期的加利西亚小镇，充满了神话梦幻色彩。舒尔茨于 1942 年被纳粹杀害在德罗霍贝奇，罗特 1939 年病逝于巴黎。阿格农要活得更久一点，1966 年获得了诺贝尔文学奖，是历史上首位获此殊荣的希伯来语作家，四年之后的 1970 年，他在耶路撒冷去世。以上就是影响深远、语言缤纷、充满神话色彩的加利西亚文学遗产。

在《拉德茨基进行曲》中，罗特将加利西亚塑造成哈布斯堡王朝的神秘边境。他不仅在这个边疆世界中刻画了斯洛文尼亚特洛塔家族年轻的士兵英雄，还大胆杜撰的古代皇帝弗朗茨·约瑟夫阅兵的故事。罗特好像在说，加利西亚的观念只有在皇帝心中才能达到极致，才最有意义，因为他代表了加省与哈布斯堡之间最基本的纽带。罗特从皇帝的角度出发，描写了弗朗茨·约瑟夫骑马时遇到加利西亚犹太人向他致敬的场面：

他们朝着他的方向蜂拥而至,像一团乌云。然后这群犹太人好似风中一片奇怪的黑色稻米秆,向皇上鞠躬致意。他坐在马背上,看到他们弯着腰站在那里。他骑马凑近一些,终于看清了徐徐秋风中摇曳着的金属银、沥青黑、火焰红一般的长胡子。[33]

在这个从皇帝的视野进行的对加利西亚的后印象派描述——一个色彩与光线交织而成的漩涡——中,加省好像已经快要解体了,只是临时聚合起来给皇帝展示。犹太人靠近皇帝:

长老走到皇帝面前三步远,停住了脚步。他手上拿着一个巨大的紫色托拉卷轴,上面镶着一个金冠,金冠上的小铃铛轻轻作响。犹太长老举起托拉卷轴,将它献给皇帝。他胡子很宽,牙齿都掉光了,嘴上喃喃自语,说着听不懂的赞词,那是犹太人在皇上面前表达的祝愿。[34]

不过,当弗朗茨·约瑟夫接收到了专门为他准备的加利西亚祝愿时,这种不可思议开始具有意义的连贯性。这或许是他 1848 年登基以来在加利西亚唯一的一次君权体现。

风中传来了身后考尼茨将军跟他旁边好友的对话:"那个犹太人在说什么,我根本听不懂。"皇上在马鞍上转过身,说道:"我亲爱的考尼茨,他只对我一个人讲的。"说完,他策马而去。[35]

生于 1894 年,作为弗朗茨·约瑟夫治下的加利西亚臣民,罗特回忆起他年轻时的帝国,其中虽在世却已成为神话人物的皇帝,使哈布斯堡王朝与其加利西亚子民的关系一目了然。

在《皇帝的胸像》中，罗特把故事情节设定在稍后的历史时期，即一战后的世界里，展现了使加利西亚和哈布斯堡变成鬼魂的历史动荡的另一面："在这个曾经叫作东加利西亚，如今称为波兰的地界上，离连接普热梅希尔和布洛迪那条孤独的铁道线还要很远的地方，有一个叫罗帕提尼（Lopatyny）的小村子，我们精彩的故事就从那里开始。"[36] 故事的主人公是加利西亚贵族莫斯汀（Mortsin），他接受不了哈布斯堡王朝已经覆灭的事实，无法了断自己对皇上的忠心，也无法适应战后世界的政治生活。于是，莫斯汀伯爵决定无视当下战后波兰的政治现状，在家门口摆上了弗朗茨·约瑟夫的石制雕像，这还是多年以前皇帝来此区域检阅部队时所制作的。此时此刻，加利西亚和哈布斯堡又在幻想和错觉的领域中复活了：

……仿佛从来没有过战争，仿佛从来没有过波兰共和国，仿佛老国王还没有长眠在卡普钦皇家墓穴中，仿佛这个村子还属于前朝的领土；每个经过的农民都会在先皇的砂岩胸像前脱帽致敬；每个路过的犹太人都会拿着他的物件，低声念起虔诚犹太人见到皇帝时才会念的祷告。[37]

波兰政府注意到了这种可怕的时空混乱——而且看起来有反动的意味——胸像随即被勒令移除出公众视野。于是，在本地犹太拉比、罗马天主教牧师、东仪牧师的支持下，在当地犹太人、波兰人和乌克兰人的见证下，莫斯汀伯爵主持了石像的安葬仪式，众人庄严肃穆，犹如下葬的是皇上的遗体。"就这样，先皇在罗帕提尼村，在曾经的加利西亚，第二次入土为安"，罗特写道。他好像在说，加省以鬼魂之身继续存活于世，加利西亚前朝遗老的回忆和幻想仍然萦绕在哈布斯堡的历史烟云中。[38]

在布鲁诺·舒尔茨 1937 年的故事集《沙漏做招牌的疗养院》中，有一则故事叫《春天》。故事讲的是一个哈布斯堡王朝的童年保留领域突然被打破了，因为主人公发现了一本集邮册，里面的弗朗茨·约瑟夫皇帝像缩成了邮票大小，周围则是世界其他各国国徽和领导人的邮票。

> 在那时，整个世界都被弗朗茨·约瑟夫一世覆盖了。在所有的视野中，都隐隐出现这个无处不在、不可避免的形象，就像把世界封闭起来，犹如监狱一般。正当我们放弃了希望，带着苦涩蜷缩在这大同世界之中时——保证这狭窄永恒不变的人就是强大的弗朗茨·约瑟夫一世——突然间，上帝啊，你在我面前打开了这本集邮册，并未意识到它的重要性，你让我看到了什么是绚丽多彩……多么迷人的相对主义，如此哥白尼式的成就，啊，这所有分类和概念的流动性！[39]

忽然，舒尔茨笔下的加利西亚青年主人公约瑟夫，也是他虚构的第二自我，开始质疑自己为什么要被反复灌输对皇帝忠心耿耿的思想。约瑟夫怀疑，弗朗茨·约瑟夫或许并不是一个仁慈的神明，而是一种压迫的势力，让人们接触不到世界的五彩缤纷，阻断了恭顺的忠诚主义者在炫目的多样性宇宙中看到真上帝的机会。

> 那时的世界被弗朗茨·约瑟夫一世封闭起来。在每一个硬币，每一个邮票和每一个邮戳上，他的分身都会告诉你世界一统、稳如磐石的信条。这位帝国皇家老人的肖像好似在昭告天

下,这里就是唯一的世界,没有其他的存在。在此之外,一切都是虚幻,一切都是伪装,一切都是假冒。弗朗茨·约瑟夫一世坐在万物之上关注着世界的成长。我们还是情愿效忠于他,亲爱的读者……如果那个独裁老人要压上所有的威望,你无可奈何,只能放弃你的所有梦想和渴望,在这唯一的世界里,在这没有幻想没有浪漫主义的世界里苟活,然后忘记一切。[40]

在1937年,即皇帝去世的20年后回首过去,舒尔茨刻画的青年艺术家,也是他自己的真实写照,代表了幼时的他与无所不在的皇帝之间的关系,这层关系就好比诗歌与散文之间的争斗,创意与权威之间的抗衡,自由与压迫之间的对立。

如同罗特笔下忠诚的莫斯汀伯爵,舒尔茨笔下叛逆的年轻艺术家也全然陷进了哈布斯堡的世界中,那个由皇帝胸像和帝国邮票封闭的世界。不过邮集册也带来了一些解放的希翼:

弗朗茨·约瑟夫啊,你如今变得多么的渺小,还有你的福音散文!小到我都找不到你。我终于找到了你的那张。你在一群人之间,灰灰的,看起来既微又不重要。你和其他人一起在公路上的奔波,前方是南美,后面是澳大利亚(kroczy w szeregu za Ameryk Południow, a przed Australi),和弟兄们一起高唱和撒那(Hosanna)![41]

弗朗茨·约瑟夫只是众多向上帝致敬的邮票中的一张,上帝诗意的存在包含了全天下所有五颜六色的邮票。

《春天》的主人公约瑟夫总结说,弗朗茨·约瑟夫并不是什么神,也许只是掌管物质世界的主人罢了,并不负责精神层面。约瑟夫加入到了弗朗茨·约瑟夫弟弟马克西米利安，也就是那个被暗杀的墨西哥君主的秘密反偶像阵营。阵营的主旨就是反对弗朗茨·约瑟夫的强权统治，正如多难的马克西米利安所言："全都是幻想，全都是泡沫，还被在太平洋上建立幸福新世界的希望所诱惑。"[42] 约瑟夫深信，弗朗茨·约瑟夫和拿破仑三世合谋让马克西米利安于1867年客死墨西哥，那是作家出生的25年前了。马克西米利安在故事中是一个蜡像的形象，在加利西亚流动蜡像馆中展出，这个展览里还有路易吉·卢切尼的蜡像，就是1898年杀害伊丽莎白皇后的凶手，当时布鲁诺·舒尔茨只有六岁。最后，小约瑟夫烧毁了整个蜡像展览，当哈布斯堡官员因为他的预知梦准备将其逮捕时，他决定饮弹自杀：

"我不能回答你关于梦的事。"我说。

"不，你可以的。我要以皇帝陛下的名义逮捕你！"

我笑了笑，"正义的磨坊来的是如此之慢。皇帝陛下的官僚磨得可真慢啊"。[43]

20世纪30年代，在前加利西亚，前奥地利君主兼匈牙利国王弗朗茨·约瑟夫仍旧在给布鲁诺·舒尔茨的梦施加压力。

《肉桂色铺子》中还有一个故事《八月》，舒尔茨带着神话色彩，呼唤出他加利西亚童年时的德罗霍贝奇小镇。

集市广场上空旷无人，温度几近白热，就像被热浪吹过，宛如圣经中的荒漠。带刺的相思树在这旷野中生长，叶子透亮，就像挂毯上的树那样。即使没有风，叶片也在沙沙摇晃，摆弄着戏剧化的姿态，好像要展示叶子上银色线条的婀娜，恰似贵族狐皮外套上的脉络。老房子经过长年累月的风沙侵蚀，已经磨圆了棱角，仿佛给这氛围充当写照，在万里无云的天空深处，散落着各种颜色的记忆和余音缭绕。[44]

舒尔茨和罗特一样，用后印象派的色彩和光线，声音和记忆，摇晃和反射等多种手法展现了加利西亚。这就是他为笔下的半神话角色所准备的超现实布景。城市广场的老房子在他创作的30年代依然阴魂不散，折射出他19世纪90年代童年时加省历史的光亮。这些房子保存了更早的几代人的回声和记忆，也许是从19世纪60年代开始，那时伊万·弗兰克刚来到德罗霍贝奇上小学。

在罗特的《先王冢》中，作者让一个加省犹太人推荐一些维也纳的朋友到加利西亚的金城（Zlotogrod）游玩。

> 渐渐地，这次旅行让我们十分着迷，甚至是着魔。因此，我们开始极其小心地勾勒出一个微小久远的金城图景，但即便描绘出了金城，我们心里清楚，我们勾勒的图景全都是假的，我们对它其实一无所知，但同时又无法停止去描绘它。换句话说，我们在给它添加着各种特征，那些我们从一开始就知道是幻想，是存心创造出来的特征……我们聊金城聊上了瘾，滔滔不绝，热火朝天，我甚至开始害怕，这个小镇万一没了怎么办，或者我的朋友们开始觉得金城是假的，是不存在的，只是我编出来的故事。[45]

的确，这座金城小镇就是约瑟夫·罗特杜撰出来的故事，故事中，去加利西亚玩的想法最后在1914年的夏天得以实现，正好赶上了第一次世界大战爆发，也最终导致了这座虚构小镇的毁灭。

阿格农的《夜晚来客》讲的是，战争结束后，有一个人回到了他的加利西亚故乡，亲眼看到哈属加利西亚尸横遍野、满目疮痍。阿格农的布查奇老家在故事中更名为石布池，有一个断了左臂的男人在火车站大喊出了这个词：

> "石布池！距离我上次从同乡的嘴里听到石布池这个名字已经过去很多年了。只有生在这里、长在这里、住在这里的人知道如何念出这个词的每一个字母。"[46]

这本小说发表于耶路撒冷，阿格农实际上是用希伯来语展示了它的叫法和写法。曾几何时，布查奇/石布池的波兰人、犹太人、鲁塞尼亚人都用自己不同的语言称呼过、书写过这个名字。叙事者在石布池遇到了一位老人，这位老人让他想起了自己的奶奶，老人有一个逗笑的绰号，叫凯瑟琳，也就是女皇的意思。

> "我怎么会被冒犯到呢？"她问，"每个人都叫我女皇，我并不觉得不好意思。但你告诉我，先生，我真的是女皇吗？我命苦啊，希望犹太人的所有敌人都和我一样命苦。既然皇帝都不是皇帝了，女皇还很重要吗？"[47]

所以，加利西亚犹太人仍然生活在一种记忆中与过去哈布斯堡具有讽刺意味的关系中，即使加利西亚已不再是加利西亚了。舒尔茨的德罗霍贝奇，罗特的金城，还有阿格农的石布池，在20世纪30年代都成了加利西亚文学记忆中的神话场所。

罗特笔下的叙事人1914年到金城时曾来过金熊大酒店，在里面的哈布斯堡咖啡馆驻足停歇，他在笔记中写道，"一个很鼓舞人心的收银员，金发碧眼，身材丰满，我年轻时候见过的唯一一类收银员都是这样的，是现在堕落女神身材的真实写照"。[48] 比利·怀尔德（Billy Wilder）是加利西亚犹太人，1906年生于喀尔巴阡山的山中小镇苏哈，他比约瑟夫·罗特小12岁，先后到过维也纳和柏林，最后于30年代落户好莱坞。他为葛丽泰·嘉宝（Greta Garbo）主演的《妮诺契卡》（*Ninotchka*）和芭芭拉·斯坦威克（Barbara Stanwyck）主演的《火球》（*Ball of Fire*）写过剧本，导演了斯坦威克主演的《双重赔偿》（*Double Indemnity*）和格洛丽亚·斯旺森（Gloria Swanson）的《日落大道》（*Sunset Boulevard*）。他最有名的作品或许还是1959年的喜剧片《热情如火》（*Some Like It Hot*），他把那个优雅的金发堕落女神从哈布斯堡咖啡馆搬到了好莱坞的咖啡馆。充满加利西亚幻想的比利·怀尔德把玛丽莲·梦露塑塑造成波兰女神舒格·凯恩·柯瓦尔切克（Sugar Kane Kowalczyk），那个最后嘴里总是咬着棒棒糖棍的女孩。柯瓦尔切克！"只有生在这里、长在这里、住在这里的人知道如何念出这个词的每一个字母。"

前加利西亚人："灵学"

2002年，比利·怀尔德以95岁高龄病逝于比弗利山庄，此时距离加利西亚的逝去已经过去80多年了。《纽约时报》刊登的讣告总结了他遥远的出生地，标题为《中欧之根》（*Roots in Mittleleeuropa*）。"中欧"这个词还需要更多的解释：

> 比利·怀尔德生于1906年6月22日，时名撒母耳·怀尔德，出生地在加利西亚的一个叫苏哈的小村子，当时的加利西

亚是奥匈帝国的一个省份，如今属于波兰。他的父亲名叫麦柯斯·怀尔德，是铁路咖啡馆的经理，他妈妈叫欧金尼娅·巴尔丁格，她们家开了一个度假旅馆。回忆起童年时家里的大旅馆，他说："我了解了很多人性的事，就没有什么正面的。"[49]

这种家庭背景就很像约瑟夫·罗特那本讲金熊酒店的小说里会设置的。在文中，加利西亚还需要被加上注解（错误的！），说"如今属于波兰"——即便2002年的时候，有一半的加利西亚土地其实属于乌克兰。

其实，《纽约时报》很有必要提比利·怀尔德的加利西亚出身，因为加利西亚的身份超越了作为奥匈帝国一省的存在，几十年来一直存活在美国，尤其是纽约加利西亚犹太移民的心中。在20世纪初怀尔德出生的那个时间段，加利西亚总共有超过80万犹太人，在一战爆发之际，犹太人的数量几乎达到了90万，但因为移民外流，这个数字一直在递减。他们离开加利西亚，去了哈布斯堡的其他地方，移民去了德意志帝国，最后来到了美利坚合众国。据估测，在1881~1914年间，大约有38万犹太人从哈布斯堡来到美国，其中大部分来自加利西亚。第一次世界大战结束后，人口继续流出，直到1924年美国移民法出台，开始对移民条件进行了严苛限制。在美国，还有数以十万计的波兰和鲁塞尼亚移民，他们也来自加利西亚，但是犹太人拥有更特殊的加利西亚身份，他们是加利坚人。加利坚人（Galitzianers）和来自俄罗斯帝国被叫作利特瓦克人（Litvaks）的立陶宛犹太移民形成了对应的文化，有时还是对手。这两个人种学类型在概念上相互对立，他们有不同的意第绪口音、宗教观念和家庭文化。加利坚人跟加省来的其他移民相处的比较好：他们的语言听起来都很像德语，宗教习俗跟立陶宛人比也没有那么正统和死板，饮食习惯更偏向中欧。加利坚人形容他们的利特瓦克邻居，说他们就好像"左手一条大鲱鱼，右手一本祷告书"。

虽然两支人口众多的东欧犹太人群差异很大——在旧欧洲就讨论过这个问题，比如1908年在切尔诺夫策召开的意第绪语言大会——但是美国让加利坚人和利特瓦克人生活在一起，成了邻居，注意到了彼此的文化差异。而在加利西亚和立陶宛的时候，他们住的地方距离很远，也没有意识到这些问题。历史学家丹尼尔·索耶（Daniel Soyer）在他讲述纽约犹太移民组织的书中提到过两种文化的相遇，他引用了1906年的一份记者报道：

> 东欧各地的犹太人汇聚在纽约。虽然他们有同样的文化，说同样的语言，在外人看来是同一个群体，彼此看上去也没有什么不一样……但当记者问她如何看她的俄国犹太邻居时，一个加利西亚女人回答道："他们太奇怪了。他们说的话你一个字也听不懂。他们还总是大喊大叫，说话时手舞足蹈……还有他们做的饭！那种你从来没有在犹太人家里见过的菜！他们在所有食物里加糖，而且所有食物的名字都是错的。"[51]

俄国犹太人管他们的奥地利犹太邻居叫"加利坚人"，虽然最初多少带有贬义，但这些加利西亚人却直接把它拿来当作自我身份的归属。他们的同乡会（Landsmanshaftn）名字被邻居们戏谑地称为体现了奥地利的自大：在已故奥地利皇后伊丽莎白女神支持下的第一伦贝格先生和女士救死扶伤协会。[52]

回到1903年，也就是帕彭海姆来访加利西亚，考察加省犹太人艰苦状况的那一年，加利西亚数个小镇燃起了毁灭性的夏日大火，大火牵动着大洋彼岸纽约加利坚侨民的心，他们积极组织为老家的犹太社群捐款。1904年，这些纽约人聚在一起，组成了从加利西亚到布科维纳的犹太人统一联盟。联盟的绝大部分成员都来自加利西亚，极少数来自布科维纳。1908年，这个组织又在纽约开了一家加利西亚医院。后来这个逐渐壮大的联盟又吸纳了更多的同乡会，旨在"为需要帮助的成员提供支持，给加利西亚和布科维纳的受灾城市提供援助，总的来说，就是保护这个国家成千上万奥地利犹太人的根本利益"。[53] 1912年，维也纳犹太领袖约瑟夫·布洛赫来到纽约市，出席东仪加利西亚犹太协会的活动。他被《纽约时报》称为"加利西亚犹太人的摩西"。这位摩西做了什么伟大的事呢？首先，布洛赫努力帮助犹太人从加利西亚移民美利坚，并鼓励大家去纽约以外的美国城市定居，开花散叶，毕竟加利西亚人已经在纽约扎根了。除了主持维也纳方面对加利西亚移民的资助外，布洛赫还提议建立一所特殊银行，保证住在美国的犹太人可以顺利给老家跨洋汇款："据布洛赫说，高达几百万美元的钱款被邮局工作人员盗取，这可都是美国移民汇给他们在加利西亚穷亲戚的未经登记的钱啊。更有甚者，从美国寄到小乡镇的所有信件里面都会被怀疑夹着钱，他们会把信拆开，然后把钱掠走。"[54] 所以布洛赫希望在移民和汇款两件事上给加利西亚人寻求便利。而且，《纽约时报》突出报道了加利西亚的贫困现状，以及连接着侨民和老家之间的加利西亚身份感。加利西亚犹太身份之所以可以在美国建立，不仅依托着加利西亚犹太移民兄弟们的众志成城，同时，留在加利西亚的加省犹太人也功不可没。

纽约的加省犹太人不仅意识到加利西亚的贫困和匮乏，他们还要在纽约市如狼似虎的移民大地上为自己争取权利。纽约市有一份意第绪语报纸叫《前进》（Forward），报纸的咨询专栏"我有一摞信（A Bintel Brief）"收到了一封读者来信，信上说，据一名服装工人反应，俄国犹太人说加利西亚人"无耻野蛮"。[55] 加利坚的身份在一战期间得以巩固，美国加利西亚犹太侨民想要给饱受战乱杀戮之苦的老家伸出援助之手。他们也清楚，加利西亚的未来难料。1914年8月，有人评论说："加利西亚联盟最近给办公室贴的牌子只写着'联盟办公室'，因为没人知道加利西亚会命归何处，没人知道'联盟'应该叫什么联盟。"[56] 加利西亚犹太侨民心里大概清楚，加利西亚的历史存在具有地缘政治的偶然，尽管如此，他们还是发现了自己的加利坚身份归属，并在美国把这一身份传统延续到加利西亚在欧洲地图上消失后的一代人之久。1923年，维也纳制作的意第绪语电影《东与西》展现了纽约的加利西亚移民一家人，其中有著名的意第绪语剧院喜剧女演员莫莉·皮肯（Molly Picon），他们回到加利西亚家乡参加传统家族婚礼，上演了东西方相遇的场景。[57]

1927年，加利西亚消逝近十年后，柏林出版的《犹太语汇》（*Jüdisches Lexikon*）收录了一篇关于加利西亚的条目，上面斩钉截铁但其实有违史实地坚称，加利西亚犹太人早在18世纪瓜分波兰时就已形成了一个具有凝聚力的团体："当时加利西亚犹太人因其语言和仪式的特殊性和生活方式的独特性形成了一个自我封闭的世界（in sich geschlossene Welt）。"[58]《犹太语汇》中包括"加利西亚犹太人人种类型"的旧手绘，还有稍微新一点的照片，用来说明他们的典型服装和特征。事实上，加利西亚犹太人发展出民族志和人类学意义上的"自我封闭的世界"需要一个过程，这个过程和加利西亚历史的发展一样，历经整个19世纪，在20世纪加利西亚解体后依然持续富有文化意义。

从纽约到德罗霍贝奇再到耶路撒冷，关于加利西亚的记忆在文学、语汇、电影等领域中生根发芽，而加利西亚的领地却在地缘政治和行政管理上被吸纳和并入波兰共和国。第一次世界大战之后，加利西亚全部被波兰吞并，但在二战爆发之前，随着1939年《苏德互不侵犯条约》的签署，斯大林和希特勒达成协议，将波兰包括加利西亚分而食之。同年9月1日，希特勒进犯波兰，斯大林于9月17日随之挺进，就这样，加利西亚被彻底分成了两部分，一边属于乌克兰苏维埃社会主义共和国，另一边属于纳粹占领波兰地区的政府所在。边界线画在了桑河处，大概就和1848年鲁塞尼亚委员会建议分割加利西亚所画的线差不多，甚至跟今天的波乌边境也相差无几。就这样，加利西亚于1918年被撤销，于1939年瓦解，就和它的创立离不开1772年瓜分波兰事件一样，1939年的瓦解也离不开波兰的又一次被瓜分。

1939年2月，距离利沃夫的暗杀波托茨基事件已经过去了30多年，米罗斯拉夫·西钦斯基如今居住在宾夕法尼亚州的斯克兰顿（Scranton），并代表"乌克兰国防协会"向《华盛顿邮报》(*Washington Post*) 致信，通过追忆加利西亚，他表达了乌克兰人的民族意愿："这片出产石油、面粉和木材的肥沃土地效忠于奥地利，但加利西亚的乌克兰人民其实一直都是由波兰地主和波兰官员管辖的。而从1848年奥地利革命开始，这群人获得了自治权。"这段乌克兰人的奥地利史和加利西亚史还说明了"乌克兰人要比俄罗斯人更热爱自由，也具有与后者完全不同的政治传统"。1939年9月，战争爆发，西钦斯基再次给《华盛顿邮报》写信，这次他代表的是"乌克兰工人协会"，旨在驳斥乌克兰人欢迎纳粹进攻波兰的说法，并借回忆加利西亚历史再度批判波兰："英语世界很少有人写过1914年前波兰统治东加利西亚的历史，也很少有人写过世界大战后波兰如何胁迫控制了乌克兰诸省的政府，并背叛了伍德罗·威尔逊的波兰民主理想。"[59] 西钦斯基只字未提他自己作为杀害加省总督的凶手在那段历史中扮演的戏剧性角色。

1939年9月，波兰左倾作家们欲在斯大林控制下的利沃夫寻求庇护，他们不希望坐以待毙，光等着看希特勒给沦陷的波兰下什么药。此时，一战后从克拉科夫搬去华沙的作家"波伊"正好也回到了利沃夫，回到了加利西亚，在这里度过了他生命的最后岁月。历史学家马尔西·肖尔（Marci Shore）描述了"波伊"在利沃夫的心境，他突然被苏联当局胁迫，要求他在作家决议书上签字，认可苏联对东加利西亚也就是西乌克兰的吞并，并且只给他15分钟的时间做决定。[60]

青年作家亚历山大·瓦特（Aleksander Wat）出生于1900年的华沙，1939年时他也在寻求庇护，也被要求在决议书上签字。瓦特对利沃夫的哈布斯堡特征十分在意，他在回忆录中讲道，他可以当即察觉出哈布斯堡特征在苏联的影响下正慢慢褪去：

> 你知道战争前的利沃夫是什么样子吗？利沃夫曾经是波兰最可爱的城市之一，它就是一个快乐之城，并不是指这里的人，而是城市本身。五颜六色，充满异国情调，这里不存在华沙、甚至克拉科夫和波兹南的那种灰暗感。利沃夫的异国风味非常像一个欧洲城市。维也纳当然也影响了克拉科夫，但是克拉科夫在它的影响下，就变成了一个奥地利的官僚城市，一个有奥地利官员体系和奥地利官僚主义大学的城市。利沃夫呢，就更像小歌剧里的维也纳，充满生活情趣的那个维也纳……可是现在呢，苏联人马上就要来了，顷刻间一切都蒙上了沙尘（而且现在是秋天），肮脏、苍白、破败，人们蜷缩在街上，偷偷摸摸地挪动着脚步。[61]

瓦特强调，二战前利沃夫和克拉科夫一直弥漫着维也纳的格调，他们是非常不同的城市，但各自都有一些维也纳的特点，这源于两座加利西亚城市都共同经历过哈布斯堡王朝统治的历史。在瓦特的印象中，《苏德互不侵犯条约》不仅瓜分了前加利西亚的领土，随着苏联攻占利沃夫，还导致那个加利西亚瓦解后仍然存在了20年之久的加利西亚精神，瞬间被击垮了。

瓦特的回忆录是口述的录音，内容是他和切斯瓦夫·米沃什（Czesław Miłosz）的对话，整理于20世纪60年代的伯克利，那时瓦特问道，"你知道战争前的利沃夫是什么样子吗？"从60年代回头看，第二次世界大战前的一二十年里，加利西亚还非常加利西亚，但等到波兰难民1939年到达利沃夫后，"波伊"也会带着相似的历史含义，问出相同的问题，"你知道战争前的利沃夫是什么样子吗？""波伊"指的是第一次世界大战，他也一定会清晰记得真实存在的加利西亚。你可知此地？

1940年，瓦特在利沃夫被苏联当局逮捕。1941年，他被关押在莫斯科的卢比扬卡监狱，斯大林的恐怖牢房。但说来奇怪，当时卢比扬卡相对于利沃夫会更安全。1941年6月，希特勒撕毁《苏德互不侵犯条约》，入侵苏联，闪电般占领了利沃夫。而瓦特这个波兰犹太知识分子，很有可能就会成为屠杀目标，最后人头落地。纳粹入侵苏联附带实现了加利西亚最后一次——于地狱般的形势下——在沦陷波兰政府治下的重新统一。纳粹甚至重新启用了加利西亚作为行政区划——加利西亚区（District Galizien）——的名字，所辖1941年从斯大林手里抢过来的加利西亚东部地盘。1943年，加利西亚区成为加利西亚第1师的成立之地，这是一支由纳粹德国指挥、乌克兰族士兵组成的党卫军部队。

加利西亚第1师于1944年在布洛迪周围与苏联军队交锋,这个地区正是当年沙俄和哈布斯堡加利西亚的交界处。希特勒1889年出生于上奥地利,当时说起来也是弗朗茨·约瑟夫的子民。据历史学家迪特·波尔(Dieter Pohl)分析,纳粹在讨论如何管理加利西亚时,"希特勒认为重建这个前奥地利政府区设很有必要"。[62] 加利西亚对希特勒来说依然充满了意义。

在加利西亚屠犹的问题上,波尔的研究充分说明,随着纳粹和苏联战争的爆发,甚至还没等纳粹占领军到来,针对犹太人的屠杀行动就已经在东加利西亚展开,主要是乌克兰人在报犹太人在苏联占领期间的告密之仇。波尔总结道:"屠犹的大背景看来是出自根深蒂固的乌犹矛盾"——也就是说,是出自可以追溯到哈属加利西亚时代的民族矛盾。反过来看,在二战期间,安德烈·谢泼斯基——这位弗朗茨·约瑟夫提名的加利西亚东仪都主教,自1901年起担任此职多年——利用自己的权力、影响和住所方便,收留犹太人,帮助他们逃脱纳粹的追捕。然而,无论哈布斯堡时代遗留的民族冲突如何显现,这股势头很快就被纳粹的种族屠杀计划给盖住了,他们在1941年迅速开启了东加利西亚犹太大屠杀行动,作为希特勒最终解决方案的一部分,几乎所有的加利西亚犹太人都命丧黄泉。布鲁诺·舒尔茨在德罗霍贝奇曾被一个欣赏他作品的盖世太保救下,结果却于1942年在自己老家的街上被另一名纳粹分子杀害。战争最后,位于前加利西亚西部的奥斯维辛镇,就成了举世皆知的奥斯维辛集中营所在地。在哈布斯堡君主的那一大串头衔里,不仅有加利西亚及洛多梅里亚王国国王,还有为了覆盖加利西亚领土而起的合法头衔,奥斯维辛公爵。

因战争结束,《苏德互不侵犯条约》对加利西亚的瓜分重新生效。现在,两边的势力分别是苏维埃乌克兰和共产主义波兰,双方的背后都是铁幕,双方都无视甚至忌惮加利西亚的名字及其遗产。1944年,最后一位加利西亚东仪都主教谢泼斯基病逝。两年后,斯大林开始全面打压东仪教会,并勒令其"回归"东正教会——曾几何时,东仪教会代表了哈布斯堡君主国之内鲁塞尼亚人的身份基础。战争结束后的几年里还发生了大规模的人口流动,中欧人口几乎大换血,前加利西亚的种族面貌也被全面改变了。据统计,有大约80万波兰人离开了苏维埃乌克兰,他们绝大多数来自前加利西亚,其中仅从利沃夫迁出的居民就有10多万。[64] 与此同时,波兰共产党政府发起了"维斯瓦河行动",暴力强制10余万乌克兰人动迁,将他们分散到波兰各地,以孤立弱化乌克兰民族反抗力量。从东加利西亚来的波兰人和从西加利西亚来的乌克兰人大部分都定居在波兰西部新区,尤其是西里西亚(Silesia),因为当地德国人被强行驱除出境后,这个地方如今渺无人烟。加利西亚的村社整体迁移到西里西亚,甚至在弗罗茨瓦夫还建了一座新的奥索林斯基图书馆,著名加利西亚馆藏的其中一部分也被从利沃夫转移到了这里。

回到东加利西亚,现在它应该叫西乌克兰了,乌克兰反抗军1947年前都在和苏联政府打游击,小规模的抵抗一直持续到了50年代。曾记否,在哈属利沃夫,格鲁舍夫斯基培植了乌克兰民族主义思想,两次大战期间,在波兰政权的严酷统治下,这股民族主义浪潮得以继续强化。如今,这份加利西亚遗产在苏维埃乌克兰又激起了更强烈的民族斗志。根据伊万·鲁德尼斯基(Ivan Rudnytsky)的说法,"如果不考量西乌克兰的因素,我们很难评判60年代乌克兰苏维埃共和国出现的民族异见的声音"。任职哈佛大学乌克兰历史米哈伊洛·格鲁舍夫斯基讲席的罗曼·斯波鲁克(Roman Szporluk)教授也表示,"把西乌克兰纳入苏联政治体系或许是斯大林这辈子做过的最重大决定"——说它重大，原因是前加利西亚人会用历史证明他们无法被苏联消化掉，反而在之后促了苏联的最终覆灭。[65]

在第二次世界大战之后，在屠杀加利西亚犹太人之后，在波兰和苏维埃乌克兰瓜分加利西亚领土之后，在转移安置波兰和乌克兰人口之后，加利西亚早已荡然无存，无论是作为民族实体，还是作为人口实体，半点前哈布斯堡的影子和形貌也看不出来了。西加利西亚和东加利西亚如今变成了南波兰和西乌克兰，作为相对紧凑的波兰群体和乌克兰群体栉比相邻。而加省犹太人死的死，逃的逃，也都消失掉了。一战之前的哈属利沃夫有50%的波兰人，27%的犹太人和20%的鲁塞尼亚人。第二次世界大战结束之后，苏维埃治下的利沃夫有60%的乌克兰人，27%的俄罗斯人，4%的波兰人和4%的犹太人。[66]"你知道战争前的利沃夫是什么样子吗？"60年代的瓦特在伯克利不禁发问。他自己也许无法想象这座城市后来的改头换面。而加利西亚似乎终于灰飞烟灭了，失去了原来所有的地缘特点和身份归属。1948年，加利西亚灭亡30年后，意第绪语喜剧演员利奥·福克斯（Leo Fuchs）（华沙生人，所以不算是加利西亚人）在伦敦表演，他带来了意第绪语戏剧节目《加利坚牛仔》，但仅仅为了娱乐搞笑而已。

此时，前加利西亚人——比如好莱坞的比利·怀尔德——仍然活跃在世界各地的舞台上，人们通常不知道他们的加利西亚身份。1960年，怀尔德（1906年生于苏哈）凭借《桃色公寓》（Apartment）这部电影一举拿下了奥斯卡金像奖。同年，西蒙·维森塔尔（Simon Wiesenthal）（1908年生于布查奇）为在布宜诺斯艾利斯抓捕阿道夫·艾希曼（Adolf Eichmann）做出了巨大贡献，维森塔尔也成为世界上最著名的纳粹猎人。1961年，萨洛·巴伦（Salo Baron）

（1895年生于塔尔诺夫）作为证人出现在耶路撒冷公审阿道夫·艾希曼的大会上，他是哥伦比亚大学的教授，全世界最前沿的犹太历史学者，出版了里程碑式的大部头著作《犹太社会宗教史》(*Social and Religious History of the Jews*)。汉娜·阿伦特（Hannah Arendt）本人是德国犹太人，她在耶律撒冷对公审艾希曼做出了如下一番评论："几位法官坐在上面，他们是最厉害的德国犹太人；几位公诉律师坐在下面，他们是加利西亚人，但也是欧洲人……在门外，还有东方群众，好像你置身于伊斯坦布尔或者其他半亚洲国家。"[67] 1961年的以色列召唤着很久以前的哈布斯堡王朝，加利西亚依旧被看成欧洲的边界，依然是那个半亚洲。

同样是在1961年，斯坦尼斯瓦夫·莱姆（1921年生于利沃夫）于波兰出版了他最著名的科幻小说《索拉里斯星》(*Solaris*)。1964年，莱姆发表了一部哲学作品，叫做《科技全书》(*Summa Technologiae*)，书中讨论了"灵学（fantomologia）"这个描述虚拟现实的新概念；同年，莱姆的后加利西亚同代人卡罗尔·沃伊蒂瓦（Karol Wojtyła）当上了克拉科夫大主教。马丁·布伯（1878年生于维也纳，80年代成长于利沃夫）是著名的宗教哲学家和哈西德教派故事的收集者，他在1965年病逝于耶路撒冷，一年之后，阿格农（1888年生于布查奇，20世纪60年代住在耶路撒冷）获得了1966年的诺贝尔文学奖。

冷战期间，加利西亚的紧张局势得到了一定程度的缓和。人类学家克里斯托弗·汉恩指出，随着20世纪50年代斯大林和斯大林主义退出历史舞台，在波兰居住的乌克兰人被允许可以按照东仪教派的仪式进行礼拜，也可以使用普热梅希尔的耶稣会教堂。[68] 到了80年代，在戈尔巴乔夫和苏联的公开化（Glasnost）时代，利沃夫的一部分乌克兰人会去利查基夫墓地（Lychakivsky）

参拜波兰人的坟墓，寄托哀思。历史学家帕德莱克·肯尼（Padriac Kenney）在书中提到，80年代的利沃夫有一个调和民族关系的狮子协会，他引用了一位社会活动家尤里·沃洛什沙克（Iurii Voloshchak）的公众讲演：

> 今天我在城内遇到了几个波兰来的女孩子。我告诉她们，狮子协会一直在照看着葬在利沃夫利查基夫墓地的那些波兰文化人物的墓碑。我要求她们在克拉科夫或普热梅希尔为那些被遗忘的乌克兰文化名人的坟墓做同样的事情。[69]

这一构想传遍了从利沃夫到克拉科夫的整个前加利西亚，就像小小的利查基夫墓地总结了加省历史和它错综复杂甚至矛盾对立的遗产。前面讲过的伊万·弗兰科就葬在这里，葬在此地的还有塞维仁·高斯琴斯基，就是1835年骂弗雷德罗是一个"无民族"作家的那位批评家。《加利西亚苦难》的作者、波兰籍的斯坦尼斯拉夫·息契巴诺夫斯奇（Stanisław Szczepanowski）也长眠在这座公墓内，还有鲁塞尼亚歌剧演唱家莎乐美·克鲁塞尼斯基，她和托斯卡尼尼在斯卡拉歌剧院一起献唱过《莎乐美》（Salome），歌声优美绝伦。整个20世纪，这些加利西亚历史的魂魄们在公墓内时刻准备着，他们等待着任何一个胆敢或依然想要挑衅他们的人。

1985年，旅居巴黎的波兰诗人亚当·扎加耶夫斯基（Adam Zagajewski）在伦敦出版了一部诗集，名叫《去往利沃夫》（*Jecha ćdo Lwowa*），和诗集名称相同的一首诗很快就成为他最著名的代表作。扎加耶夫斯基1945年生于利沃夫，他赶上了能让利沃夫诞生一位"波兰"作家的最后一班历史列车。在他很小的时候，他就和全家人一起，被迁往别的地方了。他的童年是在西里西亚度过的，在一个都是加利西亚安置户的社区内长大，因此，他关于利沃夫的诗正好讲出了这些人的加利西亚宏伟幻想，讲出了他们埋藏多年的心声，经过了战后几十年共产主义波兰的严酷，这份幻想在众多移民安置户的心中生根发芽。这些居住在西里西亚的加利西亚人离开了自己前半生的世界，离开了自己父辈祖辈的世界，离开了那些在无人打理的利沃夫公墓中长眠的先人。扎加耶夫斯基把这首诗献给他的父母亲。

> 去往利沃夫。
> 如非在梦中，
> 何处是归路？[70]

诗人很踟蹰，"如果利沃夫还在…（Jeżeli Lwów istnieje…）"。西里西亚的老移民们很难相信利沃夫这座城市还存在，它只出现在他们的记忆里、梦境内、幻觉中：一座幻境之城，就像加利西亚这个幻境之省，但后者在20世纪80年代真的没有了。利沃夫和加利西亚对诗人来说更加属于异想之地，毕竟他只在自己的陈年家史中偶尔听过一些关于它们的故事；他离开利沃夫时太小了，还什么都不记得。[71] 何处是归路？甚至经过了数十年的筹划和协调，终于在1861年竣工的哈布斯堡铁路线，也早就因苏联边境换轨问题导致通行受到严重影响。加利西亚没了，而利沃夫——尤其是它的波兰名字——也已经时过境迁，遥远到诗人竟会怀疑它是否真的存在。

文学批评家乔治·格拉博维奇（George Grabowicz）在"神化利维夫/利沃夫"的课题下分析了扎加耶夫斯基的文学作品。[72] 扎加耶夫斯基描绘出了这座近乎神话般城市的标志印记：高耸入云的大教堂，弗雷德罗的魂魄。就像舒尔茨的德罗霍贝奇和罗特的金城那样，80年代扎加耶夫斯基的利沃夫也成为一个传奇，在诗人的想象中充满活力："总是有太多的利沃夫……"，生于1945年的他，只能在幻想和怀乡的诗歌精神中召唤出这座城市，他怀念着一个他从来没有了解过的地方。扎加耶夫斯基属于大迁徙的一员，那时他还是襁褓中的婴儿，他没有记忆，只能想象：

> 大教堂在颤抖
> 人们互相告别
> 没有手绢
> 没有眼泪
> 干燥的口舌
> 我不会再见到你
> 前方的路太多灾祸
> 为什么每个城市
> 都要变成耶路撒冷
> 为什么每个人
> 都要变成犹太人
> 收拾东西
> 时间不多
> 每一天
> 上气不接下气
> 去利沃夫吧
> 毕竟它还在
> 安谧又美好
> 像一颗桃子
> 哪里都可以找到。[73]

桃子，在想象世界中是如此的圣洁完美，人们只有在幻境中才可以吃到，之后仍然完美如初。利沃夫的犹太人在战争中被杀害，而波兰人在战争结束后不久就被驱逐出境。扎加耶夫斯基在诗中把利沃夫比作出离之城，神庙坍塌之城，那个等待和渴望弥赛亚的城市：桃子，耶路撒冷。扎加耶夫斯基在20世纪80年代的诗歌中想象了利沃夫，讽刺的是，此时历史要再次发生上气不接下气地突然反转，波兰和乌克兰，克拉科夫和利沃夫，将要在世纪末匆匆忙忙翻到新的篇章。甚至一直以来像幽灵一样游荡在这片大地上的加利西亚，也将会从移民们的内心小世界中浮出水面，走入对中欧的过去与未来进行历史清算的公共领域。

神话与怀旧："只是相对"

1989年共产党的政权在波兰终结，1991年乌克兰宣布独立，苏联解体，这些大事件鼓励了关于欧洲建设与特色的新思路。冷战期间，把欧洲在政治上分为东欧和西欧是再正常不过的事情。而到了20世纪80年代，人们就已经开始讨论起中欧的概念，冷战的思维定式从而被打破，借用米兰·昆德拉的话说，中欧被斯大林"绑架"了，被他无情地拐走了，西方文明才是真正属于它的家。哈布斯堡遗产对定义中欧起到了关键性的作用，1991年后，随着之前受到迫害的东仪教会神奇复苏，随着利沃夫自由思想的重生，我们有机会再次发现前哈布斯堡王朝被绑架的最彻底，被遗忘的最彻底的角落，那就是东加利西亚，它藏身于苏维埃乌克兰长达几十年。1991年后，突然间，弗朗茨·约瑟夫的肖像出现在利沃夫大大小小的咖啡馆中，提醒着人们这座城市曾经和维也纳如此交好，而不是莫斯科，甚至不是基辅。从1772年到

1918 年，两座城市 150 年的亲密无间，恰恰代表了加利西亚的历史存续。利沃夫的一家维也纳咖啡馆的网站上写道，这间咖啡屋是 1829 年开的，它"没有丢掉真正的奥地利的氛围、波兰的迷人和乌克兰的热情好客"。[75] 这三种文化的组合只能是加利西亚式的，不仅如此，1829 年创建的咖啡馆要比弗朗茨·约瑟夫还年长一岁。

路易莎·白谢维奇（Luiza Bialasiewicz）写过 1989 年后波兰对"好运加利西亚"神话怀旧般的再发现，共产党统治的终结意味着人们开始在历史中寻找更有趣的文化遗产。德尔芬·贝克特尔（Delphine Bechtel）也讨论过"加利西亚神话"及其 90 年代的"复兴"。代特兰·惠克（Dietlind Hüchtker）进一步分析了加利西亚神话（Mythos Galizien）的文学构建，分析了加省多元文化社会的大背景。莉迪亚·斯特法诺乌斯卡（Lidia Stefanowska）研究过加利西亚 90 年代的"怀旧语境"。按照白谢维奇的说法，加利西亚被理想化成一个帝国政治的仁慈之地，与中欧在经济和文化上融为一体。加利西亚残酷的民族矛盾也随之在历史记忆中被消除，被改写为成功的多文化共处。

加利西亚诞生于神话，在神话中再次死而复生。1989 年后，人们急切渴望着新的神话，"好运加利西亚"因此获得了极大的青睐。加利西亚的再实质化于 90 年代初首次出现，它的名字突然出现在每一个角落。加省内主要城镇（至少在发展更好的波兰这边的城镇）的商店、饭店、酒吧都带有'加利西亚'的字样。商家宣传各种新产品的时候都会召唤出加利西亚和哈布斯堡的过去。普热梅希尔有一款矿泉水就叫加利西亚（Galicja），受到皇帝笑容的祝福。[76]

白谢维奇提到，置身于后共产主义时期的波兰，你可以在前加利西亚的各大酒馆、饭店、咖啡馆中看到弗朗茨·约瑟夫皇帝的肖像，即使在后共产主义时期乌克兰的利沃夫的欠发达商铺内，也不例外。[77]

更令人惊讶的是，20世纪90年代的加利西亚好像又开始拥有自己的政治特色了，在波兰和乌克兰均是如此。数据显示，在波兰90年代的大选中，更多来自前加利西亚地区的选举人支持政治中右翼的团结工会党。1995年，前共产党员亚历山大·克瓦希涅夫斯基（Aleksander Kwaśniewski）当选总统，克拉科夫随即爆发抗议示威活动，人们开始在19世纪的加利西亚省界处设立边防，就好像要脱离华沙，宣布独立："封锁线可以把我们和野蛮人隔开。"其中有一个示威者这样说道："这个时刻终于来临了，我们终于可以承认这里（指加利西亚）生活的人们和其他人不一样，我们有不同的传统，有不同的思维方式。"[78] 与此同时，在加省的另一边，我们可以看到西乌克兰（即东加利西亚）和东乌克兰（及其与前沙俄帝国的关联）之间存在着明显的政治差异。90年代，利沃夫周边的加利西亚区域更热衷于乌克兰民族理想和后苏联时期的转型，而东边地区的人更倾向于保留苏联政治文化，以及同俄罗斯的团结，二者反差巨大。迈克尔·莫泽研究分析了网上"反加利西亚"帖子中的不友好声音：有一种加利西亚方言不同于乌克兰语，而是被称作"这个波-德-意第绪-加利西亚方言"。罗曼·斯波鲁克回顾加利西亚的乌克兰历史，提出了一个尖锐的问题："乌克兰到底是一个国家还是两个国家呢？"为什么加利西亚的鲁塞尼亚人没有演变成一个独特的加利西亚民族呢？[80] 这种历史差异感在2004年橙色革命的不同阵营中得以呈现。维克多·尤先科（Viktor Yushchenko）收到了来自乌克兰西部铺天盖地的支持，而时任总统维克多·亚努科维奇（Viktor Yanukovych）则获得了东乌克兰的选票支持（其中或有选举舞弊）。

1998 年，扎科帕内（Zakopane）出版社准备再版上一版波兰语的《加利西亚图画导览》（*Ilustrowany Przewodnik po Galicji*），此举非同寻常。该书最初于 1914 年在利沃夫出版，那时欧洲即将陷入战争的混乱。原书编者名叫米奇斯瓦夫·奥尔沃维奇（Mieczysław Orłowicz），利沃夫学术旅游俱乐部的主席，他的工作是"帮助想要参观本国（zwiedzi ćswój kraj）大好河山的波兰年轻人实现愿望"。导览册在 1998 年再版，也就是 1918 年"那个国家"政治死亡的 80 年后，新版保留了原始的照片和广告，是对后共产主义时期波兰人的一种邀请，让他们进入历史、怀旧和神话的领域，同时，那也是他们曾经真实居住过的地理空间。对于 90 年代的波兰年轻人而言，"加利西亚"更像是"父辈的世界"，甚至是祖父辈的世界，遥不可及，大西洋彼岸的美国犹太人也会有同感。再版的导游册精心还原了加省的民族多元性。布鲁诺·舒尔茨的德罗霍贝奇在 90 年代已经是一个乌克兰城市，导游册却写着这里有 12000 名波兰人，7500 名鲁塞尼亚人，15500 名犹太人，这分明是 1914 年的人口分布，那时犹太人还活着，波兰人也没有被赶走。配图的必去景点有圣乔治东仪教堂，它是"加利西亚最好看的木结构教堂"。萨洛·巴伦的老家塔尔诺夫，90 年代已是一座波兰城市，但导游册上写道，这是一个有 37000 人口的小镇，其中犹太人有 15000 人，镇上有哥特式市政厅，本地出生的约瑟夫·苏伊斯基的纪念碑，及其最新的有轨电车。[81] 在纳粹屠杀加省犹太人的半个世纪后，在战后政治协定、波苏人口分流的半个世纪后，哈布斯堡时代的多民族加利西亚再次现身于这本导游册中。

人们对克拉科夫犹太人的生动记忆更多来自 1993 年的那部电影，

由史蒂文·斯皮尔伯格（Steven Spielberg）执导的《辛德勒名单》(*Schindler's List*)。电影成功后，一度荒凉的卡齐米日（Kazimierz）前犹太区经历了 10 年的翻修和复原。修复后的犹太教堂、洁食餐馆、克莱兹默乐队，甚至还有为波兰年轻人准备的时髦夜店，这些加利西亚的遗产如此摇身一变，就成了旅游现象。在卡齐米日，对加利西亚的怀旧已经成功适应了城市革新和现代旅游业，这不仅体现在 1914 年加省导游册的再版上，还在 90 年代的最新旅行书中留下了印记。

1998 年，克拉科夫出现了一本读物，名叫《奥地利杂谈或加利西亚百科全书》，好像在模仿 19 世纪 70 年代安托尼·施耐德的那部百科全书。《奥地利杂谈》只有一卷，一半历史，一半通俗，是在如下的假设基础上出版的：加利西亚怀旧风潮已经吸引了一大批大众读者，出这样一本读物或许有很大的市场。书的封底展示了身穿"克拉科夫"农民传统服饰的弗朗茨·约瑟夫，前言提到，"弗朗茨·约瑟夫是我们的心头爱，这让奥地利人十分惊讶"。[82] 在这部忠诚主义的哈布斯堡怀旧百科全书中，A 篇（即字母 A 开头——编注）的词条是拜见（Audience）（当然讲的是拜见弗朗茨·约瑟夫了），B 篇的词条是美岸宫酒店（Beau Rivage）（位于日内瓦，是当年伊丽莎白皇后被刺杀前住过的酒店，加利西亚人心中的"朝圣"之地），C 篇的词条是哈布斯堡咖啡馆（Café Habsburg）（"普热梅希尔最高雅的咖啡馆"），D 篇是火车站游行（为了向弗朗茨·约瑟夫欢呼），E 篇是伊丽莎白皇后，F 篇是弗朗茨［好人弗朗茨（Franciszek Dobry），当然指的是弗朗茨·约瑟夫］……最后终于到了 Z 篇，包括金羊毛骑士勋章（Złote Runo）（哈布斯堡终极勋章）和齐塔（Zita）（最后一任哈布斯堡皇帝卡尔一世的妻子）。如果想找一本更学术的加利西亚著作，那就可以去看多卷本的《加利西亚及其遗产》（Galicja i jej dziedzictwo），第一卷出版于1994年的热舒夫。[83]

加利西亚在奥地利和德国的受关注度也日益高涨。1984年，大概就是昆德拉强调肯定中欧的前后，马丁·波拉克（Martin Pollack）在维也纳出版了一本讲述加利西亚的著作，宣传语称之为"东加利西亚与布科维纳的消失世界之旅"。这本书1994年再版，2001年又一次重印，再版前言以歌德《你可知此地？》（Kennst du das Land？）的风格展现了这个主题的神秘感："今天谁又知道加利西亚？谁又知道它在哪里——或者它曾经在哪里？因为加利西亚已经不在了。它已经从地图上消失了。"[84] 然而，像波拉克在这部多次再版的著作中所展示的那样，加利西亚并没有从20世纪末奥地利和德国公众的头脑、记忆和幻想中消失。奥马尔·巴托夫研究了后苏联时期的乌克兰，他观察到，集体遗忘是一个相互的过程，他写了一本旅行见闻录：《抹去：犹太加利西亚在当今乌克兰的消失痕迹》（Erased: Vanishing Traces of Jewish Galicia in Present-Day Ukraine）。[85]

1990年，弗朗茨·克拉特出版于1786年的《关于加利西亚当下时局的书信》在柏林，一座已经回归一统的城市被重印。加利西亚的"当下"在1990年已经是遥远的过去，但它的再次流行溢出了前加省的边界，感动了广大的中欧读者。1995年，德国出版了索马·摩根斯坦（Soma Morgenstern）的生前回忆录。摩根斯坦1976年病逝于纽约，留下了他的德语手稿，记录了他在东加利西亚的早年生活。1995年，加利西亚的时机又来了，读者大众很期待领略捷尔诺波尔已逝去的犹太生活，在那里，有一个小男孩兴高采烈地去看了布法罗·比尔（Buffalo Bill）的狂野西部马戏团表演，这个马戏团是从美国一路远道而至加利西亚的东部边境。1946年，作家约瑟夫·魏特灵（Józef Wittlin）在纽约出版了他的波兰语《利沃夫回忆录》（*Mój Lwów*）；1994 年，回忆录的德译本（*Mein Lemberg*）问世。魏特灵也记得 1905 年那场布法罗·比尔的狂野西部马戏团演出，当时他只有九岁，他回忆说当时很兴奋，就如同瞥见了弗朗茨·约瑟夫皇帝。[87]

2000 年，利沃夫有一伙人自称加省乌克兰人，他们高调庆祝了弗朗茨·约瑟夫的一百七十岁诞辰。加利西亚没有忘记他的生日，在他在位的 70 年里，每年 8 月 18 日，臣民都会给他庆生。亚罗斯拉夫·赫利察克认为，这一群人在后苏联时代的乌克兰，真正想象了某种意义上的加利西亚自治。

> 利沃夫艺术家弗拉基米尔·科斯蒂尔科（Volodymyr Kostyrko）可能是当今最高调的加利西亚自治主义者。他广为人知，是因为给颇具影响力的乌克兰报刊《进步》（*Postup*）和《批判》（*Krytyka*）创作漫画。其中一张漫画印在了 2000 年一款大批量发行的口袋日历上，反响很大，上面的加利西亚被画成了一个年轻的女人，身穿金光闪闪的铠甲，很像圣女贞德。她手里举着乌克兰的国旗，身旁躺着一头沉睡的狮子（象征利沃夫）。她周围站立的是加利西亚的历史英雄，国王丹尼洛（Danylo）和斯捷潘·班德拉（Stepan Bandera）。[88]

不可思议的是，甚至在本世纪初，人们在继续发明又再发明，建构又重构着加利西亚文化；在做了一个世纪的幽灵之后，加利西亚又被比喻成一个少女，从历史的坟墓中重生。然而 2000 年，虽然人们还在依照惯例庆祝弗朗茨·约瑟夫的诞辰，但乌克兰人修改了加利西亚的意义，让它不再成为哈布斯堡的女英雄，而是选择了如下两位取而代之：13世纪统治加利西亚-沃里尼亚俄罗斯大公国的国王丹尼洛，以及第二次世界大战时期乌克兰民族主义者组织的领导人斯捷潘·班德拉。在另一个题为"加利西亚与乌克兰"的艺术作品中，科斯蒂尔科大胆地把二者塑造成了裸体男性的形象，"加利西亚"抓着"乌克兰"的生殖器官，指引着它的方向，于是在两者的亲密关系中，"加利西亚"扮演了主导角色。

2000年，当人们在庆祝弗朗茨·约瑟夫生日的时候，发生了另外一件事：利沃夫递交提案，申请为皇帝设立纪念碑。提案希望"这个纪念碑应成为一个非常特殊的符号，见证我们选择欧洲的决心，见证我们加入中欧自由独立国家圈子的意愿"。作家尤里·安德鲁霍维奇（Yuri Andrukhovych）强调了加利西亚借由哈布斯堡与中欧建立的关系，他还回忆了历史上加利西亚与"威尼斯和维也纳［而非俄罗斯的坦波夫（Tambov）或乌兹别克斯坦的塔什干（Tashkent）］的渊源"。政治官员和政治学家巴滕科·塔拉斯（Taras Batenko）认为，"这一代人只能从再版图书和谚语中形成对奥地利的看法，从而会对那美好的旧时光产生一种怀旧之情。弗朗茨·约瑟夫的肖像也为这种怀旧感推波助澜"。[89]的确，20世纪90年代是前加利西亚谚语、再版书和人物肖像流行的年代。人们相信，与弗朗茨·约瑟夫有历史关联即代表了与中欧，乃至更大范围的欧洲存在政治关系。1999年，波兰与其他几个后共产主义中欧国家一起加入北约，2004年又将被欧盟接受。当年与南波兰难舍难分的西加利西亚，作为前加利西亚整体的两半部分之一，现在却要被冷冰冰地留在后苏联的世界里，留在申根边界的另一边，为欧洲和非欧洲孤守界河。兴建弗朗茨·约瑟夫纪念碑的提案提醒着人们，利沃夫曾经位于他欧洲帝国的疆域之内，他多次造访那里，和布法罗·比尔的马戏团一样。利沃夫知识分子更注重挖掘加利西亚的遗产，他们甚至想建一个备受争议的利奥波德·冯·萨克-马索克纪念碑。这将会是一个有价值的欧洲主题：受虐狂裸露着上身，他挚爱的旺达女士用鞭子把他抽得皮开肉绽。

2004 年，橙色革命展现了具有加利西亚传统的西乌克兰与具有苏联传统的东乌克兰之间的分裂，此间意义仍不可小觑。2004 年还发生了欧盟扩容，接受波兰，拒绝乌克兰，强化了属于乌克兰的东加利西亚和属于波兰的西加利西亚已然重要的边界感。又是 2004 年，若望·保禄二世（John Paul II）主持了哈布斯堡最后一任君主卡尔一世的列福式。若望·保禄二世生于 1920 年的瓦多维采，正值 1918 年加利西亚被撤销两年后，而卡尔一世恰好于 1918 年退位，标志了加利西亚和哈布斯堡的终结。

21 世纪初，加利西亚精神虽然不可捉摸，若即若离，时神时鬼，甚至自相矛盾，但仍然是活跃的。2001 年，有一个德国电影制作人出品了一部关于布尔诺·舒尔茨的电影，他去了德罗霍贝奇镇，那个舒尔茨度过一生的地方。1892 年舒尔茨诞生于此，这里当时还属于哈布斯堡的加利西亚，1942 年他毙命于此，这里已变成了纳粹的加利西亚。导演在一间公寓的储藏室里有了惊人发现，他看到墙上的壁画是舒尔茨画给菲力克斯·兰道（Felix Landau）的，后者就是 1941 年纳粹攻占东加利西亚后那个保护收留过舒尔茨的纳粹党卫队军官。舒尔茨不仅在战前时代发表了许多精彩的文学作品，实际上，他还在德罗霍贝奇做艺术教师，是一位很有天赋的艺术家。几十年后被发现的这些壁画上展现了各种童话故事的场景，是为兰道的孩子们而画的。2001 年发现壁画时，作为加利西亚遗产中的重要文化人物，公众对舒尔茨已经有了很大的兴趣。无论是象征意义还是字面意义，舒尔茨都扮演着素描留痕的角色，隐藏在当代乌克兰的外衣之下。时年 2 月份，壁画被发现；时年 5 月份，它们突然消失了。[90]

人们很快发现，壁画已经神不知鬼不觉地被从德罗霍贝奇的墙上移走了，运到了耶路撒冷的大屠杀纪念馆里。原来，纪念馆工作人员早已和德罗霍贝奇的乌克兰本地政府协商好了壁画的移运工作，还付给公寓主人几百美元的费用。因此，移除壁画并不是完全非法的，但对于那些关心在乎舒尔茨的人，尤其是波兰人而言，大屠杀纪念馆的行为更像是一种艺术盗窃，其携国宝潜逃，非法劫持了地方遗产。壁画材质虽说并不是埃尔金大理石，但将它们秘密运送到以色列这件事激起了国际知识界的强烈不满，尤其是在波兰。波兰在守护国家文学遗产方面的观点变得复杂起来，原因是德罗霍贝奇虽然在两战期间属于波兰，但在2001年的今天，它却是一座乌克兰城市，而波兰人在这里只能算外国人。乌克兰——并没有像波兰那样暴怒，当地人反而在一定程度上配合了谋划运走壁画的行为——的观点也变得复杂，因为舒尔茨是用波兰语创作他的伟大文学作品，所以他并不能算是乌克兰文学和文化的典型人物。大屠杀纪念馆那边的观点要更坦率简单一些，但也不是没有非议：舒尔茨是犹太人，也是纳粹的受害者，所以他的遗产理应属于耶路撒冷，理应被放置在大屠杀纪念馆中，不管怎么说，它们在这里会受到更好的管理和保护，而且相比那个乌克兰地方小镇，保存在这里的壁画会被更多人看到。[91] 德罗霍贝奇周边地区都是加利西亚废弃石油业的断壁残垣景象，而石油业在1892年舒尔茨出生的时候是极为兴盛的。

于是，大屠杀纪念馆接管了舒尔茨原本画给菲力克斯·兰道孩子们的壁画。盖世太保兰道也是加利西亚犹太大屠杀行动的领导人物，他对舒尔茨的保护却间接导致了作家1942年的身亡。因为在兰道射杀了一名犹太医生后，他的盖世太保警官同事为了和他竞争,在一次纳粹"野蛮行动"中枪毙了舒尔茨。据说,他扬言,"你杀了我的犹太人,我也要杀了你的犹太人!"[92] 舒尔茨又是谁的犹太人呢?波兰文学将他归为己有,这也是2001年壁画离开德罗霍贝后的有意为之。利沃夫城里的乌克兰知识分子,就是那些考虑给弗朗茨·约瑟夫,甚至萨克-马索克修建纪念碑的知识分子,也对舒尔茨很感兴趣,并后悔自己的疏忽(或者说唯利是图)让他的遗产从德罗霍贝奇地方政府的手心溜走了。以让他丧命的大屠杀为名,纪念馆也想占有舒尔茨,然而,如果说1892年出生时,他是属于任何人的犹太人的话,那么他是弗朗茨·约瑟夫的臣民。舒尔茨从来没有忘记那个解体的世界,那个哈布斯堡官僚为弗朗茨·约瑟夫卖命的世界:"是他让上帝的仆人们整齐划一,是他让他们穿上了有寓意的蓝色制服,让他们在世界上自由驰骋,给他们分成不同的级别和职位——以邮递员、指挥家和收债人的形式组成天堂的群体。这些天堂使者中最刻薄之人的脸上带着从造物主那里借来的古老智慧,还有鬓角下那平易近人的亲切微笑。"[93] 出现在舒尔茨童年时期的每一枚硬币上和每一张邮票上的形象都是弗朗茨·约瑟夫,让舒尔茨在一本集邮册中受到诗歌的启示后开始与他的"平庸统治"搏斗/抗争的那个人,还是弗朗茨·约瑟夫。

在舒尔茨的短篇小说《沙漏做招牌的疗养院》中,主人公前往一个非常特殊的疗养院去看他的父亲,这是一个为那些还不知道自己已经死亡的人开的疗养院。主管医生解释道:

> 我们的病人都不知道,也猜不到自己已经死了。这个操作的全部秘密……就是我们把表往前调了。我们总会晚于一个固定的时间,我们也无法确定到底晚了多久。整件事很简单,一切只是相对的。现在你爸爸死了,死神已经在你的国家把他带

走了，但是死亡却还没有发生。[94]

这就是一种不确定的存在，前加利西亚的居民对此再熟悉不过，时间的相对性赋予了身份交错的可能。"我是一个公务员，"舒尔茨说，"也是一个奥地利人，一个犹太人，一个波兰人——全都发生在同一个下午。"[95] 甚至在1939~1941年的两年间，他还在斯大林统治下的苏维埃乌克兰生活过，尽管他一步也没离开过德罗霍贝奇。利沃夫的苏联文学杂志曾经拒绝过舒尔茨的短篇小说书稿，拒稿意见是："我们不需要更多的普鲁斯特了。"[96] 2001年壁画移除危机引出了一种认领舒尔茨及其遗产的不和谐声音：波兰人的、犹太人的、乌克兰人的，还有奥地利人的。为了解决所有权争夺和身份混乱的问题，你必须去寻根溯源，找到舒尔茨出生的时间和地点，那时他在哈属加利西亚，那时他是弗朗茨·约瑟夫的臣民。那个讲述童话故事的壁画——其中女人可能是皇后，马车夫可能是舒尔茨本人——见证了颜色如今已褪，想象却持久存在的那个过去和未来的加利西亚。

注　释

序言

除非注释中有特别说明，所有的翻译都要归功于作者拉里·沃尔夫。

一般来说，地名或者以标准英语形式给出，如Vienna,Cracow,以及Lviv,或者依照当前的政治背景，以波兰语或乌克兰语的直译形式给出。尽管如此，在引用的段落中，加利西亚的地名与文献资料中的原始语言吻合。举例来说，当一位波兰作家被引用时，某座城市的名字是利沃夫，当原始语言是德语时，这座城市将被称为伦贝格。

1. Benjamin Segel, "Zwei jüdische Volkssagen über Kaiser Franz Josef," *Zeitschrift für österreichische Volkskunde* 9 (1903): 124.

2. Isaac Babel, *1920 Diary*, in *The Complete Works of Isaac Babel*, ed. Nathalie Babel, trans. Peter Constantine (New York: W. W. Norton, 2002), p. 422, diary entry of 1 August 1920.

3. Benedict Anderson, *Imagined Communities: Reflections on the Origin and Spread of Nationalism* (1983; London: Verso, 1991), p. 53.

4. Edward Said, *Culture and Imperialism* (1993; New York: Vintage Books, 1994), pp. xi, 12.

5. Ostap Sereda, "From Church-Based to Cultural Nationalism: Early Ukrainophiles, Ritual-Purification Movement, and Emerging Cult of Taras Shevchenko in Austrian Eastern Galicia in the 1860s," *Canadian American Slavic Studies* 40, no. 1 (Spring 2006): 22–23; see also Krzysztof Zamorski, *Informator statystyczny do dziejów społeczno-gospodarczych Galicji: Ludność Galicji w latach 1857–1910* (Cracow: Uniwersytet Jagielloński, 1989), pp. 69–71.

6. *Korespondencja Józefa Maksymiliana Ossolińskiego*, ed. Władysława Jabłońska (Wrocław: Zakład Narodowy imienia Ossolińskich, 1975), p. 267, letter of Joseph Mauss, 29 December 1817.

7. Józef Szujski, *Die Polen und Ruthenen in Galizien* (Wien and Teschen: Verlag von Karl Prochaska, 1882); Andrzej Wierzbicki, "Józef Szujski," in *Nation and History: Polish Historians from the Enlightenment to the Second World War*, ed. Peter Brock, John Stanley, and Piotr Wróbel (Toronto: University of Toronto Press, 2006), pp. 85–100; Philip Pajakowski, "Michał Bobrzyński," in *Nation and History: Polish Historians from the Enlightenment to the Second World War*, pp. 141–64.

8. Stefan Kaczala [Kachala], *Polityka Polaków względem Rusi* (Lviv: Nakładem Autora, 1879), p. 14.

9. Jan Kozik, *The Ukrainian National Movement in Galicia, 1815–1849*, trans. Andrew Gorski and Lawrence Orton (Edmonton: Canadian Institute of Ukrainian Studies, 1986); Andrei Markovits and Frank Sysyn, eds., *Nationbuilding and the Politics of Nationalism: Essays on Austrian Galicia* (Cambridge: Harvard Ukrainian Research Institute, 1982); Larry Wolff, review of *The Ukrainian National Movement in Galicia 1815–1849* by Jan Kozik, in *Harvard Ukrainian Studies* 11 (June 1987).

10. John-Paul Himka, *Socialism in Galicia: The Emergence of Polish Social Democracy and Ukrainian Radicalism* (Cambridge: Harvard Ukrainian Research Institute, 1983); Himka, *Galician Villagers and the Ukrainian National Movement in the Nineteenth Century* (New York: St. Martin's Press, 1988); Himka, *Religion and Nationality in Western Ukraine: The Greek Catholic Church and Ruthenian National Movement in Galicia, 1867–1900* (Montreal: McGill-Queen's University Press, 1999); Paul Robert Magocsi, *Galicia: A Historical Survey and Bibliographic Guide* (Toronto: University of Toronto Press, 1983).

11. Maria Kłańska, *Daleko od Wiednia: Galicja w oczach pisarzy niemieckojęzycznych, 1772–1918* (Cracow: Towarzystwo Autorów i Wydawców Prac Naukowych UNIVERSITAS, 1991); *Polin: Studies in Polish Jewry*, Vol. 12, *Focusing on Galicia: Jews, Poles, and Ukrainians, 1772–1918*, ed. Israel Bartal and Antony Polonsky (London: Littman Library of Jewish Civilization, 1999); *Galicia: A Multicultured Land*, ed. Christopher Hann and Paul Robert Magocsi (Toronto: University of Toronto Press, 2005).

12. Keely Stauter-Halsted, *The Nation in the Village: The Genesis of Peasant National Identity in Austrian Poland, 1848–1914* (Ithaca, NY: Cornell University Press, 2001); Alison Fleig Frank, *Oil Empire: Visions of Prosperity in Austrian Galicia* (Cambridge: Harvard University Press, 2005); Daniel Unowsky, *The Pomp and Politics of Patriotism: Imperial Celebrations in Habsburg Austria, 1848–1916* (West Lafayette, IN: Purdue University Press, 2005); Daniel Mendelsohn, *The Lost: A Search for Six of Six Million* (New York: Harper Collins, 2006); Omer Bartov, *Erased: Vanishing Traces of Jewish Galicia in Present-Day Ukraine* (Princeton: Princeton University Press, 2007).

13. Jacek Purchla, ed. *Kraków i Lwów w cywilizacji europejskiej* (Cracow: Międzynarodowe Centrum Kultury, 2003); Yaroslav Hrytsak, *Prorok u svoii vitchyzni: Franko ta ioho spilnota 1856–1886* (Kiev: Krytyka, 2006); Christoph Augustynowicz and Andreas Kappeler, eds., *Die galizische Grenze 1772–1867: Kommunikation oder Isolation* (Vienna: LIT Verlag, 2007); Michael Moser, *"Ruthenische" (ukrainische) Sprach- und Vorstellungswelten in den galizischen Volksschulesebüchern der Jahre 1871 und 1872* (Vienna: LIT Verlag, 2007); Hans-Christian Maner, *Galizien: Eine Grenzregion im Kalkül der Donaumonarchie im 18. und 19. Jahrhundert* (Munich: Institut für deutsche Kultur und Geschichte Südosteuropas, 2007); Michael Stanislawski, *A Murder in Lemberg: Politics, Religion, and Violence in Modern Jewish History* (Princeton: Princeton University Press, 2007); Danuta Sosnowska, *Inna Galicja* (Warsaw: Elipsa, 2008); Markian Prokopovych, *Habsburg Lemberg: Architecture, Public Space, and Politics in the Galician Capital, 1772–1914* (West Lafayette, IN: Purdue University Press, 2009).

14. Julian Ursyn Niemcewicz, *Pamiętniki czasów moich* (Leipzig: F. A. Brockhaus, 1868), pp. 63–65.

15. Leopold von Sacher-Masoch, *Graf Donski: Eine galizische Geschichte: 1846*, 2nd ed. (Schaffhausen: Friedrich Hurter, 1864), pp. iii–iv.

16. Joseph Roth, *The Emperor's Tomb*, trans. John Hoare (London: Chatto and Windus, Hogarth Press, 1984), pp. 34–35.

第一章 创建新省

1. Alfred Ritter von Arneth, ed. *Maria Theresia und Joseph II: Ihre Correspondenz sammt Briefen Joseph's an seinen Bruder Leopold*, Band II (Vienna: Carl Gerold's Sohn, 1867), Joseph to Leopold, 23 July 1773, p. 12; some of the material in this chapter has appeared in an article: Larry Wolff, "Inventing Galicia: Messianic Josephinism and the Recasting of Partitioned Poland," *Slavic Review* 63, no. 4 (Winter 2004): 818–40.

2. Stanisław Grodziski, *Historia ustroju społeczno-politycznego Galicji, 1772–1848* (Wrocław: Zakład Narodowy imienia Ossolińskich, 1971); Horst Glassl, *Das Österreichische Einrichtungswerk in Galizien, 1772–1790* (Wiesbaden: Otto Harrassowitz, 1975); Roman Rosdolsky, *Untertan und Staat in Galizien: Die Reformen unter Maria Theresia und Joseph II*, ed. Ralph Melville (Mainz: Verlag Philipp von Zabern, 1992); Henryk Lepucki, *Działalność kolonizacyjna Marii Teresy i Józefa II w Galicji, 1772–1790* (Lviv: L. Wiśniewski, 1938); Wacław Tokarz, *Galicya w początkach ery józefińskiej w świetle ankiety urzędowej z roku 1783* (Cracow: Akademia Umiejętności, 1909).

3. Alfred Ritter von Arneth, *Maria Theresia's letzte Regierungszeit, 1763–1780*, Band II (Vienna: Wilhelm Braumüller, 1877), p. 595.

4. Arneth, *Maria Theresia's letzte Regierungszeit, 1763–1780*, Band II, p. 596.

5. Grodziski, p. 27; Stanisław Hubert, *Poglądy na prawo narodów w Polsce czasów Oświecenia* (Wrocław: Zakład Narodowy imienia Ossolińskich, 1960), pp. 207–50.

6. Arneth, *Maria Theresia und Joseph II: Ihre Correspondenz*, Band II, Maria Theresa to Joseph, 20 June 1773, pp. 9–10.

7. Ibid., Joseph to Maria Theresa, 1 August 1773, p. 14.

8. Johann Polek, "Joseph's II. Reisen nach Galizien und der Bukowina und ihre Bedeutung für letztere Provinz," *Jahrbuch des Bukowiner Landes-Museums* 3(Czernowitz: H. Pardini, 1895).

9. Arneth, *Maria Theresia und Joseph II: Ihre Correspondenz*, Band II, Joseph to Maria Theresa, 1 August 1773, p. 14.

10. Ibid., Joseph to Leopold, 1 August 1773, p. 16.

11. Larry Wolff, *Inventing Eastern Europe: The Map of Civilization on the Mind of the Enlightenment* (Stanford: Stanford University Press, 1994), p. 197.

12. Hans-Christian Maner, *Galizien: Eine Grenzregion im Kalkül der Donaumonarchie im 18. und 19. Jahrhundert* (Munich: Institut für deutsche Kultur und Geschichte Südosteuropas, 2007), pp. 35–36.

13. Glassl, *Das Österreichische Einrichtungswerk in Galizien*, pp. 39, 44; Franz Szabo, "Austrian First Impressions of Ethnic Relations in Galicia: The Case of Governor Anton von Pergen," in *Polin: Studies in Polish Jewry*, Vol. XII, *Focusing on Galicia*, pp. 49–60; see also Franz Szabo, *Kaunitz and Enlightened Absolutism 1753–1780* (Cambridge: Cambridge University Press, 1994), pp. 66–69.

14. Glassl, *Das Österreichische Einrichtungswerk in Galizien*, 44; see also Hugo Lane, "Szlachta Outside the Commonwealth: The Case of Polish Nobles in Galicia," *Zeitschrift für Ostmitteleuropa-Forschung* 52, no. 4 (2003): 530–33.

15. Glassl, *Das Österreichische Einrichtungswerk in Galizien*, pp. 62–64.

16. Stanisław Grodziski, "The Jewish Question in Galicia: The Reforms of Maria Theresa and Joseph II, 1772–1790," in *Polin: Studies in Polish Jewry*, Vol. XII, *Focusing on Galicia: Jews, Poles, and Ukrainians, 1772–1918*, ed. Israel Bartal and Antony Polonsky (London: Littman Library of Jewish Civilization, 1999), pp, 61–72; Wolfgang Häusler, *Das galizische Judentum in der Habsburgermonarchie: Im Lichte der zeitgenössischen Publizistik und Reiseliteratur von 1772–1848* (Vienna: Verlag für Geschichte und Politik, 1979), pp. 18–45; Nancy Sinkoff, *Out of the Shtetl: Making Jews Modern in the Polish Borderlands* (Providence, RI: Brown Judaic Studies, 2004), pp. 203–24.

17. Glassl, *Das Österreichische Einrichtungswerk in Galizien*, p. 70; Szabo, "Austrian First Impressions," pp. 49–60; Ludwik Finkel, "Memoryal Antoniego hr. Pergena, pierwszego gubernatora Galicyi o stanie kraju," *Kwartalnik Historyczny* 14, no. 1 (Lviv, 1900): 24–43.

18. Polek, "Joseph's II. Reisen," pp. 27–28; Arneth, *Maria Theresia und Joseph II: Ihre Correspondenz*, Band III, Joseph to Maria Theresa, 19 May 1780, p. 243; Derek Beales, *Joseph II*, Vol. I, *In the Shadow of Maria Theresa, 1741–1780* (Cambridge: Cambridge University Press, 1987), p. 435.

19. Maner, *Galizien*, pp. 206–7.

20. [Franz Kratter], *Briefe über den itzigen Zustand von Galizien* (Leipzig: Verlag G. Ph. Wucherers, 1786; rpt. Berlin: Helmut Scherer Verlag, 1990), Erster Theil (I), "An den Leser"; Maria Kłańska, *Daleko od Wiednia: Galicja w oczach pisarzy niemieckojęzycznych, 1772–1918* (Cracow: Towarzystwo Autorów i Wydawców Prac Naukowych UNIVERSITAS, 1991), pp. 27–38; "Franz Kratter," in Constant von Wurzbach, *Biographisches Lexikon des Kaiserthums Oesterreich*, XIII (Vienna: Druck und Verlag der k. k. Hof- und Staatsdruckerei, 1865), pp. 144–45; Gustav Gugitz, "Franz Kratter: Ein Beitrag zur Geschichte der Tagesschriftstellerei in der josephinischen Zeit," *Jahrbuch der Grillparzer-Gesellschaft*, 24 (1913), pp. 245–49; Volkmar Braunbehrens, *Mozart in Vienna 1781–1791*, trans. Timothy Bell (1986; New York: Grove Weidenfeld, 1990), pp. 247–49; see also Maria Kłańska, "Erkundungen der neuen österreichischen Provinz Galizien im deutschsprachigen Schrifttum der letzten Dezennien des 18. Jahrhunderts," in *Galizien als Gemeinsame Literaturlandschaft*, ed. Fridrun Rinner and Klaus Zerinschek (Innsbruck: Innsbrucker Beiträger zur Kulturwissenschaft, 1988), pp. 35–48; Jan Papiór, "Kontexte des Galizienerlebnisses von Franz Kratter," in *Galizien als Gemeinsame Literaturlandschaft*, pp. 83–94; Stanisław Schnür-Pepłowski, *Galiciana 1778–1812* (Lviv: Nakładem Księgarni H. Altenberga), pp. 15–43.

21. Kratter, *Briefe*, I, "An den Leser."

22. Ibid., p. 154.

23. Wolff, *Inventing Eastern Europe*, p. 62.

24. Maner, *Galizien*, p. 55.

25. Kratter, *Briefe*, I, pp, 159, 165.

26. Ibid., pp., 170–71, 176–78.

27. Ibid., pp., 185, 191–92.

28. Tadeusz Namowicz, "Galizien nach 1772: Zur Entstehung einer literarischen Provinz," in *Galizien als Gemeinsame Literaturlandschaft*, pp. 68–69.

29. Kratter, *Briefe*, I, pp. 192–93; see also Tadeusz Cegielski, "Der Josephinismus," in *Polen-Österreich: Aus der Geschichte einer Nachbarschaft*, ed. Walter Leitsch and Maria

Wawrykowa (Vienna and Warsaw: Österreichischer Bundesverlag and Wydawnictwa Szkolne i Pedagogiczne, 1988), pp. 41–76.
30. Kratter, *Briefe*, Zweiter Theil (II), p. 15.
31. Norbert Elias, *The History of Manners*, trans. Edmund Jephcott (New York: Pantheon Books, 1978), pp. 144–48.
32. Kratter, *Briefe*, II, pp. 15–16.
33. Ibid., pp. 1–2.
34. Ibid., pp. 2–3.
35. Ibid., p. 14.
36. Ibid., p. 5.
37. Ibid., pp. 168–70.
38. Ibid., pp. 13, 27–28.
39. Ibid., I, pp. 226–30; II, pp. 193–94.
40. Grodziski, "The Jewish Question in Galicia," p. 66.
41. Kratter, *Briefe*, II, pp. 37–40.
42. Ibid., p. 42.
43. Ibid., pp. 42–43.
44. Grodziski, "The Jewish Question in Galicia," p. 68.
45. Ibid., pp. 61–72; Häusler, *Das galizische Judentum*, pp. 43–49; see also Michael Stanislawski, *A Murder in Lemberg: Politics, Religion, and Violence in Modern Jewish History* (Princeton: Princeton University Press, 2007), pp. 9–17; Schnür-Pepłowski, *Galiciana*, p. 15.
46. Michael Silber, "From Tolerated Aliens to Citizen-Soldiers: Jewish Military Service in the Era of Joseph II," in *Constructing Nationalities in East Central Europe*, ed. Pieter Judson and Marsha Rozenblit (New York: Berghahn Books, 2004), p. 25; Raphael Mahler, *Hasidism and the Jewish Enlightenment: Their Confrontation in Galicia and Poland in the First Half of the Nineteenth Century* (Philadelphia: Jewish Publication Society of America, 1985), pp. 3–7.
47. Kratter, *Briefe*, II, pp. 54, 59; Häusler, *Das galizische Judentum*, pp. 43–49; Kłańska, *Daleko od Wiednia*, pp. 42–44.
48. Kratter, *Briefe*, II, p. 153.
49. Ibid., pp. 154–55.
50. Ibid., I, pp. 129–30.
51. Ibid., II, pp. 184–85.
52. Glassl, *Das Österreichische Einrichtungswerk in Galizien*, pp. 220–34; see also Isabel Röskau-Rydel, *Galizien: Deutsche Geschichte im Osten Europas* (Berlin: Siedler Verlag, 1999), pp. 22–38.
53. Kratter, *Briefe*, I, pp. 248, 274–76.
54. Polek, "Joseph's II. Reisen," pp. 45–46.
55. Kratter, *Briefe*, II, "An den günstigen Leser."
56. [Alphons Heinrich Traunpaur], *Dreissig Briefe über Galizien: oder Beobachtungen eines unpartheyischen Mannes, der sich mehr als nur ein paar Monate in diesem Königreiche umgesehen hat* (Vienna and Leipzig: G. Wucherer und E. Beer, 1787; rpt. Berlin: Helmut Scherer Verlag, 1990); Jürgen Habermas, *The Structural Transformation of the Public Sphere: An Inquiry into a Category of Bourgeois Society*, trans. Thomas Burger (Cambridge: MIT Press, 1993).

57. Traunpaur, *Dreissig Briefe*, pp. 1–4.
58. Ibid., pp. 5–9.
59. Ibid., pp. 66, 170–71.
60. Ibid., pp. 26, 31–32, 47.
61. Ibid., pp. 109–14.
62. Ibid., p. 117.
63. Ibid., p. 121.
64. Ibid., pp. 123–24.
65. [Ernst Traugott von Kortum], *Magna Charta von Galizien: oder Untersuchung der Beschwerden des Galizischen Adels pohlnischer Nation über die österreichische Regierung* (Jassy 1790).
66. *Korespondencja Józefa Maksymiliana Ossolińskiego*, ed. Władysława Jabłońska (Wrocław: Zakład Narodowy imienia Ossolińskich, 1975), p. 188, letter of Ossoliński, 20 May 1789; Władysława Jabłońska, *Józef Maksymilian Ossoliński: szkic biograficzny* (Wrocław: Zakład Narodowy imienia Ossolińskich, 1967), pp. 42–50; see also Lane, "Szlachta Outside the Commonwealth," pp. 535–38.
67. "Ernst Traugott Kortum," in *Polski Słownik Biograficzny*, XIV (Wrocław: Zakład Narodowy imienia Ossolińskich, 1968–69), pp. 120–21; "Ernst Traugott von Kortum," in Constant von Wurzbach, *Biographisches Lexikon des Kaiserthums Oesterreich*, XII (Vienna: Druck und Verlag der k. k. Hof- und Staatsdruckerei, 1864), pp. 471–73.
68. [Kortum], *Magna Charta*, p. 238.
69. Ibid., pp. 268–69.
70. Ibid., pp. 241–44.
71. Ibid., p. 252.
72. Ibid., pp. 264–65, 270–72.
73. Ibid., p. 265.
74. Arneth, *Maria Theresia und Joseph II: Ihre Correspondenz*, Band III, Joseph to Maria Theresa, 19 May 1780, p. 244.
75. [Kortum], *Magna Charta*, pp. 277–78.
76. Ibid., p. 292.
77. Ibid., pp. 292–93.
78. Ibid., p. 295.
79. Ibid.
80. James Van Horn Melton, *The Rise of the Public in Enlightenment Europe* (Cambridge: Cambridge University Press, 2001), pp. 81–122.
81. [Kortum], *Magna Charta*, p. 312.
82. Edmund Burke, *Reflections on the Revolution in France*, ed. Conor Cruise O'Brien (London: Penguin Books, 1973), p. 195.
83. [Kortum], *Magna Charta*, pp. 301–8, 322–25, 329–32.
84. Ibid., pp. 343–45.
85. Ibid., pp. 349, 358.
86. Ibid., pp. 347, 349–50.
87. Wolff, *Inventing Eastern Europe*, pp. 110–11.
88. [Kortum], *Magna Charta*, p. 365.
89. Ibid., pp. 11–13, 22–23.

90. Ibid., pp. 74–75.
91. Ibid., p. 109.
92. Ibid., p. 111.
93. Ibid., pp. 3, 8.
94. Ibid., pp. 32–33.
95. Ibid., p. 184.
96. Ibid., p. 203.
97. "Ernst Traugott von Kortum," in *Biographisches Lexikon des Kaiserthums Oesterreich*, XII, pp. 471–73.
98. Johann Christian von Engel, *Geschichte der Ukraine und der ukrainischen Cosaken wie auch der Königreiche Halitsch und Wladimir* (Halle: Gebauer, 1796); Paul Robert Magocsi, *Galicia: A Historical Survey and Bibliographic Guide* (Toronto: University of Toronto Press, 1983), pp. 27–28.
99. [Kortum], *Magna Charta*, p. 205.
100. Ibid., pp. 200–201.
101. Ibid., pp. 18–19.
102. Ibid., pp. 205–6.
103. Ibid., pp. 206, 231–32.
104. [Voltaire], *Der Kirchenzwist der Pollen: historisch kritisch beleuchtet aus dem Französischen des Herrn Bourdillon, Professor des Jus publikums, übersetzt von einem deutschen Pollaken* (Lviv, 1781).
105. *Skutki dzieł Woltera, przez Gallicyana* (1792), Biblioteka Jagiellońska, Cracow, p. 3.
106. Ibid.
107. Ibid., p. 10.
108. Ibid., pp. 11, 18.
109. Ibid., p. 20.
110. Balthasar Hacquet, *Neueste physikalisch-politische Reisen in den Jahren 1788 und 1789 durch die Dacischen und Sarmatischen oder Nördlichen Karpathen*, Erster Theil (Nuremberg: Verlag der Raspischen Buchhandlung, 1790), "Vorrede"; Zweiter Theil (1791), "Vorrede."
111. Grodziski, *Historia ustroju społeczno-politycznego Galicji*, p. 28.
112. Izabela Kleszczowa, *Ceremonie i parady w porozbiórowym Krakowie, 1796–1815* (Cracow: Wydawnictwo Uniwersytetu Jagiellońskiego, 1999), pp. 17–18, 23, 33; Gustav Seidler, *Studien zur Geschichte und Dogmatik des Oesterreichischen Staatsrechtes* (Vienna: Alfred Hölder, 1894), p. 181, n. 26; Maner, *Galizien*, p. 57;
113. Kajetan Koźmian, *Pamiętniki: obejmujące wspomnienia od roku 1780 do roku 1815*, Oddział I (Poznań: Nakład Jana Konstantego Żupańskiego, 1858), pp. 241, 248, 252–53.
114. Andrzej Jezierski and Cecylia Leszczyńska, *Historia gospodarcza Polski* (Warsaw: Wydawnictwo Key Text, 2003), p. 100; Norman Davies, *God's Playground: A History of Poland*, Volume 2 (New York: Columbia University Press, 1982), p. 142.
115. *Geographisch-historische Nachrichten von Westgalizien oder den neu erlangten östreichisch-polnischen Provinzen* (Vienna: Johann Otto, 1796), pp. 145–46.
116. Ibid., pp. 35, 67, 79–80, 84.

117. Ibid., pp. 54, 125.
118. Ibid., p. 51.
119. Wojciech Bogusławski, *Dzieie teatru narodowego* (Warsaw: N. Glücksberg, 1820), pp. 85–86.
120. Ibid., p. 99; Zbigniew Raszewski, *Bogusławski*, II (Warsaw: Państwowy Instytut Wydawniczy, 1972), pp. 7–50.
121. Bogusławski, *Dzieie teatru narodowego*, p. 107.
122. Ibid., p. 100; Jerzy Got, *Na Wyspie Guaxary: Wojciech Bogusławski i Teatr Lwowski, 1789–1799* (Cracow: Wydawnicto Literackie, 1971), pp. 113–16.
123. Got, *Na Wyspie Guaxary*, p. 405.
124. Wojciech Bogusławski, *Cud Mniemany czyli Krakowiacy i Górale*, ed. Juliusz Kijas (Cracow: Wydawnictwo M. Kot, 1949), p. 74.
125. Jolanta Pekacz, *Music in the Culture of Polish Galicia, 1772–1914* (Rochester, NY: University of Rochester Press, 2002), p. 157.
126. Got, *Na Wyspie Guaxary*, pp. 176–89.
127. Ibid., pp. 62–63, 220, 390.
128. Pekacz, *Music in the Culture of Polish Galicia*, p. 94; Got, *Na Wyspie Guaxary*, pp. 222–50.
129. Got, *Na Wyspie Guaxary*, p. 112.
130. Ibid., pp. 141–42, 186; Pekacz, *Music in the Culture of Polish Galicia*, p. 183.
131. Franz Kratter, *The Maid of Marienburg: A Drama in Five Acts, From the German of Kratter* (London: M. Allen, 1798), p. 73; Gugitz, "Franz Kratter," pp. 267–68.
132. Julian Ursyn Niemcewicz, *Pamiętniki czasów moich* (Leipzig: F. A. Brockhaus, 1868), pp. 63–65.
133. Norman Davies, *God's Playground: A History of Poland*, Vol. I (1982; New York: Columbia University Press, 1984), p. 542.
134. "Ernst Traugott von Kortum," in *Biographisches Lexikon des Kaiserthums Oesterreich*, XII, pp. 471–73; Pekacz, *Music in the Culture of Polish Galicia*, p. 183.
135. Maner, *Galizien*, p. 208.
136. Willibald Swibert Joseph Gottlieb von Besser, *Primitiae Florae Galiciae Austriacae Utriusque*, Parts I and II (Vienna: Sumptibus Ant. Doll., 1809), pp. iv–v.

第二章　恢复加省

1. Klemens Wenzel von Metternich, *Mémoires, documents, et écrits divers*, ed. Richard de Metternich, Part I (1773–1815), Vol. II (Paris: E. Plon, 1880), pp. 418–420; some of the material in this chapter has previously appeared in an article: Larry Wolff, "Kennst du das Land? The Uncertainty of Galicia in the Age of Metternich and Fredro," *Slavic Review* 67, no. 2 (Summer 2008): 277–300.
2. Metternich, *Mémoires*, Part I (1773–1815), Vol. II, pp. 420–21.
3. Ibid., pp. 432–33, 436–37.
4. *Intelligenzblatt zu den Annalen der Literatur und Kunst in dem österreichischen Kaiserthum* (September 1811, January 1812), in Gertraud Marinelli-König, *Polen und Ruthenen in den Wiener Zeitschriften und Almanachen des Vormärz* (Vienna: Verlag der Österreichischen Akademie der Wissenschaften, 1992), p. 103; *Stulecie Gazety Lwowskiej 1811–1911*, ed. Wilhelm Bruchnalski, Tom I (Lviv: Nakładem Redakcyi Gazety Lwowskiej, 1911), pp.

52–54; Jerzy Łojek, Jerzy Myśliński, and Wiesław Władyka, *Dzieje prasy polskiej* (Warsaw: Wydawnictwo Interpress, 1988) p. 40; Władysław Zawadzki, *Literatura w Galicji* (Lwów: Władysław Łozinski, 1878), pp. 42–43; Jan Papiór, "Kontexte des Galizienerlebnisses von Franz Kratter," in *Galizien als Gemeinsame Literaturlandschaft*, ed. Fridrun Rinner and Klaus Zerinschek (Innsbruck: Innsbrucker Beiträger zur Kulturwissenschaft, 1988), p. 85. Although there is some confusion in the secondary literature over the two roughly contemporary figures named Franz Kratter, and some have supposed that the author of the *Briefe* of 1786 was also the editor of *Gazeta Lwowska* in 1811, a careful examination suggests that these were two different men (probably cousins) with the same name. In particular, Wilhelm Bruchnalski's centennial study of *Gazeta Lwowska*, published in Lviv in 1911, is unequivocal about the distinction between these two men, who died in 1830 (the author and dramatist) and 1838 (the bureaucrat and editor) respectively. Bruchnalski cites the obituary published in 1838 in *Gazeta Lwowska*, to honor its founding editor, and the Habsburg bureaucratic career described in that obituary was clearly different from the life and career of the author and dramatist. It is, of course, not impossible, given their family relation, that there was some contact and collaboration between these two men with the same name.

5. *Gazeta Lwowska*, 7 February, 11 February 1812.
6. Ibid., 11 February 1812.
7. Ibid., 7 February 1812.
8. Ibid., 24 March 1812.
9. Ibid., 11 February, 28 February 1812.
10. Ibid., 3 March 1812.
11. *Intelligenzblatt zu den Annalen der Literatur und Kunst in dem österreichischen Kaiserthum* (February 1811, May 1811, May 1812), in Marinelli-König, *Polen und Ruthenen*, pp. 88–91.
12. *Gazeta Lwowska*, 3 March 1812.
13. Ibid.
14. Ibid., 24 April, 19 May, 14 July 1812.
15. Ibid., 28 July 1812.
16. Aleksander Fredro, *Sans queue ni tête*, trans. Elisabeth Destrée-Van Wilder (Montricher, Switzerland: Les Editions Noir sur Blanc, 1992), pp. 10, 82; Fredro, *Trzy po trzy*, in *Proza*, XIII, Part 1 (Warsaw: Pańtswowy Instytut Wydawniczy, 1968), pp. 71, 123.
17. Fredro, *Sans queue ni tête*, pp. 80, 105; *Trzy po trzy*, pp. 121, 139–40.
18. Fredro, *Sans queue ni tête*, pp. 104, 196; *Trzy po trzy*, pp. 139, 205.
19. Fredro, *Sans queue ni tête*, p. 158; *Trzy po trzy*, p. 178.
20. H. C. Robbins Landon, *1791: Mozart's Last Year* (New York: Schirmer Books, 1988), p. 187.
21. Walter Hummel, *W. A. Mozarts Söhne* (Kassel and Basel: Bärenreiter-Verlag, 1956), pp. 61–62, letters of Constanze Mozart, 4 September, 7 December 1808; letters of F. X. W. Mozart: 19 November, 15 December 1808; see also Isabel Röskau-Rydel, *Galizien: Deutsche Geschichte im Osten Europas* (Berlin: Siedler Verlag, 1999), pp. 54–56.
22. Hummel, *W. A. Mozarts Söhne*, p. 63, letter of F. X. W. Mozart, 22 January 1809.
23. Ibid., pp. 64–65, letter of Constanze Mozart, 29 July 1809, letter of F. X. W. Mozart, 18 October 1809.

24. Ibid., p. 66, letter of F. X. W. Mozart, 8 February 1810; there was more than one place in Galicia called Podkamień, and Mozart was, apparently, not living in the town of Podkamień near Brody, but rather in a village by the same name near Lviv.

25. Ibid., letter of F. X. W. Mozart, 8 February 1810.

26. "Die Einsamkeit," from *The Other Mozart: Franz Xaver Mozart, The Songs*, recording by Barbara Bonney and Malcolm Martineau (Decca, B0005505–02, 2005).

27. Hummel, *W. A. Mozarts Söhne*, p. 68, letter of F. X. W. Mozart, 22 November 1810.

28. Ibid., pp. 68–72; letters of F. X. W. Mozart, 20 February 1811, 22 June 1811, 22 August 1812; see also ibid., pp. 280–81.

29. Ibid., p. 74, letter of F. X. W. Mozart, 6 September 1816.

30. Ibid., pp. 316–17; Wolfgang Amadeus Mozart Sohn, *12 Polonaisen für Klavier*, ed. Joachim Draheim (Heidelberg: Willy Müller, Süddeutscher Musikverlag, 1980).

31. *Gazeta Lwowska*, 8 September, 12 September, 29 September, 2 October, 6 October 1812.

32. Ibid., 3 November, 13 November 1812.

33. Ibid., 20 November, 18 December, 29 December 1812.

34. Fredro, *Sans queue ni tête*, pp. 22, 195, 202; *Trzy po trzy*, pp. 79, 205, 210; Krystyna Poklewska, *Galicja romantyczna, 1816–1840* (Warsaw: Pańtswowy Instytut Wydawniczy, 1976), pp. 148–49; see also Jarosław Rymkiewicz, *Aleksander Fredro jest w złym humorze* (Warsaw: Czytelnik, 1977).

35. Hummel, *W. A. Mozarts Söhne*, pp. 73–74; letters of F. X. W. Mozart, 22 May, 6 December 1817.

36. Ibid., pp. 75–76.

37. Fredro, *The Major Comedies of Alexander Fredro*, ed. and trans. Harold B. Segel (Princeton: Princeton University Press, 1969), *Ladies and Hussars*, pp. 123–24.

38. Ibid., p. 184; Fredro, *Damy i Huzary*, in *Pisma Wszystkie*, ed. Stanisław Pigoń, Tom III (Warsaw: Państwowy Instytut Wydawniczy, 1955), p. 117.

39. Arthur Haas, *Metternich: Reorganization and Nationality, 1813–1818: A Story of Foresight and Frustration in the Rebuilding of the Austrian Empire* (Wiesbaden: Franz Steiner Verlag, 1963), p. 167: "Vortrag des Fürsten Metternich an Kaiser Franz über die Situation in Galizien," 18 April 1815.

40. Ibid., pp. 167–68.

41. Ibid., pp. 168–69.

42. Ibid.

43. Stanisław Grodziski, *Historia ustroju społeczno-politycznego Galicji 1772–1848* (Wrocław: Zakład Narodowy imienia Ossolińskich, 1971), pp. 149–50.

44. Jan Kozik, *The Ukrainian National Movement in Galicia, 1815–1849*, trans. Andrew Gorski and Lawrence Orton (Edmonton: Canadian Institute of Ukrainian Studies, 1986) p. 32.

45. *Korespondencja Józefa Maksymiliana Ossolińskiego*, ed. Władysława Jabłońska (Wrocław: Zakład Narodowy imienia Ossolińskich, 1975), p. 188, letter of Kaiser Franz, 23 February 1809; Władysława Jabłońska, *Józef Maksymilian Ossoliński: szkic biograficzny* (Wrocław: Zakład Narodowy imienia Ossolińskich, 1967), pp. 66–67.

46. *Korespondencja Józefa Maksymiliana Ossolińskiego*, pp. 220–23, letter of Ossoliński, 19 November 1815.

47. Ibid., pp. 248–49, 253–54, letter of Jozef Erdödy, 5 May 1817, letter of Franz Krieg, 6 June 1817, letter of Ossoliński, 30 August 1817.
48. Ibid., pp. 254–57, letter of Ossoliński, 1 September 1817, letter of Franz Krieg, 3 September 1817.
49. Ibid., p. 264, letter of Joseph Mauss, 29 December 1817.
50. Ibid., pp. 265–66, letter of Joseph Mauss, 29 December 1817.
51. Ibid., p. 267, letter of Joseph Mauss, 29 December 1817.
52. *Rozmaitości*, 7 February; Zawadzki, *Literatura w Galicji*, pp. 44–45.
53. *Rozmaitości*, 18 February, 11 March, 6 June, 10 October 1818.
54. *Korespondencja Józefa Maksymiliana Ossolińskiego*, pp. 261–64, letters of Ossoliński, 3 December, 24 December 1817, letter of Joseph Mauss, 29 December 1817.
55. Kozik, *The Ukrainian National Movement in Galicia*, pp. 52–56; Larry Wolff, *The Uniate Church and the Partitions of Poland: Religious Survival in an Age of Enlightened Absolutism* (Cambridge: Harvard Ukrainian Research Institute, 2007), in *Harvard Ukrainian Studies* 26: 179–92.
56. Kozik, *The Ukrainian National Movement in Galicia*, pp. 54–58; Stanisław Stępień, "Borderland City: Przemyśl and the Ruthenian National Awakening in Galicia," in *Galicia: A Multicultured Land*, ed. Christopher Hann and Paul Magocsi (Toronto: University of Toronto Press, 2005), pp. 55–60; Michael Moser, "Die sprachliche Erneuerung der galizischen Ukrainer zwischen 1772 und 1848/1849 im mitteleuropäischen Kontext," in *Comparative Cultural Studies in Central Europe*, ed. Ivo Pospíšil and Michael Moser (Brno: Ustav Slavistiky Filozofické Fakulty Masarykovy Univerzity, 2004), pp. 88–89.
57. Stępień, "Borderland City," p. 57.
58. Zorian Chodakowski, *O Sławiańszczyźnie przed Chrześcijaństwem: oraz inne pisma i listy* (Warsaw: Państwowe Wydawnictwo Naukowe, 1967), p. 214.
59. Markian Prokopovych, *Habsburg Lemberg: Architecture, Public Space, and Politics in the Galician Capital, 1772–1914* (West Lafayette, IN: Purdue University Press, 2009), p. 182, n. 27.
60. *Pamiętnik Galicyjski*, Tom I: July, August, September 1821 (Lviv: Nakładem Karola Wilda, Drukiem Józefa Sznaydera, 1821), pp. 3–4.
61. Ibid., p. 140.
62. Poklewska, *Galicja romantyczna*, pp. 58–83.
63. *Pamiętnik Galicyjski*, Tom II: October, November, December 1821, pp. 196–202.
64. Ibid., Tom I: July, August, September 1821, p. 206.
65. Ibid., Tom II: October, November, December 1821, pp. 175–76.
66. Joseph Perl, *Revealer of Secrets*, trans. Dov Taylor (Boulder, CO: Westview Press, 1997), pp. xxv–xxxii; Michael Stanislawski, *A Murder in Lemberg: Politics, Religion, and Violence in Modern Jewish History* (Princeton: Princeton University Press, 2007), pp. 16–17, 31–32; Israel Bartal and Antony Polonsky, "Introduction: The Jews of Galicia under the Habsburgs," in *Polin: Studies in Polish Jewry*, Vol. XII, *Focusing on Galicia*, ed. Israel Bartal and Antony Polonsky (London: Littman Library of Jewish Civilization, 1999), pp. 12–13; Nancy Sinkoff, *Out of the Shtetl: Making Jews Modern in the Polish Borderlands* (Providence, RI: Brown Judaic Studies, 2004), pp. 25–40; Paul Robert Magocsi, *Galicia: A Historical Survey and Bibliographic Guide* (Toronto: University of Toronto Press, 1983),

p. 230; Raphael Mahler, *Hasidism and the Jewish Enlightenment: Their Confrontation in Galicia and Poland in the First Half of the Nineteenth Century* (Philadelphia: Jewish Publication Society of America, 1985), pp. 121–48.

67. *Pamiętnik Galicyjski*, Tom II: October, November, December 1821, pp. 3–12.
68. Ibid.
69. Ibid., Tom I: July, August, September 1821, pp. 57–64.
70. Poklewska, *Galicja romantyczna*, pp. 116–21.
71. Jan Nepomucen Kamiński, *Zabobon, czyli Krakowiacy i Górale: Zabawka dramatyczna z śpiewkami* (Lviv: K. B. Pfaff, 1821), pp. 3, 7, 34.
72. Ibid., p. 154.
73. Fredro, *Husband and Wife*, in Segel, *The Major Comedies*, p. 75; *Mąż i żona*, in Fredro, *Komedie: Wybór* (Warsaw: Państwowy Instytut Wydawniczy, 1972), p. 82.
74. Fredro, *Husband and Wife*, in Segel, *The Major Comedies*, pp. 75–76; *Mąż i żona*, in Fredro, *Komedie: Wybór*, p. 83.
75. Metternich, *Mémoires,* Part II (1816–48), Vol. IV, p. 15, letter of 25 September 1823.
76. Ibid., pp. 16, 19; letters of 28 September, 17 October 1823.
77. Ibid., pp. 19–20, letter of 17 October 1823.
78. Ibid., pp. 16–17, letter of 29 September 1823.
79. Ibid., p. 19, letter of 17 October 1823.
80. Ibid., pp. 20–21, letter of 21 October 1823.
81. Ibid.
82. Ibid., pp. 21–22, letter of 27 October 1823.
83. Ibid., p. 23, letter of 30 October 1823.
84. *Gazeta Lwowska*, 3 January, 31 January 1825.
85. Ibid., 11 March 1825.
86. Ibid., 13 April 1825.
87. *Korespondencja Józefa Maksymiliana Ossolińskiego*, p. 474, letter of Ossoliński, 6 March 1826.
88. Fredro, *Korespondencja*, ed. Krystyna Czajkowska, in *Pisma Wszystkie*, Tom XIV (Warsaw: Państwowy Instytut Wydawniczy, 1976), pp. 72–73, letter of Fredro, undated.
89. Marinelli-König, *Polen und Ruthenen*, pp. 347–48.
90. *Hymn śpiewany przez aktorów sceny polskiej w wigilią urodzin najjaśniejszego cesarza i króla Galicyi i Lodomerii* (Lviv: J. Schnajder, 1828); Moser, "Die sprachliche Erneuerung der galizischen Ukrainer," pp. 91–92.
91. Julian Horoszkiewicz, *Notatki z życia*, ed. Henryk Wereszycki (Wrocław: Zakład Narodowy imienia Ossolińskich, 1957), p. 18.
92. Ibid., p. 22.
93. Ibid., pp. 26–27.
94. Ibid., pp. 27–28.
95. C. A. Macartney, *The Habsburg Empire, 1790–1918* (New York: Macmillan, 1969), p. 234.
96. Horoszkiewicz, *Notatki z życia*, pp. 28–29.
97. Józef Reitzenheim, *Galicia: Pamiętnik* (Paris: Maistrasse, Place Cambrai, 1845), pp. 3–4.

98. Ibid., pp. 4–5.
99. Ibid., p. 6.
100. Ibid., pp. 7–11.
101. Ibid., p. 14.
102. Ibid., pp. 25, 30.
103. Prokopovych, *Habsburg Lemberg*, pp. 136–37.
104. Macartney, *The Habsburg Empire*, p. 234.
105. Fredro, *Korespondencja*, p. 77, letter of Fredro, 2 January 1832.
106. Antoni Cetnarowicz, "Metternich in den Augen der zeitgenössischen Polen und in der polnischen Historiographie," in *Polen-Oesterreich: Aus der Geschichte einer Nachbarschaft*, ed. Walter Leitsch and Maria Wawrykowa (Vienna and Warsaw: Oesterreichische Bundesverlag and Wydawnictwa Szkolne i Pedagogiczne, 1988), p. 89.
107. Adam Mickiewicz, "Do przyjaciół Galicyjskich," in *Pisma filomackie, pisma polityczne: z lat 1832–1834* (Warsaw: Czytelnik, 2000), pp. 316–17.
108. Marinelli-König, *Polen und Ruthenen*, pp. 60–61.
109. Fredro, *Maidens' Vows*, in Segel, *The Major Comedies*, p. 210.
110. Reitzenheim, *Galicia: Pamiętnik*, p. 32.
111. Anna Zeńczak, "Piotr Michałowski: sa vie, son oeuvre," in *Piotr Michałowski: Peintures et dessins* (Paris: RMN, 2004), pp. 10–19; Jan Ostrowski, "Pomiędzy Paryżem i galicyjską prowincją," in *Piotr Michałowski 1800–1855* (Cracow: Muzeum Narodowe w Krakowie, 2000), pp. 15–31.
112. Fredro, *The Life Annuity*, in Segel, *The Major Comedies*, pp. 353, 367; Fredro, *Dożywocie*, in *Pisma Wszystkie*, ed. Stanisław Pigoń, Tom VI (Warsaw: Państwowy Instytut Wydawniczy, 1956), pp. 212, 237.
113. Seweryn Goszczyński, "Nowa epoka poezyi polskiej," in *Dzieła zbiorowe*, Tom III, *Podróże i rozprawy literackie*, ed. Zygmunt Wasilewski (Lviv: H. Altenberg, 1911), p. 229.
114. Fredro, *The Life Annuity*, in Segel, *The Major Comedies*, p. 379; Fredro, *Dożywocie*, in *Pisma Wszystkie*, VI, pp. 264–65.
115. Prokopovych, *Habsburg Lemberg*, pp. 152–53.

第三章　童年回忆

1. Leopold von Sacher-Masoch, *Venus in Furs*, trans. Joachim Neugroschel (New York: Penguin, 2000), p. 73, "Introduction," Larry Wolff, pp. vii–xxviii; Sacher-Masoch, *Venus im Pelz* in *Venus im Pelz und Die Liebe des Plato* (Munich: Delphin Verlag, 1987), pp. 11, 109.
2. [Franz Kratter], *Briefe über den itzigen Zustand von Galizien* (Leipzig: Verlag G. Ph. Wucherers, 1786; rpt. Berlin: Helmut Scherer Verlag, 1990), Erster Theil (I), pp. 169–70; Larry Wolff, *Inventing Eastern Europe: The Map of Civilization on the Mind of the Enlightenment* (Stanford: Stanford University Press, 1994), pp. 50–88.
3. Wanda von Sacher-Masoch, *The Confessions of Wanda von Sacher-Masoch*, trans. Marian Phillips, Caroline Hébert, and V. Vale (San Francisco: Re/Search Publications, 1990), p. 33.
4. Sacher-Masoch, *Venus im Pelz*, p. 113.

5. Richard von Krafft-Ebing, *Psychopathia Sexualis*, trans. Franklin S. Klaf (New York: Arcade Publishing, 1998), p. 87.
6. Sacher-Masoch, *Souvenirs: Autobiographische Prosa* (Munich: Belleville, 1985), pp. 23–24; Maria Kłańska, *Daleko od Wiednia: Galicja w oczach pisarzy niemieckojęzycznych, 1772–1918* (Cracow: Towarzystwo Autorów i Wydawców Prac Naukowych UNIVERSITAS, 1991), pp. 120–34.
7. Sacher-Masoch, *Souvenirs*, p. 17.
8. Ibid., p. 34.
9. Bernard Michel, *Sacher-Masoch 1836–1895* (Paris: Robert Laffont, 1989), p. 143.
10. Jan Kozik, *The Ukrainian National Movement in Galicia, 1815–1849*, trans. Andrew Gorski and Lawrence Orton (Edmonton: Canadian Institute of Ukrainian Studies, 1986), p. 31; see also Danuta Sosnowska, *Inna Galicja* (Warsaw: Elipsa, 2008).
11. Kozik, *The Ukrainian National Movement in Galicia*, pp. 30–32; Fredro, *The Major Comedies of Alexander Fredro*, ed. and trans. Harold B. Segel (Princeton: Princeton University Press, 1969), p. 23; Władysław Zawadzki, *Literatura w Galicji* (Lwów: Władysław Łoziński, 1878), pp. 43–53.
12. Kozik, *The Ukrainian National Movement in Galicia*, pp. 34–36; Michael Moser, "Die sprachliche Erneuerung der galizischen Ukrainer zwischen 1772 und 1848/1849 im mitteleuropäischen Kontext," in *Comparative Cultural Studies in Central Europe*, ed. Ivo Pospíšil and Michael Moser (Brno: Ustav Slavistiky Filozoficke Fakulty Masarykovy Univerzity, 2004), pp. 102–3.
13. Wolff, *Inventing Eastern Europe*, p. 307.
14. Wacław z Oleska [Wacław Zaleski], *Pieśni polskie i ruskie ludu galicyjskiego* (Lviv: Franciszek Piller, 1833), p. iv.
15. Wacław z Oleska, *Pieśni polskie i ruskie ludu galicyjskiego*, pp. x, xxvii, xxx.
16. Ibid., p. xxxii.
17. Ibid., p. xlii.
18. Ibid., pp. xliii, xlviii.
19. Kozik, *The Ukrainian National Movement in Galicia*, p. 35.
20. Włodzimierz Mokry, *Ruska Trójca: Karta z dziejów życia literackiego Ukraińców w Galicji w pierwszej połowie XIX wieku* (Cracow: Wydawnictwo Uniwersytetu Jagiellońskiego, 1997), pp. 51–52.
21. *Rusalka Dnistrovaia (The Dnister Nymph)*, photocopy of the 1st ed., ed. Mykhailo Marunchak (Winnipeg: Markian Shashkevych Centre, 1987), pp. x–xi; Mokry, *Ruska Trójca*, p. 62; Kozik, *The Ukrainian National Movement in Galicia*, pp. 69–73.
22. Sacher-Masoch, *Souvenirs*, p. 19.
23. Ibid., pp. 20–21.
24. Ibid., p. 43.
25. Sacher-Masoch, *Don Juan of Kolomea*, in *Love: The Legacy of Cain*, trans. Michael T. O'Pecko (Riverside, CA: Ariadne Press, 2003), p. 18.
26. *Galicia: Zeitschrift zur Unterhaltung, zur Kunde des Vaterlandes, der Kunst, der Industrie und des Lebens*, Lviv, 2 January 1841.
27. *Allgemeine Theaterzeitung* 182 (31 July 1841), in Gertraud Marinelli-König, *Polen und Ruthenen in den Wiener Zeitschriften und Almanachen des Vormärz* (Vienna: Verlag der Österreichischen Akademie der Wissenschaften, 1992), pp. 117–18.

28. *Galicia: Zeitschrift*, 7 January, 14 January, 21 January 1841.
29. Ibid., 28 January, 6 February 1841.
30. Sacher-Masoch, *Souvenirs*, pp. 60–61.
31. Ibid., p. 91.
32. Julian Horoszkiewicz, *Notatki z życia*, ed. Henryk Wereszycki (Wrocław: Zakład Narodowy imienia Ossolińskich, 1957), pp. 153–59.
33. Raphael Mahler, *Hasidism and the Jewish Enlightenment: Their Confrontation in Galicia and Poland in the First Half of the Nineteenth Century* (Philadelphia: Jewish Publication Society of America, 1985), pp. 134–35, 139–41, 144–45.
34. Mahler, *Hasidism and the Jewish Enlightenment*, pp. 99–103, 148.
35. Sacher-Masoch, *Souvenirs*, p. 91.
36. Sacher-Masoch, *Don Juan of Kolomea*, pp. 19–20.
37. *Rusalka Dnistrovaia*, pp. 89–90; Mokry, *Ruska Trójca*, pp. 156–62; Kozik, *The Ukrainian National Movement in Galicia*, pp. 120–21.
38. *Galicia: Zeitschrift*, 23 February 1841.
39. Józef Korzeniowski, *Karpaccy Górale*, in *Dzieła Wybrane*, VII, *Dramaty* (Cracow: Wydawnictwo Literackie, 1954), p. 208; see also Patrice Dabrowski, "Discovering the Galician Borderlands: The Case of the Eastern Carpathians," *Slavic Review* 64, no. 2 (Summer 2005): pp. 380–402.
40. *Galicia: Zeitschrift*, 4 March 1841.
41. Ibid., 12 January 1841.
42. Ibid., 6 February 1841.
43. Moser, "Die sprachliche Erneuerung der galizischen Ukrainer," pp. 89–90.
44. *Dennitsa-Jutrzenka* (Warsaw), Number 6, March 1842.
45. Kozik, *The Ukrainian National Movement in Galicia*, pp. 164–66.
46. Ibid., pp. 110–11, 162–63.
47. Sacher-Masoch, *Venus im Pelz*, p. 94.
48. *Das Projekt der Wien—Bochnia—Eisenbahn in technischer, kommerzieller und finanzieller Hinsicht betrachtet* (Vienna: Carl Gerold, 1836).
49. Aleksander Fredro, *Pisma Polityczno-Społeczne: Aneksy*, ed. Krystyna Czajkowska and Stanisław Pigoń, in *Pisma Wszystkie*, Tom XV (Warsaw: Państwowy Instytut Wydawniczy, 1980), p. 114.
50. Fredro, *Korespondencja*, ed. Krystyna Czajkowska and Stanisław Pigoń, in *Pisma Wszystkie*, Tom XIV (Warsaw: Państwowy Instytut Wydawniczy, 1976), p. 544, letter of Franz Krieg, 11 October 1839.
51. Leon Sapieha, *Wspomnienia z lat od 1803 do 1863*, ed. Bronisław Pawłowski (Lviv: H. Altenberg, G. Seyfarth, E. Wende, 1912), p. 189.
52. Fredro, *Korespondencja*, p. 92, letter of Fredro, 26 December 1839.
53. Ibid., pp. 554–55, letter of Henryk Fredro, 30 September 1840.
54. Ibid., p. 566, letter of Leon Sapieha, 23 December 1840; p. 96, letter of Fredro, 24 December 1840.
55. Ibid., pp. 562–63, letter of Henryk Fredro, 21 December 1840; p. 563, note 1; *Galicia: Zeitschrift*, 5 January 1841.
56. Fredro, *Korespondencja*, pp. 572–73, letter of Henryk Fredro, 13 February 1841; see also Andrzej Walicki, *Russia, Poland, and Universal Regeneration: Studies on Russian and*

Polish Thought of the Romantic Epoch (Notre Dame: University of Notre Dame Press, 1991), pp. 107–57; Wiktor Weintraub, *Profecja i profesura: Mickiewicz, Michelet i Quinet* (Warsaw: Państwowy Instytut Wydawniczy, 1975).

57. Fredro, "O możności i potrzebie założenia banku i kolei żelaznej w Galicji," in *Pisma Polityczno-Społeczne: Aneksy*, pp. 65–66.
58. Ibid., pp. 69, 78.
59. Marinelli-König, *Polen und Ruthenen*, p. 11.
60. Fredro, *Korespondencja*, p. 112, letter of Fredro, 13 September 1842.
61. Ibid., p. 108, letter of Fredro, 20 November 1841.
62. Ibid.
63. Ibid., p. 116, letter of Fredro, 20 May 1844; Hans-Christian Maner, *Galizien: Eine Grenzregion im Kalkül der Donaumonarchie im 18. und 19. Jahrhundert* (Munich: Institut für deutsche Kultur und Geschichte Südosteuropas, 2007), pp. 256–57.
64. Sapieha, *Wspomnienia*, pp. 205–6.
65. Sacher-Masoch, *Venus im Pelz*, pp. 75–76.
66. Sapieha, *Wspomnienia*, p. 201.
67. Stefan Kieniewicz, *The Emancipation of the Polish Peasantry* (Chicago: University of Chicago Press, 1969), p. 115.
68. Fredro, "Aperçus sur les progrès de la démoralisation en Galicie, de sa cause et des moyens d'y contrevenir," in *Pisma Polityczno-Społeczne: Aneksy*, p. 77.
69. Ibid., pp. 78–79.
70. Ibid., p. 79.
71. Ibid., p. 81.
72. Ibid.
73. *Galicia: Zeitschrift*, 27 February 1841.
74. Marinelli-König, *Polen und Ruthenen*, p. 95.
75. *Galicia: Zeitschrift*, 27 February 1841.
76. Sacher-Masoch, *Souvenirs*, p. 63.
77. Michel, *Sacher-Masoch*, p. 51; see also Thomas Simons, Jr., "The Peasant Revolt of 1846 in Galicia: Recent Polish Historiography," *Slavic Review* 30 (December 1971): 795–817; see also Kai Struve, *Bauern und Nation in Galizien: Über Zugehörigkeit und soziale Emanzipation im 19. Jahrhundert* (Göttingen: Vandenhoeck und Ruprecht, 2005), pp. 78–85.
78. Piotr Wandycz, *The Lands of Partitioned Poland* (Seattle: University of Washington Press, 1974), p. 135; C. A. Macartney, *The Habsburg Empire, 1790–1918* (New York: Macmillan, 1969), p. 308; Simons, "The Peasant Revolt of 1846," p. 795; Keely Stauter-Halsted, *The Nation in the Village: The Genesis of Peasant National Identity in Austrian Poland, 1848–1914* (Ithaca, NY: Cornell University Press, 2001), p. 1.
79. Sacher-Masoch, *Souvenirs*, p. 63.
80. Ibid., pp. 63–64.
81. Alan Sked, "Benedek, Breinl and the 'Galician Horrors' of 1846," *Resistance, Rebellion, and Revolution in Hungary and Central Europe*, ed. Laszlo Peter and Martyn Rady (London: Studies in Russia and Eastern Europe, University College London, 2008), pp. 87–98; see also Arnon Gill, *Die polnische Revolution 1846: zwischen nationalem Befreiungskampf des Landadels und antifeudaler Bauernerhebung* (Munich: Oldenbourg, 1974).

82. Michel, *Sacher-Masoch*, pp. 56, 63.
83. Kozik, *The Ukrainian National Movement in Galicia*, pp. 120–21.
84. Kłańska, *Daleko od Wiednia*, pp. 93–94.
85. Leopold von Sacher-Masoch, *Graf Donski: Eine galizische Geschichte: 1846*, 2nd ed. (Schaffhausen: Friedrich Hurter, 1864), p. 343.
86. Ibid.; [Franz Kratter], *Briefe über den itzigen Zustand von Galizien*, I, p. 185; [Alphons Heinrich Traunpaur], *Dreissig Briefe über Galizien: oder Beobachtungen eines unpartheyischen Mannes, der sich mehr als nur ein paar Monate in diesem Königreiche umgesehen hat* (Vienna and Leipzig: G. Wucherer und E. Beer, 1787; rpt. Berlin: Helmut Scherer Verlag, 1990), pp. 31–32.
87. Sacher-Masoch, *Graf Donski*, pp. 402.
88. Ibid., pp. 344–47.
89. Ibid., pp. iii–iv.
90. Ibid., pp. iv–v.
91. Klemens Wenzel von Metternich, *Mémoires, documents, et écrits divers*, ed. Richard de Metternich, Part II (1816–48), Vol. VII (Paris: E. Plon, 1883), pp. 193–94.
92. Ibid., p. 194.
93. *Gazeta Krakowska*, 24 February 1846.
94. Metternich, *Mémoires*, Part II (1816–48), Vol. VII, pp. 197–98.
95. Ibid., p. 198.
96. Ibid.
97. Ibid.
98. Ibid., p. 200.
99. *Gazeta Krakowska*, 10 March 1846.
100. Ibid.
101. Ibid., 14 March 1846.
102. Ibid., 16 March 1846.
103. Ibid., 23 March 1846.
104. Metternich, *Mémoires*, Part II (1816–48), Vol. VII, p. 211.
105. Ibid., p. 213–14.
106. Ibid., p. 213.
107. Maner, *Galizien*, pp. 89–90.
108. Metternich, *Mémoires*, Part II (1816–48), Vol. VII, pp. 214–15.
109. *Gazeta Krakowska*, 23 March 1846.
110. Ibid., 30 March 1846; *Archiwum Państwowe w Krakowie: Inwentarz Tymczasowy*, register 927a (1846–48), "Wyrok śmierci . . . przeciw Teofilowi Wiśniowskiemu," 31 July 1847.
111. *Gazeta Krakowska*, 6 April 1846.
112. Maner, *Galizien*, pp. 210–11.
113. *Gazeta Krakowska*, 30 May 1846.
114. Ibid., 28 July 1846.
115. Ibid., 17 November 1846.
116. Ibid.
117. Ibid.
118. Gabriele Rossetti, "All'Austria" (November 1846), in *Cracovia: Carmi* (Lausanne: S. Bonamici e Compagni, 1847), pp. 15–16.

第四章 加省晕眩

1. Antoni Cetnarowicz, "Metternich in den Augen der zeitgenössischen Polen und in der polnischen Historiographie," in *Polen-Oesterreich: Aus der Geschichte einer Nachbarschaft* (Vienna and Warsaw: Oesterreichische Bundesverlag and Wydawnictwa Szkolne i Pedagogiczne, 1988), p. 100.
2. [Aleksander Wielopolski], "Lettre d'un gentilhomme polonais sur les massacres de Galicie: adressée au prince de Metternich," in Henry Lisicki, *Le Marquis Wielopolski: sa vie et son temps, 1803–1877*, Tome I (Vienna: Faesy und Frick, 1880), p. 315.
3. Ibid.
4. Ibid., pp. 317–19.
5. Ibid., pp. 319–20, 323–24.
6. Ibid., p. 325.
7. Ibid.
8. Ibid., pp. 325–26.
9. Ibid., p. 326.
10. Ibid.
11. Ibid., p. 329.
12. Ibid., p. 331.
13. Ibid.
14. Ibid., pp. 332–33.
15. Ibid., p. 337.
16. Aleksander Fredro, *Korespondencja*, ed. Krystyna Czajkowska and Stanisław Pigoń, in *Pisma Wszystkie*, Tom XIV (Warsaw: Państwowy Instytut Wydawniczy, 1976), p. 124, letter of Fredro, late April/early May 1846.
17. Ibid.
18. Ibid., pp. 124–25, letter of Fredro, late April/early May 1846.
19. Ibid., pp. 125–26, letter of Fredro, late April/early May 1846.
20. Ibid., p. 619, letter of Alfred Potocki (fragment), May 1846.
21. Ibid., p. 129, letter of Fredro, 16 May 1846.
22. Ibid.
23. Ibid., p. 130, letter of Fredro, 16 May 1846.
24. Ibid., p. 622, letter of Alfred Potocki, 25 May 1846.
25. Ibid., p. 132, letter of Fredro, 27 July 1846.
26. Ibid., pp. 132–33, letter of Fredro, 27 July 1846.
27. Ibid., p. 133, letter of Fredro, 27 July 1846.
28. Fredro, *Pisma Polityczno-Społeczne: Aneksy*, ed. Krystyna Czajkowska and Stanisław Pigoń, in *Pisma Wszystkie*, Tom XV (Warsaw: Państwowy Instytut Wydawniczy, 1980), pp. 122–26.
29. Fredro, "Uwagi nad stanem socjalnym w Galicji," *Pisma Polityczno-Społeczne: Aneksy*, p. 95.
30. Ibid., pp. 99–100.
31. Ibid., pp. 102–5.
32. Ibid., p. 107.
33. Fredro, *Pisma Polityczno-Społeczne: Aneksy*, p. 123.

注 释 563

34. Bernard Michel, *Sacher-Masoch 1836–1895* (Paris: Robert Laffont, 1989), pp. 18–19; Maria Kłańska, *Daleko od Wiednia: Galicja w oczach pisarzy niemieckojęzycznych, 1772–1918* (Cracow: Towarzystwo Autorów i Wydawców Prac Naukowych UNIVERSITAS, 1991), pp. 91–92.
35. [Leopold von Sacher-Masoch], *Polnische Revolutionen: Erinnerungen aus Galizien* (Prague: F. A. Credner, 1863), pp. v, 5.
36. Sacher-Masoch, *Souvenirs*, p. 17; Michel, *Sacher-Masoch*, p. 15.
37. *Polnische Revolutionen*, pp. 63–64.
38. Ibid., p. 4.
39. Ibid., p. 5.
40. Ibid., p. 6.
41. Ibid., p. 7.
42. Ibid., pp. 7–9.
43. Ibid., pp. 14–15.
44. Ibid., p. 16.
45. Ibid., pp. 22–24.
46. Ibid., p. 23.
47. Ibid., pp. 22, 26.
48. Michael Stanislawski, *A Murder in Lemberg: Politics, Religion, and Violence in Modern Jewish History* (Princeton: Princeton University Press, 2007), p. 57.
49. *Polnische Revolutionen*, p. 66.
50. Ibid., pp. 52, 73.
51. Ibid., p. 75.
52. Ibid., p. 95.
53. Ibid., pp. 103–4.
54. Ibid., p. 108.
55. Ibid.
56. Ibid., pp. 108–9.
57. Ibid., pp. 109–13.
58. Ibid., p. 107.
59. Ibid., p. 108.
60. Ibid., p. 116; Michel, *Sacher-Masoch*, p. 56.
61. *Polnische Revolutionen*, pp. 370–71.
62. Ibid., p. 386.
63. Jan Kozik, *The Ukrainian National Movement in Galicia, 1815–1849*, trans. Andrew Gorski and Lawrence Orton (Edmonton: Canadian Institute of Ukrainian Studies, 1986), pp. 178–80; C. A. Macartney, *The Habsburg Empire, 1790–1918* (New York: Macmillan, 1969), pp. 368–69; see also *Galicja w 1848 roku*, ed. Andrzej Bonusiak and Marian Stolarczyk, in series *Galicja i jej dziedzictwo*, Vol. XII (Rzeszów: Wydawnictwo Wyższej Szkoły Pedagogicznej, 1999).
64. Kozik, *The Ukrainian National Movement in Galicia*, pp. 189–90, 211–13.
65. Ibid., p. 185.
66. *Gazeta Tarnowska*, 1 April 1848.
67. Ibid.
68. Ibid., 8 April 1848.

69. Marta Bohachevsky-Chomiak, *The Spring of a Nation: The Ukrainians in Eastern Galicia in 1848* (Philadelphia: Shevchenko Scientific Society, 1967), pp. 37–40.
70. Wyspiański, *The Wedding*, trans. Gerard Kapolka (Ann Arbor, MI: Ardis Publishers, 1990), p. 112.

第五章 革命之后

1. Jerzy Łojek, Jerzy Myśliński, Wiesław Władyka, *Dzieje prasy polskiej* (Warsaw: Wydawnictwo Interpress, 1988), pp. 40–43.
2. Joseph Redlich, *Emperor Francis Joseph of Austria* (New York: Macmillan, 1929), pp. 32–33.
3. *Czas*, 3 November, 9 November 1848; C. A. Macartney, *The Habsburg Empire, 1790–1918* (New York: Macmillan, 1969), pp. 404–5.
4. *Czas*, 30 November 1848.
5. Ibid., 7 December 1848.
6. Jan Kozik, *The Ukrainian National Movement in Galicia, 1815–1849*, trans. Andrew Gorski and Lawrence Orton (Edmonton: Canadian Institute of Ukrainian Studies, 1986), pp. 231–32, 265–73; see also Marta Bohachevsky-Chomiak, *The Spring of a Nation: The Ukrainians in Eastern Galicia in 1848* (Philadelphia: Shevchenko Scientific Society, 1967).
7. *Czas*, 9 December 1848.
8. Ivan Rudnytsky, "The Ukrainians in Galicia under Austrian Rule," in *Essays in Modern Ukrainian History* (Edmonton: Canadian Institute of Ukrainian Studies, 1987), p. 321; Macartney, *The Habsburg Empire*, pp. 419–21; Bohachevsky-Chomiak, *The Spring of a Nation*, pp. 47–49; Kozik, *The Ukrainian National Movement in Galicia*, pp. 276–78.
9. *Czas*, 13 January 1849.
10. Ibid.
11. Ibid.
12. Ibid., 5 March 1849.
13. Kozik, *The Ukrainian National Movement in Galicia*, pp. 273–74; Macartney, *The Habsburg Empire*, pp. 404–5.
14. *Czas*, 5 March 1849.
15. Ibid., 22 March 1849, 31 March 1849.
16. Maciej Janowski, *Polish Liberal Thought before 1918* (Budapest: Central European University Press, 2004), pp. 81–87; Brian Porter, *When Nationalism Began to Hate: Imagining Modern Politics in Nineteenth-Century Poland* (Oxford: Oxford University Press, 2000), pp. 48–57.
17. Hipolit Stupnicki, *Das Königreich Galizien und Lodomerien, sammt dem Grossherzogthume Krakau und dem Herzogthume Bukowina: in geographisch-historisch-statistischer Beziehung* (Lviv: Peter Piller, 1853), pp. 9–10, 13.
18. Ibid., pp. 18, 24–25.
19. *Czas*, 3 October 1849.
20. Ibid., 1 November 1849.
21. Ibid., 27 March 1850.
22. Ibid.

23. Ibid.
24. Ibid., 7 October 1850.
25. Macartney, *The Habsburg Empire*, p. 424; see also Konstanty Grzybowski, *Galicja 1848–1914: historia ustroju politycznego na tle historii ustroju Austrii* (Cracow: Zakład Narodowy imienia Ossolińskich, 1959).
26. Józef Buszko, "Gołuchowski, Agenor," in *Polski Słownik Biograficzny*, Tom VIII (Wrocław: Zakład Narodowy imienia Ossolińskich, 1959–60), p. 258.
27. *Czas*, 25 October 1850.
28. Ibid.
29. Ibid., 11 November 1850.
30. Ibid.
31. Ibid., 2 January 1851.
32. Ibid.
33. Ibid., 3 January 1851.
34. Ibid., 10 June 1851.
35. Ibid., 27 June 1851.
36. Ibid., 30 July 1851.
37. Ibid., 13 October 1851.
38. Daniel Unowsky, *The Pomp and Politics of Patriotism: Imperial Celebrations in Habsburg Austria, 1848–1916* (West Lafayette, IN: Purdue University Press, 2005), pp. 33–46.
39. *Czas*, 14 October 1851.
40. Unowsky, *The Pomp and Politics of Patriotism*, p. 45.
41. Michael Stanislawski, *A Murder in Lemberg: Politics, Religion, and Violence in Modern Jewish History* (Princeton: Princeton University Press, 2007); Wolfgang Häusler, *Das galizische Judentum in der Habsburgermonarchie: Im Lichte der zeitgenössischen Publizistik und Reiseliteratur von 1772–1848* (Vienna: Verlag für Geschichte und Politik, 1979), pp. 76–78.
42. Walerian Kalinka, *Galicja i Kraków pod panowaniem austriackim: Wybór pism*, ed. Włodzimierz Bernacki (Cracow: Ośrodek Myśli Politycznej, 2001), pp. x–xi.
43. Ibid., pp. 8–9.
44. Aleksander Fredro, *Korespondencja*, ed. Krystyna Czajkowska, in *Pisma Wszystkie*, Tom XIV (Warsaw: Państwowy Instytut Wydawniczy, 1976), pp. 159–60, letter of Fredro, 6 December 1855; "Sprawa Aleksandra Fredry przed sądem kryminalnym o zdradę stanu," in Fredro, *Pisma Polityczno-Społeczne: Aneksy*, ed. Krystyna Czajkowska and Stanisław Pigoń, in *Pisma Wszystkie*, Tom XV (Warsaw: Państwowy Instytut Wydawniczy, 1980), pp. 257–88; Fredro, *The Major Comedies of Alexander Fredro*, ed. and trans. Harold B. Segel (Princeton: Princeton University Press, 1969), pp. 38–39.
45. Fredro, *Korespondencja*, p. 651, letter of Zofia Fredrowa, 25 August 1853; p. 660, letter of Jan Fredro, 30 June 1856; p. 165, letter of Aleksander Fredro, 12 June 1857.
46. Leopold von Sacher-Masoch, *Souvenirs: Autobiographische Prosa* (Munich: Belleville, 1985), p. 66.
47. Ibid.
48. Sacher-Masoch, *A Light for Others: And Other Jewish Tales from Galicia*, ed. Michael O'Pecko (Riverside, CA: Ariadne Press, 1994), p. 6.

49. Ibid., pp. 2–3.
50. Ibid., p. 7.
51. Ibid., pp. 10–11.
52. Macartney, *The Habsburg Empire*, p. 511.
53. Stefan Kieniewicz, ed. *Galicja w dobie autonomicznej (1850–1914): Wybór tekstów w opracowaniu* (Wrocław: Zakład Narodowy imienia Ossolińskich, 1952), pp. 59–61.
54. Maksymilian Nowicki, *Insecta Haliciae* (Cracow: Typis Universitatis Jagiellonicae, 1865); Nowicki, *Motyle Galicyi* (Lviv: Nakładem Włodzimierz hr. Dzieduszyckiego, w drukarni Instytuta Stauropigiańskiego, 1865); Nowicki, *Beitrag zur lepidopteren fauna Galiziens* (Vienna: K. K. Zoologisch-Botanischen Gesellschaft, 1865); Nowicki, *O rybach dorzeczy Wisły, Styru, Dniestru i Prutu w Galicyi* (Cracow: Nakładem Wydziału Krajowego, w drukarni Czasu, 1889).
55. *Czas*, 11 August 1866.
56. Ibid., 26 September 1866.
57. Ibid., 29 September 1866.
58. John-Paul Himka, *Religion and Nationality in Western Ukraine: The Greek Catholic Church and the Ruthenian National Movement in Galicia, 1867–1900* (Montreal: McGill-Queen's University Press, 1999), pp. 23–44; Ostap Sereda, "From Church-Based to Cultural Nationalism: Early Ukrainophiles, Ritual-Purification Movement, and Emerging Cult of Taras Shevchenko in Austrian Eastern Galicia in the 1860s," *Canadian American Slavic Studies* 40, no. 1 (Spring 2006): 21–47; Paul Robert Magocsi, *The Roots of Ukrainian Nationalism: Galicia as Ukraine's Piedmont* (Toronto: University of Toronto Press, 2002), pp. 99–118.
59. *Czas*, 8 November 1866.
60. Ibid.
61. Ibid.
62. Kieniewicz, ed. *Galicja w dobie autonomicznej*, p. 98; see also Larry Wolff, *"Czas* and the Polish Perspective on the Austro-Hungarian Compromise of 1867," *Polish Review* 27, nos. 1/2 (1982): 65–75.
63. Kieniewicz, ed. *Galicja w dobie autonomicznej*, p. 99.
64. *Czas*, 11 December 1866, 20 December 1866.
65. Ibid., 19 January 1867.
66. Henryk Michalak, *Józef Szujski, 1835–1883* (Łódź: Wydawnictwo Łódzkie, 1987), pp. 24–27; Andrzej Wierzbicki, "Józef Szujski," in *Nation and History: Polish Historians from the Enlightenment to the Second World War*, ed. Peter Brock, John Stanley, and Piotr Wróbel (Toronto: University of Toronto Press, 2006), pp. 85–100.
67. Michalak, *Józef Szujski*, pp. 118–19.
68. Józef Szujski, "Kilka prawd z dziejów naszych: ku rozważeniu w chwili obecnej," in *O fałszywej historii jako mistrzyni fałszywej polityki: rozprawy i artykuły*, ed. Henryk Michalak (Warsaw: Państwowy Instytut Wydawniczy, 1991), pp. 190–91.
69. Ibid., pp. 192, 195, 200.
70. Ibid., pp. 203, 206.
71. *Czas*, 20 January 1867.
72. Ibid., 9 February 1867.

73. Ibid., 14 May 1867; Piotr Wandycz, *The Lands of Partitioned Poland, 1795–1918* (Seattle: University of Washington Press, 1974), p. 223.
74. *Czas*, 19 June 1867.
75. Ibid., 5 July, 6 July 1867.
76. Ibid., 8 August 1867.
77. Ibid.
78. Ibid., 23 January, 15 February 1868.
79. Szujski, "Mowy na Sejmie galicyjskim," in *O fałszywej historii*, p. 237.
80. Macartney, *The Habsburg Empire*, pp. 575–77; Hans-Christian Maner, *Galizien: Eine Grenzregion im Kalkül der Donaumonarchie im 18. und 19. Jahrhundert* (Munich: Institut für deutsche Kultur und Geschichte Südosteuropas, 2007), pp. 139–42.
81. *Teka Stańczyka*, in *Stańczycy: Antologia myśli społecznej i politycznej konserwatystów krakowskich*, ed. Marcin Król (Warsaw: Instytut Wydawniczy Pax, 1982), p. 80.
82. Stanisław Koźmian, "Szkoła patriotyzmu politycznego," in *Stańczycy*, pp. 214, 224; *Czas*, 13 January 1849.
83. *Czas*, 17 January 1869.
84. Maner, *Galizien*, pp. 190–94.
85. *Czas*, 19 February 1869.
86. Ibid., 25 February 1869; Ivan Rudnytsky, "Franciszek Duchiński and His Impact on Ukrainian Political Thought," in *Essays in Modern Ukrainian History*, pp. 192–93.
87. *Czas*, 28 February 1869.
88. Ibid., 11 March 1869.
89. Ibid.
90. Ibid., 21 April 1869.
91. Patrice Dabrowski, *Commemorations and the Shaping of Modern Poland* (Bloomington: Indiana University Press, 2004), pp. 1–2.
92. *Czas*, 11 August 1869.
93. Markian Prokopovych, *Habsburg Lemberg: Architecture, Public Space, and Politics in the Galician Capital, 1772–1914* (West Lafayette, IN: Purdue University Press, 2009), pp. 208–22; Paweł Sierżęga, "Obchody rocznicy Unii Lubelskiej na terenie Galicji w 1869 roku," in *Galicja i jej dziedzictwo*, Tom 15, *Działalność wyzwoleńcza*, ed. Jadwiga Hoff (Rzeszów: Wydawnictwo Uniwersytetu Rzeszowskiego, 2001), pp. 168–70, 179–92.
94. *Czas*, 24 August 1869, 1 September 1869.
95. Apollo Korzeniowski, *Conrad under Familial Eyes*, ed. Zdzisław Najder, trans. Halina Carroll-Najder (Cambridge: Cambridge University Press, 1983), letter of Apollo Korzeniowski, 5/17 March 1868, p. 113.
96. Ibid., letter of Apollo Korzeniowski, 29 May 1868, p. 117.
97. Ibid., letter of Apollo Korzeniowski, 12 October 1868, p. 121.
98. Ibid., pp. xvii–xviii.

第六章 自治年代

1. Antoni Schneider, "Zaproszenie do przedpłaty na dzieło pod tytułem: Encyklopedya do krajoznawstwa Galicyi" (1868), Biblioteka Czartoryskich, Cracow; some of the material in this chapter is to appear in an article: Larry Wolff, "The Encyclopedia

of Galicia: Provincial Synthesis in the Age of Galician Autonomy," *Journal of Ukrainian Studies* 33 (2010).

2. Ihor Zhuk, "The Architecture of Lviv from the Thirteenth to the Twentieth Centuries," *Harvard Ukrainian Studies* 24 (2000): 114; Markian Prokopovych, *Habsburg Lemberg: Architecture, Public Space, and Politics in the Galician Capital, 1772–1914* (West Lafayette, IN: Purdue University Press, 2009), pp. 109, 113–15; Paul Robert Magocsi, *Galicia: A Historical Survey and Bibliographic Guide* (Toronto: University of Toronto Press, 1983), p. 228.

3. Daniel Unowsky, *The Pomp and Politics of Patriotism: Imperial Celebrations in Habsburg Austria, 1848–1916* (West Lafayette, IN: Purdue University Press, 2005), pp. 48–50.

4. Wiesław Bieńkowski, "Schneider (Szneider, Sznejder), Antoni Julian," in *Polski Słownik Biograficzny*, Tom XXXV (Warsaw: Polska Akademia Nauk, 1994), pp. 571–73.

5. Antoni Schneider, *Encyklopedya do krajoznawstwa Galicji*, Tom I (Lviv: Zakład Narodowy imienia Ossolińskich, 1871), p. iii; Tom II (Lviv: z drukarni J. Dobrzańskiego i K. Gromana, 1874).

6. *Archiwum Państwowe w Krakowie, Wawel: Teka Schneidra* 1782, "Żurawno."

7. Ibid., *Teka Schneidra* 515, "Gedrängte statistische Übersicht des Königreiches Galizien (1822)"

8. Ibid., "Quandoquidem circumspecto (1772)"; *Teka Schneidra* 442, "Drohobycz: Żydzi."

9. Jan Hulewicz, "Majer, Józef," in *Polski Słownik Biograficzny*, Tom XIX (Warsaw: Polska Akademia Nauk, 1974), pp. 161–64; Stefan Kieniewicz and Paweł Sikora, "Kopernicki, Izydor," in *Polski Słownik Biograficzny*, Tom XIV (Warsaw: Polska Akademia Nauk, 1994), pp. 1–3.

10. Józef Mayer and Izydor Kopernicki, *Charakterystyka Fizyczna Ludności Galicyjskiej* (Cracow: Uniwersytet Jagielloński, 1876), pp. 3–6.

11. Ibid., pp. 15, 36.

12. Ibid., pp. 36–38.

13. Ibid., pp. 64, 77, 88, 90.

14. Ibid., pp. 123, 137, 175.

15. C. A. Macartney, *The Habsburg Empire, 1790–1918* (New York: Macmillan, 1969), p. 518.

16. Yad Vashem Central Database of Shoah Victims' Names; Leiser Erber was the author's great-grandfather, and the name "Larry" was intended as a rough American remembrance of "Leiser."

17. Macartney, *The Habsburg Empire*, pp. 562–63.

18. "Contract between Frau Fanny von Pistor and Leopold von Sacher-Masoch," in Leopold von Sacher-Masoch, *Venus in Furs*, ed. Joachim Neugroschel, intro. by Larry Wolff (New York: Penguin, 2000), p. 121.

19. Cited in Sacher-Masoch, *Don Juan von Kolomea: Galizische Geschichten*, ed. Michael Farin (Bonn: Bouvier Verlag Herbert Grundmann, 1985), pp. 195–96.

20. Cited in Sacher-Masoch, *A Light for Others: And Other Jewish Tales from Galicia*, ed. Michael O'Pecko (Riverside, CA: Ariadne Press, 1994), p. 334.

21. Carl Steiner, *Karl Emil Franzos, 1848–1904: Emancipator and Assimilationist* (New York: Peter Lang, 1990), pp. 11–13; Maria Kłańska, *Daleko od Wiednia: Galicja w oczach*

pisarzy niemieckojęzycznych, 1772–1918 (Cracow: Towarzystwo Autorów i Wydawców Prac Naukowych UNIVERSITAS, 1991), pp. 179–86.
22. Steiner, *Karl Emil Franzos*, pp. 53–54.
23. Larry Wolff, *Inventing Eastern Europe: The Map of Civilization on the Mind of the Enlightenment* (Stanford: Stanford University Press, 1994), p. 19; [Ernest Traugott von Kortum], *Magna Charta von Galizien: oder Untersuchung der Beschwerden des Galizischen Adels pohlnischer Nation über die österreichische Regierung* (Jassy, 1790), pp. 18–19; Metternich, *Mémoires, documents, et écrits divers*, ed. Richard de Metternich, Part II (1816–48), Vol. IV (Paris: E. Plon, 1881), pp. 20–21, letter of 21 October 1823.
24. Steiner, *Karl Emil Franzos*, p. 62.
25. Jan Kozik, *The Ukrainian National Movement in Galicia, 1815–1849*, trans. Andrew Gorski and Lawrence Orton (Edmonton: Canadian Institute of Ukrainian Studies, 1986), p. 118.
26. Karl Emil Franzos, *The Jews of Barnow: Stories*, trans. M. W. MacDowall (New York: D. Appleton and Company, 1883), pp. 130–32.
27. Ibid., pp. 128, 135.
28. Ibid., pp. 182.
29. Ibid., pp. 205.
30. Ibid., pp. 76–78.
31. John-Paul Himka, "Dimensions of a Triangle: Polish-Ukrainian-Jewish Relations in Austrian Galicia," in *Polin: Studies in Polish Jewry*, Vol. XII, *Focusing on Galicia: Jews, Poles, and Ukrainians, 1772–1918*, ed. Israel Bartal and Antony Polonsky (London: Littman Library of Jewish Civilization, 1999), p. 36.
32. Josef Ehrlich, *Der Weg meines Lebens: Erinnerungen eines ehemaligen Chassiden* (Vienna: Verlag von L. Rosner, 1874), p. 1; Mary McCarthy, "My Confession" (1953), republished in *The Humanist in the Bathtub* (New York: Signet, 1964), p. 130.
33. Ehrlich, *Der Weg meines Lebens*, p. 12.
34. Mieczysław Orłowicz, *Ilustrowany Przewodnik po Galicyi* (Lviv: Akademicki Klub Turystyczny, 1914), p. 87.
35. Ehrlich, *Der Weg meines Lebens*, p. 30.
36. Ibid., pp. 42, 106–8; see also *Kultura Żydów Galicyjskich: z zbiorów Muzeum Etnografii i Rzemiosła Artystycznego we Lwowie*, ed. Elżbieta Skromak, Anna Garbacz, Marek Wiatrowicz (Stalowa Wola: Drukarnia Marlex, 2006); Suzan Wynne, *The Galitzianers: The Jews of Galicia 1772–1918* (Tucson, AZ: Wheatmark, 2006).
37. Ivan Franko, *Beiträge zur Geschichte und Kultur der Ukraine: Ausgewählte deutsche Schriften des Revolutionären Demokraten, 1882–1915*, ed. E. Winter and P. Kirchner (Berlin: Akademie Verlag, 1963), pp. 503–4, letter of Buber to Franko, 3 April 1903.
38. Franko, "Meine jüdischen Bekannten," in ibid., pp. 50–51; see also Yaroslav Hrytsak, *Prorok u svoii vitchyzni: Franko ta ioho spilnota 1856–1886* (Kiev: Krytyka, 2006), pp. 335–63.
39. Franko, "Meine jüdischen Bekannten," in *Beiträge zur Geschichte und Kultur der Ukraine*, pp. 51–53.
40. Ibid., pp. 57–58; John-Paul Himka, *Socialism in Galicia: The Emergence of Polish Social Democracy and Ukrainian Radicalism* (Cambridge: Harvard Ukrainian Research Institute, 1983), pp. 115–21; Hrytsak, *Prorok u svoii vitchyzni*, pp. 275–302.

41. Alison Fleig Frank, *Oil Empire: Visions of Prosperity in Austrian Galicia* (Cambridge: Harvard University Press, 2005), pp. 126–29.

42. Franko, *Boa Constrictor: And Other Stories*, trans. Fainna Solasko (Moscow: Foreign Languages Publishing House, n.d. [1957?]), p. 213; see also Yaroslav Hrytsak, "Franko's Boryslav Cycle," *Journal of Ukrainian Studies* 29, nos. 1–2 (Summer–Winter, 2004).

43. Franko, *Boa Constrictor*, pp. 253–54.

44. Franko, "Meine jüdischen Bekannten," in *Beiträge zur Geschichte und Kultur der Ukraine*, p. 58.

45. Leonid Rudnytzky, "The Image of Austria in the Works of Ivan Franko," in *Nationbuilding and the Politics of Nationalism: Essays on Austrian Galicia*, ed. Andrei Markovits and Frank Sysyn (Cambridge: Harvard Ukrainian Research Institute, 1982), p. 246.

46. Ibid., pp. 243–46.

47. Jan Lewicki [Ivan Levytsky], *Ruch Rusinów w Galicji: w pierwszej połowie wieku panowania Austrii, 1772–1820* (Lviv: Nakładem Autora, 1879), p. 5.

48. Paul Robert Magocsi, *Galicia: A Historical Survey and Bibliographic Guide* (Toronto: University of Toronto Press, 1983), pp. 6, 23.

49. John-Paul Himka, *Religion and Nationality in Western Ukraine: The Greek Catholic Church and the Ruthenian National Movement in Galicia, 1867–1900* (Montreal: McGill-Queen's University Press, 1999), pp. 108–9; Julian Pelesz, *Geschichte der Union der ruthenischen Kirche mit Rom von den ältesten Zeiten bis auf die Gegenwart* (Vienna: Verleger der Mechitharisten,1878–80; Würzburg: Leo Woerl, 1881).

50. Stefan Kaczala [Kachala], *Polityka Polaków względem Rusi* (Lviv: Nakładem Autora, 1879), p. 1.

51. Ibid., p. 5.

52. Ibid., p. 14.

53. Ibid., p. 17.

54. Ibid., pp. 286, 306–7, 354; see also Himka, *Socialism in Galicia*, pp. 40–70; Ivan Rudnytsky, "The Ukrainians in Galicia under Austrian Rule," in *Essays in Modern Ukrainian History* (Edmonton: Canadian Institute of Ukrainian Studies, University of Alberta, 1987), pp. 315–52; Ostap Sereda, "Whom Shall We Be?" Public Debates over the National Identity of Galician Ruthenians in the 1860s," in *Jahrbücher für Geschichte Osteuropas*, Band 49, Heft 2 (Stuttgart: Franz Steiner Verlag, 2001), pp. 200–212; Anna Veronika Wendland, "Die Rückkehr der Russophilen in die ukrainische Geschichte: Neue Aspekte der ukrainischen Nationsbildung in Galizien, 1848–1914," in *Jahrbücher für Geschichte Osteuropas*, Band 49, Heft 2, pp. 178–99.

55. *Czas*, 18 February 1880; see also Jerzy Myśliński, "Prasa Polska w Galicji w dobie autonomicznej (1867–1918)," in *Prasa Polska w latach 1864–1918*, ed. Jerzy Łojek (Warsaw: Państwowe Wydawnictwo Naukowe, 1976), pp. 114–76.

56. *Czas*, 18 February 1880.

57. *Czas*, 19 March 1880; see also Keely Stauter-Halsted, *The Nation in the Village: The Genesis of Peasant National Identity in Austrian Poland, 1848–1914* (Ithaca, NY: Cornell University Press, 2001), pp. 97–114.

58. *Conrad under Familial Eyes*, ed. Zdzisław Najder, trans. Halina Carroll-Najder

(Cambridge: Cambridge University Press, 1983), letter of Apollo Korzeniowski, 11/23 March 1868, p. 115.

59. Franko, "Spring Scene," in *Selected Poems*, trans. Percival Cundy, ed. Clarence Manning (New York: Greenwood Press, 1968), p. 109.

60. Franko, "National Hymn," in *Selected Poems*, p. 115.

61. *Czas*, 7 July 1880.

62. Tadeusz Żeleński (Boy), *Znaszli ten kraj? i inne wspomnienia* (Cracow: Wydawnictwo Literackie, 1956), p. 34; Myśliński, "Prasa polska w Galicji," pp. 121–28.

63. *Czas*, 13 July 1880.

64. Ibid., 18 August 1830.

65. Daniel Unowsky, "Celebrating Two Emperors and a Revolution: The Public Contest to Represent the Polish and Ruthenian Nations in 1880," in *The Limits of Loyalty: Imperial Symbolism, Popular Allegiances, and State Patriotism in the Late Habsburg Monarchy*, ed. Laurence Cole and Daniel Unowsky (New York: Berghahn Books, 2007), pp. 124–31.

66. *Czas*, 22 August 1880; Patrice Dabrowski, "Discovering the Galician Borderlands: The Case of the Eastern Carpathians," *Slavic Review* 64, no. 2 (Summer 2005): 380–402; see also Dabrowski, "Constructing a Polish Landscape: The Example of the Carpathian Frontier," *Austrian History Yearbook* 39 (April 2008): 45–65.

67. *Czas*, 1 September 1880.

68. Ibid.

69. *Archiwum Państwowe w Krakowie: Inwentarz Tymczasowy* 872, *Uroczystości (Franz Joseph)*, 1880.

70. Unowsky, *The Pomp and Politics of Patriotism*, pp. 56–57.

71. *Archiwum Państwowe w Krakowie: Inwentarz Tymczasowy* 872, *Uroczystości (Franz Joseph)*, *Gazeta Lwowska*, 1 September 1880.

72. "Program podróży," *Czas*, 22 August 1880.

73. Ibid., "Program podróży"; *Archiwum Państwowe w Krakowie: Inwentarz Tymczasowy* 872, *Uroczystości (Franz Joseph)*, *Czas*, 5 September 1880.

74. *Czas*, 8 September 1880.

75. Unowsky, *The Pomp and Politics of Patriotism*, pp. 65–69; Michael Moser, *"Ruthenische" (ukrainische) Sprach- und Vorstellungswelten in den galizischen Volksschullesebüchern der Jahre 1871 und 1872* (Vienna: LIT Verlag, 2007), p. 139.

76. *Czas*, 15 September 1880.

77. Walerian Kalinka, *Galicja i Kraków pod panowaniem austriackim: Wybór pism*, ed. Włodzimierz Bernacki (Cracow: Ośrodek Myśli Politycznej, 2001), pp. xvii–xviii.

78. Himka, *Religion and Nationality*, p. 70.

79. Ibid.

80. Józef Szujski, *Die Polen und Ruthenen in Galizien* (Wien and Teschen: Verlag von Karl Prochaska, 1882), p. 1; Andrzej Wierzbicki, "Józef Szujski," in *Nation and History: Polish Historians from the Enlightenment to the Second World War*, ed. Peter Brock, John Stanley, and Piotr Wróbel (Toronto: University of Toronto Press, 2006), pp. 85–100.

81. Szujski, *Die Polen und Ruthenen in Galizien*, p. 19.

82. Ibid., pp. 20–21.

83. Ibid., pp. 26–27.
84. Ibid., p. 29.
85. Ibid., pp. 28–29.
86. Ibid., pp. 30–31.
87. Ibid., p. 81.
88. Prokopovych, *Habsburg Lemberg*, pp. 109, 115.
89. Patrice Dabrowski, *Commemorations and the Shaping of Modern Poland* (Bloomington: Indiana University Press, 2004), pp. 52–58; see also Paweł Sierżęga, *Obchody 200. rocznicy odsieczy wiedeński w Galicji*, Vol. XVII, *Galicja i jej dziedzictwo* (Rzeszów: Wydawnictwo Uniwersytetu Rzeszowskiego, 2002).
90. Stauter-Halsted, *The Nation in the Village*, pp. 208–215; see also Dabrowski, *Commemorations*, pp. 114–32.
91. Dabrowski, *Commemorations*, p. 67.
92. *Kantata na pamiątkę dwóchsetnej rocznicy zwycięstwa Króla Jana III pod Wiedniem*, W. L. Anczyc, W. Żeleński (1883), Biblioteka Czartoryskich, Cracow.
93. *Czas*, 27 January 1884.
94. Ibid.
95. Ibid., 26 April 1884.
96. Ibid., 2 May 1884.
97. Joseph Redlich, *Emperor Francis Joseph of Austria: A Biography* (New York: Macmillan, 1929), pp. 414–15.
98. Julius Jandaurek, *Das Königreich Galizien und Lodomerien: und das Herzogthum Bukowina* (Vienna: Verlag von Karl Graeser, 1884), pp. 5–6.
99. Ibid., pp. 37–39.
100. Ibid., p. 44; Himka, "Dimensions of a Triangle," p. 26.
101. Jandaurek, *Das Königreich Galizien und Lodomerien*, pp. 44–45.
102. Ibid., pp. 46–48.
103. Ibid., p. 55.
104. Ibid., p. 60.
105. Ibid., pp. 63–65.
106. Ibid., pp. 72–73.
107. Ibid., pp. 74–76.
108. Ibid., p. 154.
109. Franko, "The Passing of Serfdom," in *Selected Poems*, p. 141.
110. Ibid., p. 144.
111. Stanisław Szczepanowski, *Nędza Galicyi w cyfrach i program energicznego rozwoju gospodarstwa krajowego* (Lviv: Gubrynowicz i Schmidt, Drukiem Pillera, 1888), pp. v–vii.
112. Frank, *Oil Empire*, pp. 82–89.
113. *Czas*, 4 February 1888.
114. Ibid.
115. Ibid., 5 February 1888.
116. Szczepanowski, *Nędza Galicyi*, p. 125.
117. *Czas*, 11 February 1888.
118. Michał Śliwa, "Nędza Galicyjska: mit i rzeczywistość," in *Galicja i jej dziedzic-*

two, I, *Historia i polityka*, ed. Włodzimierz Bonusiak and Józef Buszko (Rzeszów, 1994), pp. 145–53.
119. Szczepanowski, *Nędza Galicyi*, p. 61; Śliwa, "Nędza Galicyjska," p. 146.
120. Szczepanowski, *Nędza Galicyi*, p. 178.
121. Śliwa, "Nędza Galicyjska," p. 148.
122. *Czas*, 15 February 1888.
123. *Czas*, 15 February 1888.

第七章 世纪之末

1. Kazimierz Tetmajer, "Wielki poeta," in *Wesele we wspomnieniach i krytyce*, ed. Aniela Łempicka (Cracow: Wydawnictwo Literackie, 1961), p. 133.
2. Stanisław Wyspiański, *The Wedding*, trans. Gerard Kapolka (Ann Arbor, MI: Ardis Publishers, 1990), p. 50 (Act I, Scene 17); see also Aniela Łempicka, *Wyspiański: pisarz dramatyczny: idee i formy* (Cracow: Wydawnictwo Literackie, 1973), pp. 279–345; Alicja Okońska, *Stanisław Wyspiański* (Warsaw: Wiedza Powszechna, 1971), pp. 235–72; Claude Backvis, *Le Dramaturge Stanislas Wyspiański* (Paris: Presses Universitaires de France, 1952), pp. 213–35; Artur Hutnikiewicz, *Młoda Polska*, (Warsaw: Wydawnictwo Naukowe PWN, 1994), pp. 7–214.
3. Wyspiański, *The Wedding*, pp. 72–73 (Act I, Scene 30).
4. Ibid., p. 112 (Act II, Scene 15).
5. Ibid., p. 113 (Act II, Scene 15).
6. Kazimierz Tetmajer, "Nie wierzę w nic," in *Antologia liryki Młodej Polski*, ed. Ireneusz Sikora (Wrocław: Zakład Narodowy imienia Ossolińskich, 1990), p. 136.
7. Ivan Franko, "Hymn to Buddha," in *Ivan Franko: The Poet of Western Ukraine: Selected Poems*, trans. Percival Cundy, ed. Clarence Manning (New York: Philosophical Library, 1948), pp. 189–90.
8. Kazimierz Tetmajer, "Koniec wieku XIX," in *Antologia liryki Młodej Polski*, pp. 237–38.
9. Ibid.
10. Marta Romanowska, "Katedra Lwowska," in *Stanisław Wyspiański: Opus Magnum* (Cracow: Muzeum Narodowe, 2000), pp. 79–81.
11. Thomas Prymak, *Mykhailo Hrushevsky: The Politics of National Culture* (Toronto: University of Toronto Press, 1987), p. 29; Ivan Rudnytsky, "The Ukrainians in Galicia under Austrian Rule," in *Essays in Modern Ukrainian History* (Edmonton: Canadian Institute of Ukrainian Studies, University of Alberta, 1987), pp. 339–40.
12. Prymak, *Mykhailo Hrushevsky*, pp. 29–31.
13. Czesław Miłosz, *The History of Polish Literature*, 2nd ed. (1969; Berkeley: University of California Press, 1983), pp. 351–58; Timothy Snyder, *The Reconstruction of Nations: Poland, Ukraine, Lithuania, Belarus 1569–1999* (New Haven, CT: Yale University Press, 2003), pp. 125–32; Serhii Plokhy, *Unmaking Imperial Russia: Mykhailo Hrushevsky and the Writing of Ukrainian History* (Toronto: University of Toronto Press, 2005), pp. 23–211; Jacek Purchla, "Kraków i Lwów: zmienność relacji w XIX i XX wieku," in Jacek Purchla, ed. *Kraków i Lwów w cywilizacji europejskiej* (Cracow: Międzynarodowe Centrum Kultury, 2003), pp. 81–90; Maciej Janowski, "Galizien auf dem Weg zur

Zivilgesellschaft," in *Die Habsburgermonarchie 1848–1918*, Band 8, *Politische Öffentlichkeit und Zivilgesellschaft*, Teilband 1 (Vienna: Verlag der Österreichischen Akademie der Wissenschaften, 2006), pp. 840–45.

14. Bolesław Limanowski, *Galicya przedstawiona słowem i ołówkiem* (Warsaw: Wydawnictwo Przeglądu Tygodniowego, 1892).

15. Ihor Zhuk, "The Architecture of Lviv from the 13th to the 20th Centuries," *Harvard Ukrainian Studies* 24 (2000): 116; *Architektura Lwowa: XIX wieku*, ed. Jacek Purchla (Cracow: International Cultural Center, 1997), figures 89–108.

16. *Katalog działu etnograficznego: Powszechna Wystawa Krajowa w Lwowie 1894* (Lviv: Piller, 1894), pp. 1–2.

17. *Zeitschrift für österreichische Volkskunde*, I. Jahrgang 1895 (Vienna and Prague: Verlag von F. Tempsky, 1896), p. 15.

18. Jacek Purchla, "Patterns of Influence: Lviv and Vienna in the Mirror of Architecture," *Harvard Ukrainian Studies* 24 (2000): 139; Markian Prokopovych, *Habsburg Lemberg: Architecture, Public Space, and Politics in the Galician Capital, 1772–1914* (West Lafayette, IN: Purdue University Press, 2009), pp. 247–53.

19. Prokopovych, *Habsburg Lemberg*, p. 252.

20. *Zeitschrift für österreichische Volkskunde*, I. Jahrgang 1895, pp. 15–16; *Katalog działu etnograficznego*, p. 37.

21. *Zeitschrift für österreichische Volkskunde*, I. Jahrgang 1895, p. 16.

22. *Katalog działu etnograficznego*, p. 67.

23. Ibid., p. 68.

24. Mieczysław Orłowicz, *Ilustrowany Przewodnik po Galicyi* (Lviv: Akademicki Klub Turystyczny, 1914), p. 136.

25. *Katalog działu etnograficznego*, pp. 74, 83; Orłowicz, *Ilustrowany Przewodnik po Galicyi*, p. 92.

26. Orłowicz, *Ilustrowany Przewodnik po Galicyi*, p. 141.

27. *Katalog działu etnograficznego*, pp. 23–24.

28. Daniel Unowsky, *The Pomp and Politics of Patriotism: Imperial Celebrations in Habsburg Austria 1848–1916* (West Lafayette, IN: Purdue University Press, 2005), pp. 72–75.

29. *Listy Stanisława Wyspiańskiego: do Józef Mehoffera, Henryka Opieńskiego i Tadeusza Stryjeńskiego*, I, ed. Maria Rydlowa (Cracow: Wydawnictwo Literackie, 1994), p. 184–85 (31 October 1895); pp. 209–10 (8 August 1896).

30. Ibid., pp. 209–10 (8 August 1896).

31. Prymak, *Mykhailo Hrushevsky*, pp. 38–40; see also Harald Binder, *Galizien in Wien: Parteien, Wahlen, Fraktionen und Abgeordnete im Übergang zur Massenpolitik* (Vienna: Verlag der Österreichischen Akademie der Wissenschaften, 2005); Anna Veronika Wendland, *Die Russophilen in Galizien: Ukrainische Konservative zwischen Österreich und Russland* (Vienna: Verlag der Österreichischen Akademie der Wissenschaften, 2001).

32. Carl Schorske, "Politics and the Psyche: Schnitzler and Hofmannsthal," in *Fin-de-siècle Vienna: Politics and Culture* (1980; New York: Vintage Books, 1981), pp. 3–23; Scott Spector, "Beyond the Aesthetic Garden: Politics and Culture on the Margins of Fin-de-Siècle Vienna," *Journal of the History of Ideas* 59, no. 4 (October 1998): 695.

33. Stanisław Przybyszewski, *Moi współcześni: wśród swoich* (Warsaw: Instytut Wydawniczy "Biblioteka Polska," 1930), p. 50.

注 释 575

34. Hofmannsthal to Leopold von Andrian, 4 May 1896, in *Europa Erlesen: Galizien*, ed. Stefan Simonek and Alois Woldan (Klagenfurt: Wieserverlag, 1998), pp. 153–55; see also Stefan Simonek, "Hugo von Hofmannsthals Galizische Implikationen," in *Kakanien Revisited*, March 2004, http://www.kakanien.ac.at.

35. Werner Volke, *Hugo von Hofmannsthal in Selbstzeugnissen und Bilddokumenten* (Reinbek bei Hamburg: Rowohlt, 1967), p. 54.

36. Ibid., p. 55.

37. Stanisław Przybyszewski, *Listy*, Tom I (1879–1906) (Warsaw: Parnas Polski, 1937), p. 155, letter of May 1897.

38. Ibid., p. 207, letter of 8 October 1898.

39. Alois Woldan, "Życie (*Leben*): Kunstzeitschrift und Ort der Begegnung," in *Kunst und Humanismus*, ed. Wolfgang Augustyn and Eckhard Leuschner (Passau: Dietmar Klinger Verlag, 2007), pp. 563–79; Tomasz Weiss, "Die Krakauer Zeitschrift Życie und die Österreichischen modernistischen Zeitschriften," *Studia Austro-Polonica* 2, *Zeszyty Naukowe Uniwersytetu Jagiellońskiego* DLXXXII, Prace Historyczne, Zeszyt 68 (1980), pp. 179–94.

40. Hans Bisanz, "Polnische Künstler in der Wiener Sezession und im Hagenbund," *Studia Austro-Polonica* 2, *Zeszyty Naukowe Uniwersytetu Jagiellońskiego* DLXXXII, Prace Historyczne, Zeszyt 68 (1980), pp. 29–41.

41. Miłosz, *The History of Polish Literature*, p. 330.

42. Tadeusz Żeleński (Boy), *Znaszli ten kraj? i inne wspomnienia* (Cracow: Wydawnictwo Literackie, 1956), pp. 98–99.

43. Ibid., pp. 99–100.

44. *Czas*, 13 September 1898; see also Jerzy Myśliński, "Prasa Polska w Galicji w dobie autonomicznej (1867–1918)," in *Prasa Polska w latach 1864–1918*, ed. Jerzy Łojek (Warsaw: Państwowe Wydawnictwo Naukowe, 1976), pp. 114–76.

45. Larry Wolff, "Dynastic Conservatism and Poetic Violence in Fin-de-siècle Cracow: The Habsburg Matrix of Polish Modernism," *American Historical Review* 106, no. 3 (June 2001): 735–64.

46. *Czas*, 20 September 1898.

47. Ibid., 28 October 1898.

48. Ibid., 22 September 1898.

49. Tetmajer, "Koniec wieku XIX," in *Antologia liryki Młodej Polski*, pp. 237–38; *Czas*, 22 September 1898.

50. *Czas*, 7 July 1899; 8 July 1899.

51. Ibid., 23 March 1900.

52. Ibid., 18 September 1898.

53. Ibid., 23 March 1899; see also Schorske, "Politics and the Psyche: Schnitzler and Hofmannsthal," pp. 11–12.

54. Piotr Wróbel, "The Jews of Galicia under Austrian-Polish Rule, 1869–1918," *Austrian History Yearbook* 25 (1994): 130–31; Unowsky, *The Pomp and Politics of Patriotism*, p. 177; see also Keely Stauter-Halsted, "Jews as Middleman Minorities in Rural Poland: Understanding the Galician Pogroms of 1898," in *Antisemitism and Its Opponents in Modern Poland*, ed. Robert Blobaum (Ithaca, NY: Cornell University Press, 2005), pp. 39–59; Frank Golczewski, "Rural Anti-semitism in Galicia before World War I," in *The Jews in Poland*, ed. Chimen Abramsky, Maciej Jachimczyk, and Antony Polonsky (Ox-

ford: Basil Blackwell, 1986), pp. 97–105; Frank Golczewski, *Polnisch-Jüdische Beziehungen 1881–1922: Eine Studie zur Geschichte des Antisemitismus in Osteuropa* (Wiesbaden: Franz Steiner Verlag, 1981), pp. 60–84.

55. *Archiwum Państwowe w Krakowie: Sąd Krajowy Karny w Krakowie*, register 590 (1898), file 905.
56. *Czas*, 3 September 1898; 6 September 1898; 10 September 1898.
57. Ibid., 13 October 1898.
58. Ibid., 5 November 1898; 7 November 1898; 9 November 1898.
59. Wyspiański, *The Wedding*, p. 28 (Act I, Scene 1).
60. Ibid., p. 63 (Act I, Scene 25).
61. Ibid., pp. 69, 72 (Act I, Scenes 28, 29).
62. Ibid., pp. 72–73 (Act I, Scene 30).

第八章 无望之地

1. *Czas*, 7 October 1898.
2. Patrice Dabrowski, *Commemorations and the Shaping of Modern Poland* (Bloomington: Indiana University Press, 2004), pp. 77–100, 133–56; see also Keely Stauter-Halsted, *The Nation in the Village: The Genesis of Peasant National Identity in Austrian Poland 1848–1914* (Ithaca, NY: Cornell University Press, 2001), pp. 209–14; and Kai Struve, *Bauern und Nation in Galizien: Über Zugehörigkeit und soziale Emanzipation im 19. Jahrhundert* (Göttingen: Vandenhoeck und Ruprecht, 2005), pp. 323–62.
3. Kai Struve, "Peasants and Patriotic Celebrations in Habsburg Galicia," in *Galicia: A Multicultured Land*, ed. Christopher Hann and Paul Magocsi (Toronto: University of Toronto Press, 2005), p. 114; see also Struve, *Bauern und Nation in Galizien*, pp. 362–81.
4. Dabrowski, *Commemorations*, pp. 145–46; Thomas Prymak, *Mykhailo Hrushevsky: The Politics of National Culture* (Toronto: University of Toronto Press, 1987), pp. 48–53; Yaroslav Hrytsak, "A Ukrainian Answer to the Galician Ethnic Triangle: The Case of Ivan Franko," in *Polin: Studies in Polish Jewry*, Vol. 12, *Focusing on Galicia: Jews, Poles, and Ukrainians, 1772–1918*, ed. Israel Bartal and Antony Polonsky (London: Littman Library of Jewish Civilization, 1999), pp. 141–42; George Grabowicz, "Franko et Mickiewicz: le wallenrodisme et la crainte de l'influence," in *Le Verbe et l'Histoire: Mickiewicz, la France et l'Europe*, ed. François-Xavier Coquin and Michel Masłowski (Paris: Institut d'études slaves, 2002), pp. 96–103.
5. Ivan Franko, "Unmögliches in dem Lande der Unmöglichkeiten," in *Beiträge zur Geschichte und Kultur der Ukraine: Ausgewählte deutsche Schriften des Revolutionären Demokraten, 1882–1915*, ed. E. Winter and P. Kirchner (Berlin: Akademie Verlag, 1963), pp. 370–72; see also Ivan Rudnytsky, "The Ukrainians in Galicia under Austrian Rule," in *Nationbuilding and the Politics of Nationalism: Essays on Austrian Galicia*, ed. Andrei Markovits and Frank Sysyn (Cambridge: Harvard Ukrainian Research Institute, 1982), pp. 60–65.
6. Markian Prokopovych, *Habsburg Lemberg: Architecture, Public Space, and Politics in the Galician Capital, 1772–1914* (West Lafayette, IN: Purdue University Press, 2009), pp. 165–70.

7. John-Paul Himka, *Religion and Nationality in Western Ukraine: The Greek Catholic Church and the Ruthenian National Movement in Galicia, 1867–1900* (Montreal: McGill-Queen's University Press, 1999), p. 146.

8. Bertha Pappenheim, *Sisyphus: Gegen den Mädchenhandel—Galizien*, ed. Helga Heubach (Freiburg: Kore Verlag, 1992), pp. 11–24; Melinda Guttmann, *The Enigma of Anna O: A Biography of Bertha Pappenheim* (Wickford, RI: Moyer Bell, 2001), pp. 129–52; see also Marion Kaplan, *The Jewish Feminist Movement in Germany: The Campaigns of the Jüdischer Frauenbund, 1904–1938* (Westport, CT: Greenwood Press, 1979); Elizabeth Loentz, *Let Me Continue to Speak the Truth: Bertha Pappenheim as Author and Activist* (Cincinnati, OH: Hebrew Union College Press, 2007).

9. *Monatsschrift für die Literatur und Wissenschaft des Judenthums*, Jahrgang 1889, ed. Arthur Weissmann (Vienna: Selbstverlag, 1889), p. 3.

10. Ibid., pp. 8–9.

11. Joshua Shanes, "Neither Germans nor Poles: Jewish Nationalism in Galicia before Herzl, 1883–1897," *Austrian History Yearbook* 34 (2003): 205–9; Ezra Mendelsohn, "Jewish Assimilation in L'viv: The Case of Wilhelm Feldman," in *Nationbuilding and the Politics of Nationalism*, ed. Andrei Markovits and Frank Sysyn, pp. 94–110.

12. S. R. Landau, *Unter jüdischen Proletariern: Reiseschilderungen aus Ostgalizien und Russland* (Vienna: Buchhandlung L. Rosner, 1898), pp. 3, 25.

13. Brian Porter, "Antisemitism and the Search for a Catholic Identity," in *Antisemitism and Its Opponents in Modern Poland*, ed. Robert Blobaum (Ithaca, NY: Cornell University Press, 2005), pp. 107–8.

14. Pappenheim, "Zur Lage der jüdischen Bevölkerung in Galizien: Reiseeindrücke und Vorschläge zur Besserung der Verhältnisse" (1904), in *Sisyphus*, p. 44.

15. Ibid., p. 45.
16. Ibid., p. 64.
17. Ibid., p. 47.
18. Ibid., p. 48.
19. Ibid., p. 65.
20. Ibid., p. 66.
21. Ibid., p. 76.

22. Daniel Soyer, *Jewish Immigrant Associations and American Identity in New York, 1880–1939* (Cambridge: Harvard University Press, 1997), pp. 147–48.

23. Ivan Franko, "Do przyjaciół galicyjskich [Adama Mickiewicza]: próba analizy," in *O literaturze polskiej*, ed. Mikołaj Kuplowski (Cracow: Wydawnictwo Literackie, 1979), p. 81.

24. Pappenheim, "Zur Lage der jüdischen Bevölkerung in Galizien," p. 92.

25. Ibid., pp. 79–80.

26. Ibid., pp. 81–84.

27. Henry-Louis de la Grange, *Gustav Mahler*, Vol. 2, *Vienna: The Years of Challenge, 1897–1904* (Oxford: Oxford University Press, 1995), pp. 598–602; Klemens Wenzel von Metternich, *Mémoires, documents, et écrits divers*, ed. Richard de Metternich, Part II (1816–48), Vol. IV (Paris: E. Plon, 1881), pp. 21–22, letter of 27 October 1823.

28. De la Grange, *Gustav Mahler*, Vol. 2, pp. 599–602.

29. Rodolfo Celletti, "Krusceniski, Salomea," in *The New Grove Dictionary of Opera*, Vol. 2 (Oxford: Oxford University Press, 1997), pp. 1053–54.

30. Benjamin Segel, "Zwei jüdische Volkssagen über Kaiser Franz Josef," *Zeitschrift für österreichische Volkskunde* [Vienna] 9 (1903): 124.
31. Binjamin [Benjamin] Segel, *A Lie and a Libel: The History of the Protocols of the Elders of Zion*, trans. Richard S. Levy (Lincoln: University of Nebraska, 1995).
32. Segel, "Zwei jüdische Volkssagen über Kaiser Franz Josef," p. 125.
33. Michael Silber, "From Tolerated Aliens to Citizen-Soldiers: Jewish Military Service in the Era of Joseph II," in *Constructing Nationalities in East Central Europe*, ed. Pieter Judson and Marsha Rozenblit (New York: Berghahn Books, 2004), p. 28.
34. Segel, "Zwei jüdische Volkssagen über Kaiser Franz Josef," p. 125.
35. Daniel Unowsky, *The Pomp and Politics of Patriotism: Imperial Celebrations in Habsburg Austria 1848–1916* (West Lafayette, IN: Purdue University Press, 2005), p. 73.
36. Personal communication. Esther Kurtz (1899–1987) was the author's paternal grandmother; she grew up in Dąbrowa Tarnowska, near Tarnów, in Galicia.
37. "Ševčenko-Gesellschaft der Wissenschaften in Lemberg," *Zeitschrift für österreichische Volkskunde* [Vienna] 9 (1903): 176.
38. Franko, "Meine jüdischen Bekannten," in *Beiträge zur Geschichte und Kultur der Ukraine*, pp. 50–51.
39. Shanes, "Neither Germans nor Poles," p. 195.
40. John Paul Himka, "Dimensions of a Triangle: Polish-Ukrainian-Jewish Relations in Austrian Galicia," in *Polin: Studies in Polish Jewry*, Vol. 12, *Focusing on Galicia*, pp. 41–43; Alison Frank, *Oil Empire: Visions of Prosperity in Austrian Galicia* (Cambridge: Harvard University Press, 2005), pp. 157–58.
41. Maciej Janowski, "Galizien auf dem Weg zur Zivilgesellschaft," in *Die Habsburgermonarchie 1848–1918*, Band 8, *Politische Öffentlichkeit und Zivilgesellschaft*, Teilband 1 (Vienna: Verlag der Österreichischen Akademie der Wissenschaften, 2006), pp. 811–12, 841–44.
42. Prymak, *Mykhailo Hrushevsky*, p. 59; Serhii Plokhy, *Unmaking Imperial Russia: Mykhailo Hrushevsky and the Writing of Ukrainian History* (Toronto: University of Toronto Press, 2005), p. 47.
43. Solomon Liptzin, *A History of Yiddish Literature* (Middle Village, NY: Jonathan David Publishers, 1972), pp. 237–41.
44. Prymak, *Mykhailo Hrushevsky*, p. 64.
45. Martin Buber, *Tales of the Hasidim* (New York: Schocken Books, 1991), p. viii.
46. Harold Segel, *Turn-of-the-Century Cabaret* (New York: Columbia University Press, 1987), pp. 221–53; David Crowley, "Castles, Cabarets, and Cartoons: Claims on Polishness in Kraków around 1905," in *The City in Central Europe: Culture and Society from 1800 to the Present*, ed. Malcom Gee, Tim Kirk, and Jill Steward (Brookfield, VT: Ashgate, 1999), pp. 107–14; Tadeusz Żeleński (Boy), *Znaszli ten kraj? i inne wspomnienia* (Cracow: Wydawnictwo Literackie, 1956), pp. 141–50.
47. Segel, *Turn-of-the-Century Cabaret*, p. 229.
48. Ibid., p. 230.
49. Boy, *Znaszli ten kraj?* p. 149.
50. Ibid., pp. 412–13.
51. Marta Romanowska, "Kościół Franciszkanów w Krakowie," in *Stanisław Wyspiański: Opus Magnum* (Cracow: Muzeum Narodowe, 2000), pp. 94–97; *Listy Sta-*

nisława Wyspiańskiego: do Józef Mehoffera, Henryka Opieńskiego i Tadeusza Stryjeńskiego, I, ed. Maria Rydlowa (Cracow: Wydawnictwo Literackie, 1994), p. 184–85 (31 October 1895).

52. Ivan Franko, *Moses*, trans. Waldimir Semenyna (New York: United Ukrainian Organizations of the United States, 1938), pp. 28–29.
53. Ibid., pp. 70–71.
54. Landau, *Unter jüdischen Proletariern*, p. 34.
55. Asher Wilcher, "Ivan Franko and Theodor Herzl: To the Genesis of Franko's *Mojsej*," *Harvard Ukrainian Studies* 6, no. 2 (June 1982): 236–37, 242–43.
56. Franko, *Moses*, p. 90.
57. Ibid., p. 92.
58. Carl Schorske, "Politics in a New Key: An Austrian Trio," in *Fin-de-siècle Vienna: Politics and Culture* (1980; New York: Vintage Books, 1981), pp. 116–80; Torsten Wehrhahn, "Die 'Junge Ukraine': Nationalismus und Sozialismus als Aspekte eines Generationskonflikts im politischen Leben Ostgaliziens (1899–1903)," in *Jahrbücher für Geschichte Osteuropas*, Band 49, Heft 2 (Stuttgart: Franz Steiner Verlag, 2001), pp. 213–29.
59. "Andrzej Potocki," in *Polski Słownik Biograficzny*, Tom XXVII / I, Zeszyt 112 (Warsaw: Polska Akademia Nauk, 1982), pp. 778–81.
60. *Neue Freie Presse*, 13 April 1908.
61. Hans-Christian Maner, *Galizien: Eine Grenzregion im Kalkül der Donaumonarchie im 18. und 19. Jahrhundert* (Munich: Institut für deutsche Kultur und Geschichte Südosteuropas, 2007), pp. 153–55.
62. *Neue Freie Presse*, 13 April 1908.
63. Ibid.
64. Ibid.
65. Ibid.; Arthur Schnitzler, *Der grüne Kakadu* (1899), in *Das dramatische Werk*, Vol. 3 (Frankfurt: Fischer Taschenbuch, 1978), p. 40.
66. *Neue Freie Presse*, 14 April 1908.
67. Ibid.
68. Ibid.
69. Ibid., 15 April 1908.
70. Ibid.
71. Stanislaus Zieliński, *Die Ermordung des Statthalters Grafen Andreas Potocki: Materialen zur Beurteilung des Ukrainischen Terrorismus in Galizien* (Vienna and Leipzig: C. W. Stern, 1908), p. 1.
72. Ibid., pp. 2–3.
73. Ibid., pp. 12–13.
74. Ibid., pp. 18–19.
75. Ibid., pp. 21–22; see also Plokhy, *Unmaking Imperial Russia*, pp. 281–345.
76. Plyniak, *Mykhailo Hrushevsky*, pp. 79–80.
77. Zieliński, *Die Ermordung*, p. 22.
78. Ibid., p. 28.
79. Ibid., pp. 16, 36.
80. Ibid., p. 39.

81. Ibid., pp. 51–54, 57.
82. Ibid., pp. 61–62.
83. Ibid., pp. 64–66.
84. *Neue Freie Presse*, 18 April 1908.
85. Ibid.
86. Ibid.
87. Ibid.
88. Ibid., 19 April 1908.
89. Aleksander Fredro, *Korespondencja*, ed. Krystyna Czajkowska, in *Pisma Wszystkie*, Tom XIV (Warsaw: Państwowy Instytut Wydawniczy, 1976), p. 77, letter of Fredro, 2 January 1832.
90. *Neue Freie Presse*, 21 April 1908.
91. Ibid., 22 April 1908.
92. Philip Pajakowski, "Michał Bobrzyński," in *Nation and History: Polish Historians from the Enlightenment to the Second World War*, ed. Peter Brock, John Stanley, and Piotr Wróbel (Toronto: University of Toronto Press, 2006), p. 157.
93. Ibid., pp. 144–47.
94. Ibid., p. 151.
95. Michał Bobrzyński, *Z moich pamiętników*, ed. Adam Galos (Wrocław: Wydawnictwo Zakładu imienia Ossolińskich, 1957), p. 9.
96. Ibid., p. 10.
97. Gabrielle Kohlbauer-Fritz, "Yiddish as an Expression of Jewish Cultural Identity in Galicia and Vienna," in *Polin: Studies in Polish Jewry*, Vol. 12, *Focusing on Galicia*, p. 168.
98. Majer Bałaban, *Dzieje Żydów w Galicyi: i w Rzeczypospolitej Krakowskiej, 1772–1868* (Lviv: Księgarnia Polska B. Połonieckiego; New York: Polish Book Importing Company, n.d. [1914?]); Paul Robert Magocsi, *Galicia: A Historical Survey and Bibliographic Guide* (Toronto: University of Toronto Press, 1983), pp. 231–39.
99. *New York Times*, 8 January 1907.
100. Martin Buber, *The Legend of the Baal-Shem*, trans. Maurice Friedman (Princeton: Princeton University Press, 1995), p. 10.
101. Marianne Krull, *Freud and His Father*, trans. Arnold Pomerans (1979; New York: W. W. Norton, 1986), pp. 89–90.
102. Wyspiański, *The Wedding*, trans. Gerard Kapolka (Ann Arbor, MI: Ardis Publishers, 1990), p. 191 (Act 3, Scene 33).
103. Ibid., p. 127 (Act 2, Scene 24).
104. Ibid., p. 192 (Act 3, Scene 33).
105. Bruno Schulz, "The Comet," in *The Street of Crocodiles*, trans. Celina Wieniewska (New York: Penguin Books, 1977), pp. 139–40.
106. Ibid., pp. 152, 157.
107. Barbara Winklowa, *Boy we Lwowie, 1939–41* (Warsaw: Pokolenie, 1992), p. 182.

第九章　地缘终局

1. S. Ansky, *The Enemy at His Pleasure: A Journey through the Jewish Pale of Settlement during World War I*, trans. Joachim Neugroschel (2002; New York: Henry Holt, Metropolitan/Owl Books, 2004), p. 7.
2. Ibid., pp. 7–8; see also Gabriella Safran and Steven Zipperstein, eds., *The Worlds of S. An-sky: A Russian-Jewish Intellectual at the Turn of the Century* (Stanford: Stanford University Press, 2006).
3. Ansky, *The Enemy at His Pleasure*, p. 9.
4. Ibid., pp. 63–64.
5. Ibid., p. 64.
6. Ibid., pp. 64–65.
7. Marsha Rozenblit, *Reconstructing a National Identity: The Jews of Habsburg Austria during World War I* (Oxford: Oxford University Press, 2001), pp. 66–68, 74–75.
8. Sholem Aleichem, *Adventures of Mottel the Cantor's Son*, trans. Tamara Kahana (New York: Collier Books, 1961), p. 88.
9. Ibid., p. 94.
10. Ibid., pp. 99, 102.
11. Rozenblit, *Reconstructing a National Identity*, pp. 4, 42, 44–45.
12. Ibid., p. 66.
13. Ansky, *The Enemy at His Pleasure*, pp. 67–68.
14. Ibid., p. 73.
15. Ibid., pp. 74–75; Karl Baedeker, *Oesterreich-Ungarn: Handbuch für Reisende* (Leipzig: Verlag von Karl Baedeker, 1910), pp. 366–68.
16. Ansky, *The Enemy at His Pleasure*, pp. 74–75.
17. Ibid., p. 78.
18. Ibid., pp. 73–74.
19. Ibid., pp. 86–88.
20. Ibid., p. 94.
21. Ibid.
22. Ibid., pp. 106, 122.
23. Ibid., p. 121.
24. Rozenblit, *Reconstructing a National Identity*, p. 101.
25. Ibid., p. 53.
26. Ansky, *The Enemy at His Pleasure*, pp. 149–50.
27. Ibid., p. 246.
28. Ibid.
29. Ibid., p. 247.
30. Ibid., p. 259.
31. Ivan Rudnytsky, "The Ukrainians in Galicia under Austrian Rule," in *Essays in Modern Ukrainian History* (Edmonton: Canadian Institute of Ukrainian Studies, University of Alberta, 1987), pp. 344–45.
32. Mark von Hagen, *War in a European Borderland: Occupations and Occupation Plans in Galicia and Ukraine, 1914–1918* (Seattle, WA: Donald W. Treadgold Studies on Russia, East Europe, and Central Asia, 2007), pp. 19–71; Timothy Snyder, *The Red Prince: The Secret Lives of a Habsburg Archduke* (New York: Basic Books, 2008), pp. 77–98; Jan Le-

wandowski, "Okupacja austriacka w Królestwie Polskim (1914–1918)," *Dzieje najnowsze* 30, no. 4 (1998): 32.

33. *Czas*, 9 February 1867.
34. Hugo von Hofmannsthal to Leopold von Andrian, 4 May 1896, in *Europa Erlesen: Galizien*, ed. Stefan Simonek and Alois Woldan (Klagenfurt: Wieserverlag, 1998), pp. 153–55; see also Stefan Simonek, "Hugo von Hofmannsthals Galizische Implikationen," in *Kakanien Revisited*, March 2004, http://www.kakanien.ac.at.
35. Hofmannsthal, "Geist der Karpathen," in *Gesammelte Werke: Reden und Aufsätze, II, 1914–1924* (Frankfurt: Fischer Taschenbuch Verlag, 1979), pp. 412–13.
36. Hofmannsthal, "Unsere Miltärverwaltung in Polen," in ibid., p. 422.
37. Ibid., pp. 426–28.
38. Hofmannsthal, "Die Oesterreichische Idee," in ibid., p. 456.
39. Hofmannsthal, *Der Schwierige* (Frankfurt: Fischer Bücherei, 1958), p. 15 (Act I, Scene 3).
40. *Archiwum Państwowy w Krakowie: Inwentarz Tymczasowy*, file 1611 (1914–18).
41. Ibid.
42. Michał Śliwa, "Pierwsze ośrodki władzy polskiej w Galicji w 1918 r.," *Dzieje najnowsze* 30, no. 4 (1998): 67–68.
43. *Kuryer Codzienny*, 1 November 1918, in *Archiwum Państwowy w Krakowie: Inwentarz Tymczasowy*, file 1611 (1914–18).
44. Śliwa, "Pierwsze ośrodki władzy polskiej," p. 67.
45. Ibid., p. 72.
46. *Kuryer Codzienny*, 2 November 1918; in *Archiwum Państwowy w Krakowie: Inwentarz Tymczasowy*, file 1611 (1914–18).
47. *Neue Freie Presse*, 3 November 1918; 4 November 1918.
48. Ibid., 6 November 1918; 8 November 1918.
49. Ibid., 11 November 1918; 18 November 1918.
50. Ibid., 18 November 1918.
51. Ibid., 27 November 1918.
52. William Hagen, "The Moral Economy of Popular Violence: The Pogrom in Lwów, November 1918," in *Antisemitism and Its Opponents in Modern Poland*, ed. Robert Blobaum (Ithaca, NY: Cornell University Press, 2005), pp. 124–47.
53. Ibid., p. 146.
54. *Neue Freie Presse*, 28 November 1918.
55. Ibid., 29 November 1918.
56. Rozenblit, *Reconstructing a National Identity*, pp. 135–36.
57. *Neue Freie Presse*, 30 November 1918.
58. Ibid.
59. Ibid., 1 December 1918.
60. Ibid., 11 December 1918.
61. Snyder, *The Red Prince*, p. 118; see also Philipp Ther, "War versus Peace: Interethnic Relations in Lviv during the First Half of the Twentieth Century," *Harvard Ukrainian Studies* 24 (2000): 259–60.
62. *Mémoire sur la Galicie* (Paris: Commission Polonaise des Travaux Préparatoires au Congrès de la Paix, May 1919), p. 3.
63. Ibid., p. 4.

64. *Statistics of Galicia* (Paris: Polish Commission of Preparatory Work to the Conference of Peace, Imprimerie Levé, May 1919), pp. 2–5.
65. *Mémoire sur la Galicie*, pp. 4, 7, 14–15.
66. Alison Frank, *Oil Empire: Visions of Prosperity in Austrian Galicia* (Cambridge: Harvard University Press, 2005), pp. 220–21.
67. *Mémoire sur la Galicie*, pp. 15, 19.
68. Harold Nicolson, *Peacemaking 1919* (New York: Grosset and Dunlap, Universal Edition, 1965), pp. 313–14, diary entry of 16 April 1919.
69. *Memorandum on the North and South Eastern Frontiers of Restored Poland* (Paris: Polish Office of Political Publications, Imprimerie Levé, June 1919), p. 3.
70. Ibid., pp. 8–9.
71. Ibid., pp. 10–11.
72. *New York Times*, 28 September 1915, 25 May 1919.
73. Thomas Prymak, *Mykhailo Hrushevsky: The Politics of National Culture* (Toronto: University of Toronto Press, 1987), pp. 186–95.
74. Mykhailo Hrushevsky, *To the Civilized Nations of the World* (Geneva: Committee of the Independent Ukraine, 1920), p. 1.
75. Isaac Babel, *The Red Cavalry Stories*, in *The Complete Works of Isaac Babel*, ed. Nathalie Babel, trans. Peter Constantine (New York: W. W. Norton, 2002), p. 291.
76. Ibid., pp. 291, 327.
77. Babel, *1920 Diary*, in *The Complete Works of Isaac Babel*, p. 412, diary entry of 25 July 1920.
78. Ibid., p. 416, diary entry of 28 July 1920.
79. Ibid., pp. 416–17, diary entry of 29 July 1920.
80. Ibid., p. 418, diary entry of 30 July 1920.
81. Ibid., p. 419, diary entry of 30 July 1920.
82. Ibid., pp. 419–20, diary entry of 31 July 1920.
83. Ibid., p. 422, diary entry of 1 August 1920.
84. Ibid., pp. 434–37, diary entries of 9 August and 10 August 1920.
85. Ibid., pp. 436–37, diary entry of 10 August 1920.
86. Ibid., p. 450, diary entries of 18 August and 21 August 1920.
87. Ibid., pp. 452, 455, diary entries of 22 August and 26 August 1920.

第十章 幽灵尾声

1. Michał Śliwa, "Pierwsze ośrodki władzy polskiej w Galicji w 1918 r.," *Dzieje najnowsze* 30, no. 4 (1998): 72.
2. Alfred Döblin, *Journey to Poland*, trans. Joachim Neugroschel, ed. Heinz Graber (London: I. B. Tauris, 1991), p. xiv; see also Werner Stauffacher, "Polen 1924—eine Erfahrung: Zu Alfred Döblins *Reise in Polen*," in *Galizien als Gemeinsame Literaturlandschaft*, ed. Fridrun Rinner and Klaus Zerinschek (Innsbruck: Innsbrucker Beiträge zur Kulturwissenschaft, 1988), pp. 131–42; Regina Hartmann, "Faszination Ostjudentum: Alfred Döblin auf dem Weg zu den Wurzeln des Herkommens," *Transversal: Zeitschrift für Jüdische Studien* 1 (2007): 49–62.
3. Alfred Döblin, *Reise in Polen* (1926; Olten und Freiburg im Breisgau: Walter-Verlag, 1968), p. 184; Döblin, *Journey to Poland*, p. 139.

4. Döblin, *Reise in Polen*, pp. 186–88; Döblin, *Journey to Poland*, pp. 141–42.
5. J. Hoberman, *Bridge of Light: Yiddish Film between Two Worlds* (New York: Museum of Modern Art and Schocken Books, 1991), p. 61.
6. Döblin, *Reise in Polen*, pp. 191–92; Döblin, *Journey to Poland*, p. 145.
7. Döblin, *Reise in Polen*, p. 193; Döblin, *Journey to Poland*, p. 146.
8. Döblin, *Reise in Polen*, pp. 194–97; Döblin, *Journey to Poland*, pp. 147–49.
9. Döblin, *Reise in Polen*, pp. 200–201; Döblin, *Journey to Poland*, p. 152.
10. Döblin, *Reise in Polen*, p. 202; Döblin, *Journey to Poland*, p. 154.
11. Döblin, *Reise in Polen*, p. 205; Döblin, *Journey to Poland*, p. 156.
12. Döblin, *Reise in Polen*, pp. 216–17; Döblin, *Journey to Poland*, p. 166.
13. Stanisław Lem, *Highcastle*, trans. Michael Kandel (1975; New York: Harcourt Brace/A Harvest Book, 1995), p. 92.
14. Zbigniew Herbert, "Pan Cogito: Lekcja kaligrafii" ("Mr. Cogito: Calligraphy Lesson"), in *The Collected Poems 1956–1998*, ed. and trans. Alissa Valles (New York: Harper Collins, 2007), pp. 559–60.
15. Döblin, *Reise in Polen*, pp. 230–31; Döblin, *Journey to Poland*, p. 176.
16. Döblin, *Reise in Polen*, pp. 231, 235; Döblin, *Journey to Poland*, pp. 176, 179.
17. Joseph Roth, *Werke*, Band 2, *Das journalistische Werk, 1924–1928*, ed. Klaus Westermann (Cologne: Kiepenheuer und Witsch, 1990), pp. 281–85.
18. Nina Kolesnikoff, *Bruno Jasieński: His Evolution from Futurism to Socialist Realism* (Waterloo, Ontario: Wilfrid Laurier University Press, 1982), p. 6.
19. Ibid., p. 63.
20. Ibid., pp. 63–64, footnote 11.
21. Bruno Jasieński, *Słowo o Jakóbie Szeli* (Paris: Imprimerie Menilmontant, 1926), Part 3 (no page numbers).
22. Ibid.
23. *The Danger Spot of Europe: Poland and Ukraine: A Report on the Polish Terror*, foreword by Cecil Malone (London: Ukrainian Bureau, n.d. [1932?]), p. 3.
24. Ibid., pp. 5–6.
25. Ibid., pp. 9, 15, 19.
26. Ibid., pp. 21–22.
27. Ibid., p. 29.
28. Ibid., p. 39.
29. Ibid., pp. 40–41.
30. Ibid., p. 46.
31. Ibid., pp. 56–57.
32. Ibid., pp. 57–58.
33. Joseph Roth, *The Radetzky March*, trans. Eva Tucker (Woodstock, NY: Overlook Press, 1974), p. 215.
34. Ibid.
35. Ibid., p. 216.
36. Roth, "The Bust of the Emperor," in *Hotel Savoy, Fallmerayer the Stationmaster, The Bust of the Emperor*, trans. John Hoare (Woodstock, NY: Overlook Press, 1986), p. 157.
37. Ibid., p. 176.

38. Ibid., p. 182.
39. Bruno Schulz, "Spring," in *The Fictions of Bruno Schulz: The Street of Crocodiles & Sanatorium under the Sign of the Hourglass*, trans. Celina Wieniewska (London: Picador, 1988), pp. 158–59.
40. Ibid., p. 159.
41. Ibid., p. 160.
42. Ibid., p. 182.
43. Ibid., p. 206.
44. Schulz, "August," in *The Fictions of Bruno Schulz*, p. 16.
45. Roth, *The Emperor's Tomb*, trans. John Hoare (London: Chatto and Windus, Hogarth Press, 1984), pp. 34–35.
46. S. Y. Agnon, *A Guest for the Night*, trans. Misha Louvish (Madison: University of Wisconsin Press, Terrace Books, 2004), p. 1.
47. Ibid., p. 78.
48. Roth, *The Emperor's Tomb*, p. 39.
49. *New York Times*, 29 March 2002.
50. Daniel Soyer, *Jewish Immigrant Associations and American Identity in New York, 1880–1939* (Cambridge: Harvard University Press, 1997), pp. 23, 27.
51. Ibid., p. 51.
52. Ibid., p. 53.
53. Ibid., pp. 147–48.
54. *New York Times*, 4 January 1912.
55. Soyer, *Jewish Immigrant Associations*, pp. 147, 254.
56. Ibid., pp. 159–60.
57. Hoberman, *Bridge of Light*, pp. 66–67.
58. "Galizien," in *Jüdisches Lexikon: Ein enzyklopädisches Handbuch des jüdischen Wissens in vier Bände*, Band II (Berlin: Jüdischer Verlag, 1927; rpt. Königstein: Jüdischer Verlag im Athenäum Verlag, 1982), pp, 867–68.
59. *Washington Post*, 11 February 1939; *Washington Post*, 22 September 1939.
60. Marci Shore, *Caviar and Ashes: A Warsaw Generation's Life and Death in Marxism, 1918–1968* (New Haven: Yale University Press, 2006), p. 159.
61. Aleksander Wat, *My Century: The Odyssey of a Polish Intellectual*, trans. Richard Lourie (1977; New York: W. W. Norton, 1990), p. 104.
62. Dieter Pohl, *Nationalsozialistische Judenverfolgung in Ostgalizien 1941–1944: Organisation und Durchführung eines staatlichen Massenverbrechens*, 2nd ed. (Munich: R. Oldenbourg Verlag, 1997), p. 75; see also Isabel Röskau-Rydel, *Galizien: Deutsche Geschichte im Osten Europas* (Berlin: Siedler Verlag, 1999), pp. 209–11.
63. Pohl, *Nationalsozialistische Judenverfolgung in Ostgalizien*, pp. 56–57.
64. Philipp Ther, "War versus Peace: Interethnic Relations in Lviv during the First Half of the Twentieth Century," *Harvard Ukrainian Studies* 24 (2000): 270–71; Timothy Snyder, *The Reconstruction of Nations: Poland, Ukraine, Lithuania, Belarus 1569–1999* (New Haven, CT: Yale University Press, 2003), pp. 187–88.
65. Ivan Rudnytsky, "Soviet Ukraine in Historical Perspective," in *Essays in Modern Ukrainian History* (Edmonton: Canadian Institute of Ukrainian Studies, University of Alberta, 1987), p. 470; Roman Szporluk, "The Soviet West—or Far Eastern Europe"

(1991), republished in *Russia, Ukraine, and the Breakup of the Soviet Union* (Stanford: Hoover Institution Press, 2000), pp. 266–67.
66. Ther, "War versus Peace," pp. 253, 271.
67. Adam Kirsch, "Beware of Pity: Hannah Arendt and the Power of the Impersonal," *New Yorker,* 12 January 2009, p. 66.
68. Christopher Hann, "The Limits of Galician Syncretism: Pluralism, Multiculturalism, and the Two Catholicisms," in *Galicia: A Multicultured Land,* ed. Christopher Hann and Paul Magocsi (Toronto: University of Toronto Press, 2005), p. 221; see also Hann, "Postsocialist Nationalism: Rediscovering the Past in Southeast Poland," *Slavic Review* 57, no. 4 (Winter 1998): 839–63.
69. Padraic Kenney, "Lviv's Central European Renaissance, 1987–1990," *Harvard Ukrainian Studies* 24 (2000): 308.
70. Adam Zagajewski, "To Go to Lwów," trans. Renata Gorczyńska, in Zagajewski, *Without End: New and Selected Poems* (New York: Farrar, Straus and Giroux, 2002), pp. 79–81.
71. Zagajewski, "Two Cities," in *Two Cities: On Exile, History, and the Imagination,* trans. Lillian Vallee (1991; New York: Farrar, Straus, Giroux, 1995), pp. 3–68.
72. George Grabowicz, "Mythologizing Lviv/Lwów: Echoes of Presence and Absence," *Harvard Ukrainian Studies* 24 (2000): 313–42; see also Alois Woldan, "Literacki mit Krakowa i Lwowa w XX wieku," in Jacek Purchla, ed. *Kraków i Lwów w cywilizacji europejskiej* (Cracow: Międzynarodowe Centrum Kultury, 2003), pp. 91–106.
73. Zagajewski, "To Go to Lwów," pp. 79–81.
74. Milan Kundera, "The Tragedy of Central Europe," *New York Review of Books,* 26 April 1984, pp. 33–38; originally published in French as "Un Occident kidnappé ou la tragédie de l'Europe centrale," *Le Débat,* November 1983.
75. http://www.wienkaffe.lviv.ua/indexua_e.html.
76. Luiza Bialasiewicz, "Back to *Galicia Felix?*" in *Galicia: A Multicultured Land,* p. 173; Dietlind Hüchtker, "Der 'Mythos Galizien': Versuch einer Historisierung," in *Die Nationalisierung von Grenzen: Zur Konstruktion nationaler Identität in sprachlich gemischten Grenzregionen,* ed. Michael Müller and Rolf Petri (Marburg: Verlag Herder-Institut, 2002), pp. 81–107; Lidia Stefanowska, "Back to the Golden Age: The Discourse of Nostalgia in Galicia in the 1990s," in *Contemporary Ukraine on the Cultural Map of Europe,* ed. Larissa Zaleska Onyshkevych and Maria Rewakowicz (London: M. E. Sharpe, 2009), pp. 219–30; Delphine Bechtel, "Le mythe de la Galicie, de la disparition à la résurrection (virtuelle)," *Cultures d'Europe centrale,* no. 4, CIRCE, 2003: http://www.circe.paris4.sorbonne.fr/rubriques/5publications/cec4_bechtel.html; see also Alois Woldan, *Der Oesterreich-Mythos in der polnischen Literatur* (Vienna: Böhlau Verlag, 1996).
77. Bialasiewicz, "Back to *Galicia Felix?*" p. 174.
78. Ibid., p. 175.
79. Yaroslav Hrytsak, "Historical Memory and Regional Identity among Galicia's Ukrainians," in *Galicia: A Multicultured Land,* p. 188; Roman Szporluk, "The Western Dimension of the Making of Modern Ukraine," in *Contemporary Ukraine on the Cultural Map of Europe,* pp. 13–14.
80. Michael Moser, "Colonial Linguistic Reflexes in a Post-Soviet Setting: The Galician Variant of the Ukrainian Language and Anti-Ukrainian Discourse in Con-

temporary Internet Sources," in *Contemporary Ukraine on the Cultural Map of Europe*, pp. 317–21; Szporluk, "Ukraine: From an Imperial Periphery to a Sovereign State," in *Russia, Ukraine, and the Breakup of the Soviet Union*, pp. 384–85.

81. Mieczysław Orłowicz, *Ilustrowany Przewodnik po Galicyi* (Lviv: Akademicki Klub Turystyczny, 1914), pp. 248–49, 336–40.

82. Mieczysław Czuma and Leszek Mazan, *Austriackie Gadanie czyli Encyklopedia Galicyjska* (Cracow: Oficyna Wydawniczo-Handlowa ANABASIS, 1998), p. 5.

83. *Galicja i jej dziedzictwo*, ed. Włodzimierz Bonusiak and Józef Buszko (Rzeszów: Wydawnicto Wyższej Szkoły Pedagogicznej w Rzeszowie, 1994–).

84. Martin Pollack, *Galizien: Eine Reise durch die verschwundene Welt Ostgaliziens und der Bukowina* (Frankfurt: Insel Verlag, 2001).

85. Omer Bartov, *Erased: Vanishing Traces of Jewish Galicia in Present-Day Ukraine* (Princeton: Princeton University Press, 2007).

86. [Franz Kratter], *Briefe über den itzigen Zustand von Galizien* (Leipzig: Verlag G. Ph. Wucherers, 1786; rpt. Berlin: Helmut Scherer Verlag, 1990).

87. Soma Morgenstern, *In einer anderen Zeit: Jugendjahre in Ostgalizien* (1995; Berlin: Aufbau Taschenbuch Verlag, 1999), pp. 226–27; Józef Wittlin, *Mój Lwów* (New York: Biblioteka Polska, 1946), pp. 14–15.

88. Hrytsak, "Historical Memory and Regional Identity among Galicia's Ukrainians," p. 201; Stefanowska, "Back to the Golden Age," pp. 223–24.

89. Stefanowska, "Back to the Golden Age," pp. 219, 224–25; Andriy Zayarnyuk, "On the Frontiers of Central Europe: Ukrainian Galicia at the Turn of the Millennium," in *Spaces of Identity: Tradition, Cultural Boundaries, and Identity Formation in Central Europe*, Vol. 1 (2001), http://www.yorku.ca/soi/Vol_1/_HTML/Zayarnyuk.html.

90. Jerzy Ficowski, *Regions of the Great Heresy: Bruno Schulz*, trans. Theodosia Robertson (New York: W. W. Norton, 2003), pp. 168–72.

91. Benjamin Paloff, "Who Owns Bruno Schulz?" *Boston Review*, December 2004/January 2005.

92. Ficowski, *Regions of the Great Heresy*, p. 138.

93. Schulz, "Spring," p. 181.

94. Schulz, "Sanatorium under the Sign of the Hourglass," in *The Fictions of Bruno Schulz*, p. 241.

95. Bialasiewicz, "Back to *Galicia Felix*?" p. 169.

96. Ficowski, *Regions of the Great Heresy*, p. 130.

索 引

（索引页码为原著页码，即本书边码）

Academy of Learning (Akademia Umiejętności), Cracow, 219, 237, 260, 265, 273
Adams, John Quincy, 98
administration, of Galicia, 14, 64, 79, 81, 112, 139, 160, 202, 244; administrative circles (*Kreise*), 18, 19; and bureaucratic absolutism of the 1850s, 210, 216, 259; Fredro on, 170–73; Josephine, 38, 41, 43, 52, 221; language of, 39, 46–47, 172, 184, 210, 222, 223; officials, bureaucracy, 53, 71, 75, 100, 101, 138, 149, 161, 226, 235, 405, 418; suspicion of complicity in 1846, 143–44, 154, 162, 170–71, 177–78, 179, 181, 182
Adriatic Sea, 7, 64, 130
aestheticism, fin-de-siècle, 292, 293, 296–98, 300, 304–5, 315–16
Africa, 264
Agnon, Shmuel Yosef, 8, 384, 395–96, 409; *A Guest for the Night*, 395, 400
agriculture, 67, 68, 96, 124, 133–34, 195, 198, 238, 256, 276, 324, 331, 377
alcohol: drunkenness, 25, 27, 31, 50, 138, 177; propinacja, 27, 236, 306; and Przybyszewski, 297, 300–301
Alexander I, czar, 95–96
allegory of Galicia, sculpture for Sejm, 232–34, 370, 388
Allgemeine musikalische Zeitung (Vienna), 78
Allgemeine Theaterzeitung (Vienna), 123, 134
Allgemeines Europaeisches Journal (Brno), 59
anarchism, anarchist assassinations, 283, 301–5, 306, 337. *See also* Elisabeth; Luccheni
"anarchy," attributed to Commonwealth, 219, 344; attributed to Galicia after partitions, 16, 22, 32, 41–42; attributed to Galicia in 1918, 374; as problem discussed in *Czas*, 190, 303–4; in relation to 1846 massacres, 166–67, 170; in relation to Potocki assassination, 336–37, 338, 339, 340, 341, 344
Anatolia, *see* Ottoman empire
Anczyc, Władysław, 266
Anderson, Benedict, 6
Andrian, Leopold Freiherr von, 297
Andrukhovych, Yuri, 416
Anhelovych, Antin, Uniate metropolitan of Galicia, 86
Ankwicz, Andrzej, Roman Catholic metropolitan of Galicia, 83
anniversaries, historical commemorations, 225–26, 308–10; bicentennial of Sobieski at Vienna, 265–66; centennial of accession of Joseph II, 258, 261; of death of Casimir the Great, 227; of emancipation of serfs, 296, 309; Franz Joseph jubilee in 1898, 296, 302, 303, 309; Franz Joseph jubilee in 1908, 345; Kościuszko centennial, 294, 348; Kotliarevsky centennial, 296, 309; Mickiewicz centennial, 296, 309; of November Insurrection, 257–58, 366; of Union of Lublin, 225–26, 227–28
Ansky, S. (Shloyme Rappaport), *Destruction of Galicia*, 351–55, 356–61, 372
antemurale, Commonwealth as, 102–3, 224, 340; Galicia as, 173, 224, 340, 341, 374
anthropology, 45, 88, 248, 264–65, 270, 319, 386–87; physical anthropology of

索 引 589

Galicia, 6, 236–39, 243, 251, 263. *See also* ethnographic exhibits
anti-Semitism, 29, 239, 249, 276–77, 293, 307, 313–14, 316, 321, 354, 406; Lviv pogrom of 1918, 370–74; *Neue Freie Presse* interview with Polish teacher, 372–73; riots, pogroms of 1898, 296, 297, 305–6, 308, 320, 322, 348; of Russians, 352, 354, 356
Apponyi, Anton, and Metternich, 147
archaeology, 265, 376
architecture, 10, 88, 97, 203, 233, 290–91, 370; Jugendstil, modernism, 291, 357
Arendt, Hannah, 408
Armenians, 195, 208, 235, 236
Arneth, Alfred Ritter von, 221
Augustynowicz, Christoph, 10
Auschwitz, Oświęcim, 133, 258, 260, 407; Duchies of Auschwitz and Zator, 200, 201, 407
Australia, 264
Austrian Chatter or Galician Encyclopedia (1998), 414
Austro-Hungarian compromise of 1867, dualism, 189, 212–13, 218, 220
Austro-Prussian War, 194, 212, 224
autonomists, Galician, post-Soviet, 11, 415–16
autonomy, of Galicia, 8, 182, 188, 200, 216–21, 226, 227, 230, 231–79, 289, 331, 343; Gołuchowski and, 213–14, 220, 311, 332; Polish hegemony, 8, 212, 222, 223, 229, 236, 246, 255, 259, 269, 294, 310, 362; as "special position," 133, 189, 213, 220, 227, 228, 257
Aztecs, 289, 291

Baal Shem Tov, 19, 208, 326, 346, 361
Babel, Isaac, 4, 352, 379–82, 387, 390; and Red Cavalry, 352, 379; on "spectral Galicians," 4, 380, 381
Bach, Alexander, 210
backwardness of Galicia, 7, 33, 67, 69, 134, 160, 198, 217, 244, 256, 325, 349, 353, 354; discussed in Szczepanowski, 275–79; of Galician Jews, 243, 264, 312, 315–18
Badeni, Kazimierz, 295, 342

Baedeker's *Oesterreich-Ungarn*, 357
Bałaban, Majer, history of Galician Jews, 9, 283, 345
Baltic Sea, 376
Bandera, Stepan, 415
banks, banking, in Galicia, 132–35, 220, 249, 370, 403
barbarism: attributed to Galicia, 7, 22–23, 29, 33, 36, 49, 113, 148, 152–53, 160, 242, 277, 278, 371; attributed to Metternich and the Habsburgs in 1846, 159, 165, 168; attributed to Russia, 59, 76, 103, 150, 356, 374; attributed to Ukrainians by Poles, 339
Baron, Salo, 408, 413
Baroni-Cavalcabò, Josephine, and Franz Xaver Wolfgang Mozart, 75
Bartal, Israel, 10
Bartov, Omer, 10, 414
Batenko, Taras, 416
Baworowski, Wiktor, and Franz Xaver Wolfgang Mozart, 72–74
bears, 26, 99, 110, 125, 128, 131, 272
Bechtel, Delphine, 412
Beethoven, Ludwig van, 122, 319
Belcredi, Richard, 213
Bellini, Vincenzo, 124, 132
Belshazzar, 278, 350
Belz, 247
Bengal, 251, 276
Besser, Wilibald, on botany of Galicia, 61–62
Bialasiewicz, Luiza, 412
Bible, 278–79, 328–30
Binder, Harald, 10
Birnbaum, Nathan, 345
Bisanz, Hans, 299
Bismarck, Otto von, 212, 217
Black Sea, 133, 376
Bloch, Joseph, 403
Bobrzyński, Michał, namiestnik, 283, 342–44, 362, 370
Bochnia, and railroad, 130–31, 132, 136
Bogusławski, Wojciech, 55–59; *Krakowiacy i Górale*, 14, 55–57, 59, 91–92, 103, 127, 196
Bogusz family, in 1846, 144, 161, 181

Bohemia, 29, 55, 98, 103, 105, 106, 174, 212, 276, 324, 325; crown of, 5, 43, 174, 218, 220, 363
Bohorodchany, ikonostas and religious art, 292, 293
Bolivar, Simon, 98
Boris Godunov, 263
Borodino, Battle of, 71, 76, 166
Boryslav, oilfields, 8, 249–52, 275, 313, 325, 329, 376, 388–89, 405, 417; Boryslav Wars of 1884, 250; oil workers' strike of 1904, 325, 331
Bosnia, 332, 333
Boston, 86
botany of Galicia, 5, 61–62
"Boy," see Żeleński, Tadeusz
Boyko highlanders, 270, 289
Bredetzky, Samuel, 68
Breinl, Joseph, 170–71, 181
Breitkopf and Härtel, music publishers, 72, 73, 75
Bretschneider, Franz, 132
Breuer, Joseph, 312
brigands, bandits, 116, 125, 126, 127, 128, 144
Brno, publications in, 68; *Allgemeines Europaeisches Journal*, 59; *Jüdische Volksstimme*, 360
Brocki, Eugeniusz, "Brigands of the Carpathians," 116, 126; "Short Sketch of the History of Galicia," 91
Brody, 100, 132, 356, 380–81, 389, 395, 397; compared to Pompeii, by Ansky, 356–57; elements of "Western Europe" noted by Babel, 380–81; Jews in, 151, 247–48, 355, 361
Buber, Martin, 8, 248–49, 252, 324, 326, 346, 361, 409
Buber, Solomon, 249, 326
Buchach, Buczacz, 293, 324, 395, 400, 408, 409; Jewish sabbath candles in, 293
Bucharest, 277, 278
Budapest, 119, 120, 224, 277, 278
Buddha, Buddhism, 286, 346, 381
Buffalo Bill's Wild West Circus, in Galicia, 415, 416
Bukovina, 52, 96, 182, 208, 217, 241, 242, 267, 269, 345, 403, 414; separated from Galicia in 1849, 5, 64, 201. *See also* Czernowitz; Sadagora
Burke, Edmund, 38, 40, 41, 42, 160
Busk, 382
Buszko, Józef, 199
Byzantine influence: on Ruthenian religious art, 290, 292, 293; aspects of Byzantium in Galicia, 382

café culture, in Galicia, 155, 325, 358, 400–401, 411, 412, 414
California, 192, 401, 406, 408
Capuchin crypt, in Vienna, *see* Kapuzinergruft
carnival, 55, 57, 124, 126, 138, 140, 141, 178
Carnot, Sadi, assassinated, 303
Carpathians, 4, 5, 15, 52, 62, 91, 99, 110, 112, 175, 177, 258, 269, 272, 401; literary subject, 89, 95, 116, 126; military front in World War I, 364, 365; Tatra range, 55, 57, 127, 294. *See also* Boyko highlanders; brigands; *górale*; Hutsuls
Casimir the Great (Kazimierz Wielki), 19, 54–55, 160, 227, 236, 238, 244, 254, 261, 265
Castiglione, Heinrich, Field Marshal, 156
Catherine the Great, 15, 16, 20, 50, 52
censorship, 64, 65, 92, 95, 120, 126, 172, 188; in Russian empire, 287
Central Europe, and Habsburg legacy, 411, 416
charity, 67, 77, 98, 102, 124, 138, 140, 141, 171. *See also* Roman Catholicism, Sisters of Charity
Charles V, Holy Roman Emperor, 173
Chicago World's Fair, 289
Chłędowski, Walenty, 116
Chmelnitzky, Melech, 326
Chodakowski, Zorian, 87–89, 117
Chopin, Frédéric (Fryderyk), 76, 104, 196–97, 366; and Przybyszewski, 281, 298, 301
Chortkiv, 241, 242, 243, 297–98, 360, 361, 364
Circassians, 150, 177, 352
Cis-Leithania, constitutional government, 220, 233, 239–40, 325; crownlands of, 212, 213, 216, 220; national rights in, 239–40, 258, 261

索 引 591

civilization, as standard for judging Galicia, 49, 97, 113, 139, 149, 209, 228, 316, 318, 339, 365, 375, 389; and Galician Jews, 242–46, 264, 312, 318; and ideology of empire, 139, 153, 159, 165; in Kratter, 22, 25–26, 29; in Szczepanowski, 277–78
civilization, as standard for judging Habsburg government in 1846, 138, 159
civilization, Galicia representing Western civilization, 216–17, 224, 228, 243, 247, 265, 278, 343
civilizing imperial project in Galicia, 22, 49, 97, 152, 155, 217, 353, 370; adopted by Poles after World War I, 375–76, 377
Clemenceau, Georges, 374
Cold War, 409, 411
Columbia University, 408
comedy, comical perception of Galicia, 74, 78, 81, 96, 97; comic drama, *see* Fredro, Aleksander
Commonwealth of Poland-Lithuania, 14, 17, 19, 41, 82, 88, 145, 171, 175, 206, 218, 261, 263, 331, 338, 344; antemurale, 102–3, 224, 340; ruling over Ruthenian lands, 17, 25, 176, 377; Szujski on, 219. *See also* partitions of Poland
communism, 246, 390; Bolshevism, 364, 378; of Karl Marx, 147, 190; noted by Metternich in 1846, 147–48, 150, 158. *See also* Poland, communist; Soviet Union; Soviet Ukraine
Congress of Vienna, 59, 62, 64, 77, 79, 172, 194
Congress Poland, *see* Russian Poland
Conrad, Joseph, 229–30
conservatism, Galician: reaction to Josephinism, 38–43; reaction to the Enlightenment, 49–51. *See also* Cracow conservatism
Considerations on the Galician Government (Uwagi), 37–38
conspiracies, Polish, 124, 125, 126
Constitution (Habsburg) of 1849, 199, 200, 210
Constitution (Polish) of May 3, 1791, 48, 51, 52, 275
constitutional government, Habsburg: in 1848–49, 183, 184, 186, 191; after 1867, 220, 233, 239–40, 325, 352, 353. *See also* Cis-Leithania; elections
Cook, Captain James, 21
corporal punishment, flogging, whipping, 113, 124, 139, 145. *See also* Sacher-Masoch (writer), and masochism
Cossacks, 47, 116, 126, 150, 247, 309, 337, 338, 340, 348, 352, 377; with Babel in Galicia, 379–82
Cracow bohemians, 283, 296, 300–301, 326–27. *See also* Green Balloon; Przybyszewski
Cracow conservatism, 189, 201, 205, 214, 223–24, 303–4. *See also Czas*; Stańczyk
Cracow historical school, 9, 194, 205, 206, 219, 254, 261, 275, 279, 283, 336, 343. *See also* Bobrzyński; Kalinka; Szujski
Cracow, Kraków, Krakau: Academy of Learning (Akademia Umiejętności), 219, 237, 260, 265, 273; annexation in third partition of Poland, 52–54, 194; Czartoryski Museum, 260, 273; Franciscan church, work by Wyspiański, 287, 295, 297, 327–28, 330, 348; Franz Joseph visits, 203, 259, 260–61; Jagiellonian University, 194, 212, 218, 219, 237, 248, 260, 265, 273, 343, 366; Kazimierz, Jewish quarter, 203, 413–14; Mariacki church, St. Mary's, 53, 156, 192, 193, 203, 228, 260; municipal archive, 259; Rudolf, Crown Prince, visits, 272–73; Rynek, Market Square, 150, 156, 202, 260–61, 309, 331; St. Anne's, school, 218, 260; Sukiennice, 203, 260–61, 266; theater, 280, 295–96; Wawel hill, castle, cathedral, 53, 156, 164, 227, 235, 260, 266, 273, 309; Wyspiański, bored in Cracow, 294, 295. *See also* Cracow bohemians; Cracow conservatism; *Czas*
Cracow, urban republic of: Free, Independent, and Strictly Neutral City of, 64, 131, 141; its abolition in 1846, joined to Galicia, 147–56, 164–65, 194
Croatia, Croatians, 338
Cyrillic alphabet, 119, 130
Czartoryski, Adam Kazimierz, 70, 234
Czartoryski family, 32, 75, 87, 260

Czartoryski Museum, in Cracow, 260, 273
Czas, 188–94, 196–206, 213–22, 224–29, 243, 255–61, 262, 266–67, 280, 306–7, 308, 363; "About Galicia," 191–92; on anarchism, 190, 303–4; on assassination of Empress Elisabeth, 301–5, 314, 339, 341; on assassination of Potocki, 339, 340–41; on Christianity, 218, 304; conservatism, 201, 205, 214, 232, 257, 268, 274, 276, 303–4; on Jews, 222, 277; and loyalism, 200, 215, 216, 218, 220, 257; "monsters and reptiles," 303–4, 308, 314, 340; on Russia, 224, 225; on Russia and Ruthenians, 190, 214; on Ruthenians, 190, 221, 225, 255, 257; on Szczepanowski's *The Misery of Galicia*, 275–79
Czernowitz, Chernivtsi, 240, 241, 242, 245; meeting of Franz and Alexander at, 95–96, 105; Yiddish conference of 1908, 345, 346, 402
Czesniki, 379
Częstochowa, 365

Dąbrowa Tarnowska, 324, 454n36
Dąbrowski, Jan Henryk, 58–59, 103
Dabrowski, Patrice, 258
Dalmatia, 7, 64, 67, 212
"The Danger Spot of Europe" (Eastern Galicia), 391–95
Dante, 278–79
Danylo, king, 415
Da Ponte, Lorenzo, 78
Daszyński, Ignacy, 368
Declaration of the Rights of Man and the Citizen, 38, 39
Delamarre, Casimir, on Ruthenians, 225
Dembowski, Edward, 141
Demidov, Igor, 358
Denisko, Joachim, 58
Dennitsa-Jutrzenka, in Russian and Polish, 129
Deym, Moritz, 156
Diamant, Yankev, 357, 372
Dilo, on Potocki assassination, 339
Dmowski, Roman, 384
Dniester River, 4, 115, 119, 121, 132–33, 136, 175, 212, 235, 251, 269, 376; allegory of

Dniester, as part of Galicia allegory, 233–34, 370, 388
Döblin, Alfred, in Galicia, 384–88, 393; "primeval phantasmagoria," 387, 389
Dolina, 131
Donizetti, Gaetano, 124, 132
Don Quixote, in Galicia: in Babel, 379, 381; in Szujski, 265
dragons, 92, 269
Drohobych, 236, 258, 299, 366, 388–89, 404, 413; and Franko, 250, 251; and Schulz, 11, 349–50, 395, 396, 399, 407, 410, 413, 417–19
Dunajec River, 146, 364
Dunin Borkowski, Leszek, 116
Dziennik Literacki, 235

eagles, Habsburg (two-headed), 54, 110, 368–69, 389
eagles, Polish, 54, 369, 389
Easter eggs, painted, 386
Eastern Europe, idea of, 7, 11, 59, 67, 97, 113, 148, 159, 217, 271, 278, 315, 335, 389, 411; in Kortum, 45, 48–49; in Kratter, 22, 25, 26. *See also* Enlightenment, and Eastern Europe
education, schools, 65, 86, 373, 384, 386, 388, 391; German language, 30, 86, 152, 269; Jewish education, 29, 125, 312–13, 345; Polish language, 172, 222, 223, 269; Ruthenian language, 65, 86–87, 337
Egypt, Egyptians, 28, 328–29
Ehrenpreis, Mordechai, 313
Ehrlich, Josef, *Memoirs of a Former Hasid*, 246–48
Eichmann, Adolf, 408–9
elections, in Galicia, 295, 296, 310, 331; Habsburg universal male suffrage, 310–11, 331, 345, 359; in interwar Poland, 391; in postcommunist Poland, 412
Elias, Norbert, civilizing process, manners, 24
Elisabeth, Empress, 207, 356, 365, 400, 402; assassination, 283, 296, 301–6, 309, 314, 322, 332, 337, 339, 341, 374, 399, 414
Elżanowski, Seweryn, 211

emigration, from Galicia to America, 234–35, 248, 256, 264, 267, 384, 401–2
emigration, Polish, in Paris, 102, 104, 133, 141, 148, 205, 234
empire, ideology of, 6, 7, 49, 59, 139, 153, 159, 165, 178, 181, 182. *See also* civilizing imperial project in Galicia
Encyclopaedia Britannica, 391, 392
Encyclopedia of Expertise on Galicia, 231–36, 414. *See also* Schneider
Encyclopédie, of Diderot and D'Alembert, 36
Engel, Johann Christian von, 47
England, Britain, 217, 222, 275, 276; British publications on Eastern Galicia, 391–95
enlightened statecraft, 13, 64
Enlightenment, 36, 69, 74, 117; and Eastern Europe, 7, 16, 21, 22, 25, 26, 45, 48–49, 67, 97, 113, 152, 234, 242, 243, 278; hostility to the Enlightenment, 49–51. *See also* Josephinism; Voltaire
Erber, Leiser, 239, 444n16
Erdödy, Jozef, 83
essay contests, 67–68, 155
ethnographic exhibits, at the General Provincial Exhibition, 282, 289–94, 321, 324, 349
"ethnographic mélange," in Galicia, 376
European Union, 416
exhibition, General Provincial Exhibition of 1894, 6, 282, 284, 288–94, 321, 323, 334

famine, 255, 256, 257, 259, 264, 272
fantasy, 11, 85, 162, 180, 220, 242, 260, 287, 321, 325, 326, 363, 379, 387, 400, 401; and Fredro, 104, 110, 135, 166; of Galicia, 4, 11, 241, 260, 263, 310, 361, 381, 397, 410, 414; Jewish fantasy of Franz Joseph, 4, 319–23, 324; Josephine fantasy, 17, 30, 32, 36, 141; and Sacher-Masoch, 112, 122, 181–82, 208–9, 241, 263; Zagajewski's Lwów, 410–11
fatherland: Galicia as, 36, 39, 42–43, 91, 123, 140, 232; Poland as (*ojczyzna*), 70–71, 83–84, 163, 188, 189, 192, 194, 211, 366, 375; Habsburg, Austrian fatherland, 83–84, 100, 123, 140, 154, 262–63, 357, 366, 372

February Patent of 1861, 211, 212
federalism, Habsburg, 191, 210–11
Feldman, Wilhelm, 313, 327
Ferdinand, Emperor, 123, 130, 157, 390–91; his birthday, 154–55; as object of loyalty in 1846, 142, 146, 156, 162; and revolution of 1848, 183, 184, 185, 188–89, 190, 274
Ferdinand d'Este, Archduke, governor, 61, 104, 131, 136, 140, 170, 178
fin-de-siècle Cracow, *see* Cracow bohemians; Przybyszewski; Wyspiański; Żeleński, Tadeusz
fin-de-siècle Vienna, 283, 292, 296, 297–98, 299, 305. *See also* Hofmannsthal; Klimt; Schnitzler; Sezession
folk costume, 263, 267, 270, 271, 291, 292, 293, 294
folk songs, folk poetry, 87, 89, 114, 128, 147, 197, 270, 324, 390; Ruthenian, 116, 120, 176, 192–93; and Sacher-Masoch, 122, 143, 146; Wacław z Oleska, Galician folk songs, 117–19, 293
folklore, *see* ethnographic exhibits; folk costume; folk songs; *Zeitschrift für österreichische Volkskunde*
Four-Year Sejm (Warsaw, 1788–92), 48, 52, 70, 275
"Franco-Galician army," (as described by Fredro), 71, 72, 76, 78, 79, 107
Frank, Alison, 10, 250
Franko, Ivan, 4, 8, 10, 116, 119, 233, 248–52, 256–57, 286, 293, 324, 346, 386, 409; "Boa Constrictor," 248–49, 251–52, 325; "The Impossible in the Land of Impossibilities," 310, 388; "Moses," 8, 310, 328–30, 348; "My Jewish Acquaintances," 249–50, 324; "The Passing of Serfdom," 273–74; and Hrushevsky, 295, 309; and Mickiewicz, 309, 317
Franz, Emperor, 22, 52, 62, 83, 86, 104, 252, 388, 414; his birthday, 53, 59, 66, 67, 71, 76, 98, 99, 119; in Czernowitz, 95–96; his death in 1835, 107, 110, 347, 349; and Metternich, 63–64, 79; visits Galicia in 1817, 81, 83–84, 103
Franz Ferdinand, Archduke, 311, 332, 377

Franz Joseph, Emperor, 234, 252, 268, 320, 327, 344, 350, 356, 359, 362, 366, 369, 374, 384, 389, 395, 406, 407, 419; his accession in 1848, 188–89, 204; and assassination of Empress Elisabeth, 301–3; and Austro-Hungarian compromise, 212–13; his birthday, 228, 257–58, 415–16; his death, 330, 363; and declaration of loyalty in Sejm (1866), 216–17; in fiction of Bruno Schulz, 397–99, 418; in fiction of Joseph Roth, 396–97; and Gołuchowski, 199–200, 210, 213; and Jews, 1, 4, 203, 205, 305, 319–24, 345, 353, 360, 371; jubilee in 1898, 296, 302, 303, 309, 388; jubilee in 1908, 345; and Potocki assassination, 340–41, 344; remembered in postcommunist Poland and Ukraine, 11, 385, 411, 412, 414, 415–16, 418; visits Galicia in 1851, 194, 201, 202–5, 207, 216, 218, 228, 255, 257; visits Galicia in 1880, 234, 255, 257–61, 262, 270, 271, 331; visits General Provincial Exhibition in 1894, 294, 323
Franzos, Karl Emil, 233, 241–46, 263, 297; *Halb-Asien*, 242–43, 245–46, 263, 264, 360, 365, 386, 409
Frederick the Great, 15, 50, 124
Fredro, Aleksander, 77–79, 102, 106, 116, 131, 134, 141, 154, 206–7, 239, 311, 325, 347, 350, 363, 410; *Husband and Wife*, 92–95; *Ladies and Hussars*, 78–79; *Life Annuity*, 107–10, 132, 136; and banking, 132–35; and bears, 99, 110; charged with treason after 1848, 173, 183, 206; denounced as "non-national" in 1835, 7, 65, 108–9, 129, 133, 196, 409; on events of 1846, 165–73, 186, 304; "a flowering oasis in the Sahara," 77, 93, 109; and Galician identity, 65, 71, 109, 110, 169; hunting, 131–32; and Jews, 71–72, 135, 136, 171; his Mandarin identity, 104, 106, 109, 110, 342; memorial statue in Lviv, 357, 385; as Napoleonic soldier, 71–72, 76, 77, 80, 93, 166, 206, 228; "The Progress of Demoralization in Galicia," 136–40; and railroad, 131–36, 198, 276, 286, 373; and reform of serfdom, 131, 136, 161, 167, 172; and Sejm, 131, 132, 133, 134, 135, 206;

his sense of vertigo, 170; on Slavs and Slavdom, 173
Fredro, Henryk, 131–33
Fredro, Jan, 206–7
Fredrowa, Zofia, 207
French Revolution, 38–40, 42–43, 48, 51, 221, 305
Freud, Sigmund, 112, 308, 312, 332, 335; family origins in Galicia, 346–47
Fuchs, Leo, *Galitzianer Cowboy*, 408

Galicia, the newspaper, 123–24, 128, 133, 138, 140, 141
Galician Soviet Socialist Republic, 378–79, 380
Galicja i jej dziedzictwo, publication series, 414
Galitzianer, *see* Jewish Galicians
Gallenberg, Joseph Sigmund, 56
Gallicjan, anonymous poet of 1792, 6, 49–51, 62; his Galician identity, 50–51, 60, 80
Garbo, Greta, 401
Gautsch, Paul, 287
Gazeta Krakowska, 53, 148–51, 153–56
Gazeta Lwowska, 65–70, 76–77, 82, 98, 101, 133, 171, 236, 260, 318, 428–29n4. *See also Rozmaitości*
Gazeta Tarnowska, 185–86
General Provincial Exhibition, in Lviv, 1894, *see* exhibition
Geneva: and assassination of Elisabeth, 283, 296, 301, 305, 306, 332, 365, 414; and League of Nations, 378, 392
geography, 23, 52, 133, 262; *Geographical-Historical Report*, 53–54; maps of Galicia, 2–3, 18, 284–85; and Paris Peace Conference, 376
geology, 52, 68
German culture in Galicia, 65, 152, 228, 242, 246; alongside Polish culture, 69, 75, 128, 129, 245
German immigrants in Galicia, 31, 48, 68, 153, 224–25, 264, 271–72; *Niemiec galicyjski* (as described by Fredro), 71, 72
Gibbon, Edward, 47
Gladstone, William, 392

glasnost, 409
Głos Narodu (*Voice of the Nation*), anti-Semitism of, 314
Goess, Peter, governor, 66, 67, 79–81
Goethe, 124, 128, 129, 165, 209; *Kennst du das Land?* 96, 283, 287, 414
Goldbaum, Wilhelm, on Sacher-Masoch, 240
Golden Fleece, Order of, 70, 260, 334, 335, 386, 414
"Golicia and Głodomeria," 256
Gołuchowski, Agenor (namiestnik), 182, 193–94, 198–200, 202, 203, 210–11, 235, 236, 252, 342; and Galician autonomy, 213–14, 220, 311, 332; as minister in Vienna, 210–11; his statue in Lviv, 311, 357
Gołuchowski, Agenor (foreign minister), 342
górale, highlanders, 55–57, 126–27, 196, 237, 270, 289, 293. *See also* Carpathians; ethnographic exhibits; Hutsuls
Gorbachev, Mikhail, glasnost, 409
Goszczyński, Seweryn, denounces Fredro, 108–9, 129, 131, 196, 409
Got, Jerzy, 56, 58
"Gott erhalte," Habsburg anthem (Haydn), 53, 59, 67, 99, 100, 105, 156, 203, 260
Grabowicz, George, 410
Grabski, Stanisław, Lex Grabski, 384
Grand Duchy of Warsaw, 52, 61, 63, 66, 70, 72, 147, 156, 268
Grande Armée, of Napoleon, 66, 70–71, 75, 93
Graz, and Sacher-Masoch, 115, 145, 146, 207, 240, 242
Greek Catholic Church, *see* Uniates
Green Balloon (Zielony Balonik), cabaret, 310, 326–27, 328, 348, 350
Grodziski, Stanisław, 82
guidebook to Galicia (1914), 292, 293, 413, 414
Guizot, François, 147
Gypsies, Roma, 195, 236, 237, 249

Habermas, Jürgen, 32
Habsburg, Stefan von, 362

Habsburg, Wilhelm von, and Ukrainian politics, 362, 363
Hacquet, Balthasar, 30, 52
Hagen, William, 371
Haidamaks, 338, 340, 347
Haliczanin, 116, 126; and Ruthenian literary culture, 116
Halych, medieval, 1, 15, 23, 47, 52, 60, 91, 95, 116, 176, 184, 254, 265, 378, 395, 415
Halych and Vladimir, Latinized as "Galicia and Lodomeria," 15, 23, 47, 52, 60, 91
Hann, Christopher, 10, 409
Hann, Wacław, 69, 73, 75
Harrison, William Henry, 123
Harvard University, Mykhailo Hrushevsky Chair of Ukrainian History, 326, 408
Hasidism, 19, 30, 65, 90–91, 125–26, 205, 210, 240, 264, 347, 353, 379; and Ansky, 361; and Buber, 248, 326, 346, 409; and Ehrlich, 246–48; and Pappenheim, 315, 317–18, 349; and Sacher-Masoch, 208–9
Haskalah, *see* Jewish Enlightenment
Hauer, Franz, governor, 86
Haydn, Joseph, "Gott erhalte," 53, 59, 67, 99, 100, 105, 156, 203, 260; "The Seasons," 77
Herbert, Zbigniew, 388
Herder, Johann Gottfried, 46, 89, 117
Herzl, Theodor, 326, 329
Hilsner, Leopold, 323–24
Himka, John-Paul, 9, 325
Hindenburg, Paul von, general, 362
Hirsch, Maurice de, his philanthropy in Galicia, 312–13
history writing in Galicia, 9; medieval history of Galicia, 85, 91, 196, 255. *See also* Cracow historical school; Bałaban; Bobrzyński; Hrushevsky; Kachala; Kalinka; Szujski
Hitler, Adolf, 350, 404, 405, 406, 407
Hnatiuk, Volodymyr, 324
Hochberger, Juliusz, architect, 233, 357
Hoffmann von Fallersleben, August Heinrich, 123
Hofmannsthal, Hugo von, 292; military service in Galicia, 297–98, 364, 365; and World War I, 364–66; "The Austrian

Idea," 365; "Our Military Administration in Poland," 364–65; "The Spirit of the Carpathians," 364; *Die Frau ohne Schatten*, 365; *Der Rosenkavalier*, 365; *Der Schwierige*, 365–66
Hölderlin, Friedrich, 298
Holocaust, 48, 311, 350, 352, 406–7, 411, 413, 417–18
Holovatsky, Iakiv, 119–20, 129, 243, 293
Holovatsky, Ivan, 130
Holy Alliance, 95
Holy Roman Empire, 21, 37
Homberg, Herz, and Jewish education, 29, 345
Horoszkiewicz, Julian, and insurrection of 1830–31, 100–101, 105, 125
Hotel Lambert, Paris, 234
Hrushevsky, Mykhailo, 9, 324, 325, 326, 329, 337, 338, 339, 348, 408; comes to Lviv in 1894, 283, 287, 288, 292; and Franko, 295, 309, 330; "Galicia and Ukraine," 338; "To the Civilized Nations of the World," 378
Hrytsak, Yaroslav, 10, 415
Hüchtker, Dietlind, 412
Hummel, Walter, 75
Der Humorist (Vienna), 140
Hungary, 276; crown of, 5, 40, 43, 218, 220, 363; and dualism, 212, 213; medieval claim to Galicia, 15, 17, 23, 39–40, 42, 44, 64; resistance to Joseph, 37, 40; in Revolution of 1848, 184, 235
Hutsuls, 126–27, 177, 195, 237, 258, 270, 272, 273, 289, 290, 291, 324, 386–87
Huyn, Karl Georg, namiestnik, 367, 370

Iakhymovych, Hryhorii, 191
Imber, Shmuel, 326
independence of Poland, 189, 190, 344; discussed in *Czas*, 191–92, 194, 224; and World War I, 351, 359, 363, 367–68
Insurrection of 1830–31 (November Insurrection), 99–105, 108, 109, 110, 116, 125, 131, 132, 134, 158, 199, 237, 262; commemorated, 257–58, 366
Insurrection of 1846, by nobles, 113, 125, 141–42, 205, 266, 282, 304; in Cracow, 147–48. *See also* massacres of 1846

Insurrection of 1863, 158, 174, 182, 211, 212, 216, 218, 219, 223, 237
Ireland, 222, 276, 394
Iron Curtain, 407
Israel, Israelis, 1, 384, 395, 396, 409, 417–18. *See also* Zionism
Israelitische Allianz, in Vienna, 312, 354, 371
Italy, Italians, 58, 96, 112, 156–57, 183, 195, 210, 276, 283, 319, 344. *See also* Lombardy and Venetia; Rome

Jackson, Andrew, 98
Jagiellonian University, 194, 212, 218, 219, 237, 248, 260, 265, 273, 343, 366
Jan Kazimierz, king, 287
Jandaurek, Julius, *Das Königreich Galizien und Lodomerien*, 35, 67, 121, 127, 180, 197, 269–72, 273, 288, 290
Janowski, Maciej, 325
Jasieński, Bruno, *The Song of Jakub Szela*, 389–91; describes Szela encountering Jesus Christ, 390
Jasło, 267
Jaszowski, Stanisław, 89
Jellinek, Adolf, rabbi, 293
Jerusalem, 11, 396, 400, 404, 408–9, 410–11, 417–18
Jesuits, 20, 236, 254, 357, 409
Jewish blood libel, concerning ritual murder, 244, 250, 323–24
Jewish Enlightenment, Haskalah, 65, 90–1, 140, 205, 242, 345, 353. *See also* Homberg; Perl
Jewish Galicians, Galician Jews, 272, 277, 312, 314, 317, 318, 319, 345–46, 396, 400; in Ansky, 351–61; difference from Jews in Russian empire, 354, 355, 356, 402, 403; difference from Litvaks, Lithuanian Jews, 248, 379, 402; emancipation, equality before the law, 29, 38, 239, 322, 353, 359, 360; family names, 29, 241, 245, 246; and Franz Joseph, 1, 4, 203, 205, 305, 319–24, 345, 353, 360, 371; Galitzianer identity, 1, 210, 248, 345, 384, 402, 403, 404, 408; hostility to Russia during World War I, 356, 358, 359, 360; as immigrants in America, 1, 317, 354, 371, 401–4,

413; and Josephine reform, 19, 27–30, 34, 36, 177, 236, 345; loyalty to Habsburgs, 177–78, 322, 353, 356, 357, 360, 372; and the Messiah, 34, 356, 361; military service, 29, 321–23, 359–60; as non-national Galicians, 135; *Pamiętnik Galicyjski* and the history of the Jews, 89–90; Passover, 244, 250, 354; Polish-Jewish assimilationism, 264, 313, 327; refugees in Vienna during World War I, 354–55, 356; Sabbath observance, 29, 30, 293, 316, 322; in Szujski, 264–65; viewed by Franko, 248–52; viewed by Franzos, 241–46; viewed by Fredro, 71–72, 135; viewed by Kratter, 27–30; viewed by Majer and Kopernicki, 237–39, 243; viewed by Pappenheim, 311–12, 314–19, 349; Yom Kippur, 297, 321, 322, 323, 358. *See also* Hasidism; Holocaust; Yiddish; Zionism
Jewish music, 296–97, 299, 361, 414
Jewish political parties, 313, 345
Jewish women in Galicia: Pappenheim on, 311–12, 314, 315, 318; Sholem Aleichem on, 355–56; Wyspiański's Rachel in *Wesele*, 280–81, 300, 312
John Paul II, Pope, *see* Wojtyła
Joseph II, emperor, 62, 82, 119, 172, 228, 245, 246, 261, 264, 272, 278, 322; death, 36, 38, 44; remembered by peasants, 4, 178, 228, 252; remembered by Ruthenians, 258, 261; visiting Galicia, 13–16, 19–20, 31–32, 68, 204, 221, 314
Josephinism, Josephine Enlightenment, 7, 13–50, 59, 64, 65, 113, 125, 221, 228, 234; and Jews, 19, 27–30, 34, 36, 177, 236, 345; messianism in Galicia, 4, 7, 28, 34, 36, 64, 85, 140–41, 312–13; "recasting" of Galicia, 23, 28, 30, 31, 32, 60, 97, 141; reform of serfdom, 16, 20, 136, 142, 149, 160–61, 162, 176, 180, 183, 258; and religion, criticized and reformed, 24–27, 33, 38; religious toleration, 29, 31, 50
Josephinism after Joseph, the legacy, 53, 54–55, 57, 92, 138, 152, 174, 178
Journal de Paris, 76
journalism, press, in Galicia, 64, 66, 128–29, 183, 185, 229, 280, 302, 307; and assassination of Potocki, 339–41, 342, 348. *See also Czas; Dilo; Gazeta Lwowska; Galicia; Gazeta Tarnowska; Kuryer Codzienny; Słowo Polskie; Zoria*
journalism, press, in Vienna, 211, 220, 221, 224–25. *See also Neue Freie Presse; Oesterreichische Beobachter; Wiener Zeitung*
Jüdische Volksstimme, Brno, 360
Juell, Dagny, 298
Jung-Wien, Young Vienna, 292, 326
Juvenal, 49

Kachala, Stefan, 9, 233, 254–55, 262
Kaczkowski, Joachim, 75
Kafka, Franz, 315, 316
Kalinka, Walerian, 9, 194, 205, 206, 219, 262, 276, 336; *Galicia and Cracow under Austrian Rule*, 205
Kamenka Strumilova, Last Judgment from, 293; synagogue in, 293
Kamiński, Jan Nepomucen, author of *Zabobon*, 91–92, 102, 105, 116
Kant, Immanuel, 38, 45, 46
Kappeler, Andreas, 10
Kapuzinergruft, Capuchin crypt, in Vienna, 20, 162, 164, 258, 397
Karadžić, Vuk, 117
Karaites, 196
Karl, Archduke (brother of Emperor Franz), 58, 59
Karl, Emperor, 369, 414; his abdication, 351, 367, 369, 370, 416; his beatification, 416
Kasprowicz, Jan, 295, 299
Kaunitz, Wenzel Anton, 14–17, 37, 64, 162
Kazimierz, Jewish quarter of Cracow, 203, 413–14
Kazimierz Wielki, *see* Casimir the Great
Kenney, Padraic, 409
Khmelnytsky, Bogdan, 126, 337, 338
Khorostkiv, 361
Kieniewicz, Stefan, 137
Kiev, 287, 292, 326, 364, 368, 378, 411; Kievan Rus, 1, 17, 176, 378
Kingdom of Poland, created by Central Powers during World War I, 362, 363
Kisielewski, Jan August, 327

kissing: in patriotic enthusiasm, 71; in religious ritual, 27
Klimt, Gustav, 287, 296, 299
Kłańska, Maria, 9
Kohn, Abraham, rabbi, 205
Kolberg, Oskar, on folklore, 237
Kolesnikoff, Nina, 390
Kolomiya, 256, 258, 313, 337, 370. *See also* Sacher-Masoch (writer), *Don Juan von Kolomea*
Kolowrat, Franz Anton, 152
Königgrätz (Sadowa), battle of, 212
Königsberg, David, 326
Kopernicki, Izydor, 237, 293. *See also* Majer and Kopernicki, *The Physical Characteristics*
Kortum, Ernst Traugott von, 38–49, 61; *Examination of the Grievances of the Galician Nobility*, 44–49; ventriloquizes Galician nobility, 44–45, 47–48. *See also Magna Charta of Galicia*
Korzeniowski, Apollo, 229–30, 256
Korzeniowski, Józef, *Carpathian Mountaineers*, 126–27, 128
Korzeniowski, Józef Teodor Konrad, *see* Conrad, Joseph
Kościuszko, Tadeusz, insurrection of, 52, 55, 57, 103, 261, 266, 348; centennial, 294, 348
Kossak, Juliusz, 266
Kossak, Wojciech, 294
Kostyrko, Volodymyr, 415–16; "Galicia and Ukraine," 415–16
Kotliarevsky, Ivan, 296, 309
Kozik, Jan, 9, 87
Koźmian, Kajetan, 53
Koźmian, Stanisław, 218, 223–24; "different degrees of national existence," 223–24
Krafft-Ebing, Richard von, *Psychopathia Sexualis*, 113–14, 209
kraj, the country, Galicia, 132, 134, 172, 216, 260, 283, 295, 367, 413; in *Czas*, 188, 195, 199, 202, 203, 206, 213, 214, 220
Kraków, *see* Cracow
Krakowiacy i Górale, 14, 55–57, 59, 91–92, 103, 127, 196, 197; as Galician drama, 57, 59, 92. *See also* Bogusławski; Kamiński

Krakowiak, 55–57, 92, 147, 196, 197, 269–70, 289, 414
Kratter, Franz (author of the *Briefe*); as distinguished from the editor Franz Kratter, 65–66, 428–29n4; *Briefe (Letters about the Present Situation of Galicia)*, 21–33, 80, 82, 113, 145, 264, 415; *Das Mädchen von Marienburg*, 59
Kratter, Franz (founding editor of *Gazeta Lwowska*), 65–66, 428–29n4
Krieg, Franz, 83, 84, 131–32, 138, 140, 155, 174, 175, 178
Krusceniski, Salomea (Krushelnytska, Solomiya), 319, 409
Krzeszowice, Potocki family estate, 331, 335, 344
Kufstein fortress and prison, 105, 125
Kundera, Milan, on Central Europe, 411, 414
Kürnberger, Ferdinand, on Sacher-Masoch, 115
Kurtz, Esther, 324, 454n36
Kuryer Codzienny, in 1918, 367, 368–69
Kuzemsky, Mykhailo, 115, 184
Kwaśniewski, Aleksander, 412

La Grange, Henry-Louis de, 318
La Scala, 319, 409
Lachs, Minne, 356
Landau, Felix, and Bruno Schulz, 417–18
Landau, Saul, *Unter jüdischen Proletariern*, 313–14, 329
Lashkiv, 381
Lavrovsky, Ivan, 87; Ruthenian-Polish-German dictionary, 65, 87
League of Nations, 378, 383, 392; minority protection, 384–85, 391–93
leases, economic, 134; and Jews, 27, 28, 29
legitimacy, legitimation of Habsburg Galicia, 15, 54, 64, 66, 81, 113, 163; "revindication" of Galicia, 15, 17, 20, 23, 62, 63–64, 156, 163
Leipzig, battle of, 74
Leitha River, 212
Lem, Stanisław, 388, 409; "phantomology," 409
Lemberger Zeitung, 65

Lemkos, 289
Lenin, Vladimir, 379
Leo, Juliusz, mayor of Cracow, 366
Leonardo da Vinci, "Lady with Ermine," 260
Leopold II, emperor, 36–39, 42, 43, 44, 52, 138; corresponds with Joseph, 13, 16
lèse-majesté, 303, 305, 327
Leshniv, 380
Lessing, Gotthold Ephraim, *Nathan the Wise*, 34, 36
Levynsky, Ivan, architect, 291
Levytsky, Ivan, *The Ruthenian Movement in Galicia*, 252–53
Lilien, Ephraim Moses, 299
Limanowski, Bolesław, *Galicya przedstawiona słowem i ołówkiem*, 193, 288, 314
Lipiński, Karol, 75
Liptzin, Solomon, 325, 326
"liquidation" of Galicia, *see* Polish Liquidation Commission
Lithuania, 74, 88, 89, 191, 263, 346. *See also* Vilnius
"Little Russians," meaning Ruthenians or Ukrainians, 114–15, 130, 240
Litvaks, Lithuanian Jews, 72, 248, 379, 402
Lloyd George, David, 374
Lobkovic, Prince August, governor, 98–99, 100, 103, 104, 106, 131
Lodomeria, in title "Kingdom of Galicia and Lodomeria," from "Halych and Vladimir," 15, 17, 19, 23, 33, 39, 53, 61, 99, 189, 200, 201, 256, 269, 289, 407
Lombardy and Venetia, Habsburg Italian lands, 81, 157, 210
loneliness, *Einsamkeit, samotność*, 74, 94, 389
Louis-Philippe, king, 148
loyalty to Habsburgs, 8, 51, 61, 63, 99, 106, 153, 156, 173, 178, 179, 200, 255, 261, 327, 331, 343, 363, 414; after assassination of Elisabeth, 301–3, 332; and *Czas*, 215, 216, 218, 220, 226, 257, 301–3, 341; declaration of Sejm in 1866, 194, 216–17, 259, 265, 278, 345; fidelity and infidelity in Fredro's *Husband and Wife*, 94–95; of Jews, 177–78, 322, 353, 356, 357, 360, 372; Ossoliński and Franz, 83–84; peasant loyalism in 1846, 113, 138, 142, 146, 149, 150–51, 154–55, 162–63, 175, 180–81, 185–86, 322; of Andrzej Potocki, dying, 334, 340, 344; in Roth's "Bust of the Emperor," 397, 398; Ruthenian, 87, 184, 252, 258, 261. *See also* "Gott erhalte"
Lubomirski family, 32, 387
Luccheni, Luigi, assassin of Elisabeth, 303, 306, 399
Lueger, Karl, 296
Lviv, Lwów, Lemberg: balls, 57–58, 96, 124, 129, 140, 141, 178, 230; cafés, 155, 325, 385, 411–12; carnival, 55, 57, 124, 126, 138, 140, 141, 178; Castle Hill, 31, 228, 357; cathedral, Roman Catholic, 287, 410; Döblin in, 385–88; Korzeniowski (Apollo) in, 229–30; Lychakivsky cemetery, 409; Mahler in, 318–19; Metternich in, 95–97; musical life, 74–75, 76, 77–78, 124, 318–19, 324, 360; pogrom of 1918, 370–74; and Polish-Ukrainian war, 369–70; population, 114, 357, 408, 411; and railroad in Galicia, 132–33, 136, 198, 207, 211, 213, 410; railroad station, 357, 360, 369; receives Franz Joseph in 1880, 261; receives Gołuchowski in 1850, 199–200; Rynek, Market Square, 66, 67, 110; sanitation, 30, 31; under Soviet rule, 405–6, 408–9; Stryjski Park, 288–89; Town Hall, 67, 110, 199, 357; urban landscape, 67, 97, 129, 357; Viennese/Austrian atmosphere, 385–86, 405–6, 411; Wat, "Did you know Lwów before the war?" 405, 406, 408; weather, 66; in Wittlin's memoirs, 415; in Zagajewski's poem, 409–11. *See also Gazeta Lwowska*; Ossolineum
Łańcut, Potocki family estate, 95, 168, 331
Łoziński, Bronisław, 304
Łubieński, Roger, *Scarcity and Famine in Galicia*, 256

Macartney, C. A., 101, 104, 211
Maeterlinck, Maurice, 296
Magna Charta of Galicia (Magna Charta von Galizien), 7, 37–40, 42, 44, 49, 82, 138, 160, 172, 183
Magocsi, Paul Robert, 9, 10

Mahler, Alma, 318
Mahler, Gustav, in Lviv, 318–19, 324, 348
Mahler, Raphael, 30, 90–91
Majer, Józef, 237
Majer and Kopernicki, *The Physical Characteristics of the Population of Galicia*, 236–39, 243, 251, 260
Malone, Cecil, introduces "The Danger Spot of Europe," 391–92
Małopolska, Little Poland, 17, 102
Małopolska Wschodnia, Eastern Little Poland (Eastern Galicia), 393
Maner, Hans-Christian, 10, 224, 332–33
manners, of Galicia, 33, 222; criticized by Kratter, 24–25
Margelik, Johann Wenzel, 53
Maria Theresa, empress, 41, 42, 64, 149, 162, 164, 218, 228; her conscience, 15, 52; her death, 20; and partition of Poland, 1, 14–15, 23, 200, 221, 236, 244; and Uniate Church, 25, 86, 253
Marie Antoinette, queen of France, 220–21
Markovits, Andrei, 9
Marx, Karl, 147, 190
Mary, Queen of Poland, Queen of Galicia, 53, 287
Mascagni, Pietro, *Cavalleria Rusticana*, 360
Masons, Masonic symbolism, 21, 69
Massachusetts, 85–86
massacres of 1846, 8, 112, 113, 137, 141–57, 185–87, 217, 226, 261, 317, 344, 348, 374; in *Czas*, 189–90, 191, 201, 267, 304; in Franko's "The Passing of Serfdom," 274; Fredro on, 165–73; in Jasieński's *The Song of Jakub Szela*, 390–91; Metternich on, 147–49, 151–52, 158; remembered in relation to anarchism, 304–5, 307; and Revolution of 1848, 183–87; Sacher-Masoch, police chief, on, 173–83; Sacher-Masoch, writer, on, 141–47, 157, 162, 173–74, 207; Wielopolski's letter on, 158–65; in Wyspiański's *Wesele*, 281–82
Matejko, Jan, 228, 266, 291, 357
Mauss, Joseph, professor, 9, 84–85, 86; his New Year's wish for Galicia, December 1817, 84–85

Maximilian, emperor of Mexico, 220–21, 399
Mayerling, 268, 305
Mazurs, 101, 147, 152, 175, 269, 289
McCarthy, Mary, 246
McKinley, William, 304
Mehoffer, Joseph, editor of *Galicia*, 123
melancholy, as Ruthenian characteristic, 122, 146, 147, 177, 263–64, 270
Mendelsohn, Daniel, 10
Mendelssohn, Moses, and Jewish Enlightenment, 34
messianism in Galicia: Jewish, 34, 356, 361; Josephine, 4, 7, 28, 34, 36, 64, 85, 140–41, 312–13
Metternich, Klemens Wenzel, 69, 77, 79–81, 109, 112, 131, 155, 157, 268, 351; and censorship, 64, 95, 98, 124, 126; correspondence concerning events of 1846, 147–53; fall from power in 1848, 183, 186; as "hangman of Poland," 105, 110; and Jews, 90, 95, 97, 205; "to make true Galicians," 65, 79–80, 85, 88, 99–100, 110, 320; and Napoleon, 63–64, 97; and police, 64, 79, 108, 124, 206; on Polishness (*polonisme*), 151–52, 158, 163; visits Galicia in 1823, 95–98, 105, 107, 112, 318; Wielopolski's letter to Metternich, 158–65
Michalewicz, Mikołaj, 82, 116
Michałowski, Piotr, 106–7; painting Napoleon, 107
Mickiewicz, Adam, 66, 89, 93, 104, 134, 183, 219, 280, 388; addressing the Galicians, 105, 142; centennial, 296, 309; at Collège de France, 133, 165, 234; and Franko, 309, 317; *Pan Tadeusz*, 66, 106, 191
military service, Habsburg, 177, 237; Galician Jews, 29, 321–23, 359–60; Hofmannsthal, 297–98
Miłosz, Czesław, 406
minorities, national, in interwar Poland, 383–84, 391–93
Młoda Polska, Young Poland, 280, 286, 304, 326, 327
modernism, literary, 280–83, 287, 295–96, 304–5, 307, 318. *See also* Przybyszewski; Wyspiański

Mohylnytsky, Ivan, 87
Moldavia and Wallachia, 37, 48, 133, 201, 236
Molicki, Antoni, 278
Molière, influence on Fredro, 93, 132, 136, 138
Molotov-Ribbentrop pact, 350, 385; partition of Poland and Galicia, 385, 404, 406, 407
Moniuszko, Stanisław, 287, 300
Monroe, Marilyn, as Sugar Kane Kowalczyk, 401
Montenegro, 89, 90, 95
Moravia, 97, 118, 170, 191, 212, 228, 346
Morawski, Tadeusz, on Metternich, 158, 319
Morgenstern, Soma, 415
Moscow, 219, 229, 255, 263, 406, 411; and Napoleonic wars, 76–77, 80, 94
Moser, Michael, 261, 413
Moses, 28, 31, 403; Franko's *Moses*, 8, 310, 328–30, 348
Mozart, Constanze, 72–73
Mozart, Franz Xaver Wolfgang, 65, 72–76, 77–78, 79, 88, 99
Mozart, Karl, 72–74
Mozart, Wolfgang Amadeus, 43, 74, 99, 122; *Cosi fan tutte*, 78, 93; *Le Nozze di Figaro*, 77; *Die Zauberflöte*, 58, 69, 72
Mułkowski, Stefan, 105
Munch, Edvard, 298
Munchausen, Baron, 26
Münchengrätz, agreement of, 105, 106
mythology of Galicia, 410, 412–13, 416. *See also* allegory of Galicia; nostalgia

name of Galicia, 1, 33, 43, 46, 60, 62, 72, 116, 152, 174, 412, 413; adopted with partition of Poland in 1772, 15–17; discussed in "The Danger Spot of Europe," 391–95
Napoleon, Napoleonic wars, 52, 63–79, 82, 91, 92, 106–7, 300, 351, 388; centennial birthday, 228; invasion of Russia, 63, 66, 70–71, 75, 76–77, 101, 106; and Metternich, 63–64; and Polish national sentiment, 66, 70–71, 133, 134. *See also* Grand Duchy of Warsaw; Fredro, Aleksander, as Napoleonic soldier

Napoleon III, 399
Narodnaya Volya, 333
Narutowicz, Gabriel, assassinated, 383
nation, Galician, 39, 46, 66, 83, 84–85, 88, 117
National Democrats, Polish, 314, 383–84
nationality: ambiguous, cryptic, 39, 83, 92, 163–64, 175, 196, 215, 229, 235; discussed by Fredro, 171–72; discussed by Metternich, 79–80; and national rights, 239–40, 258, 261; non-national identity, 6–7, 108–10, 133–35, 141, 196, 224, 229, 353, 373; and peasants, 6, 172, 175, 266, 294, 390; transcendent, synthetic, 5–7, 79–80, 86, 103–4, 129, 259, 418. *See also* nation, Galician
NATO, 416
natural space, natural history, 5–6, 124, 128; and construction of Galicia, 61–62, 68, 128, 195, 211–12, 220, 238–39, 376
Nazi occupation, of Poland and Galicia, 188, 237, 404, 405–7, 417–18; Distrikt Galizien, 406; General Government, 404, 406; SS Galizien, 406
Netherlands, Austrian, 33, 37
Neue Freie Presse (Vienna), 224–25, 242, 364; on assassination of Potocki, 332–36, 339, 341; on choosing the successor to Potocki, 341–43; on the former Galicia, after World War I, 369–74
New York City, Galician emigrants in, 1, 244, 248, 317, 324, 345–46, 401–4, 415
New York Times, 345, 377, 401, 403
Nicholas, Saint, 26, 293
Nicholas I, czar, 105, 110
Nicolson, Harold, 376
Niemcewicz, Julian, 11, 60
Nietzsche, Friedrich, 281, 298, 301, 304
Nirvana, 286, 346
Nobile, Pietro von, architect, 88
nobility, *szlachta*, in Galicia, 17, 20, 54–55, 160, 172, 199, 243, 261, 274; feudal privileges, 22, 37–38, 41–43; and Jews, 23, 27–28, 244; Kratter's negative view of, 22–24, 28, 36, 113; and Magna Charta of 1790, 37–49; reaction against Josephinism, 37–44; rebels and victims in 1846, 141–57, 159, 175, 179, 180–81

noses: blowing, 24–25; physiognomy, 237–38; in Sacher-Masoch's fiction, 241
Nossig, Alfred, 313
nostalgia, for Galicia, 11, 385, 410, 412–16
November Insurrection, *see* Insurrection of 1830–31
Nowicki, Maksymilian, on natural history, 212
Nowy Targ, 306
nursing, wet nursing, breast milk and national culture, 114, 116, 117, 119, 120–22, 192–93, 241

October Diploma of 1860, 210–11
Oesterreichische Beobachter (Vienna), on events of 1846, 150, 154
Offenbach, Jacques, 360
oil fields, oil industry, *see* Boryslav
opera, in Lviv, 69, 77, 78, 124, 129, 319, 360. *See also* Bogusławski; *Krakowiacy i Górale*
Operation Vistula, 407
Orange Revolution, 413, 416
organic work, 195, 196, 219, 224, 256, 275
Organization of Ukrainian Nationalists (OUN), 393, 415
Orient, Orientalism, in Galicia, 177, 251, 268, 319, 333, 409; in Babel, 381–82; Franzos and *Halb-Asien*, 242–43, 245–46, 263, 264, 298, 360, 365, 386, 409; Fredro's Mandarin identity, 104, 106, 109, 110, 342; Metternich's Orient, 97; Sacher-Masoch's Orient, 115, 130, 137, 208–9, 240–41; and Sarmatians, 16, 30, 47–48, 49, 52, 69, 174
Orlando, Vittorio Emanuele, 374
Orłowicz, Mieczysław, 413. *See also* guidebook to Galicia (1914)
Orthodox Christianity, 26, 214, 254, 292, 358, 407
Ossolineum Library, 37, 65, 81–85, 98–99, 104, 131, 195, 261; Döblin visits, 387–88; as "Parnassus Ossolinius," 85; supports Schneider and encyclopedia, 235–36; in Wrocław, 407
Ossoliński, Józef Maksymilian, 86, 87, 388; author of *Magna Charta* and *Considerations (Uwagi)*, 37, 40, 82, 138; and Ossolineum, 65, 81–85, 98–99, 387
Ostrow, Moritz Ritter von, 226
Ottoman empire, 42, 78, 102, 224, 235, 268, 392; siege of Vienna in 1683, 164, 265–66, 273

Pacific Ocean, South Seas, 21, 45
Paderewski, Ignacy, 368, 376–77, 378
Pajakowski, Philip, 343
Pamiętnik Galicyjski, 65, 88–91, 94–95
Pamiętnik Lwowski, 88
Pan-Slavism, 129–30; Slavic Congress in Prague (1848), 186, 190
Pappenheim, Bertha, 310, 311–12, 314–18, 324, 349, 354; on Galician Jewish women, 311–12, 314, 318; on Jews as hunger artists, 316–17
Paris Peace Conference, 373–78
partition of Galicia, proposed, considered, 152, 184, 186, 190, 191, 192, 200–201, 213–14, 225, 376, 404
partitions of Poland, 100, 152, 195, 218, 219, 221, 225, 343; first partition, 1, 13, 42, 68, 81, 102, 148, 160, 174, 201, 236, 347, 404; second partition, 52; third partition, 52, 60, 64, 147, 194; to be undone at the Paris Peace Conference, 375, 377
Paul, Saint, 105
Pauli, Żegota, on folk songs, 390
Pawlikowski, Tadeusz, 295–96
peasants, 54–55, 70, 126, 196, 272, 288, 317, 336, 349; and anti-Semitism, 305–6, 308, 325; "der Bauer wacht," 182, 267; *Czas* on, 221, 226, 267; and emigration, 256, 267; and Franz Joseph, 203–4; Fredro and feudal reform, 136–39; Jasieński on, 390–91; and Josephine reform, 4, 16, 20, 45, 57, 142, 149, 178; and massacres of 1846, 141–57, 163, 174, 175, 179–83, 185–86, 261, 267, 274, 391; and nationality, 6, 172, 175, 266, 294, 390; "Peasant and Jewish Types," 288; in Wyspiański's *Wesele*, 280–83. *See also* serfdom
Pelesz, Julian, *History of the Union of the Ruthenian Church with Rome*, 253; and General Provincial Exhibition, 292

索引 603

Pergen, Johann Anton, governor, 14–17, 19
Perl, Joseph, 90; against Hasidism, 65, 125–26
Persia, 85, 89, 244
Peru, Galicia as "a new Peru," 33
Peter the Great, 59
Pfleger, Adele, writing about the General Provincial Exhibition, 290–91
piano music, 72, 73, 75, 78, 79, 94, 301, 366
Picon, Molly, 404
Piłsudski, Józef, 344, 351, 362, 374, 383, 391; coup d'état of 1926, 389, 391
Piniński, Leon, namiestnik, 387–88
Plato, 298
Podkamień, 73, 74, 430n24
Podolia, 60, 91, 102, 132
Poetic Almanac for Galicia, 69, 73, 75
pogrom in Lviv (1918), 370–74, 375, 387
Pohl, Dieter, 406
Poklewska, Krystyna, 89
Poland, communist, 407–9
Poland, interwar, 383–89, 391–95, 397
Poland, postcommunist, 411–14, 416
police, *see* Metternich, and police; Sacher-Masoch, police chief
Polish claims to Galicia, after World War I, 374–78
Polish Galician perspective, identity, 211, 228, 260; of *Czas*, 188, 194, 215
Polish incorporation of Galicia, after World War I, 351, 368, 378, 383, 404, 405; as "Little Eastern Poland" or "Eastern Little Poland," 391–93; as "South Eastern Poland," 377
Polish Liquidation Commission, liquidating Galicia, 352, 367–68, 371–72, 373
Polish national culture, preserved in Galicia, 14, 215
Polish-Ruthenian agreement of 1914, 361
Polish-Ruthenian compromise of 1890, 287, 295, 337
Polish-Soviet war (1919–20), 4, 351, 352, 368, 374, 383; and Babel in Galicia, 379–82
Polish-Ukrainian war (1918–19), 369–70, 371, 378, 380, 387; struggle for Lviv, 369–70, 373–74
Pollack, Martin, 414

polonaises, 75, 76, 366
Polonsky, Antony, 10
Poltava, 309
Poniatowski, Józef, occupies Lviv in 1809, 61, 71
Popiel, Paweł, 205
population of Galicia, 6, 64, 173, 195–96, 236, 249, 264, 269, 315; and Paris Peace Conference, 375–76; physical anthropology, 236–39; physiognomy, 175; transfer of populations, after World War II, 407–8, 410–11, 413
positivism, Polish, 195
Potocki, Alfred, Fredro's correspondent, 166–71, 260
Potocki, Alfred, namiestnik, 260, 331, 333, 342
Potocki, Andrzej, namiestnik, 317; assassination, 283, 311, 331–41, 342, 343, 344, 346, 348, 350, 374, 377–78, 386, 404, 405
Potocki, Jan, author, 166
Potocki family, 23, 32, 95, 96, 100, 260, 331, 333
poverty, misery, of Galicia, 96, 138, 221, 234–35, 256, 259, 264, 275–79, 306, 325, 353, 384, 390; of Galician Jews, 264, 277, 297, 315, 316, 353, 403. *See also* Szczepanowski, *Misery of Galicia*
Poznań, 405
Prague, 43, 72, 212, 298; and Sacher-Masoch family, 111, 116, 173, 174, 183, 186, 207; Slavic Congress, 186, 190
Pritsak, Omeljan, 326
Procházka, Arnošt, editor of *Moderní Revue*, 298
Prokopovych, Markian, 10, 291
Promised Land, Galicia as, 28, 31, 33, 313
property rights, in Galicia, 38, 42, 45, 100, 168, 176
prostitution, 27, 124, 311–12, 318
Protestantism, 31, 68, 264
Proust, Marcel, 418
Prussian Poland, 129, 195, 206, 298, 299
Prut River, 212
Prymak, Thomas, 295
Przegląd Polski, 218, 223
Przemyśl, 23, 97, 128, 258, 334, 354, 370, 371,

397, 412, 414; as center of Ruthenian culture and nationality, 86–87, 119, 129, 254, 337, 342; and Uniates, 124, 253, 292, 409
Przybyszewski, Stanisław, 281, 296–97, 298–301, 310, 312, 326, 348, 350, 388; his "anarchism of the spirit," 304; in Berlin, 298, 299; his "satanism," 281, 298–99, 300, 304, 326, 327, 348, 350; and *Życie*, 296, 297, 298–301
public sphere, European, concerning Galicia, 158–59, 179, 263
public sphere, German, concerning Galicia, 21–22, 25, 37, 43–44, 129, 244
public sphere, public opinion, Galician, 64, 215, 222, 231–2, 282, 301, 325; in Lviv, Polish and German, 56–58
Puccini, Giacomo, 319
Purchla, Jacek, 10, 291

Rabinowitsch, Sara, 314
Racławice, Kościuszko at, 266, 294
railroad, trains, in Galicia, 130–36, 243, 258, 260, 276, 357, 397, 410, 414; Kaiser-Ferdinands-Nordbahn, 130, 132, 373; the line to Lviv, 131, 136, 198, 207, 211, 213, 318–19, 335; as metaphor in poetry, 286; in *Venus in Furs*, 130
Raphael of Urbino, 120, 122
Rapoport, Solomon Judah, rabbi, 125
Rauchinger, Heinrich, artist, 299
Red Ruthenia, Red Rus, 60, 91, 102, 236, 254, 360, 377
Redlich, Joseph, biography of Franz Joseph, 268
Reichsrat, of Cis-Leithania, in Vienna, 217, 228, 239, 275, 331, 343; Polish Club, 310, 333, 344; Ruthenians in, 252, 310–11, 334
Reichstag, at Kremsier (1848–49), 191
Reitzenheim, Józef, memoirs of insurrection of 1830–31, 101–4
Revolution of 1848, 125, 137, 160, 173, 174, 182, 183–87, 201, 235; defeat of revolution, 186, 188, 189; "The Passing of Serfdom," by Franko, 273–74; Polish political program, Polish National Council, 183, 186, 190–91, 203, 206; Ruthenian

political program, Supreme Ruthenian Council, 116, 184–85, 186, 190–91, 243, 255, 404, 405
"Robinson Crusoe" (Traunpaur) in Galicia, 34–36
Roller, Alfred, 318
Roman Catholicism, 228, 269, 297; bishops, 38, 43, 83, 235; Brothers of the Resurrection, 262; Kratter's hostility, 24–25, 50; Sisters of Charity, 68, 98, 102
Romanticism, 69, 89, 93, 103, 144, 164, 196, 343; attack on Fredro, 108–9, 133; musical, 74, 76; poetry, 89, 93, 108, 298; and Polish national sentiment, 104, 134, 189, 195, 206; rejected by Cracow historical school, 206, 343. *See also* Chopin; Mickiewicz
Rome, ancient, 47; modern, 262, 342
Romer, Eugeniusz, geographer, 374; *Mémoire sur la Galicie* (1919), 374–77; *Statistics of Galicia* (1919), 375, 377
Rossetti, Gabriele, poem addressed to Metternich, 157
Rossini, Gioachino, 79, 124
Roth, Joseph, 384, 395–97, 401; "The Bust of the Emperor," 395, 397; *The Emperor's Tomb*, 11, 395, 399–400, 410; Franz Joseph in Roth's work, 396–97; *Radetzky March*, 395, 396; visits Galicia in 1924, 389
Rothschild, Salomon, and Fredro, 136, 198, 276
Rothschild family, 130
Rousseau, Jean-Jacques, 38, 39
Rozdolsky, Osyp, 324
Rozenblit, Marsha, 354, 356, 359
Rozmaitości, 81, 82, 85–86, 87, 128; and Ruthenian literary culture, 116
Rubens, Peter Paul, 122
Rudnytsky, Ivan, 408
Rudnytzky, Leonid, 252
Rudolf, Crown Prince, 268, 271, 305; in Cracow, 272–73; patron of *The Lands of Austria-Hungary in Word and Image*, 256, 258
Rudolf of Habsburg, Rudolf I, 164
Rusalka Dnistrovaia, 111, 116, 119–21, 122
Russian occupation of Galicia, during

World War I, 351–54, 356–60, 370; hostility to Jews, pogroms, 352, 354, 358–60
Russian Poland, Congress Poland, 64, 93, 99–105, 112–13, 142, 158, 229, 275, 276, 362, 385; Jews of, 210, 248, 313. *See also* Insurrection of 1830–31; Insurrection of 1863
Russian Revolution of 1905, 330, 338
"Ruthenian," as national classification, 130, 393–94, 413
Ruthenian National Institute, in Lviv, 261
Ruthenian Triad, 65, 116, 119–20, 126, 129, 243, 293
Rydel, Lucjan, and *Wesele*, 281, 294
Rzeszów, 36, 95, 97, 140, 258, 267, 371, 414

Sacher, Johann Nepomuk von, 111–12, 174
Sacher-Masoch, Leopold von, writer, 8, 11, 111–16, 126, 128, 263, 416, 418; Galicia as his "homeland," 11, 114, 146, 186, 207–8; and Jews, 208–9, 240–41; and Little Russians, Ruthenians, 114–16, 120–22, 192–93, 241; and masochism, 111–12, 113–14, 139, 145, 147, 165, 167, 181–82, 207–8, 240; and the massacres of 1846, 141–47, 157, 162, 173–74; return to Galicia in 1857, 207–10; *Don Juan von Kolomea*, 115, 122, 126; *A Galician History of 1846* or *Graf Donski*, 145–47, 173–74, 207; *Venus in Furs*, 112, 113, 130, 137, 139, 146, 209, 240, 241, 242, 245
Sacher-Masoch, Leopold von, police chief, 111–12, 124–28, 132, 138, 140, 141, 183, 184, 186, 208; in 1846, 143, 162; writing about 1846, *Polish Revolutions*, 159, 173–83, 226
Sacher-Masoch, Wanda von, 113
Sacher-Masoch family, 111–12, 114, 115, 123
Sadagora, zaddik in, 208–9, 240
Sade, Marquis de, 24
Said, Edward, 6, 108
St. George party, Old Ruthenians, 14
St. Stephen, Order of, 61, 84
Samoa, 289, 290
San River, 132, 152, 404
Sanok, 254, 306
Saphir, Moritz Gottlieb, 184

Sapieha, Leon, 131, 132, 136, 137, 155, 161, 167, 175, 198, 286
Sarajevo, 311, 332
"Sarmatians" in Galicia, 16, 30, 47–48, 49, 52, 69, 174
satanism, and Przybyszewski, 281, 298–99, 300, 304, 326, 327, 348, 350
Schengen border, of European Union, 416
Schiller, Friedrich, 91, 105–6, 225, 246
Schneider, Antoni, his encyclopedia, 231–36, 414
Schnitzler, Arthur, *The Green Cockatoo*, 305, 335
Schorske, Carl, on fin-de-siècle Vienna, 283, 296; "politics in a new key," 283, 331
Schulz, Bruno, 8, 246, 350, 384, 395–99, 410, 413, 417–19; "August," 399; "The Comet," 349–50; "Sanatorium under the Sign of the Hourglass," 418; "Spring," 397–99, 418; murals in Drohobych, 11, 417–19; murdered in 1942, 350, 396, 407, 417
Segel, Benjamin, 319–21, 324
Ségur, Louis-Philippe, 243
Sejm of Galicia, 183, 198, 199, 210, 212, 213, 220, 260, 275, 331, 343; and autonomy, 222–23, 234; and declaration of loyalty in 1866, 216–17, 218; discusses reform of feudalism in 1840s, 111, 112, 131, 137, 139; Fredro in, 131, 132, 133, 134, 135, 172, 206; palace of, with allegorical sculpture, 232–34, 357, 369–70, 388; reestablished in 1817, 81–82, 84; and Ruthenians, 225, 255, 262, 310, 331, 361; supports Schneider and encyclopedia, 235, 236. *See also* elections
Serbia, Serbs, 117, 338
serfdom, 22, 38, 40, 42, 119, 136–37, 141, 172, 181, 183; emancipation, 92, 112, 142, 185, 186, 239, 273–74, 296, 309; "The Passing of Serfdom," by Franko, 273–74; as "slavery," 22, 112–13, 137–39, 141, 240, 329. *See also* Josephinism; peasants
Sezession, in Viennese art, 296, 299
Shakespeare, William, *Hamlet*, 58, 209
Shanes, Joshua, 313
Shashkevych, Markiian, 119–20

Shaw, George Bernard, 248
Shchurat, Vasyl, 329
Sheepshanks, Mary, in Eastern Galicia, 392–94
Sheptytsky, Andrei, 311, 325, 342, 362, 363, 388, 392; and Babel, 381–82; and World War II, 350, 407
Shevchenko, Taras, 214, 309
Shevchenko Scientific Society, 295, 324
Sholem Aleichem, on Galicia, 355–56; on "Cracow and Lemberg," 355–56
Shore, Marci, 405
shtetl communities, 4, 297–98, 349
Shuisky, Vasily, tsar, 263
Shukhevych, Volodymyr: and catalogue of ethnographic exhibits, 289, 292; and Hutsuls, 289, 324
Sichynsky, Miroslav, 331–38, 342, 343, 348, 350; in America, 343, 377–78, 404–5
Sieniawa, Czartoryski estate, 70, 87, 88
Sienkiewicz, Henryk, 337–38
Silber, Michael, 29
Silesia, 38; resettled with former Galicians, 407, 410
Sked, Alan, 144
Slavic character, of Poles and Ruthenians in Galicia, 254, 264–65
"Slavic civilization" (Wielopolski), 165
Slavic Congress, in Prague (1848), 186, 190
Slavic mythology: Popiel, 103; Krak and Wanda, 269, 295
"Slavic Orient," 240, 242, 254, 277
Slavs, ancient, pagan: Chodakowski's "On Slavdom before Christianity," 87–89; in Jandaurek, 271; in *Pamiętnik Galicyjski*, 88–89; in *Rusalka Dnistrovaia*, 120
Slovakia, Slovaks, 118, 364
Slovenia, Slovenes, 254, 396
Słowo Polskie, on Potocki assassination, 339–40, 341, 342
Snihursky, Ivan, 87
Snyder, Timothy, 362
Sobieski, Jan, king, 164, 235, 265–66, 273
socialism, in Galicia, 250, 313, 325, 327, 331, 338
Socrates, 124, 236, 279
Sokal, 379

Sokół, Sokil, athletic associations, 325
Solferino, battle of, 210
Solidarity, 412
Sosnowska, Danuta, 10
Soviet Ukraine, 374, 382, 404, 407, 408, 418; incorporates eastern Galicia, 382, 404
Soviet Union: Bolshevism, 350, 364, 378–79, 380, 404–9, 410; collapse of the Soviet Union, 408, 411
Soyer, Daniel, 402
Spanish Galicia, 1
Spector, Scott, 296
Spencer, Herbert, Social Darwinism, 343–44
Sperber, Manes, 356, 372
Spielberg, Steven, *Schindler's List*, 413–14
Stadion, Franz, 170, 183, 184, 185, 191, 192, 199
Stadion, Rudolf, 170
Stalin, Joseph, 350, 382, 385, 391, 404, 405, 406, 407, 409, 411, 418
Stańczyk, political perspective, 223–24, 259, 276, 280, 343, 363
Stanisław August, king, 38, 50–51
Stanislawski, Michael, 10, 205
Stanisławski, Jan, artist, 327
Stanwyck, Barbara, 401
Stanyslaviv (Ivano-Frankivsk), 253, 292, 297, 313, 337, 368, 370
Starzewski, Rudolf, editor of *Czas*, 280
Stauter-Halsted, Keely, 10, 266
Stefanowska, Lidia, 412
Stephanie, Crown Princess, wife of Rudolf, 272
Stojałowski, Stanisław, 266, 277, 305
Strauss, Richard, 319, 365
Strindberg, August, 296, 298
Struve, Henryk, 304
Stryj River, 364
Strypa River, 293
Stupnicki, Hipolit, *Galicia,* 195–96, 197, 198, 203, 211
Sturm und Drang, 32
Styka, Jan, artist, 294
Styr River, 212
Styria, 146, 212. *See also* Graz
Sucha, 401, 408

Swanson, Gloria, 401
Switzerland, 156. *See also* Geneva
syphilis, 380
Sysyn, Frank, 9
Szczepanowski, Stanisław, *Misery of Galicia in Statistics* (*Nędza Galicyi w Cyfrach*), 234–35, 275–79, 289, 312, 338, 390, 409; "the average Galician," 234, 276; and Jews, 276–77
Szczepański, Ludwik, 299
Szczyrzyc, 203
Szela, Jakub, 144, 161–62, 170, 171, 179–82, 217, 266, 267; as "Galician Spartacus," 144, 179; in Jasieński's *Song of Jakub Szela*, 389–91; in Wyspiański's *Wesele*, 187, 282–83, 348, 390
Szeptycki, Stanisław, 362–63
Szporluk, Roman, 408, 413
Szujski, Józef, 194, 218, 223, 226, 233, 260, 276, 336, 343, 413; *The Poles and Ruthenians in Galicia*, 9, 262–65, 267; on Polish Don Quixote and Ruthenian Sancho Panza, 265; on Russia, 219; in Sejm, 222–23; "Several Truths from our History," 218–20
Śliwa, Michał, 277, 368
Śniadecki, Jan, 84

Taaffe, Eduard, 266
tabula rasa, in Galicia, 4, 17, 19
Tagore, Rabindranath, 385
Tarnów, 97, 205, 258, 267, 324, 358, 359, 408, 413; in 1846, 142, 144, 148, 150, 153, 155, 162, 171, 179, 180, 218, 219, 226; in 1848, 185–86
Tarnowski, Stanisław, 218, 223, 276, 327
Tartars, Tartary, 48, 102, 243, 265, 267, 293, 337, 340, 377
taxation in Galicia, 19, 29, 31, 108
Terence, "Slavus sum," 129
Ternopil, Tarnopol, 90, 125–26, 241, 244, 319, 337, 368, 375, 378, 415
Tetmajer, Kazimierz, 280, 281, 295, 346, 366, 381; "The End of the Nineteenth Century," 286, 296, 304, 347; "I Believe in Nothing," 286
Tetmajer, Włodzimierz, 193, 281, 288, 314, 368

textbooks, Ruthenian, 65, 87
theater, drama: Bogusławski in Lviv, 55–59; Kamiński in Lviv, 91–92; Korzeniowski in Lviv, 126–27; Pawlikowski in Cracow and Lviv, 295–96. *See also* Fredro, Aleksander; Wyspiański
Thugut, Franz, 82
Tlumach, 297, 364
Toscanini, Arturo, 319, 409
Traunpaur, Alphons Heinrich, *Dreissig Briefe* (*Thirty Letters*), 14, 32–36, 41, 54, 60, 145
Trembowla, 356
Trieste, 130
Trzebinia, 290
Turteltaub, Wilhelm, "Some Words from Galicia," 140–41
Tygodnik Ilustrowany, on *Wesele*, 280
Tysmenytsia, 346
Tysmenytsia (Tismennitsa) River, 251
Tyssowski, Jan, 141

Ukraine, in Russian Empire, 47, 117, 130, 214, 283, 339
Ukraine, post-Soviet, 411–17
Ukrainian claims to Galicia, after World War I, 378–79
Ukrainian identity and Galician Ruthenians, 9, 130, 214, 336, 337, 358, 378, 392–93, 413; and Franko, 256–57, 295, 309, 329–30; and Hrushevsky, 287, 295, 309, 330, 337, 378; discussed in *Słowo Polskie*, 339–40
Ukrainian Insurgent Army (UPA), 407–8
Ukrainian language, Galician Ruthenian language, 10, 47, 86–87, 116, 119, 130, 413
Ukrainian national politics during World War I, 362–63, 364
Ukrainian national politics following World War I, 368, 374, 378–79; Committee of the Independent Ukraine, 378; Ukrainian National Council, 367–68; West Ukrainian National Republic, 368, 374
Ukrainian summer school, 326
Uman, massacre, 347
Umberto I, king of Italy, 304

Uniates, Greek Catholic Church, 228, 253–54, 269, 342, 358, 388, 413; Babel on, 381–82; Barbaraeum, St. Barbara's, in Vienna, 86, 87, 253; Basilian Order, 293; bishops, hierarchy, 191, 235, 253, 311, 386; clergy, 25–26, 87, 105, 123–24; Döblin on, 386; *History of the Union*, by Pelesz, 253; Kratter's hostility, 25–27; metropolitanate of Halych established, 86, 253; Mickiewicz on, 105; news reports on Greek Catholic criminals, 76, 141; Orthodox aspects, 25, 214, 254, 292; in post-Soviet Ukraine, 358, 411; religious art on exhibit, 290, 291, 292, 293, 386; Roman Catholic aspects, 214, 253–54, 262; and *Rusalka Dnistrovaia*, 120; and Ruthenian nationality, 17, 19, 114, 116, 214; St. George's Cathedral, in Lviv, 99, 261; seminaries, 25, 26, 32, 86, 119, 120, 294; Society of Greek Catholic Priests in Galicia, 87; suppressed in Soviet Union, 407. *See also* Sheptytsky

Union of Brest, and Uniates, 25, 292

Union of Lublin, in 1569, commemorated in 1869, 225–26, 227–28, 357

United States of America, 98, 113, 217; Immigration Act of 1924, 402; Wild West, compared to Galicia, 389. *See also* Buffalo Bill's Wild West Circus; California; emigration, from Galicia to America; New York City; *New York Times*; *Washington Post*

University of Lviv, 62, 81, 82, 84–85, 253, 295, 350, 374, 388, 405; chair in Polish language and literature, 82–85, 103; Hrushevsky at, 283, 287, 325, 337, 338, 339; Ruthenian/Ukrainian students, 331, 338–39, 350

University of Vienna, 10, 242, 245, 295, 326, 334

Unowsky, Daniel, 10, 203, 259, 294

Vahylevych, Ivan, 119–20
Vatican, 254, 266
Vienna, siege of (1683), 164, 265–66, 273. *See also* Ottoman empire; Sobieski
Viennese perspective on Galicia, 4, 78, 112, 123, 312, 319, 335, 369–74; Hofmannsthal, 297–98, 365; Mahler, 318–19; Pappenheim, 314, 315, 319, 349; on Potocki assassination, 332–33, 334–35, 339, 340; public for Jandaurek, 269, 271, 272; Viennese-Jewish perspective on Galician Jews, 312, 315, 354–55. *See also Neue Freie Presse*

Vilnius, Wilno, 70, 84, 93, 126, 379, 385
Virgil, 124, 309
Vistula River, 4, 92, 115, 146, 176, 212, 233–34, 269, 295, 376, 388
Vladimir, *see* Halych and Vladimir
voivodships of Cracow, Lviv, Ternopil, Stanyslaviv (former Galicia), 368, 383
Volhynia, 91, 378, 415
Voltaire, 16, 59; "Consequences of the Works of Voltaire," 49–51, 80; "Dissensions of the Churches of Poland," 50; against Roman Catholic fanaticism, 50
Von Hagen, Mark, 362

Wacław z Oleska, *see* Zaleski
Wadowice, 409, 416
Wagner, Otto, 291
Wagner, Richard, 295, 318, 319
Warsaw, 88, 100, 129, 182, 194, 198, 300, 350, 393; and Bogusławski, 55–57; different from Galicia, 57, 70, 230, 277–78, 366, 385, 405, 408, 412; taken by Central Powers during World War I, 362, 365, 366
Warsaw Ghetto, 345
Washington Post, 405
Wat, Aleksander, 405–6, 408
Waterloo, battle of, 74
Wawel hill, castle, cathedral, in Cracow, 53, 156, 164, 227, 260, 266, 273, 309; state archive, 235
Weimar Germany, 321, 384, 395, 404
Wernyhora, 347–48
Wesele (The Wedding), *see* Wyspiański
West Galicia (after 1795), 52–55, 61, 64, 158
Western Europe, idea of: in Babel's observations of Galicia, 380–81; compared to Eastern Europe, 14, 67, 176, 217, 265, 315,

索 引 609

411; as perspective on Eastern Europe, 159, 315, 389
Western Ukraine, 394, 405, 408, 412–13, 416
Wieliczka, 4, 64, 130, 150–51, 203, 306
Wielopolski, Aleksander, on the massacres, 158–65, 166, 167, 168, 170, 173, 186; and Russia, 164–65, 182
Wiener Zeitung, 31–32
Wiesenthal, Simon, 408
Wilde, Oscar, 296
Wilder, Billy, 401, 408
Wilson, Woodrow, 373, 374, 405; Fourteen Points, 363; and principle of national self-determination, 363, 373, 375, 394
Windischgrätz, Alfred, 186
Wiśniowski, Teofil, 154
Witkiewicz, Stanisław (artist and architect), 295
Witkiewicz, Stanisław (writer and artist, Witkacy), 295
Witos, Wincenty, 368
Wittlin, Józef, 415
Wojtyła, Karol, Pope John Paul II, 409, 416
Woldan, Alois, 299
Women's International League for Peace and Freedom, 392–94
World War I, 344, 350, 351–66, 380, 384, 389, 395, 400, 403, 406, 408
World War II, 350, 352, 382, 384, 385, 404–8, 415
Wrocław, 294
Wyspiański, Stanisław: and commemoration of November Insurrection, 366; on Cracow, 294, 295; and Paris, 286, 294, 299; and Przybyszewski, 299–300; stained glass and murals for Cracow Franciscan church, 287, 295, 297, 327–28, 330, 348; stained glass designs for Lviv cathedral, 286–87; *Wesele* (*The Wedding*), 187, 280–83, 287, 288, 294, 300, 306–7, 311, 312, 332, 347–48, 349, 350, 368, 385, 388, 390

Yad Vashem: and Schulz, 11, 417–18; and Shoah victims, 444n16

Yanukovych, Viktor, 413
Yiddish, language and culture, 269, 325–26, 351–51, 402–4, 408; Czernowitz conference (1908), 345, 346, 402; Galitzianer pronunciation, 247–48, 355, 402; Young Galicia, 326. See also Ansky; Sholem Aleichem
YIVO Institute for Jewish Research, 4
Yushchenko, Viktor, 413

Zabłotów, Zabolotiv, 356
Zachariewicz, Alfred, architect, 291
Zachariewicz, Julian, architect, 290–91
Zagajewski, Adam, "To Go to Lwów," 409–11
Zakopane, 291, 294, 413
Zaleski, Wacław: as Wacław z Oleska, collector of Galician folk songs, 117–19, 192, 197, 293; as governor of Galicia, 192–93, 199
Załuski, Józef, 134
Zawadzki, Aleksander, on Galician fauna, 128, 195
Zbarazh, 334
Zeitschrift für österreichische Volkskunde: on General Provincial Exhibition, 289–92; on Jews and Franz Joseph, 4, 319–23; on Ruthenian folklore, 324
Zhuk, Ihor, 289
Zieliński, Stanisław, *The Murder of the Viceroy*, 336–40, 341
Ziemiałkowski, Florian, 191
Zionism, 299, 313, 317–18, 326, 329, 349
Zita, Empress, 414
Zolochiv, 76, 154
Zoria Halytska, 184, 186
Żeleński, Tadeusz, "Boy," 257, 295; Green Balloon, 310, 327; murdered by Nazis, 350; on Przybyszewski, 299, 300–301; in Soviet Lviv, 405; *Znaszli ten kraj?* 283, 287, 300–301, 349, 350, 406
Żeleński, Władysław, 266
Żurawno, Zhuravno, 235, 239
Życie (*Life*), 296–301

致　谢

　　我最初开始研究加利西亚是在20世纪70年代,那时我还在哈佛大学读本科。在此书的创作过程中,我不禁常常回想起那些极大影响了我思想启蒙的老师,回想起我跟他们讨论学术的往事。维克多·温特劳布(Wiktor Weintraub,1908-1988)教授带领我走进了波兰文学与文化的殿堂,"波伊"的《你可知此地?》就是他带我读的;欧麦连·普里察克(1919-2006)教授不仅教授我乌克兰史,还领着我学习整个东欧的历史。因此,是温特劳布教授激起了我对克拉科夫城的兴趣,是普里察克教授启发了我对利沃夫城的思考,所以,在他们二者之间,加利西亚的思想全景早已尽数体现。

　　在我读博期间,我开始钻研哈布斯堡历史,并有幸在三位恩师的鼓励下治学,他们分别从各自的专业领域出发,带给我看待哈布斯堡王朝的不同视角,他们是斯坦福大学的韦恩·武齐尼奇(Wayne Vucinich,1913-2005)教授和戈登·克雷格(Gordon Craig,1913-2005)教授,还有加州大学伯克利分校的威廉·斯洛特曼(William Slottman,1925-1995)教授。

　　在我写作此书的十年来,关于加利西亚的学术活动十分活跃,成果层出不穷,我也经常跟前加利西亚属地内外的同僚们探讨切磋,从中获益匪浅。在克拉科夫,我最要感谢亚采克·普何拉(Jacek Purchla)和克日什托夫·扎莫尔斯基(Krzysztof Zamorski)的指导。在利沃夫,我得到了好朋友亚罗斯拉夫·赫利察克无微不至的帮助，他也在思考并撰写了许多关于加利西亚的题目。在维也纳，我很高兴与维也纳大学加利西亚研究小组会面，并展示了我的阶段性研究成果，我还和安德烈·卡普莱尔、迈克尔·莫泽、阿洛伊斯·沃尔丹（Alois Woldan）从历史、文学、语文学等角度交换了想法。

我还要感谢我的很多朋友、同事和同僚，他们曾帮助指导过我的学术，也与我分享了他们自己对加利西亚和哈布斯堡王朝的研究。他们包括加里·科恩（Gary Cohen），帕特里斯·达布罗夫斯基，大卫·恩格尔（David Engel），雨果·莱恩（Hugo Lane），伊兹别塔·玛缇尼亚（Elżbieta Matynia），基利·史陶德·霍尔斯特德，奥斯塔普·塞雷达（Ostap Sereda），汤姆·西蒙斯（Tom Simons），南希·辛科夫（Nancy Sinkoff），菲利普·特尔（Philipp Ther），丹尼尔·乌诺夫斯基，伊利娜·武什科（Iryna Vushko）和内森·伍德（Nathan Wood）。我还要感谢安娜·波皮尔（Anna Popiel），她多年来在波兰语细节问题上一直给予我帮助，还要特别感谢彼得·贾德森（Pieter Judson）和大卫·弗里克（David Frick），他们仔细阅读了我的书稿，并提出了宝贵的批评和建议。

此外，诺曼·奈马克（Norman Naimark）和南希·科尔曼（Nancy Kollmann）邀请我回斯坦福大学，在俄罗斯与东欧研究中心汇报我的加利西亚研究，他们还与我一同观看了2007年世界棒球锦标赛的最后一场比赛。伊沃·巴纳克（Ivo Banac）和劳拉·恩格斯坦（Laura Engelstein）分别邀请我去耶鲁大学讲解我加利西亚研究的不同章节，在耶鲁，我还有幸与蒂姆·斯奈德（Tim Snyder），马克西·肖尔和亚历山大·申克（Alexander Schenker）讨论我的研究心得，申克本身就是一个非常优秀的加利西亚人。还有纽约大学的托尼·朱特（Tony Judt），他给了我很多鼓励和建议，并两次允许我在雷马克（Remarque）中心的午间研讨会上展示我的加利西亚项目成果，他们的反馈意见给我带来了新的灵感。我的好友奥马尔·巴托夫从 2002 年开始就和我一同走在加利西亚研究的道路上，我们同时因做加利西亚相关的课题而获得了古根海姆奖学金，我还去了他所在的布朗大学边疆项目组交流学术，受益良多。还有伊斯特万·迪克（Istvan Deak），他一直都激励我和其他人做哈布斯堡方向的研究。我希望弗兰克·塞辛还记得在我最早与《时间报》打交道时提供给我的帮助，那时候他担任我本科毕业论文的指导老师，论文题目是《波兰视角下的"1867 年奥匈妥协"》。

我的父母是罗伯特·沃尔夫和芮妮·沃尔夫（Robert Wolff & Renee Wolff），他们总是给予我满载爱的鼓励，支持我的各种事业和努力。我父亲尤其对这部作品感兴趣，因为他的父母亲，即我的爷爷奶奶，就出生在哈属加利西亚。即便来美国很多年了，他们还始终认为自己是加利西亚人。我的孩子们算起来是加利西亚的若干代海外后裔，这些年来，我把精力都用在关于加利西亚的学术研究上，没有给予他们足够多的陪伴，对此，他们一直都很宽容。在此期间，我们全家还从波士顿的剑桥搬到了纽约的曼哈顿，这也是一个非常艰难的过程。对我的三个孩子奥兰多、约瑟芬和阿纳托尔，我只想说："等等，我们其中有人扮成了海盗吗？"对嫁给了加利西亚大型学术项目的佩里·克拉斯（Perri Klass），我想说，这难道不是每个女人的梦想吗？我的感激与挚爱，永远如初。没有她，我的生命价值就不会体现。

写这本书的过程中，我更换了城市，调换了工作，所以我一定要感谢我前后的两个工作单位：波士顿学院和纽约大学。它们给了我慷慨的机构支持，我尤其要感谢在这两个地方认识的诸多优秀的同事以及他们的帮助。我还要感谢古根海姆基金会和国际研究交流理事会的支持。

在波士顿学院的二十年来，我很高兴结识了我的同事也是好朋友吉姆·克罗宁（Jim Cronin）——我敢说没有人会遇到这样一个同事，他可以让治学和研究看起来那么有趣。这本厚厚的书就题献给他吧！

2007 年 9 月 19 号

于纽约市

图书在版编目(CIP)数据

加利西亚:哈布斯堡政治文化中的历史与想象/(美)拉里·沃尔夫(Larry Wolff)著;郑心鹤译.--北京:社会科学文献出版社,2023.1
(思想会)
书名原文:The Idea of Galicia: History and Fantasy in Habsburg Political Culture
ISBN 978-7-5228-0408-8

Ⅰ.①加… Ⅱ.①拉… ②郑… Ⅲ.①加利西亚人-民族历史-1772-1918 Ⅳ.①K551.8

中国版本图书馆CIP数据核字(2022)第130673号

·思想会·
加利西亚:哈布斯堡政治文化中的历史与想象

著　　者 / [美]拉里·沃尔夫(Larry Wolff)
译　　者 / 郑心鹤

出 版 人 / 王利民
责任编辑 / 刘学谦
责任印制 / 王京美

出　　版 / 社会科学文献出版社·当代世界出版分社(010)59367004
　　　　　 地址:北京市北三环中路甲29号院华龙大厦　邮编:100029
　　　　　 网址:www.ssap.com.cn
发　　行 / 社会科学文献出版社(010)59367028
印　　装 / 北京盛通印刷股份有限公司

规　　格 / 开 本:880mm×1230mm　1/32
　　　　　 印 张:19.75　字 数:492千字
版　　次 / 2023年1月第1版　2023年1月第1次印刷
书　　号 / ISBN 978-7-5228-0408-8
著作权合同登记号 / 图字01-2021-2836号
定　　价 / 118.00元

读者服务电话:4008918866

版权所有 翻印必究